Verlag: BILDNER Verlag GmbH
Bahnhofstraße 8
94032 Passau
http://www.bildner-verlag.de
info@bildner-verlag.de
Tel.: + 49 851-6700
Fax: +49 851-6624

ISBN: 978-3-8328-0264-6

Covergestaltung: Christian Dadlhuber

Produktmanagement und Konzeption: Lothar Schlömer

Layout und Gestaltung: Christian Dadlhuber

Autoren: Kyra Sänger, Christian Sänger

Coverhintergrund: Kyra Sänger, Christian Sänger

Herausgeber: Christian Bildner

MIX
Papier aus verantwortungsvollen Quellen
FSC® C014138
FSC www.fsc.org

Das FSC®-Label auf einem Holz- oder Papierprodukt ist ein eindeutiger Indikator dafür, dass das Produkt aus verantwortungsvoller Waldwirtschaft stammt. Und auf seinem Weg zum Konsumenten über die gesamte Verarbeitungs- und Handelskette nicht mit nicht-zertifiziertem, also nicht kontrolliertem, Holz oder Papier vermischt wurde. Produkte mit FSC®-Label sichern die Nutzung der Wälder gemäß den sozialen, ökonomischen und ökologischen Bedürfnissen heutiger und zukünftiger Generationen.

Wichtige Hinweise

Inhaltsverzeichnis

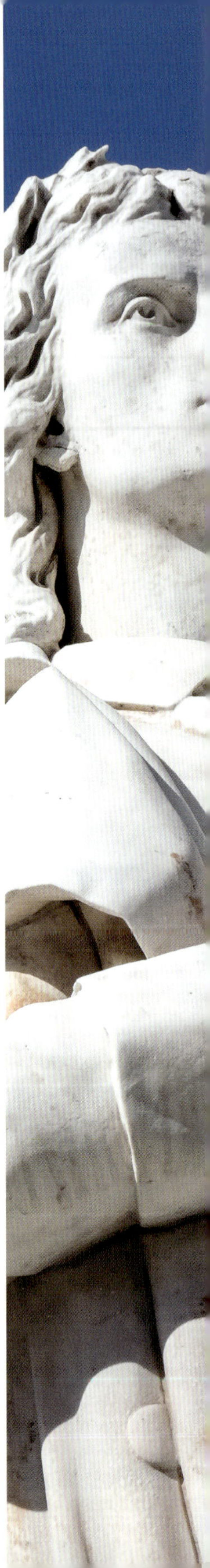

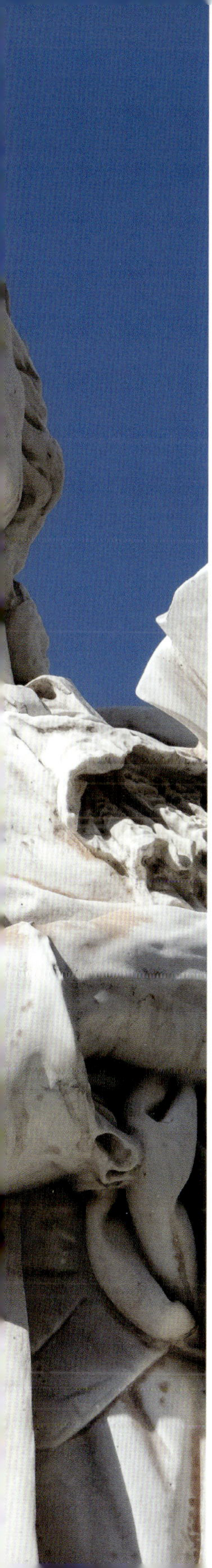

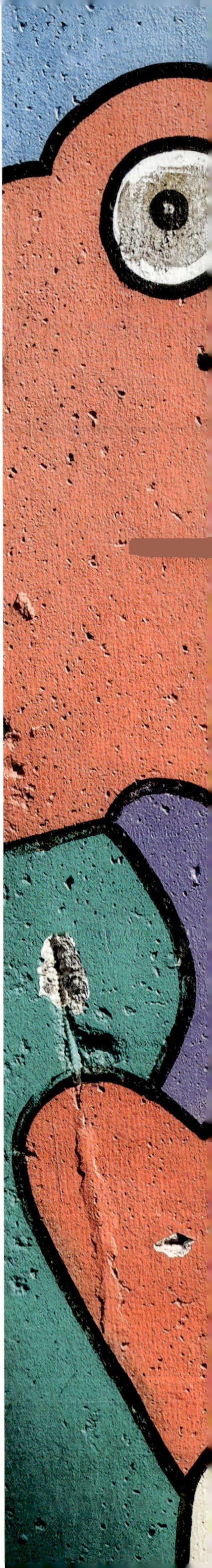

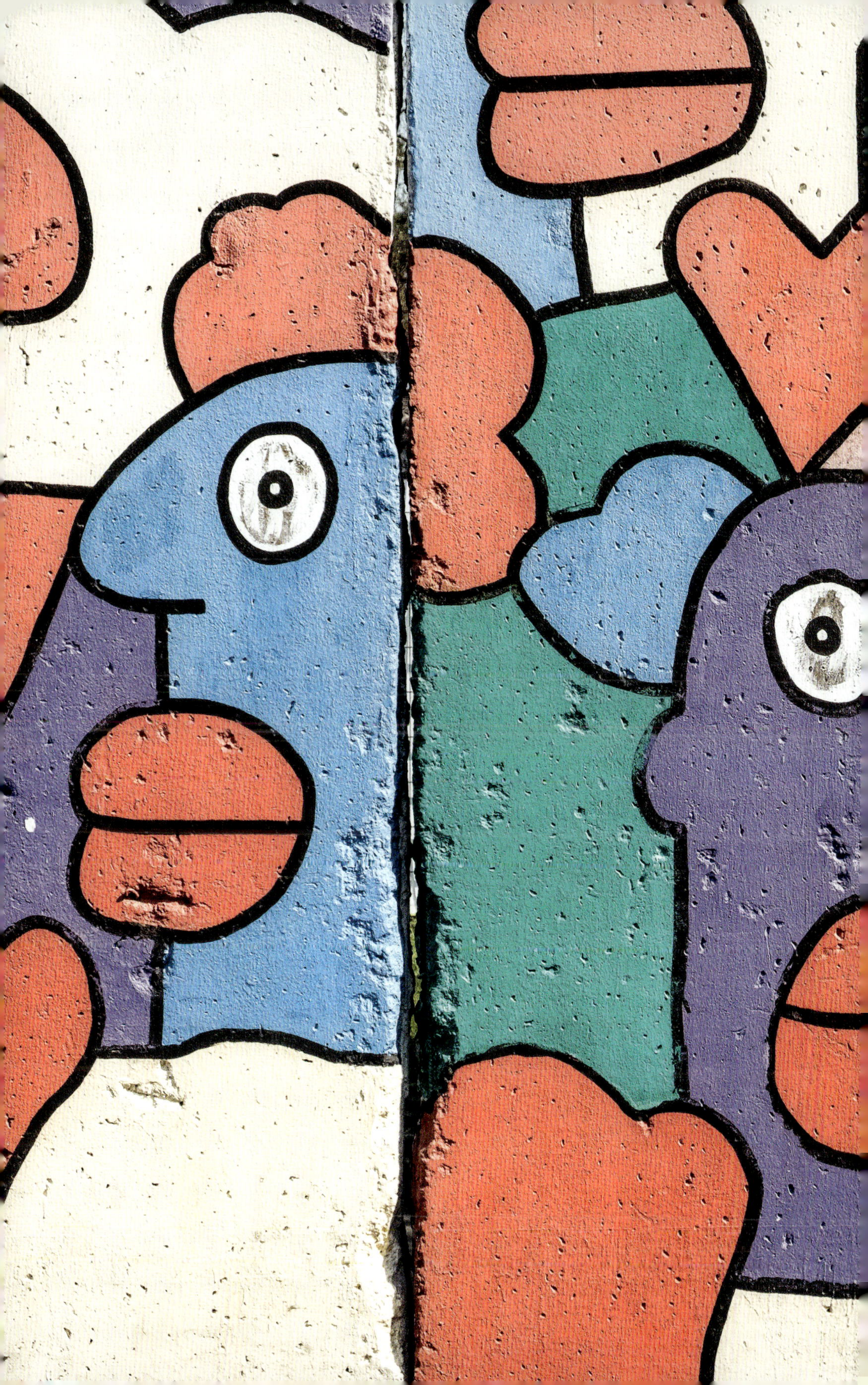

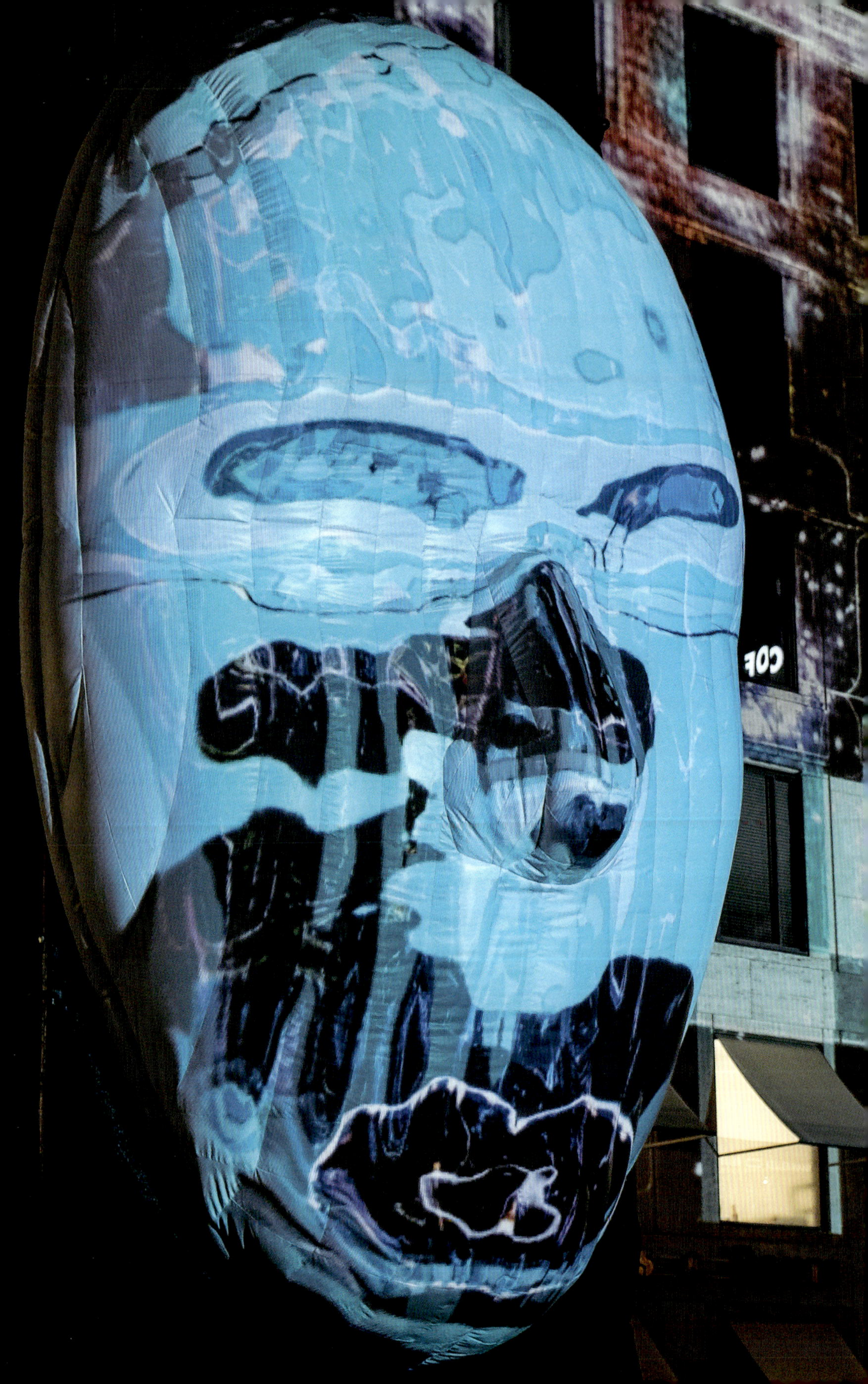

Die Fujifilm X–T20 kennenlernen

Mit der X–T20 hat Fujifilm eine Systemkamera auf den Markt gebracht, die höchsten Ansprüchen gerecht wird. Lernen Sie die überragenden Fähigkeiten Ihrer neuen Kamera optimal zu nutzen und Ihre neue fotografische Begleiterin so einzusetzen, dass genau die Aufnahmen entstehen, die Sie sich vorgenommen haben. Belohnen wird Sie die X–T20 mit einem schnellen Autofokus und einer brillanten Bildqualität, und das auch unter suboptimalen Aufnahmebedingungen.

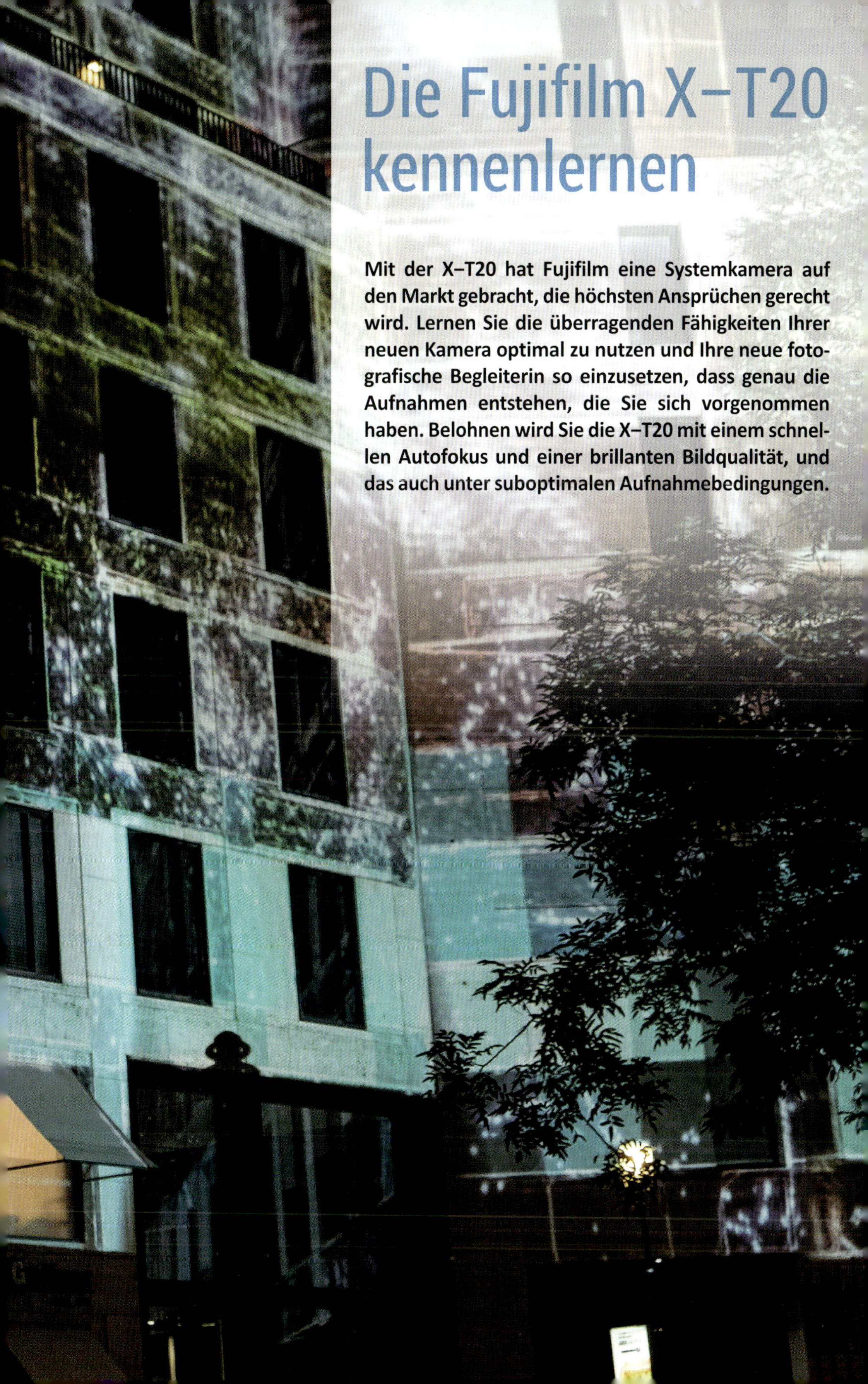

1.1 Die zentralen Kameramerkmale im Überblick

Kompakt, handlich und mit einem tollen Preis-Leistungs-Verhältnis präsentiert sich die X–T20 aus dem Hause Fujifilm. Erfreulicher Weise hat die neue Systemkamera einige richtig gute Funktionen von ihrer größeren Schwester, der X-T2, geerbt, etwa die 4K-Videofunktion oder den leistungsstarken Autofokus. Damit wird die X–T20 als vielseitige Multifunktionskamera auch hohen Ansprüchen an Bildqualität und Funktionsumfang gerecht.

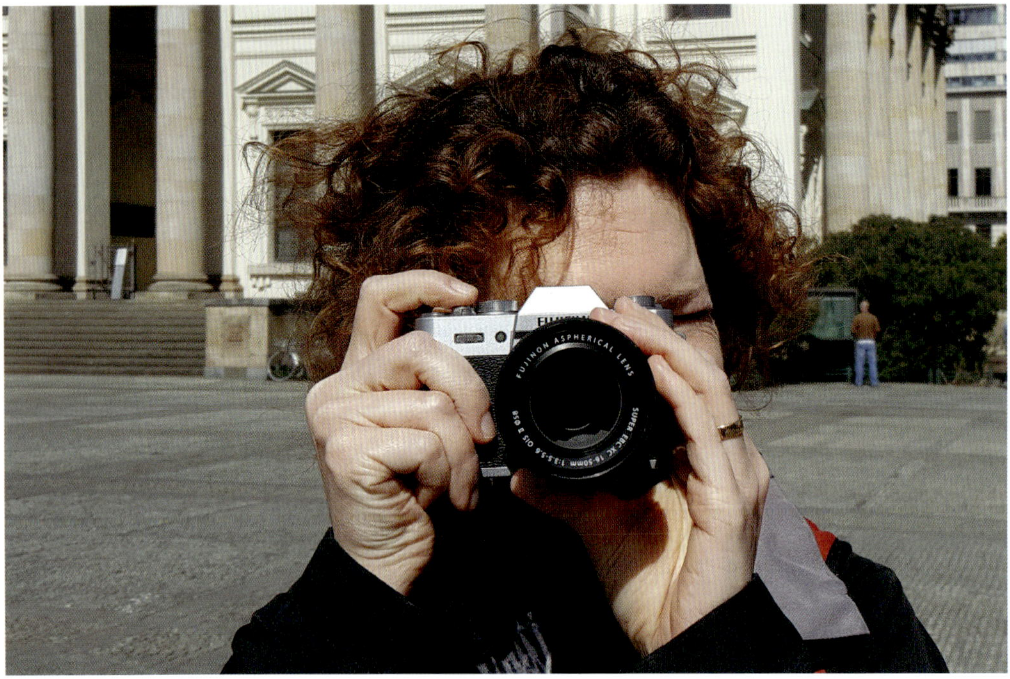

▲ *Die Fujifilm X–T20 im Praxiseinsatz.*

Bei den wichtigsten Komponenten setzt die X–T20 auf einen sogenannten *X-Trans™ CMOS III Sensor* mit *24,3 Megapixeln* Auflösung im APS-C Format, der ohne Tiefpassfilter auskommt und durch seine ungewöhnlichen technischen Aufbau besticht, der am Ende dieses Abschnitts näher erläutert wird.

Ergänzt wird der Sensor durch den neuen leistungsstärkeren *X Prozessor Pro*, der viermal schneller arbeitet als das Vorgängermodell und als Gehirn der Kamera dafür sorgt, dass die Leistung des Autofokus sich sehen lassen kann. So stellt die X–T20 extrem schnell scharf. Selbst bei wenig Licht und schwachen Kontrasten ist die Fokussierleistung ausgezeichnet. Eine erfreuliche Tatsache, die wir bei Systemkameras noch nicht so oft diagnostizieren konnten.

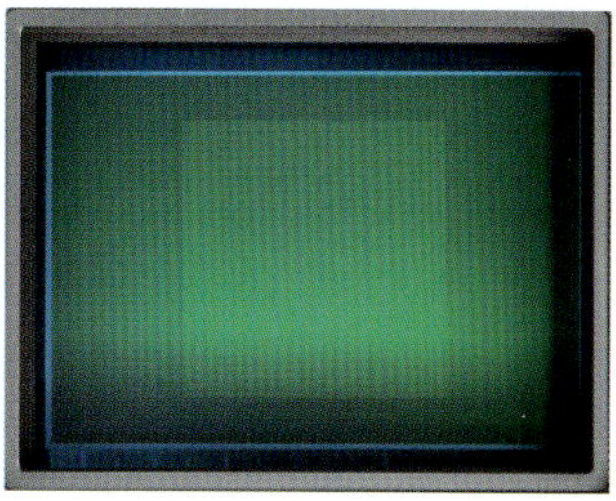

▲ *X-Trans™ CMOS III Sensor der X–T20 (23,6 × 15,6 mm, APS-C-Format).*

Ebenso profitiert die Serienaufnahmegeschwindigkeit von der Prozessorleistung, die mit bis zu 8 Bildern pro Sekunde bei mechanischem Verschluss und bis zu 14 Bildern pro Sekunde mit dem elektronischen Verschluss den Zusatz High-Speed wahrlich verdient und bestens für rasante Sport- und Actionaufnahmen geeignet ist.

Aber auch die Filmaufnahmen in 4K werden vom Prozessor einwandfrei unterstützt, was durch die hohe Qualität der Videos eindrucksvoll bewiesen wird.

Erfreulich ist ebenfalls die weitreichende Abdeckung des Bildfeldes durch den ***Hybrid-Autofokus***. Eine hohe Präzision gewährleisten dabei die 91 ***Fokussierpunkte***, die sich im Modus EINZELPUNKT sogar auf satte 325 steigern lassen. Dies erklärt auch die verbesserte Motivverfolgung mit dem kontinuierlichen Autofokus, mit dem Objekte in Bewegung sicher und schnell eingefangen werden können.

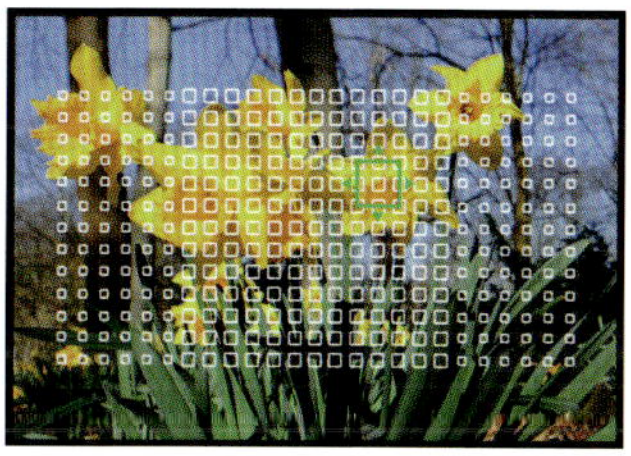

▲ *Die Positionen der 325 Fokussierpunkte.*

Gut gefallen hat uns auch der neue ***Touchscreen***, mit dem der Autofokus durch Antippen schnell an die gewünschte Stelle gebracht werden kann und bei Bedarf auch gleich ein Bild ausgelöst wird. Etwas verwundert waren wir allerdings, dass der Touchscreen zwar eingeschränkt auch für die Bildwiedergabe verwendet werden kann, aber nicht zum Navigieren in den Menüs zur Verfügung steht.

Der elektronische Sucher konnte uns dagegen überzeugen. Er liefert mit 2,36 Millionen Punkten ein helles und qualitativ hochwertiges Bild, das beim Schwenken auch nicht durch Ruckeln getrübt wird, und er zeigt das Livebild zu 100% an.

Sehr praktisch finden wir schließlich die eingebaute ***WLAN-Funktionalität***. Damit können Sie die Bilder direkt an Mobilgeräte oder den Computer senden oder die X–T20 vom Smartphone/Tablet aus fernsteuern. So haben wir die X–T20 als zuverlässige fotografische Begleiterin kennen und schätzen gelernt.

X-Trans™ CMOS III Sensor

Der von Fujifilm entwickelte X-Trans™ CMOS III Sensor stellt eine Besonderheit unter den weitverbreiteten APS-C-Sensoren dar. Das Muster des Farbfilters, durch den die Pixel rote, grüne und blaue Bildpunkte liefern, die wiederum in die Millionen Farben eines Bildes umgerechnet werden, ist nicht wie üblich nach dem regelmäßigen *Bayer-Schema* aufgebaut. Fujifilm verwendet eine andere, mit *X-Trans* bezeichnete Sensorarchitektur, bei der sich die Verteilung der drei Grundfarben auf dem Farbfilter nach eigenen Angaben an der unregelmäßigen Silberhalogenidverteilung analogen Filmmaterials orientiert. Aufgrund der unregelmäßigen Farbfilterverteilung können Bildfehler wie Farb- oder Helligkeitsmoiré sicherer unterdrückt werden. Daher kann auch auf einen *Tiefpassfilter* verzichtet werden, der bei Sensoren mit Bayer-Schema oft zum Einsatz kommt, um die Bilder minimal weich zu zeichnen und Moiré-Effekte dadurch zu vermeiden. Die Bilder aus der X–T20 bleiben somit so scharf, wie sie die Kombination aus Objektiv und Sensor liefern kann. Des Weiteren wird eine besonders exakte Farbreproduktion erreicht, da, im Gegensatz zur Bayer-Verteilung, in jeder horizontalen und vertikalen Reihe Pixel aller drei Grundfarben enthalten sind.

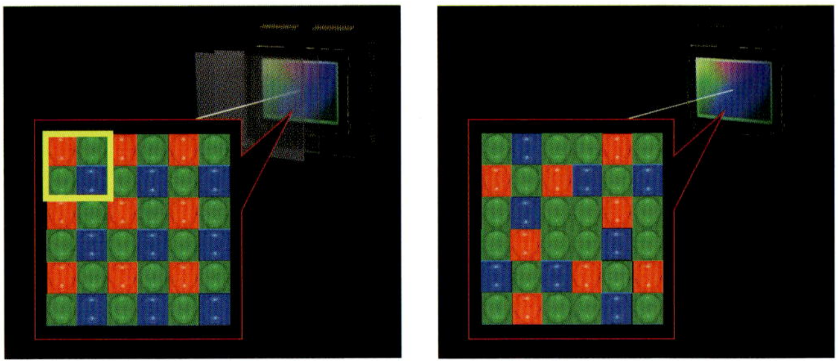

▲ *Links: Farbfilter nach dem Bayer-Schema mit vorgelagertem Tiefpassfilter, Rechts: Fujifilm X-Trans™-Architektur ohne Tiefpassfilter (beide Bilder: Fujifilm).*

1.2 Die X–T20 von allen Seiten beleuchtet

Auch wenn später im Buch auf die verschiedenen Bedienelemente im Detail eingegangen wird, kann es nicht schaden, mit einem kompakten Überblick über Ihr neu erworbenes Arbeitsgerät zu beginnen. Die folgenden Übersichten können Sie auch verwenden, falls Sie sich im Laufe dieses Buches die Positionierung einzelner Komponenten erneut ins Gedächtnis rufen möchten.

Kameraelemente auf der Vorderseite

Wenn Sie sich die X–T20 von vorne ohne angesetztes Objektiv anschauen, ist oben links das *vordere Einstellrad* ❶ zu sehen, mit dem sich je nach Aufnahmeprogramm die Motivart, die Belichtungszeit, die Blende oder Belichtungskorrekturen einstellen lassen. Direkt daneben befindet sich die Lampe ❷, die entweder als *AF-Hilfslicht* den Autofokus beim Scharfstellen unterstützt oder als *Selbstauslöserlampe* das Verstreichen der Vorlaufzeit andeutet.

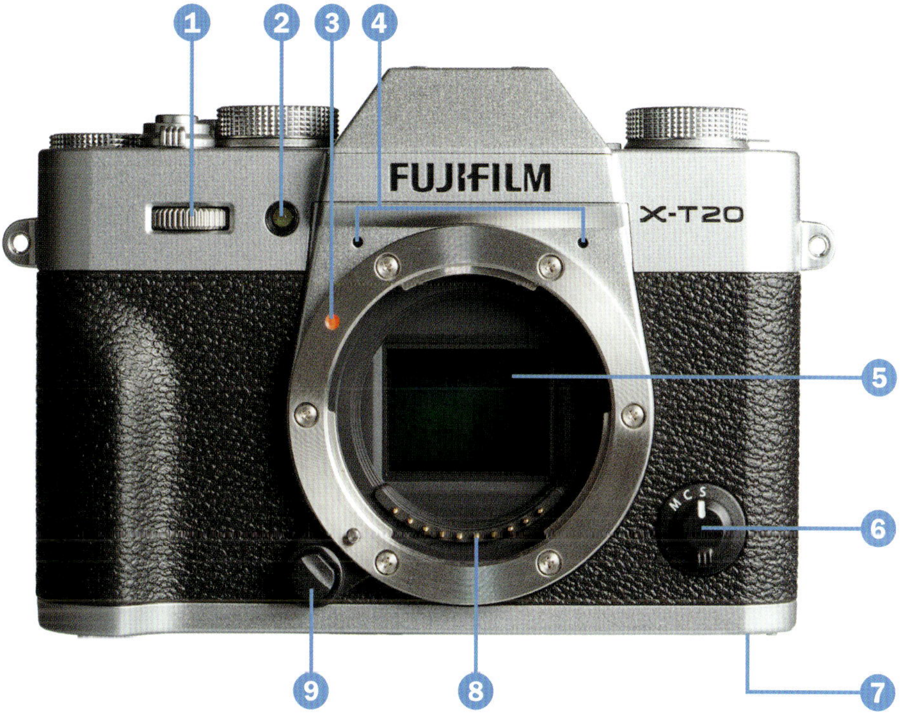

▲ *Die Fujifilm X–T20 von vorne betrachtet.*

Rechts und links des silbernen *X-Bajonetts* mit der Markierung für das Ansetzen des Objektivs ❸ sind die beiden Ausgänge des integrierten *Mikrofons* ❹ lokalisiert. Der *Lautsprecher* ❼ befindet sich auf der Kameraunterseite und ist durch drei Öffnungsschlitze zu erkennen. Im Zentrum der Kamera befindet sich der *Sensor* ❺. Rechts unten sehen Sie den *Fokusmodusschalter* ❻, mit dem die Art der Fokussierung eingestellt wird: Einzel-Autofokus (AF-S), kontinuierlicher Autofokus (AF-C) oder manuelle Fokussierung (M).

Die *Signalkontakte für das Objektiv* ❽ gewährleisten die Kommunikation zwischen Objektiv und Kameraelektronik. Der *Objektiv-Entriegelungsknopf* ❾, der beim Ansetzen und Abnehmen des Objektivs zu drücken ist, befindet sich schließlich links unten am Bajonett.

Bedienelemente auf der Kamerarückseite

Die Rückseite der X–T20 hält die meisten Bedienkomponenten bereit. Unübersehbar und von zentraler Bedeutung ist hierbei natürlich der große *LCD-Monitor* ①. Wenn Sie den Monitor links am Rahmen anfassen und nach vorne ziehen, lässt er sich vertikal neigen, was bei hohen oder tiefen Kamerastandpunkten sehr hilfreich sein kann. Zum Verwerfen von Bildern und Filmen können Sie die *Löschtaste* 🗑 ② verwenden, und die *Wiedergabetaste* ▶ ③ dient dem Abspielen von Bildern und Videofilmen.

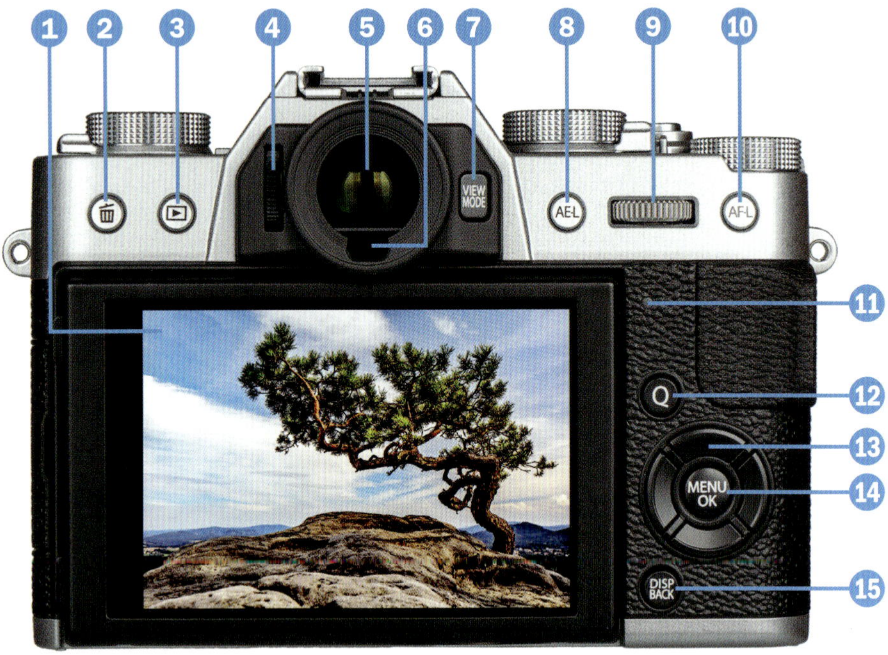

▲ *Bedienelemente auf der Rückseite der X–T20.*

Neben dem Monitor zeigt die X–T20 das Livebild auch im *elektronischen Sucher (EVF)* ⑤ an. Damit lassen sich der Bildaufbau, die Belichtung und das Fotoergebnis sehr gut beurteilen. Links neben dem Sucher befindet sich das ④, mit dem Sie die Sucherschärfe in einem Bereich von –4 bis +2 Dioptrien an Ihre Sehstärke anpassen können. Drehen Sie das Rad nach oben oder unten, bis Sie die Sucheranzeige scharf erkennen können. Unterhalb des Suchers befindet sich der *Augensensor* ⑥, der bei Annäherung für ein Umschalten des Bildes vom Monitor auf den Sucher sorgt.

Mit der *VIEW MODE*-Taste 7 lässt sich wählen, ob das Livebild ausschließlich im Monitor (*NUR LCD*) oder im Sucher (*NUR EVF*) angezeigt werden soll, oder ob per Augensensor SENSOR *SENSOR* eine automatische Umschaltung erfolgt, wenn Sie sich mit dem Auge dem Sucher nähern. Die Einstellung *NUR EVF +* SENSOR ist am stromsparendsten, da das elektronische Sucherbild nur dann anspringt, wenn Sie durch den Sucher blicken, und ansonsten beide Bildschirme ausgeschaltet bleiben.

Rechts oberhalb des Monitors ist die *AE-L*-Taste 8 zum Speichern der Belichtung lokalisiert. Das *hintere Einstellrad* 9 dient dem Navigieren in den Menüs oder wird zum Anpassen von Aufnahmeeinstellungen benötigt. Mit der *AF-L*-Taste 10 kann die Schärfe gespeichert werden.

Ganz unscheinbar ist auf der Kamerarückseite auch die *Kontrollleuchte* 11 angebracht, die bei ausgeschaltetem Sucher durch Blinken in unterschiedlichen Farben anzeigt: ob der Fokus sitzt (leuchtet grün), ob gerade Bilder gespeichert werden (blinkt grün/orange oder leuchtet orange), das Blitzgerät gerade lädt (blinkt orange) oder Objektiv- oder Speicherfehler vorliegen (blinkt rot).

Die *Q-Taste* 12 werden Sie bestimmt öfter verwenden, denn sie führt direkt zum *Schnellmenü*, mit dem sich zentrale Aufnahmefunktionen flink anpassen lassen. Mit der *Menu/OK*-Taste 14 gelangen Sie in das ausführliche Kameramenü oder können eine Funktionsauswahl bestätigen. Kreisförmig darum herum sind die vier *Funktionstasten* 13 angeordnet, die im Aufnahmemodus mit den folgenden Funktionen belegt sind: *Fn2*-Taste ▲ mit dem AF-Modus (Einzelpunkt [•], Zone [⊡], Weit/Verfolgung [[ ]]), *Fn3*-Taste ◀ mit der Filmsimulation (Bildeffekte nach Art analoger Filme), *Fn4*-Taste ▶ mit dem Blitzbetrieb und *Fn5*-Taste ▼ mit der Auswahl des Fokusbereichs. In den Menüs oder bei der Wiedergabe dienen die Tasten als Auswahltasten.

Zu guter Letzt finden Sie unten die *DISP/BACK*-Taste 15, mit der in den Menüs zurück navigiert wird oder mit der im Aufnahme- und Wiedergabemodus unterschiedliche Bildschirmanzeigen ausgewählt werden können.

Augensensor

Der Augensensor des Suchers kann auch auf andere Objekte reagieren, die in seine Nähe geraten. Wenn zum Beispiel im Modus ***SENSOR*** SENSOR Ihre Hand beim Bedienen der X–T20 vor den Sucher gerät, schaltet sich der Kameramonitor aus. Sollten Sie den Sucher nicht verwenden, schalten Sie am besten auf ***NUR LCD*** um. Nutzen Sie in erster Linie den Sucher, eignet sich die Einstellung ***NUR EVF +*** SENSOR sehr gut.

Die X-T20 von oben betrachtet

Die Bedienung der X–T20 unterscheidet sich von vielen anderen Digitalkameras dadurch, dass einige zentrale Aufnahmeeinstellungen über extra dafür angelegte Einstellräder erfolgen, die auf der Oberseite der Kamera lokalisiert sind. Dazu zählt das *Einstellrad für die Aufnahmebetriebsart* ❶ (Video, Belichtungsreihe **BKT1/BKT2**, Schnelle Serienaufnahme **CH**, Langsame Serienaufnahme **CL**, Einzelbild **S**, Erweiterte Filter **Adv.1/Adv.2**, Mehrfachbelichtung und Panorama).

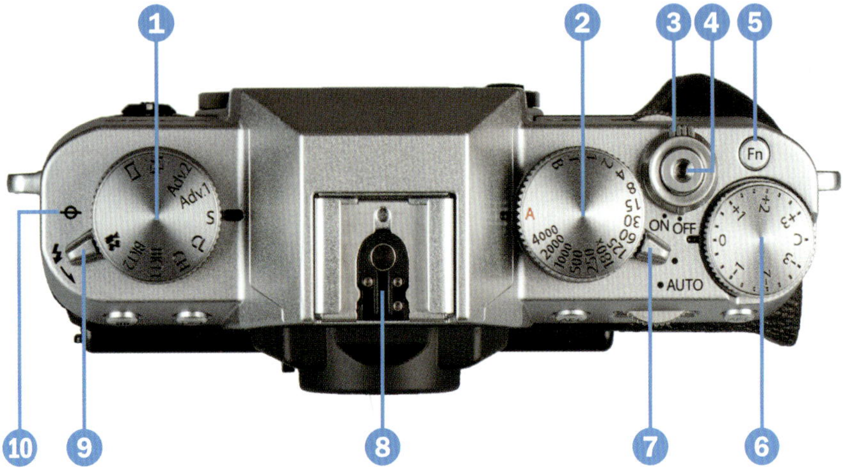

▲ *Bedienelemente auf der Oberseite der X–T20.*

Rechts neben dem Sucherkasten sehen Sie das *Einstellrad für die Belichtungszeit* ❷. Rechts daneben befindet sich mit dem *Auslöser* ❹ das wichtigste Bedienelemente der Kamera. Durch Drücken des Auslösers bis zum ersten Druckpunkt können Sie das Bild scharf stellen und nach erfolgter Scharfstellung durch vollständiges Herunterdrücken aufnehmen. Mit der -Taste ❺ können standardmäßig die Detaileinstellungen einer Aufnahmebetriebsart angepasst werden, etwa die Anzahl an Bildern pro Sekunde bei der schnellen Serienaufnahme **CH** oder die Art des Filtereffekts in den Modi Erweiterte Filter **Adv.1/Adv.2**.

Das dritte auffällige Rad auf der Kameraoberseite ist das *Einstellrad für die Belichtungskorrektur* ❻ und dient der Anpassung der Bildhelligkeit. Interessant für spontane Aufnahmen ist die Möglichkeit, mit dem *Auto Modus-Auswahlschalter* ❼ flink auf die Vollautomatiken der X–T20 umzuschalten, bei der die Kamera die meisten Einstellungen selbst übernimmt und auf das Motiv abstimmt.

Direkt über dem Sucher befindet sich der *Blitzgeräteschuh* ❽ mit den *Blitzsynchronisationskontakten*. Darüber können Systemblitzgeräte oder andere Zubehörkomponenten wie Fernauslöser oder Mikrofone angeschlossen werden. Um den eingebauten Blitz mechanisch aus dem Gehäuse zu locken, ziehen Sie den *Blitzschalter* ϟ ❾ in Pfeilrichtung. Zu guter Letzt wird mit der Markierung für die *Bildebene* ⊖ ❿ die Position des Sensors verdeutlicht. Und wenn Sie die vielen Informationen jetzt erst einmal sacken lassen möchten, schalten Sie die X–T20 mit dem *ON/OFF-Schalter* ❸ zwischenzeitlich einfach aus.

Die Anschlüsse auf der linken Seite

An der von hinten betrachtet linken Seite besitzt die X–T20 eine Abdeckung, hinter der sich die Anschlüsse befinden, die für das Koppeln der Kamera mit verschiedenen Zubehörkomponenten benötigt werden.

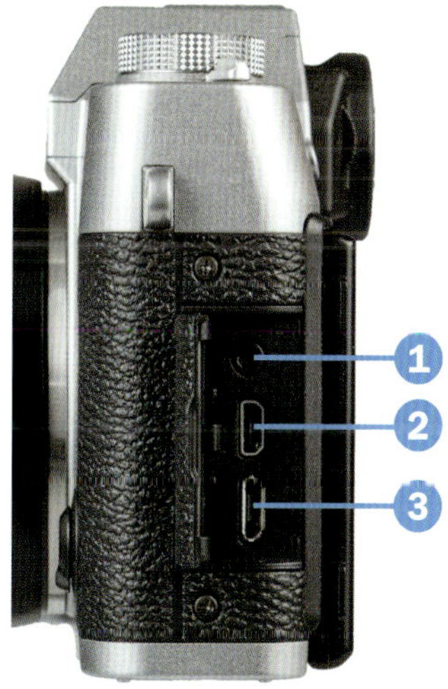

▲ *Die Anschlussbuchsen der X–T20.*

Dazu gehört der Anschluss *MIC/REMOTE* ❶, über den externe Mikrofone oder Fernauslöser mit 2,5 mm Klinkenstecker angeschlossen werden können. Hinzu gesellt sich ein *Micro-HDMI-Anschluss* ❷, mit dem Sie die Bilder und Videofilme auf Fernsehern oder Computern, die ebenfalls einen HDMI-Anschluss besitzen, in höchster Qualität betrachten können. Über den *Micro-USB-Anschluss (Micro-B)* ⭠ ❸ lässt sich per USB-2.0-Kabel eine USB-Verbindung zu Druckern und Computern herstellen. Der Fernauslöser vom Typ RR-90 kann ebenfalls hier angeschlossen werden.

Informationsanzeige von Monitor und Sucher

Zur Bildkontrolle können Sie bei der X–T20 den rückseitigen LCD-Monitor mit einer Auflösung von 1,04 Millionen Pixeln oder den elektronischen Sucher (*EVF*, Electronic View Finder) mit 2,36 Millionen Pixeln verwenden, wobei wir Ihnen den Sucher wärmstens empfehlen können. Der EVF zeigt das Livebild höher aufgelöst an. Außerdem lassen sich der gewählte Bildausschnitt und die Scharfstellung damit auch bei großer Umgebungshelligkeit sicher beurteilen.

Nach dem Einschalten zeigt die X–T20 die Aufnahmeeinstellungen im jeweils gewählten Aufnahmemodus an. Je nach den Einstellungen sehen Sie daher mehr oder weniger Informationen im Bildschirm. Unser Beispiel zeigt das Display für die Programmautomatik (P) mit eingeschaltetem Blitz.

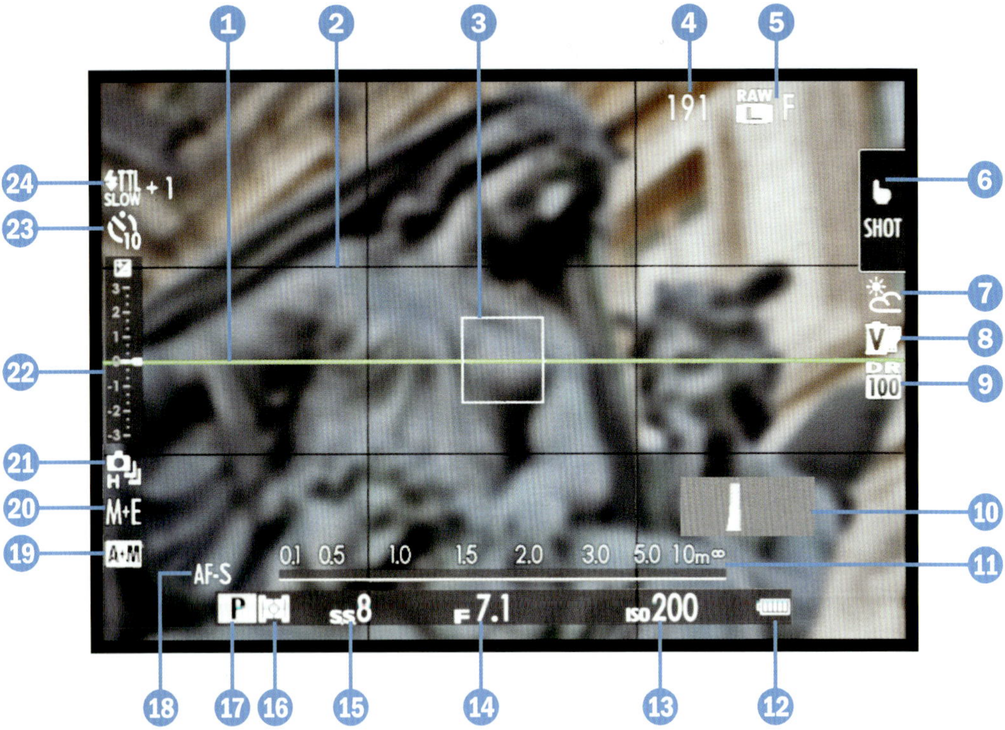

▲ *Aufnahmeansicht im rückseitigen Monitor. Weitere mögliche Symbole können Sie in der Bedienungsanleitung zur X–T20 ab Seite 12 nachlesen.*

Zu erkennen sind hier als Hilfen für den Bildaufbau die grüne Anzeige für die *Wasserwaage* ❶, das Raster der *Rahmenhilfe* ❷ und der *Fokusrahmen* ❸. Des Weiteren zeigt das Display die *Anzahl verbleibender Aufnahmen* ❹ an, die noch auf die Speicherkarte passen. Die *Bildqualität* und die *Bildgröße* ❺ werden ebenfalls am oberen Rand angezeigt. Auf der rechten Seite des Bildschirms befindet sich die Touchfläche, mit dem der *Touchscreen-Modus* ❻ eingestellt wird (Scharfstellen und Auslösen per Fingertipp, nur Scharfstellen oder Touchscreen deaktiviert). Darunter sehen Sie die Einstellungen für den *Weißabgleich*

7 (Farbanpassung an die Lichtsituation), die *Filmsimulation* 8 (Bildstil nach Art analogen Filmmaterials) und den *Dynamikbereich* 9 (automatische Kontrastoptimierung).

Das *Live-Histogramm* 10, mit dem sich die Belichtung kontrollieren lässt, kann bei Bedarf unten rechts eingeblendet werden. Die optionale *Entfernungsanzeige* 11 kann hilfreich sein, um zum Beispiel beim manuellen Fokussieren die eingestellte Entfernung zum Objekt und die verfügbare Schärfentiefe abzulesen.

Weiter geht es im Uhrzeigersinn mit der Anzeige für den *Akkuladezustand* 12, der Anzeige für die *ISO-Empfindlichkeit* (Lichtempfindlichkeit des Sensors) 13, gefolgt von den Anzeigen für die beiden wichtigsten Belichtungsparameter: den *Blendenwert* 14 (beeinflusst die Schärfentiefe) und die *Belichtungszeit* 15 (Dauer der Belichtung).

Links daneben befinden sich die Symbole für die *Belichtungsmessmethode* 16 (hier Mehrfeld) und den *Aufnahmemodus* 17 (hier die Programmautomatik *P*). Des Weiteren können der *Fokusmodus* 18 (Einzel-AF(*S*), Kontinuierlicher AF (*C*), Manuelle Fokussierung (*M*)), die Anzeige fur das manuelle Nachfokussieren *AF+MF* 19 und der gewählte *Auslösertyp* 20 (hier Mechanisch und Elektronisch) abgelesen werden. Bei eingeschaltetem *Serienbildmodus* 21 wird ein entsprechendes Symbol am linken Rand eingeblendet. Ob die Bildhelligkeit mittels Belichtungskorrektur verändert wurde, können Sie an der *Belichtungsanzeige* 22 sehen. Darüber erscheint das Symbol für den *Selbstauslöser* 23. Zu guter Letzt ist bei aktiviertem Blitzgerät das zum eingestellten *Blitzmodus* gehörige Symbol 24 (hier SLANGSAME SYNC.) zu sehen, hinter dem gegebenenfalls der Wert für die *Blitzkorrektur* angegeben ist (hier +1).

Die Monitor- und Sucheranzeige individualisieren

Die Bildschirmanzeigen des Monitors und Suchers lassen sich sehr variabel an Ihre Bedürfnisse anpassen, indem Sie die Helligkeit und die Farbe ändern oder die verfügbaren Informationen nach Belieben auch ein- und ausschalten können. Lesen Sie mehr zu diesem Thema ab Seite 276.

1.3 Die drei Säulen der Kamerabedienung

Das Bedienkonzept der X–T20 basiert auf drei grundlegenden Vorgehensweisen. So können Sie die Kamera je nach der einzustellenden Funktion und entsprechend Ihren individuellen Vorlieben bedienen. Die drei Säulen sind das *Schnellmenü* **Q**, die *Direktbedienelemente* für grundlegende Funktionen sowie das ausführliche *Kameramenü*.

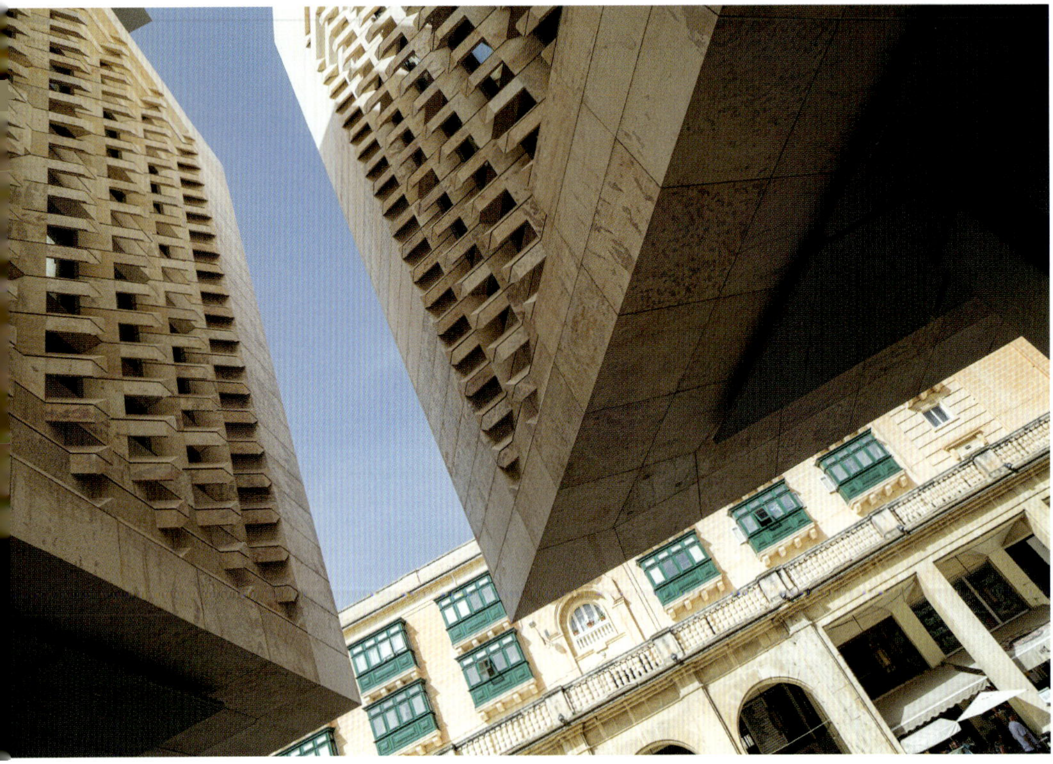

24 mm | f/6,3 | 1/100 Sek. | ISO 100

▲ *Direkt die Filmsimulation ändern und den ISO-Wert verringern? Kein Problem, die X–T20 bietet viele Schnelleinstellungsmöglichkeiten.*

Das Schnellmenü

Mit dem Schnellmenü lassen sich die wichtigsten Aufnahme- und Wiedergabefunktionen direkt anpassen. Um die Schnelleinstellung anzuwenden, drücken Sie einfach die Taste **Q** auf der Kamerarückseite. Wählen Sie anschließend mit den Auswahltasten ▲▼◀▶ die gewünschte Funktion aus, beispielsweise die *BILDGRÖSSE*. Diese ist dann hervorgehoben und mit vier hellblauen Pfeilen markiert. Durch Drehen am hinteren Einstellrad lässt sich der Wert oder die gewünschte Einstellung nun flink festlegen.

Durch die Möglichkeit, das Schnellmenü auch im Sucher zu betrachten, können Sie die Funktionen anpassen, ohne das Auge vom Sucher zu nehmen. Eine sehr praktische Eigenschaft des elektronischen Suchers.

Das Schnellmenü ist standardmäßig mit den sechzehn auf der Abbildung gezeigten Funktionen belegt, kann aber ohne Weiteres mit anderen optional zur Verfügung stehenden Funktionen bestückt werden (siehe ab Seite 270).

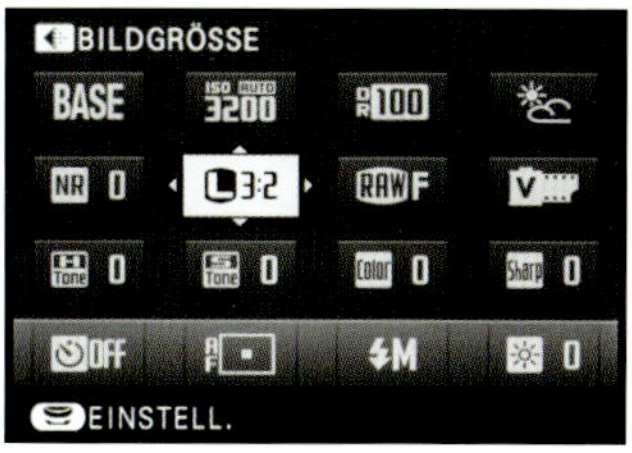

▲ *Schnelleinstellung der BILDGRÖSSE.*

Die Direktbedienelemente nutzen

Die X–T20 setzt beim Anpassen der Aufnahmebetriebsart, der Belichtungszeit und der Belichtungskorrektur auf *Einstellräder*, deren Bedienung der Fujifilm-Neuling erst einmal verinnerlichen muss, bevor alles intuitiv von der Hand geht. Ebenfalls etwas ungewohnt für viele Nutzer klassischer Spiegelreflex- oder Systemkameras wird sicherlich die Einstellung der Blende direkt am Objektiv sein, sofern es sich um ein XF-Modell handelt. Aber auch das ist alles eine Frage der Routine, die sich nach einer gewissen Gewöhnungsphase ganz von selbst einstellt.

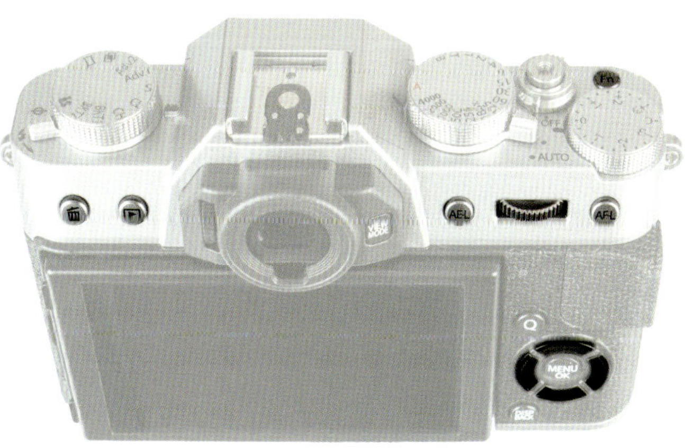

▲ *Die rückwärtigen Direktbedienungselemente der X–T20.*

Für einige besonders häufig verwendete Funktionen hat Fujifilm der X–T20 zudem ein paar Tasten für den Direktzugriff spendiert. Da sind zum einen die sogenannten Funktionstasten, die sich auf der Ober- und Rückseite verteilen und standardmäßig folgendermaßen belegt sind:

- *Fn1* (Fn-Taste auf der Oberseite): Detaileinstellung der Aufnahmebetriebsart
- *Fn2* (obere Auswahltaste): AF-Modus (EINZELPUNKT [•], ZONE [▫], WEIT/VERFOLUNG [ ])
- *Fn3* (linke Auswahltaste): Filmsimulation
- *Fn4* (rechte Auswahltaste): Blitzbetrieb
- *Fn5* (untere Auswahltaste): Auswahl Fokusbereich

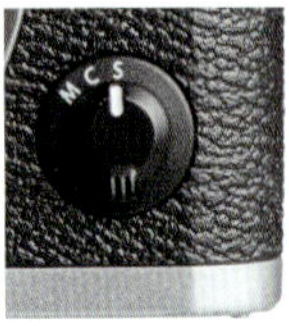

▲ *Fokusmodusschalter auf der Vorderseite der X–T20.*

Hinzu kommen die *AE-L*-Taste für die Belichtungsspeicherung und die *AF-L*-Taste für die Schärfespeicherung. Durch Herunterdrücken des ***hinteren Einstellrads*** lässt sich die Fokuskontrolle direkt aufrufen. Schließlich gibt es noch links oben auf der Rückseite die *Wiedergabetaste* ▶ und die *Löschtaste* 🗑.

Und auch der kleine *Fokusmodusschalter* auf der Vorderseite soll nicht unerwähnt bleiben. Er dient der direkten Einstellung der Fokusmodi *S* (Einzel-AF), *C* (Kontinuierlicher AF) und *M* (Manuelle Fokussierung).

Einstellungen im Kameramenü tätigen

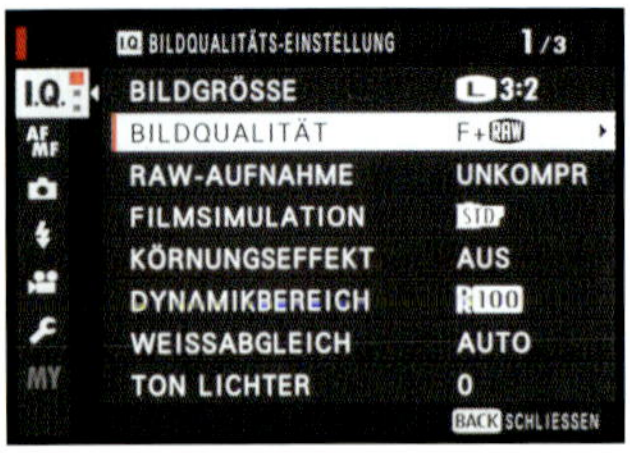

▲ *Menü BILDQUALITÄTS-EINSTELLUNG mit dem ausgewählten Menüpunkt BILDQUALITÄT.*

Das Kameramenü ist die Steuerzentrale Ihrer X-T20. Hier können Sie sowohl allgemeine Einstellungen verändern als auch Aufnahmeeinstellungen anpassen. Drücken Sie dazu die MENU/OK-Taste. Das Menü präsentiert Ihnen auf der linken Seite des Monitors die *Registerkarten* mit den Menüsymbolen. Rechts daneben sind die einzelnen *Menüpunkte* mit der jeweils aktuell gewählten *Einstellung* untereinander aufgelistet. Sollten sich die Menüpunkte über mehrere Monitorseiten erstrecken, ist dies oben rechts abzulesen (hier *1/3*). Mit dem vorderen Einstellrad können Sie dann schnell von einer Seite zu nächsten zu springen.

Das Menü gliedert sich in die folgenden Teilbereiche:

- Die *Bildqualitäts-Einstellung* I.Q. enthält alle Funktionen, die sich auf die Aufnahmequalität und die Bildgestaltung hinsichtlich Kontrast, Farbe und Schärfe auswirken, sowie die Option, eigene Aufnahmeeinstellungen zu speichern.

- Im Menü *AF/MF-Einstellung* sind alle Funktionen aufgelistet, die mit dem Scharfstellen zu tun haben.
- Mit Funktionen im Bereich *Aufnahme-Einstellung* können Sie einige grundlegende Kamerafunktionen anpassen, wie etwa den Selbstauslöser aktivieren, den Stabilisator ein- oder ausschalten oder die ISO-Automatik anpassen.
- Im Menü *Blitz-Einstellung* finden Sie alle Einstellungen, die bei der Verwendung eines Blitzgerätes verfügbar sind.
- Unter *Film-Einstellung* werden alle Optionen aufgeführt, die die X–T20 für das Aufnehmen von Videofilmen zu bieten hat.
- Das Menü *Einrichtung* ermöglicht das individuelle Konfigurieren der verschiedenen Kameraparameter und das Konfigurieren von Bedienelementen.
- Das *Mein Menü* MY erlaubt es, ein benutzerdefiniertes Menü einzurichten, das einen schnellen Zugriff auf die am häufigsten verwendeten Funktionen gewährleistet.
- Das *Wiedergabe-Menü* stellt alle Einstellungen zur Verfügung, die für die Wiedergabe von Bildern und Videofilmen von Belang sind. Es wird angezeigt, wenn vor dem Öffnen des Menüs die Wiedergabetaste an der X–T20 betätigt wurde.

Um im Menü die Symbole der Registerkarten anzusteuern, drücken Sie die linke Auswahltaste ◀. Zurück auf die Ebene der Menüpunkte gelangen Sie mit der rechten Auswahltaste ▶. Und wenn Sie weiter nach rechts navigieren, werden die Einstellungsmöglichkeiten des jeweiligen Menüpunkts aufgerufen. Auf allen drei Ebenen wird der gewünschte Eintrag mit den Auswahltasten ▲▼ angesteuert. Wenn Sie eine Menüeinstellung geändert haben, drücken Sie zur Bestätigung entweder die MENU/OK-Taste. Möglich ist aber auch, mit der linken Auswahltaste ◀ im Menü schrittweise rückwärts zu navigieren, die zuvor gewählte Einstellung wird dann ebenfalls übernommen.

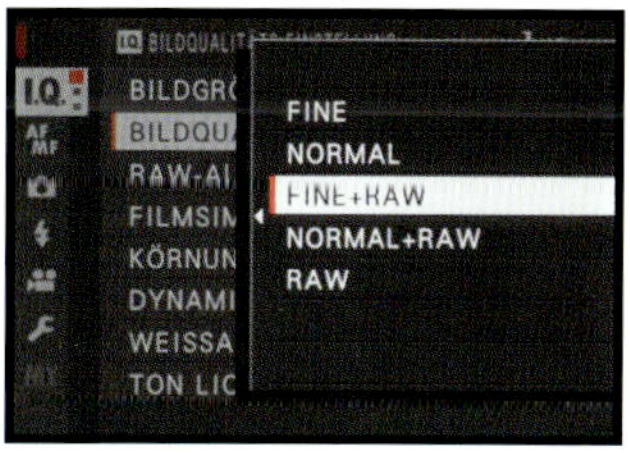

▲ *Auswahl der Einstellung FINE+RAW im Menüpunkt BILDQUALITÄT.*

Wenn Sie die vorherige Einstellung hingegen beibehalten möchten, verwenden Sie die DISP/BACK-Taste zum Zurückgehen. Um das Menü schließlich ganz zu verlassen, tippen Sie einfach kurz den Auslöser an.

Durch die Fülle der Funktionen und den teilweise etwas Labyrinth-artigen Aufbau erscheint das Menü anfangs sicherlich noch etwas unübersichtlich, aber Sie werden sich schnell an die Struktur gewöhnen und die für Sie essenziellen Elemente bald ganz intuitiv ansteuern.

1.4 Die X-T20 mit Akku und Speicherkarte startklar machen

Um die Lebensgeister Ihrer neuen X-T20 zu wecken, ist es als erstes notwendig, ihr etwas Energie zu spendieren. Und die kommt, na klar, aus dem Akku. Geladen wird der neue Akku mit dem beiliegenden Akkuladegerät BC-W126, was circa zweieinhalb Stunden dauert.

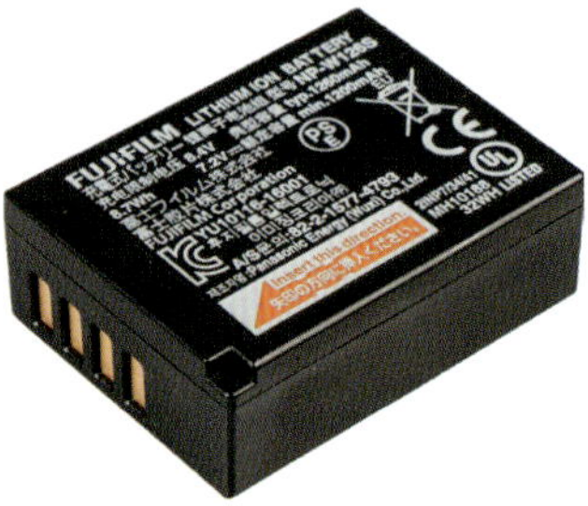

▲ *In der X-T20 können Akkus vom Typ NP-W126 und NP-W126S verwendet werden.*

Am besten nehmen Sie den Akku dann auch gleich wieder aus dem Ladegerät heraus, da sich ein längeres Verweilen im Ladegerät negativ auf die Haltbarkeit und Funktion des Energiespeichers auswirken kann. Auch sollten Sie den Akku möglichst nicht fast (rot) oder vollständig (blinkt rot) entleeren, da sich die Lebensdauer damit zunehmend verkürzen kann.

Der vollgeladene Akku spendet Strom für circa 350 Aufnahmen (Leistung STANDARD) oder etwa 260 Aufnahmen (Leistung H-LEIST). Da die Anzahl der möglichen Aufnahmen sowieso schon nicht hoch ist, empfehlen wir, die Höchstleistung *H-LEIST* nur dann zu verwenden, wenn Sie beispielsweise beim Fotografieren oder Filmen von Action- oder Sportmotiven die höchste AF-Geschwindigkeit und eine schnelle Sucherbildfrequenz benötigen.

Fremdhersteller-Akkus

Der Original-Akku von Fujifilm ist leider nicht gerade günstig. Dennoch sollten Sie sich gut überlegen, Akkus anderer Hersteller zu verwenden, denn es kann vorkommen, dass die X-T20 den Akku nicht akzeptiert. Außerdem kann es bei Schäden durch den fremden Akku zu Problemen mit den Garantieansprüchen kommen.

Häufiges Fokussieren, ohne auszulösen, lange Belichtungszeiten und häufiges Blitzen sowie der Einsatz der WLAN-Funktionen reduziert die tatsächliche Anzahl an Aufnahmen teils erheblich. Nehmen Sie für intensive Fototouren am besten einen Zweit-Akku mit.

Als Speicherkarte für Ihre X-T20 werden SDHC- oder SDXC-Karten (SD = *S*ecure*D*igital) benötigt. Der Steckplatz für die Speicherkarte befindet sich auf der Unterseite direkt hinter dem Akku. Schieben Sie die Karte wie gezeigt in den Schlitz, bis sie mit einem Klick einrastet. Zur Entnahme drücken Sie auf die Karte, sodass sie Ihnen etwas entgegenkommt und entnommen werden kann.

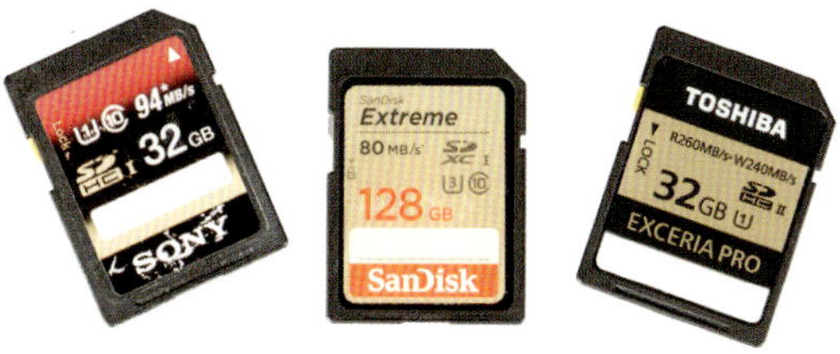

▲ *Mit UHS-1-Speicherkarten von Lexar Media, Kingston, SanDisk, Sony oder Toshiba sollten Sie in Sachen Zuverlässigkeit und Performance stets gut beraten sein.*

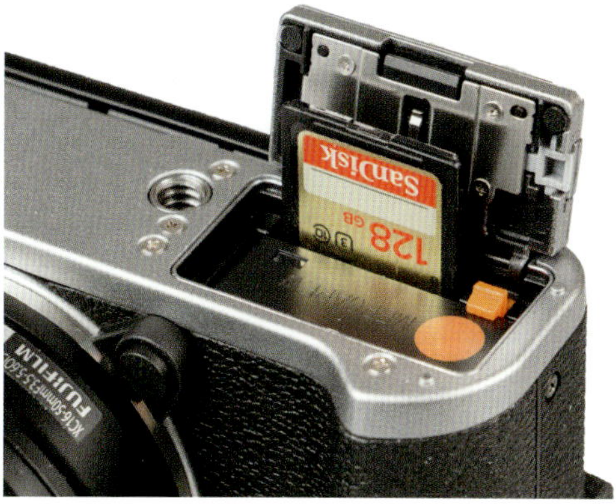

▲ *Einlegen von Akku und Speicherkarte.*

In Bezug auf das Volumen und die Schnelligkeit, mit der die Karten die Daten sichern und auf den Computer übertragen können, empfehlen wir Ihnen für Fotoaufnahmen und Videos bis zum Format Full-HD eine UHS-1-Karte der Geschwindigkeitsklasse 1 (U1) mit 16, 32, 64, 128 GB oder 256 GB Speicherkapazität. Speicherkarten des älteren Standards Class 10 (C10) lassen sich aber auch noch verwenden. Zum Aufnehmen von 4K-Videos empfiehlt Fujifilm UHS-1-Speicherkaten der Geschwindigkeitsklasse 3 (U3), was aber nicht zwingend notwendig ist (lesen Sie dazu mehr im Kasten auf Seite 205).

Speicherkarten, die Sie zum ersten Mal in der X–T20 verwenden oder die zuvor in einer anderen Kamera eingesetzt wurden, sollten vor dem Gebrauch formatiert werden. Steuern Sie dazu im Menü Einrichtung den Eintrag *BENUTZER-EINSTELLUNG* und darin die Option *FORMATIEREN* an. Bestätigen Sie die Sicherheitsabfrage, indem Sie die Schaltfläche OK auswählen und mit der MENU/OK-Taste bestätigen.

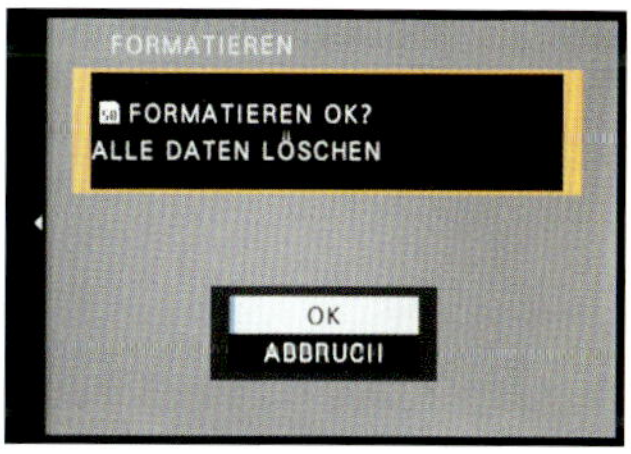

▲ *Das Formatieren der Speicherkarte ist auch die schnellste Methode, um alle Bilder und Videofilme zu löschen.*

Mit dem Formatieren werden sämtliche Daten auf der Speicherkarte gelöscht. Sie können später nur noch mit spezieller Software ohne eine Garantie auf Vollständigkeit wieder zurückgeholt werden (z. B. Recuva, CardRecovery, Wondershare Data Recovery). Sichern Sie also vorher alle wichtigen Dateien.

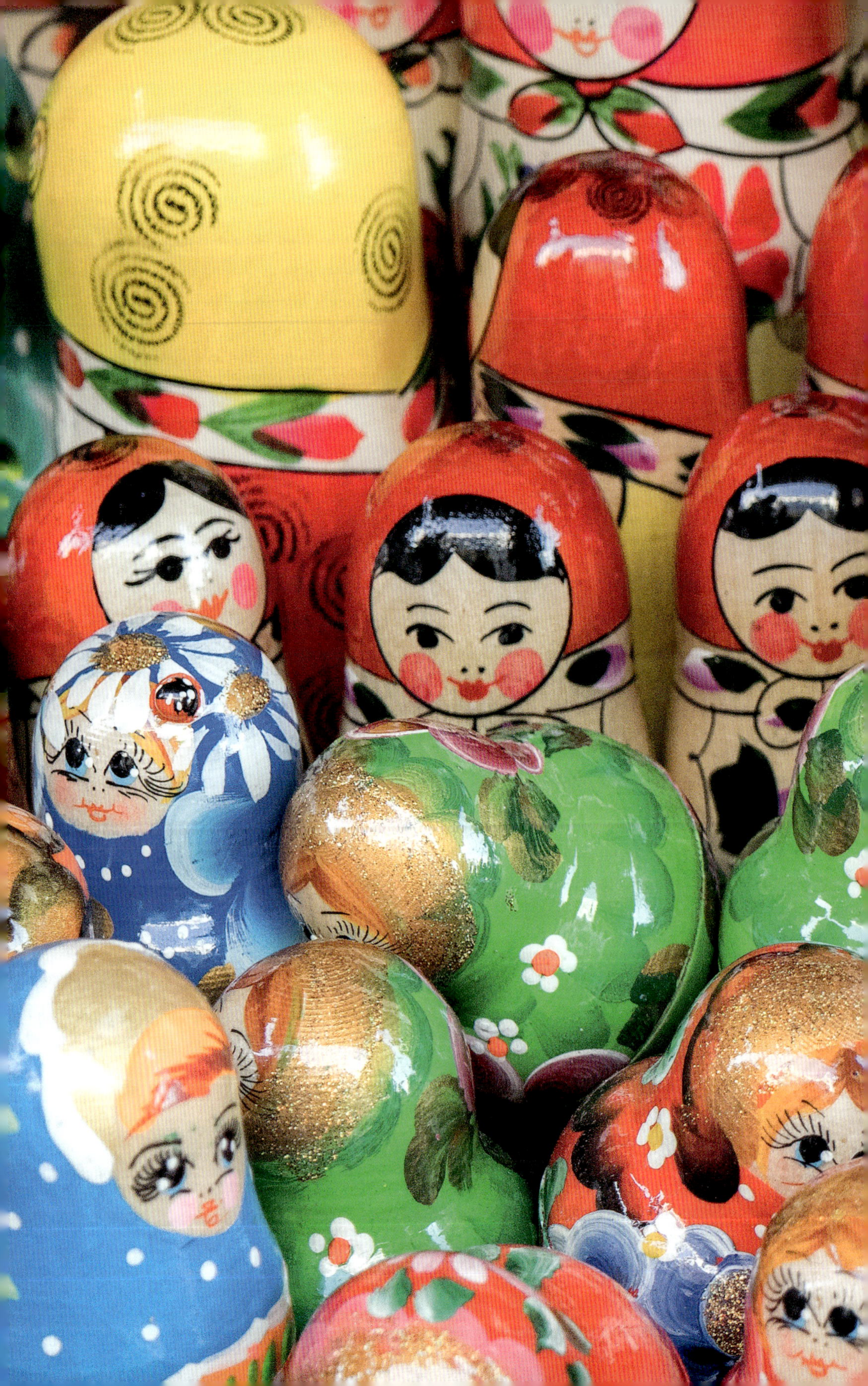

Bilder aufnehmen und betrachten

Mit der Vollautomatik der X–T20 gelingt der Einstieg in die Systemkamera-Fotografie auf angenehme Weise, denn die Kamera passt alle benötigten Aufnahmewerte automatisch an die Motive an. Mit den erweiterten Filtern erzielen Sie überdies spannende Effekte. Und damit anschließend nur die besten Bilder optisch ansprechend präsentiert werden, erfahren Sie im Anschluss, wie Sie die X–T20 von der Bildbewertung über die einfache Wiedergabe bis hin zur Diaschau-Präsentation am TV-Gerät verwenden können.

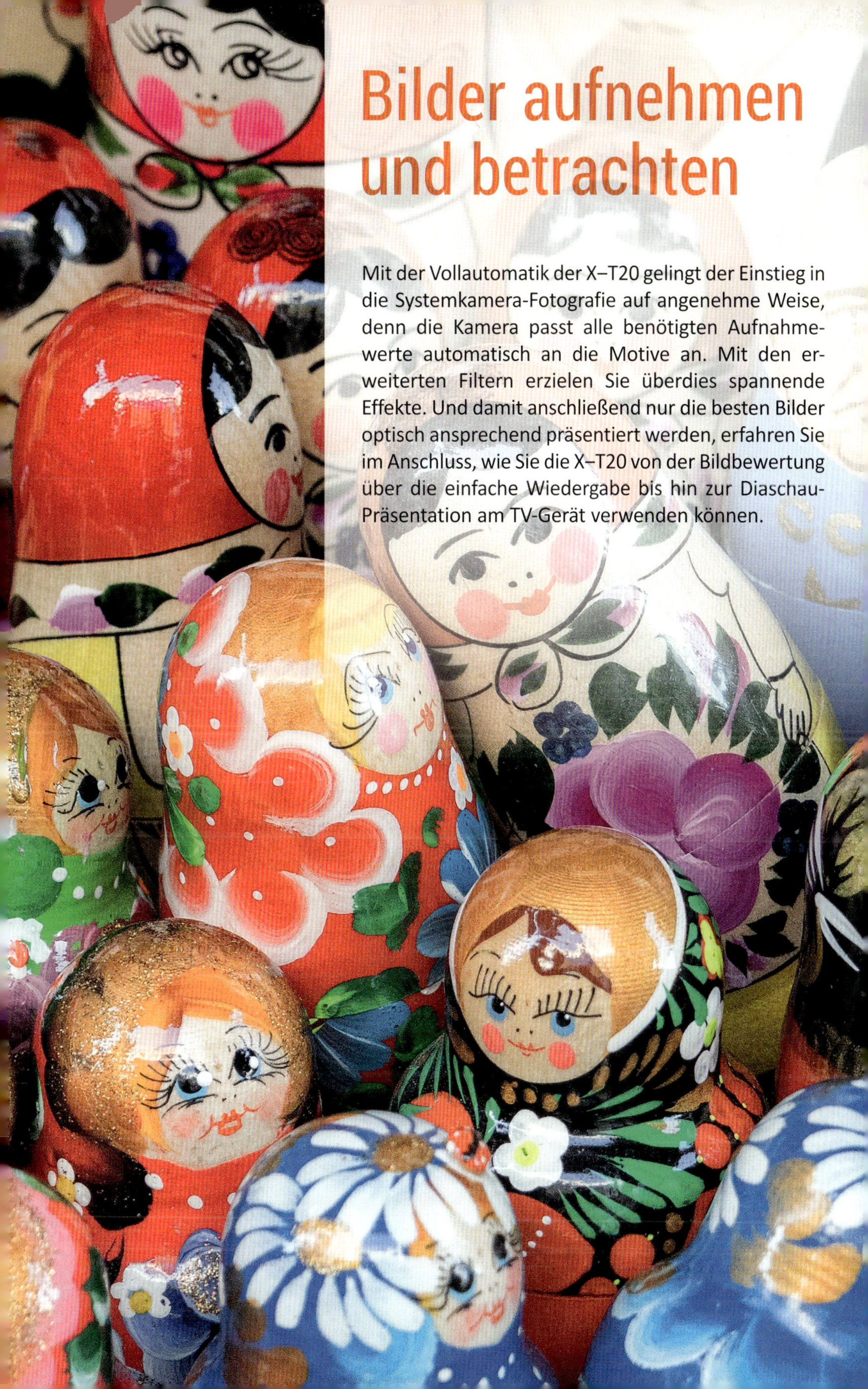

2.1 Wissenswertes über die Bildqualität

Bevor es mit dem Fotografieren so richtig losgeht, ist es sinnvoll, einen kurzen Blick auf die verfügbaren Bildqualitäten und Bildgrößen der X–T20 zu werfen. Zur Verfügung stehen im Menü Bildqualitäts-Einstellung I.Q. unter *BILDGRÖSSE* die JPEG-Optionen L, M und S in den Seitenverhältnissen 3:2, 16:9 und 1:1. Die möglichen Kombinationen sind sehr übersichtlich aufgelistet, sodass Sie sicherlich schnell die gewünschte Vorgabe finden werden.

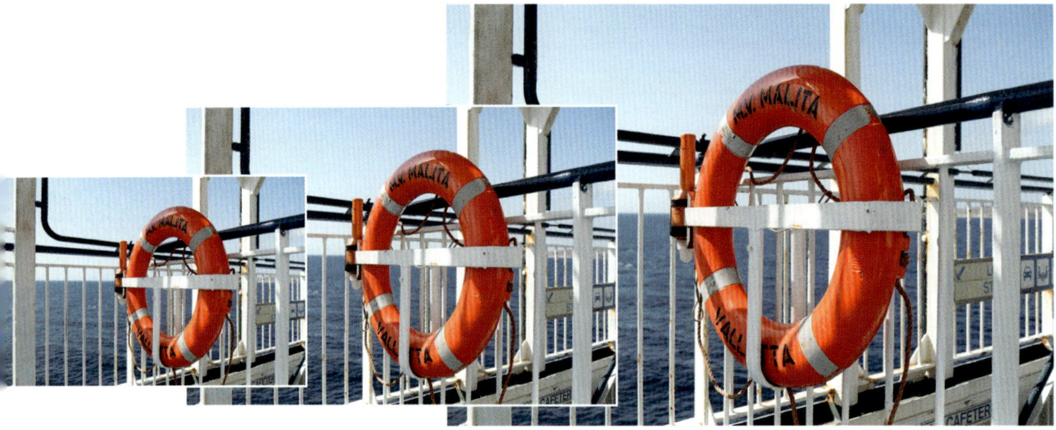

▲ *Die drei Bildgrößen S, M und L der X–T20 im Seitenverhältnis 3:2.*

Dabei entspricht das standardmäßig eingestellte Verhältnis 3:2 dem klassischen Kleinbildformat, wie Sie es eventuell noch aus der analogen Fotografie kennen. 16:9 ist das ideale Format, um die Bilder auf einem modernen Flachbildschirm wiederzugeben. Der geänderte Bildausschnitt wird im Sucher und auf dem Monitor anhand schwarzer Bildränder verdeutlicht.

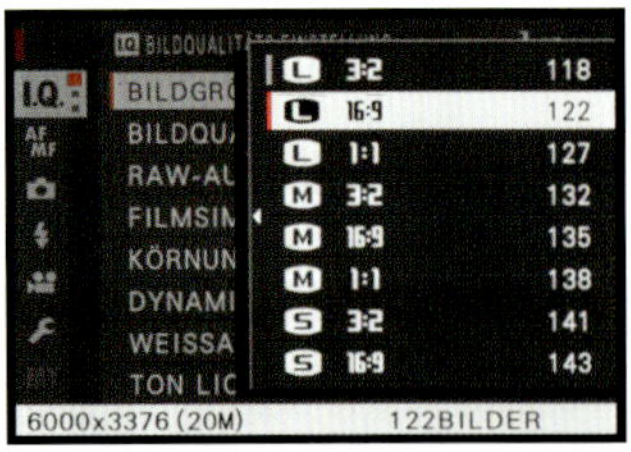

▲ *Auswahl von Bildgröße und Seitenverhältnis. Die Anzahl an möglichen Bildern ist jeweils mit angegeben.*

Bei JPEG-Fotos sind die beschnittenen Ränder allerdings für immer verloren. Im Fall von RAW-Aufnahmen werden die Seitenverhältnisinformationen verlustfrei gespeichert. Die Bildausschnitte 16:9 und 1:1 sind dann zwar nicht wählbar, später bei der Konvertierung der Datei mit der von Fujifilm zur Verfügung gestellten Software RAW FILE CONVERTER EX können Sie die RAW-Datei aber ohne Weiteres auch in diesen Seitenverhältnissen entwickeln. Auch mit anderen Konvertern, wie zum Beispiel Adobe Lightroom, ist dies möglich.

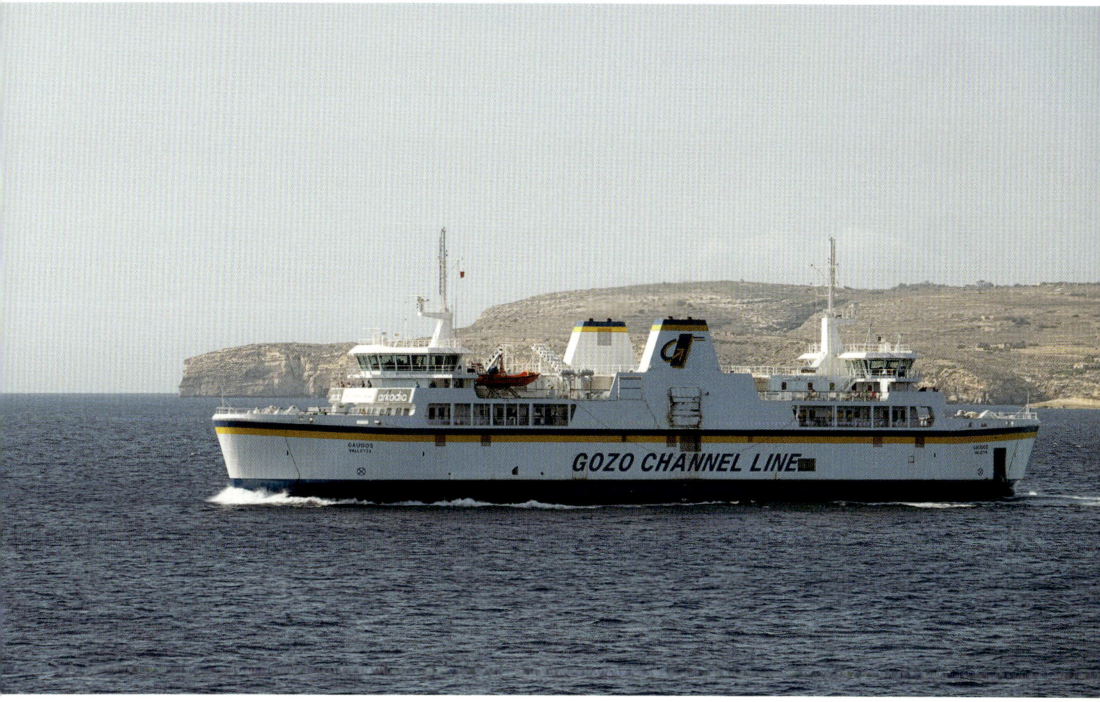

126 mm | f/4 | 1/2700 Sek. | ISO 200

▲ *Bild im Seitenverhältnis 16:9*

Im Bereich *BILDQUALITÄT* aus dem Menü Bildqualitäts-Einstellung **I.Q.** können Sie wählen, ob die X T20 die Aufnahmen im JPEG- oder RAW-Format abspeichert. Der Begriff JPEG taucht dabei in der Auswahl nicht auf, sondern wird durch die beiden möglichen Kompressionsstufen *FINE* und *NORMAL* dargestellt. Dabei liefert die Option *FINE* die bestmögliche Auflösung und Schärfe und somit die höchste Qualität. Die Kompressionsstufe *NORMAL* produziert Dateien, die ca. 1,5-fach kleiner sind, was sich bei nachträglich nicht weiter bearbeiteten Bildern optisch aber kaum bemerkbar macht. Außerdem ist es möglich, *RAW* mit *FINE* oder *NORMAL* zu kombinieren, dann werden beide Formate parallel abgespeichert.

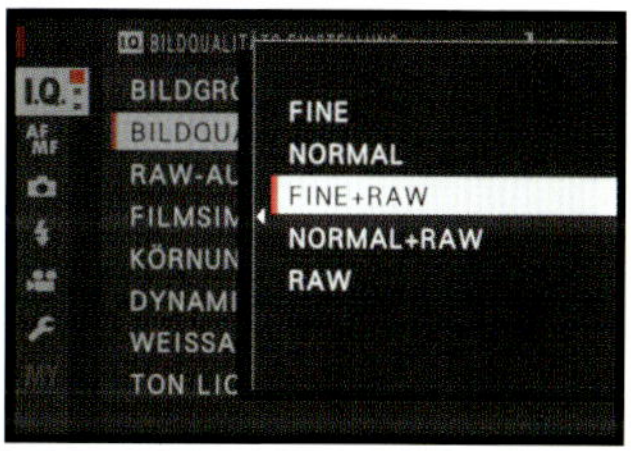

▲ *Auswahl der Kombination FINE+RAW.*

In der folgenden Tabelle haben wir Ihnen einmal die verschiedenen Formate zusammengefasst. Darin finden Sie auch die jeweilige Anzahl an Aufnahmen in den möglichen Seitenverhältnissen, die auf eine 32-GB-Speicherkarte passen würden.

Bildgröße	Pixelmaße	Bilder auf 32-GByte-Karte		Druckbare Größe (Auflösung 300 dpi)
		FINE	NORMAL	
L 3:2	6000 × 4000	2215	3316	50,8 × 33,9 cm
M 3:2	4240 × 2832	4402	3316	35,9 × 23,9 cm
S 3:2	3008 × 2000	8689	12752	25,5 × 16,9 cm
L 16:9	6000 × 3376	2624	3927	50,8 × 28,6 cm
M 16:9	4240 × 2384	5222	7731	35,9 × 20,2 cm
S 16:9	3008 × 1688	10228	12752	25,5 × 14,3 cm
L 1:1	4000 × 4000	3316	4933	33,9 × 33,9 cm
M 1:1	2832 × 2832	6545	9721	23,9 × 23,9 cm
S 1:1	2000 × 2000	12920	15105	16,9 × 16,9 cm
RAW (UNKOMPRIMIERT)	6000 × 4000	637		50,8 × 33,9 cm
RAW (VERLUSTFR. KOMPRESSION)	6000 × 4000	1272		50,8 × 33,9 cm

▲ *JPEG- und RAW-Formate (Bildanzahl ermittelt bei ISO 200).*

JPEG liefert optimale Bildresultate, wenn die Lichtverhältnisse ausgewogen sind und die Kontraste nicht zu hart erscheinen. Bei kontrastreicheren Motiven, Aufnahmen im Gegenlicht oder auch leichten Fehlbelichtungen können in JPEG-Fotos jedoch überstrahlte Bereiche auftauchen, die sich nachträglich kaum mehr retten lassen. Das RAW-Format besitzt mehr Reserven, sodass die Bilder umfassender optimiert werden können. Damit lassen sich selbst gut belichtete JPEG-Fotos in ihrer Wirkung noch weiter übertreffen. Das RAW-Format können wir Ihnen daher wärmstens empfehlen.

RAW-Komprimierung

Auch das RAW-Format kann bei der X–T20 in zwei Kompressionsstufen gespeichert werden. Zu deren Auswahl öffnen Sie im Menü Bildqualitäts-Einstellung **I.Q.** den Eintrag ***RAW-AUFNAHME***. Mit ***UNKOMPRIMIERT*** werden die RAW-Dateien unverändert abgespeichert und sind im Schnitt etwa 50 MB groß. Mit der ***VERLUSTFR. KOMPRESSION*** schrumpft die Dateigröße auf etwa 25 MB, sodass etwa doppelt so viele Aufnahmen auf die Speicherkarte passen. Die Dateien werden dabei über einen reversiblen Algorithmus komprimiert. Sie können später mit dem RAW FILE CONVERTER EX ohne Informationsverlust ausgelesen werden. Eine nützliche Funktion, bei der allerdings zu beachten ist, dass der verwendete RAW-Konverter in der Lage sein muss, dieses Format auch zu bearbeiten. Adobe Lightroom ist dazu beispielsweise in der Lage, im Falle anderer Programme prüfen Sie dies am besten vorab anhand von Testaufnahmen beider RAW-Vorgaben.

2.2 Sofort starten mit dem Auto Modus

Wenn Sie gleich mit dem Fotografieren loslegen möchten, sich aber mit den verschiedenen Aufnahmeprogrammen der X–T20 noch nicht auseinandergesetzt haben, ist der *Auto Modus* bestens geeignet. In diesem Programm übernimmt die X–T20 alle wichtigen Einstellungen selbst, wie die Blende, die Belichtungszeit und den ISO-Wert, und stimmt auch alle anderen Aufnahmewerte wie die Farben und den Kontrast auf bestimmte Fotosituationen ab.

50 mm | f/5,6 | 1/80 Sek. | ISO 125

▼ *Der Auto Modus der X–T20 hat das Riesenrad farbintensiv und kontrastreich dargestellt, was zu diesem Motiv auch gut passte.*

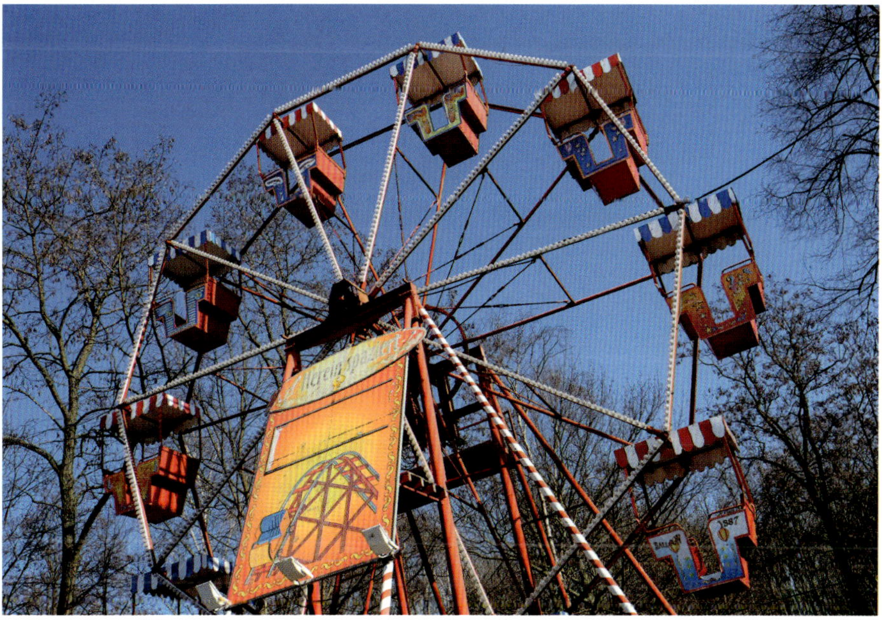

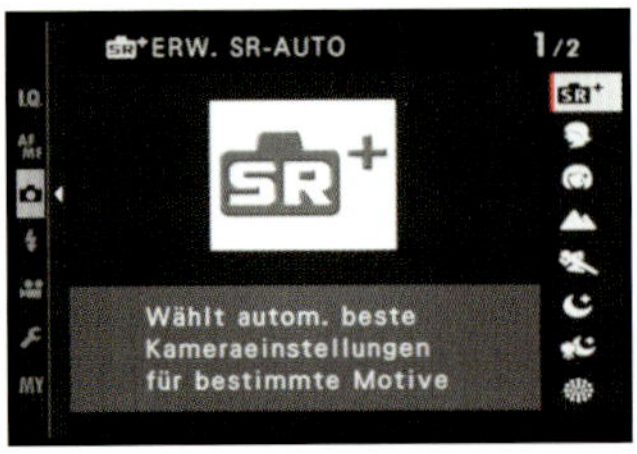

▲ *Die Vollautomatik mit Szenenerkennung aktivieren, ERW. SR-AUTO.*

Um die Automatik einzusetzen, drehen Sie das Einstellrad für die Aufnahmebetriebsart auf Einzelbild *S* ① und schieben den Auto Modus-Auswahlschalter auf die Position *AUTO* ②. Sorgen Sie zudem dafür, dass der Modus *ERW. SR-AUTO* aktiviert ist (SR = Szenenerkennung, Scene Recognition), indem Sie am vorderen Einstellrad drehen oder im Menü Aufnahme-Einstellung den Eintrag *MOTIVWAHL* öffnen und den Modus darin vorgeben.

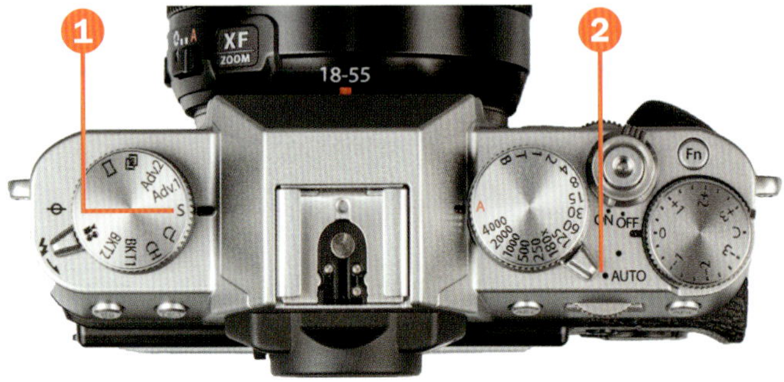

▶ *Einschalten des Auto Modus.*

Wenn Sie die X–T20 anschließend auf Ihr Motiv ausrichten, werden alle wichtigen Belichtungseinstellungen automatisch an die jeweilige Situation angepasst. Auf diese Weise wird zum Beispiel eine Landschaft farbintensiver und mit einem höheren Kontrast aufgenommen als ein Porträt. Die X–T20 registiert hierbei die Entfernung zum Objekt (Landschaft, Makro), ob Gesichter im Bildausschnitt zu sehen sind (Porträt, Gegenlichtporträt), ob sich Objekte bewegen, wie hell die Szene insgesamt ist (Tag, Nacht) und wie der Hintergrund beschaffen ist (z. B. blauer Himmel, Sonnenuntergang).

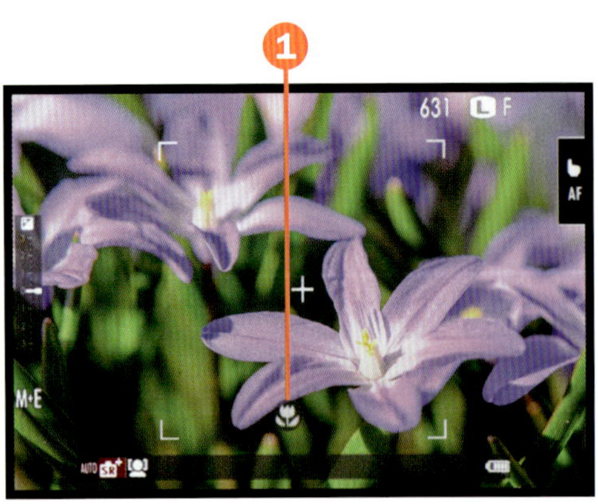

▲ *Die X–T20 hat zum Motiv passend eine Makrosituation erkannt.*

Welche Motivszene die X–T20 erkannt hat, können Sie am eingeblendeten runden Symbol ① im Monitor oder Sucher ablesen: Auto, Landschaft, Makro, Bewegliches Objekt, Porträt, Porträt & Bewegung, Gegenlichtporträt, Gegenlichtporträt & Bewegung, Nacht, Nacht (Stat.), Sonnenuntergang, Strand, Schnee, Himmel, Vegetation oder Himmel & Vegetation. Welche Besonderheiten sich hinter den verfügbaren Motivszenen verbergen, erfahren Sie am Ende dieses Abschnitts.

> **Auf den Stromverbrauch achten**
>
> Im Auto Modus SR+ ist der Vor-Autofokus *PRE-AF* der X–T20 permanent aktiv. Daher verbraucht die Kamera auch dann Strom, wenn gerade nicht fotografiert wird, der Monitor aber noch eingeschaltet ist. Ein wenig Akkuladung lässt sich sparen, indem Sie die Zeit bis zur automatischen Abschaltung im Menü Einrichtung /*POWER MANAGEMENT/AUTOM. AUS* reduzieren, zum Beispiel auf 30 Sekunden. Dann schaltet sich die X–T20 schneller ab. Sie kann aber durch Antippen des Auslösers auch flink wieder aktiviert werden.

Verlassen Sie sich aber nicht zu sehr auf die automatische Szenenerkennung, denn es kann durchaus vorkommen, dass die X–T20 das Motiv nicht richtig interpretiert und die Farben und Helligkeit des Bildes dadurch nicht optimal dargestellt werden. Dann haben Sie jedoch die Möglichkeit, selbst eine Motivszene vorzugeben.

Drehen Sie dazu wieder am vorderen Einstellrad oder öffnen Sie im Menü Aufnahme-Einstellung die Option *MOTIVWAHL* und suchen Sie sich aus den 14 Vorgaben die passende Szene aus: Porträt, Haut-Korrektur, Landschaft, Sport, Nacht, Nacht (Stat.), Feuerwerk, Sonnenuntergang, Schnee, Strand, Tauchen, Party, Blumen oder Text TEXT. Auch zu diesen Vorgaben erfahren Sie am Ende dieses Abschnitts mehr Einzelheiten.

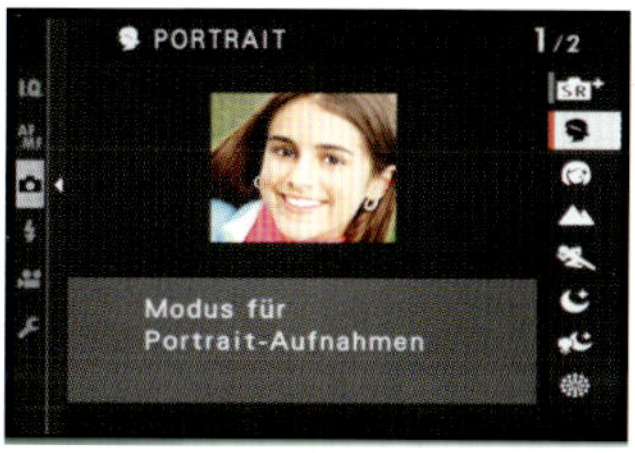

▲ *Sechs Motivszenen stehen zur Wahl.*

Eine festgelegte Motivvorgabe zu verwenden kann auch dann sinnvoll sein, wenn Sie eine Reihe von Bildern der gleichen Szene fotografieren. Damit wird vermieden, dass die Automatik SR+ gegebenenfalls unterschiedliche Szenetypen anwendet und die Bilder dadurch ungleichmäßig aussehen.

Die Motivszenen in der Übersicht

Die Motivarten der automatischen Szenenerkennung im Modus ERW. SR-AUTO SR+ und die per MOTIVWAHL festgelegten Szenen überschneiden sich teilweise. Daher fassen wir die Eigenschaften aller verfügbaren Szenetypen in diesem Abschnitt zusammen. Damit haben Sie einen guten Überblick über die Motivarten, die Ihnen im Auto Modus der X–T20 begegenen können, und sehen schnell, wie Sie sie am besten für sich nutzen können:

Auto

Wird angezeigt, wenn die X–T20 im Modus SR+ keine bestimmte Motivszene zuordnen kann. Die Ergebnisse ähneln Bildern aus der Programmautomatik (P).

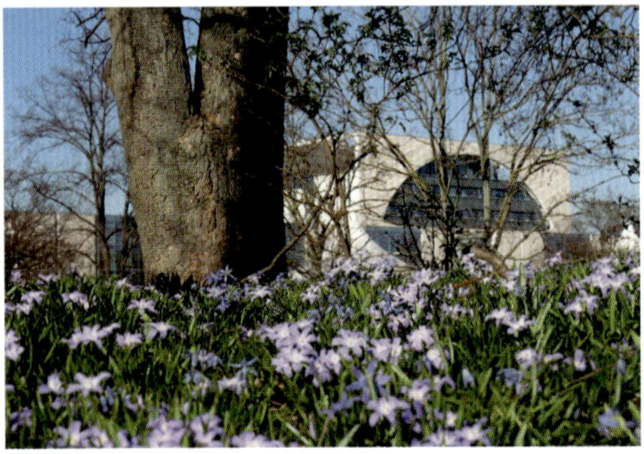

▲ *Motivszene Landschaft.*

Landschaft / Motivwahl Landschaft

Landschafts- und Architekturmotive werden mit leuchtenden Farben und kräftigem Kontrast dargestellt. Durch Anbringen eines zirkularen Polfilters können Sie den Kontrast darüber hinaus noch weiter verbessern und zum Beispiel Wolken vor einem tiefblauen Himmel plastischer darstellen. Die Schärfentiefe kann bei schwächerem Licht aber gering ausfallen, da die X–T20 dann niedrige Blendenwerte einstellt. Für mehr Schärfentiefe könnten Sie alternativ im Modus Blendenvorwahl (A) vom Stativ aus fotografieren.

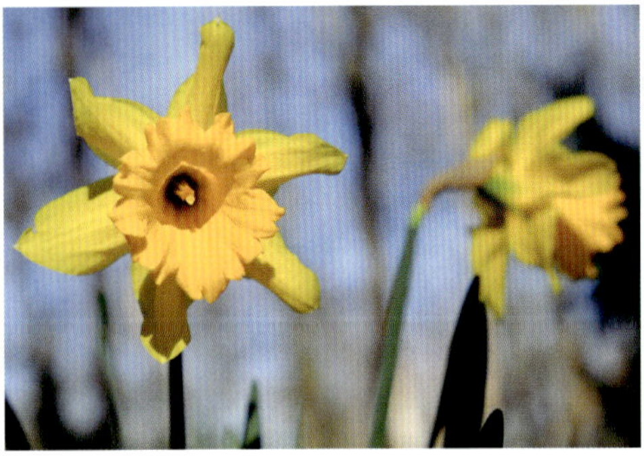

▲ *Motivszene Makro.*

Makro / Motivwahl Blumen

Motive mit dichtem Aufnahmeabstand zur X–T20 werden möglichst exakt fokussiert. Die Fokusposition wird jedoch automatisch gewählt, sie kann auch nicht per Touchscreen geändert werden, und liegt daher in der Regel auf der zur Kamera nächstgelegenen Position. Wenn Sie das gewünschte Detail nicht scharf stellen können, wechseln Sie zum manuellen Fokus (Fokusmodusschalter auf der Kameravorderseite auf *M*) und stellen über den Fokussierring des Objektivs scharf. Wenn Ihnen die Schärfentiefe zu hoch ist – die X–T20 wählt in heller Umgbung mittlere Blendenwerte – können Sie auf die Blendenvorwahl (A) umschalten und mit einem geringeren Blendenwert eine noch bessere Freistellung des Hauptmotivs vor unscharfem Hintergrund erzielen.

Bewegliches Objekt / Motivwahl Sport

Mit möglichst kurzen Belichtungszeiten werden Objekte in Bewegung scharf dargestellt. Die grünen Fokussierpunkte, die beim Drücken des Auslösers auf den ersten Druckpunkt erscheinen, folgen dem Objekt standardmäßig aber nicht durch den Bildausschnitt, sodass die Schärfe gegebenenfalls nicht optimal auf dem Hauptmotiv liegt. Im Falle der Motivwahl Sport können Sie jedoch den kontinuierlichen Autofokus AF-C einschalten (Fokusmodusschalter auf *C*). Zielen Sie damit über die Bildmitte auf Ihr Hauptmotiv und halten Sie den Auslöser auf halber Stufe. Die Fokussierpunkte verfolgen das Objekt nun so gut es geht innerhalb des weißen Eckrahmens der Autofokus-Zone. Lösen Sie im richtigen Moment aus oder nehmen Sie gleich eine ganze Bilderserie auf, indem Sie vorab das Einstellrad für die Aufnahmebetriebsart auf die langsame *CL* oder schnelle Serienaufnahme *CH* gedreht haben.

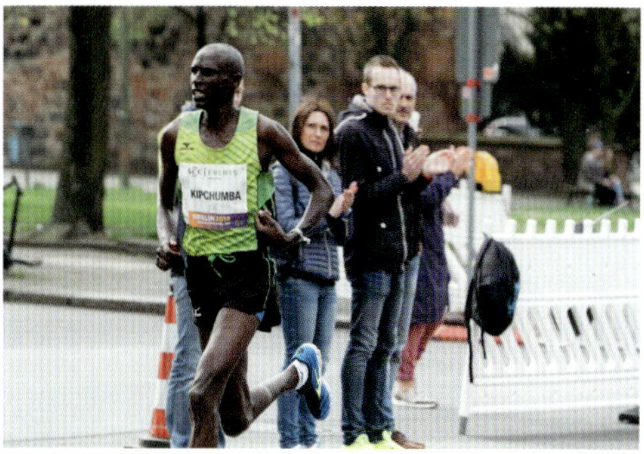

▲ *Motivszene Sport.*

Porträt / Motivwahl Porträt

Gesichter im Bildausschnitt werden mit der Gesichtserkennung schnell erfasst und gezielt fokussiert. Außerdem werden die Helligkeit, der Kontrast (Dynamik 200% bei ISO 400 und höher) und die Farben optimal auf die Hauttöne abgestimmt. Wenn Sie die Schärfe bei einem formatfüllenden Gesicht noch exakter auf ein bestimmtes Auge legen möchten, können Sie im Menü AF/MF-Einstellung AF MF bei *GES./AUGEN-ERKENN.-EINST.* eine entsprechende Vorgabe wählen.

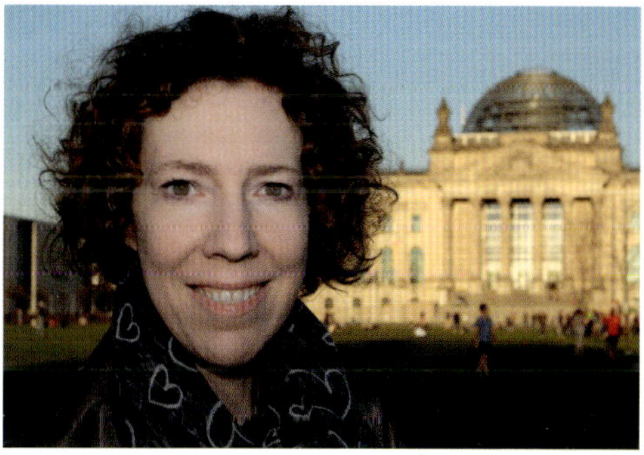
▲ *Motivszene Porträt mit Aufhellung durch den eingebauten Blitz.*

Motivwahl Haut-Korrektur

Die Funktionsweise entspricht dem des Porträt-Modus. Zusätzlich wird die Haut aber durch kamerainterne Bildbearbeitung weichgezeichnet. Damit verschwinden unerwünschte Hautunreinheiten oder Fältchen. Die X–T20 wendet die Weichzeichnung zum Glück nur moderat an, vor allem dann, wenn der Blitz zugeschaltet wurde, sodass die Natürlichkeit des Porträts gewahrt bleibt. Bei

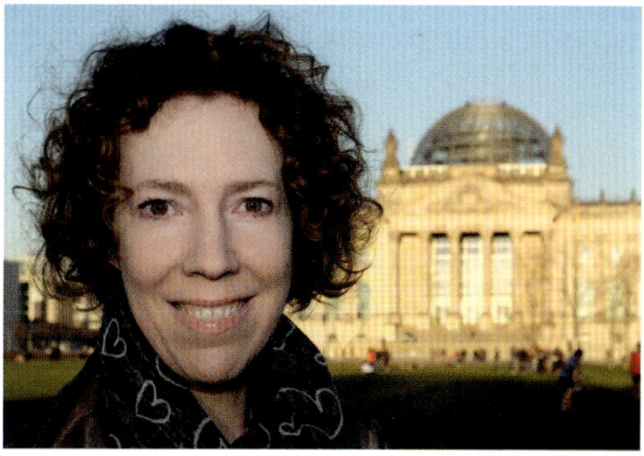
▲ *Motivszene Haut-Korrektur mit Aufhellung durch den eingebauten Blitz.*

jungen Gesichtern kann das Ergebnis aber durchaus auch zu glatt und wächsern wirken. Nehmen Sie daher am besten auch ein Bild ohne Hautkorrektur auf, dann können Sie später entscheiden, welche Version Ihnen oder Ihrem Model mehr zusagt.

Porträt & Bewegung

Die Eigenschaften der Modi Porträt und Bewegliche Objekte werden kombiniert, sodass erkannte Gesichter von Menschen in Bewegung mit einer kürzeren Belichtungszeit möglichst scharf dargestellt werden können.

Gegenlichtporträt

Erkannte Gesichter, die aufgrund von Gegenlicht im Schatten liegen, werden etwas heller dargestellt als es im Standardmodus der Fall wäre. Um den Kontrast darüber hinaus noch weiter zu verbessern, können Sie den eingebauten Blitz ausklappen. Verwenden Sie den Blitzmodus *AUTO-BLITZ*, um der X–T20 selbst zu überlassen, ob geblitzt wird oder nicht, oder stellen Sie die Vorgabe *STANDARD* (Aufhellblitz) ein, um auf jeden Fall zu blitzen. Die Optionen finden Sie im Menü Blitz-Einstellung /*EINSTELLUNG BLITZFUNKTION* und *TTL MODE* (siehe auch ab Seite 150).

Gegenlichtporträt & Bewegung

Erkannte Gesichter im Gegenlicht werden möglichst hell dargestellt und gleichzeitig wird die Bewegung der Personen mit einer kurzen Belichtungszeit scharf abgebildet. Mit dem Blitz lässt sich auch hier die Schattenaufhellung optimieren.

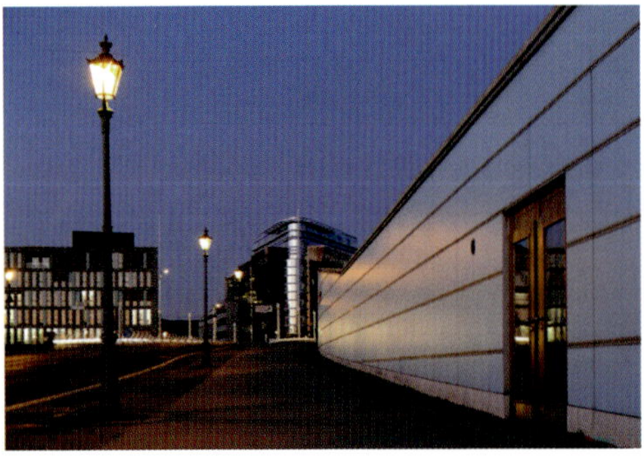

▲ *Motivszene Nacht, Freihandaufnahme.*

Nacht / Motivwahl Nacht

Dieser Modus eigent sich für Freihandaufnahmen in dunkler Umgebung. Die X–T20 stellt eine Kombination aus möglichst kurzer Belichtungszeit und moderat erhöhter Lichtempfindlichkeit (bis ISO 3200) ein, um verwacklunsfreie Aufnahmen ohne Bildrauschen zu erzeugen. Wenn Sie den eingebauten Blitz ausklappen, eignet sich dieser Modus hervorragend für schöne Nachtporträts, da die Gesichtserkennung ebenfalls aktiv ist.

Nacht (Stat.) / Motivwahl Nacht (Stat.)

Nachtaufnahmen werden mit geringen ISO-Werten von 200–400 und entsprechend verlängerten Belichtungszeiten in hoher Qualität aufgenommen. Verwenden Sie unbedingt ein Stativ oder legen Sie die X-T20 auf einer stabilen Unterlage ab und schalten Sie den Bildstabilisator bei Objektiven mit OIS aus. Um absolut verwacklungsfrei auszulösen, empfiehlt sich der 2-Sek.-Selbstauslöser oder ein Fernauslöser, oder Sie starten die Belichtung mit der Touch-Aufnahme durch sanftes Antippen des Monitors (siehe Seite 116).

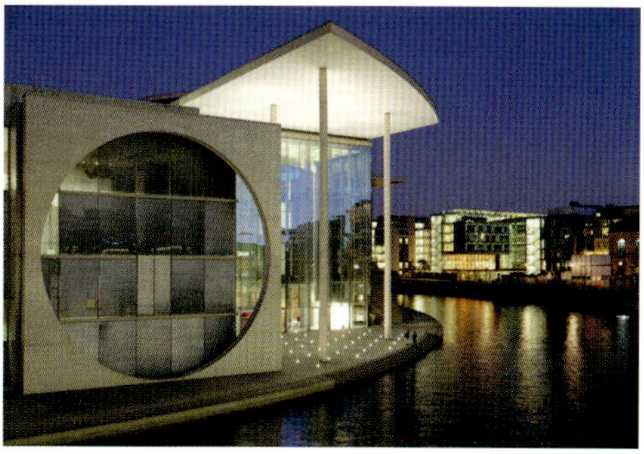

▲ *Motivszene Nacht (Stativ). Durch die längere Belichtungszeit wirkt das Wasser angenehm verwischt und ruhig.*

Sonnenuntergang / Motivwahl Sonnenuntergang

Das Bild wird um etwa 2 Stufen knapper belichtet und die Farben werden durch eine Weißabgleichverschiebung wärmer dargestellt, sodass die Sonne nicht allzu stark überstrahlt und die Rot-Orange-Töne farbintensiv wiedergegeben werden.

Strand / Motivwahl Strand

Strandmotive werden minimal heller abgebildet, sodass die sonnige Atmosphäre auch in den Bildern zum Ausdruck kommt. Für einen kräftigen Kontrast wird allerdings ein reduzierter Kontrastumfang (Dynamik) eingestellt. Dies kann schnell dazu führen, dass weiße Motivbereiche strukturlos überstrahlen. Eine noch bessere Wirkung können Sie erzielen, wenn Sie die Programmautomatik (P) einstellen, die Aufnahme um +2/3 bis +1 Stufe überbelichten, die ISO-Automatik wählen und den Dynamikbereich auf 400% setzen.

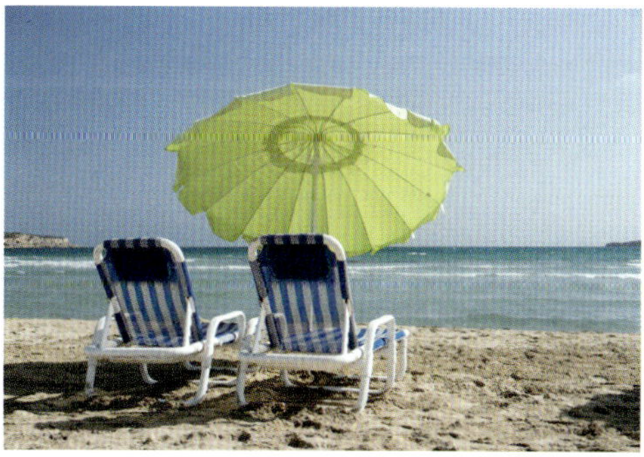

▲ *Motivszene Strand.*

Schnee / Motivwahl Schnee

Dieser Modus zielt wie der Modus Strand auf ein frisches, helles Bild ab, allerdings mit einem minimal dunkleren Ergebnis. Daher werden möglicherweise Belichtungskorrekturen in den Plusbereich notwendig sein, um den weißen Schnee auch wirklich weiß abzubilden. Um Bewegungen scharf einzufangen, wird die Belichtungszeit etwas kürzer gehalten als bei Strand und im Gegenzug der ISO-Wert erhöht.

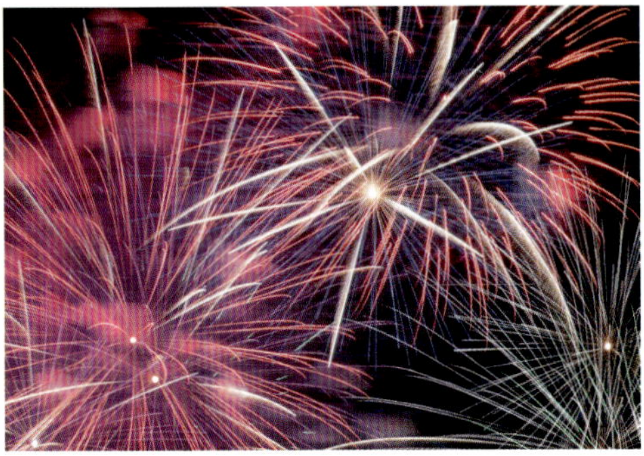

▲ *Motivszene Feuerwerk.*

Motivwahl Feuerwerk

Damit die Raketenlichter leuchtende Spuren im Bild hinterlassen, wird die Belichtungszeit auf lange 2 Sekunden fixiert. Fotografieren Sie daher auf jeden Fall vom Stativ aus und schalten Sie den Bildstabilisator bei Objektiven mit OIS aus. Damit nichts verwackelt, können Sie die Aufnahme sanft durch Antippen des Monitors starten (Touch-Aufnahme). Der Autofokus wird übrigens auf unendlich eingestellt, was in den meisten Fällen auch zu optimal scharfen Feuerwerksspuren führt. Sie können die Scharstellung aber mit dem manuellen Fokus selbst anpassen. Dank eines wärmeren Weißabgleichs werden die Farben auch nicht zu kühl interpretiert.

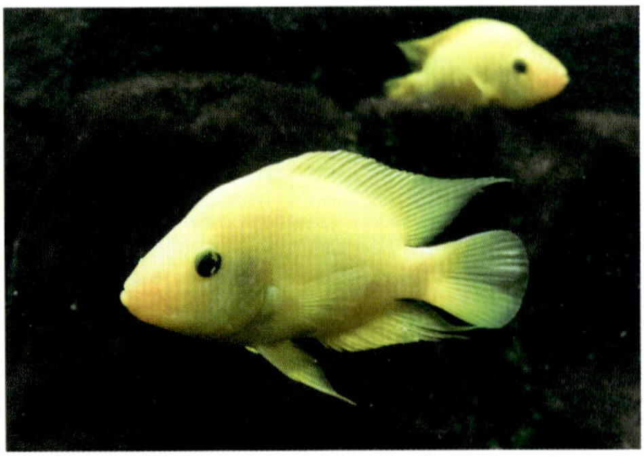

▲ *Motivszene Tauchen.*

Motivwahl Tauchen

Die Bildfarben werden über einen angepassten Weißabgleich so eingestellt, dass Blaustiche bei Unterwasseraufnahmen reduziert werden. Damit eignet sich dieser Modus auch für Aufnahmen in größeren Aquarienbecken. Allerdings ist die Belichtungszeit oft zu lang, sodass die umher schwimmenden Fische bewegungsunscharf abgebildet werden. Stellen Sie dann besser die Zeitvorwahl (S) ein, wählen eine Belichtungszeit von 1/80 Sek. oder kürzer, die Weißabgleichvorgabe Tauchen und die ISO-Automatik mit einer Max. Empfindlichkeit von ISO 6400.

Motivwahl Party

Mit einer relativ kurzen Belichtungszeit können nicht allzu schnelle Bewegungen scharf eingefangen werden. Gleichzeitig sorgt die erhöhte Lichtempfindlichkeit des Sensors, die bis ISO 6400 ansteigen kann, für eine adäquate Helligkeit von Vorder- und Hintergrund. Wenn Sie den eingebauten Blitz zuschalten, können Sie die Partygäste noch prägnanter in Szene setzen. Der Hintergrund bleibt dabei angenehm hell, sodass ein harmonischer Kontrast erzeugt wird.

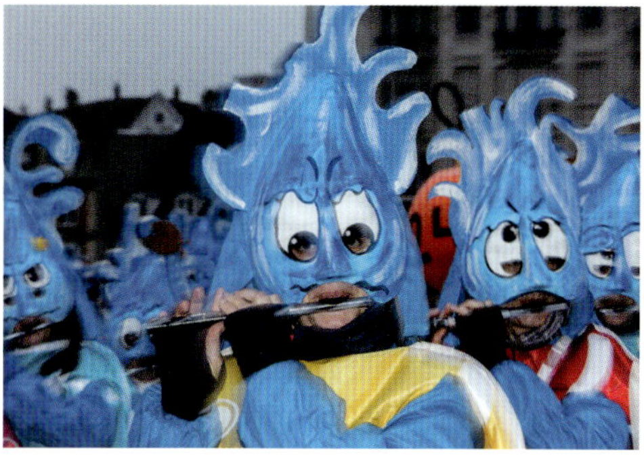

▲ *Motivszene Party.*

Motivwahl Text TEXT

Die Einstellungen zielen darauf ab, Text mit einem darauf abgestimmten Kontrast konturenscharf abzubilden. Bei schwarzer Schrift auf weißem Grund sind gegebenenfalls Belichtungskorrekturen in den Plusbereich notwendig, um den hellen Texthintergrund weiß und nicht mittelgrau abzubilden.

Himmel

Erzeugt bei Motiven vor blauem Himmel einen kräftigen und satten Himmelsblauton.

Vegetation

Die Grüntöne bei Landschaftsmotiven mit vorwiegend Wiese oder Wald und kaum Himmel im Bild oder bei Nahaufnahmen von Pflanzen, die von der X–T20 noch nicht in die Kategorie Makro sortiert werden, werden farbintensiv dargestellt.

Himmel & Vegetation

Das Himmelsblau und die grünen Farbtöne von Gräsern, Büschen und Bäumen werden kräftig und farbintensiv interpretiert. Gleichzeitig wirkt das Bild sehr detailreich.

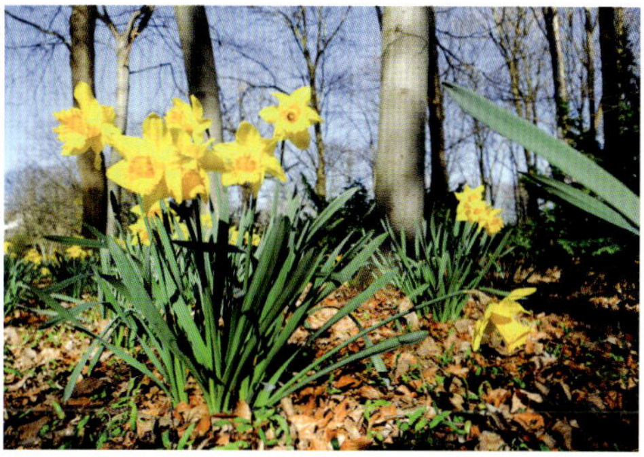

▲ *Motivszene Himmel & Vegetation.*

Freiheiten und Einschränkungen

Sollte Ihnen die Bildhelligkeit einmal nicht zusagen, können Sie mit dem Einstellrad für Belichtungskorrekturen ein helleres oder dunkleres Ergebnis erzeugen. Darüber hinaus finden Sie in den Menüs alle weiteren verfügbaren Funktionen in weißer Schrift. So könnten Sie beispielsweise das Seitenverhältnis ändern, den Selbstauslöser verwenden oder mit der Filmsimulation SCHWARZWEISS B oder SEPIA SEPIA ein entsättigtes monochromatisches Bild gestalten, oder sogar Intervallaufnahmen aufnehmen.

Etwas eingeschränkter gestalten sich die Möglichkeiten des gezielten Fokussierens, denn es steht lediglich eine Autofokuszone in der Bildmitte zur Verfügung, die durch weiße Eckrahmen kenntlich gemacht ist und innerhalb derer die X–T20 eigenständig nach fokussierbaren Motivdetails sucht. Um gezielter zu fokussieren, können Sie aber den manuellen Fokus einsetzen.

Auch der Umfang der Nachbearbeitung am Computer gestaltet sich weniger flexibel, da das RAW-Format im Auto Modus nicht nutzbar ist. Um sich dahingehend mehr Freiheiten zu verschaffen, könnten Sie alternativ die Programmautomatik (P) einsetzen. Damit haben Sie ebenfalls eine gut funktionierende Automatik an der Hand, die zwar die Szenenerkennung nicht besitzt, aber in Kombination mit dem RAW-Format mehr Nachbearbeitungsspielraum bietet.

2.3 Kreative Effekte mit den erweiterten Filtern

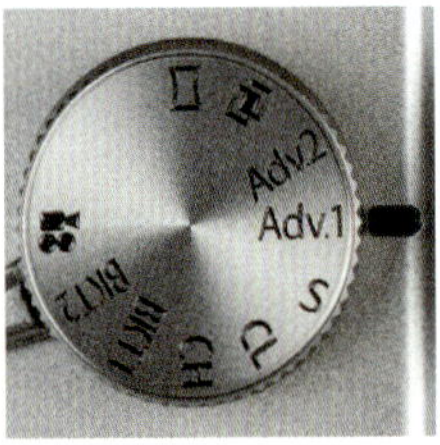

▲ *Aktivieren des Modus Adv.1 oder Adv.2 für Aufnahmen mit den erweiterten Filtern.*

Mit den *Erweiterten Filtern* der X–T20 lassen sich die Bilder anhand vorgewählter Filtertypen mehr oder weniger stark verfremden. So entsteht im Nu der Eindruck einer Miniaturwelt oder einer Aufnahme aus einer Lochkamera.

Um die erweiterten Filter zu verwenden, drehen Sie das Einstellrad für die Aufnahmebetriebsart auf *Adv.1* oder *Adv.2*. In beiden Fällen können Sie aus allen Filtertypen wählen. Der Vorteil der beiden getrennten Modi besteht darin, dass sich jeweils ein Filter als Voreinstellung festlegen lässt, und Sie damit die Möglichkeit haben, per Wahlrad schnell Ihre beiden liebsten Filter aufzurufen.

Drücken Sie anschließend die Fn-Taste (Funktionstaste Fn1) auf der Kameraoberseite, um das Menü *VORFILTER 1 AUSWÄHLEN* bzw. *VORFILTER 2 AUSWÄHLEN* aufzurufen. Mit den Auswahltasten ▲ ▼ stellen Sie die gewünschte Vorgabe schnell ein. Danach können Sie Ihr Motiv gleich aufnehmen.

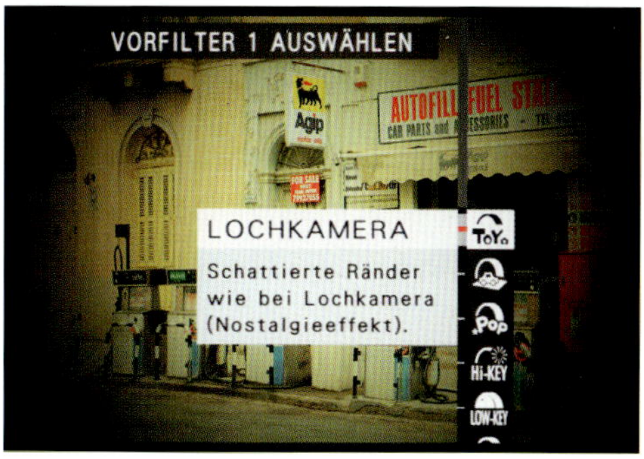

▲ *Auswählen des erweiterten Filters LOCHKAMERA.*

Praktischerweise simuliert die X-T20 die Wirkung des Effekts im Livebild des Monitors oder Suchers, sodass Sie die Bildgestaltung perfekt mit der Filterwirkung in Einklang bringen können. Alternativ lassen sich die Filter übrigens auch im Menü Aufnahme-Einstellung bei *DRIVE-EINSTELLUNG* und *VORFILTER 1 AUSWÄHLEN* oder *VORFILTER 2 AUSWÄHLEN* aussuchen.

Denken Sie beim Einsatz der erweiterten Filter daran, gegebenenfalls ein Parallelfoto ohne Effekt mitzuspeichern, also in der Aufnahmebetriebsart Einzelbild (*S*), da das RAW-Format in diesem Modus nicht verwendbar ist. Wie sich die Filter auf das Bild auswirken, erfahren Sie in der folgenden Übersicht.

- Der Effekt *LOCHKAMERA* erzeugt Fotos mit abgedunkelten Bildecken. Diese Vignettierung lenkt den Blick des Betrachters stark auf das Bildzentrum. Zudem erhält das Bild einen leichten Retro-Effekt, wie das bei einer einfachen Lochkamera eben so aussehen würde. Vor allem bei Motiven, die an sich schon etwas historisch oder abgegriffen aussehen, lässt sich dieser Eindruck damit noch verstärken.

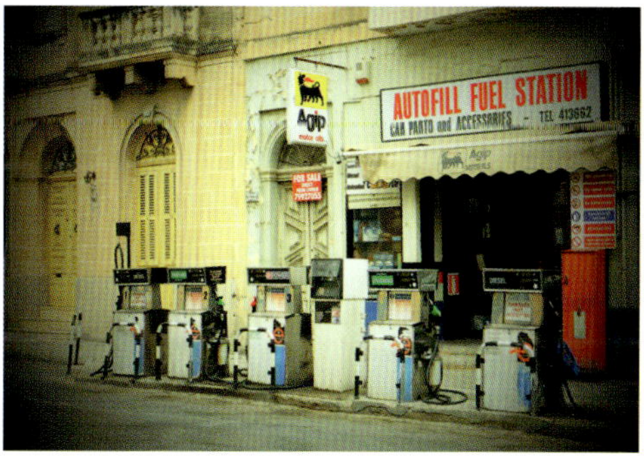

▲ *Lochkamera.*

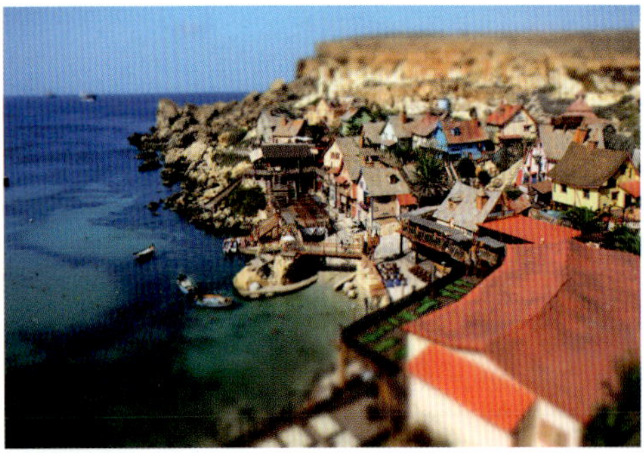

▲ *Miniatur-Effekt.*

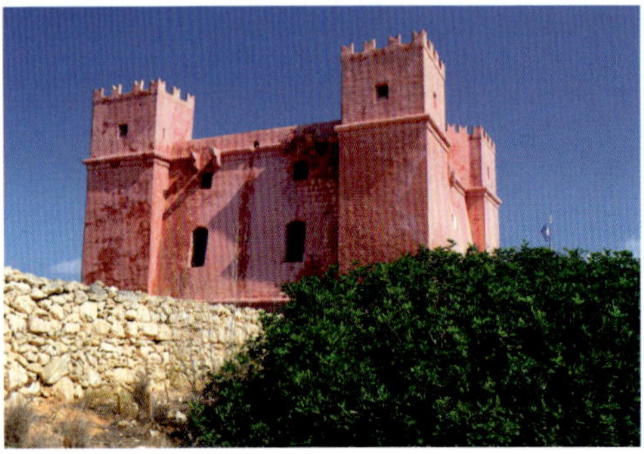

▲ *Pop-Farbe.*

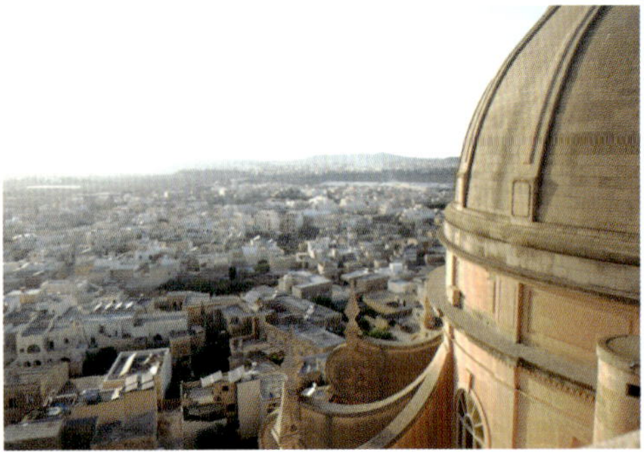

▲ *High-Tone.*

- Mit dem Effekt *MINIATUR* aufgenommen sehen Menschen, Fahrräder und Autos wie kleine Miniaturfiguren aus, die sich geschäftig auf ihren Straßen durch den Gebäudedschungel bewegen. Die Wirkung entsteht, weil nur ein schmaler Streifen scharf erkennbar ist und das Bild zu den Rändern hin extrem unscharf ausläuft. Suchen Sie sich dafür am besten eine erhöhte Position, etwa auf einer Brücke oder von einem höheren Haus herunter.
- Der Effekt *POP-FARBE* erzeugt besonders intensive Farben und verstärkt die Kontraste. Damit lassen sich schwächer gefärbte Motive farblich prägnanter darstellen oder aber auch kräftig gefärbte Objekte mit besonderem Knalleffekt versehen. Wir benutzen den Effekt ganz gerne, um Graffitis oder andere Wandbemalungen poppig auf den Sensor zu bannen, machen aber zusätzlich noch eine RAW-Aufnahme, um alle Möglichkeiten offen zu lassen.
- Der Effekt *HIGH-TONE* nimmt die Kontraste zurück und verleiht den Bildern einen hellen Gesamteindruck. Damit lassen sich bis zu einem gewissen Grad sogenannte High-Key-Aufnahmen simulieren. Um den Effekt zu verstärken, können Sie das Einstellrad für Belichtungskorrekturen auf positive Werte drehen. Achten Sie aber darauf, dass keine zu großen Bildbereiche weiß überstrahlen.
- Den gegenteiligen Effekt bewirkt der Filter *LOW-KEY* , er intensiviert die dunkleren Partien im Bild und hebt lediglich besonders helle Stellen als Spitzlichter hervor. Damit entsteht ein Bild mit dunklem Grundcharakter und einigen dazu stark kontrastierenden hellen Bereichen. Man-

che mit diesem Effekt aufgenommene Motive lassen sich durch nachträgliches Konvertieren in schwarz-weiß besonders prägnant in Szene setzen. Probieren Sie es einfach mal aus.

- Der Filter *DYNAMISCHE FARBTIEFE* gibt der Aufnahme eine Farbtonwiedergabe, die etwas an HDR-Effekte aus anderen Kameras erinnert. Dabei sind die Aufnahmen aber farbintensiver, sodass wir fast geneigt wären, von einer Art Pop-HDR zu sprechen. Jedenfalls gefällt uns der Effekt sehr gut, weil er Motiven eine schöne Farbintensität, gepaart mit einer guten Portion Dramatik verleiht. Ausgefallene Motive, wie der Sessel auf der Klippe, lassen sich so noch eine Spur extravaganter darstellen.
- Der Effekt *WEICHZEICHNER* softet das komplette Bild gleichmäßig ab und verleiht dem Motiv ein sanftes, luftiges Aussehen. Der Effekt eignet sich beispielsweise für Blüten und Pflanzendetails im romantischen Look. Aber auch Porträts lassen sich mit dem Weichzeichner gefühlvoll veredeln. Wir haben hier einem uralten und schon etwas mitgenommenen Marienbildchen an einer Kalksteinmauer auf Malta einen sanfteren Touch verliehen.
- Schließlich gibt es den Effekt *PARTIELLE FARBE* für die sechs Farbtöne: *ROT*, *ORANGE*, *GELB*, *GRÜN*, *BLAU* und *LILA*. Dabei wird das Motiv schwarz-weiß abgebildet und nur die Bildpartien mit der gewählten Farbe bleiben farbig. Für das Beispielbild des Popeye-Village, haben wir uns für die *PARTIELLE FARBE (BLAU)* entschieden.

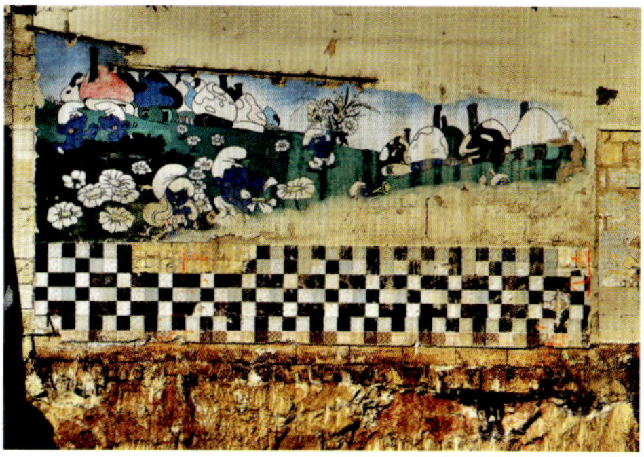

▲ *Low-Key.*

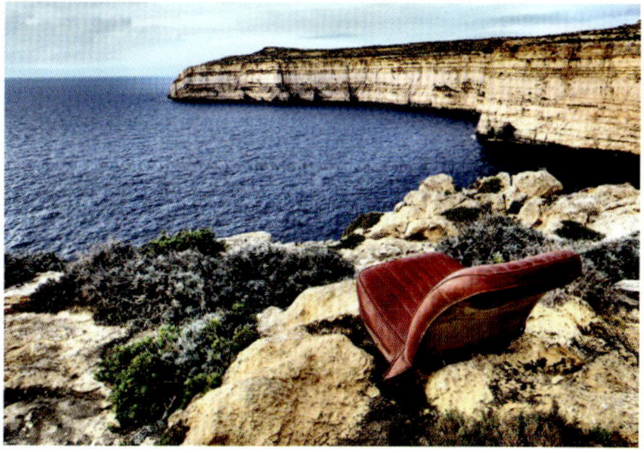

▲ *Dynamische Farbtiefe.*

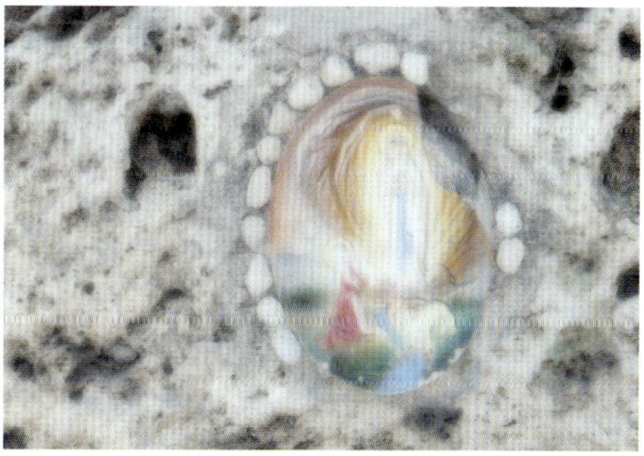

▲ *Weichzeichner.*

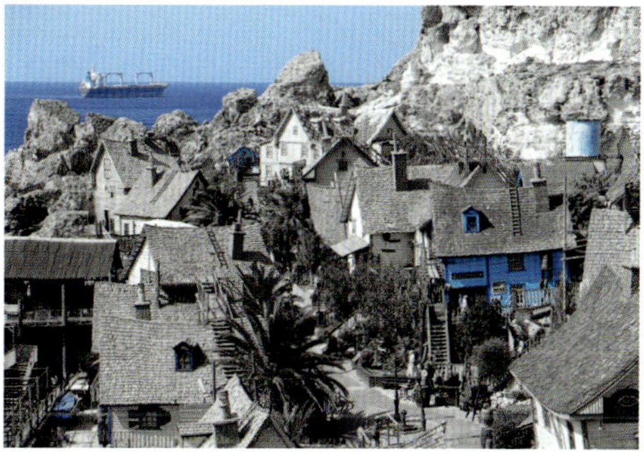

▲ *Partielle Farbe (Blau).*

2.4 Wiedergabe, Schützen und Löschen

Nachdem Sie mit Ihrer X-T20 jede Menge Bilder aufgenommen haben, steht ganz klar die Präsentation der Motive und Szenen auf dem Plan, egal ob alleine im stillen Kämmerlein oder mit der Familie, Freunden und Bekannten am großen Flachbild-TV. Im Folgenden zeigen wir Ihnen, welche Möglichkeiten Sie hierbei haben.

Wiedergabe von Bildern und Filmen

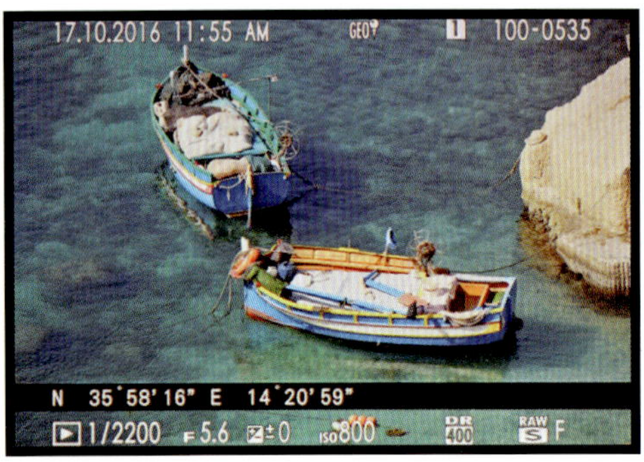

▲ *Einzelbildwiedergabe mit Aufnahmeinformationen und eingeblendeter Geodatenanzeige.*

Für die Betrachtung der Fotos und Filme, die sich auf der Speicherkarte angesammelt haben, starten Sie die Bildansicht mit der Wiedergabetaste ▶. Anschließend können Sie mit dem vorderen Einstellrad oder den Auswahltasten ◀ ▶ in beide Richtungen von Bild zu Bild springen und alle Aufnahmen in Augenschein nehmen. Wenn die *TOUCH-SCREEN-EINSTELLUNG* im Menü Einrichtung 🔧/*TASTEN/RAD-EINSTELLUNG* auf *AN* steht, können Sie die Bilder auch durch Wischen mit dem Finger am Monitor aufrufen. Streichen Sie dazu einfach mit einem Finger nach rechts oder links über den Monitor. Im Falle von Panoramen kann die X-T20 das Bild einmal von links nach rechts durchlaufen lassen (Rollbildwiedergabe). Drücken Sie dazu die untere Auswahltaste ▼, wenn am Bildschirm der Schriftzug *WIEDERGABE* angezeigt wird.

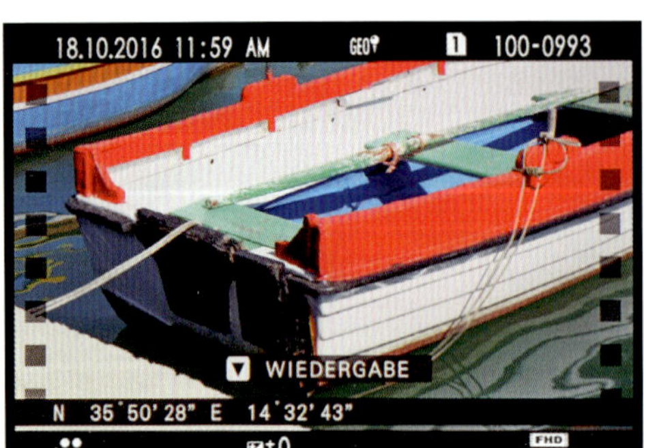

▲ *Wiedergabebildschirm für Videofilme.*

Auch bei Videofilmen wird der Schriftzug *WIEDERGABE* eingeblendet und zusätzlich unten links das Symbol 🎥. Betätigen Sie einfach die untere Auswahltaste ▼ und schon wird das Video abgespielt. Um die Wiedergabe anzuhalten, drücken Sie die untere Auswahltaste ▼ erneut, zum Beenden der Wiedergabe dient die obere Auswahltaste ▲. Möchten Sie die Lautstärke der Filmwiedergabe ändern, drücken Sie die MENU/OK-Taste und regulieren die Lautstärke mit den Auswahltasten ▲▼. Die neue Einstellung wird dann auch im Menü Einrichtung /*TON-EINSTELLUNG* bei *WIEDERG. LAUT* übernommen. Um nach der Lautstärkeanpassung mit der Filmwiedergabe fortzufahren, drücken Sie erneut die MENU/OK-Taste.

Die verschiedenen Anzeigeoptionen

Um die Aufnahmedetails Ihrer Fotos und Videos ablesen zu können, gibt es die Möglichkeit, verschiedene Bildschirmansichten aufzurufen. Hierzu beschreitet die X–T20 zwei Wege. Zum einen lassen sich im Wiedergabemodus durch Betätigen der DISP/BACK-Taste hintereinander fünf verschiedene Anzeigemodi aufrufen.

Bilder aus anderen Kameras

Bilder, die von anderen Kameras stammen, werden in der X–T20 automatisch als sogenanntes ***Geschenkbild*** gekennzeichnet, um im Falle einer fehlerhaften Wiedergabe oder nicht einwandfrei funktionierender Darstellungsfunktionen darüber Bescheid zu wissen. Solche Aufnahmen können auch nicht kameraintern bearbeitet werden.

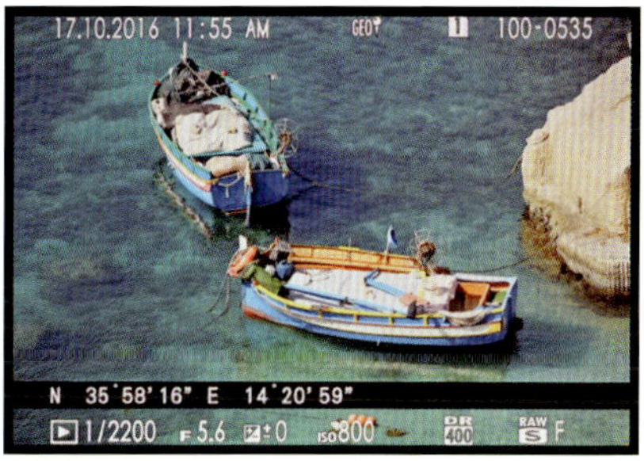

▲ *Basis-Anzeige.*

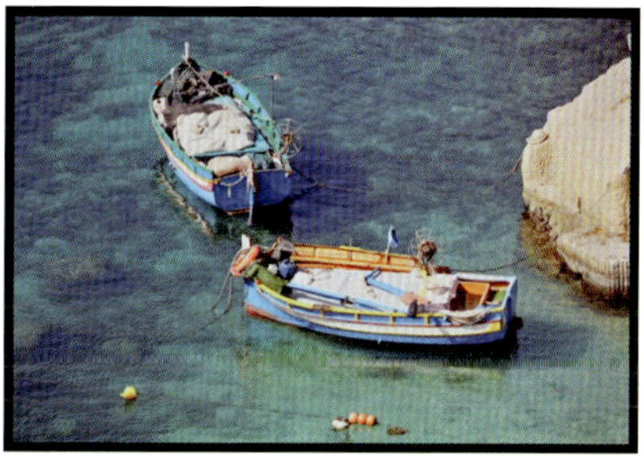

▲ *Informationen aus.*

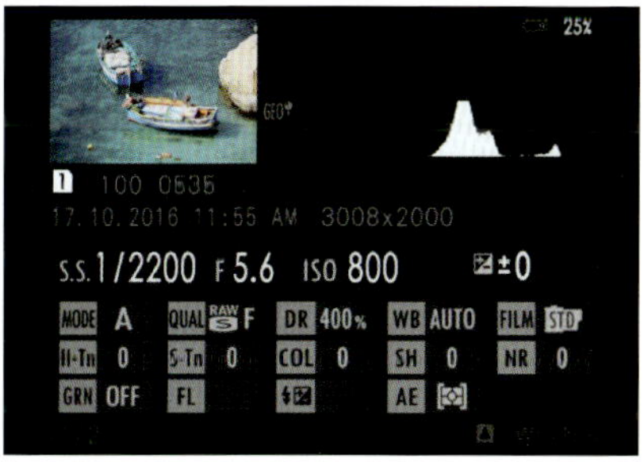

▲ *Info-Anzeige 1.*

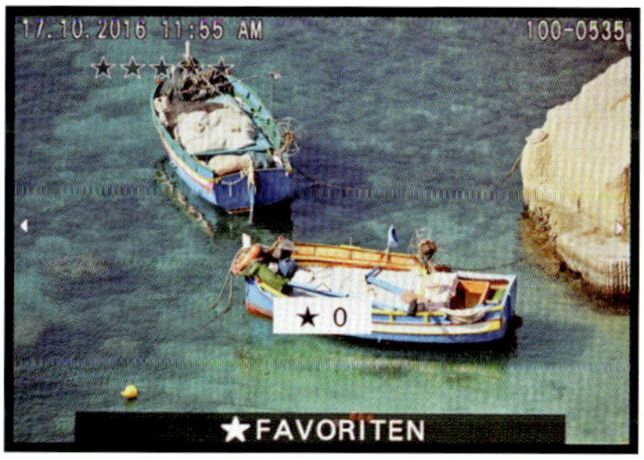

▲ *Favoriten.*

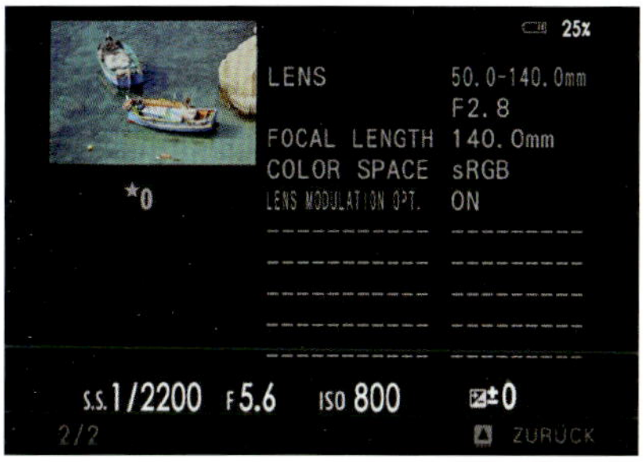

◄ *Info-Anzeige 2.*

Der Standardbildschirm mit den *Basisdaten* präsentiert das Bild formatfüllend mit den oben und unten eingeblendeten Aufnahmeinformationen und, falls vorhanden, den zum Bild gespeicherten Standortdaten. Als nächstes erscheint der Vollbildmodus *Informationen aus*, gefolgt von der Option *Info-Anzeige 1*, die zu den Aufnahmedaten auch ein Histogramm des Bildes liefert, und zuletzt der Anzeige *Favoriten*. Wenn alle vier Anzeigeformen durchgeschaltet sind, landen Sie anschließend wieder bei der ersten Darstellung.

Zusätzlich können Sie aus allen Anzeigen heraus mit der oberen Auswahltaste ▲ die *Info-Anzeige 1* und eine weitere *Info-Anzeige 2* aufrufen. Letztere enthält Informationen zum verwendeten Objektiv, der Brennweite, dem Farbraum und ob Objektivkorrekturen angewendet wurden.

Von der Übersicht bis zur vergrößerten Kontrollansicht

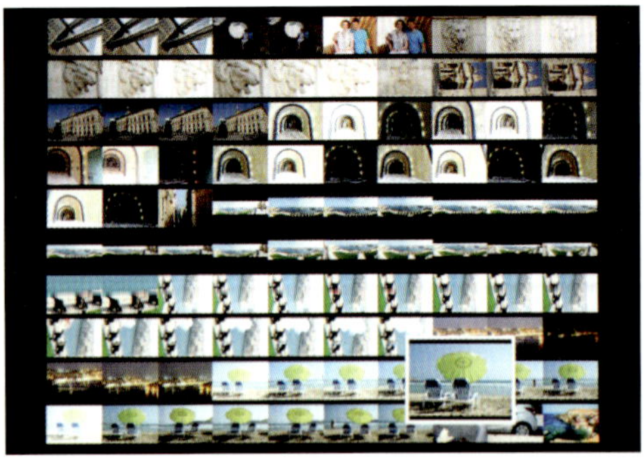

▲ *Multibild-Wiedergabe mit 100 Bildern.*

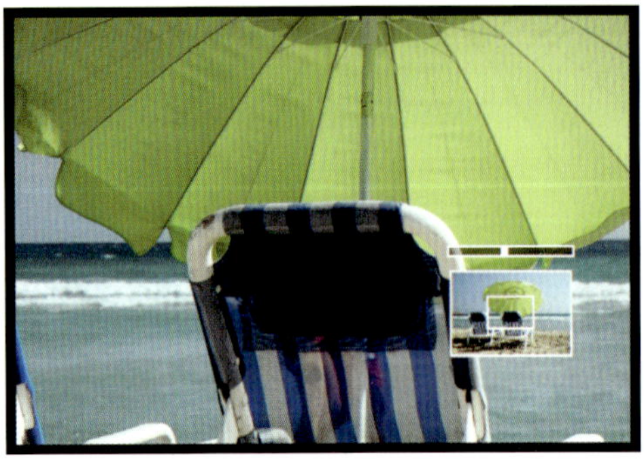

▲ *Wiedergabezoom.*

Wenn Sie sich einen Überblick über die bereits auf der Karte gespeicherten Bilder verschaffen möchten, drehen Sie das hintere Einstellrad nach links und schon landen Sie in der *Multibild-Wiedergabe*. Auf diese Weise können Sie sich neun oder sogar 100 Bilder gleichzeitig anzeigen lassen.

Um ein bestimmtes Bild daraus auszuwählen, verwenden Sie die Auswahltasten ▲ ▼ ◀ ▶. Mit der MENU/OK-Taste lässt sich das gewählte Bild dann schnell in die Vollbildansicht rufen.

Durch Drehen des hinteren Einstellrads nach rechts wird über mehrere Stufen in das Bild hinein gezoomt, bis die Maximalvergrößerung des *Wiedergabezooms* erreicht ist. Zur besseren Übersicht zeigt die X–T20 das Gesamtbild und die Position des gewählten Ausschnitts temporär mit an. Die weiße Markierung innerhalb des Balkens darüber verdeutlicht die Zoomstufe. Alternativ können

Sie zum Zoomen auch zwei Finger auf dem Monitor ansetzen und auseinanderziehen, oder Sie tippen mit dem Finger doppelt auf den Bildbereich, der vergrößert dargestellt werden soll.

Mit den vier Auswahltasten ▲▼◀▶ oder durch Bewegen eines Fingers am Monitor lässt sich der Zoombereich frei verschieben, sodass Sie zum Bespiel den Gesichtsausdruck bei Porträts oder die Schärfe an der fokussierten Stelle sehr genau beurteilen können. Zur Schärfekontrolle können Sie mit dem *Fokuszoom* alternativ auch direkt den Fokussierpunkt und den Bereich darum vergrößern. Drücken Sie dazu das hintere Einstellrad herunter.

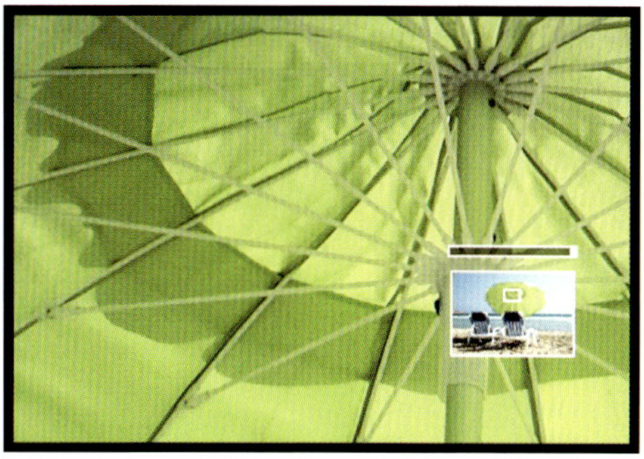

▲ *Vergrößern des Fokussierpunkts mit einem Tastendruck.*

Auch in der vergrößerten Bildansicht lässt sich flink von Bild zu Bild springen, indem Sie am vorderen Einstellrad drehen. Um die Zoomstufe zu verringern, drehen Sie das hintere Einstellrad nach links oder ziehen zwei Finger am Monitor zusammen.

Wenn Sie wieder zur Vollbildansicht zurückkehren möchten, drücken Sie die MENU/OK-Taste, die DISP/BACK-Taste, das hintere Einstellrad oder tippen zweimal kurz auf den Monitor.

Maximaler Vergrößerungsfaktor

Die maximal mögliche Vergrößerung hängt von der Auflösung des aufgenommenen Bildes ab, die Sie im Menü Bildqualitäts-Einstellung I.Q. bei *BILDGRÖSSE* gewählt haben. Je größer die Aufnahme, desto weiter lässt sich in das Bild hineinzoomen. Bilder, die Sie im Zuge der kamerainternen Bildbearbeitung stark beschnitten oder verkleinert haben, können nicht vergrößert wiedergegeben werden.

Favoritensterne vergeben

Eine praktische Möglichkeit, die besten Bilder des Tages bereits in der X–T20 als solche zu markieren und sie später schnell wiederzufinden, bietet das kamerainterne Bewertungssystem. Bis zu fünf Sterne können hier vergeben werden.

Rufen Sie dazu in der Wiedergabeansicht mit der DISP/BACK-Taste den Bildschirm *FAVORITEN* auf und wählen Sie die gewünschte Anzahl an Favoritensternen mit den Auswahltasten ▲▼ aus. Links oben im Display werden die für das Bild vergebenen Sterne weiß markiert dargestellt.

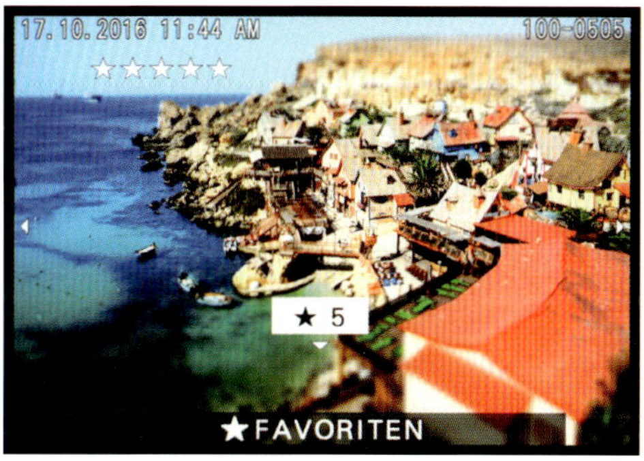

▲ *Fünf-Sterne-Bewertung in der Favoriten Ansicht.*

Führen Sie die Bewertung am besten nur für die wirklichen Topaufnahmen und maximal noch die zweitbesten Fotos durch, sonst wird die Aktion schnell sehr zeitaufwändig. Zudem mussten wir feststellen, dass die Bewertung vom Computer nicht übernommen wurde, zumindest bei Windows. Sicherer erscheint es uns daher, die Bewertung am Computer zu erledigen, entweder im jeweiligen Verzeichnisprogramm oder in einer Bilddatenbank wie zum Beispiel Adobe Lightroom.

Bildpräsentation als Diaschau

Die Diaschau-Funktion der X–T20 ist unkompliziert gehalten und kommt gerade recht, wenn es um die Präsentation der schönsten Bilder und Filme im Kreise der Familie oder bei Freunden geht. Wenn die Kamera mit dem Computer oder dem Fernseher verbunden ist, lassen sich die Aufnahmen in ansprechender Größe abspielen.

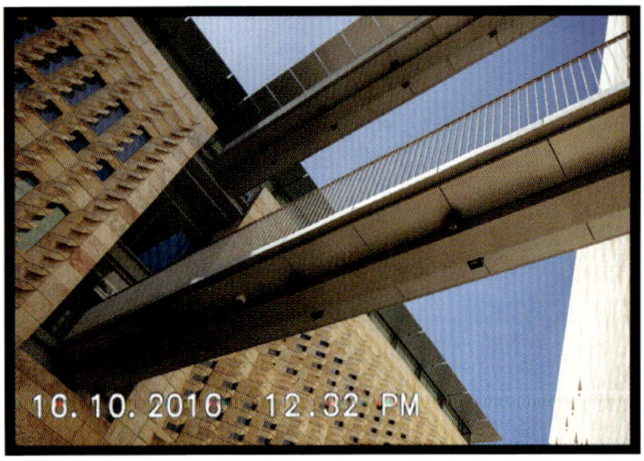

▲ *Vorbereiten der Diaschaupräsentation.*

Das Abspielen einer Diaschau ist denkbar einfach. Rufen Sie dazu in der Wiedergabeansicht das erste Bild auf, mit dem Sie die Schau beginnen möchten. Öffnen Sie dann das Menü Wiedergabe ▶ und navigieren Sie zum Eintrag *AUTO DIASCHAU*. Starten Sie die Schau mit der MENU/OK-Taste, schon werden die Bilder ab dem zuvor ausgewählten Bild in aufsteigender Reihenfolge gezeigt.

Panoramaaufnahmen werden dabei kurz im Ganzen präsentiert, gefolgt von einer formatfüllenden Darstellung, bei der das Panorama einmal von links nach rechts über den Monitor läuft (Rollbildwiedergabe). Um manuell von Bild zu Bild zu springen, drücken Sie die Auswahltasten ◀ oder ▶.

Leider lässt sich die Wiedergabedauer nicht einstellen und die eingeblendete Aufnahmezeit und das Datum können nicht ausgeblendet werden. Wir konnten auch keine Taste finden, mit der die Diaschau pausiert und dann wieder gestartet werden könnte. Möglich ist daher nur, die Schau mit der MENU/OK-Taste zu stoppen und anschließend ab diesem Bild wieder neu zu starten. Daher präferieren wir nicht die eingebaute Diaschau, sondern zeigen Bilder in der normalen Wiedergabeansicht und stellen die Bildschirmanzeige ohne Informationen ein.

Bilder am Fernseher wiedergeben

Besonders eindrucksvoll wirken die Bilder am großen TV-Bildschirm. Bei modernen Flachbild-TV-Geräten benötigen Sie hierfür ein maximal 2,5 m langes HDMI-Kabel mit einem kameraseitigen Micro-HDMI-Stecker vom Typ D und einem TV-seitigen HDMI-Stecker vom Typ A.

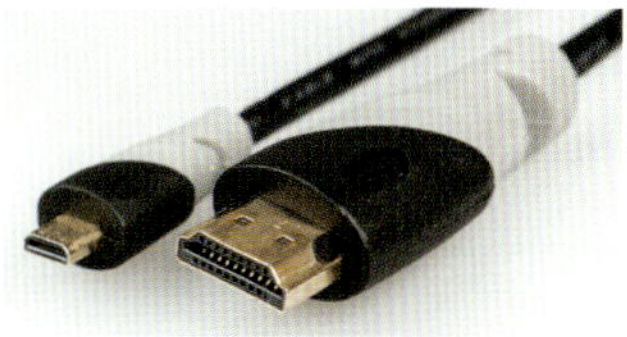

▲ *Micro-HDMI-Kabel.*

Schalten Sie nun als erstes die X–T20 und den Fernseher aus, schließen Sie den Mikro-HDMI-Stecker am HDMI-Ausgang **1** Ihrer Kamera und das größere HDMI-Ende am entsprechenden Eingang des TV-Geräts an.

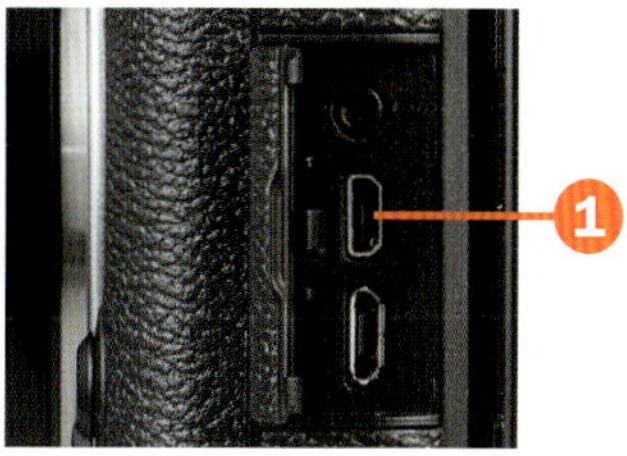

▲ *Kameraseitiger HDMI-Anschluss.*

Schalten Sie dann den Fernseher ein und wählen Sie den Kanal, der den verwendeten Anschlussbuchsen zugeordnet ist (hier: *HDMI*). Anschließend schalten Sie die X–T20 wieder ein und starten die Bildansicht mit der Wiedergabetaste ▶. Nun können Sie die Bilder oder Videos einzeln aufrufen oder, wie zuvor gezeigt, eine Diaschau starten.

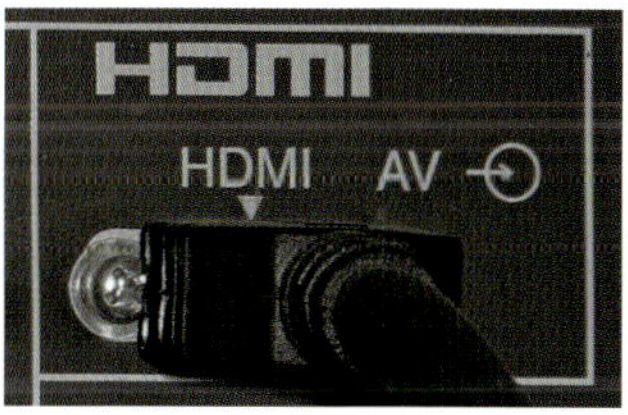

▲ *HDMI-Anschluss am Fernseher.*

Es ist auch möglich, in den Aufnahmemodus zu wechseln und Bilder oder Videos über das TV-Monitorbild aufzunehmen. Nach der Aufnahme können Sie die Aufnahmen dann in der Wiedergabeansicht direkt begutachten. Eine nette Option, wenn es darum geht, Models oder Kunden die Bilder direkt beim Shooting zu zeigen.

Seitenverhältnis für die Präsentation

Im Menü Wiedergabe ▶ lässt sich bei ***SEITENVERHÄLTNIS*** auswählen, wie Bilder am TV-Gerät präsentiert werden. Mit der Vorgabe ***16:9*** wird das Foto auf HD-Fernsehgeräten bildschirmfüllend angezeigt. Bilder, die im 3:2-Format aufgenommen wurden, sind dann oben und unten leicht beschnitten. Belassen Sie das Seitenverhältnis bei ***3:2***, werden die Bilder komplett gezeigt, dafür aber mit schwarzen Balken rechts und links. Videofilme werden ungeachtet dessen vormatfüllend präsentiert.

Schutz vor versehentlichem Löschen

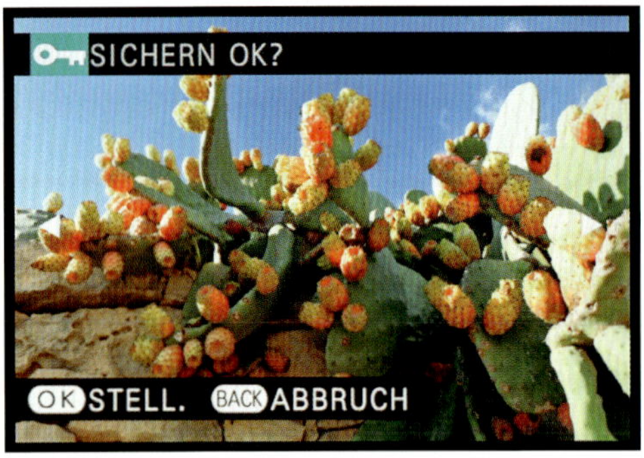

▲ *Ausgewähltes Bild schützen.*

Stellen Sie sich vor, Sie konnten einen ganz besonderen Moment mit Ihrer X–T20 festhalten. Nichts wäre ärgerlicher, als wenn diese Fotos oder Filme versehentlich gelöscht würden. Um dies zu verhindern, können Sie die Dateien mit einem Schutzstatus versehen.

Rufen Sie dazu im Menü Wiedergabe ▣ den Eintrag *SCHÜTZEN* auf. Um einzelne Bilder zu schützen, gehen Sie weiter nach rechts ▶ auf *BILD*, drücken die MENU/OK-Taste und wählen das gewünschte Bild oder den Videofilm mit Hilfe der Auswahltasten ◀▶ aus. Drücken Sie die MENU/OK-Taste erneut, dann wird durch das symbolische Verriegeln eines Schlosses auf dem Bildschirm der Schutzstatus zugewiesen. Später in der normalen Bildwiedergabe erkennen Sie geschützte Dateien am Schlüsselsymbol O‑т.

Wenn Sie den Schutz wieder aufheben möchten, gehen Sie wieder auf *SCHÜTZEN* und *BILD* und drücken bei jedem geschützten Bild oder Film die MENU/OK-Taste, um das Schloss symbolisch wieder zu öffnen. Um alle Bilder zu schützen, wählen Sie in der Rubrik *SCHÜTZEN* den Eintrag *ALLE*, drücken die MENU/OK-Taste einmal zum Öffnen des Dialogs und noch einmal für die Zuweisung des Schutzstatus. Möchten Sie alle Bilder wieder entsperren, wählen Sie *ALLE RÜCKS.*.

Formatieren hebt Bilderschutz auf

Das Formatieren der Speicherkarte löscht auch die geschützten Bilder. Nutzen Sie daher besser die nachfolgend beschriebenen Löschfunktionen, wenn Sie alle nicht mehr benötigten Fotos in einem Schritt entfernen möchten und nur die geschützten Dateien behalten wollen.

Bilder und Movies sicher löschen

Es liegt in der Natur der Sache, dass nicht jede Aufnahme gelingt. Daher ist es sinnvoll, die eindeutig vermasselten Fotos oder Videofilme gleich in der X–T20 zu löschen. Um einzelne Dateien zu verwerfen, rufen Sie die Bilder oder Filme im Wiedergabemodus auf und drücken dann einfach die Löschtaste 🗑.

Auf dem nun erscheindenden Bildschirm haben Sie drei Möglichkeiten zur Auswahl, durch die Sie mit den Auswahltasten ▲▼ navigieren können. Wenn Sie nur das gewählte Bild löschen möchten, bestätigen Sie die Vorgabe *BILD* und betätigen anschließend auch die Frage *LÖSCHEN OK?* mit der MENU/OK-Taste, schon ist das Bild verschwunden. Anschließend können Sie weitere Bilder auswählen ◀▶ und auf die gleiche Art entfernen. Um den Vorgang zu beenden, drücken Sie die DISP/BACK-Taste.

Möchten Sie mehrere Bilder löschen, öffnet sich nach Anwählen von *BILDAUSWAHL* die Multibild-Wiedergabe. Steuern Sie die Bilder nun mit den Auswahltasten ▲▼◀▶ an und markieren Sie alle zu löschenden Aufnahmen mit der MENU/OK-Taste mit einem Häkchen. Drücken Sie am Ende die DISP/BACK-Taste und bestätigen Sie die Frage *AUSGEW. BILDER LÖSCHEN OK?* durch Auswahl und Bestätigung der OK-Schaltfläche. Wenn Sie gleich alle Bilder verwerfen möchten, wählen Sie den Eintrag *ALLE BILDER*. Alternativ können Sie übrigens auch im Menü Wiedergabe ▶ den Eintrag *LÖSCHEN* ansteuern und finden darunter ebenfalls die drei oben beschriebenen Punkte zur Auswahl.

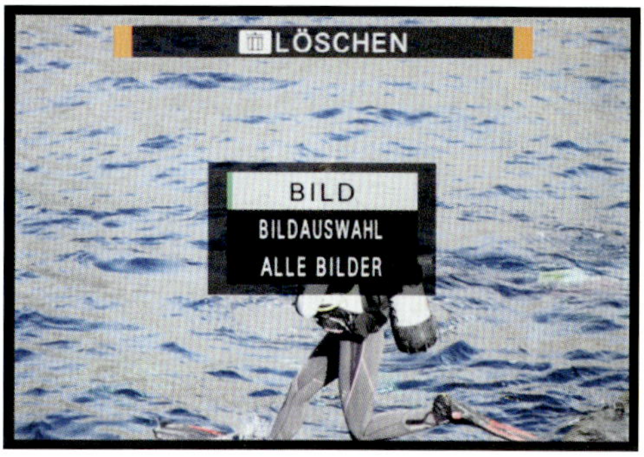

▲ *Entfernen eines misslungenen Bildes mit der Löschtaste.*

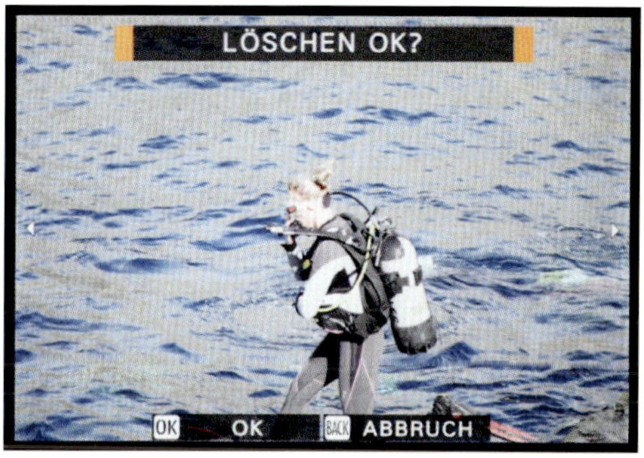

▲ *Letzte Chance, OK oder Abbruch.*

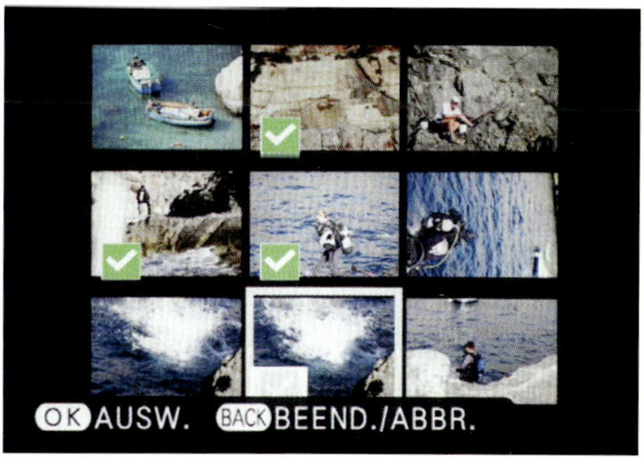

▲ *Löschen einer Bildauswahl.*

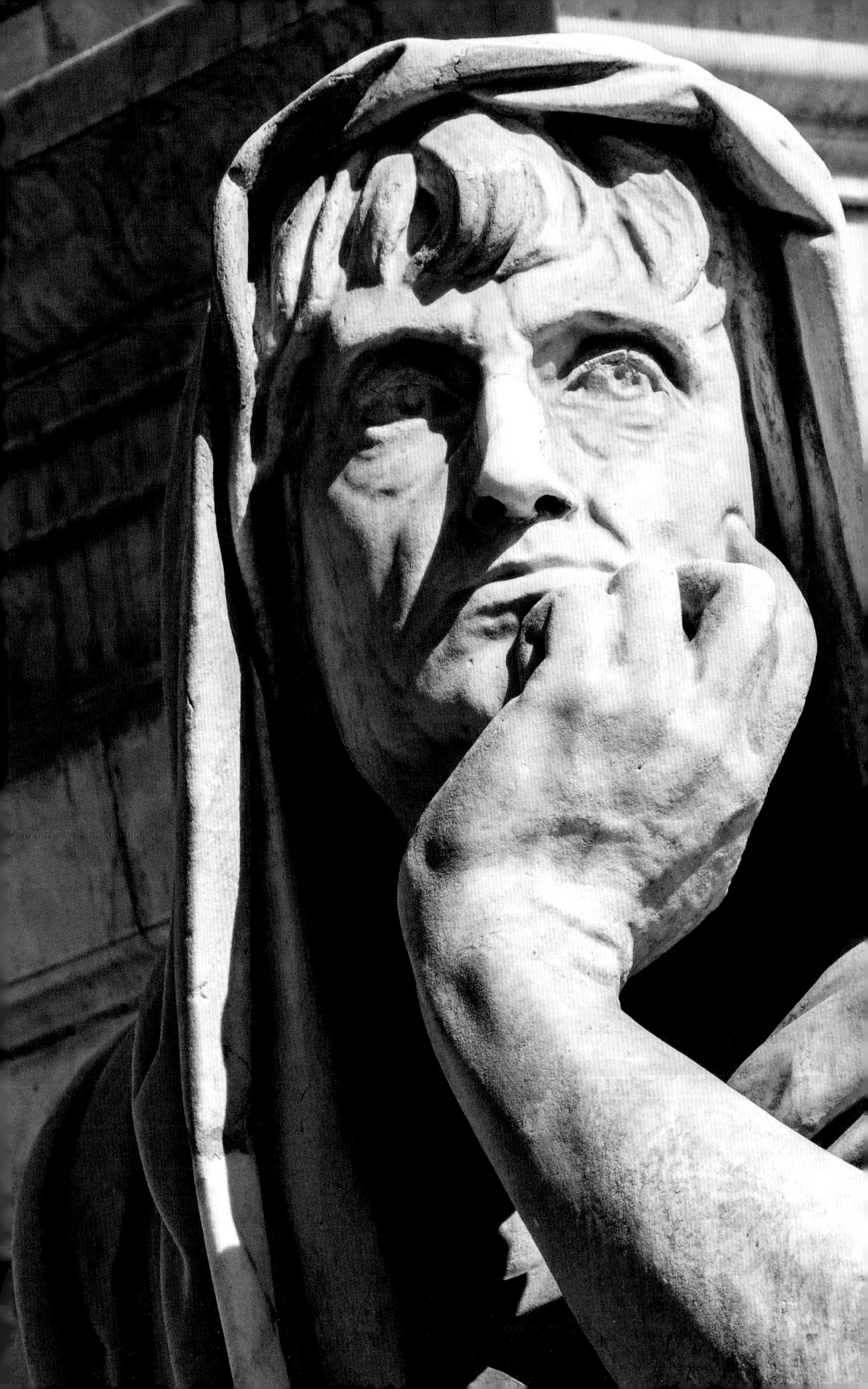

Professionelle Programme für jede Situation

Während der Einfluss auf die Bildgestaltung im Auto Modus der X–T20 etwas eingeschränkter ist, steht bei der Programmautomatik (P), der Zeitvorwahl (S), der Blendenvorwahl (A) und der Manuellen Belichtungseinstellung (M) genau das Gegenteil im Vordergrund. Erfahren Sie im Folgenden alles Wissenswerte zum kreativen Umgang mit den Halbautomatiken und dem manuellen Modus, die Sie befähigen, das Optimum und noch ein Quäntchen mehr aus Ihren Motiven heraus zu kitzeln.

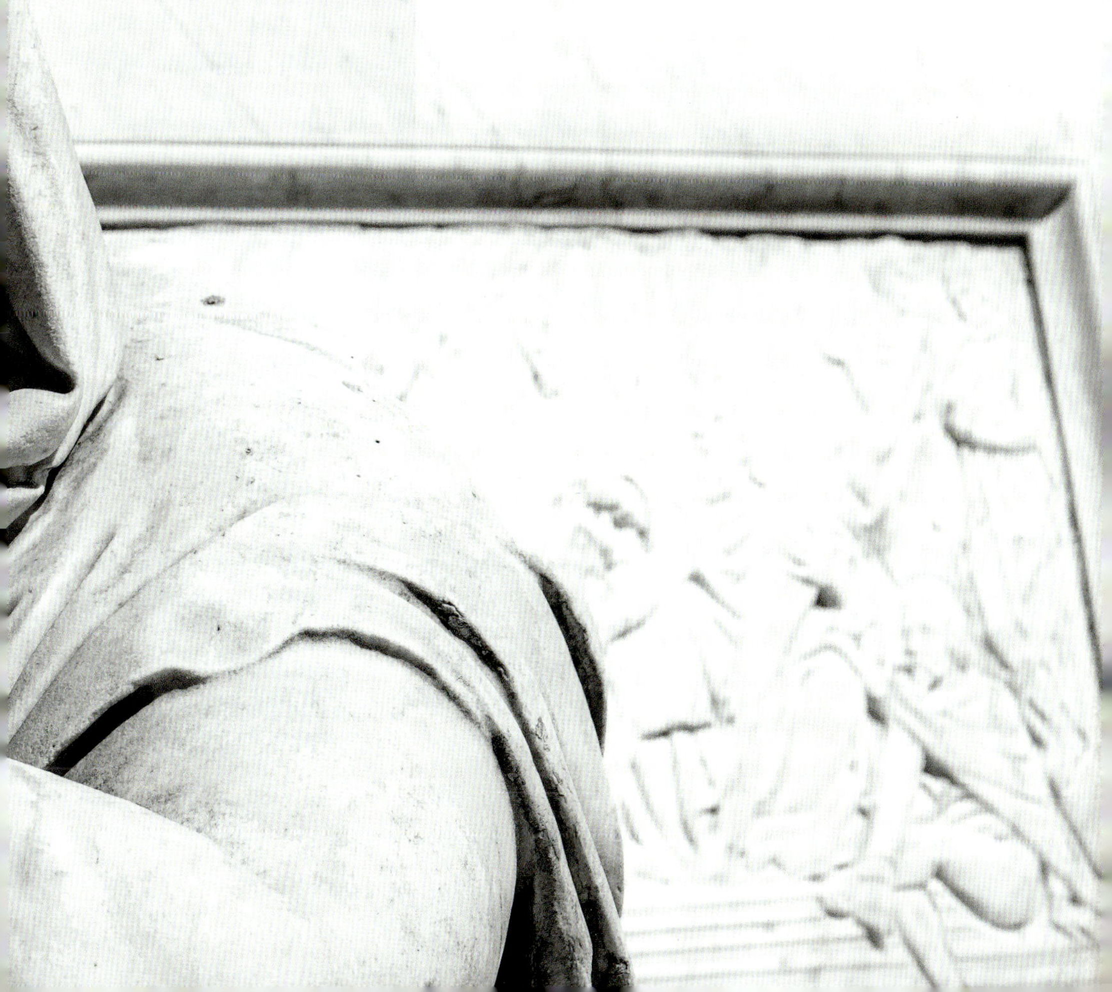

3.1 Bildgestaltung mit der Programmautomatik P

Die *Programmautomatik* (*P*) ist bestens für Schnappschüsse geeignet, da in diesem Modus alle Belichtungseinstellungen automatisch gesetzt werden. Gegenüber dem Auto Modus besteht jedoch der große Vorteil, dass Sie die Lichtempfindlichkeit des Sensors (ISO-Wert), die Autofokussteuerung und vieles mehr individuell anpassen können. Die Programmautomatik bietet sich somit an, wenn Sie gerne spontan fotografieren, die Rahmenbedingungen aber etwas stärker beeinflussen möchten.

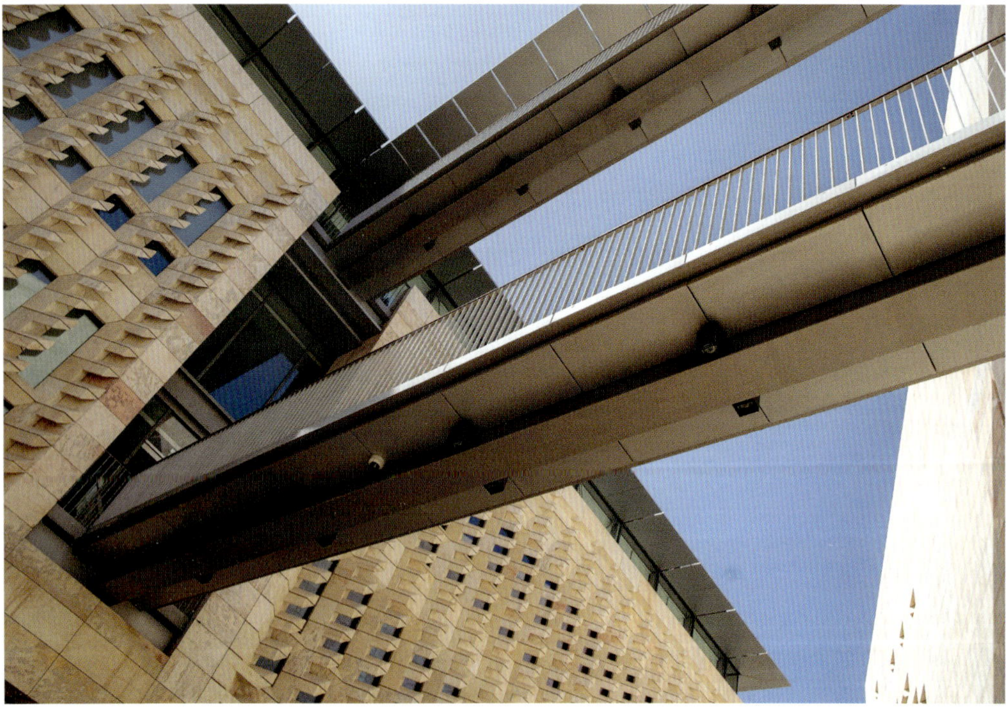

18 mm | f/5,6 | 1/220 Sek. | ISO 200

▲ *Auch stark kontrastierte Motive landen mit der Programmautomatik gut belichtet auf dem Sensor der X–T20. Dank des optionalen RAW-Formats können solche Bilder bei Bedarf auch gut nachbearbeitet werden.*

Um die Programmautomatik an der X–T20 zu aktivieren, schieben Sie den Auto Modus-Auswahlschalter auf die schwarze Punktmarkierung ❶. Drehen Sie zudem das Einstellrad für die Belichtungszeit auf *A* (Automatik) ❷. Auch der Blendenwert muss auf Automatik stehen. Je nach Objektiv drehen Sie dazu entweder den Blendenring ❹ auf die Position *A* oder schieben den Schalter ❸ von [Blendensymbol] auf *A*. Bei XC-Objektiven ohne Blendenring drehen Sie das vordere Einstellrad so weit nach rechts bis über den höchsten Wert hinaus, sodass der Blendenwert (F) am unteren Bildschirmrand nicht mehr blau, sondern weiß angezeigt wird. Nachdem die Einstellungen getroffen sind, sollte im Monitor oder Sucher unten links der Buchstabe *P* zu erkennen sein.

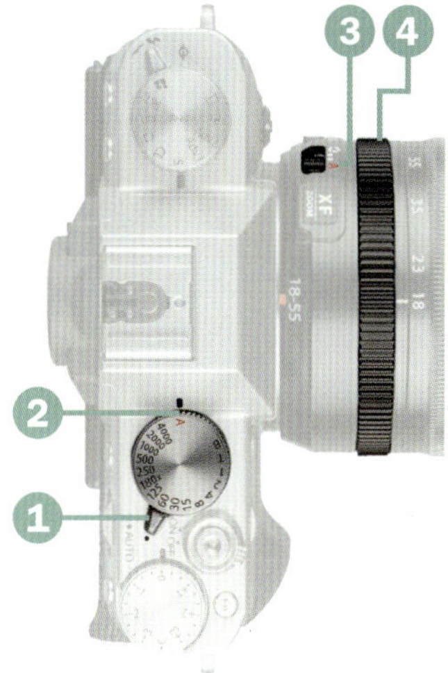

▲ *Aktivieren der Programmautomatik (P).*

Um alle Belichtungsparameter von der X–T20 automatisch einstellen zu lassen, setzen Sie nun auch noch die ISO-Empfindlichkeit auf Automatik, indem Sie im Schnellmenü oder im Menü Aufnahme-Einstellung bei *ISO* die Vorgabe *AUTO 1*, *AUTO 2* oder *AUTO 3* wählen (mehr zur ISO-Automatik erfahren Sie ab Seite 84).

Insgesamt bietet Ihnen die Programmautomatik genügend Freiheiten, unkompliziert mit den Voreinstellungen der X–T20 zu fotografieren, oder sich mit veränderten Einstellungen an einem Motiv auszuprobieren. Für einen möglichst reibungslosen Anfang würden wir außerdem empfehlen, das Einstellrad für die Aufnahmebetriebsart auf Einzelbild *S* zu drehen und die *AE-MESSUNG* im Menü Aufnahme-Einstellung auf *MEHRFELD* zu stellen.

Verwenden Sie zudem am besten die voreingestellten Standard-Aufnahmeeinstellungen der X–T20, wie zum Beispiel den automatischen Weißabgleich und vieles mehr. Wenn Sie Ihre X–T20 ganz schnell auf diese Standardeinstellung zurücksetzen möchten, können Sie das über das Menü Einrichtung /*BENUTZER-EINSTELLUNG/RESET/AUFNAHMEMENÜ ZURÜCKS.* erledigen. Wählen Sie darin die Vorgabe *OK* aus und bestätigen Sie das Zurücksetzen mit der MENU/OK-Taste.

Motivhelligkeit

Wenn Sie in sehr heller Umgebung fotografieren, sodass die Motivhelligkeit außerhalb des Messbereichs der X–T20 liegt, werden bei Belichtungszeit und Blendenwert --- statt der Zahlenwerte angezeigt. Dies kommt erfahrungsgemäß aber sehr selten vor. Um die durchs Objektiv einfallende Lichtmenge in solchen Fällen zu reduzieren, können Sie einen Neutraldichtefilter am Objektiv anbringen (Mehr dazu ab Seite 265).

Um die Belichtung beizubehalten, aber bildgestalterisch eingreifen zu können, besitzt die X–T20 im Modus P die Option, einen sogenannten *Programm-Shift* durchzuführen. Damit ist es möglich, die Kombination aus Belichtungszeit und Blende anzupassen.

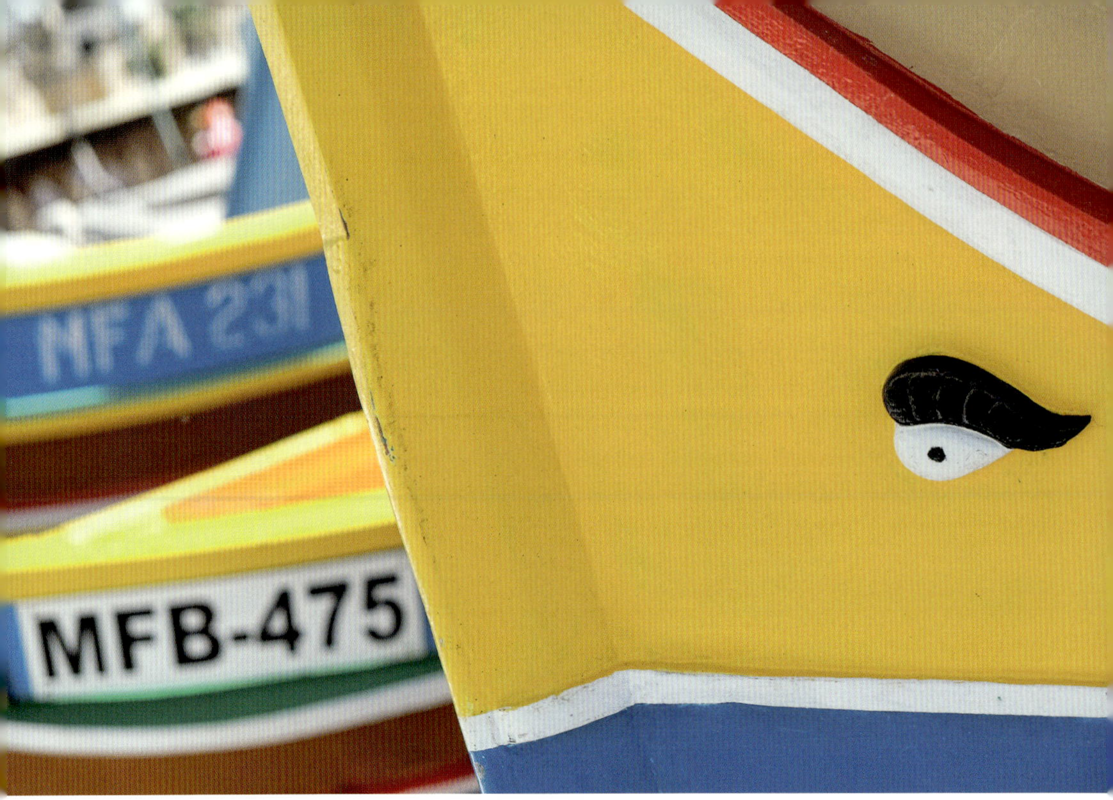

55 mm | f/4 | 1/350 Sek. | ISO 320

▲ *Schöne Freistellung des Bootes vor dem Hintergrund, durch Programm-Shift auf einen geringen Blendenwert.*

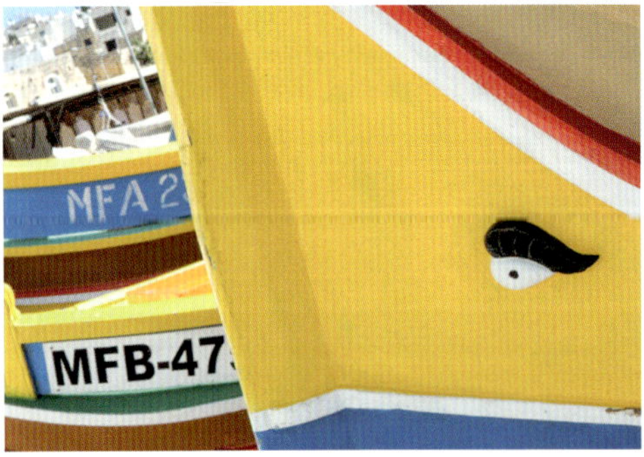

55 mm | f/20 | 1/9 Sek. | ISO 200

▲ *Unruhiger Hintergrund bei f/16*

Kein Programm-Shift

Im Video-Modus steht der Programm-Shift ebenso wenig zur Verfügung, wie bei der Verwendung der TTL-Automatik beim Blitzen und wenn die Funktion *DYNAMIKBEREICH* im Menü Bildqualitäts-Einstellung I.Q. auf *AUTO* gestellt wurde.

Wenn Sie das hintere Einstellrad nach rechts drehen, wird der Blendenwert herabgesetzt und die Belichtungszeit verkürzt. Auf diese Weise verringern Sie die Schärfentiefe, was einer schönen Motivfreistellung vor diffusem Hintergrund zugutekommt. Die verkürzte Zeit kann aber auch nützlich sein, um bewegte Motive, wie spielende Kinder, scharf auf den Sensor zu bekommen.

Im Gegenzug können Sie die Schärfentiefe durch Drehen des hinteren Einstellrads nach links steigern, indem Sie den Blendenwert erhöhen. Bei Landschafts- und Architekturmotiven wäre das beispielsweise ganz passend. Die gleichzeitig verlängerte Belichtungszeit kann aber auch für Unschärfeeffekte im Bild sorgen, denken Sie an verwischtes fließendes Wasser.

3.2 Mit S die Geschwindigkeit kontrollieren

Die Bezeichnung des Modus *S* steht für *Zeitvorwahl* oder neudeutsch: shutter priority. Das bedeutet, dass Sie in diesem Programm die Belichtungszeit selbst bestimmen können und die X-T20 automatisch eine dazu passende Blendeneinstellung vornimmt. Wird die Belichtungszeit um eine ganze Stufe verlängert, erhöht sich der Blendenwert ebenfalls um eine Stufe und umgekehrt. So wird eine vergleichbare Bildhelligkeit garantiert.

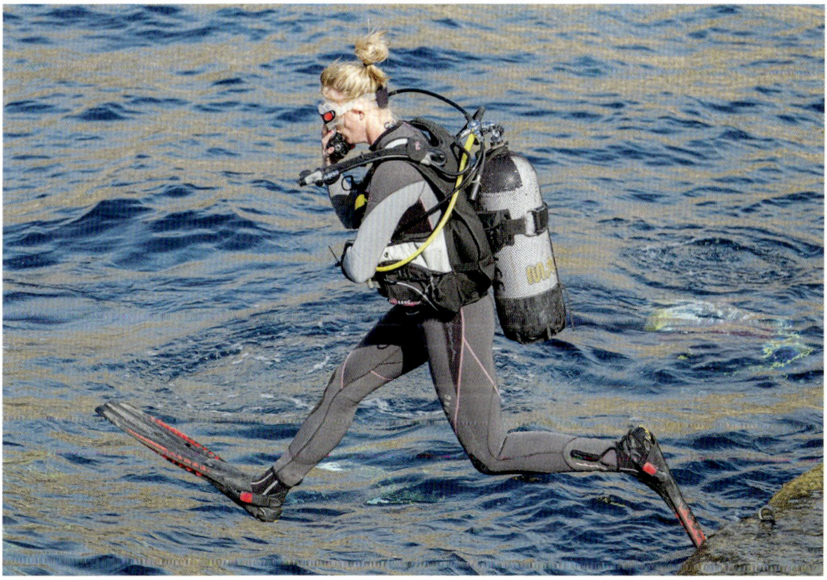

140 mm | f/3,6 | 1/1000 Sek. | ISO 200

▲ *Bewegungen mit kurzen Belichtungszeiten scharf einfrieren.*

Die längste wählbare Belichtungszeit liegt bei 30 Sek. und lässt sich von da aus Schritt für Schritt verringern bis zu ultrakurzen 1/32000 Sek. Damit haben Sie die Möglichkeit, einen kurzen Augenblick festzuhalten oder den Aufnahmemoment deutlich zu verlängern.

Beides hat vor allem bei bewegten Motiven seinen Reiz. Die Zeitvorwahl eignet sich hervorragend für Sportaufnahmen, Bilder von rennenden Menschen oder fliegenden Tieren oder zum Einfrieren spritzenden Wassers – also alles Motive, bei denen Momentaufnahmen schneller Bewegungsabläufe im Vordergrund stehen.

Die folgende Tabelle gibt Ihnen ein paar Anhaltspunkte für häufig fotografierte Actionmotive und die dazu passenden Belichtungszeiten.

Objekte	Bewegung auf die X–T20 zu	Bewegung quer zur X–T20	Bewegung diagonal
Fußgänger	1/30 Sek.	1/125 Sek.	1/60 Sek.
Jogger	1/160 Sek.	1/800 Sek.	1/320 Sek.
Radfahrer	1/250 Sek.	1/1000 Sek.	1/500 Sek.
fliegender Vogel	1/500 Sek.	1/1600 Sek.	1/1000 Sek.
Auto	1/800 Sek.	1/2000 Sek.	1/1000 Sek.

▲ *Geeignete Belichtungszeiten für das Einfrieren von Bewegungen.*

Mit der Zeitvorwahl ist es aber auch möglich, kreative Wischeffekte zu erzeugen, Bilder also, in denen alle Bewegungen durch Unschärfe verdeutlicht werden. Fließendes Wasser, mit den Flügeln schlagende Vögel oder Autos und U-Bahnen lassen sich auf diese Weise sehr dynamisch in Szene setzen.

130 mm | f/22 | 1/15 Sek. | ISO 100

▼ *Durch die lange Belichtungszeit wird das fließende Wasser verwischt abgebildet.*

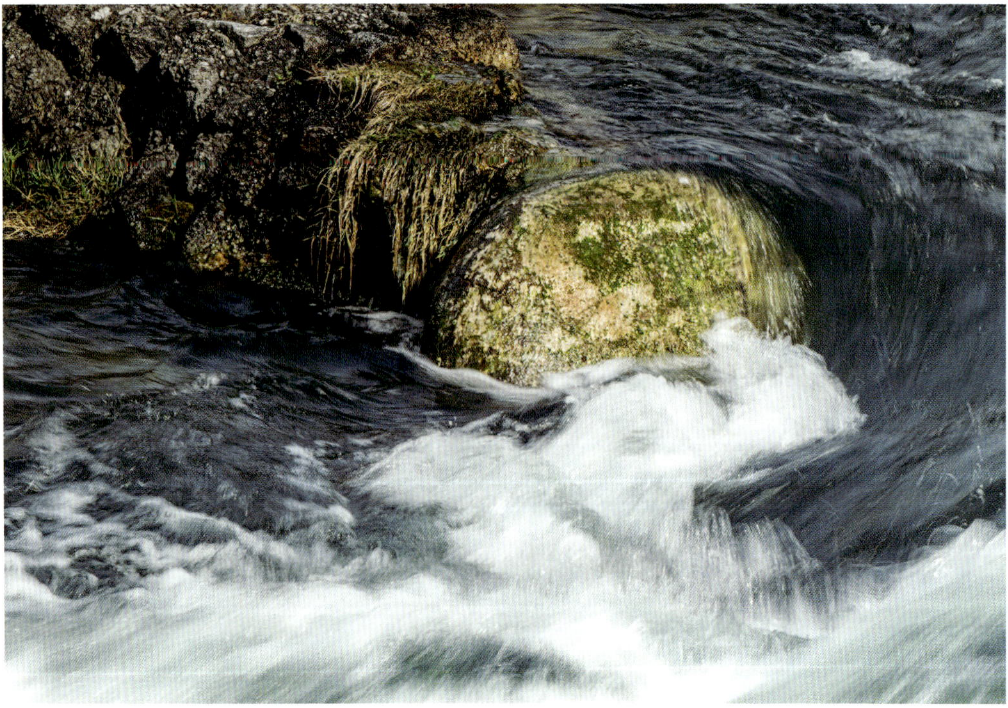

Um mit der Zeitvorwahl zu fotografieren, schieben Sie den Auto Modus-Auswahlschalter auf die schwarze Punktmarkierung ①. Drehen Sie anschließend das Einstellrad für die Belichtungszeit auf den gewünschten Zeitwert ②. Jetzt muss nur noch die Blende auf Automatik gesetzt werden. Dazu drehen Sie bei XF-Objektiven entweder den Blendenring ④ auf die Position *A* oder schieben den Hebel ③ von auf *A*. Bei XC-Objektiven drehen Sie das vordere Einstellrad nach rechts über den höchsten Blendenwert hinaus, sodass im Monitor/Sucher unten kein Blendenwert mehr angezeigt wird. Als Programmsymbol wird nun *S* angezeigt.

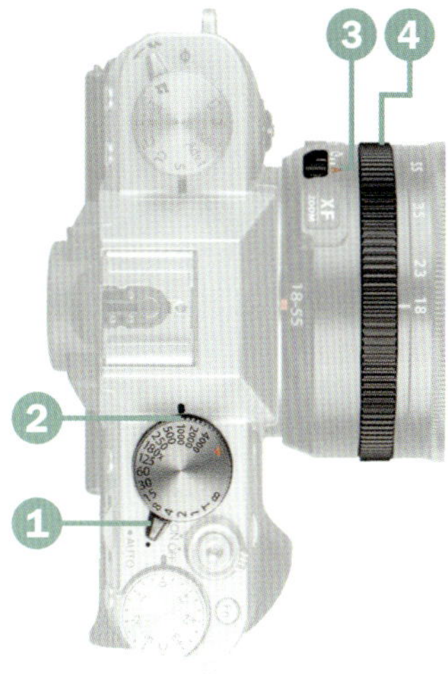

▲ *Einstellen der Zeitvorwahl (S) mit einer Belichtungszeit von 1/1000 Sek.*

Die Belichtungszeiten auf dem Einstellrad sind mit ganzen Zahlen angegeben: *1000* steht beispielsweise für 1/1000 Sek., *1* für 1 Sek., *T* für Langzeitbelichtungen bis 30 Sek. und *B* für Langzeitbelichtungen mit individueller Belichtungszeit.

Die Skalierung ist zwar ein wenig grob gerastert, aber das gefällt uns persönlich sehr gut. Denn so können wir superschnell zwischen kurzen und langen Belichtungszeiten wechseln. Andererseits müssen die Zwischenstufen in einem zweiten Auswahlschritt mit dem hinteren Einstellrad justiert werden. Aber das ist eine reine Gewöhnungssache.

Ausgehend von dem gewählten Wert können Sie die Zeit jeweils um maximal ±2/3 Stufen verkürzen oder verlängern. Die Belichtungszeit von 1/640 Sek. liegt beispielsweise 2/3 Stufen unter 1/1000 Sek. oder auch 1/3 Stufen über 1/500 Sek. Steht das Wahlrad auf *T*, lässt sich die Belichtungszeit in Drittelstufen bis auf 30 Sek. verlängern, aber auch bis zu 1/32000 Sek. verkürzen – hier haben Sie also die Möglichkeit, die Belichtungszeit ausschließlich mit dem hinteren Einstellrad zu justieren.

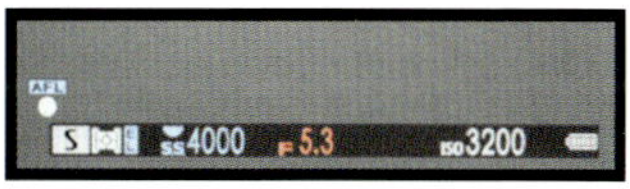

▲ *Belichtungswarnung durch orangefarbenen Blendenwert verdeutlicht.*

Das Risiko einer Fehlbelichtung deutet die X–T20 übrigens durch einen orangefarbenen Blendenwert an, sobald Sie den Auslöser auf den ersten Druckpunkt herunterdrücken. Ist der Blendenwert niedrig, verlängern Sie die Belichtungszeit, erhöhen Sie den ISO-Wert oder setzen Sie Blitzlicht ein, um die Unterbelichtung zu kompensieren. Steht die Blende auf dem höchsten Wert, verkürzen Sie die Belichtungszeit, verringern den ISO-Wert oder bringen einen lichtschluckenden Neutraldichtefilter am Objektiv an, um eine Überbelichtung zu vermeiden.

Mechanischer oder Elektronischer Verschluss?

Um die kürzeste Belichtungszeit von 1/32000 Sek. verwenden zu können, muss im Menü Aufnahme-Einstellung bei *AUSLÖSER-TYP* die Option *ES* (elektronischer Auslöser) oder *ES + MS* (mechanischer/elektronischer Auslöser) eingestellt sein. Positionieren Sie das Einstellrad für die Belichtungszeit dann auf *4000* und drehen Sie das hintere Einstellrad nach rechts, um die gewünschte kurze Belichtungszeit zu wählen. Allerdings ist der elektronische Auslöser bei bewegten Objekten nicht immer empfehlenswert, denn es können durchaus starke Verzerrungen in den Bildern auftreten. Das liegt daran, dass die Bildpixel zeilenweise ausgelesen werden, sodass nicht alle Bildpunkte zeitgleich belichtet werden. Dieses Phänomen, das auch bei Videofilmen auftritt, wird auch mit dem Begriff Rolling Shutter bezeichnet. Fotografieren Sie bei schnellen und dicht vor der Kamera ablaufenden Bewegungen lieber mit dem mechanischen Auslöser *MS*.

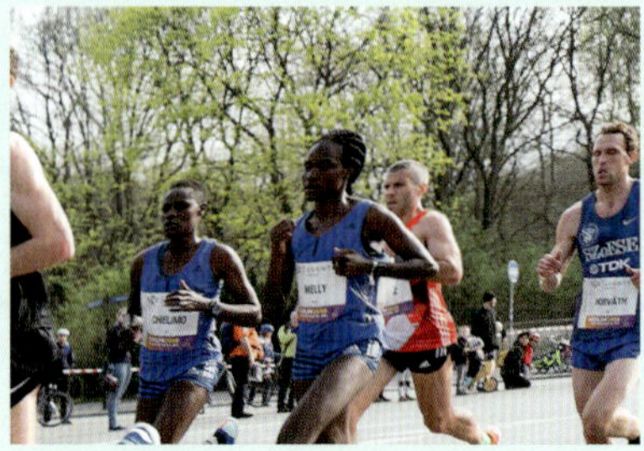

61 mm | f/7,1 | 1/1000 Sek. | ISO 800

▲ *Abgesehen davon, dass der Läufer im Fokus gerade links aus dem Bild herausgelaufen ist, ist hier mit dem elektronischen Verschluss eine deutliche Verzerrung des Bildes zu erkennen.*

Was der Bildstabilisator leistet

Um einem versehentlichen Verwackeln so gut wie möglich entgegenzusteuern, besitzen viele X-Objektive von Fujifilm einen eingebauten *Bildstabilisator*, der im Objektivnamen mit *OIS* (optical image stabilizer) angegeben wird. Damit gelingen auch noch gestochen scharfe Fotos aus der Hand, die ohne Stabilisierungstechnik garantiert verwackelt wären.

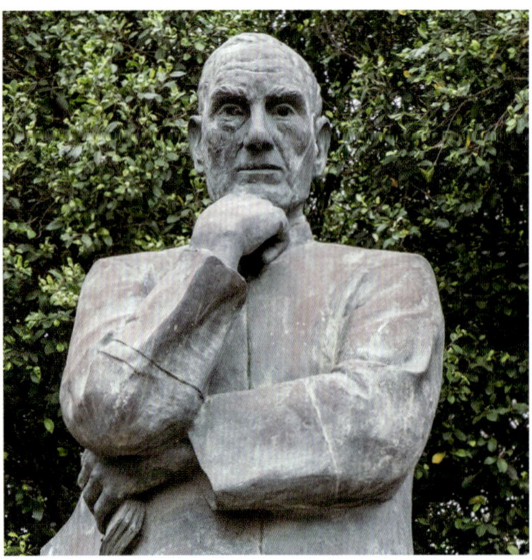

55 mm | f/11 | 1/8 Sek. | ISO 800

▲ *Scharfe Freihandaufnahme mit Bildstabilisator.*

Schauen Sie sich dazu einmal die beiden Beispielbilder an, bei denen das Potential des Bildstabilisators gut zu erkennen ist. Mit eingeschaltetem Stabilisator ließ sich die Statue tatsächlich noch bei einer Belichtungszeit von 1/8 Sek. scharf darstellen. Ohne Bildstabilisator sind hingegen deutliche Verwacklungsspuren zu erkennen.

Ein so deutlicher Zeitgewinn ist allerdings nicht immer möglich. Daher rechnen Sie generell etwas konservativer damit, dass Sie mit einem Bildstabilisator die Belichtungszeit um etwa zwei- bis drei ganze Belichtungsstufen verlängern können. In der Tabelle finden Sie einige Belichtungszeiten, die geeignet sind, um bei den angegebenen Brennweiten verwacklungsfreie Bilder aus der Hand zu machen.

Brennweite	Belichtungszeit ohne IS	Belichtungszeit mit IS
200 mm	1/320 Sek.	1/80 Sek.
100 mm	1/160 Sek.	1/40 Sek.
55 mm	1/100 Sek.	1/25 Sek.
30 mm	1/50 Sek.	1/13 Sek.
24 mm	1/40 Sek.	1/10 Sek.
18 mm	1/30 Sek.	1/8 Sek.

▲ *Geeignete Belichtungszeiten ohne bzw. mit Bildstabilisator.*

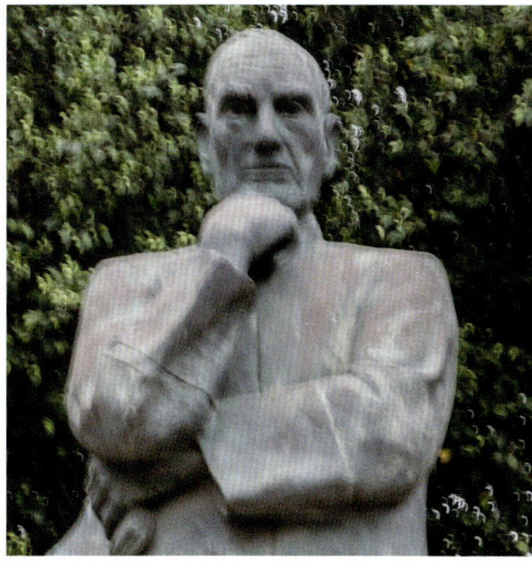

55 mm | f/11 | 1/8 Sek. | ISO 800

▲ *Deutliche Verwacklungsunschärfe ohne Stabilisator.*

Der Stabilisator im Objektiv gleicht im normalen Betrieb *DAUERHAFT* horizontale und vertikale Verwacklungen aus, und zwar sowohl vor als auch während der Aufnahme. Das Livebild im Monitor oder Sucher ist daher ebenfalls angengehm stabilisiert. Alledings wird dadurch auch mehr Strom verbraucht. Wenn Sie den Akku möglichst wenig belasten möchten, können Sie den *IS MODUS* im Menü Aufnahme-Einstellung auf *NUR AUFNAHME* umstellen. Bei uns ist dies standardmäßig so programmiert. Dann wackelt zwar das Livebild vor der Aufnahme stärker, aber die Aufnahme an sich wird wie gewohnt gut stabilisiert.

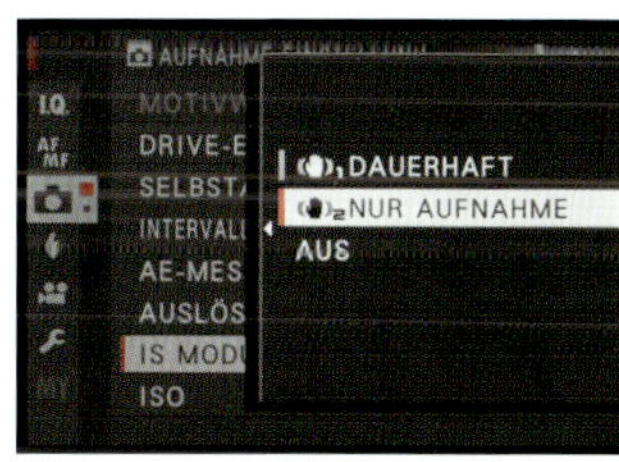

▲ *Auswahl des IS-Modus.*

Ganz ausschalten sollten Sie den Bildstabilisator hingegen, wenn Sie einen Mitzieher gestalten, also die X-T20 mit einem bewegten Motiv mitschwenken, etwa einem Rennwagen, um das Objekt scharf vor einem verwischten Hintergrund abzubilden. Schieben Sie den Schalter *OIS* am Objektiv auf *OFF* oder wählen Sie im Menü die Einstellung *AUS*, wenn das Objektiv einen solchen Schalter nicht besitzt. Am Bildschirm erscheint dann das Warnsymbol für den deaktivierten Stabilisator.

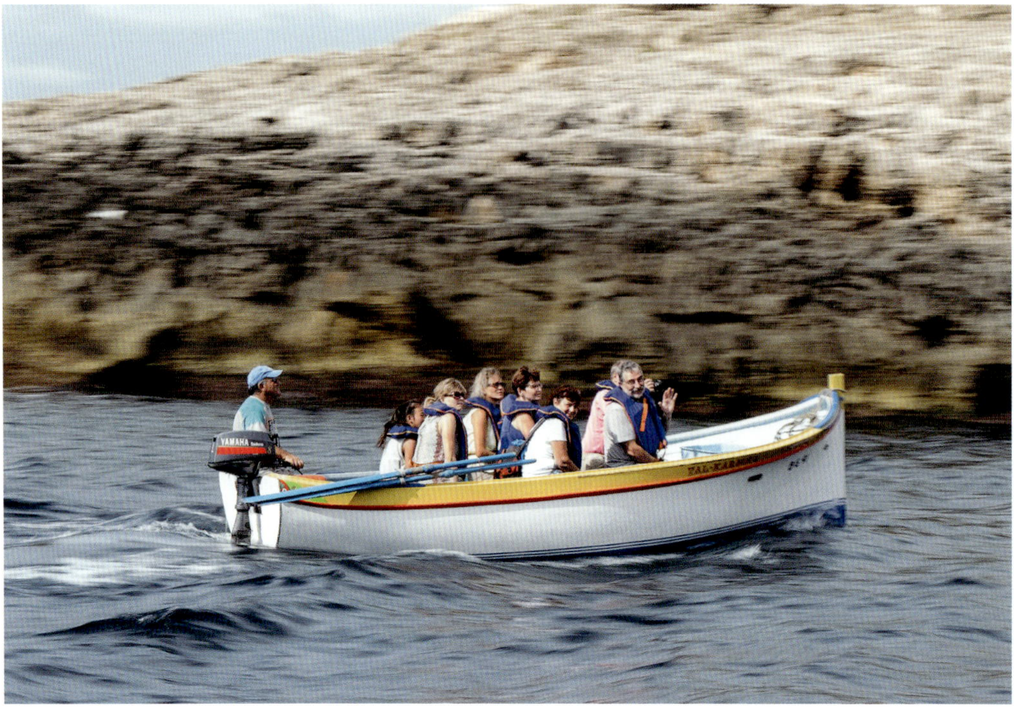

50 mm | f/22 | 1/15 Sek. | ISO 100

▲ *Durch die relativ lange Belichtungszeit verwischt der Hintergrund. Das Hauptmotiv bleibt scharf, weil die X-T20 exakt mit der Bewegungsschnelligkeit des Bootes horizontal mitgezogen wurde, bei deaktiviertem Bildstabilisator.*

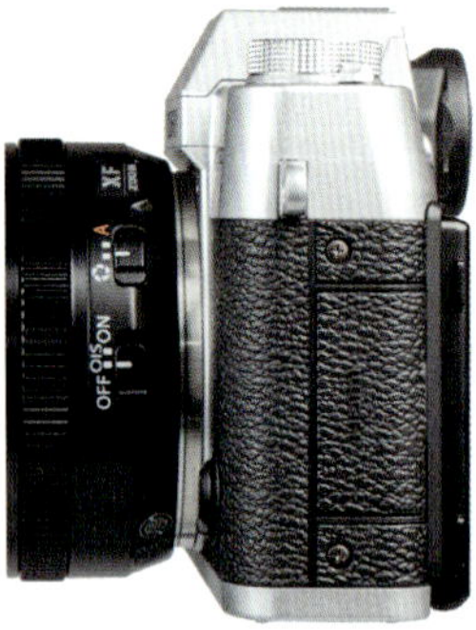

▲ *Ausschalten des Bildstabilisators mit dem OIS-Schalter am Objektiv.*

Auch bei Aufnahmen vom Stativ aus, die länger als 1 Sek. belichtet werden, ist es empfehlenswert, den Stabilisator auszuschalten. Bei kürzeren Belichtungszeiten lassen wir den Stabilisator dagegen meist eingeschaltet. Wenn Sie möchten, probieren Sie mit Ihrer individuellen Kamera-Objektiv-Stativ-Kombination mit und ohne Stabilisator selbst einmal aus, bei welchen Belichtungszeiten und Brennweiten Sie Ihre X-T20 noch verwacklungsfrei halten können.

Fotografieren Sie dazu ein gut strukturiertes Motiv im Modus S mit eingeschalteter ISO-Automatik. Wählen Sie zum Beispiel eine Objektivbrennweite von 50 mm und stellen Sie eine Belichtungszeit von 1/80 Sek. ein. Fotografieren Sie Ihr Motiv mit und ohne Bildstabilisator und am besten auch mehrfach, um zu sehen, wie konstant die Ergebnisse ausfallen. Dann verlängern Sie die Belichtungszeit auf 1/50 Sek. und so weiter. Betrachten Sie die Fotos in der vergrößerten Wiedergabeansicht oder am Computer in der 100%-Ansicht. Ab wann beginnen die Fotos zu verwackeln?

Um auch die Stabilisatorwirkung bei Stativaufnahmen zu testen, lösen Sie mit einer Fernsteuerung oder dem

2-Sek.-Selbstauslöser aus, damit das Bild nicht durch den Auslöserdruck verwackeln kann.

Mit der Serienaufnahme keine gute Szene verpassen

Dank der hohen Reihenaufnahmegeschwindigkeit und des schnellen Autofokus lassen sich mit der X–T20 die besten Szenen einer schnellen Bewegung sicher einfangen.

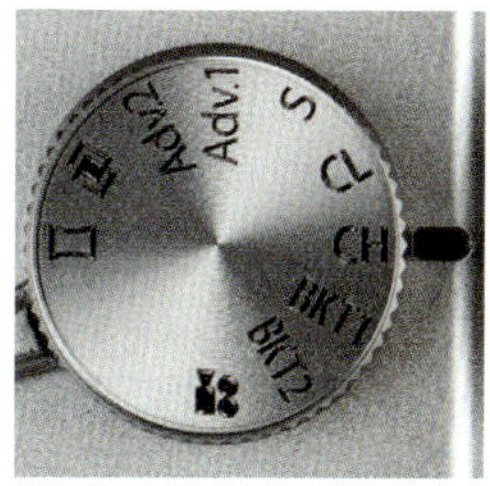

▲ *Auswahl der schnellen Serienaufnahme CH.*

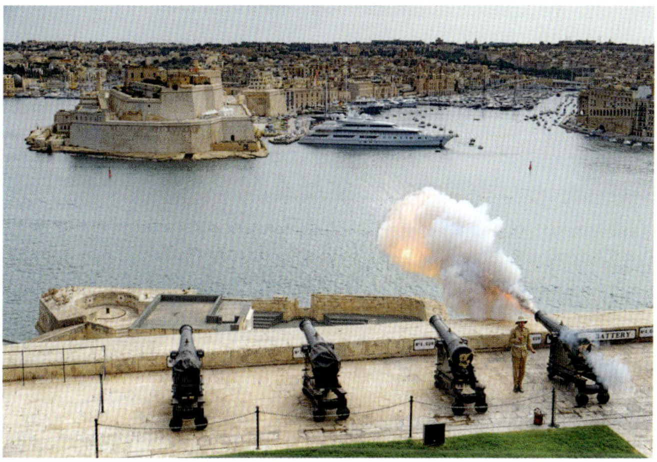

31,5 mm | f/5,6 | 1/1000 Sek. | ISO 200

▲ *Mit 11 Bildern pro Sekunde konnten wir genau den Moment einfangen, in dem der Kanonenstoß am stärksten rauchte und das Explosionsfeuer noch zu sehen war.*

Um mit einer hohen Serienaufnahmegeschwindigkeit zu fotografieren, drehen Sie das Einstellrad für die Aufnahmebetriebsart auf *CH*. Anschließend können Sie die Fn1-Taste auf der Kameraoberseite drücken und direkt auswählen, wie viele Bilder pro Sekunde aufgezeichnet werden sollen: 14, 11 oder 8 Bilder pro Sekunde. Alternativ finden Sie diese Option auch im Menü Aufnahme-Einstellung /*DRIVE-EINSTELLUNG*/*CH SEQUENZ HOHE GESCH.*.

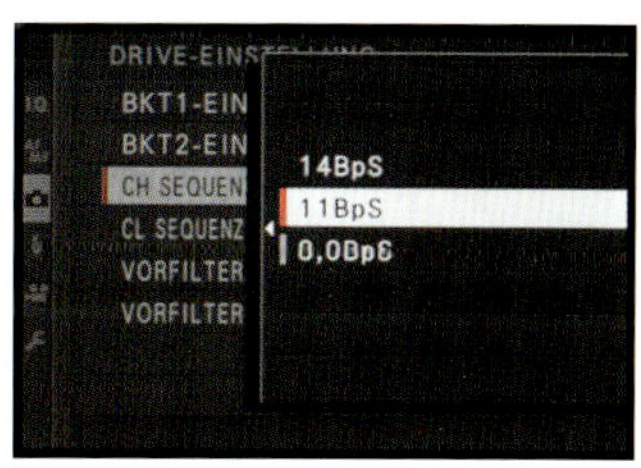

▲ *Seriengeschwindigkeit wählen.*

Um die höchste Geschwindigkeit von 14 oder 11 Bildern pro Sekunde auch tatsächlich nutzen zu können, muss der *AUSLÖSERTYP* im Menü Aufnahme-Einstellung auf *ES* (elektronischer Verschluss) gesetzt werden. Anschließend drücken Sie den Auslöser einfach länger ganz herunter und lassen Ihrer X–T20 freien Lauf. Im unkomprimierten

RAW-Format können Sie bis zu 23 Aufnahmen in Folge aufnehmen, im komprimierten RAW-Format bis zu 25, und im großen JPEG-Format bis zu 62 (8 Bilder/Sek.), 56 (11 Bilder/Sek.) oder 42 (14 Bilder/Sek.).

Geschwindigkeitsschlucker

Belichtungszeiten länger als 1/125 Sek., Aufnahmen mit Blitz, ein niedriger Akkuladestand und hohe oder niedrige Temperaturen führen dazu, dass die Geschwindigkeit unter acht Bilder/Sek. sinken kann. Beim Fotografieren mit dem kontinuierlichen Autofokus (AF-C) kann es zu Geschwindigkeitsschwankungen kommen, wenn die X–T20 geänderte Bildausschnitte nicht schnell genug scharf stellen kann, insbesondere, wenn die Auslösepriorität auf Fokus steht (Menü AF/MF-Einstellung AF MF/*PRIO. AUSLÖSEN/FOKUS*). Die Intervallaufnahme blockiert Serienaufnahmen gänzlich.

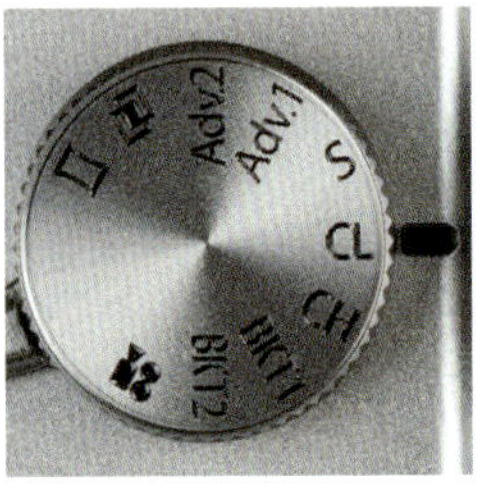

▲ *Langsame Serienaufnahme CL.*

Etwas gemächlicher mit drei, vier oder fünf Bildern pro Sekunde geht es mit der langsamen Serienaufnahme *CL* zu. Damit ist es aber einfacher, spontan zwischen Einzelaufnahmen und Reihenaufnahmen zu wechseln, denn mit der schnellen Serienaufnahme landen oft gleich zwei oder drei Bilder auf der Karte, selbst wenn der Auslöser nur kurz gedrückt wird. Das Menü zur Auswahl der Geschwindigkeit der langsamen Serienaufnahme lässt sich ebenfalls über die Fn1-Taste auf der Kameraoberseite oder das Menü Aufnahme-Einstellung /*DRIVE-EINSTELLUNG/CL SEQUENZ GERING GESCH.* aufrufen.

Belichtung speichern, ja oder nein?

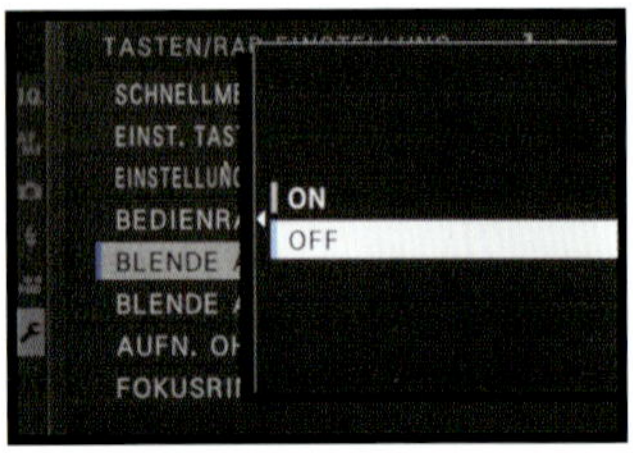

▲ *Mit dieser Einstellung passt die X–T20 die Belichtung bei Serienaufnahmen vor jedem Bild neu an.*

Wenn sich das Objekt, dass Sie mit der Serienaufnahme in mehreren Phasen seiner Bewegung aufnehmen möchten, nicht auf der Stelle bewegt, kann es sinnvoll sein, der X–T20 zu erlauben, die Belichtung vor jeder Aufnahme neu zu ermitteln. Dazu muss im Menü Einrichtung /*TASTEN/RAD-EINSTELLUNG* die Option *BLENDE AE* ausgeschaltet sein. Eine Belichtungsspeicherung mit halb herunter gedrücktem Auslöser ist dann zwar nicht mehr möglich, aber dafür gibt es ja noch die AE-L-Taste (siehe ab Seite 175). Es kann zudem eine Bilderserie mit Helligkeitsschwankungen entstehen. Probieren Sie also nach Möglichkeit aus, welche Vorgehensweise bei Ihrem Motiv besser geeignet ist.

3.3 Die Schärfentiefe mit A Steuern

Die Blendenvorwahl *A* (= aperture value, Blendenwert) ist das geeignete Belichtungsprogramm, mit dem Sie steuern können, ob der Bildhintergrund unscharf oder verhältnismäßig scharf abgebildet wird. Hierbei beeinflussen Sie die Schärfentiefe des Bildes, indem Sie über die Vorgabe des Blendenwerts die Größe der Blendenöffnung anpassen. Die Schärfentiefe ist der von unseren Augen noch als scharf wahrgenommene Bildbereich vor und hinter dem fokussierten Objekt.

Ein hoher Blendenwert von f/8 oder mehr (geschlossene Blende, kleine Blendenöffnung, Abblenden) liefert eine hohe Schärfentiefe, bestens einsetzbar bei Landschaften und Architekturbildern, die mit durchgehender Detailgenauigkeit abgebildet werden sollen.

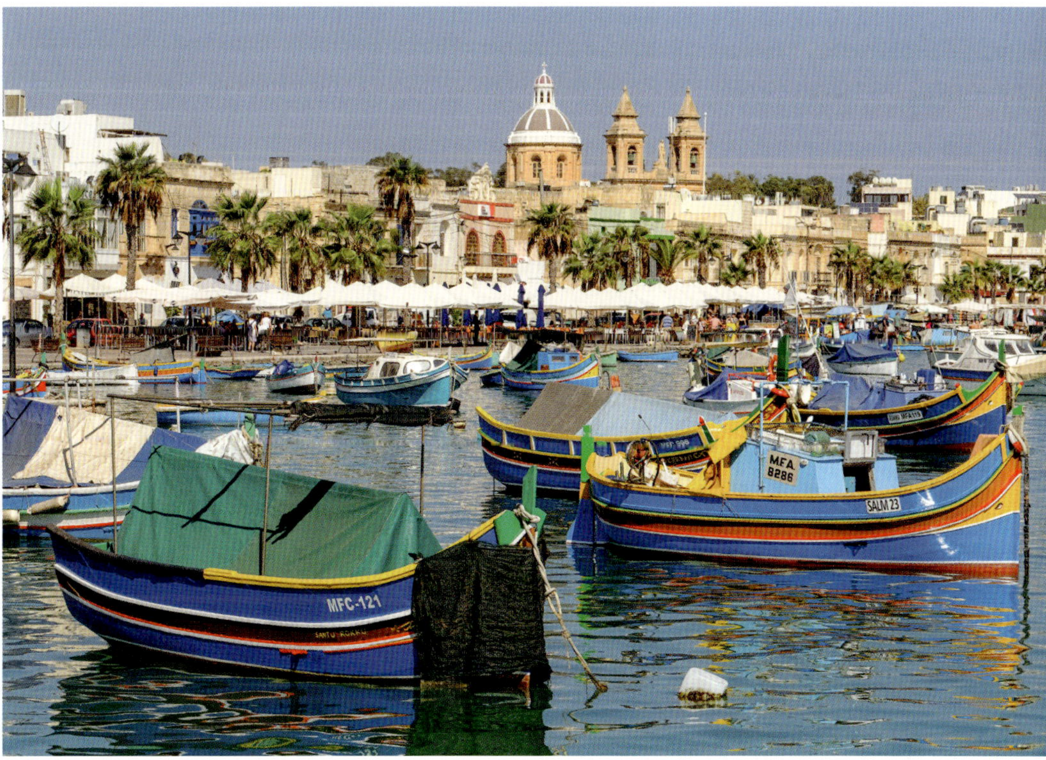

69 mm | f/11 | 1/350 Sek. | ISO 200

▲ *Mit hoher Schärfentiefe ließ sich die Szene vom vordersten Boot bis zur Kirche im Hintergrund scharf abbilden.*

Niedrige Blendenwerte von f/1,2 bis f/5,6, die eine geringe Schärfentiefe erzeugen (offene Blende, große Blendenöffnung, Aufblenden), eignen sich, wenn eine gesteigerte räumliche Wirkung erzielt oder Menschen, Tiere oder auch Pflanzendetails vor einem diffusen Hintergrund prägnant hervorgehoben werden sollen. Der Blick des Betrachters wird auf das Hauptmotiv geführt und nicht von unwichtigen Details aus dem Vorder- oder Hintergrund abgelenkt. Außerdem werden Lampen und punktuelle Lichtreflexionen groß und nahezu rund abgebildet. Lernen Sie, sich dieses Bokeh für eine schöne Hintergrundgestaltung zunutze zu machen.

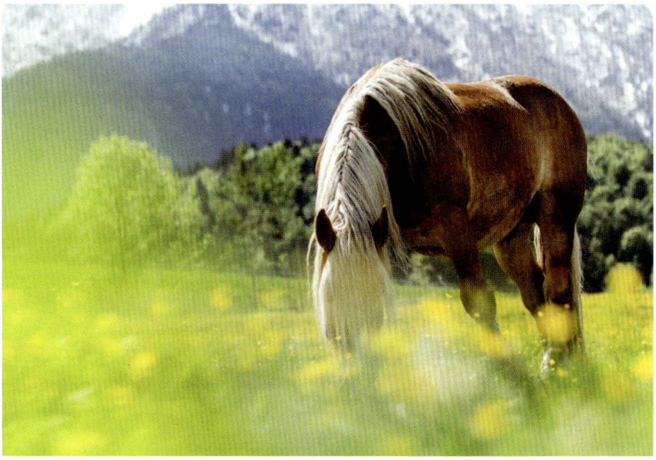

70 mm | f/2,8 | 1/2500 Sek. | ISO 100

▲ *Durch den geringen Blendenwert liegt die Schärfe nur auf dem Pferd. Sowohl die Blüten im Vordergrund als auch der Berghang hinten werden angenehm unscharf dargestellt.*

Bokeh

Das Bokeh ist an sich kein lückenlos messbarer Begriff. Vielmehr wird die subjektiv empfundene Qualität der Unschärfe beschrieben. Ein schönes Bokeh zeichnet sich dadurch aus, dass die unscharfen Lichtpunkte einen glatten Rand besitzen und gleichmäßig hell aussehen. Dazu wird mit offener Blende bei erhöhter Brennweite fotografiert und der Hintergrund sollte möglichst weit entfernt sein. Das Bokeh hängt aber auch von der Blende selbst ab. Wichtig ist, dass diese eine kreisrunde Öffnung erzeugt, was durch eine hohe Anzahl an Blendenlamellen von mindestens sieben, besser aber neun oder mehr ermöglicht wird. Porträt- und Makroobjektive erzeugen meist ein angenehmes Bokeh.

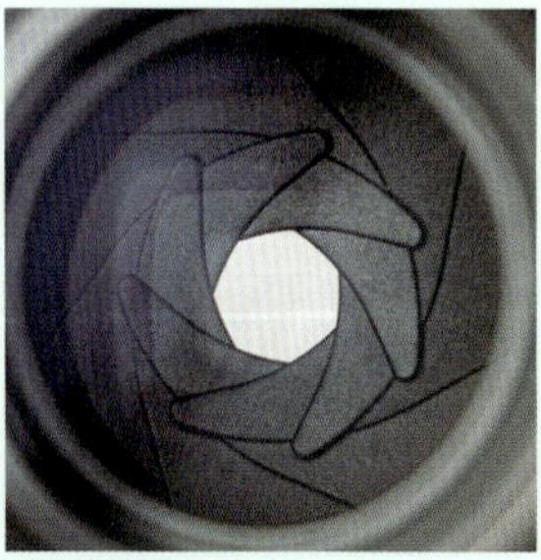

▲ *Die Blende des FUJINON XF 18–55mm F2,8–4 R LM OIS besitzt sieben Blendenlamellen.*

Bildgestaltung mit Schärfentiefe

Um die Schärfentiefe über die Blende flexibel beeinflussen zu können, schieben Sie den Auto Modus-Auswahlschalter auf die schwarze Punktmarkierung ❶. Wichtig ist auch, dass Sie das Einstellrad für die Belichtungszeit auf *A* ❷ drehen, damit sich die Belichtungszeit beim Ändern der Blende automatisch anpassen kann.

Den Blendenwert stellen Sie je nach verwendetem Objektiv entweder direkt am Blendenring ❹ ein, oder Sie schieben zunächst den Schalter für den Blendenmodus auf ⦻ ❸ und drehen anschließend am Blendenring. Die Änderung des Blendenwerts ist in beiden Fällen im Monitor oder Sucher ablesbar. Bei XF-Objektiven ohne Blendenring drehen Sie das vordere Einstellrad nach links, sodass der Blendenwert in Blau angezeigt wird. Dass sich die X–T20 im Blendenvorwahlmodus befindet, sehen Sie am eingeblendeten Symbol *A* unten links im Monitor und Sucher.

Wird der Blendenwert um eine ganze Stufe erhöht, beispielsweise von f/2,8 auf f/4, verlängert sich die Belichtungszeit ebenfalls um eine ganze Stufe, damit Bilder mit gleicher Helligkeit entstehen. Behalten Sie die Belichtungszeit stets ein wenig im Auge, damit das Bild bei langen Belichtungszeiten nicht versehentlich verwackelt, oder aktivieren Sie die ISO-Automatik.

Sollte die Belichtungszeit im Sucher oder Monitor orange leuchten, besteht die Gefahr einer Unterbelichtung (Zeit steht auf 30 Sek.) oder einer Überbelichtung (Zeit steht auf 1/4000 Sek. bei MS oder 1/32000 Sek. bei ES bzw. ES+MS). Um die Belichtung zu korrigieren, ändern Sie die Blendeneinstellung, bis die Zeitangabe wieder weiß leuchtet, oder schalten Sie die ISO-Automatik ein. Gegen eine Überbelichtung können Sie auch einen lichtschluckenden Grau- oder Polfilter am Objektiv befestigen. Gegen Unterbelichtungen setzen Sie Blitzlicht ein, wobei alles, was nicht vom Blitz erfasst wird, weiterhin unterbelichtet bleiben wird.

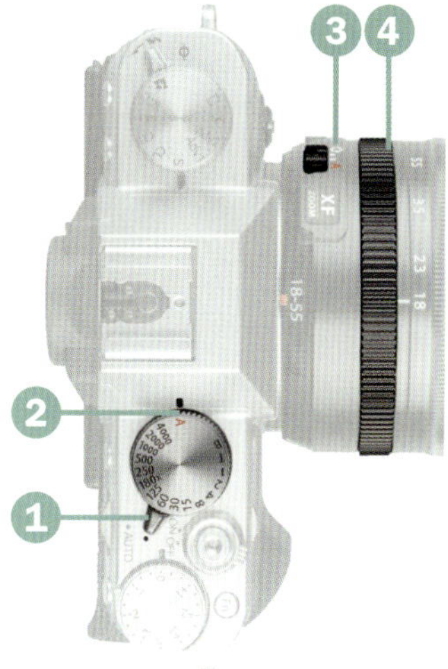

▲ *Aktivieren der Blendenvorwahl (A).*

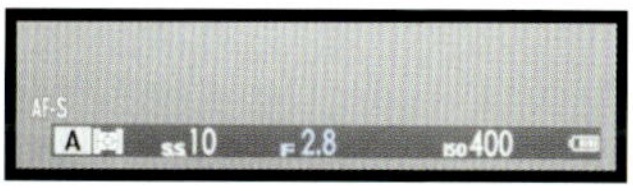

▲ *Anzeige des Blendenwerts in Blau.*

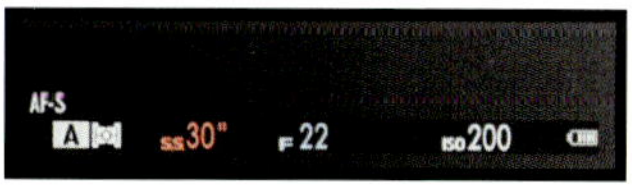

▲ *Hier warnt die X–T20 vor einer Unterbelichtung. Durch Verringern des Blendenwerts oder Erhöhen des ISO-Werts ließe sich dagegen ansteuern.*

Unschärfe durch Beugung vermeiden

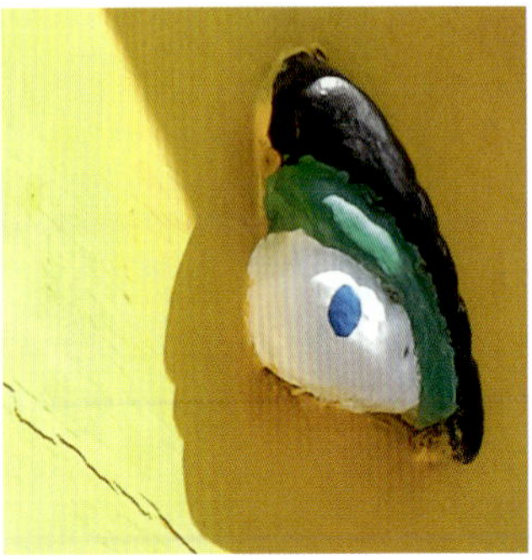

f/11

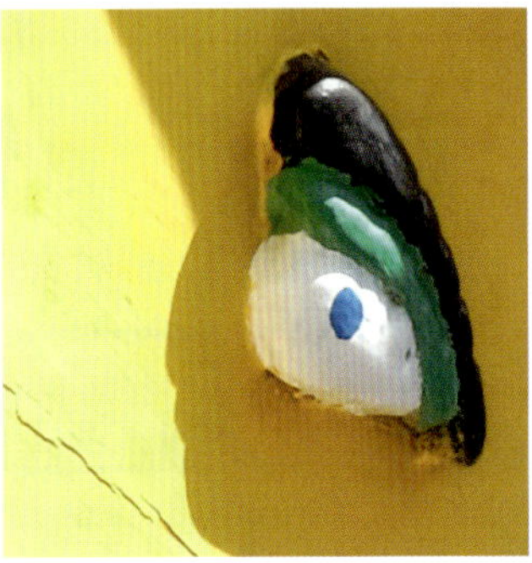

f/16

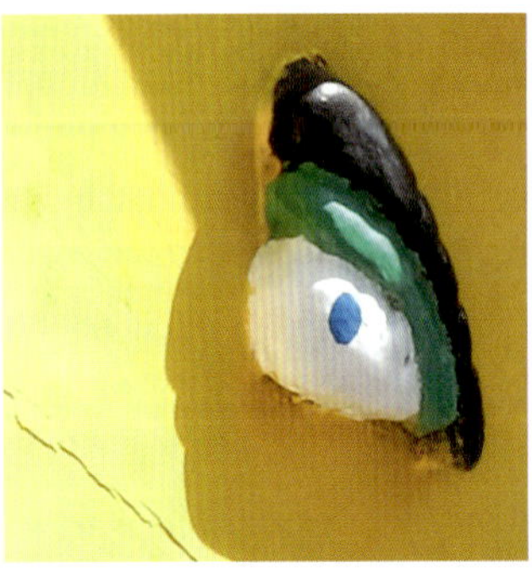

f/22

▲ *Minimale Abnahme der Bildschärfe durch Beugung bei ausgeschalteter* OBJEKTIVMOD.-OPT..

Ab einem bestimmten Blendenwert nimmt die Bildschärfe durch die sogenannte Beugungsunschärfe ab. Diese entsteht, wenn das Licht an den Blendenlamellen abgelenkt wird und unkontrolliert auf den Sensor trifft. Wer absolut kein Quäntchen Schärfe einbüßen möchte, merkt sich bei der X-T20 am besten eine Obergrenze bei Blende 11–16. Dieser Wert sollte weder im Makro-, noch im Weitwinkel- oder Telebereich überschritten werden.

Allerdings konnten wir bei unseren Tests feststellen, dass die Abnahme der Schärfe durch Beugung äußerst gering ausfiel und sich bei der Betrachtung eines normal großen Bildes am Monitor oder im Ausdruck kaum bemerkbar machte.

Hinzu gesellt sich die Möglichkeit, die Bilder bereits in der Kamera hinsichtlich eventuell auftretender Beugungsartefakte zu optimieren. Dazu hält die X-T20 im Menü Bildqualitäts-Einstellung **I.Q.** die Funktion *OBJEKTIVMOD.-OPT.* bereit. Wenn Sie diese einschalten, wird die Auflösung des Bildes zusätzlich etwas verbessert, indem die Beugungs- und Randunschärfe verringert wird. Aber dennoch, wenn Ihnen eine möglichst hohe Bildschärfe im fokussierten Bereich sehr wichtig ist, bleiben Sie mit dem Blendenwert besser unterhalb vom f/16.

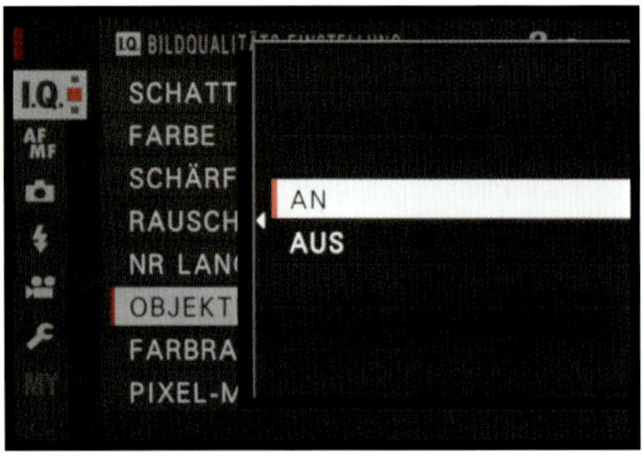

▲ *Bei uns bleibt die Funktion* OBJEKTIVMOD.-OPT. *standardmäßig eingeschaltet.*

Vorabkontrolle der Schärfentiefe

Praktischerweise können Sie schon vor der Aufnahme sehen, wie hoch die Schärfentiefe ausfallen wird. Dazu drücken Sie den Auslöser einfach bis zum ersten Druckpunkt herunter. Die Blende schließt sich auf den gewählten Wert, die sogenannte Arbeitsblende, und das Livebild im Sucher oder Monitor zeigt den zu erwartenden Schärfeverlauf an. Dies funktioniert auch in den Programmen P, S und M. In der Porträt- und Makrofotografie ist die Kontrolle der Schärfentiefe besonders wichtig, um störende Elemente im Hintergrund zu identifizieren.

Im Modus A ist es zudem möglich, die Kontrolle der Schärfentiefe auf eine der Funktionstasten der X–T20 zu legen. Dazu navigieren Sie im Menü Einrichtung 🔧 zur Option *TASTEN/RAD-EINSTELLUNG* und öffnen den Posten *EINST. TASTE Fn/AE-L/AF-L*.

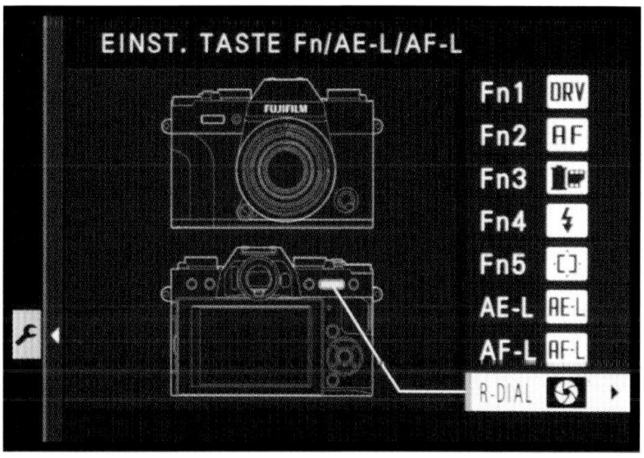

▲ *Belegung der Druckfunktion des hinteren Einstellrads (R-DIAL) mit der Option VORSCHAU SCHÄRFENTIEFE.*

Wählen Sie eine der verfügbaren Funktionstasten aus und belegen Sie diese mit der Funktion *VORSCHAU SCHÄRFENTIEFE*. In der Fotosituation drücken Sie dann einfach die Taste, um die Schärfentiefe zu prüfen.

Der Vorteil ist, dass Sie die Taste nach dem Einstellen der Arbeitsblende loslassen können, um den Bildausschnitt in aller Ruhe einzurichten. Nachteilig ist, dass diese Methode nur im Modus A funktioniert, also nicht verfügbar ist, wenn Sie manuell belichten oder in den Modi S und P mit automatischer Blende fotografieren. Sollten Sie die Schärfentiefe-Vorschau im Modus A nicht unbedingt benötigen, da es Ihnen ausreicht, die Schärfentiefe mit dem Drücken des Auslösers zu sehen, können Sie sich das Belegen der Fn-Taste auch sparen bzw. die Taste für eine andere, eventuell wichtigere Funktion freihalten.

Eine weitere Option zur Kontrolle der Schärfentiefe hat die X–T20 mit der *Schärfentiefenskala* im Programm. Um diese zu nutzen, aktivieren Sie im Menü Einrichtung 🔧 bei *DISPLAY-EINSTELLUNG/DISPLAY EINSTELL.* die Option *AF-ABSTANDSANZEIGE* mit einem Häkchen. Zurück in der Fotosituation drücken Sie im Modus A die Taste DISP/BACK so oft, bis die Skala am unteren Bildrand eingeblendet wird.

Sobald Sie zwecks Scharfstellung den Auslöser auf den ersten Druckpunkt herunterdrücken, blendet die X–T20 den

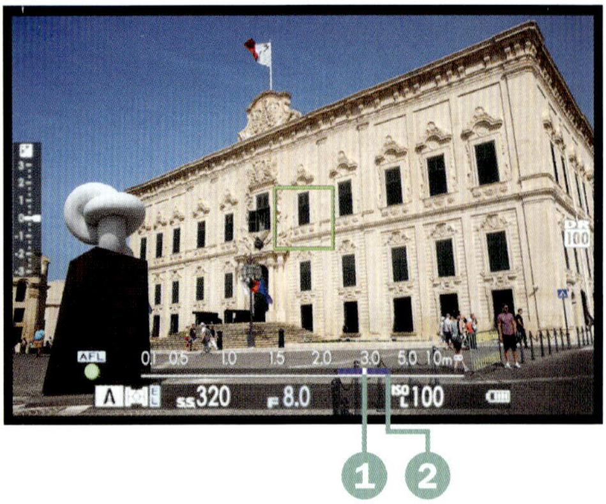

▲ *Fokusabstand in Weiß und Schärfentiefebereich in Dunkelblau.*

Abstand zum fokussierten Objekt 1 und in dunkelblau die zu erwartende Schärfentiefe 2 ein. Diese ist allerdings nur gut zu erkennen, wenn sie sich über mehrere Zentimeter bis hin zu Metern erstreckt. Bei Porträt- und Makroaufnahmen, die mit niedrigen Blendenwerten aufgenommen werden, ist der Schärfentiefebereich daher oft zu klein, um ihn in der Skala zu sehen. Bei Landschaftsaufnahmen mit erhöhtem Blendenwert können Sie aber schon erkennen, wie weit sich die Schärfentiefe vor und hinter der gewählten Fokusentfernung ausdehnt. Probieren Sie aus, ob die Skala für Sie in der Praxis hilfreich ist.

Basis für die Schärfentiefenskala

Die Schärfentiefenskala kann auf die spätere Verwendung der Bilder adaptiert werden. Dazu haben Sie im Menü AF/MF-Einstellung AF/MF bei *TIEFENSCHÄRFESKALA* zwei Optionen. Mit *FILMFORMAT-BASIS* simuliert die Skala die Schärfentiefe für ausgedruckte Bilder, etwa in einem Fotobuch. Die Vorgabe *PIXEL-BASIS* ist für die Betrachtung am Monitor gedacht, etwa für Internetgalerien. Da Bilder am Monitor meist aus einem geringen Abstand betrachtet werden, wirkt die Schärfentiefe bei gleichen Kameraeinstellungen etwas geringer als bei Ausdrucken. Daher simuliert die X–T20 auf Pixel-Basis auch einen kleineren Schärfentiefebereich als auf Filmformat-Basis.

Schöne Porträts mit und ohne Selbstauslöser

Bei der Porträtfotografie stehen die abgebildeten Personen naturgemäß im Bildmittelpunkt. Das können Einzelpersonen oder Gruppen sein, und dementsprechend muss der Bildausschnitt enger oder weiter gefasst werden.

Für schöne Einzelporträts vor einem diffusen Hintergrund eignen sich bei der X–T20 die folgenden Kombinationen aus Brennweite und Blende sehr gut: f/1,2 bis f/2 bei 50 mm, f/1,2 bis f/2,8 bei 85 mm oder f/2,8 bis f/5,6 bei 200 mm.

Brennweiten im Bereich von 18 mm bis etwa 40 mm sind für Gruppenbilder gut geeignet. Damit alle Akteure ausreichend scharf abgebildet werden, sollte die Schärfentiefe bei Gruppenfotos nicht allzu gering ausfallen. Stellen Sie im Modus A am besten einen Blendenwert von f/5,6 bis f/11 ein.

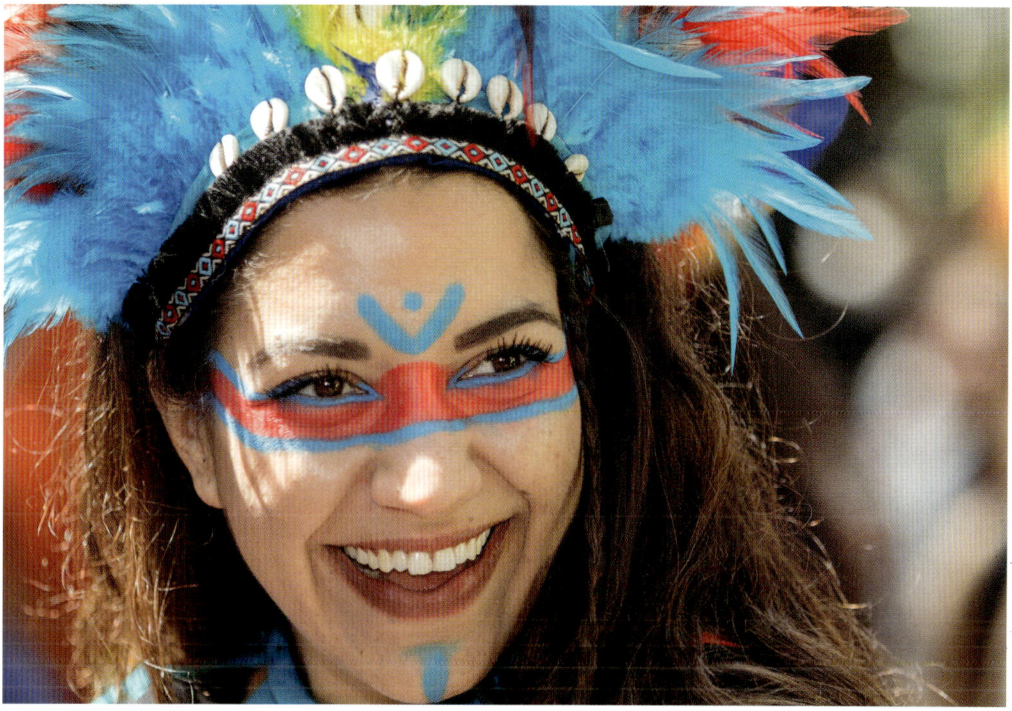

115 mm | f/2,8 | 1/1600 Sek. | ISO 400 | Systemblitz

▲ *Mit Telebrennweiten und offener Blende lassen sich Porträts vor einem unscharfen Hintergrund optimal in Szene setzen.*

Bei stillstehenden Menschen lässt sich die Schärfe mit dem Fokusmodus Einzelpunkt [▪] ganz präzise auf das zur X-T20 nächstgelegene Auge legen. Dabei können Sie auch flink die Fokusspeicherung verwenden, also zum Beispiel mit dem Einzelpunkt fokussieren, bei gehaltenem Auslöser den Bildausschnitt einstellen und dann schnell auslösen. Durch die Abstandsänderung beim Kameraschwenk kann es aber vorkommen, dass die Scharfstellung nicht ganz so optimal ist, was sich bei sehr niedrigen Blendenwerten im Bild bemerkbar macht, indem der Fokus gegebenenfalls nicht perfekt auf der Ebene der Augen liegt. Besser ist es, ein AF-Feld zu wählen, das zumindest dicht neben dem Auge liegt, und dieses für die Fokusspeicherung zu verwenden. Gesichter von Menschen in Bewegung lassen sich mit dem Fokusmodus Zone [ ] gut einfangen, oder mit Weit/Verfolgung [ ] gekoppelt mit der in Kapitel 5 vorgestellten Gesichtserkennung.

Abstand zum Hintergrund

Wenn Sie die Aufnahmebedingungen für die Porträtaufnahme selbst in der Hand haben, versuchen Sie, den Abstand zwischen Ihrem Model und dem Hintergrund möglichst groß zu halten. Auf diese Weise erzielen Sie die maximal mögliche Hintergrundunschärfe. Bei Veranstaltungen kann es hilfreich sein, sich halb in die Hocke zu begeben, um störende Hintergrundobjekte noch besser aus dem Bild herauszuhalten.

3.4 Manuelle Belichtung

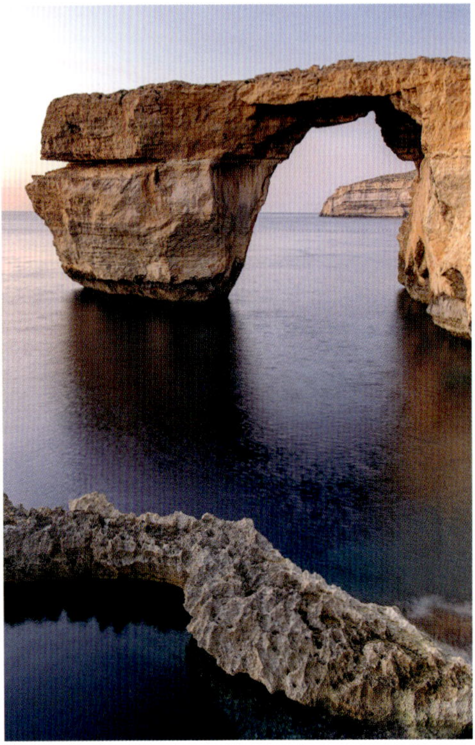

18 mm | f/45 | 4 Sek. | ISO 200

▲ *Durch die lange Belichtungszeit wird das Meerwasser verwischt abgebildet. Die gewählte Blende sorgt für ausreichend Schärfentiefe und der geringe ISO-Wert für wenig Bildrauschen und gleichzeitig einen hohen Kontrastumfang.*

Bei der manuellen Belichtung (M) mit der X–T20 haben Sie in jeder Hinsicht freie Hand, denn sämtliche Belichtungseinstellungen können Sie hier unabhängig voneinander wählen. Das hat beispielsweise Vorteile bei Nachtaufnahmen, wenn es darum geht, mit hoher Schärfentiefe und geringem ISO-Wert qualitativ hochwertige Bilder anzufertigen. Oder denken Sie an das Verschmelzen von Einzelbildern zu einem Panorama. Dabei ist es notwendig, dass jedes Bild mit exakt den gleichen Einstellungen aufgenommen wird.

Auch beim Fotografieren mit Blitzlicht im Fotostudio ist das manuelle Belichten gang und gäbe. Und selbst bei Sport- oder Eventaufnahmen verwenden wir häufig die manuelle Belichtung, um sowohl die Belichtungszeit als auch die Blende selbst bestimmen zu können. Dank der auch im Modus M verwendbaren ISO-Automatik wird die Bildhelligkeit stets auf Standardniveau gehalten.

Um mit der manuellen Belichtung zu fotografieren, richten Sie als erstes den geplanten Bildausschnitt ein. Entscheiden Sie sich anschließend, welcher Parameter für die Aufnahme am wichtigsten ist, die Schärfentiefe (statische Motive) oder die Belichtungszeit (bewegte Motive).

Zum Fotografieren im manuellen Modus schieben Sie als erstes den Auto Modus-Auswahlschalter auf die schwarze Punktmarkierung 1. Wenn die Belichtungszeit bei statischen Motiven keine Rolle spielt, stellen Sie als nächstes einen geringen ISO-Wert ein, entweder im Schnellmenü oder im Menü Aufnahme-Einstellung /*ISO*.

Als nächstes wählen Sie den Blendenwert. Dazu drehen Sie je nach Objektiv direkt am Blendenring 4, oder Sie schieben zunächst den Schalter für den Blendenmodus auf 3 und drehen anschließend am Blendenring. Bei XC-Objektiven ohne Blendenring drehen Sie das vordere Einstellrad nach links, sodass der Blendenwert in Blau angezeigt wird.

Mit dem Einstellrad für die Belichtungszeit passen Sie anschließend den Zeitwert 2 so an, dass die Markierung der Belichtungskorrekturanzeige mittig liegt 5 bzw. der Belichtungskorrekturwert auf null steht. Dann stimmt die Belichtung mit der automatisch von der X–T20 ermittelten Belichtung überein. Kommt Ihnen das Bild nach einer Probeaufnahme zu hell oder zu dunkel vor, können Sie die Bildhelligkeit durch Ändern der Belichtungszeit anpassen. Prüfen Sie die Belichtung am besten auch anhand des Histogramms.

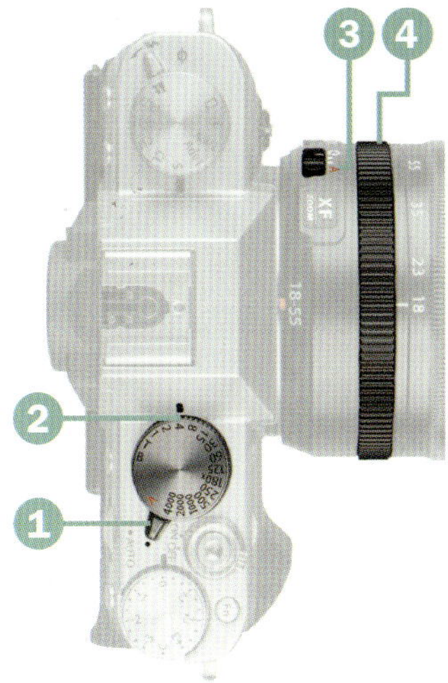

▲ *Belichtungseinstellung im Modus M.*

Bei bewegten Motiven beginnen Sie die Einstellungsprozedur mit der Belichtungszeit. Stellen Sie diese so kurz ein, dass eine scharfe Darstellung möglich wird, oder wählen Sie absichtlich eine längere Zeit, um zum Beispiel Wasser mit deutlichen Wischeffekten abzubilden. Regulieren Sie die Bildhelligkeit anschließend über die Blende und den ISO-Wert.

Wenn Sie die ISO-Automatik einschalten, richtet die X–T20 die Lichtempfindlichkeit so ein, dass das Bild mit der Standardbelichtung 5 aufgenommen wird. Damit wird der Gedanke der vollmanuellen Belichtung zwar ad absurdum geführt, aber bei actionreichen Szenen mit sich ständig ändernden Lichtverhältnissen kann dies vorteilhaft sein. Bei statischen Motiven empfehlen wir dagegen die Wahl fester ISO-Werte, denn nur so haben Sie die Belichtung wirklich voll und ganz in der Hand.

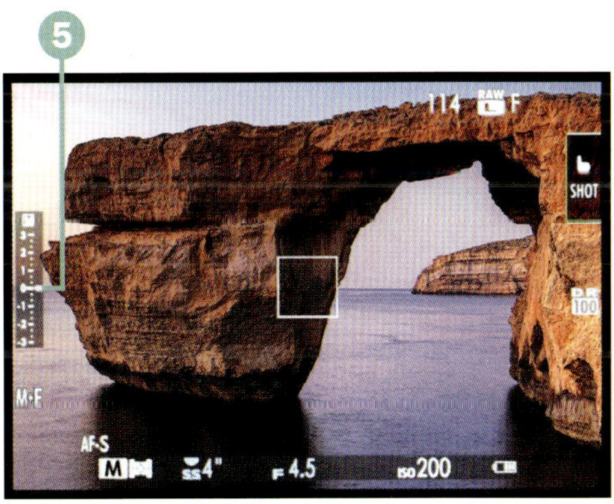

▲ *Belichtungskorrekturanzeige auf Standardwert.*

Langzeitbelichtungen anfertigen

Im Modus M, wenn die Blende festgelegt und das Einstellrad für die Belichtungszeit auf *B* (*Bulb*) gedreht wurde, können Sie von der flexiblen Langzeitbelichtung profitieren. Das Bild wird dann schlichtweg so lange belichtet, wie Sie möchten. Das können mehrere Sekunden bis hin zu 60 Minuten sein. Der Bulb-Modus ist vor allem für Aufnahmen von Feuerwerk und Gewittern die richtige Wahl, denn Sie können so lange belichten, bis die gewünschte

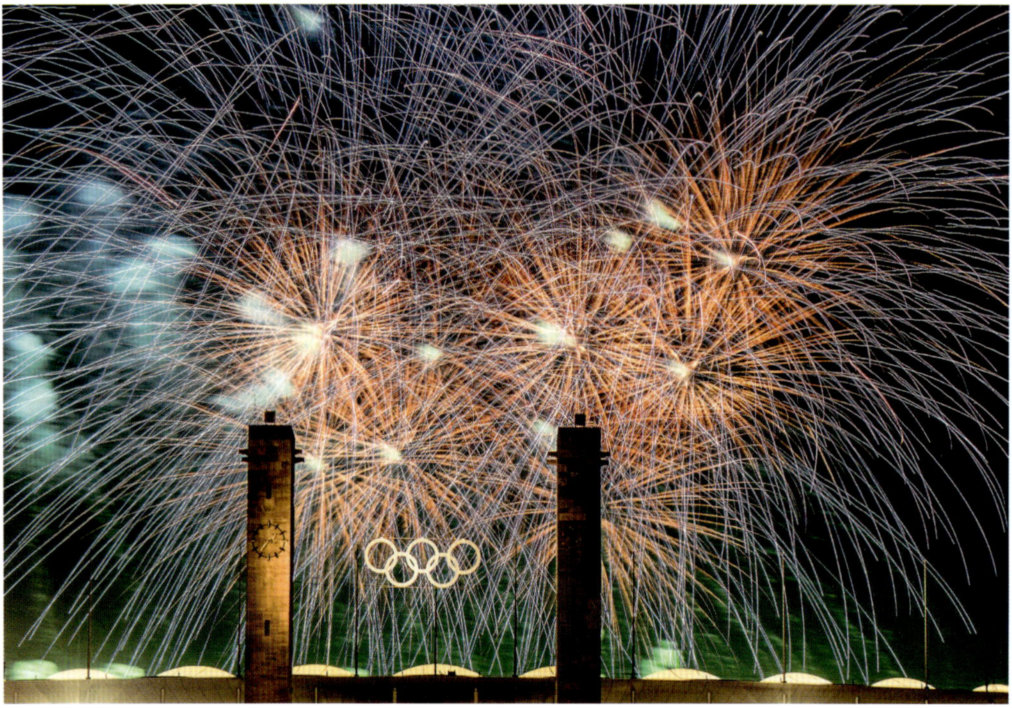

90 mm | f/5 | 1,8 Sek. | ISO 200

▲ *Feuerwerksaufnahme mit individuell an die Situation angepasster Belichtungszeit im Bulb-Modus.*

Raketenzahl hochgegangen ist oder ein oder mehrere Blitze im Bildausschnitt eingefangen wurden.

Allerdings lassen sich solche Langzeitbelichtungen nur mit einem Fernauslöser wirklich gut betreiben, denn wer kann schon sekundenlang den Auslöser drücken ohne dabei zu wackeln? Selbst mit Stativ schleicht sich da schnell Unschärfe ins Bild. Befestigen Sie die X-T20 also am besten auf einem Stativ und schalten Sie den Bildstabilisator des Objektivs aus.

Stellen Sie anschließend die gewünschten Werte für die Lichtempfindlichkeit ISO und die Blende ② ein, und drehen Sie das Einstellrad für die Belichtungszeit auf *B* ①. Wichtig ist zudem, im Menü Aufnahme-Einstellung 📷/ *AUSLÖSERTYP* die Vorgabe *MS* oder *M+E* zu wählen, da Bulb-Belichtungen mit dem rein elektronischen Verschluss *ES* nicht möglich sind.

Um die Belichtung zu starten, drücken Sie den Auslöser oder die Taste des Fernauslösers, zum Beispiel eines per USB-Kabel angeschlossenen Kabelfernauslösers RR-90, ganz herunter. Halten Sie die Taste für die Dauer der gewünschten Belichtungszeit gedrückt. Bei dem Kabelfernauslöser können Sie die gedrückte Auslösetaste auch mit dem Daumen nach vorne schieben, um sie zu arretieren. Die Aufnahmedauer in Sekunden lässt sich am Monitor oder im Sucher verfolgen. Beenden Sie die Belichtung durch Loslassen der Auslösetaste oder durch Zurückschieben und Loslassen der arretierten Fernauslösetaste. Sollten Sie einen Funk-Fernauslöser verwenden, drücken Sie die Auslösetaste des Senders und halten Sie die Taste circa drei Sekunden lang gedrückt. Um die Belichtung zu beenden, drücken Sie die Taste erneut.

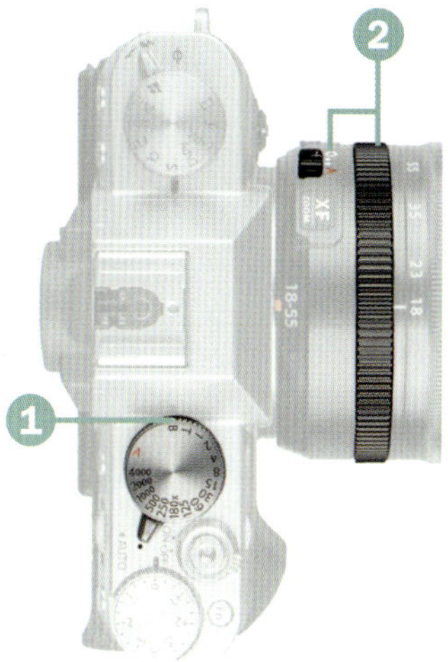

▲ *Langzeitbelichtung im Bulb-Modus mit festgelegter Blende und ISO-Wert.*

Langzeit-Rauschreduzierung deaktivieren

Im Falle von Feuerwerksaufnahmen ist es sinnvoll, die Funktion *NR LANGZ. BELICHT.* im Menü Bildqualitäts-Einstellung I.Q. auszuschalten. Sonst müssen Sie nach der Aufnahme so lange warten, wie die Belichtung gedauert hat, bis das nächste Bild möglich ist.

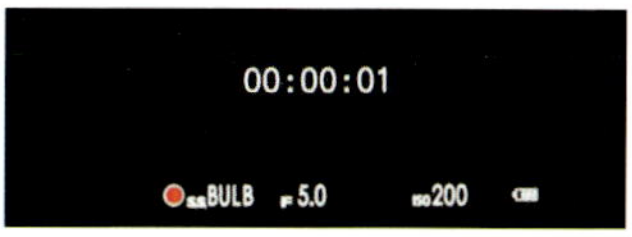

▲ *Hier ist nach dem Belichtungsstart gerade eine Sekunde verstrichen.*

3.5 Eigene Programme entwerfen

Vielleicht fotografieren Sie des Öfteren bei Sportveranstaltungen, fertigen Porträts im Fotostudio an oder nehmen gerne abendlich beleuchtete Architekturmotive ins Visier. Dann wäre es doch ganz praktisch, sich ein paar Belichtungseinstellungen zusammenzustellen, um in der Aufnahmesituation die wichtigsten Funktionen nicht lange suchen zu müssen. Genau dafür stellt Ihnen die X-T20 sieben frei belegbare Speicherbereiche zur Verfügung.

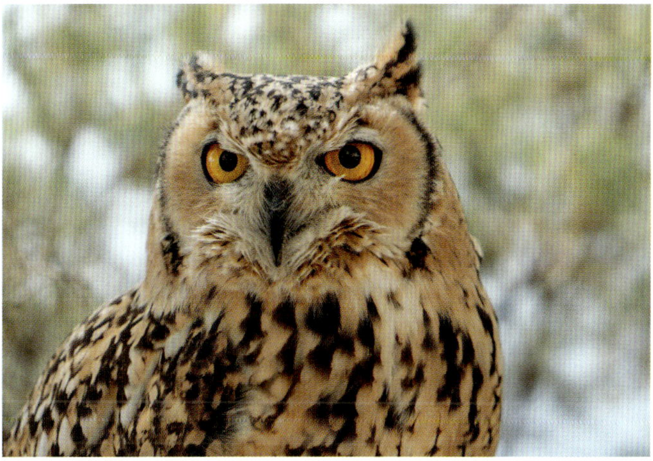

55 mm | f/4,5 | 1/680 Sek. | ISO 200

◀ *Mit den gespeicherten Einstellungen für Porträts in heller Umgebung ließ sich auch der Wüstenuhu bestens ins Bild setzen.*

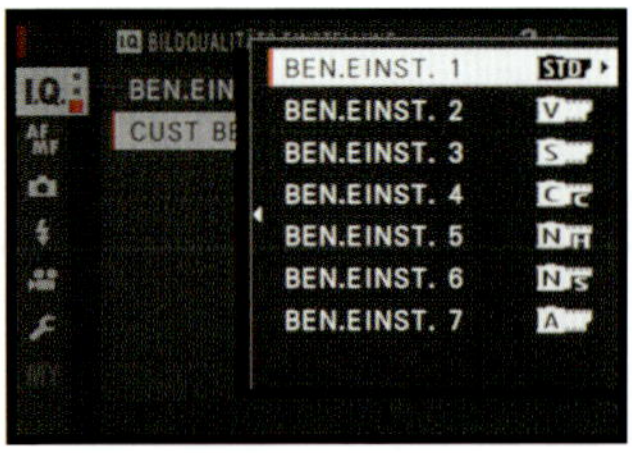

▲ *Speicherplatz auswählen.*

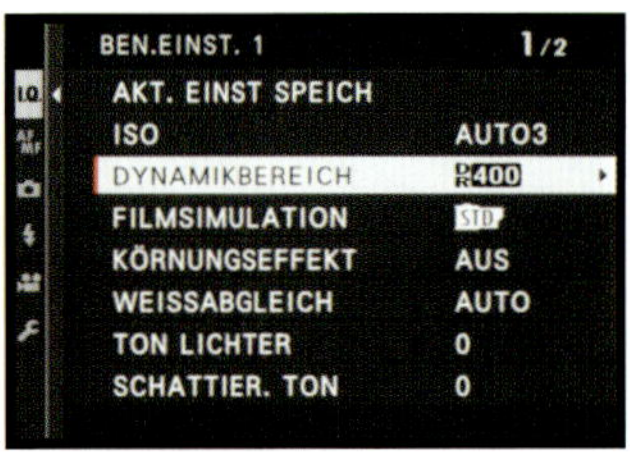

▲ *Funktion ändern.*

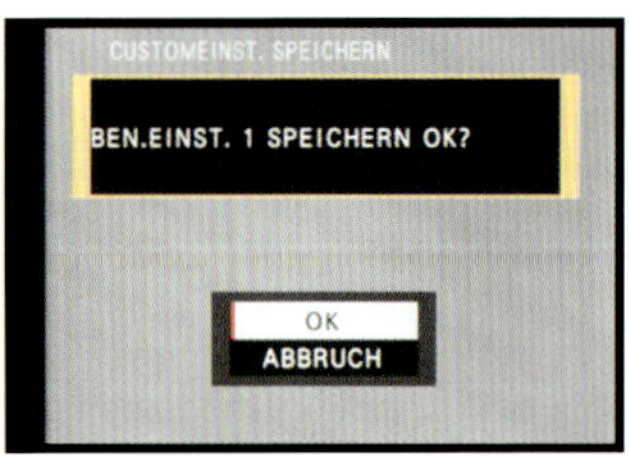

▲ *Geänderten Speicherplatz bestätigen.*

Um benutzerdefinierte Einstellungen zu hinterlegen, öffnen Sie im Menü Bildqualitäts-Einstellung **I.Q.** den Eintrag *CUST BEARB./SPEICH*. Gehen Sie nach rechs und wählen Sie einen der Speicherplätze *BENUTZERDEFINIERT 1* bis *7* aus. Stellen Sie die neun verfügbaren Funktionen wie gewünscht ein. Wenn Sie fertig sind, drücken Sie die DISP/BACK-Taste, wählen *OK* und bestätigen dies mit der MENU/OK-Taste. Möglich ist auch, die aktuell in der Kamera verwendeten Einstellungen zu speichern. Dazu bestätigen Sie den Eintrag *AKT. EINST SPEICH* mit der MENU/OK-Taste.

Möchten Sie die Einstellung ändern, wiederholen Sie die Programmierungsschritte. Soll der Speicherbereich wieder in die Standardeinstellung zurück versetzt werden, finden Sie in der Liste der Funktionen ganz unten dafür den Eintrag *RESET*.

Jetzt fehlt nur noch die Anwendung der individuellen Speichereinstellungen in der Aufnahmesituation. Dazu öffnen Sie wieder das Menü Bildqualitäts-Einstellung **I.Q.** und rufen diesmal die Funktion *BEN.EINST. AUSW.* auf. Bestätigen Sie den gewünschten Speicherplatz mit der MENU/OK-Taste, und schon können Sie mit den darin hinterlegten Einstellungen fotografieren oder filmen.

In der Tabelle haben wir Ihnen ein paar Vorschläge zusammengestellt, die sich als Basiseinstellung für häufig vorkommende Fotosituationen eignen. Wenn Sie möchten, können Sie diese genauso in Ihrer X–T20 auf einem der Speicherplätze registrieren. Die Einstellungen der ersten sieben Zeilen (Modus bis Blitzmodus) können jedoch nicht gespeichert werden. Diese müssten Sie in der Fotosituation einzeln vorgeben.

	Porträt helle Umgebung	Porträt mit Studioblitzen	Eventfotografie	Landschaft/ Architektur	Actionmotive scharf einfangen	Nachtaufnahmen mit Stativ	Kontrastreiche Situationen/ HDR-Ausgangsbilder
Modus	A	M	M	A	S	M	A
Blende	f/1,2 bis f/5,6	f/8 bis f/11	f/4	f/4 bis f/16	–	f/8	f/5,6
Belichtungszeit	–	1/125 Sek.	–	–	1/640 – 1/4000 Sek.	1 Sek. - 30 Sek.	–
ISO-Wert	ISO-Automatik (200 – 1600)	100 – 200	ISO-Automatik (200 – 3200)	ISO-Automatik (200 – 3200)	ISO-Automatik (200 – 12800)	100–400	ISO-Automatik (200 – 3200)
Min. Verschl. zeit	1/60 Sek.	–	1/30 Sek.	1/30 Sek.	1/500 Sek.	–	1/15 Sek.
Betriebsart	Langsame Serienaufnahme	Einzelbild	Einzelbild	Einzelbild	Schnelle Serienaufnahme	Einzelbild	Schnelle Serienaufnahme
Blitzmodus	TTL Autoblitz oder TTL SLangsame Sync.	Commander	TTL SLangsame Sync	Aus	Aus oder Standard	Aus	Aus
Dynamikbereich	200%	100%	400%	400%	400%	200%	400%
Filmsimulation	Astia/Weich	Pro Neg. Std	Astia/Weich	Velvia/ Lebendig	Provia/ Standard	Provia/ Standard	Provia/ Standard
Körnungseffekt	Aus	Aus	Aus	Aus	Aus	Aus	Aus
Weißabgleich	AUTO	AUTO od. Manuell mit Color Checker	AUTO	AUTO	AUTO	AUTO	Farbtemperatur (5600 K)
Ton Lichter	−2	0	0	−2	0	−2	−2
Schattier. Ton	−1	0	−2	−2	−1	−2	−2
Farbe	0	0	0	0	+2	+2	0
Schärfe	0	0	+2	+2	+2	+1	0
Rauschred.	0	0	+2	0	0	0	0

▲ *Vorschläge für häufige Aufnahmesituationen. Die Funktionen Dynamikbereich bis Rauschreduktion können in den benutzerdefinierten Speicherplätzen der X-T20 hinterlegt werden.*

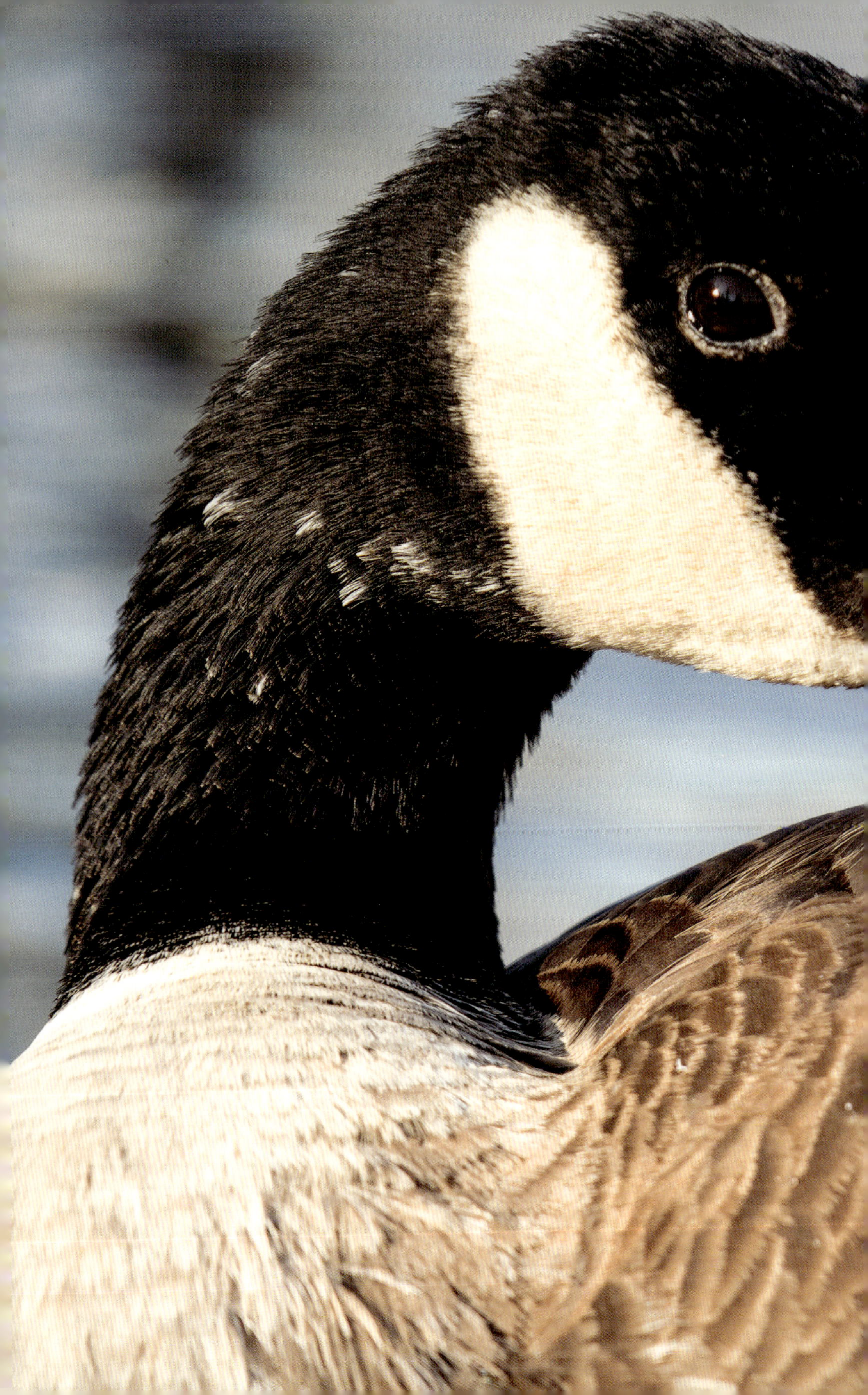

Die Belichtung im Griff

Von der Belichtung hängt die Wirkung eines Fotos essenziell ab. Erfahren Sie daher in diesem Kapitel alles Wichtige über die Möglichkeiten, die Ihnen die X–T20 in Sachen Sensor-Lichtempfindlichkeit und motivbezogene Messmethoden zu bieten hat. Wie Sie die Bildhelligkeit prüfen und anhand von Belichtungskorrekturen perfekt auf Ihr Motiv abstimmen können, erfahren Sie ebenfalls in diesem Kapitel.

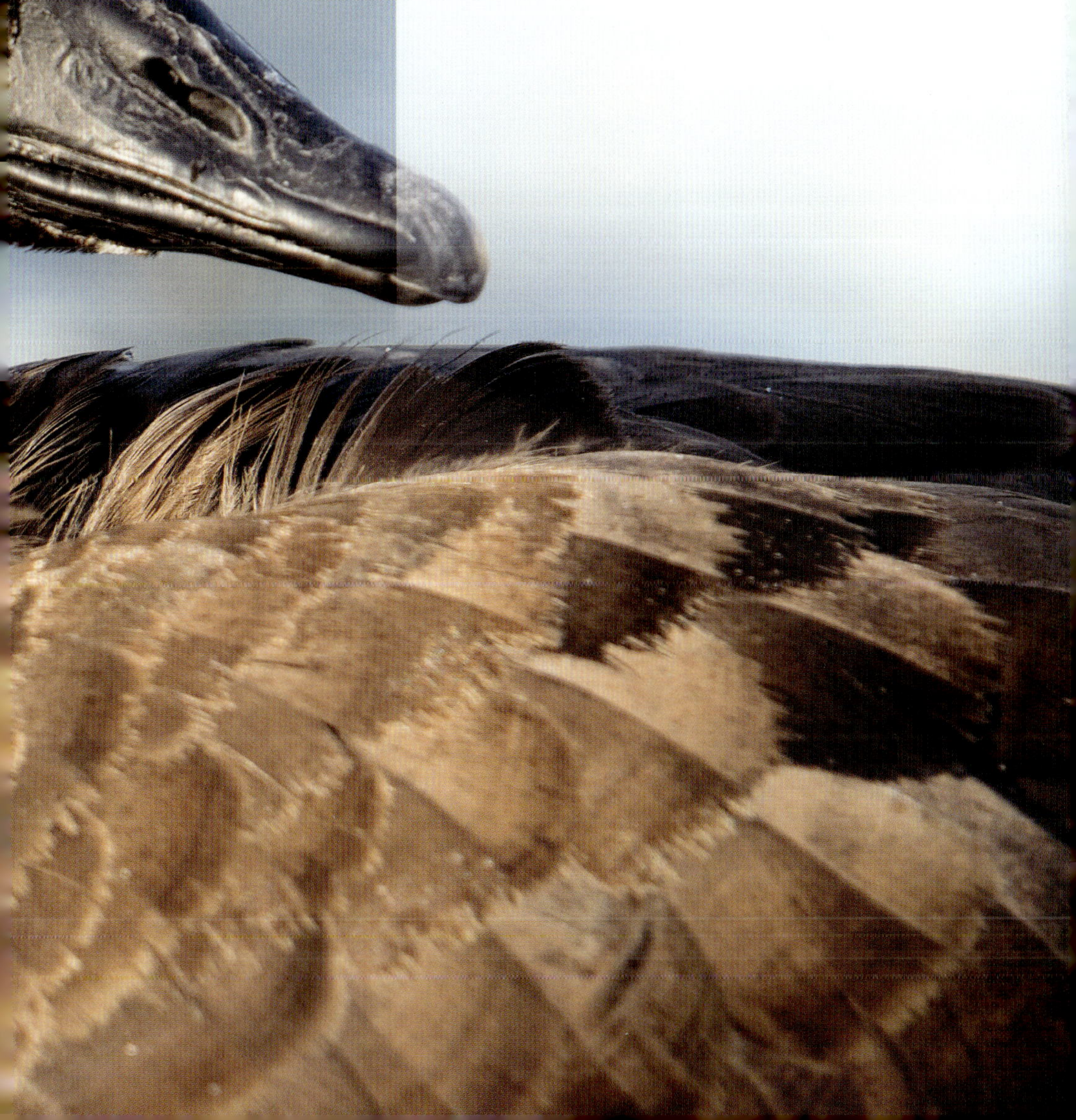

4.1 Den ISO-Wert richtig einsetzen

Die X–T20 ist bei uns, und bei Ihnen sicherlich auch, überall mit dabei. Aber die Aufnahmesituationen sind natürlich nicht immer optimal. Dem trägt jedoch die flexible Lichtempfindlichkeit des Sensors (ISO-Wert) Rechnung. So entstehen auch unter schwierigen Lichtbedingungen immer noch gut aufgelöste und optimal belichtete Bilder. Davon konnten wir uns im Rahmen unterschiedlicher Projekte im natur-, street- und eventfotografischen Bereich überzeugen.

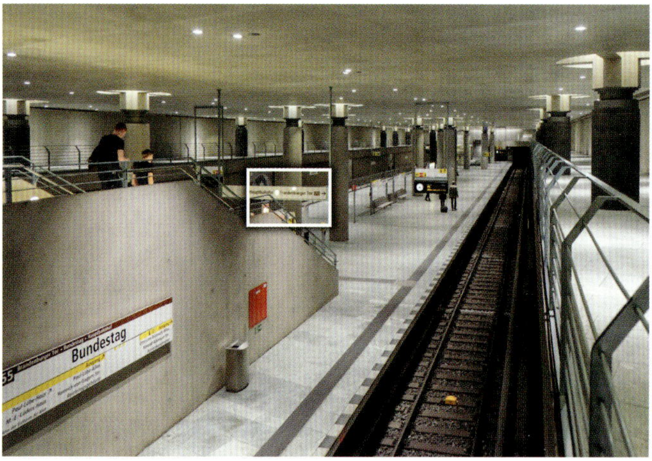

19 mm | f/2,8 | 1/300 Sek. | ISO 6400

▲ *Dank der sehr hohen Lichtempfindlichkeit konnten wir die Szene verwacklungsfrei aufnehmen. Die Detailstrukturen werden dennoch erstaunlich gut wiedergegeben.*

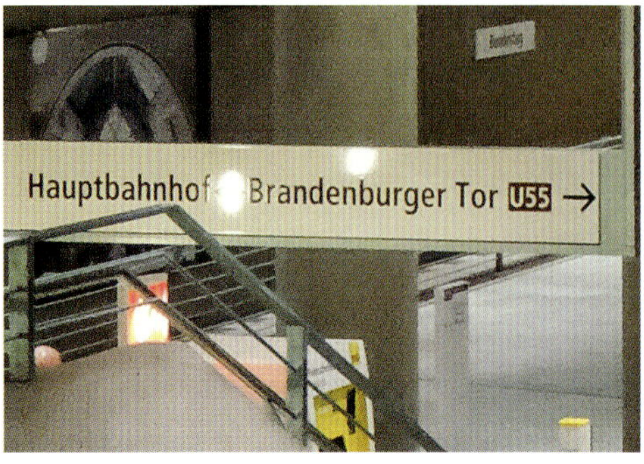

▲ *Der Bildausschnitt verdeutlicht den Detailreichtum, den die X–T20 trotz hohem ISO-Wert lieferte.*

Den ISO-Wert motivbezogen wählen

Um die Lichtempfindlichkeit des Sensors manuell vorzugeben, stellen Sie einen der Modi P, S, A oder M ein. Navigieren Sie anschließend entweder im Schnellmenü **Q** oder im Menü Aufnahme-Einstellung 📷 zur Rubrik *ISO*. Stellen Sie den gewünschten ISO-Wert mit dem hinteren Einstellrad (Schnellmenü) oder den Auswahltasten ▲ ▼ ein. Auf diese Weise lässt sich die Lichtempfindlichkeit ganz fein in Drittelstufen erhöhen oder verringern.

Der standardmäßig nutzbare ISO-Bereich erstreckt sich von ISO 200 bis ISO 12800. In diesem Bereich liefert der Sensor der X–T20 seine beste Performance, sprich, der Kontrastumfang und die Wiedergabe der Details bleiben auch bei steigender Lichtempfindlichkeit auf einem erfreulich hohen Niveau.

Für alle Arten von Standardsituationen bei Tageslicht verwenden Sie am besten ISO-Werte zwischen 200 und 800. Es ist sogar empfehlenswert, selbst hochkontrastierte Motive mit ISO 800 aufzunehmen – stellen Sie sich eine schattige Liege an einem weißen Sandstrand in der prallen Sonne vor. Aufgrund des Sensordesigns kann die X–T20 den Kontrastumfang dann am besten herausarbeiten, sodass von den hellsten Bildstellen bis in die Schatten hinein eine optimale Durchzeichnung des Motivs gewährleistet wird. Mehr dazu erfahren Sie ab Seite 170, wenn es detailliert um den Kontrastumfang geht.

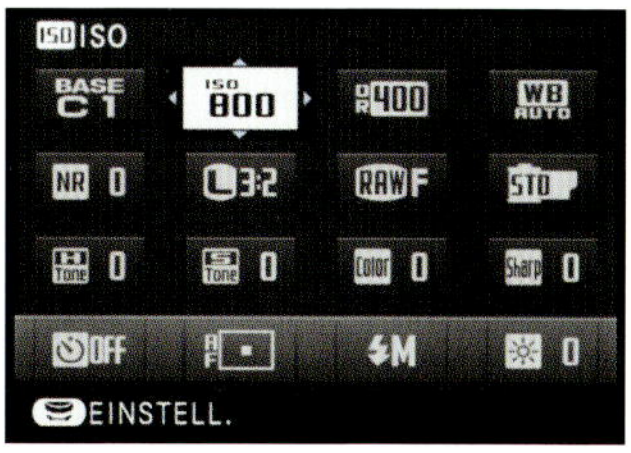

▲ *ISO-Einstellung im Schnellmenü der X–T20.*

Wenn Bewegungen im Schatten scharf eingefangen werden sollen, oder es darum geht, in Innenräumen scharfe Aufnahmen aus der Hand zu erhalten, eignen sich ISO-Werte zwischen 400 und 12800.

Übrigens, wenn Sie den ISO-Wert öfter ändern, kann es sinnvoll sein, eine der frei belegbaren Funktionstasten mit der Funktion *ISO* zu belegen, etwa die linke (*Fn3*) oder rechte (*Fn4*) Auswahltaste (Menü Einrichtung /*TASTEN/RAD-EINSTELLUNG/EINST. TASTE Fn/AE-L/AF-L*).

ISO L und ISO HI

Der niedrigste ISO-Wert *L 100* ist nur dann einstellbar, wenn im Menü Aufnahme-Einstellung bei *AUSLÖSER-TYP* der mechanische Auslöser *MS* eingestellt wurde. Damit sinkt der Kontrastumfang der Bilder allerdings etwas ab. Diese Einstellung ist daher nur zu empfehlen, wenn Sie in heller Umgebung mit geringen Blendenwerten fotografieren möchten, beispielsweise um bei Porträtaufnahmen den Hintergrund unscharf zu gestalten, oder wenn Sie eine möglichst lange Belichtungszeit benötigen, um bewegte Objekte mit Wischeffekten aufzunehmen, wie etwa die Meeresbrandung oder Mitzieher bei Sportaufnahmen. Auch die höchsten ISO-Stufen *HI 25600* und *HI 51200* stehen nur mit dem mechanischen Auslöser zur Verfügung. Sie erzeugen jedoch ein deutlicheres Bildrauschen im Foto und die Detailauflösung sinkt. Setzen Sie diese ISO-Werte nur ein, wenn Sie in dunkler Umgebung ohne Blitz sonst keine scharfen Bilder hinbekommen oder die Bilder unerwünschte Wischeffekte aufweisen, weil sich die Objekte zu stark bewegen, etwa Sportler in schlecht beleuchteten Turnhallen.

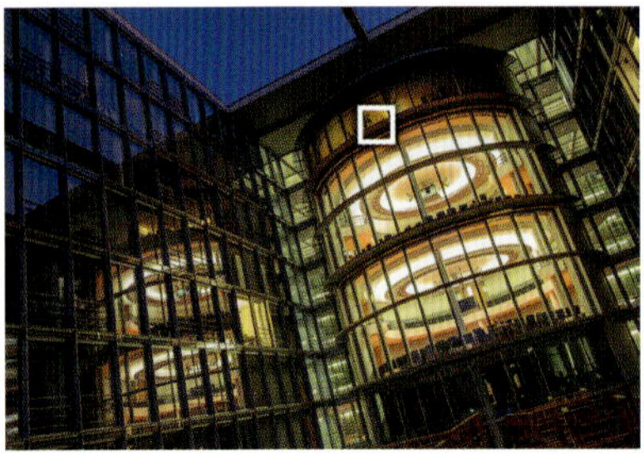

18 mm | f/4 | 1/3 Sek. | ISO 200

▲ *Der Bildausschnitt für die Vergleichsansicht der ISO-Reihe.*

Bildrauschen minimieren

Steigende ISO-Werte bewirken die Zunahme von Bildrauschen mit unterschiedlich hellen oder bunten Störpixeln, die Sie in den Detailausschnitten auf dieser Seite sehen können. Für eine möglichst hohe Bildqualität fotografieren Sie, wenn es die Bedingungen zulassen, mit Einstellungen im Bereich von ISO 100 bis ISO 3200 und nur, wenn es nicht anders geht, auch mit höheren Werten.

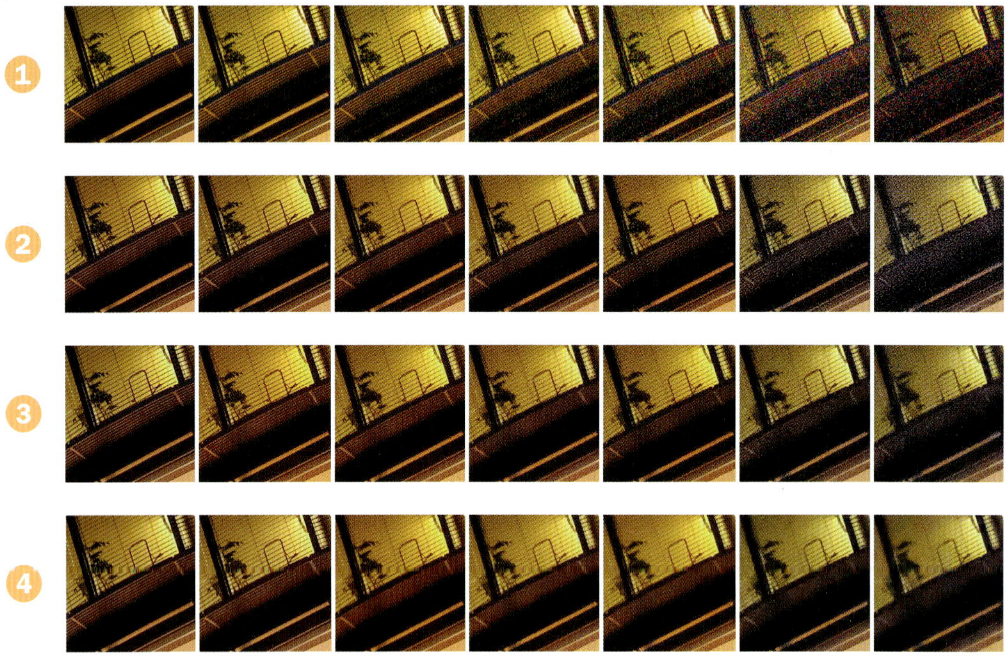

▲ *Bildrauschen in Abhängigkeit vom ISO-Wert: RAW-Aufnahme ohne Rauschunterdrückung (1), JPEG mit Rauschunterdrückung Wert −4 (2), Wert 0 (3) und Wert +4 (4). Jeweils von links nach rechts: ISO 200, ISO 1600, ISO 3200, ISO 6400, ISO 12800, ISO HI 25600, ISO HI 51200.*

Dynamikverlust

Auch wenn das Dynamikverhalten des X–T20-Sensors zwischen ISO 200 und 12800 sehr gut ausfällt, sinkt die Anzahl darstellbarer Tonwerte mit dem Anheben der ISO-Empfindlichkeit. Die Bandbreite an Farb- und Helligkeitsstufen verringert sich. Auch aus diesem Grund ist es von Vorteil, mit niedrigen ISO-Werten zu agieren und so die bestmögliche Performance aus dem Sensor zu holen.

Um das Bildrauschen zu unterdrücken, werden die JPEG-Bilder kameraintern mit der Funktion *RAUSCHRE-*

DUKTION entrauscht, zu finden im Menü Bildqualitäts-Einstellung **I.Q.**. Damit wird das Bildrauschen über den gesamten ISO-Bereich sehr gut unterdrückt. Allerdings sinkt die Detailauflösung mit steigender Lichtempfindlichkeit, weshalb die feinen Strukturen in den Bildausschnitten ab ISO 1600 immer deutlicher verschwimmen. Die am meisten störenden Farbunregelmäßigkeiten werden aber gut kompensiert. Aus eigener Erfahrung können wir empfehlen, die Funktion auf dem voreingestellten Wert *0* zu belassen und nur bei Aufnahmen mit ISO-Werten von 12800 oder mehr auf *+4* zu erhöhen. Ein Verringern der Rauschreduktion können Sie bis ISO 800 in Betracht ziehen. Um sich nicht ständig mit der Auswahl der Rauschreduktionswerte auseinander setzen zu müssen, könnten Sie sich in der X–T20 drei benutzerdefinierte Vorgaben zurechtlegen, für Standardaufnahmen mit dem Rauschreduktionswert 0, für Bilder in heller Umgebung mit niedrigen ISO-Werten (Wert –4) und für Bilder in dunkler Umgebung mit hohen ISO-Werten (Wert +4). Mehr dazu erfahren Sie ab Seite 75.

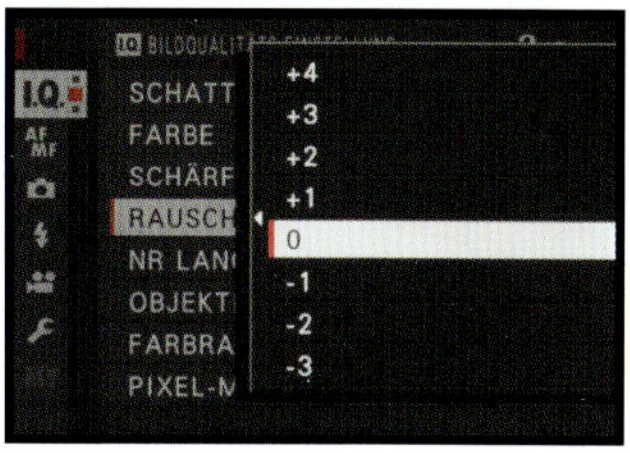

▲ *Stärke der RAUSCHREDUKTION einstellen.*

RAW-Bilder entrauschen

RAW-Bilder müssen beim Entwickeln mit dem RAW-Konverter von Fehlpixeln befreit werden. Das funktioniert mit dem zur X–T20 verfügbaren RAW FILE CONVERTER EX sehr gut. Auch Adobe Lightroom oder Capture One Pro besitzen potente Rauschreduzierungsfunktionen. Dennoch werden Sie bei hohen ISO-Werten auch bei RAW-Bildern Detailverluste in Kauf nehmen müssen.

Rauschreduzierung bei Langzeitbelichtung

Die *NR LANGZ. BELICHT.* aus dem Menü Bildqualitäts-Einstellung **I.Q.** unterdrückt das Grundrauschen des Sensors bei Belichtungszeiten von acht Sekunden und länger, wobei die Bearbeitung des Bildes in etwa genauso lange dauert wie die Belichtung. Für die meisten Situationen eignet sich die Einstellung *AN*. Bei Feuerwerksaufnahmen, sofern Sie bei Windstille häufig länger als 6,5 Sekunden belichten, empfehlen wir hingegen die Deaktivierung der Funktion, da es sonst einfach zu lange dauert, bis nach dem ersten Foto das nächste aufgenommen werden kann.

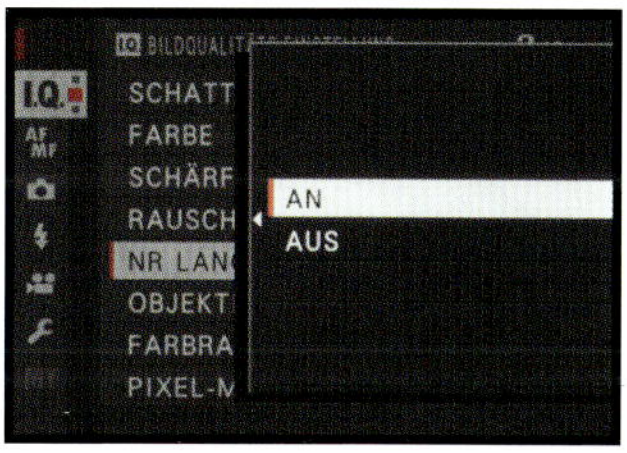

▲ *Rauschreduzierung bei Langzeitbelichtung.*

Flexibel reagieren mit der ISO-Automatik

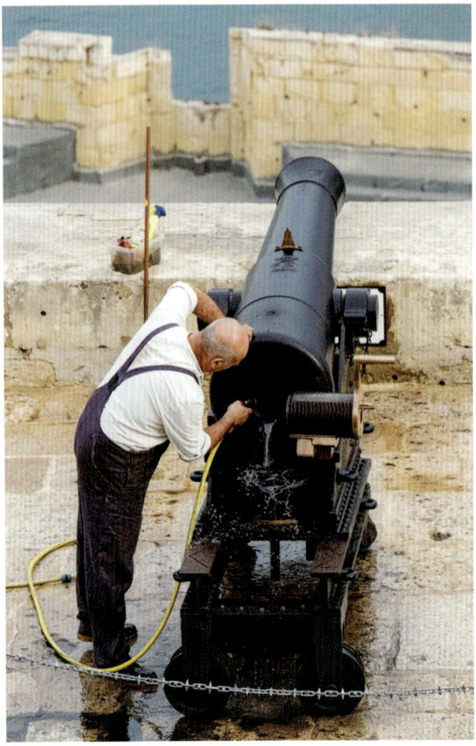

140 mm | f/5,6 | 1/1000 Sek. | ISO 1250

▲ *Das aus dem Kanonenrohr auslaufende Wasser sollte mit kurzer Belichtungszeit scharf abgebildet werden. Die ISO-Automatik erhöhte den ISO-Wert adäquat.*

Mit der ISO-Automatik können Sie die Wahl der Lichtempfindlichkeit getrost Ihrer X–T20 überlassen, denn die macht das wirklich gut. Die ISO-Automatik finden Sie in Form der Vorgaben *AUTO 1* (ISO 200–800), *AUTO 2* (ISO 200–1600) und *AUTO 3* (ISO 200–3200) im Schnellmenü oder im Menü Aufnahme-Einstellung /*ISO*. Welchen Wert die Kamera in der Fotosituation zu verwenden gedenkt, sehen Sie unten im Monitor oder Sucher, sobald Sie den Auslöser auf den ersten Druckpunkt herunterdrücken.

Allerdings hängt es vom gewählten ISO-Bereich ab, wie flexibel Sie tatsächlich agieren können. Wenn Ihnen die Standardvorgaben zu eng gefasst sind, können Sie den ISO-Bereich erweitern. Wählen Sie dazu im Menü Aufnahme-Einstellung /*ISO* eine der drei AUTO-Vorgaben aus und navigieren Sie dann weiter nach rechts. Jetzt können Sie die *STANDARDEMPFINDLICHKEIT* festlegen. Das ist der niedrigste ISO-Wert des ISO-Auto-Bereichs, der minimal ISO 200 betragen kann.

Bei *MAX. EMPFINDLICHKEIT* stellen Sie den höchsten ISO-Wert ein. Die X–T20 wird diesen Wert nicht überschreiten, was aber auch bedeutet, dass die Aufnahmen unterbelichtet werden, wenn das vorhandene Licht zu schwach für den ISO-Maximalwert ist. Legen Sie sich einfach drei Grundeinstellungen für gängige Fotosituationen an, wie zum Beispiel:

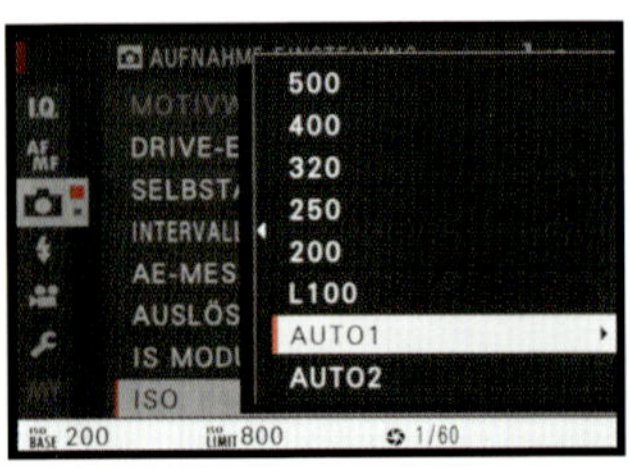

▲ *Aktivieren der ISO-Automatik im Menü der X–T20.*

- ISO 200–1600 für Außenaufnahmen bei heller Umgebung bis hin zu Sonnenuntergängen oder hell beleuchteten Innenräumen, wie zum Beispiel einer Kirche mit sonnendurchfluteten Fenstern.
- ISO 400–6400: für Situationen mit indirekter Beleuchtung oder trübem Wetter, Aufnahmen in schwächer beleuchteten Innenräumen oder Bilder bei Dämmerung.

- ISO 800–12800: Nachtaufnahmen, Aufnahmen in dunklen Räumen, Konzertaufnahmen, Hallensport oder andere bewegte Motive bei wenig Licht.

Um bei Freihandaufnahmen die Belichtungszeit so kurz zu halten, dass verwacklungsfreie Bilder aus der Hand entstehen oder bewegte Objekte ohne Wischeffekte aufgenommen werden können, lässt sich bei *MIN. VERSCHL.ZEIT* eine Mindestverschlusszeit angeben. Die X–T20 wird dann versuchen, diese Zeit so lange wie möglich zu halten. Dies kann beispielsweise bei Event- oder Gruppenfotos praktisch sein. Dann können Sie im Programm A die Blende erhöhen und trotzdem mit kurzen Belichtungszeiten alle Akteure scharf einfangen. Es werden dann zwar häufiger Aufnahmen mit erhöhten ISO-Werten entstehen, aber das ist allemal besser, als verwackelte Bilder zu produzieren.

Allerdings ist die Mindestverschlusszeit nur in den Modi P und A aktiv und auch nur so lange, bis der ISO-Wert an der Obergrenze des ISO-Auto-Bereichs angekommen ist. Bei extrem wenig Licht wird die Belichtungszeit daher trotzdem länger und die Verwacklungsgefahr steigt. Bei Blitzaufnahmen kann die Mindestverschlusszeit nicht kürzer als 1/250 Sek. sein, was mit der Synchronzeit des mechanischen Verschlusses der X–T20 zusammenhängt. Die ISO-Automatik ist per se aber auch mit eingeschaltetem Blitz aktiv.

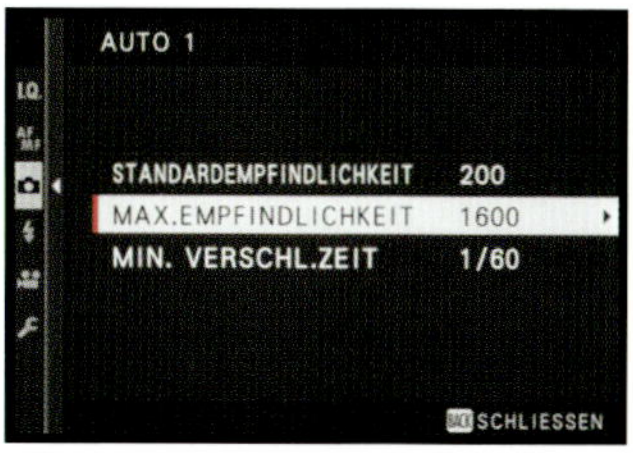

▲ *Festlegen des ISO-Auto-Bereichs und der Mindestverschlusszeit.*

ISO-Automatik im Modus M

Die ISO-Automatik ist auch im manuellen Modus M verfügbar, was uns persönlich sehr gut gefällt. Denn dann können wir mit festgelegter Belichtungszeit und Blende arbeiten, ohne bei wechselhaftem Licht falsch belichtete Bilder zu erhalten. Das kann bei Events oder actionreichen Szenen sehr vorteilhaft sein. Die X–T20 richtet die Bildhelligkeit in dem Fall an der Einstellung des Rades für Belichtungskorrekturen aus. Steht dieses auf 0, wird das Bild mit der Standardbelichtung aufgenommen (Markierung der Belichtungsstufenanzeige mittig). Es sind aber auch motivangepasste Über- und Unterbelichtungen möglich.

4.2 Vier Wege zur guten Belichtung

Ob eine Landschaft im letzten Licht der untergehenden Sonne, ein Party-Schnappschuss mit Blitz oder eine Nahaufnahme im diffusen Licht eines bewölkten Tages, der eingebaute Belichtungsmesser der X–T20 sorgt in den meisten Situationen für eine gute Belichtung. Und wenn doch einmal Korrekturen notwendig werden, können Sie zwischen vier verschiedenen Messmethoden wählen: Mehrfeldmessung [⊡], Mittenbetonte Messung [⊙], Integralmessung [ ] und Spotmessung [•].

Bei der *Mehrfeldmessung* [⊡], die die X–T20 standardmäßig verwendet, wird nahezu das gesamte Bildfeld ausgemessen. Das Besondere ist, dass der Bildinhalt, die Motivfarben und die Helligkeitsverteilung hierbei mit analysiert werden. Auf diese Weise kann die Belichtung möglichst optimal auf Ihr Hauptmotiv abgestimmt werden, etwa ein Gesicht im Bildausschnitt. Dies erklärt auch die hohe Flexibilität und Zuverlässigkeit der Mehrfeldmessung.

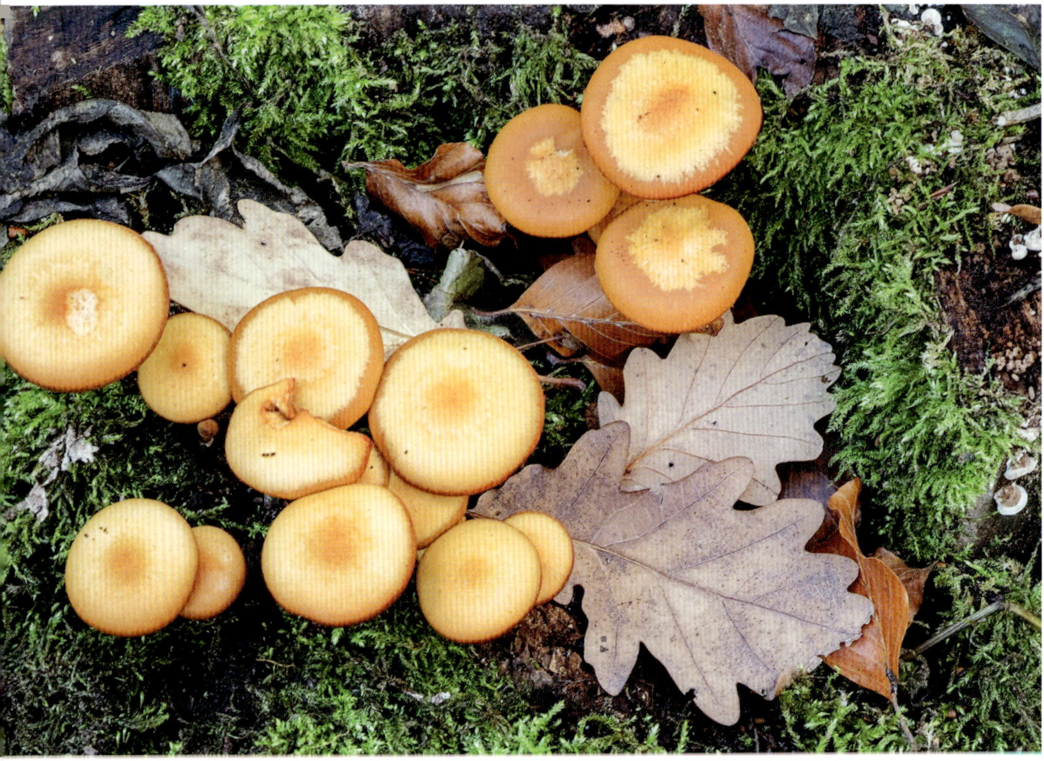

60 mm | f/7,1 | 1/20 Sek. | ISO 800

▲ *Die Mehrfeldmessung der X-T20 ermittelt die Belichtung über 256 Sektoren und liefert in den meisten Situationen zuverlässig gut belichtete Bilder.*

Weniger gut geeignet ist die Mehrfeldmessung aus unserer Erfahrung hingegen, wenn eine Bewegungssequenz ohne Helligkeitsschwankungen aufgezeichnet werden soll, etwa ein herannahender Läufer. Für solche Situationen ist die *Integralmessung* [ ] der X-T20 eine bessere Wahl, denn diese ermittelt die Belichtung rein nach der mittleren Helligkeit des gesamten Bildfelds, lässt sich also von den Motiveigenschaften weniger beeinflussen.

▲ *Schema der Integralmessung.*

Auch bei Motiven mit hohem Kontrast, zum Beispiel Personen mit weißer oder schwarzer Kleidung, eine weiße Statue vor einer dunklen Hecke oder ein Raum mit einem hellen Fenster, kann die Integralmessung etwas bessere Resultate liefern. Die Unterschiede fallen aber oft sehr gering aus.

Um die Messmethode zu ändern, muss sich die X–T20 in einem der Programme P, S, A oder M befinden. Dann können Sie im Menü Aufnahme-Einstellung die Rubrik *AE-MESSUNG* aufrufen und darin die gewünschte Vorgabe wählen. Allerdings wird die Änderung nur dann aktiv, wenn die Gesichts- oder Augenerkennung deaktiviert ist. Wählen Sie daher im Menü AF/MF-Einstellung bei *GES./AUGEN-ERKENN.-EINST.* die Vorgabe *GESICHT AUS/ AUGE AUS*.

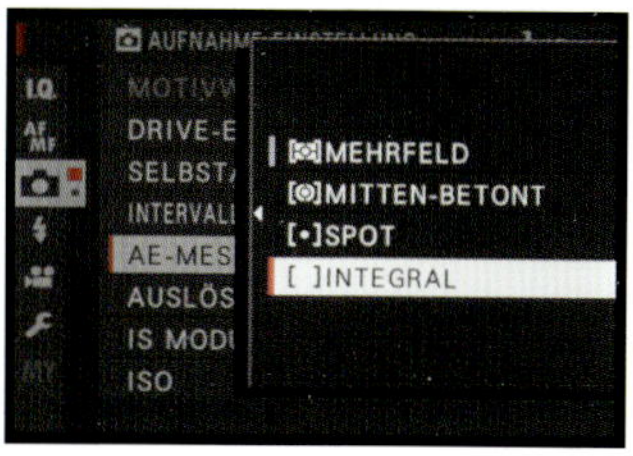

▲ *Einstellen der AE-MESSUNG.*

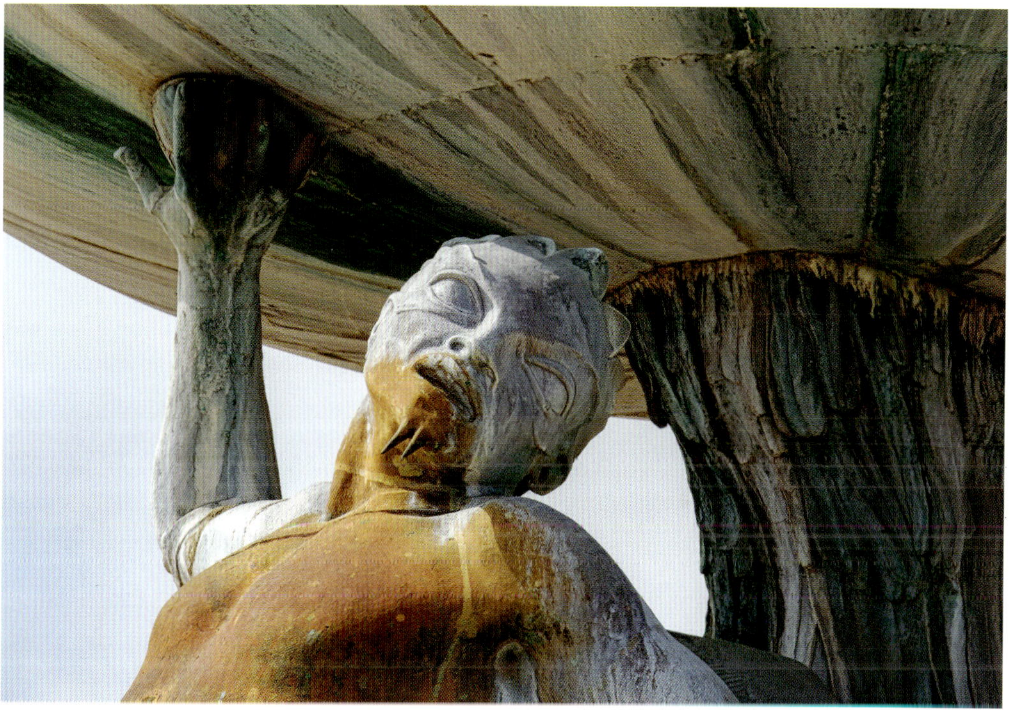

140 mm | f/8 | 1/950 Sek. | ISO 400

▲ *Die Integralmessung hat das kontrastreiche Motiv etwas dunkler abgebildet, sodass der gleißende Himmel und die hellsten Stellen auf der Statue nicht zu hell wirken.*

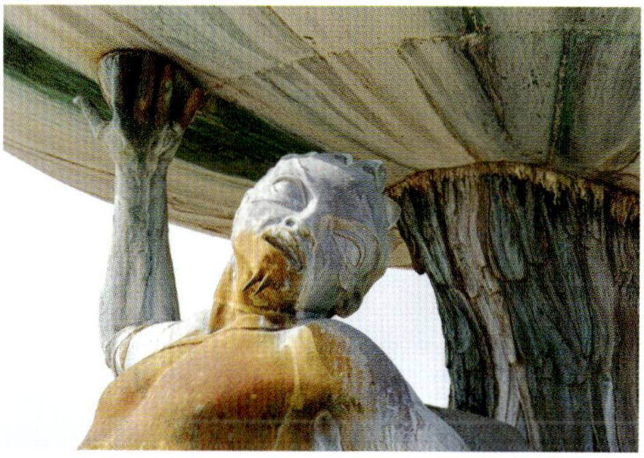

140 mm | f/8 | 1/600 Sek. | ISO 400

◀ *Mit der Mehrfeldmessung wurde das Motiv minimal zu hell vor einem weiß wirkenden Himmel abgebildet.*

▲ *Schema der Mittenbetonten Messung.*

Die *Mittenbetonte Messung* [◉] ist an sich eine recht alte Messmethode, die schon zu Analogzeiten eingesetzt wurde. Sie gewichtet die Bildränder weniger als die Bildmitte und lässt sich daher von der Helligkeit des Bildrandes nicht so leicht ablenken. Daher kann sie beispielsweise gut für Porträts im Seiten- oder Gegenlicht angewendet werden. Wichtig zu wissen ist aber auch, dass des Öfteren Belichtungskorrekturen vorgenommen werden müssen.

▲ *Schema der Spotmessung.*

Die *Spotmessung* [•] stellt die genaueste Messmethode der X–T20 dar. Sie nutzt nur einen sehr kleinen Bildbereich von 2% der Bildfläche für die Belichtungsmessung. Die Umgebung bleibt komplett außen vor. Damit ist die Spotmessung gut geeignet, um die Belichtung bei kontrastreichen Motiven auf einen ganz bestimmten Bereich abzustimmen, die Belichtung dann zu speichern (*AE-L*) und das Bild mit den gespeicherten Werten aufzunehmen. Mehr dazu erfahren Sie ab Seite 175.

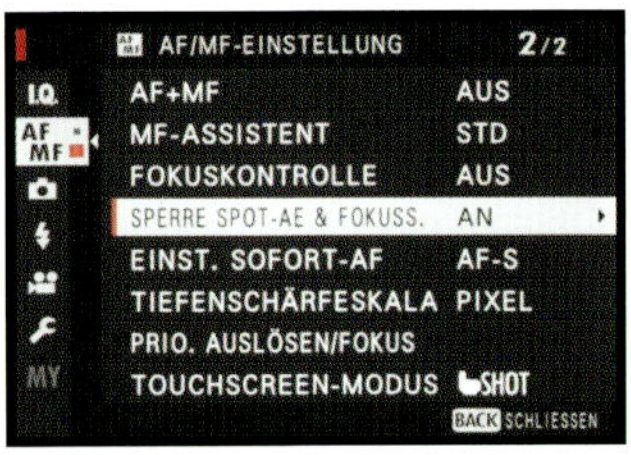

▲ *Fokuspunkt und Spotmessbereich koppeln.*

Alternativ können Sie die Spotmessung aber auch mit dem Fokuspunkt, den Sie zur Scharfstellung verwenden, koppeln. Aktivieren Sie dazu über die Fn2-Taste (obere Auswahltaste ▲) den AF Modus *EINZELPUNKT* [▪] (siehe auch ab Seite 101), und wählen Sie im Menü AF/MF-Einstellung AF/MF bei *SPERRE SPOT-AE & FOKUSS.* die Vorgabe *AN*. Wenn Sie den Fokuspunkt verschieben, können Sie die Belichtung nun an verschiedenen Stellen im Bildausschnitt mit der Spotmessung ermitteln, ohne die Kamera dafür bewegen zu müssen. Suchen Sie sich eine Fokusstelle aus, die eine gute Belichtung liefert und Ihr Motiv korrekt scharf stellt, um das Bild aufzunehmen.

Damit Sie die unterschiedlichen Messmethoden noch einmal im direkten Vergleich sehen können, haben wir eine Kirchenkuppel mit einem hellen Fensterbereich in der Mitte aufgenommen. Die unterschiedlichen Arbeitsweisen der Messmethoden werden hier sehr deutlich sichtbar.

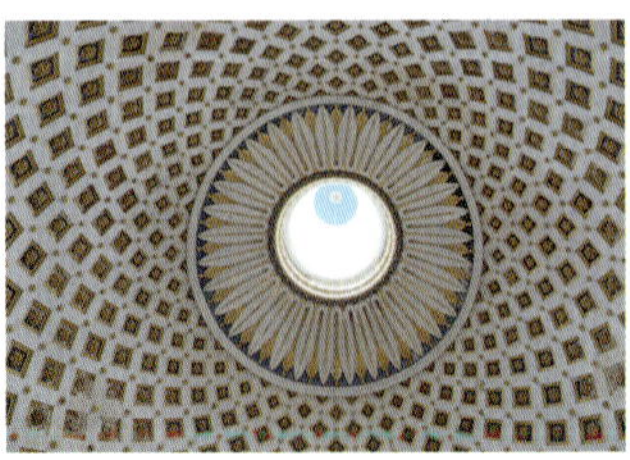

▲ *Mehrfeldmessung.*

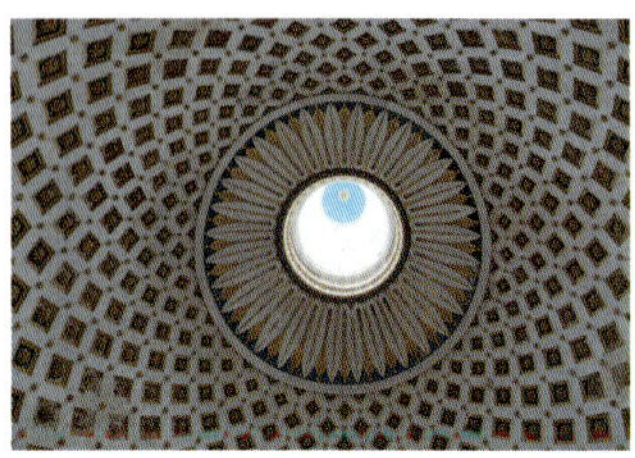

▲ *Integralmessung.*

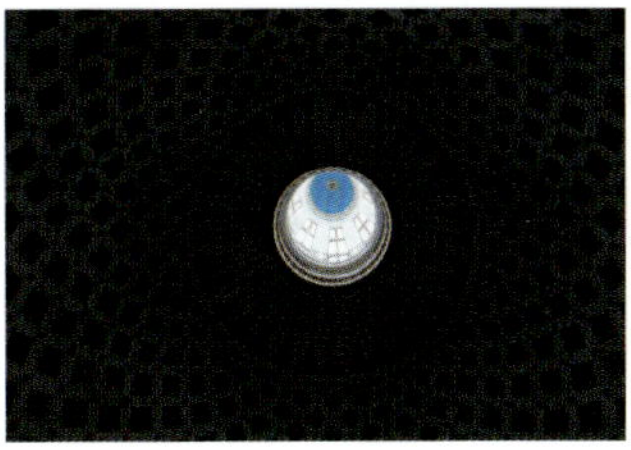

▲ *Mittenbetonte Messung.*

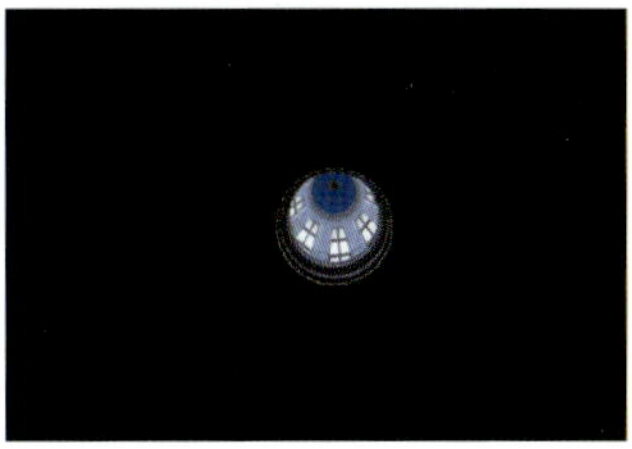

▲ *Spotmessung.*

4.3 Belichtungskontrolle mit dem Histogramm

Auch wenn der Monitor und der Sucher der X-T20 eine sehr gute Wiedergabequalität haben, ist es nicht immer möglich, die Belichtung des gerade aufgenommenen Fotos am Bildschirm optimal zu beurteilen. In solchen Situationen schlägt die Stunde des Histogramms, das viel besser zur Kontrolle etwaiger Über- oder Unterbelichtungen geeignet ist.

Um die Histogramm-Anzeige aufzurufen, betrachten Sie das aufgenommen Foto in der Wiedergabe oder aktivieren Sie das Live-Histogramm, mit dem Sie die Helligkeitsverteilung bereits vor der Aufnahme prüfen können. Drücken Sie in beiden Fällen die DISP/BACK-Taste so oft, bis das Histogramm des jeweiligen Fotos im oder neben dem Bild zu sehen ist. Im Falle des Live-Histogramms müssen Sie dessen Anzeige zuvor aber erst noch freischalten. Gehen Sie dazu im Menü Einrichtung 🔧 zu *DISPLAY-EINSTELLUNG/ DISPLAY EINSTELL.*. Setzen Sie darin mit der MENU/OK-Taste bei *HISTOGRAMM* ein Häkchen.

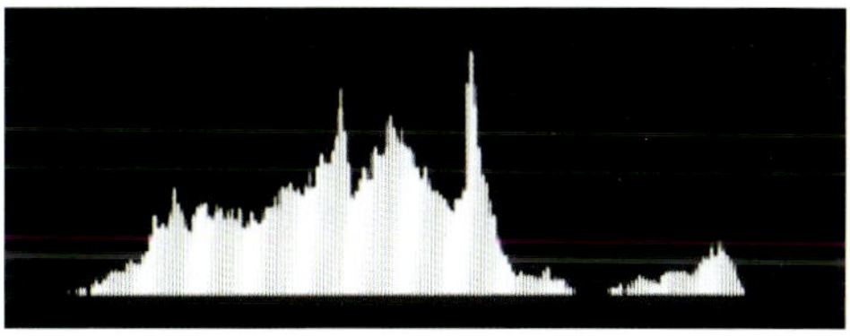

▲ Das Histogramm sortiert alle Bildpixel nach ihrer Helligkeit, links die dunklen und rechts die hellen. Die Höhe jeder Helligkeitsstufe zeigt an, ob viele oder wenige Pixel mit dem entsprechenden Helligkeitswert vorliegen.

Das Histogramm lesen

Bei einer korrekten Belichtung sammeln sich im Histogramm rechts und links an den Grenzen keine oder nur niedrige Werte. Ein einziger Berg in der Mitte deutet auf viele mittelhelle Farbtöne hin, zwei oder mehr getrennte Hügel zeugen von einer kontrastreicheren Szene.

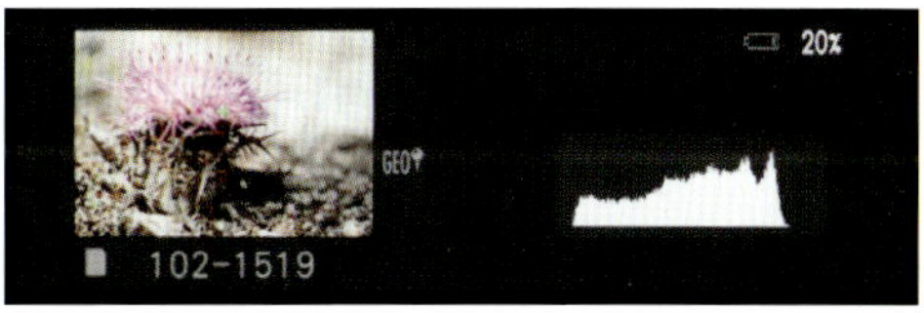

▲ *Histogramm eines optimal belichteten Bildes in der Wiedergabeansicht.*

Vermeiden Sie möglichst Histogramme, bei denen der Pixelberg ganz nach links (Unterbelichtung) oder rechts (Überbelichtung) wandert und im ungünstigsten Fall auch noch am Rand abgeschnitten wird. Korrigieren Sie die Belichtung lieber, wie im nächsten Abschnitt gezeigt, und nehmen Sie das Bild erneut auf. Praktischerweise zeigt Ihnen die X–T20 zu helle Areale mit der Überbelichtungswarnung anhand schwarz blinkender Bildflächen 1 an, allerdings nur in der Wiedergabeansicht, nicht im Livebild und auch nicht, wenn Sie eine Diaschau in der X–T20 abspielen.

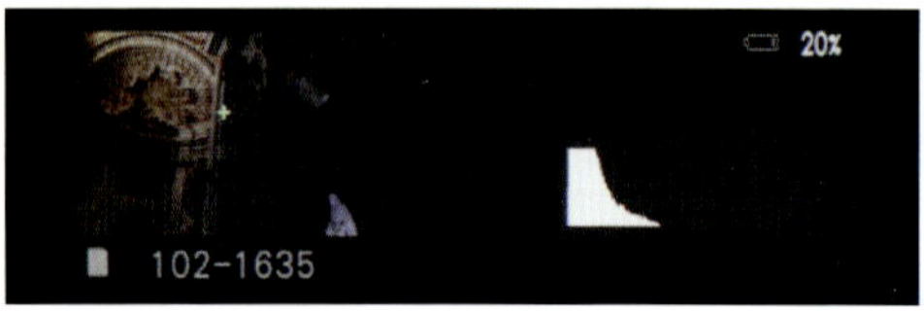

▲ *Unterbelichtung: Fast alle Bildpixel befinden sich auf der linken Histogrammseite.*

Grundsätzlich können Sie davon ausgehen, dass sich bei JPEG-Bildern in großflächig unter- oder überbelichtete Stellen selbst mit der besten Bildbearbeitung keine Strukturen mehr hinein zaubern lassen oder die Bereiche dann zumindest recht fleckig aussehen werden.

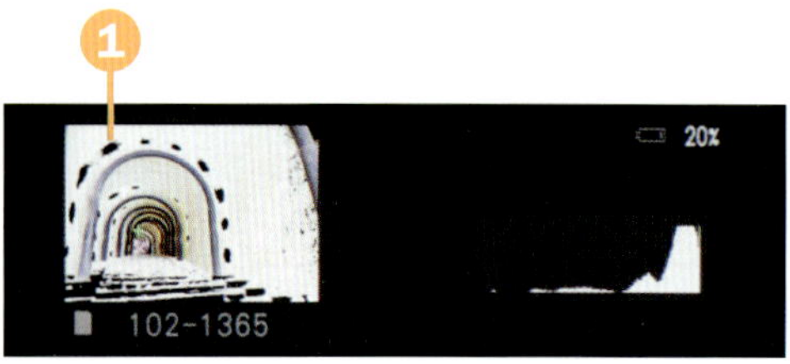

▲ *Das Histogramm stößt am rechten Rand an und die Überbelichtungswarnung blinkt. Die RAW-Datei ließ sich korrigieren, das parallel gespeicherte JPEG blieb in den überbelichteten Stellen zeichnungslos.*

Im Fall von RAW-Dateien ist der Spielraum etwas größer. Fehlbelichtungen von etwa 1 2/3 Lichtwertstufen (EV) lassen sich im RAW-Konverter noch ordentlich zurückfahren. Allerdings können Sie das leider nicht am Histogramm erkennen, denn für die Histogrammanzeige wird nicht die RAW-Datei selbst verwendet, sondern ein mitgespeichertes JPEG Vorschaubild. Es gibt somit keine Anzeige des RAW-Histogramms, was die Interpretation der RAW-Belichtung etwas erschwert.

Empfehlenswert ist, das Histogramm bei RAW-Aufnahmen bestenfalls rechts gerade so anstoßen zu lassen. Links darf ruhig eine Lücke entstehen. Unterbelichtungen können per Konverter zwar auch gerettet werden, aber das Bildrauschen steigt hierbei überproportional an. Also nehmen Sie das RAW-Bild lieber ein wenig zu hell als zu dunkel auf, dann bleibt die Qualität gewahrt – insbesondere bei hohen ISO-Werten. Probieren Sie's mal aus. Der Experte spricht in diesem Fall von einem nach rechts belichteten Histogramm, oder neudeutsch, exposure to the right.

4.4 Situationen für Belichtungskorrekturen

Die X–T20 liefert zwar in sehr vielen Fällen eine adäquate Bildhelligkeit. Wenn jedoch großflächig sehr helle oder dunkle Motive vors Objektiv geraten, kann es zu Fehlbelichtungen kommen. Ohne Eingriff in die Belichtung wird zum Beispiel ein weißes Gebäude, ein Brautkleid, eine helle Statue oder eine Schneefläche nicht weiß, sondern grau aussehen, wie das linke Bild auf der nächsten Seite. Dabei können Sie sich generell merken: Helle Motive müssen überbelichtet werden, dunkle Motive erfordern eine Unterbelichtung.

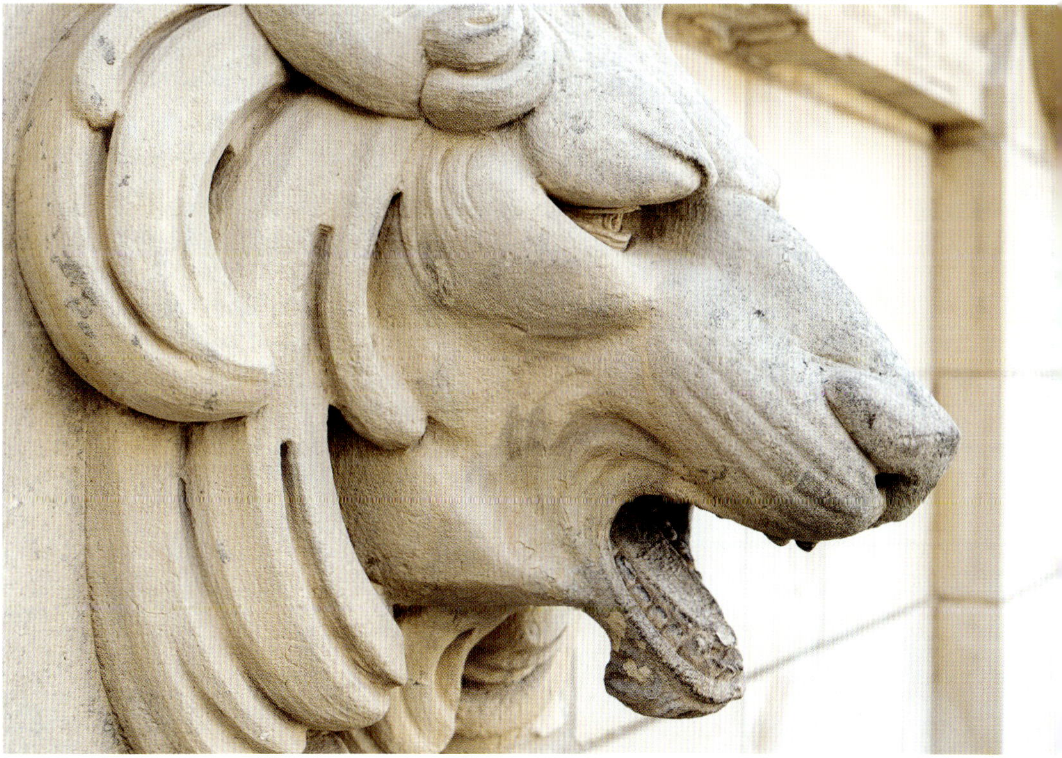

30 mm | f/4,5 | 1/75 Sek. | ISO 200 | +1

▲ *Durch die Überbelichtung ließ sich das Bild realistisch hell und frischer in Szene setzen.*

Da die X–T20 generell etwas zur Unterbelichtung neigt, fotografieren wir häufiger mit positiven Korrekturwerten von +1/3 bis etwa +1 1/3 als mit negativen. Achten aber

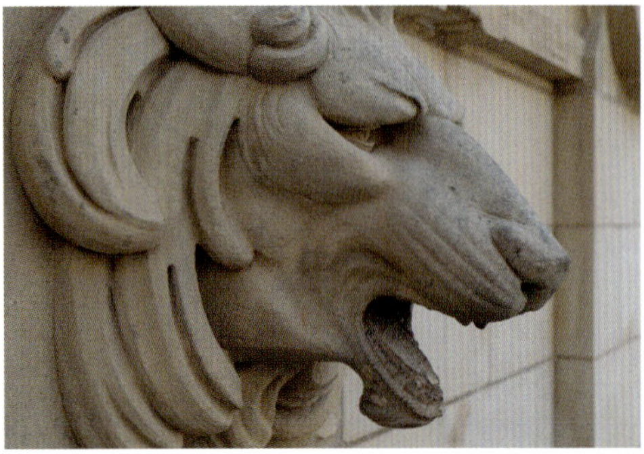

30 mm | f/4,5 | 1/150 Sek. | ISO 200

▲ *Mit der Mehrfeldmessung wurde der Löwenkopf zu knapp belichtet und sieht etwas schmuddelig aus.*

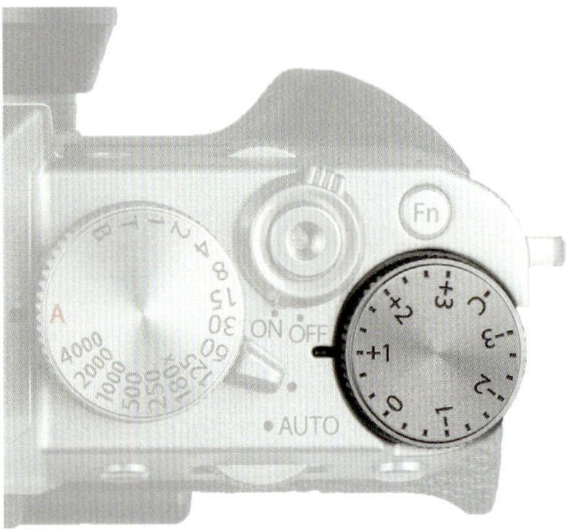

▲ *Belichtungskorrektur einstellen.*

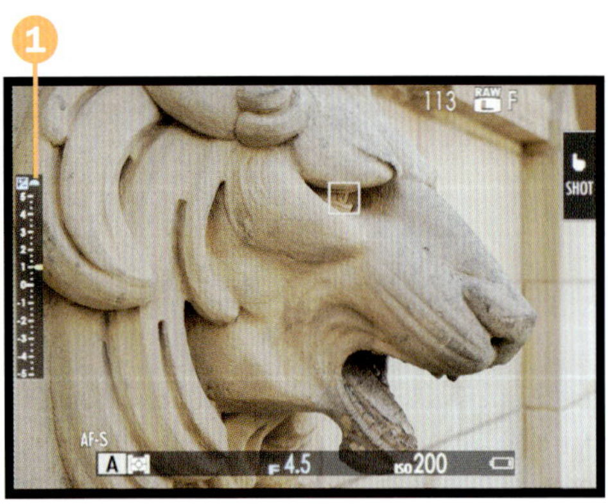

▲ *Belichtungskorrektur einstellen.*

stets auf das Histogramm und die Überbelichtungswarnung. Wenn das Motiv kontrastreich ist, also sowohl sehr helle als auch sehr dunkle Bereiche enthält, empfehlen wir Ihnen, bei der Belichtung den hellen Stellen mehr Aufmerksamkeit zu schenken als den dunklen, und eventuell notwendige Belichtungskorrekturen so anzuwenden, dass keine großflächig überstrahlten Flächen entstehen. Mehr zum Umgang mit kontrastreichen Situationen erfahren Sie auch ab Seite 170.

Die Bildhelligkeit lässt sich bei der X–T20 in den Modi P, S, A und im Filmmodus sehr unkompliziert anpassen. Drehen Sie das Einstellrad für Belichtungskorrekturen dazu einfach in Richtung negativer (Unterbelichten) oder positiver Werte (Überbelichten). Mit dieser Methode sind Helligkeitsänderungen in Drittelstufen von insgesamt ±3 Stufen möglich.

Sollten Sie eine stärkere Korrektur benötigen, drehen Sie das Belichtungskorrekturrad auf C (Custom, Benutzerdefiniert) und wählen Sie anschließend mit dem vorderen Einstellrad eine Korrektur von ±5 Stufen aus. Wenn dies nicht möglich ist, drücken Sie das vordere Einstellrad einmal herunter, sodass oberhalb der Belichtungsanzeige ein blaues Bediensymbol für das vordere Einstellrad 1 eingeblendet wird. Danach sollte die Korrektureinstellung funktionieren.

Im Modus M und festgelegtem ISO-Wert kann die Belichtungskorrektur über eine manuelle Anpassung der Belichtungszeit, des Blendenwerts und/oder des ISO-Werts durchgeführt werden und daher auch mehr als ±5 Stufen betragen. Bei aktiver ISO-Automatik können Sie mit dem Belichtungskorrekturrad die Bildhelligkeit um ±3 Stufen anpassen, genauso wie bei P, S und A.

Ziffern statt Skala

Empfinden Sie die Belichtungsanzeige am linken Monitor- oder Sucherrand als störend, weil sie zu viel Bildfläche verdeckt? Dann können Sie auf eine numerische Anzeige umschalten. Setzen Sie dazu im Menü Einrichtung /*DISPLAY-EINSTELLUNG*/*DISPLAY EINSTELL.* ein Häkchen bei *Aufn.Komp. (Ziffer)* und entfernen Sie im Gegenzug das Häkchen bei *Aufn.Komp. (Skala)*.

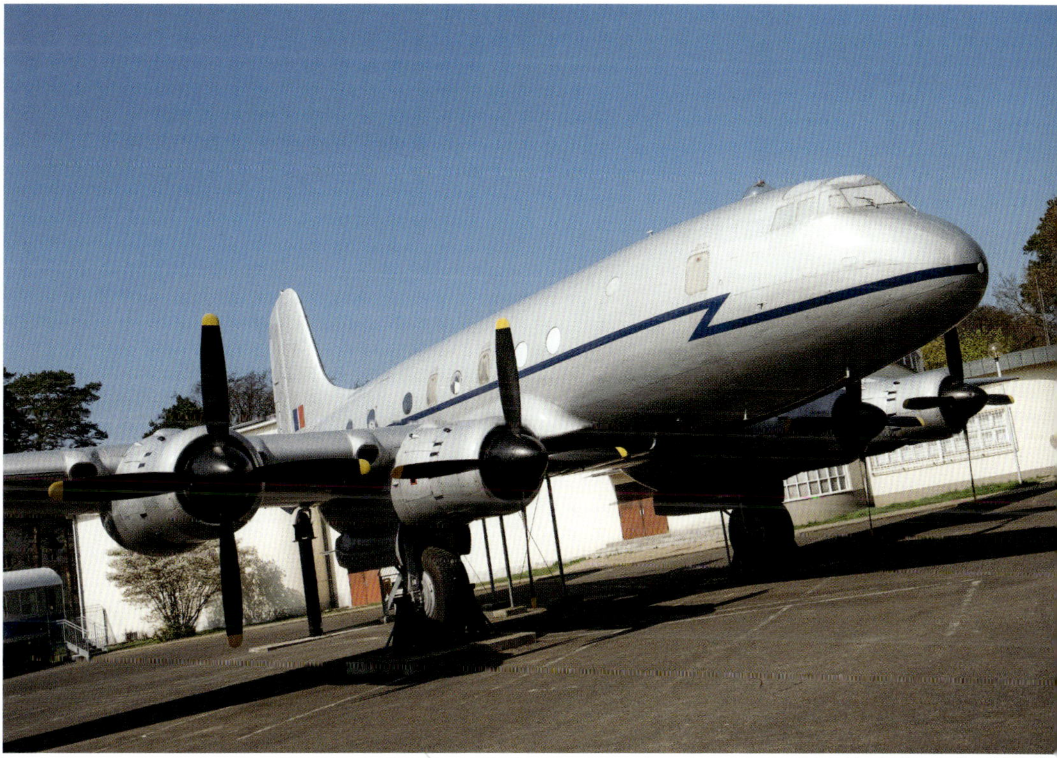

23 mm | f/8 | 1/1500 Sek. | ISO 800 | +1/3

▲ *Hier reichte eine minimale Pluskorrektur schon aus, um den hellen Lack und die Glanzstellen frisch, aber nicht überstrahlt abzubilden.*

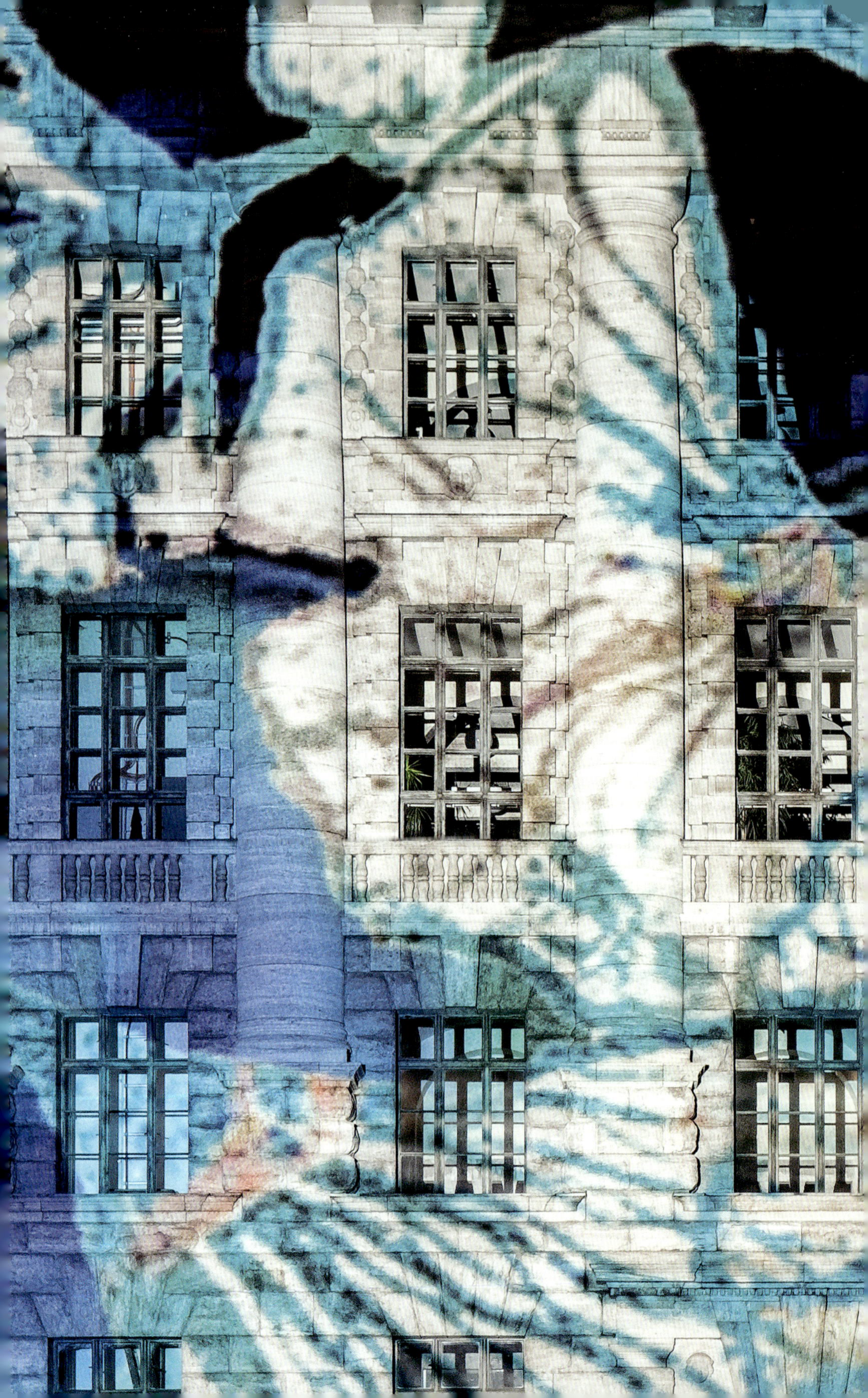

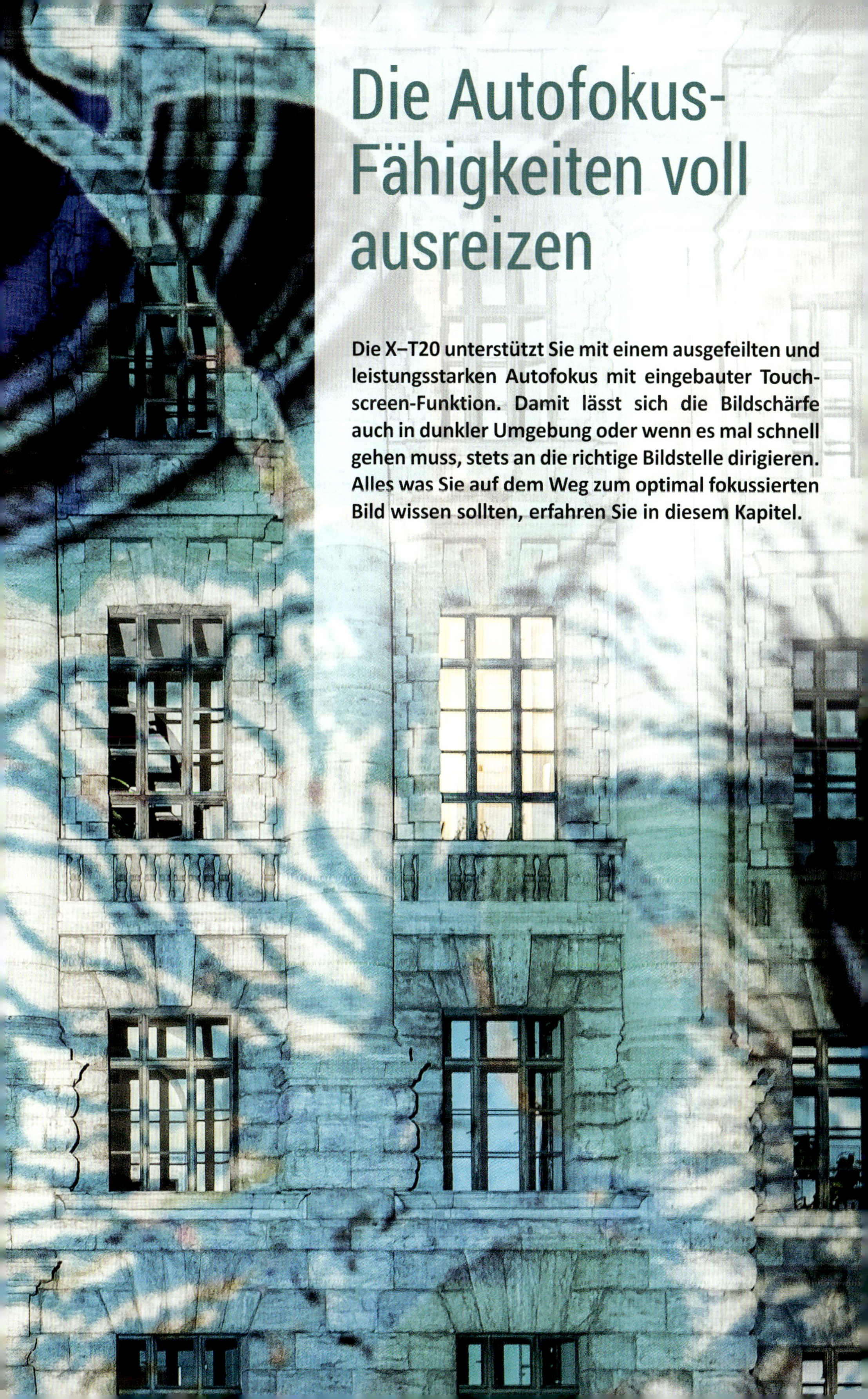

Die Autofokus-Fähigkeiten voll ausreizen

Die X–T20 unterstützt Sie mit einem ausgefeilten und leistungsstarken Autofokus mit eingebauter Touchscreen-Funktion. Damit lässt sich die Bildschärfe auch in dunkler Umgebung oder wenn es mal schnell gehen muss, stets an die richtige Bildstelle dirigieren. Alles was Sie auf dem Weg zum optimal fokussierten Bild wissen sollten, erfahren Sie in diesem Kapitel.

5.1 Automatisch Fokussieren mit der X-T20

Vom Scharfstellen oder Fokussieren hängt es ab, welcher Bildbereich im fertigen Foto auf jeden Fall detailliert zu sehen sein wird. Ihr Bild wird genau an der fokussierten Stelle die höchste Detailschärfe aufweisen.

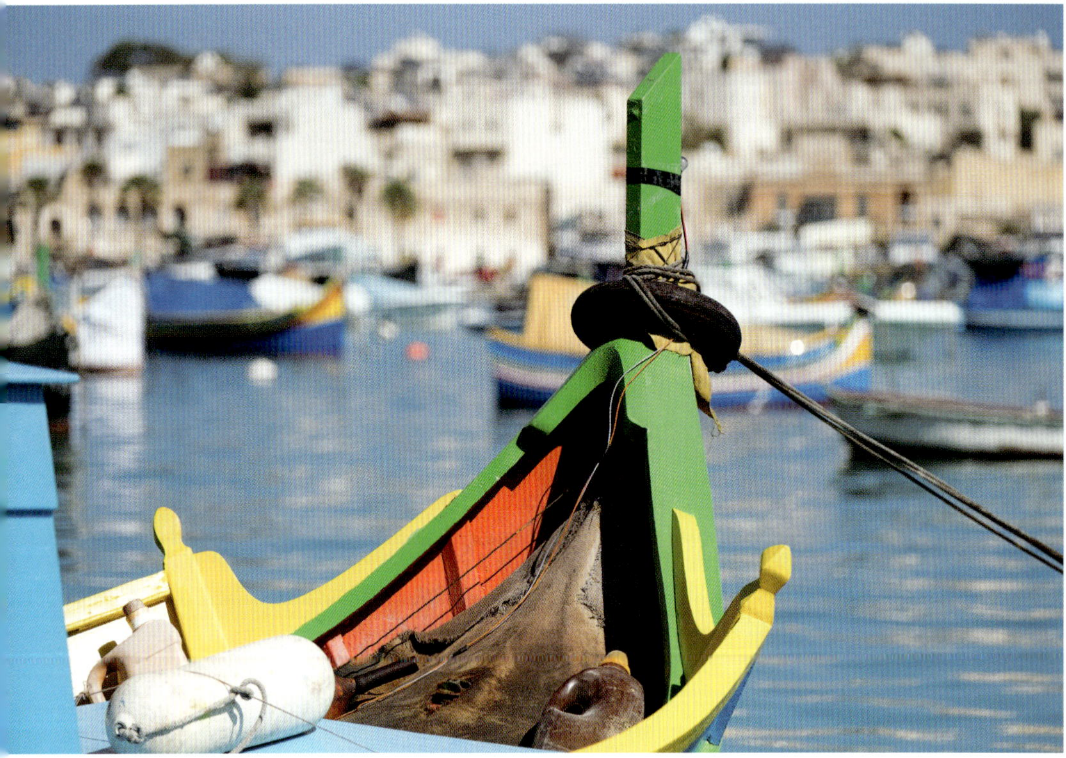

95 mm | f/2,8 | 1/4000 Sek. | ISO 200

▲ *Mit dem Autofokus der X–T20 ließ sich die vordere Spitze des Fischerbootes präzise und schnell scharf stellen. Durch die geringe Schärfentiefe hebt es sich plastisch vom Hintergrund ab.*

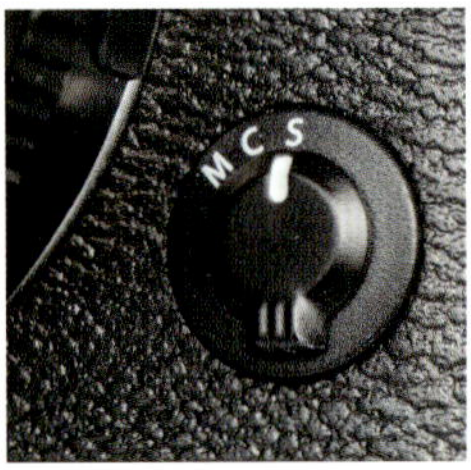

▲ *Einzel-AF aktivieren.*

In den meisten Fällen können Sie sich hierbei auf den leistungsstarken Autofokus der X–T20 verlassen. Das Kameraauge fokussiert automatisch, sobald der Auslöser bis zum ersten Druckpunkt heruntergedrückt wird. Sollte der Autofokus deaktiviert sein, schauen Sie nach, ob der Fokusmodusschalter auf der Vorderseite der X–T20 auf **S** (Einzel-AF) steht.

Um die Scharfstellung zu kontrollieren, gibt Ihnen die X–T20 verschiedene Hilfestellungen, anhand derer Sie sehen können, ob das Fotomotiv auch tatsächlich richtig scharf gestellt ist. Dazu zählt der Piep-Ton, der zu hören ist, sobald eines oder mehrere Fokusfelder die Scharfstellung erfolgreich abgeschlossen haben. Außerdem leuchtet das erfolgreiche Fokusfeld grün ❷ und es erscheint unten links im Monitor oder Sucher ein grüner, durchgehend leuchtender Punkt, die ***Fokusanzeige*** ● ❶.

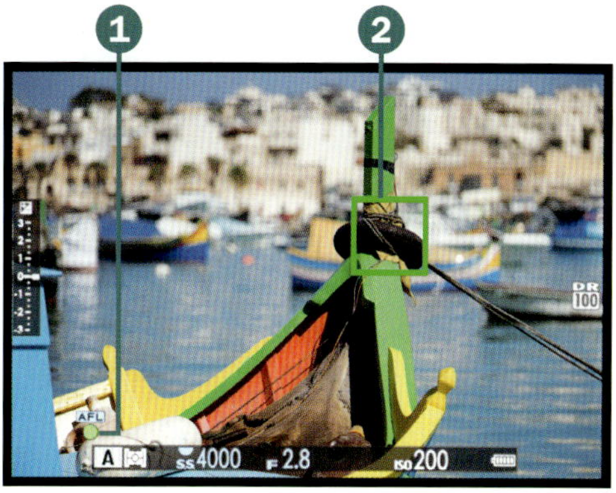

▲ *Optische Signale für erfolgreiches Scharfstellen.*

Falls Sie keinen Signalton hören, das Fokusfeld rot leuchtet zusammen mit dem Symbol **!AF** und die Fokusanzeige weiß blinkt, sind Sie entweder zu nah am Objekt oder das Objekt ist zu kontrastarm (zum Beispiel eine einfarbige Fläche wie blauer Himmel). Im ersten Fall erhöhen Sie den Abstand zum Motiv. Im zweiten Fall ändern Sie den Bildausschnitt ein wenig oder verschieben das Fokusfeld, um einen stärker strukturierten Motivbereich ins Bild zu bekommen.

AF Signalton deaktivieren

Manche Fotografen stören die akustischen Scharfstellsignale. Im Menü Einrichtung bei ***TON-EINSTELLUNG*** und ***AF SIGNALTONLAUTST*** lassen sie sich daher problemlos leiser stellen oder ganz deaktivieren (***AUS***). In Situationen, in denen schnell reagiert werden muss, kann es aber hilfreich sein, die erfolgreiche Scharfstellung anhand des AF Signaltons besser zu erkennen. Halten Sie es einfach so, wie es Ihnen gefällt.

Stromsparen ohne viel Performanceverlust

Die X–T20 kann die Schärfe kontinuierlich auf das Motiv einstellen, auch wenn Sie den Auslöser gar nicht betätigen. Dadurch wird das Einrichten des Bildausschnitts etwas komfortabler, denn das Motiv ist im Livebild stets fokussiert zu sehen. Auch in Situationen, in denen Sie schnell reagieren und auslösen müssen, etwa bei Sportaufnahmen, kann die Vorfokussierung einen leichten Geschwindigkeitsvorteil bringen.

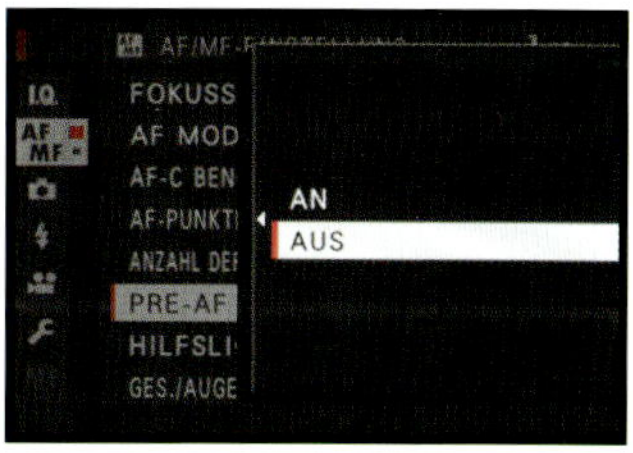

▲ *Permanentes Vorfokussieren unterbinden.*

Allerdings leert sich der Akku dadurch viel schneller und die Mechanik des Objektivs wird dauerhaft stärker belastet. Der Autofokus ist in der Regel auch so schon schnell genug. Außerdem stellt die X–T20 selbst bei aktivem Vorautofokus vor der Aufnahme immer noch einmal neu scharf. In Standardsituationen vom Porträt über Landschaften, Architektur bis hin zu Makroaufnahmen stellen wir persönlich den ***PRE-AF*** im Menü AF/MF-Einstellung AF MF daher aus.

5.2 Festlegen, was fokussiert wird

Für die perfekte Bildschärfe in jeder fotografischen Lebenslage kann der Autofokus der X–T20 anhand zweier Betriebsarten unterschiedlich gesteuert werden: mit dem *Einzel-AF* (*AF-S*) lassen sich statische Motive am besten scharf stellen, während der ***Kontinuierliche AF*** (*AF-C*) bewegte Objekte verfolgen und im Fokus halten kann. Mehr dazu erfahren Sie ab Seite 106 in diesem Kapitel.

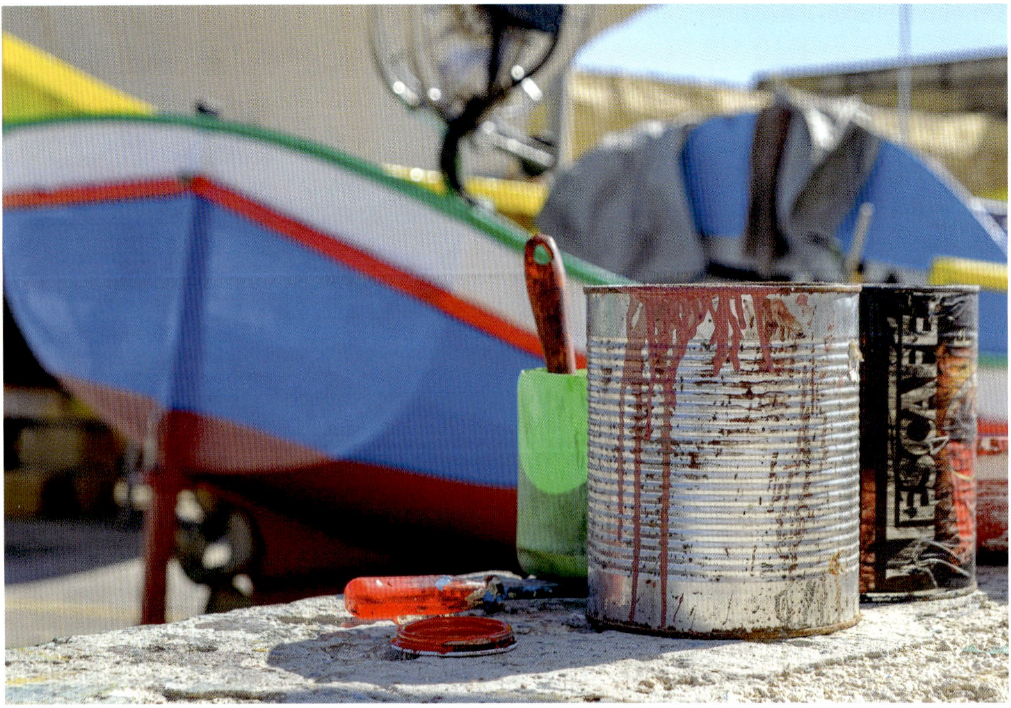

48 mm | f/5,6 | 1/210 Sek. | ISO 200

▲ *Mit dem Fokusmodus AF-S und dem Fokusbereich EINZELPUNKT lässt sich die Schärfe punktgenau auf dem bevorzugten Motivdetail platzieren.*

Damit die X–T20 auch weiß, an welcher Stelle sie das Motiv in den Fokus nehmen soll, stehen Ihnen drei AF Modi zur Verfügung: *EINZELPUNKT* [▪] für das präzise Scharfstellen kleiner Motivbereiche, *ZONE* [⁚] für ein gezieltes Fokussieren bewegter Objekte, und *WEIT/VERFOLGUNG* [ ] für Schnappschüsse oder sehr schnelle und unstete Bewegungen, oder auch für plötzlich im Bildfeld auftauchende Objekte. Die AF Modi steuern die Position des Fokusrahmens und die Anzahl der aktiven Fokuspunkte innerhalb des Rahmens.

Im Falle der Hafenszene haben wir den Einzel-AF (AF-S) mit dem EINZELPUNKT AF kombiniert und den Fokusrahmen so positioniert, dass das Bild genau im Bereich des vorderen Farbtopfes scharf gestellt werden konnte.

AF Modus wählen und Fokusfeld anpassen

Für die Auswahl des AF Modus drücken Sie in der Standardeinstellung der X–T20 die obere Auswahltaste ▲. Navigieren Sie dann mit den Auswahltasten ▲▼ auf die gewünschte Vorgabe. Danach können Sie gleich weiter fotografieren, die Auswahl wird automatisch übernommen. Alternativ finden Sie die Funktion aber auch im Menü AF/MF-Einstellung [AF MF] bei *AF MODUS*.

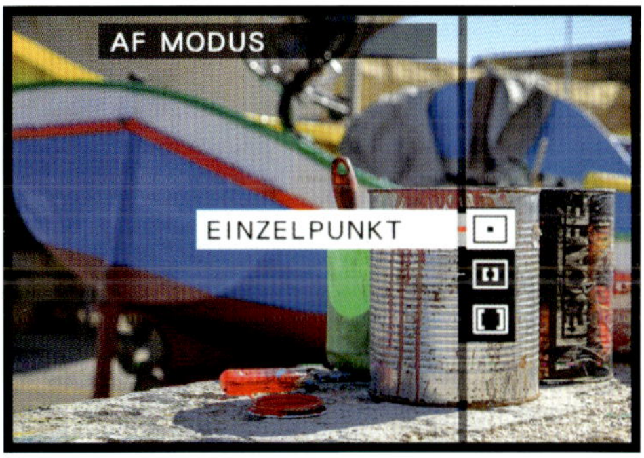

▲ *AF-Bereich und AF-Messfeld oder AF-Zone einstellen.*

Nach der Auswahl der AF Modi EINZELPUNKT oder ZONE lässt sich der Fokusrahmen frei im Bildausschnitt platzieren. Drücken Sie dazu erst die untere Auswahltaste ▼, die standardmäßig mit der Funktion *FOKUSSIERBEREICH* belegt ist (siehe im Menü Einstellung [🔧]/*EINST. TASTE Fn/AE-L/AF-L* die Belegung der Fn5-Taste). Der nun grün leuchtende AF-Rahmen kann anschließend mit den Auswahltasten ▲▼◀▶ in alle Richtungen verschoben werden. Wenn Sie am hinteren Einstellrad drehen, kann zudem die Größe angepasst werden. Die grüne Umrahmung ❶ umspannt dann unterschiedlich viele Fokuspunkte ❷.

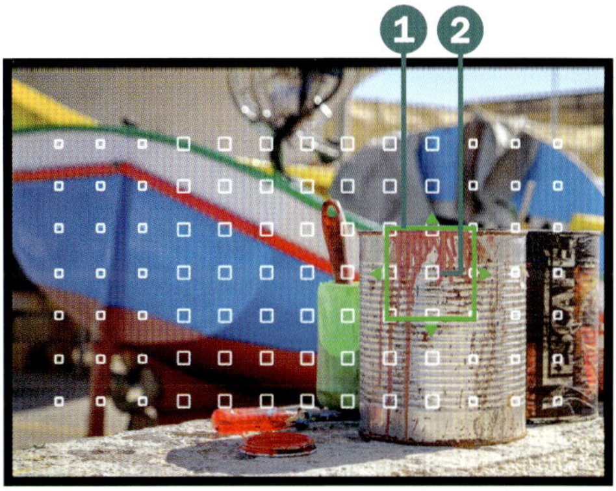

▲ *Fokusfeld oder Zone verschieben und Größe anpassen.*

Je kleiner der Fokusrahmen ist, desto präziser können Sie feine Motivdetails scharf stellen, was sich zum Beispiel in der Makrofotografie bewährt. Wird der Rahmen vergrößert, haben Sie Vorteile beim Scharfstellen von bewegten Objekten oder von Motivbereichen, die wenig strukturiert sind oder sich in dunkler Umgebung befinden. Wenn Sie mit der Auswahl der Rahmengröße fertig sind, können Sie direkt scharf stellen und das Bild auslösen.

Um den Fokusrahmen schnell wieder in die Bildmitte zu befördern, drücken Sie die untere Auswahltaste ▼ herunter, sodass der Rahmen wieder grün leuchtet, und drücken dann die DISP/BACK-Taste. Der grüne Rahmen springt sogleich in die Mitte um. Die Standardgröße des grün leuchtenden Fokusrahmens können Sie wiederherstellen, indem Sie das hintere Einstellrad herunterdrücken.

Touch-Bedienung

Nach dem Betätigen der unteren Auswahltaste ▼ kann das Platzieren des Fokusrahmens auch durch Antippen des Monitors an der gewünschten Stelle erfolgen. Dazu muss im Menü Einstellung 🔧/*TASTEN/RAD-EINSTELLUNG* die Option *TOUCHSCREEN-EINSTELLUNG* eingeschaltet sein.

Die Schärfemessung im Detail

Beim Fokussieren setzt die X–T20 den sogenannten *Hybrid-AF* ein. Hierbei arbeitet der Autofokus mit einer Kombination aus Phasenerkennung und Kontrasterkennung. Bei der *Phasenerkennung* werden die eintreffenden Lichtstrahlen aus unterschiedlichen Winkeln gemessen. Die dabei entstehenden Halbbilder werden dann durch Verschieben der Objektivlinsen zur Deckung gebracht, sodass das Bild scharf aussieht. Das ist so ähnlich wie die Halbbilder, die unsere Augen wahrnehmen und die unser Gehirn zu einem scharfen Bild zusammensetzt. Die Phasenerkennung ist sehr schnell.

Die *Kontrasterkennung* stellt durch Verschieben der Objektivlinsen einen möglichst hohen Kontrast an den Motivkanten her und sorgt auf diesem Wege für einen hohen Schärfeeindruck. Die Kontrasterkennung ist präziser, dauert aber länger.

Der Hybrid-AF der X–T20 kombiniert nun einfach beide Methoden: die Phasenerkennung bringt die Objektivlinsen zügig an die fast richtige Position und die Kontrasterkennung erledigt die finale Feineinstellung.

Allerdings arbeitet der Hybrid-AF nur in der Bildmitte, erkennbar an den größeren Quadratmarkierungen ❶. Am Rand kommt nur der Kontrast-AF ❷ zum Einsatz. Der Autofokus ist in der Bildmitte somit leistungsstärker, wenngleich der Kontrast-AF der X–T20 auch erstaunlich flink arbeitet. Denken Sie daran, wenn Sie actionreiche Motive fotografieren oder bei wenig Licht arbeiten.

Im AF Modus ZONE [ ] und WEIT/VERFOLGUNG [ ] können Sie maximal 91 Fokussierpunkte verwenden, 46 Hybrid-AF-Punkte in der Mitte und 42 Kontrast-AF-Punkte an den Seiten. Mit dem EINZELPUNKT AF [·] stehen maximal 325 Fokussierpunkte zur Verfügung, 169 Hybrid-AF-Punkte und 156 Kontrast-AF-Punkte.

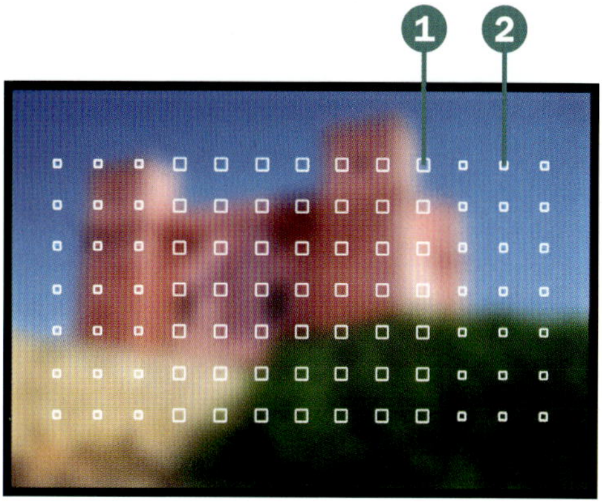

▲ *91 Fokussierpunkte im AF Modus ZONE und WEIT/VERFOLGUNG.*

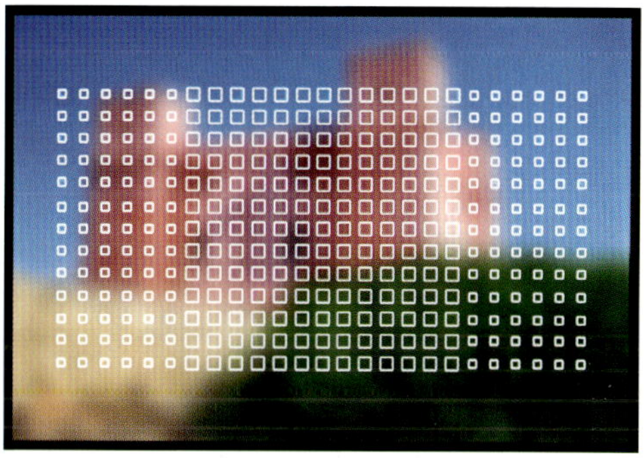

▲ *325 Fokussierpunkte beim EINZELPUNKT AF.*

Motive für den Einzelpunkt AF

Das Praktische am EINZELPUNKT AF ist, dass Sie mit der Auswahl einzelner Fokuspunkte die Schärfe sehr genau auf ganz bestimmte Bildstellen lenken können. Der Fokus kann auch nicht davon abschweifen, weil die X–T20 keine weiteren Assistenz-Messfelder zuschaltet. So können Sie beispielsweise bei Porträts von Mensch und Tier exakt auf eines der beiden Augen fokussieren oder im Makrobereich auf die filigranen Strukturen von Pflanzen und Insekten. Verkleinern Sie den Fokusrahmen dazu auf einen einzelnen Fokussierpunkt, indem Sie die untere Auswahltaste ▼ drücken und das hintere Einstellrad nach links drehen. Wichtig ist jedoch, dass der gewählte Bereich keine einfarbige Fläche ist oder sehr strukturarm aussieht. Wenn Sie einen größeren Motivbereich scharf stellen möchten, weil sich das Motiv bewegt, dunkel oder strukturarm ist, vergrößern Sie den Fokusrahmen.

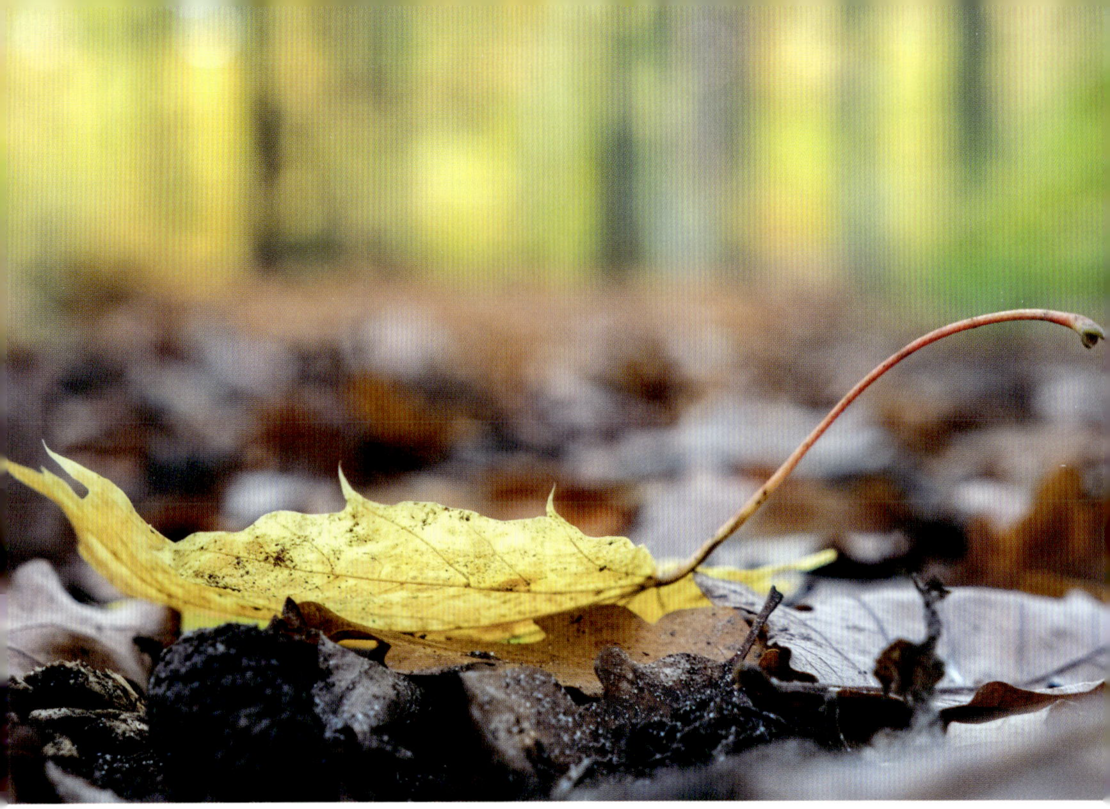

55 mm | f/5,6 | 1/6 Sek. | ISO 800

▲ *Mit dem EINZELPUNKT AF stellten wir präzise den vorderen Rand des heruntergefallenen Herbstblatts scharf.*

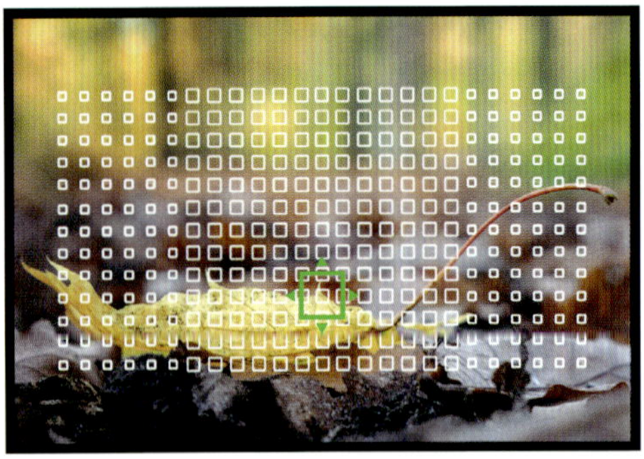

▲ *Präziser Fokus mit dem EINZELPUNKT AF.*

Wie viele Fokuspunkte von der X–T20 zum Scharfstellen verwendet werden, insgesamt 325 oder nur 91, lässt sich im Menü AF/MF-Einstellung bei ***ANZAHL DER FOKUSSIERPUNKTE*** festlegen. Das Einschränken der Anzahl kann sinnvoll sein, wenn Sie bei bewegten Objekten den Fokusrahmen über weniger Schritte schneller an die geeignete Position verschieben möchten. Als Standard empfehlen wir Ihnen aber die 325 Fokussierpunkte.

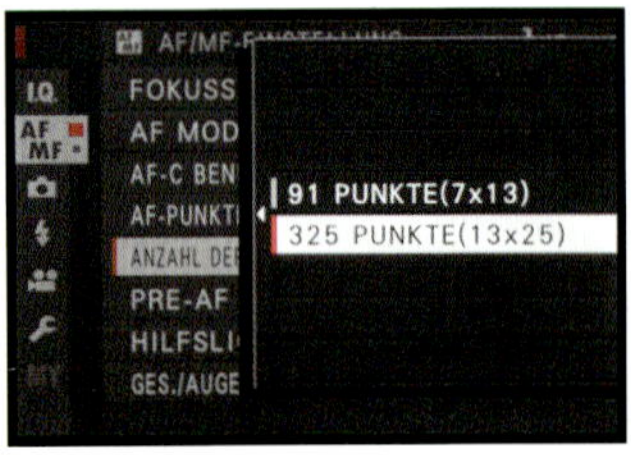

▲ *Anzahl der Fokussierpunkte.*

Sollte der EINZELPUNKT AF nicht richtig scharf stellen und beispielsweise bei einem Männerporträt mit tiefliegenden Augen stets die Augenbraue anstatt des Auges fokussieren, können Sie versuchen, mit der später noch vorgestellten Augenerkennung bessere Fokusergebnisse zu erzielen.

Fokussieren/Schwenken oder Fokusrahmen verschieben?

Um den bildwichtigen Bereich schnell scharf zu stellen, könnten Sie mit dem EINZELPUNKT AF einfach den Fokussierpunkt in der Bildmitte verwenden, damit scharf stellen, die AF-L-Taste zur Fokusspeicherung drücken und halten, den Bildausschnitt einrichten und auslösen (Fokusspeicherung ***AF-L***). Bei der X–T20 mit den vielen Positionierungsmöglichkeiten für den Fokusrahmen ist es aber sinnvoller, erst den Bildausschnitt zu wählen, dann den Fokusrahmen auf einer geeigneten Position zu platzieren, zu fokussieren und direkt auszulösen. Die Schärfe sitzt dann exakt an der gewünschten Stelle. Ein Verschieben des Bildausschnitts mit gespeicherter Schärfe führt hingegen schnell zu nicht optimal fokussierten Bildern, da sich die Distanz zum Objekt beim Schwenken ändert.

Wofür der Zone AF am besten geeignet ist

Mit dem AF Modus *ZONE* können Sie die aktiven Fokusfelder auf einen bestimmten Teilbereich beschränken. Innerhalb der Zone wählt die X–T20 die Schärfepunkte dann selbstständig aus und fokussiert auf die zur Kamera nächstgelegenen Motivbereiche oder erkannte Gesichtsstrukturen, sofern die später noch vorgestellte Gesichts-/Augenerkennung aktiviert wurde.

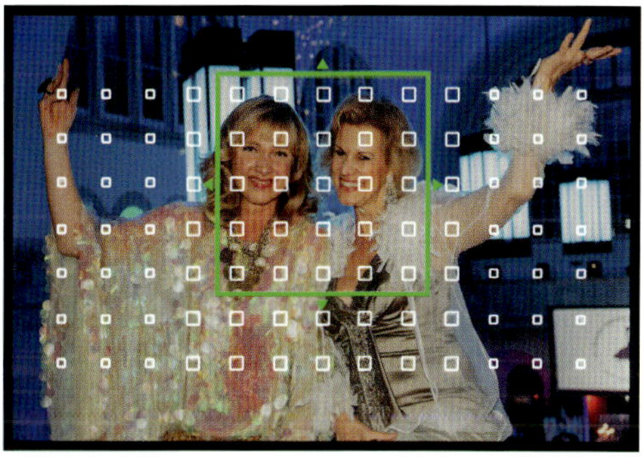

▲ *Beschränken der aktiven Fokussierpunkte auf den oberen mittleren Bildbereich.*

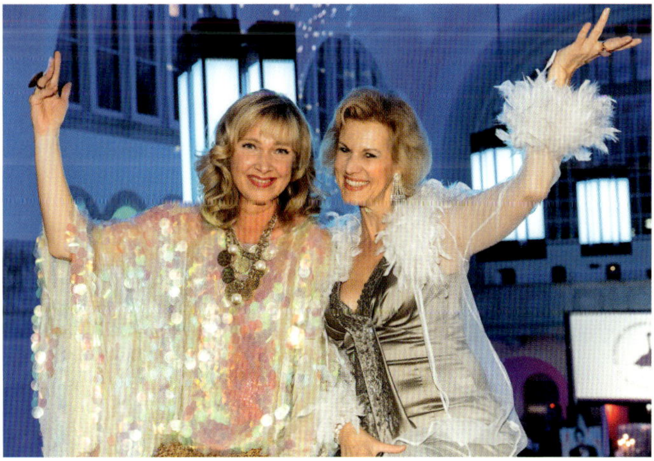

61 mm | f/5,6 | 1/40 Sek. | ISO 3200

▲ *Die Bewegung fand vorwiegend in der Bildmitte statt und ließ sich mit der AF-Messfeldwahl in Zone optimal scharf stellen.*

Unser Tipp: Nutzen Sie die Zonen bei bewegten Objekten, die, wenn Sie ganz im Bild zu sehen sind, größer sind als einzelne Personen, oder die bei geringerem Abstand zur

Kamera groß im Bild auftauchen. Die Größe der Zone kann durch Drücken der unteren Auswahltaste ▼ und Drehen am hinteren Einstellrad in drei Stufen variiert werden. Wenn die Umgebung wenig Struktur hat, wie der Himmel, ist die größte Zone gut geeignet. Hier stehen Ihnen jeweils 49 Fokussierpunkte in der Mitte oder an den Seiten zur Verfügung. Für eine strukturreichere Umgebung wählen Sie die kleinste. Damit können neun aktive Fokussierpunkte genutzt werden.

Vor allem die kleine Zone bietet den Vorteil, dass die Scharfstellung einerseits auf einen bestimmten Bildbereich beschränkt und andererseits innerhalb der gewählten Zone eine hohe Trefferquote erzielt wird. Einer der Fokussierpunkte greift mit Sicherheit. Daher verwenden wir diese Methode sehr gerne bei Events, wenn in dunkler Umgebung Menschen, die sich teilweise auch noch bewegen, schnell und sicher fokussiert werden müssen.

Nachteilig kann die Zonenwahl sein, wenn Ihr Motiv nur einen sehr kleinen Bildbereich einnimmt, zum Beispiel ein Läufer, und sich dicht dahinter oder daneben Motivstrukturen wie andere Läufer oder Zuschauer befinden, die den Fokus ablenken können. Für solche Situationen ist der zuvor erwähnte EINZELPUNKT AF besser geeignet.

Szenarien für die automatische Wahl der AF-Felder

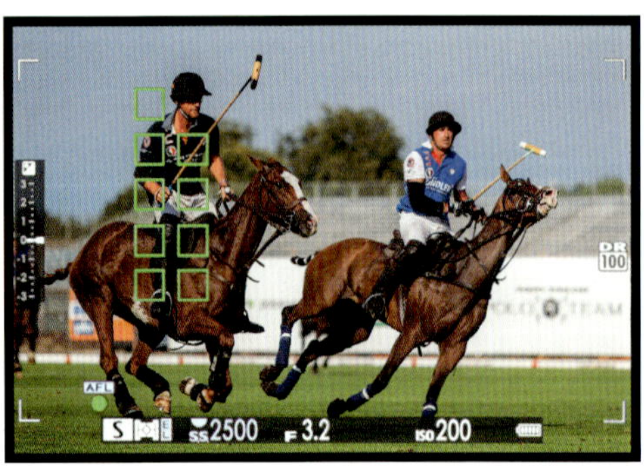

▲ *Automatische Wahl aus 91 Fokussierpunkten.*

Der AF Modus *WEIT/VERFOLGUNG* [ ] ist immer dann passend, wenn Sie statische, flächige Motive vor sich haben, wie etwa eine Häuserwand oder einen frei stehenden Baum in einer Landschaft. Auch bei Actionsequenzen, die vor einem einheitlichen und wenig strukturierten Hintergrund ablaufen, erzielen Sie damit hohe Trefferquoten.

Welche der 91 verfügbaren Fokussierpunkte von der X-T20 in der aktuellen Situation eingesetzt werden, sehen Sie, wenn Sie den Auslöser bis zum ersten Druckpunkt herunterdrücken. Wichtig zu wissen ist, dass der Fokus in der Standardeinstellung entweder auf den Motivbereich eingestellt wird, der vom Abstand her am dichtesten zur Kamera liegt, oder das am dichtesten zur Kamera gelegene Gesicht scharf stellt, wenn dieses im Bildausschnitt gut zu erkennen ist und die Gesichts-/Augenerkennung aktiviert ist. Durch den geringen Einfluss auf die Fokussierpunkte kann es aber auch leicht passieren, dass die Schärfe bei einem Porträt auf der Nase liegt und nicht auf den Augen. Wenn es um die Gestaltung eines Bildes mit wenig Schärfentiefe geht, sind solche Fehlfokussierungen gut sichtbar. Nehmen Sie dann lieber den EINZELPUNKT AF oder eine kleine ZONE.

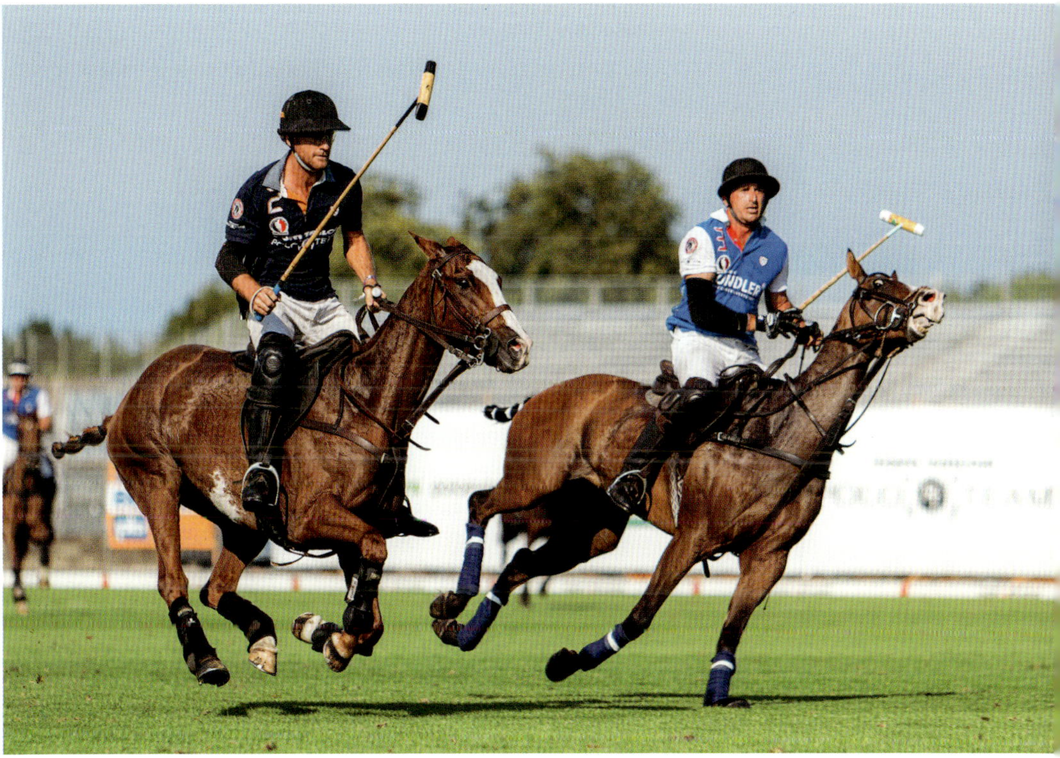

140 mm | f/3,2 | 1/2500 Sek. | ISO 200

▲ *Actionreiche Sequenzen, die sich in einem Großteil der Bildfläche abspielen, werden mit dem AF Modus WEIT/VERFOLGUNG sicher erfasst.*

WEIT/VERFOLGUNG eignet sich überdies für Schnappschüsse und für schnell im Bildfeld auftauchende Objekte wie Motocrosser, die über eine Hügelkante springen und deren Position im Bildausschnitt vorab schwer zu ersehen ist. Im zweiten Fall schalten Sie am besten auf den später in diesem Kapitel vorgestellten kontinuierlichen Autofokus AF-C für die Motivverfolgung um.

Weitere Scharfstellhilfe

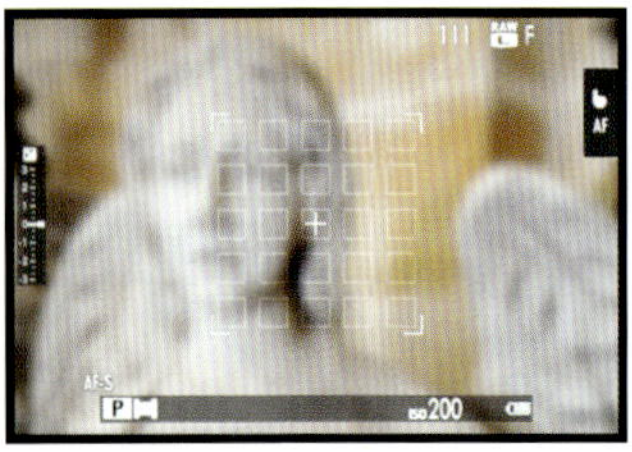

▲ *AF-Punktanzeige.*

Wird die Funktion ***AF-PUNKTANZEIGE*** im Menü AF/MF-Einstellung aktiviert, blendet die X–T20 in den AF-Modi ZONE und WEIT/VERFOLGUNG die verfügbaren Fokussierpunkte permanent ein. Das kann eine ganz praktische optische Hilfe sein, um bestimmte Motivkanten exakt durch bestimmte Fokussierpunkte laufen zu lassen und diese bevorzugt scharf zu stellen.

Die schwach sichtbaren Rahmen können bei der Bildkomposition aber auch stören. Dann blenden Sie sie mit der DISP/BACK-Taste aus (Monitor-/Sucheransicht ohne Informationen) oder schalten die Funktion wieder aus.

5.3 Allroundtalent Einzel-Autofokus

Statische Motive wie Landschaften, Gebäude, Personen, die fürs Porträt stillhalten, Pflanzen oder Verkaufsgegenstände gehören wohl zu den häufigsten Motiven, die einem vor die Linse geraten. Bei all diesen Situationen ist es eigentlich lediglich notwendig, schnell einen passenden Schärfepunkt zu finden und diesen so lange zu fixieren, bis der Auslöser heruntergedrückt wird. Genau dafür hat die X–T20 die Betriebsart ***Einzel-AF*** (***AF-S***) an Bord – eine wirklich gute Allroundeinstellung, die in unserem fotografischen Alltag vermutlich zu 90 % genutzt wird.

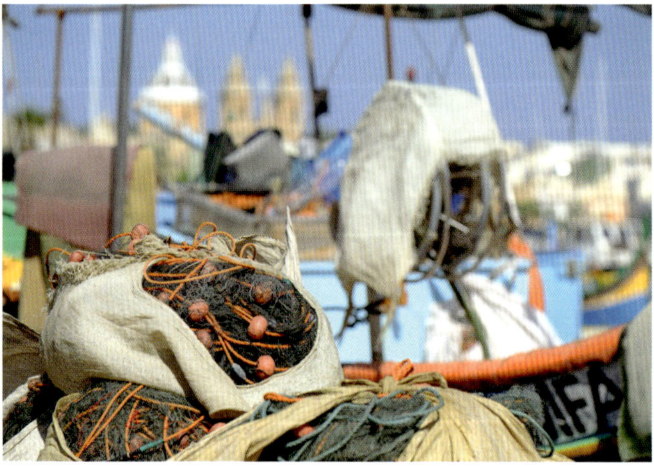

95 mm | f/4 | 1/3000 Sek. | ISO 200

▶ *Mit dem Einzel-AF (AF-S) lassen sich statische Motive bestens in Szene setzen.*

Mit dem AF-S stellt die X–T20 scharf, sobald der Auslöser bis zum ersten Druckpunkt heruntergedrückt wird, und behält diesen Schärfepunkt bei, solange Sie den Auslöser auf dieser Position halten. Daher eignet er sich auch prima zum Zwischenspeichern der Schärfe.

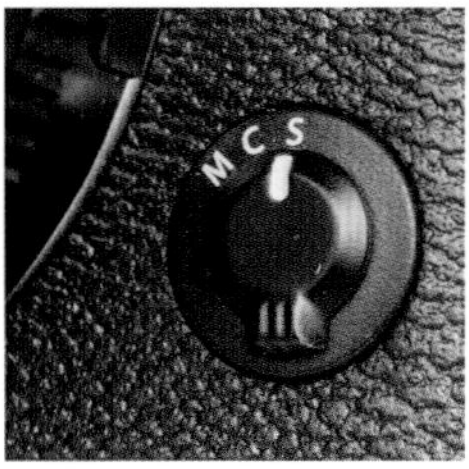

▲ *Einzel-AF (AF-S) einschalten.*

Unser Tipp: Kombinieren Sie den AF-S mit dem AF Modus EINZELPUNKT [▪] oder einer kleinen ZONE [▫]. Dann können Sie über die 352 oder 91 Fokussierpunkte sehr präzise bestimmte Motivkomponenten scharf stellen. Um mit dem Einzel-AF zu fotografieren, stellen Sie den Fokusmodusschalter auf der Kameravorderseite auf *S*.

Unscharfe Fotos vermeiden

In der Standardeinstellung löst die X–T20 mit dem Einzel-AF immer aus, selbst wenn die Schärfe noch nicht richtig gesessen hat oder eine Scharfstellung an sich nicht möglich ist. Sie befindet sich in der sogenannten Auslösepriorität. Das kann unverhofft zu unscharfen Fotos führen. Mit einem kleinen Trick können Sie dies unterbinden. Wählen Sie dazu im Menü AF/MF-Einstellung [AF/MF] bei *PRIO. AUSLÖSEN/FOKUS* und *AF-S PRIO.-AUSW.* die Einstellung *FOKUS*. Eine Bildaufnahme ist jetzt nur noch möglich, wenn die X–T20 den Motivbereich scharf stellen konnte. Sie befindet sich in der sogenannten Schärfe- oder Fokuspriorität – zumindest solange Sie den Einzelautofokus AF-S verwenden.

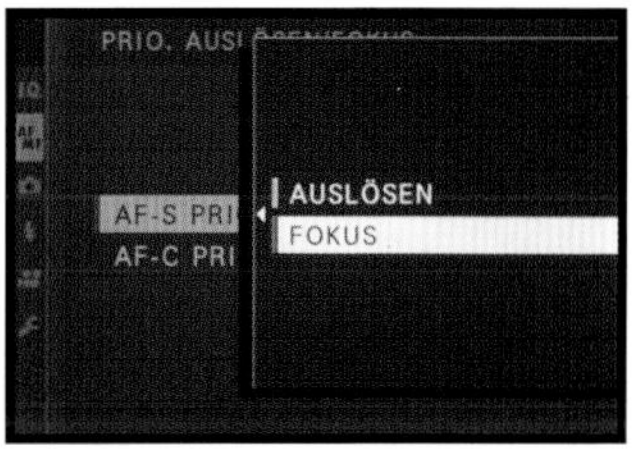

▲ *Umstellen von Auslöse- auf Schärfepriorität.*

Hilfslicht als Fokusunterstützung

In dunkler Umgebung kann der Autofokus Probleme beim Scharfstellen bekommen. Mit dem Hilfslicht der X–T20 können Sie dann ein wenig Licht ins Dunkel bringen. Bei Porträts kann das helle Licht aber auch sehr stören, schalten Sie es in dem Fall über das Menü AF/MF-Einstellung [AF/MF]/*HILFSLICHT* aus. Ganz deaktiviert ist die Lampe beim kontinuierlichen Fokussieren mit dem AF-C und bei der manuellen Scharfstellung.

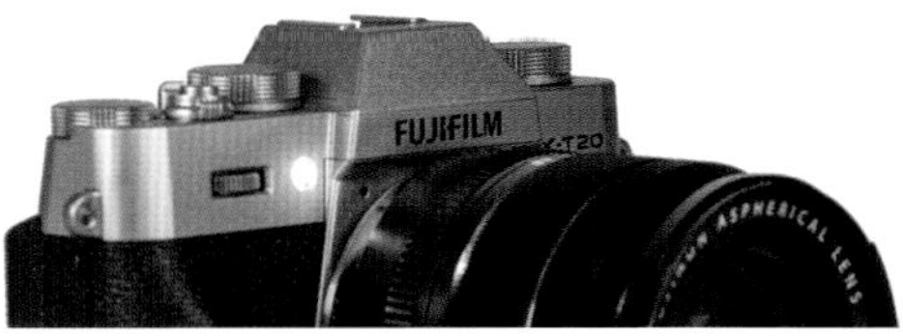

▲ *Hilfslicht zur Unterstützung der Scharfstellung im AF-S-Modus.*

Die Schärfe prüfen mit dem Fokuszoom

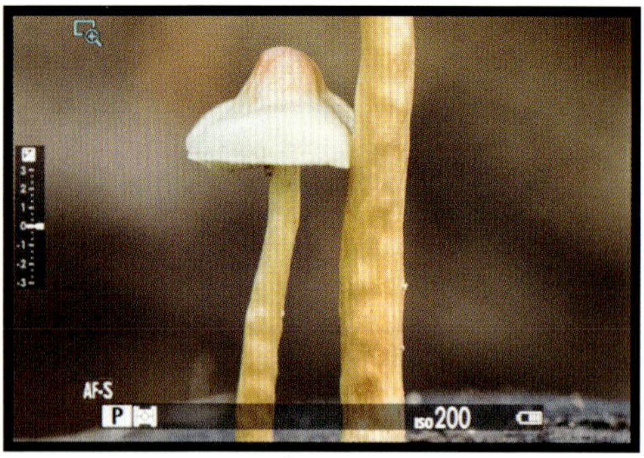

▲ *Vergrößerung erste Stufe: 2,4×.*

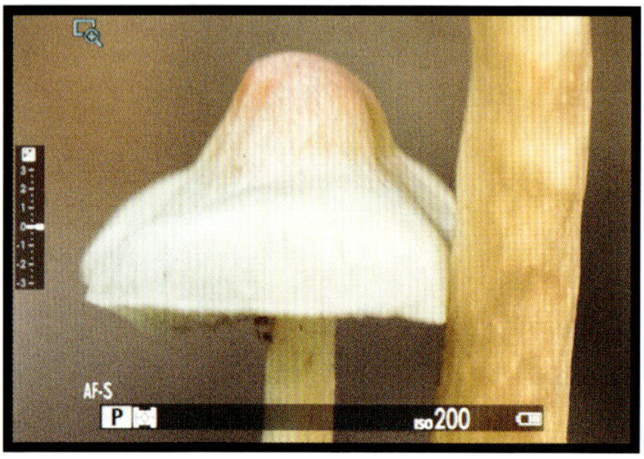

▲ *Vergrößerung zweite Stufe: 6×.*

Bei Makroaufnahmen, Nachtaufnahmen oder still stehenden Personen können Sie mit dem Fokuszoom Ihrer X–T20 schnell klären, ob der Fokus auch an der richtigen Stelle sitzt, etwa auf den Augen. Dazu vergrößern Sie den Fokusbereich und stellen die Schärfe anschließend per Autofokus oder manuell exakt ein. Möglich ist dies aber nur mit dem AF Modus EINZELPUNKT [▪]. Außerdem muss der *PRE-AF* im Menü AF/MF-Einstellung AF MF deaktiviert sein.

Um die Vergrößerung zu starten, drücken Sie das hintere Einstellrad herunter. Im Monitor oder Sucher wird oben links ein blaues Lupenzeichen eingeblendet und das Livebild wird um den Faktor 2,4× vergrößert, und zwar genau an der Bildstelle, die Sie zuvor zum Scharfstellen ausgewählt haben. Wenn Sie am hinteren Einstellrad drehen, können Sie das Livebild ein weiteres Mal vergrößern (Faktor 6×) und durch einen weiteren Dreh wieder zur vorherigen Vergrößerung zurückkehren.

Lösen Sie nun am besten aus der vergrößerten Ansicht heraus aus, damit sich der Fokus nicht wieder verschiebt. Zum Ausschalten der Lupenansicht drücken Sie das hintere Einstellrad einfach wieder herunter.

Manuell nachfokussieren

Manchmal kommt es vor, dass der Fokus auch bei der Wahl eines einzelnen Fokussierpunkts nicht so ganz perfekt an der Stelle sitzt, an der er sein soll. Wenn Sie die Funktion *AF+MF* im Menü AF/MF-Einstellung AF MF aktivieren, können Sie nach der automatischen Scharfstellung den Auslöser weiter auf dem ersten Druckpunkt halten und durch Drehen am Scharfstellring des Objektivs manuell nachfokussieren. Dies ist aber nur beim Einzel-AF (AF-S) möglich. Es gelten dann die Einstellungen der manuellen Fokussierung, wie ab Seite 121 gezeigt.

5.4 Bewegte Motive perfekt im Fokus

Mit dem ***Kontinuierlichen AF*** (*AF-C*) gibt Ihnen die X–T20 eine vielseitige Autofokusbetriebsart zum Fotografieren bewegter Motive an die Hand, bestens geeignet für Actionaufnahmen aller Art. Auswählen können Sie den AF-C, indem Sie den Fokusmodusschalter auf *C* stellen.

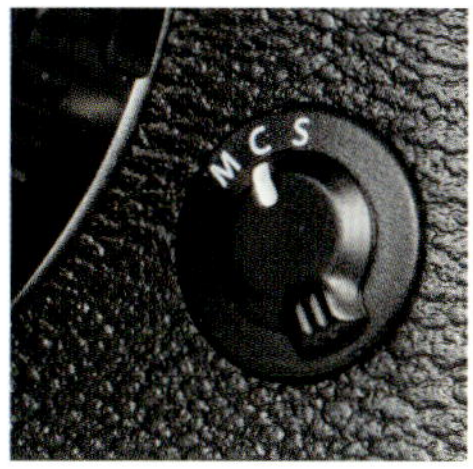

▲ *Einschalten des Kontinuierlichen AF (AF-C).*

Mit dem Kontinuierlichen AF werden Ihre Motive konstant im Fokus gehalten, solange Sie den Auslöser bis zum ersten Druckpunkt herunterdrücken. Erkennbar ist die erfolgreiche Scharfstellung an der grün leuchtenden ***Fokusanzeige*** ●. Blinkt die Fokusanzeige oder ist sie innerhalb der weißen Klammer gerade nicht zu sehen, ist der AF-C gerade damit beschäftigt, die Schärfe auf eine sich ändernde Motivdistanz einzustellen.

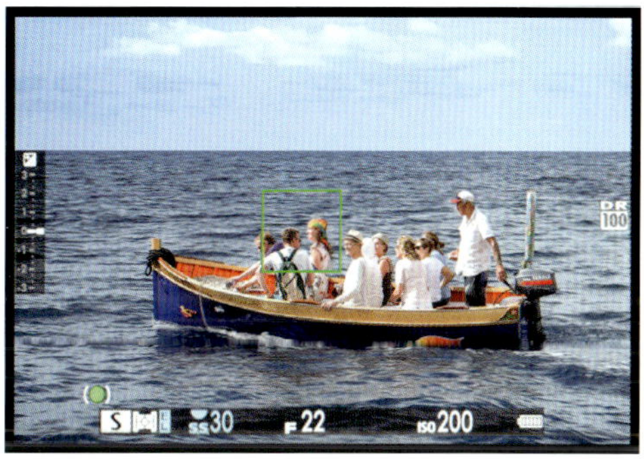

▲ *Schärfenachführung in Aktion.*

Das können Sie gleich einmal nachvollziehen. Stellen Sie auf ein nahe gelegenes Objekt scharf, halten Sie den Auslöser auf halber Stufe, und zielen Sie dann auf ein weiter entferntes Objekt und wieder zurück. Die X–T20 wird die Schärfe mit einer kurzen Verzögerung auf die jeweilige Entfernung einstellen.

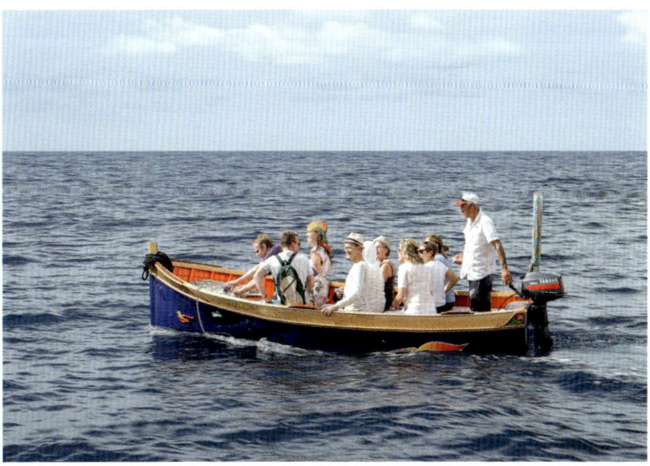

50 mm | f/22 | 1/30 Sek. | ISO 200

▲ *Das Boot konnte mit dem AF-C kontinuierlich im Fokus gehalten werden. Währenddessen wurden mit der langsamen Reihenaufnahme mehrere Bilder aufgenommen.*

Denken Sie vor allem bei Sportaufnahmen, beispielsweise einem Läufer, einem rasanten Surfer oder Skifahrer, oder bei spielenden Kindern oder actionreichen Tieraufnahmen an den Bewegungsmeister AF-C. Nehmen Sie Ihr Motiv in solchen Fällen am besten schon in den Fokus, wenn es noch nicht formatfüllend im Bildausschnitt erscheint, und verfolgen Sie es bei halb herunter gedrücktem Auslöser. Lösen Sie im passenden Moment ein einzelnes Bild, oder besser noch, eine ganze Bilderserie aus. Wenn Sie den Auslöser nach der Aufnahme nicht ganz loslassen, sondern weiterhin auf halber Stufe halten, können Sie Ihr Motiv nahtlos weiterverfolgen.

Der Kontinuierliche AF verbraucht allerdings mehr Strom, daher geht die Akkukapazität schneller zur Neige. Nehmen Sie am besten einen Ersatzakku mit, wenn Sie vorhaben, häufiger damit zu fotografieren.

Den AF-C situationsbedingt anpassen

So vielseitig die Bewegungsarten im Sport oder in der Natur sein können, so flexibel lässt sich auch der Kontinuierliche AF auf unterschiedliche Situationen einstellen. Dazu bietet die X–T20 im Menü AF/MF-Einstellung AF/MF bei *AF-C BENUTZERDEF. EINST.* fünf Vorgaben an. Diese orientieren sich an bekannten sport- oder naturfotografischen Situationen, lassen sich aber auch gut auf andere Actionmotive übertragen. Wenn Sie einen der Vorschläge aufrufen, wird jeweils ein repräsentatives Beispielbild eingeblendet.

Hinter den Vorgaben stecken maßgeblich zwei Autofokussteuerungen, die sich auf die Verfolgungseigenschaften auswirken: die Verfolgungs-Empfindlichkeit und die Reaktion auf Beschleunigung/Verlangsamung (Geschwindigkeitsverfolgungs-Empfindlichkeit).

Mit der *Verfolgungs-Empfindlichkeit* wird bestimmt, wie stringent die Fokussierpunkte das scharf gestellte Objekt verfolgen bzw. wie schnell sie auf neu im Bildausschnitt auftauchende Objekte reagieren.

Kommt zum Beispiel ein Marathonläufer mit einer kontinuierlichen Bewegungsgeschwindigkeit auf Sie zugelaufen, ist eine mittlere Empfindlichkeit gut geeignet, da sich das Motiv gut im Sucher oder Monitor verfolgen lässt (*Vorgabe 1*). Aktivieren Sie in solchen Situationen am besten auch den AF Modus EINZELPUNKT oder ZONE.

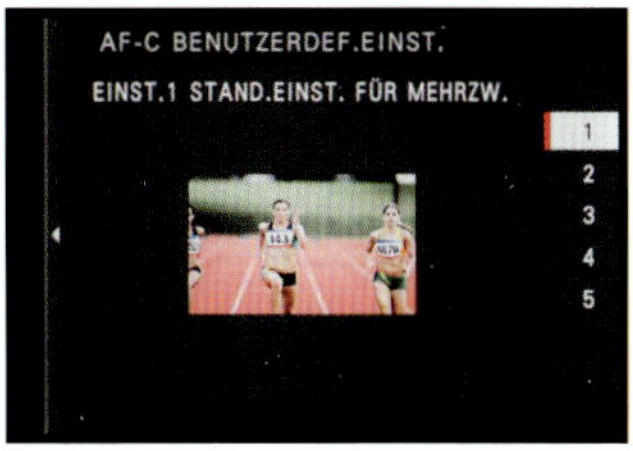

▲ *Vorgabe 1: Gut geeignete Mehrzweckeinstellung.*

Läuft der Sportler in gleichbleibendem Abstand an Ihnen vorbei und wird zwischenzeitlich von anderen Zuschauern oder Mitläufern verdeckt, ist eine geringere Empfindlichkeit besser (*Vorgabe 2*), sonst springen die Fokussierpunkte zu schnell auf die Zuschauer um. Gleiches gilt, wenn sich das fokussierte Objekt nicht bewegt, wie bei den Seitenwagen-Bildern, und zwischenzeitlich andere durchfahrende Sportler den Blick auf die Szene verdecken. Auch für Mitzieher (scharfes Objekt, unscharf verwischter Hintergrund) ist diese Vorgabe bestens geeignet.

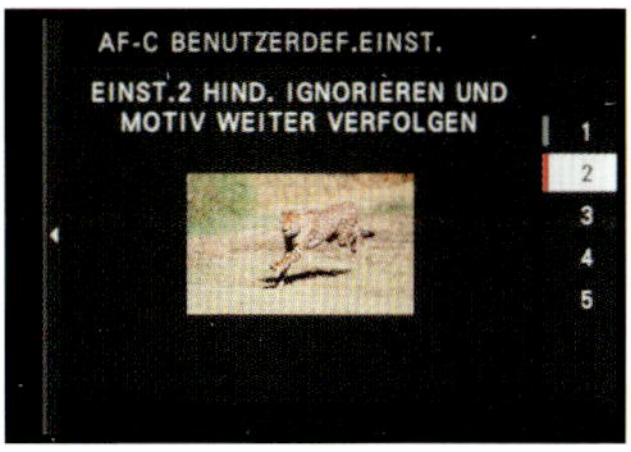

▲ *Vorgabe 2: Der Fokus bleibt stringenter am Motiv haften.*

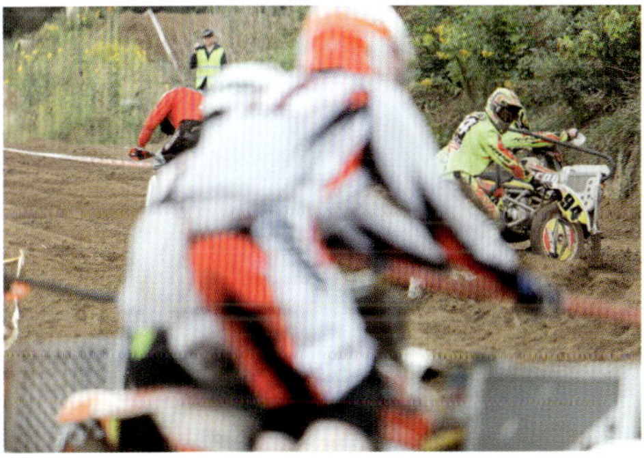

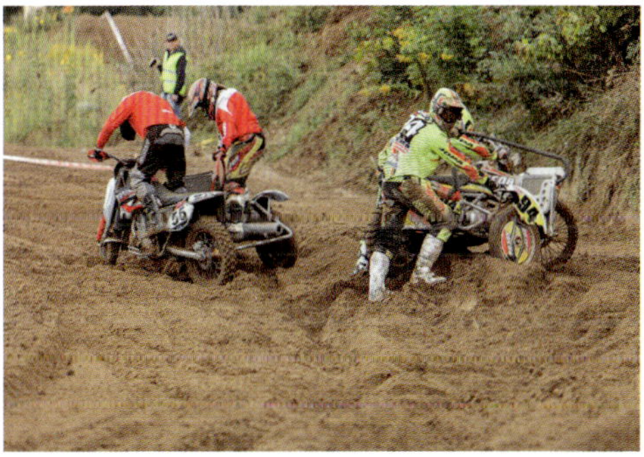

Beide Bilder: 200 mm | f/5,6 | 1/800 Sek. | ISO 800

▲ *Mit einer geringen Verfolgungs-Empfindlichkeit (Vorgabe 2) lassen sich kurzfristig verdeckte Objekte weiter im Fokus halten.*

Haben Sie es hingegen mit einer plötzlichen Bewegung zu tun, weil zum Beispiel ein zuvor nicht zu sehender Motocross-Fahrer oder ein Trickskispringer über eine Hügelkante geflogen kommt, sollten die Fokussierpunkte das Motiv so schnell wie möglich erfassen (*Vorgabe 4*). Verwenden Sie dann am besten auch den AF Modus WEIT/VERFOLGUNG oder eine große ZONE. Auch wenn Sie beim Start eines Rennens immer den vordersten Fahrer im Fokus haben möchten, ist ein schnelles Umspringen auf das Motiv mit der geringsten Distanz zur Kamera sinnvoll.

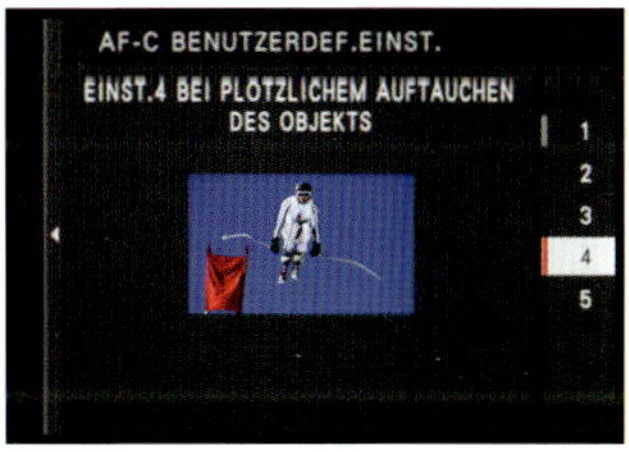

▲ *Vorgabe 4: Der Autofokus springt schnell auf neue Objekte im Bildausschnitt um.*

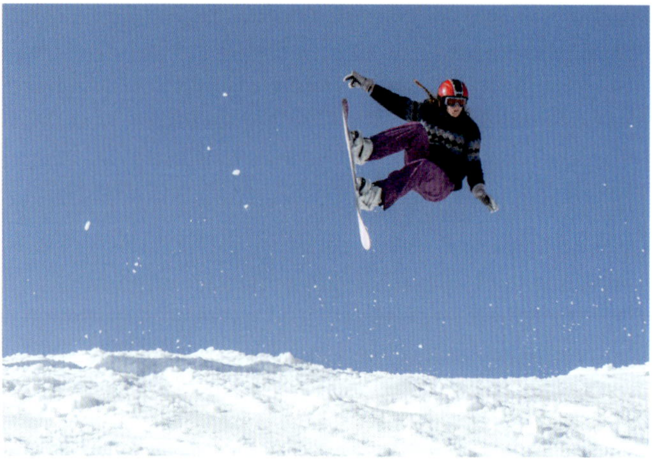

50 mm | f/6,3 | 1/1000 Sek. | ISO 200

▶ *Plötzlich im Bildfeld auftauchende Motive lassen sich mit der Vorgabe 4 gut einfangen.*

Die Reaktion auf Beschleunigung/Verlangsamung (***Geschwindigkeitsverfolgungs-Empfindlichkeit***) beeinflusst das Verhalten der X–T20, entweder einer konstanten Bewegung zu folgen oder auf plötzliches Beschleunigen oder Abstoppen zu reagieren. Je höher die Reaktionsfähigkeit, desto sensibler reagiert die X–T20 auf Geschwindigkeitsänderungen der Bewegung.

Ein Radrennfahrer, der mit einer konstanten Bewegungsschnelligkeit auf Sie zugefahren kommt, kann mit einer geringen Geschwindigkeitsverfolgungs-Empfindlichkeit im Fokus gehalten werden (***Vorgabe 1*** bei klarem Hintergrund, ***Vorgabe 2*** bei unruhigem Hintergrund). Gleiches gilt für Flugzeuge im Gleitflug oder geradlinig fliegende Vögel, die keine abrupten Flugmanöver starten, wie Störche, Schwäne, Reiher oder Ähnliches.

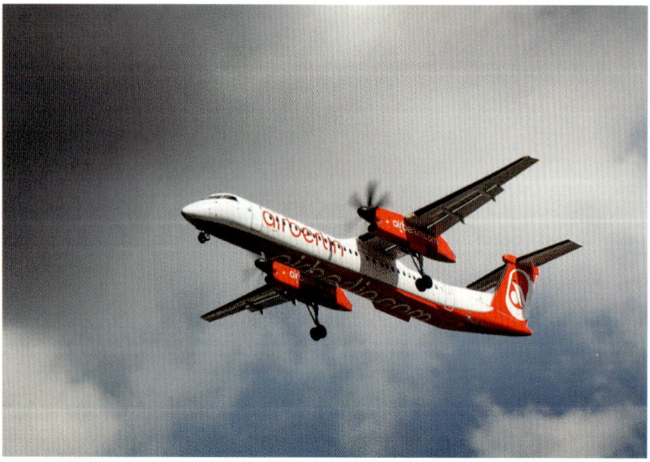

71 mm | f/13 | 1/160 Sek. | ISO 200

▶ *Zum Verfolgen der konstanten Bewegung ist eine geringe Geschwindigkeitsverfolgungs-Empfindlichkeit ausreichend, wie sie die Vorgaben 1 und 2 liefern. Der Autofokus ist dann auch leistungsstärker.*

Die Sensibilität für ungleichmäßige Bewegungsgeschwindigkeiten muss indes erhöht sein, wenn ein Rennwagen vor einer Kurve bremst und aus der Kurve heraus wieder beschleunigt (***Vorgabe 3***). Kommt eine unstete Bewegungsrichtung zur ungleichmäßigen Geschwindigkeit hinzu, wie bei einem Fußballspieler, der erst rasant hinter dem Ball herrennt, dann plötzlich stoppt, dribbelt und weiterläuft, müssen beide Werte sensibel eingestellt sein (***Vorgabe 5***). Gleiches gilt für Eishockey- oder Polospieler.

Vor allem bei entgegenkommenden Objekten wird vermieden, dass der Fokus zu lange auf dem Hintergrund verbleibt oder bei stoppenden Akteuren zu lange den Vordergrund scharf stellt. Allerdings kann es auch passieren, dass Unschärfe auftritt, weil der Autofokus bei reflektierenden oder strukturarmen Motiven weniger genau scharf stellt.

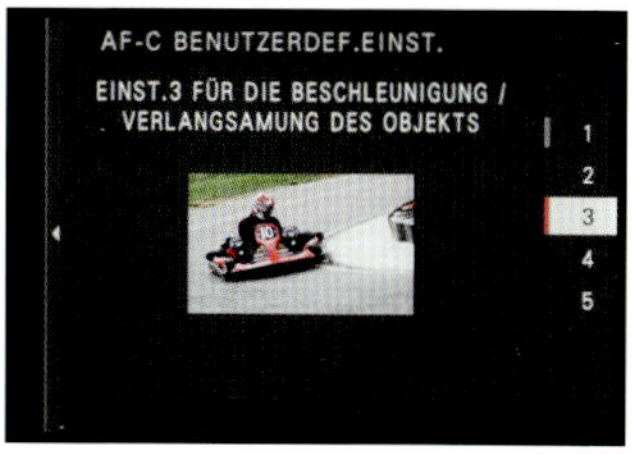

▲ *Vorgabe 3: Geeignet für Objekte, die sich gleichmäßig bewegen, aber zwischenzeitlich bremsen und wieder beschleunigen.*

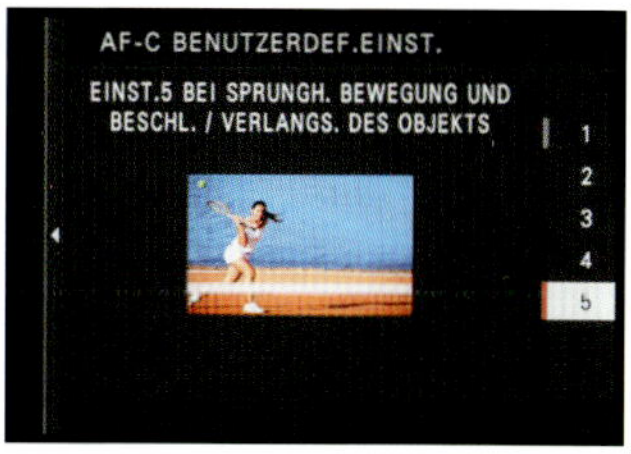

▲ *Vorgabe 5: Geeignet für Objekte, die sich unstet und mit ungleichmäßiger Geschwindigkeit bewegen.*

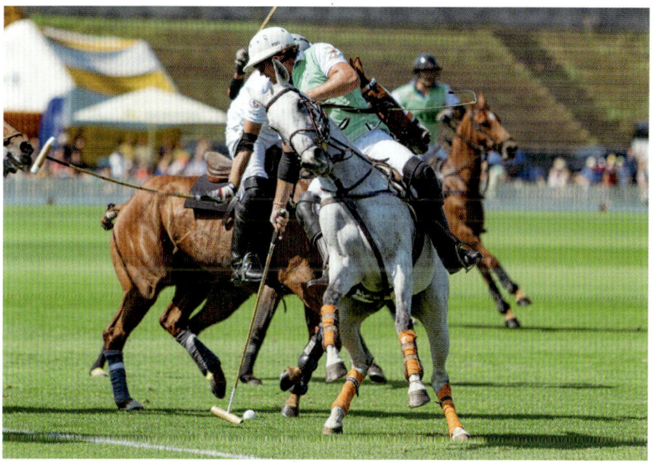

200 mm | f/5,6 | 1/2500 Sek. | ISO 100

▲ *Plötzliches Stoppen, Wenden und Losgaloppieren stellen die Nachführung der Schärfe auf eine harte Probe. Mit der Vorgabe 5 kann sich die Ausbeute scharfer Bilder in solchen Fällen erhöhen.*

Nachführung mit Fokuspriorität

Der Kontinuierliche AF steht standardmäßig auf Auslösepriorität. Das kann aber dazu führen, dass gleich das erste Bild einer Nachführsequenz noch nicht ganz scharf ist. Mit der Einstellung ***FOKUS*** im Menü AF/MF-Einstellung ***/PRIO. AUSLÖSEN/FOKUS/AF-C PRIO.-AUSW.*** können Sie den AF-C jedoch mehr in Richtung Fokuspriorität zwingen.

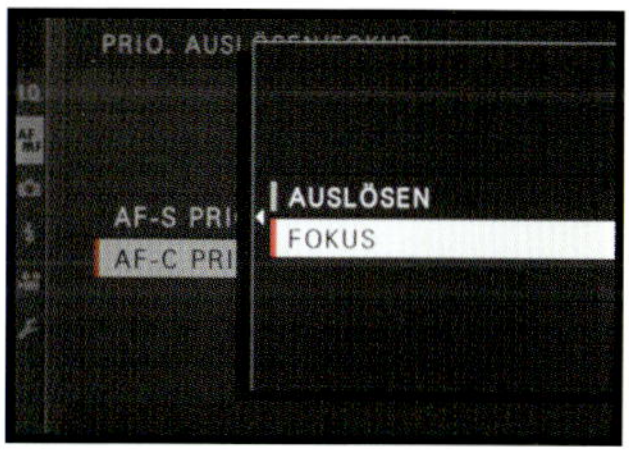

▲ *Bei uns arbeitet der AF-C meist mit Fokuspriorität.*

Da der Autofokus der X–T20 unter normal hellen Bedingungen äußerst schnell agiert, haben wir die Option standardmäßig auf Fokus stehen. In dunkler Umgebung, beispielsweise bei Hallensport in einer nur mäßig beleuchteten Sporthalle, kann es jedoch einen Tick länger dauern, bis Sie tatsächlich auslösen können.

In solchen Situationen empfiehlt sich die Einstellung *AUSLÖSEN*. Rechnen Sie dann aber tendenziell öfter mit noch nicht ganz optimal fokussierten Fotos, zumindest am Anfang einer Nachführsequenz. Es gilt also, sich zu entscheiden, was wichtiger ist: Das Bild im Kasten, egal ob 100%ig scharf oder nicht ganz fokussiert, oder perfekte Schärfe von Beginn an, verbunden mit dem Risiko, eine entscheidende Bewegung zu verpassen. Wenn die Bilder nicht sehr groß gezeigt werden, sind minimale Fehlfokussierungen ohnehin nicht zu erkennen.

5.5 Gesichter und Augen im Fokus

Die Gesichts- und Augenerkennung der X–T20 macht es möglich, den Fokus gezielt auf Menschen zu richten. Damit landet die Schärfe bei Porträt- oder Gruppenaufnahmen nicht mehr versehentlich auf dem Hintergrund und die Gesichter erhalten die höchste Detailzeichnung im Bild.

55 mm | f/4 | 1/55 Sek. | ISO 800

▶ *Mit der Gesichtserkennung lässt sich die Schärfe unkompliziert auf Personen im Bildausschnitt einstellen.*

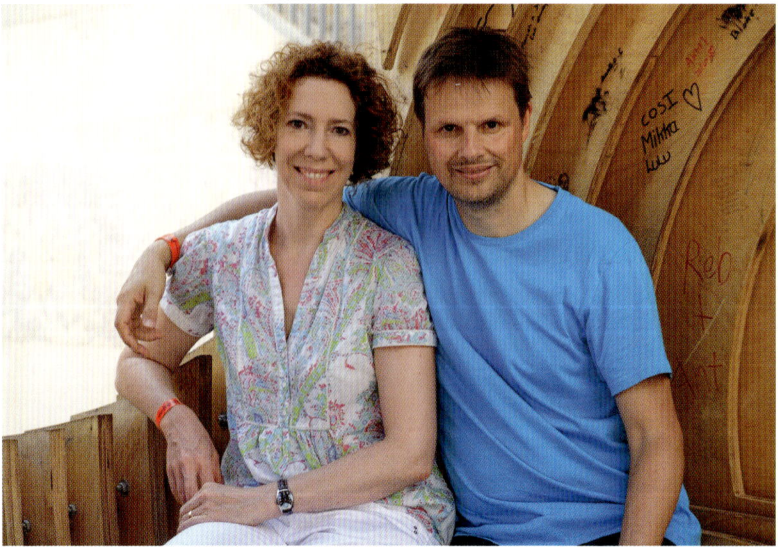

Um die Gesichtserkennung zu verwenden, stellen Sie mit dem Fokusmodusschalter an der Vorderseite der X–T20 den Fokusmodus Einzel-AF (AF-S) ein, eine kontinuierliche Gesichtsverfolgung mit dem AF-C ist nicht möglich. Wählen Sie anschließend aus, welche intelligente Erkennungsautomatik bei Ihrem Bild zum Einsatz kommen soll. Die Vorgaben dafür finden Sie im Menü AF/MF-Einstellung AF/MF bei ***GES./AUGEN-ERKENN.-EINST.***.

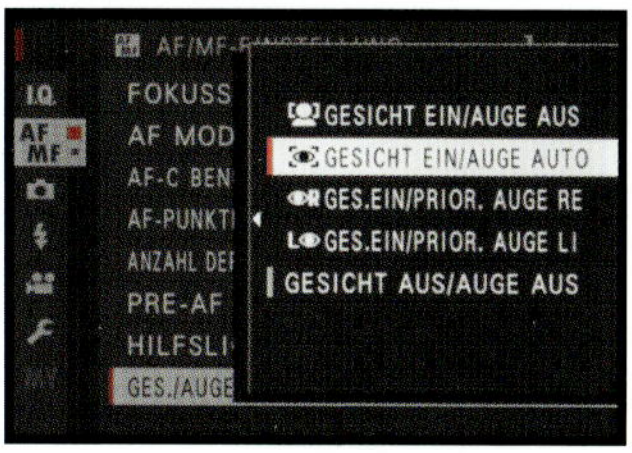

▲ *Die vier Optionen der intelligenten Gesichts- und Augenerkennung im Menü der X–T20.*

Wenn Sie den Menüpunkt ***GESICHT EIN/AUGE AUS*** aktivieren, erkennt die X–T20 eines oder mehrere Gesichter im Bildausschnitt, sobald Sie die Person(en) im Monitor oder Sucher ins Visier nehmen. Diese Einstellung eignet sich für Personengruppen oder Einzelporträts mit einem recht klein im Bildausschnitt abgebildeten Gesicht. Es wird dann ein grüner Hauptrahmen eingeblendet, der das Gesicht markiert und dieses bei Bewegungen innerhalb des Bildausschnitts auch verfolgt. Jetzt muss nur noch scharf gestellt und ausgelöst werden. Bei erfolgreicher Scharfstellung leuchten die inneren Rahmenecken gelb.

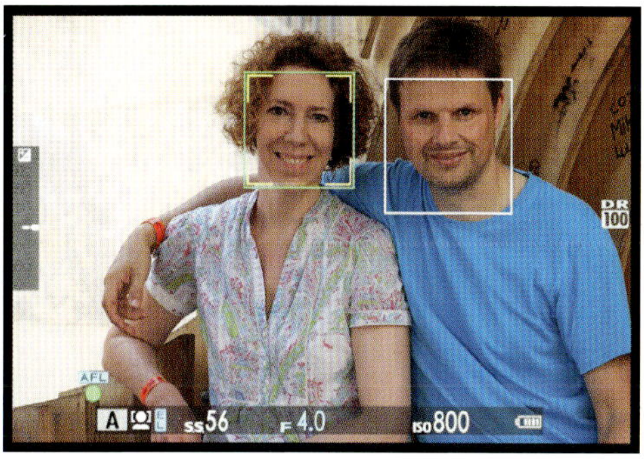

▲ *Scharfstellen mit der Gesichtserkennung.*

Erkennt die X–T20 mehrere Personen, legt sie den grünen Hauptrahmen in der Regel auf ein Gesicht im Bereich der Bildmitte. Daneben können mehrere weiße Rahmen auftauchen, die weitere Gesichter markieren. Fokussieren können Sie aber nur mit dem grünen Hauptrahmen, der sich auch nicht per Taste oder Einstellrad auf ein anderes Gesicht umleiten lässt.

Sie können aber versuchen, den Aufnahmewinkel etwas zu ändern oder die Hauptperson der Gruppe bitten, etwas weiter nach vorne zu kommen oder in die Bildmitte zu wechseln, um sie mit dem Hauptrahmen priorisiert scharf zu stellen.

Bei Porträtaufnahmen mit größer abgebildetem Gesicht können Sie noch einen Schritt weitergehen und die intelligente Augenerkennung hinzu schalten. Für die Bildwirkung ist es häufig günstig, das Auge in den Fokus zu nehmen, das am dichtesten zur Kamera positioniert ist. Eine Person, die über die rechte Schulter in Ihre Kamera blickt, wäre dann am besten im Bereich des Auges scharf zu stellen, das im Bild links zu sehen ist – und bei spiegelbildlicher Pose umgekehrt.

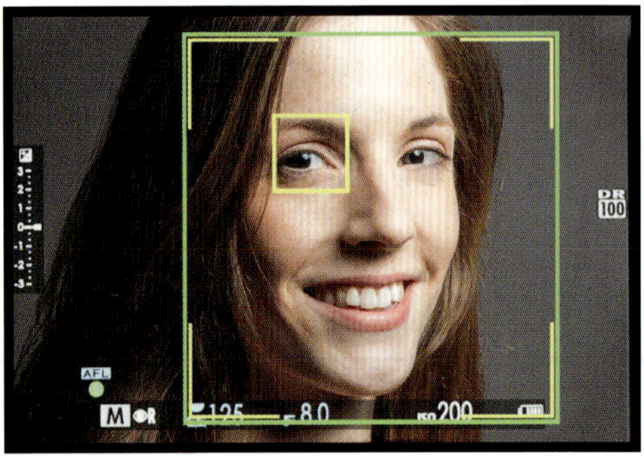

▲ *Scharfstellen mit der Priorität auf das von der Person aus gesehen rechte Auge.*

Daher können Sie die X–T20 auch dazu bewegen, entweder das linke oder das rechte Auge als Fokuspunkt zu wählen: ***GES.EIN/PRIOR. AUGE LI*** oder ***GES.EIN/PRIOR. AUGE RE***. Die Angabe links und rechts bezieht sich allerdings auf den Blick vonseiten der Person in Richtung Kamera. Wenn Sie also das rechte Auge fokussieren, sehen Sie innerhalb des Gesichtsrahmens im Monitor oder Sucher einen kleinen Fokusrahmen auf dem rechten Auge der Person, der aus Ihrer Sicht aber links im Bild angeordnet ist.

Die Augenauswahl können Sie auch getrost der X–T20 überlassen (***GESICHT EIN/AUGE AUTO***), denn die wählt, zumindest bei groß abgebildeten Gesichtern, automatisch das am dichtesten zur Kamera gelegene Auge aus. Da diese Einstellung sowohl bei Gruppenbildern mit kleineren Gesichtern als auch bei Porträts mit groß abgebildetem Gesicht gut funktioniert, eignet sich diese Vorgabe als Standardeinstellung für die Gesichtserkennung.

Falls die X–T20 das Gesicht nicht erkennen kann, weil es zu klein ist, nur seitlich zu sehen ist, im Gegenlicht stark abgeschattet wird oder die Person eine Sonnenbrille trägt, peilen Sie das Gesicht mit dem EINZELPUNKT AF [▪] an und fokussieren es ohne die Erkennungsautomatik. Das gelingt beispielsweise mit der Touch-Aufnahme oder dem Touch-AF des nächsten Abschnitts flink und unkompliziert.

5.6 Touch Shooting und Touch AF

Die neue Touchscreen-Funktion der X–T20 erleichtert das schnelle und gezielte Fokussieren enorm. Damit haben Sie die Möglichkeit, den Fokuspunkt ganz intuitiv durch Antippen des Monitors zu setzen.

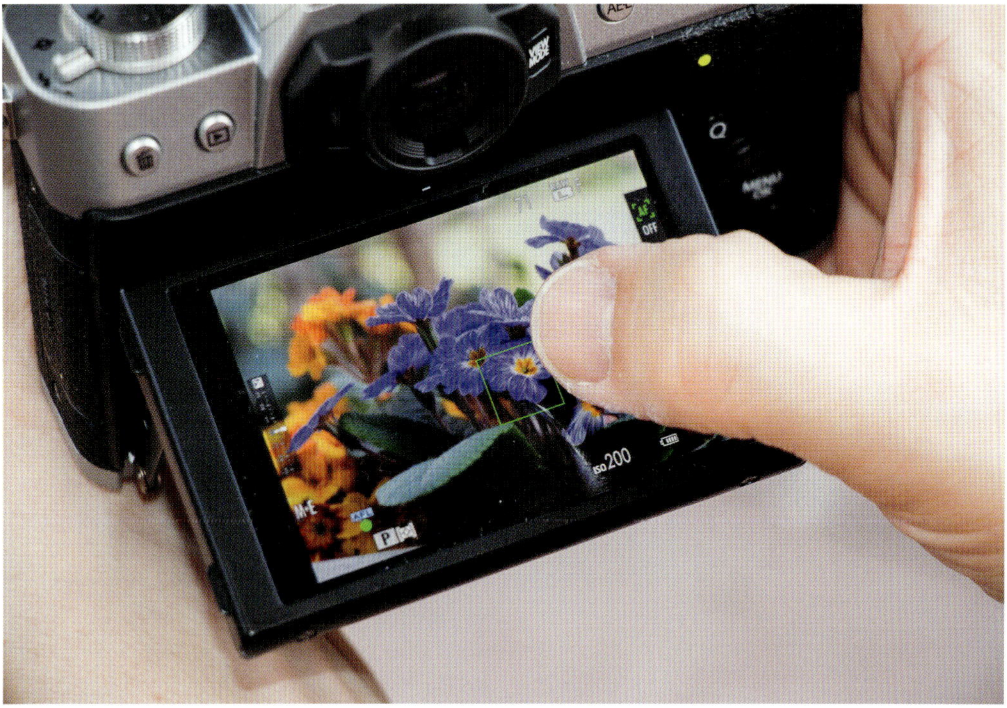

▲ *Touch-AF in Aktion.*

Hierbei können Sie aus drei Auslösemodi wählen, die sich durch Antippen des im Monitor oben rechts eingeblendeten Touchscreen-Symbols durchschalten lassen. Alternativ finden Sie die Touchscreen-Optionen aber auch im Menü AF/MF-Einstellung bei *TOUCHSCREEN-MODUS*.

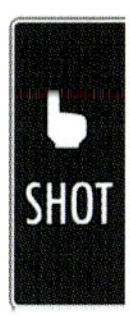

- *Touch-Aufnahme*: Die X–T20 fokussiert an der Bildstelle, die Sie mit dem Finger am Monitor angetippt haben, und nimmt das Bild bei erfolgreicher Scharfstellung sofort auf, oder startet die Filmaufnahme im Modus. Sollte die Auslösung nicht gleich klappen, halten Sie den Finger etwas länger an der Stelle auf dem Monitor. Achten Sie dabei auch auf eine ruhige Kamerahaltung, um die Bildschärfe durch Wackeln beim Antippen nicht zu mindern. Bei uns hat es sich bewährt, die X–T20 ganz normal in der Hand zu halten, und den linken oder rechten Daumen zum Antippen des Monitors zu verwenden. Wenn Sie den Finger länger an der Fokusstelle halten, können Serienaufnahmen gemacht werden, sofern die Aufnahmebetriebsart CH oder CL eingestellt wurde.

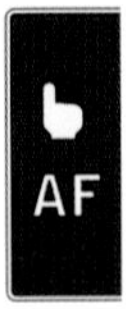

- *Touch-AF*: Der Fokuspunkt wird durch Antippen des Monitors gesetzt und die X-T20 beginnt sofort damit, den Bereich scharf zu stellen. Wenn Sie den kontinuierlichen Autofokus (AF-C) verwenden, versucht die X–T20, die zuvor angetippte Stelle permanent im Fokus zu halten. Lösen Sie mit dem Auslöser aus, wenn Ihnen der Motivausschnitt zusagt. Um die Fokussieraktivität abzubrechen, tippen Sie die Touchfläche (*[AF] OFF*) des Touchscreen-Modus erneut an, sodass die grüne Klammer um das AF-Symbol verschwindet. Auch bei Filmaufnahmen startet die Fokussierung nach dem Antippen des Monitors, die eigentlich Aufnahme wird per Auslöser gestartet.

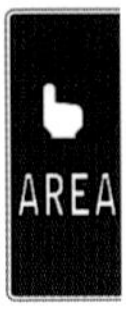

- *Touch-Bereich*: Der Fokuspunkt wird bei Standbildern durch Antippen des Monitors gesetzt (weißer Fokusrahmen), aber das eigentliche Fokussieren (Fokusrahmen wird grün) und die Bildaufnahme erfolgen erst durch Betätigen des Auslösers. Damit könnten Sie den Fokusbereich zum Beispiel im Fokusmodus AF-C vorwählen, ohne dass die X-T20 permanent scharf stellt und damit Strom verbraucht. Mit dem Auslöser ließe sich der kontinuierliche Fokus dann starten, sobald das Objekt im Fokusrahmen erscheint. Im Falle von Filmaufnahmen wird mit dem Antippen des Monitors auch der Fokus angepasst. Damit könnten Sie die Schärfe per Fingertipp also auch von einem nahen auf ein fernes Objekt, oder umgekehrt, umleiten.

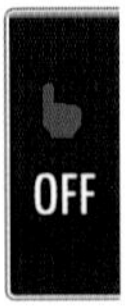

- *Touch-OFF*: Diese Einstellung eignet sich, wenn Sie die Fokusoptionen des Touchscreens nicht verwenden möchten, die Touchscreen-Funktionen bei der Wiedergabe aber weiterhin nutzen wollen. Um alle Touchscreen-Funktionen zu deaktivieren, wählen Sie im Menü Einstellung /*TASTEN/RAD-EINSTELLUNG* bei *TOUCHSCREEN-EINSTELLUNG* die Vorgabe *Aus*.

5.7 »Selfies« mit dem Selbstauslöser

Die sogenannten »Selfies« sind heutzutage in aller Munde, Fotos also, bei denen Sie sich selbst porträtieren und damit zeigen, was Sie gerade tun oder in welch schöner Urlaubsumgebung Sie sich gerade befinden.

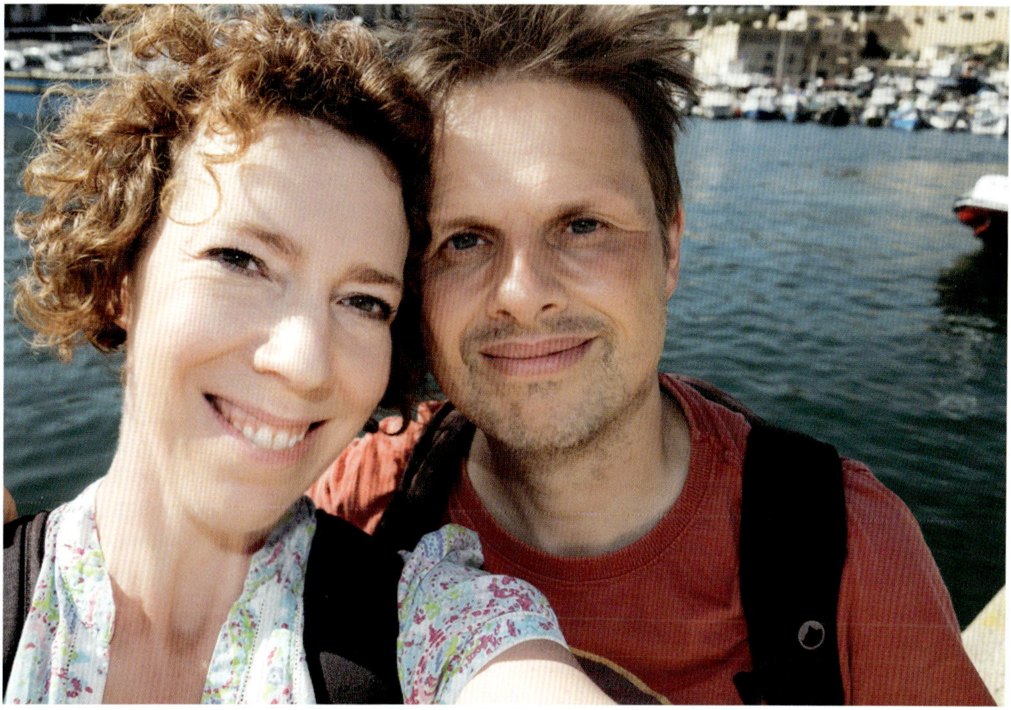

21 mm | f/7,1 | 1/210 Sek. | ISO 400 | Blitz

▲ *Selfies liefern schöne Erinnerungen an Erlebtes, hier unsere Ankunft mit der Fähre auf der Insel Gozo.*

Trotz des Klappdisplays ist es aber nicht möglich, sich selbst vor der Aufnahme im Monitor der X–T20 zu sehen. Mit der Gesichtserkennung lässt sich dennoch recht einfach ein nettes Selfie aufnehmen. Aktivieren Sie dazu einfach die Vorgabe *GESICHT EIN/AUGE AUTO*, wie im vorigen Abschnitt gezeigt, und halten Sie die Kamera auf sich selbst gerichtet möglichst weit von sich weg und lösen Sie das Bild aus. Nach ein paar Anläufen sollte es mit dem Selfie klappen.

Für schöne Selbstporträts aus größerer Distanz hat die X–T20 natürlich auch den klassischen Selbstauslöser an Bord. Am einfachsten funktioniert die Aufnahme mit mindestens einer weiteren Person im Foto. Dann können Sie die X–T20 auf einem Stativ befestigen oder auf einer geeigneten Unterlage positionieren und den Fokus bequem auf die zweite Person einstellen.

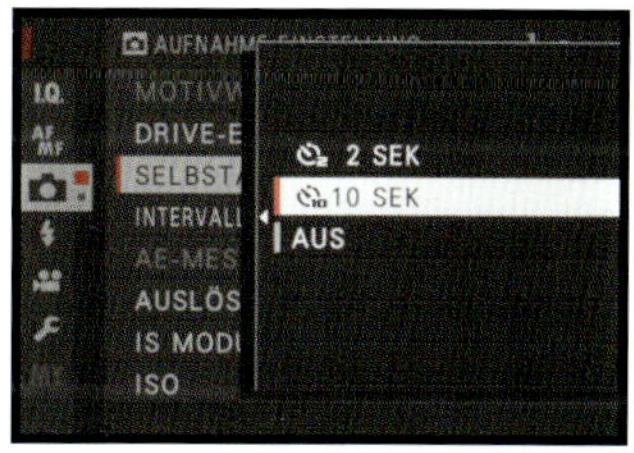

▲ *Aufnahmen per Selbstauslöser sind für Mode-Blogger eine gute Möglichkeit, die eigenen Kreationen im Internet zu präsentieren.*

Alternativ fokussieren Sie auf einen Gegenstand, der sich in der gleichen Entfernung befindet, in der Sie sich positionieren möchten. Oder Sie stellen manuell auf die geplante Entfernung scharf.

Den Selbstauslöser können Sie anschließend im Schnellmenü oder im Menü Aufnahme-Einstellung bei *SELBSTAUSLÖSER* aktivieren. Mit der Vorgabe *10 SEK* wartet die X–T20 nach dem Auslösen 10 Sekunden, bis das Bild aufgenommen wird.

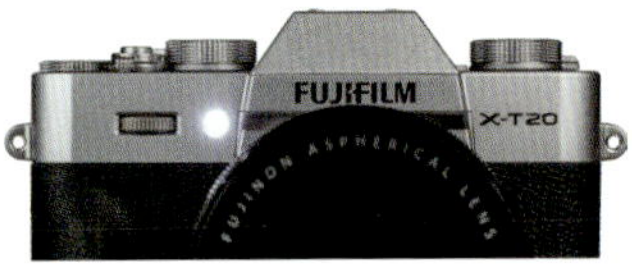

▲ *Selbstauslöserlampe der X–T20 in Aktion.*

Das Ablaufen der Zeit macht sie durch Leuchten der Selbstauslöser-Lampe und einen Signalton kenntlich, sofern die *SELBSTAUSL SIGNALTONLAUTST* im Menü Einrichtung */TON-EINSTELLUNG* nicht ausgeschaltet wurde. Fünf Sekunden vor der Aufnahme fängt die Lampe an zu blinken und drei Sekunden vor dem Auslösen ist der Signalton zu hören.

Die zweite Option, *2 SEK*, ist aufgrund der kurzen Wartezeit nicht unbedingt für Selbstporträts geeignet. Vielmehr können Sie diese Funktion verwenden, um verwacklungsfreie Aufnahmen vom Stativ aus anzufertigen. Denken Sie also eher bei Landschafts- oder Makroaufnahmen an diese Möglichkeit.

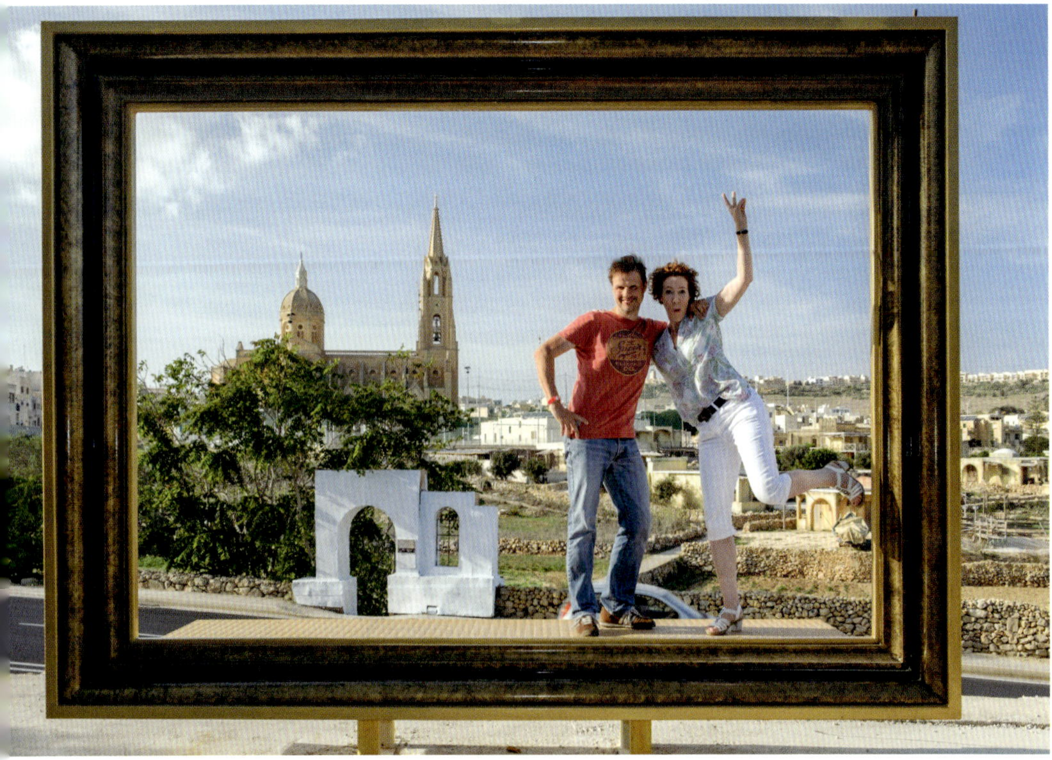

21 mm | f/8 | 1/140 Sek. | ISO 400 | Blitz

▲ *Selbstporträt mit dem 10-Sekunden-Selbstauslöser und etwas mehr Distanz zur Kamera.*

Schnellzugriff

Der Selbstauslöser wird automatisch deaktiviert, wenn die X–T20 in den Ruhezustand übergeht oder ausgeschaltet wird. Sollten Sie diese Funktion öfter benötigen, legen Sie sie zum Beispiel zuoberst in Ihrem individuellen Mein Menü ab (mehr dazu erfahren Sie ab Seite 269). Oder belegen Sie die Druckfunktion des hinteren Einstellrads mit der Option ***SELBSTAUSLÖSER*** (Menü Einrichtung /***TASTEN/RAD-EINSTELLUNG/EINST. TASTE Fn/AE-L/AF-L/R-DIAL***).

Präzise fokussieren mit dem manuellen Fokus

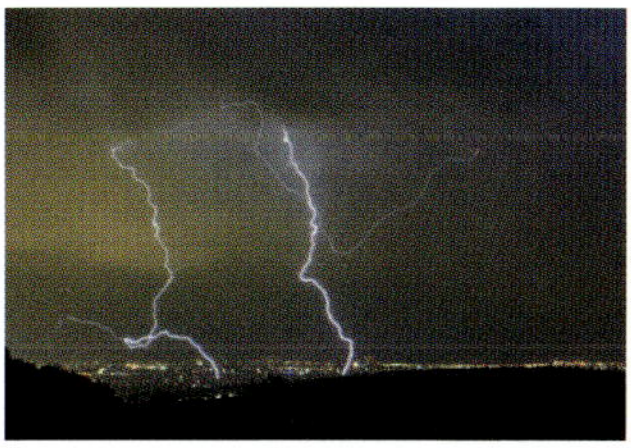

Die manuelle Fokussierung ist zwar nicht die schnellste Methode, dafür ist sie äußerst präzise und unabhängig von den Beschaffenheiten des Motivs. Sie wird daher immer dann zum Mittel der Wahl, wenn der Autofokus einfach keine oder nicht die gewünschte Schärfeebene finden kann.

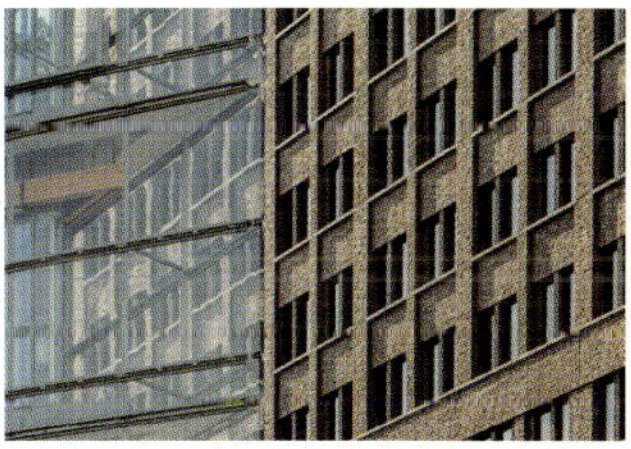

Es gibt zum Glück nicht viele Situationen, in denen der Autofokus überfordert ist:

- Motive bei sehr schwacher Beleuchtung und wenig Kontrast können den Autofokus aushebeln.
- Regelmäßige Muster, sich wiederholende Strukturen oder Spiegelungen auf Fenstern oder Lack können Autofokusprobleme hervorrufen.
- Strukturen im Vordergrund, wie Gräser, Äste oder Zoogitter, können den Autofokus ablenken.
- Bei der Makrofotografie ist es besonders wichtig, den richtigen Bildbereich scharf zu stellen. Das geht mit dem manuellen Fokus oft am besten.

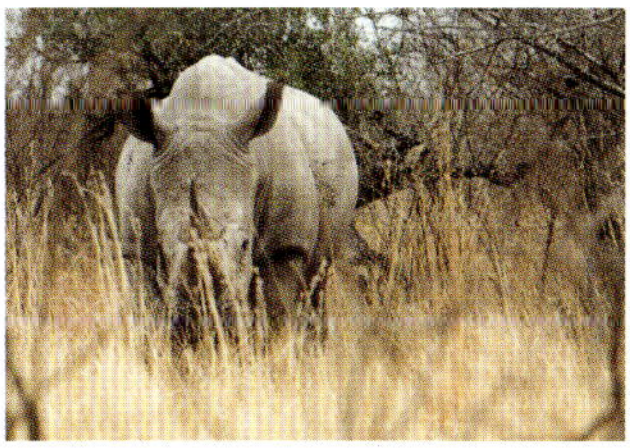

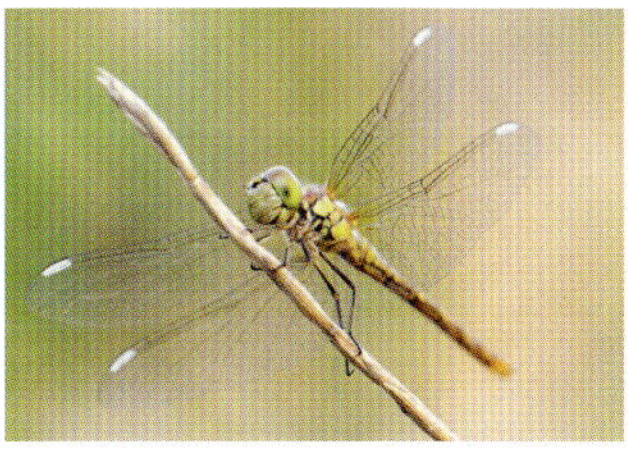

Die Aktivierung der manuellen Fokussierung MF erfolgt über den Fokusmodusschalter auf der Vorderseite der X–T20. Anschließend können Sie Ihr Motiv mit dem Fokus- bzw. Scharfstellring des Objektivs fokussieren. Nach links gedreht stellen Sie auf kurze Entfernungen scharf und nach rechts gedreht auf weite. Wenn Sie die Richtung umdrehen möchten, wählen Sie im Menü Einrichtung /*TASTEN/RAD-EINSTELLUNG/FOKUSRING* die Option *GEG. UHRZ.SINN*.

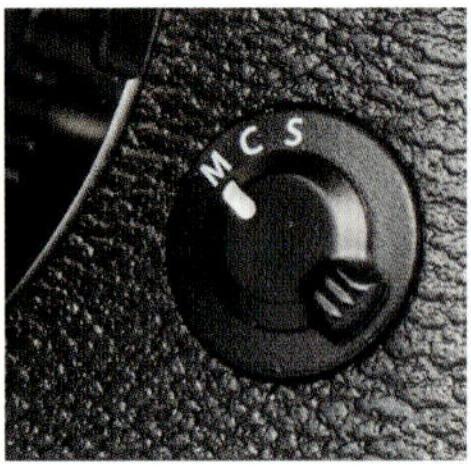

▲ *Einschalten der manuellen Fokussierung.*

Anhand der MF-Abstandsanzeige ❶ lässt sich die Distanz ❸ zwischen Fokusebene und X–T20 recht gut ablesen (weiße Strichmarkierung) und man sieht auch gleich, in welche Richtung sich die Einstellung beim Drehen am Scharfstellring ändert. Außerdem wird die zu erwartende Schärfentiefe mit dunkelblauen Balken simuliert.

Die Entfernung ist hierbei standardmäßig in ***METER*** angegeben, kann aber auch auf das angloamerikanische System mit der Maßeinheit ***FUSS*** umgestellt werden. Navigieren Sie dazu im Menü Einrichtung /***DISPLAY-EINSTELLUNG*** zum Eintrag ***FOKUS MASSEINHEIT***.

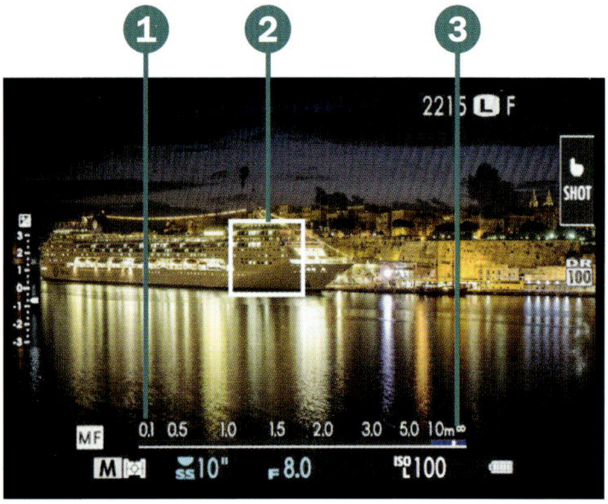

▲ *Einschalten der manuellen Fokussierung.*

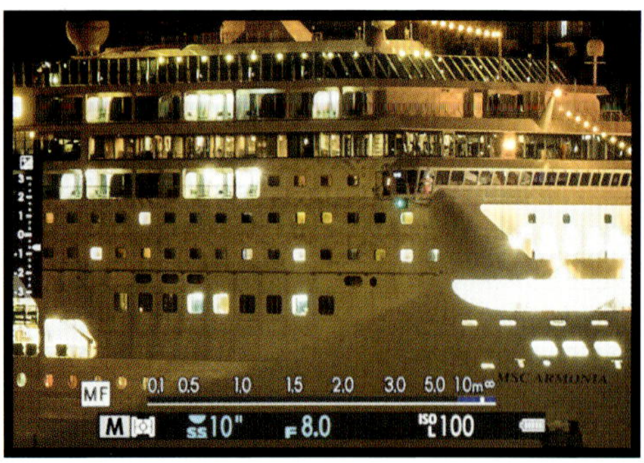

▲ *Fokuskontrolle mit 6-facher Vergrößerung des Fokussierbereichs.*

Wenn Sie die Abstandsanzeige insgesamt eher als störend empfinden, weil Sie zu viel vom Motiv verdeckt, schalten Sie mit der DISP/BACK-Taste auf die Anzeige ohne Aufnahmeinformationen um, oder deaktivieren Sie die ***MF-ABSTANDSANZEIGE*** über das Menü Einrichtung /***DISPLAY-EINSTELLUNG/DISPLAY EINSTELL.*** ganz.

Im Rahmen der manuellen Fokussierung bietet die X–T20 weitere Unterstützungsfunktionen an, die beim Auffinden der richtigen Schärfeebene behilflich sein können. Dazu zählt die sogenannte ***FOKUSKONTROLLE***. Wird diese Funktion im Menü AF/MF-Einstellung aktiviert, vergrößert die X–T20 den ausgewählten Fokussierbereich automatisch, sobald Sie am Scharfstellring drehen.

Bei dem ausgewählten Fokussierbereich handelt es sich um den Bildausschnitt, der sich innerhalb des weißen Rahmens ❷ befindet und den Sie mit dem Fokushebel im Bildausschnitt verschieben können. Durch Drehen am hinteren Einstellrad lässt sich die Vergrößerungsstufe einstellen, entweder 2,4× oder 6×. Wenn Sie diese automatische Bildvergrößerung nicht nutzen möchten, schalten Sie die Fokuskontrolle aus. Durch Drücken des hinteren Einstellrads lässt sich das Livebild dann trotzdem noch vergrößern, und zwar mit dem Fokuszoom, aber eben nur, wenn Sie das wünschen (siehe dazu auch Seite 46).

Fokuskontrolle mit dem MF-ASSISTENT

Zwei weitere Hilfen bietet der *MF-ASSISTENT* im Menü AF/MF-Einstellung AF/MF. Mit der Vorgabe *FOCUS PEAKING* können Sie sich alle scharfen Motivkonturen farbig hervorheben lassen. Diese Funktion wird bei der X-T20 stellenweise auch mit *MAX. GLANZLICHT FOKUS* bezeichnet. Achten Sie darauf, dass die farbigen Linien genau an den Kanten leuchten, die sich im Bereich des scharf zu stellenden Motivareals befinden, hier die Gitarrensaiten. Die Farbe und die Stärke der Hervorhebung kann hierbei gut auf das Motiv abgestimmt werden. Uns gefallen in vielen Situationen die kräftigen roten Kanten der Einstellung *ROT (HOCH)* gut, es sei denn, es handelt sich um eine rote Blüte, dann wären die Vorgaben *BLAU (HOCH)* oder *WEISS (HOCH)* besser geeignet.

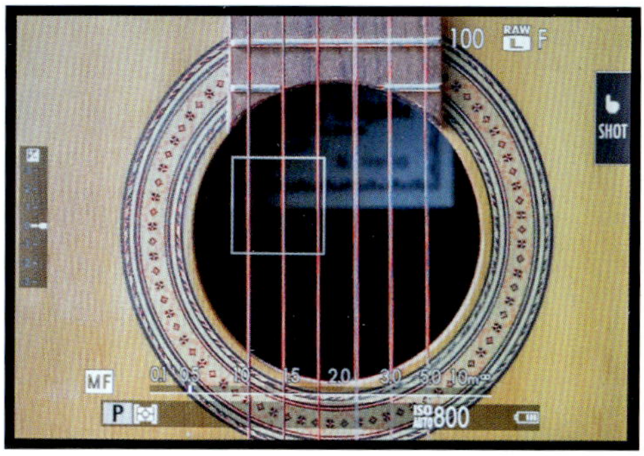

▲ *Fokuskontrolle mit rot hervorgehobenen Kanten des FOCUS PEAKING.*

Mit der Vorgabe *DIGITALES SCHNITTBILD* wird die Bildmitte abgedunkelt (Option *FARBE*) oder in Schwarzweiß dargestellt (Option *SW*). Dieser Bereich wird wiederum in vier Teile geteilt. Durch Drehen am Scharfstellring müssen diese vier Schnittbilder zur Deckung gebracht werden. Allerdings sind die Schnittbilder äußerst schwach voneinander abgehoben, sodass sie teilweise kaum zu unterscheiden sind. In der Praxis haben wir persönlich diese Funktion daher äußerst selten eingesetzt. Am ehesten eignet sie sich, wenn das Motiv gerade Linien besitzt, dann sind die Verschiebungen der Schnittbildbalken noch am besten zu erkennen.

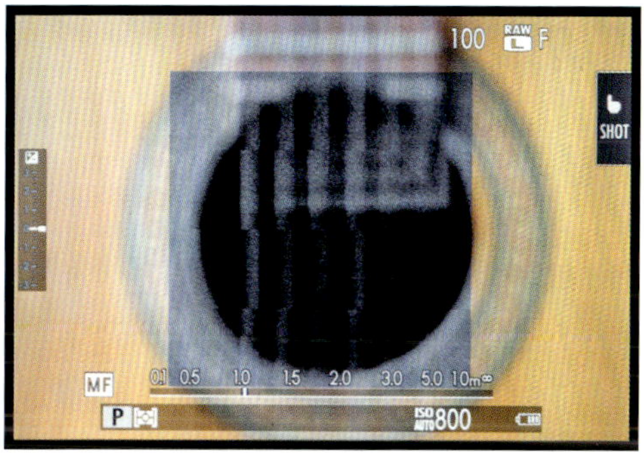

▲ *MF-Assistent mit digitalem Schnittbild. Die unscharfen Gitarrensaiten sind im Schnittbild gegeneinander verschoben.*

Übrigens, wenn Sie in der Aufnahmesituation schnell die verschiedenen MF-Assistenzvorgaben durchgehen möchten, drücken Sie das hintere Einstellrad herunter und halten es etwa zwei Sekunden gedrückt, bis der Schriftzug der jeweiligen MF-Assistenzvorgabe im Monitor oder Sucher erscheint.

Den Sofort-AF kombinieren

Bei der rein manuellen Schärfefindung muss es im Modus MF nicht bleiben, denn mit der Taste AF-L können Sie temporär auch per Autofokus scharf stellen. Das ist beispielsweise bei Makroaufnahmen äußerst praktisch, um die Schärfe schnell auf die ungefähre Distanz einzustellen und den Feinschliff dann mit dem Fokusring vorzunehmen. Welcher Fokusmodus hierbei zum Einsatz kommt, der Einzel-AF (AF-S) oder der kontinuierliche AF (AF-C), legen Sie im Menü AF/MF-Einstellung AF/MF bei ***EINST. SOFORT-AF*** fest.

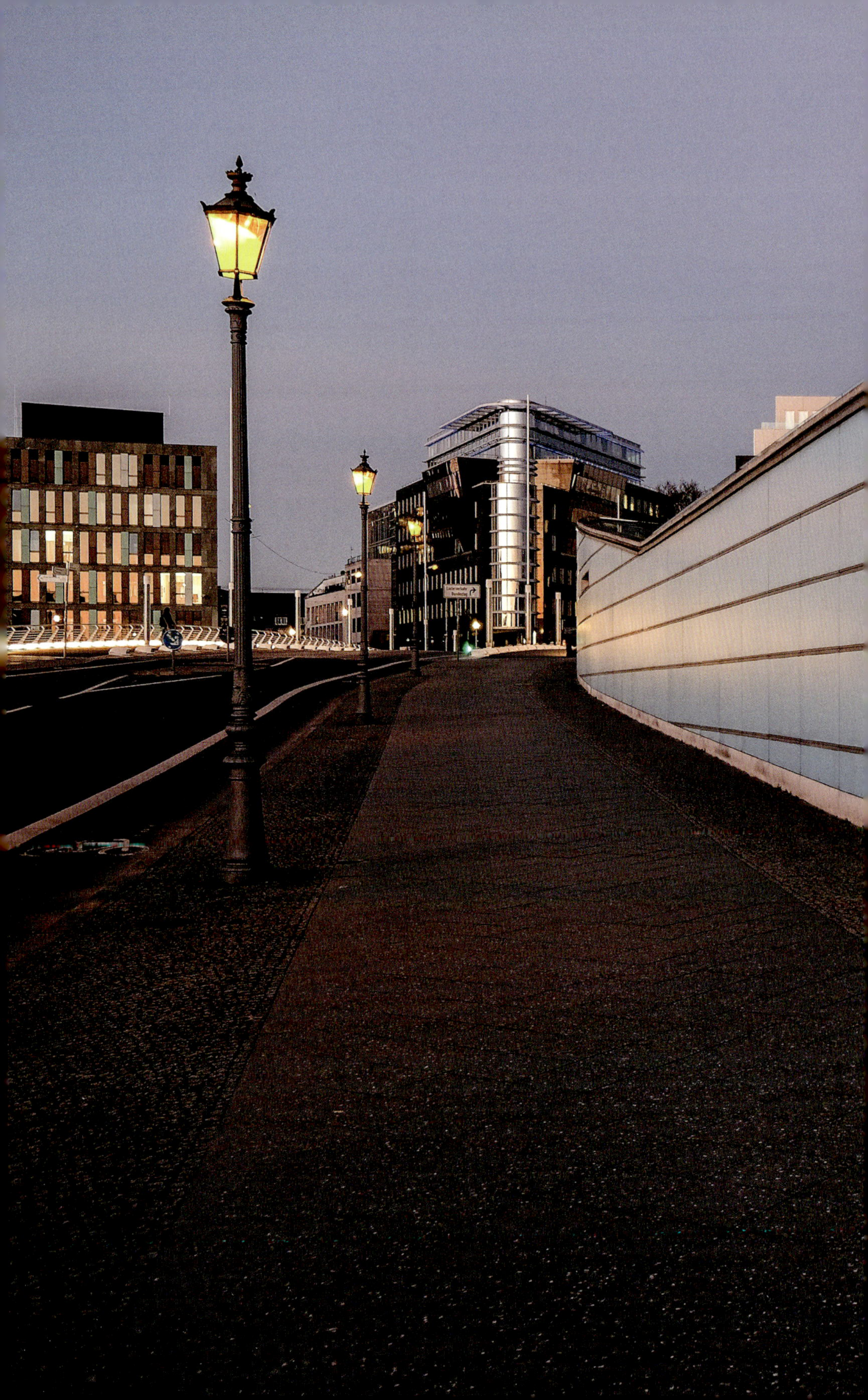

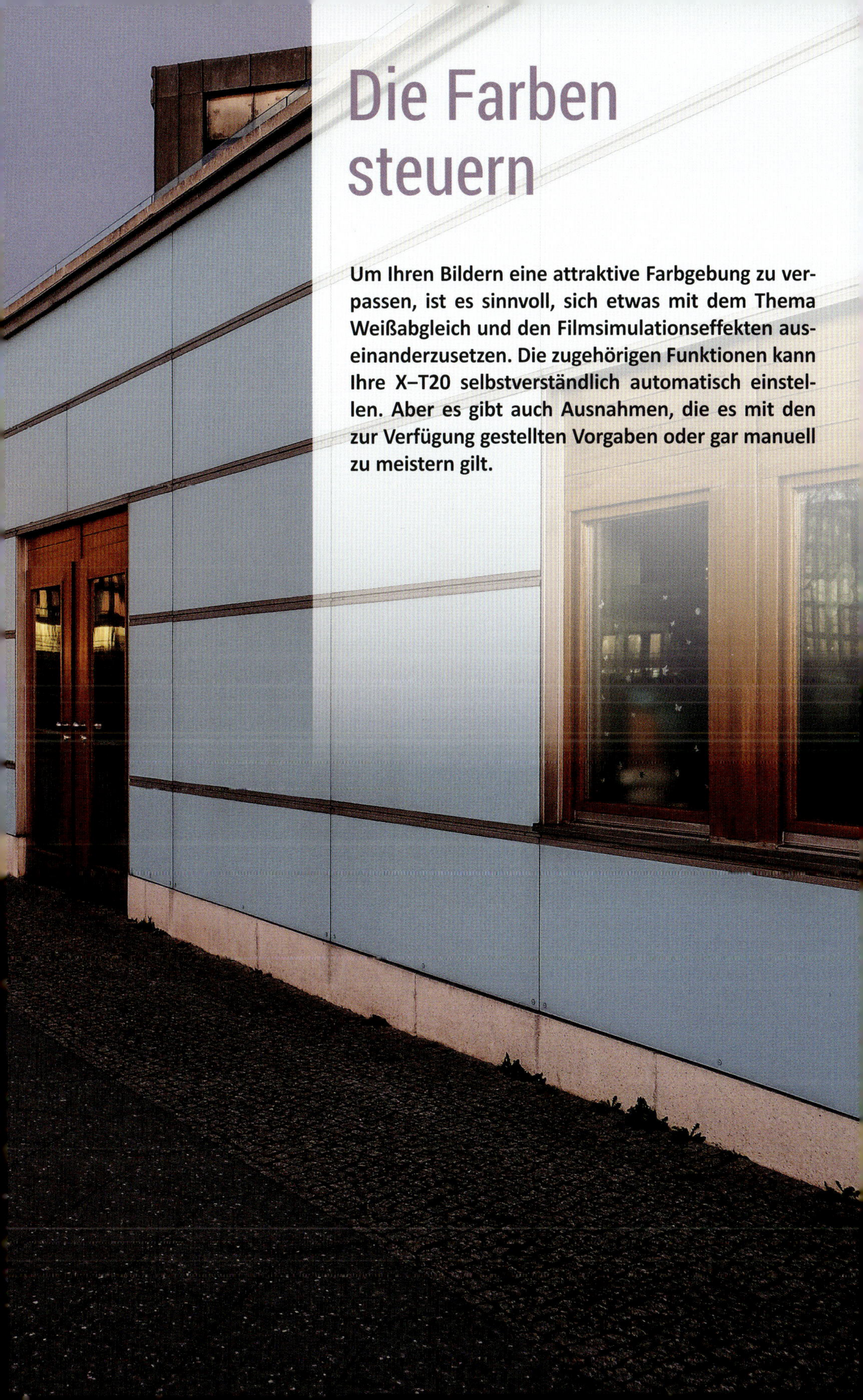

Die Farben steuern

Um Ihren Bildern eine attraktive Farbgebung zu verpassen, ist es sinnvoll, sich etwas mit dem Thema Weißabgleich und den Filmsimulationseffekten auseinanderzusetzen. Die zugehörigen Funktionen kann Ihre X-T20 selbstverständlich automatisch einstellen. Aber es gibt auch Ausnahmen, die es mit den zur Verfügung gestellten Vorgaben oder gar manuell zu meistern gilt.

6.1 Farbkontrolle per Weißabgleich

Sonnenlicht oder künstliche Lichtquellen lösen aufgrund ihrer unterschiedlichen Lichtfarben Stimmungen in uns aus. So empfinden wir das Licht der Dämmerung als angenehm warm und Neonbeleuchtung eher als kühl und ungemütlich.

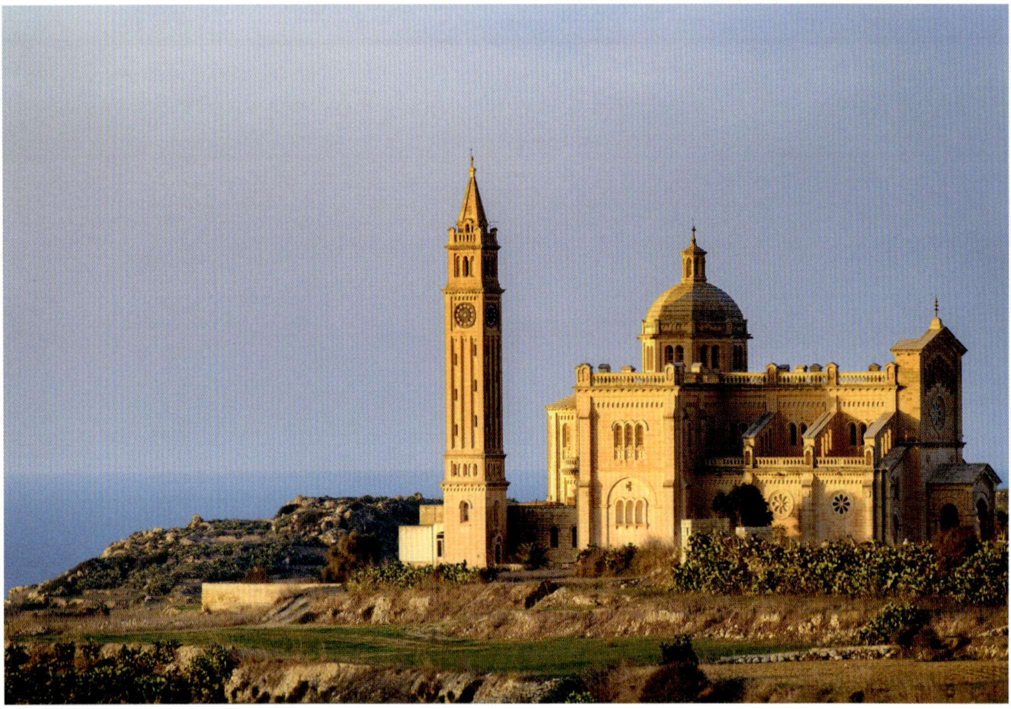

140 mm | f/5,6 | 1/200 Sek. | ISO 200

▲ *Das kräftig gelbe Licht der tiefstehenden Sonne wurde von der X–T20 in realitätsgetreuen Farben dargestellt.*

Da die X–T20 dieses Farbgefühl nicht hat, muss ihr der Lichtcharakter mitgeteilt werden, sonst entstünden Farbstiche im Bild. An dieser Stelle kommt der *Weißabgleich* ins Spiel. Er sorgt dafür, dass die Kamera erfährt, welche Lichtart sie vor sich hat, indem ihr die Farbtemperatur über den Kelvin-Wert mitgeteilt wird. Stimmen Weißabgleich und Lichtquelle gut überein, werden neutrale Farben wie Weiß oder Grau unter der jeweiligen Lichtquelle auch im Bild neutral wiedergegeben.

Mit der Weißabgleichautomatik *AUTO* hat die X–T20 praktischer Weise eine gut funktionierende Automatik an Bord, die Sie in den allermeisten Situationen nicht im Stich lässt.

Vor allem bei Außenaufnahmen unter natürlicher Beleuchtung analysiert der AWB die Zusammensetzung des Lichts recht zuverlässig, sodass Sie in den meisten Fällen ein Bild mit korrekter Farbgebung erhalten werden. Selbst bei der farbenfrohen Beleuchtung zur Dämmerungszeit oder bei Motiven kurz nach Sonnenuntergang (blaue Stunde) und in der Nacht landen die Fotos und Videos mit adäquater Farbgebung auf dem Sensor.

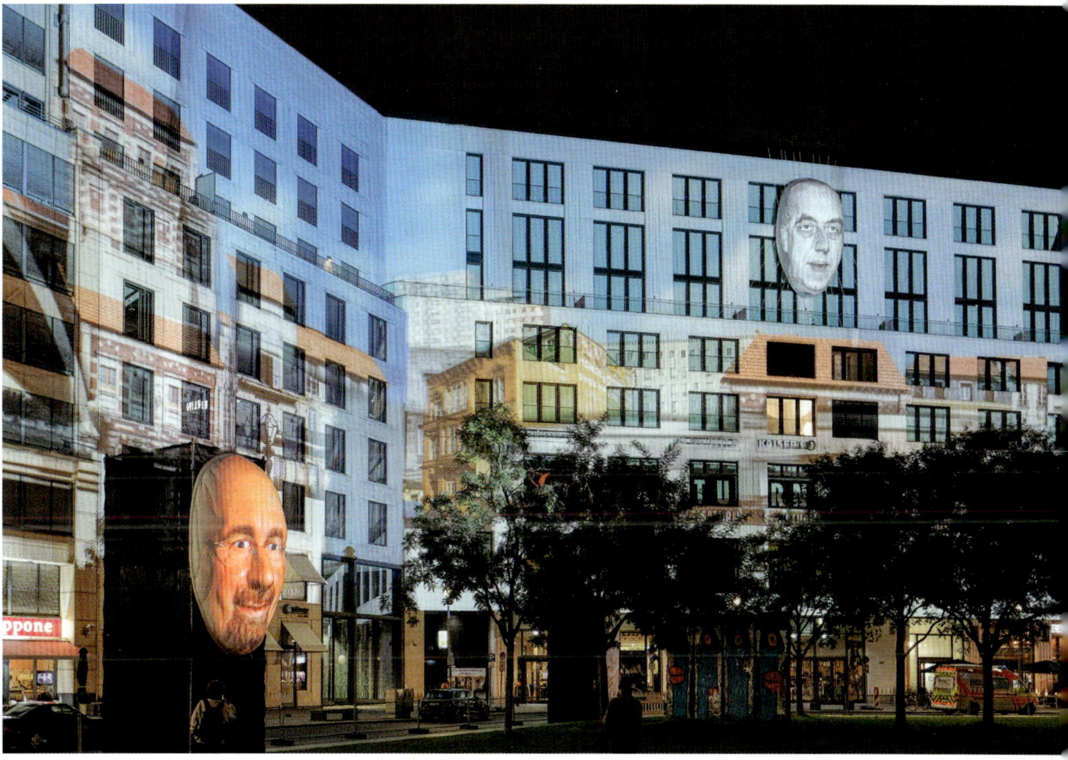

21,4 mm | f/5 | 0,8 Sek. | ISO 200

▲ *Auch bei Nachtaufnahmen interpretiert die X-T20 die Farben meist sehr gut, sodass mit einer farbgetreuen Darstellung der Szene gerechnet werden kann.*

Mischen sich hingegen verschiedene Lichtquellen, zum Beispiel Tageslicht und Kunstlicht, kann es zu Farbstichen kommen. Das Tageslicht wirkt dann zu blau oder das Kunstlicht zu gelb. Auch bei Aufnahmen im Schatten kann der automatische Weißabgleich Probleme bekommen. Die Farben haben dann häufig einen zu hohen Blauanteil. Aber mit den Weißabgleich-Vorgaben, die wir Ihnen auf den folgenden Seiten vorstellen, können Sie gut dagegen ansteuern.

6.2 Die Bildfarben an die Situation anpassen

In Situationen, in denen der automatische Weißabgleich nicht das optimale Resultat liefert, können Sie mit einem festgelegen Weißabgleich fotografieren.

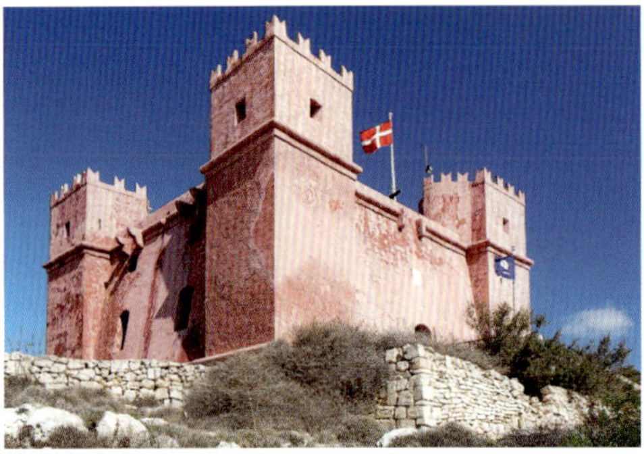

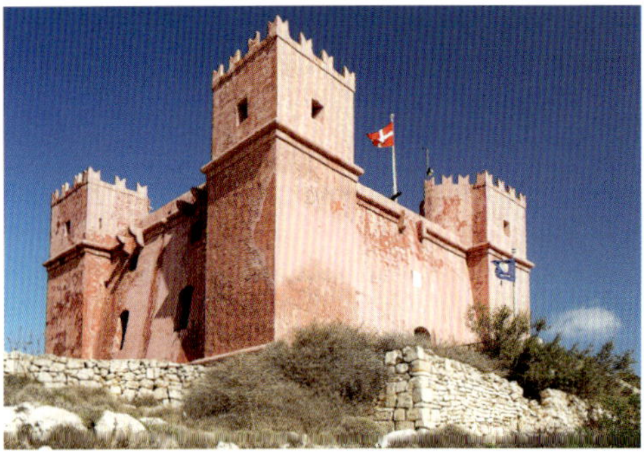

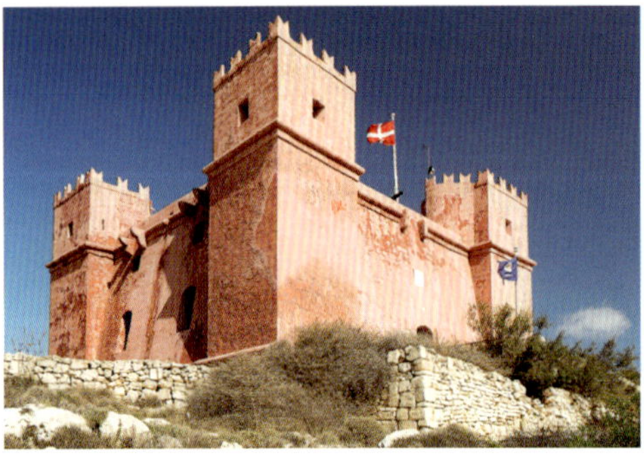

21,4 mm | f/5,6 | 1/350 Sek. | ISO 200

▲ *Von Tageslicht (oben) über die selbst gewählte Farbteperatur von 5600 Kelvin (Mitte) bis hin zu Bewölkt (unten) nehmen die Gelbanteile im Bild zu. Hier stimmt das mittlere Ergebnis am besten mit der realen Aufnahmesituation überein.*

Vorgaben für natürliches Licht

Im prallen Sonnenlicht liefert die Vorgabe *Tageslicht* ☀ (circa 5000 Kelvin) klare Farben, die manchmal aber auch ein wenig kühl wirken. Dafür kommt das Himmelsblau sehr gut zur Geltung. Die Vorgabe *Bewölkt* ⛅ (circa 6000 Kelvin) erzeugt dagegen Bilder mit einem deutlich erhöhten Gelbanteil, der bei einer sonnigen Szene oft einen zu starken Farbstich hervorruft, für Motive im Schatten aber gut geeignet ist.

Uns persönlich fehlte an der X–T20 eine Vorgabe, die farblich zwischen Tageslicht und Bewölkt lag, um sonnigen Szenen eine nur leicht wärmere Wirkung zu verleihen. Also haben wir uns einfach schnell einen eigenen Weißabgleich erstellt, indem wir die Vorgabe *Farbtemperatur* **K** wählten und einen Kelvinwert von 5600 vorgaben. Damit ließ sich der sommerliche Charakter der Szene mit minimal wärmeren Farben gestalten. Die Vorgabe wäre beispielsweise auch bei Sonnenuntergängen geeignet. Auch wenn Sie im RAW-Format fotografieren und nicht ständig zwischen den Weißabgleichvorgaben hin und herwechseln möchten, können Sie diese Vorgabe für alle Arten von Tageslicht und auch Mischungen aus Blitz- und Tageslicht verwenden. Sie gibt den Bildern aus der X–T20 in der Regel eine gute Farbgrundlage mit auf den Weg, die situationsabhängig per RAW-Konverter mit oder ohne Graukarte nur noch leicht angepasst werden muss.

Achten Sie generell darauf, dass die Gelbanteile nicht zu sehr intensiviert werden und die Haut, weiße Wolken oder andere Motivbereiche dadurch vergilbt aussehen. Probieren Sie im Zweifelsfall die verschiedenen Vorgaben aus, oder verwenden Sie das RAW-Format und stellen Sie den Weißabgleich bei der Konvertierung wie gewünscht ein.

Trotz der Flexibilität des RAW-Aufnahmformats ist es aber günstig, den Weißabgleich beim Fotografieren schon weitestgehend korrekt einzustellen, damit die Bildqualität nicht durch die spätere Farbverschiebung leidet. Es kann nämlich durchaus vorkommen, dass bei extremen Korrekturen das Bildrauschen stark zunimmt.

Vorgaben für künstliches Licht

Im Fall künstlicher Lichtquellen hängt der benötigte Weißabgleich von dem Material ab, das zur Lichterzeugung eingesetzt wird. Künstliche Lichtquellen besitzen etwa die in der Tabelle aufgelisteten Kelvin-Werte.

Künstliche Lichtquellen	Farbtemperatur
Kerze	1.500–2.000 K
Glühbirne 40 W	2.680 K
Glühbirne 100 W	2.800 K
Energiesparlampe Extra Warmweiß	2.700 K
Energiesparlampe Warmweiß	2.700–3.300 K
Energiesparlampe Neutralweiß	3.300–5.300 K
Energiesparlampe Tageslichtweiß	5.300–6.500 K
Halogenlampe	3.200 K
Leuchtstoffröhre (kaltweiß)	4.000 K
Blitzlicht	5.500–6.000 K

▲ *Farbtemperatur künstlicher Lichtquellen*

Für Motive, die überwiegend mit Kunstlicht aus Glühlampen oder Leuchtstofflampen einer vergleichbaren Lichtfarbe beleuchtet werden, hat die X-T20 die Vorgabe ***Glühlampenlicht*** an Bord. Im Falle einer Beleuchtung mit Leuchtstofflampen sind drei Vorgaben wählbar: ***Neon-***

licht 1 für Tageslicht-Leuchtstofflampen, *Neonlicht 2* für warmweiße und *Neonlicht 3* für kaltweiße Leuchtstofflampen.

Glühlampenlicht

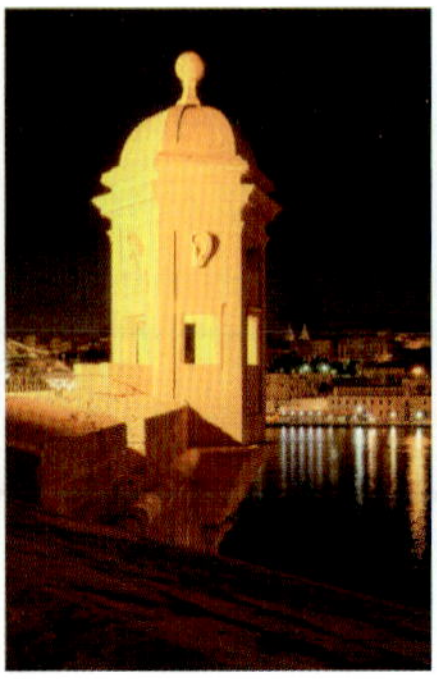

Neonlicht 1

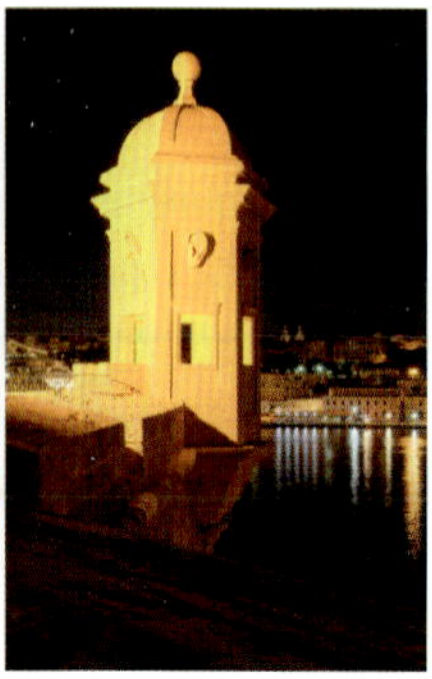

Neonlicht 2

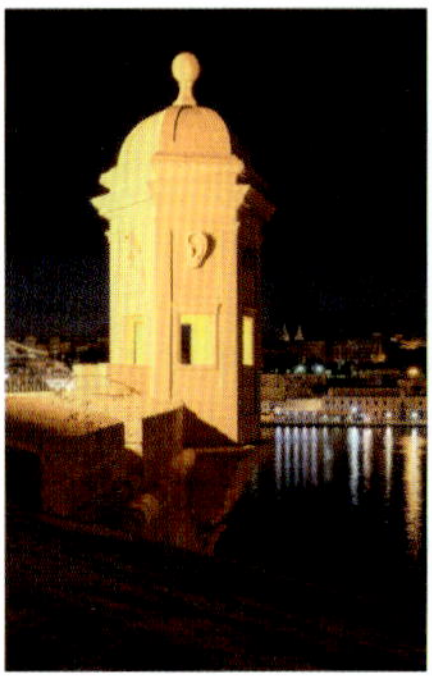

Neonlicht 3

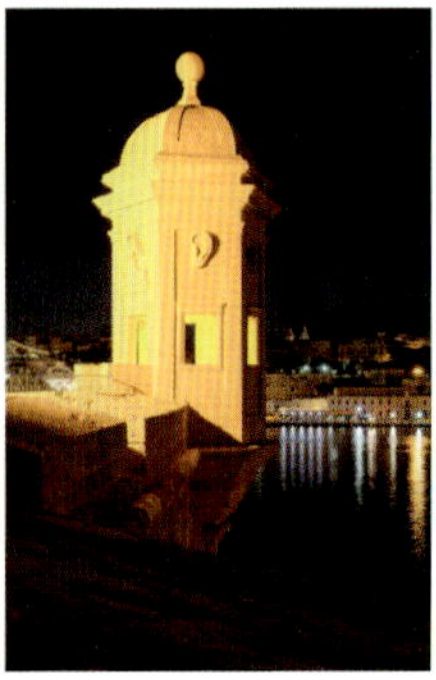

Neonlicht 2 mit Feinabstimmung R: –3, B: 6

Alle Bilder: 28,9 mm |f/9 | 1,6 Sek. | ISO 800

Im Fall des nächtlich beleuchteten Erkers lieferten aber alle Vorgaben für künstliche Lichtquellen nicht das gewünschte Farbergebnis. Mit der Einstellung auf Glühlampenlicht ist das Motiv zu kühl interpretiert worden und die Neonlicht-Vorgaben erzeugten einen mehr oder weniger starken Rotstich. Das Bild mit der Vorgabe Neonlicht 2 lieferte uns jedoch eine gute Basis für die fünfte Aufnahme, bei der wir die Farben mit der ab Seite 131 beschriebenen Weißabgleich-Feinabstimmung an die reale Situation anpassen konnten.

Sollten Sie gerne Fische und andere Motive fotografieren, die sich im Aquarium oder in freier Natur unter Wasser aufhalten, wird die etwas speziellere Weißabgleichvorgabe *Tauchen* interessant. Damit filtert die X–T20 insbesondere die Blautöne stärker heraus.

Weißabgleicheinstellungen

Die Einstellung des Weißabgleichs lässt sich bei der X–T20 flink über das Schnellmenü **Q** oder das Menü Bildqualitäts-Einstellung I.Q./*WEISSABGLEICH* erledigen. Möchten Sie die Vorgabe Farbtemperatur **K** verwenden, um mit einem selbst gewählten Kelvinwert zu fotografieren, wählen Sie den Menüweg. Drücken Sie nach Auswahl der Vorgabe *FARBTEMPERATUR* die rechte Auswahltaste ▶ und steuern Sie dann nach unten oder oben ▲▼ auf den Kelvinwert Ihrer Wahl.

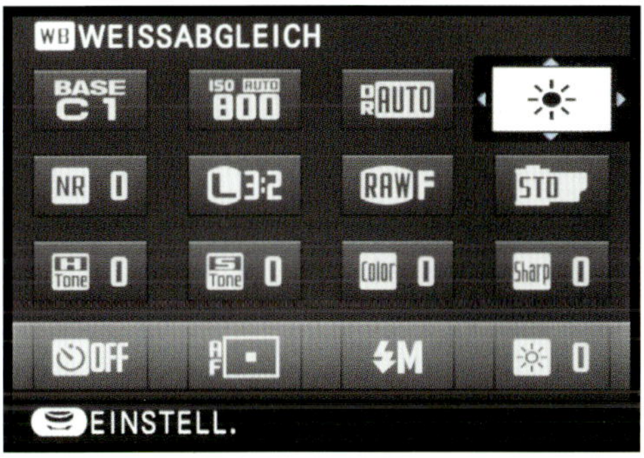

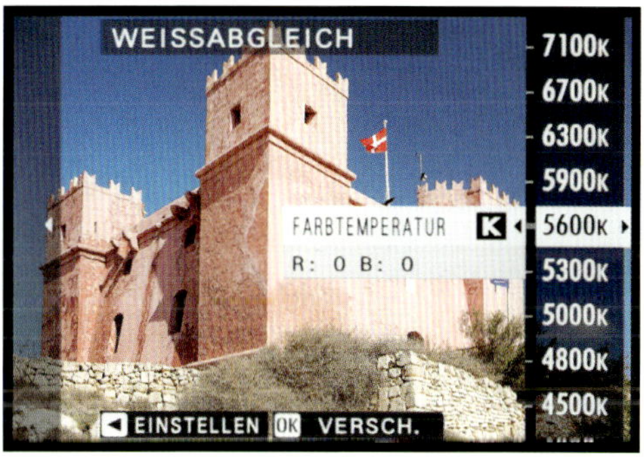

▲ *Links: Einstellung des Weißabgleichs im Schnellmenü. Rechts: Auswahl der FARBTEMPERATUR mit dem Kelvinwert 5600K über das Kameramenü.*

Den Weißabgleich feinabstimmen

Farbstichen, die beispielsweise entstehen, wenn die Weißabgleichvorgabe den Farbton des Leuchtmittels nicht richtig interpretiert, können Sie mit der Weißabgleich-Feinabstimmung entgegensteuern.

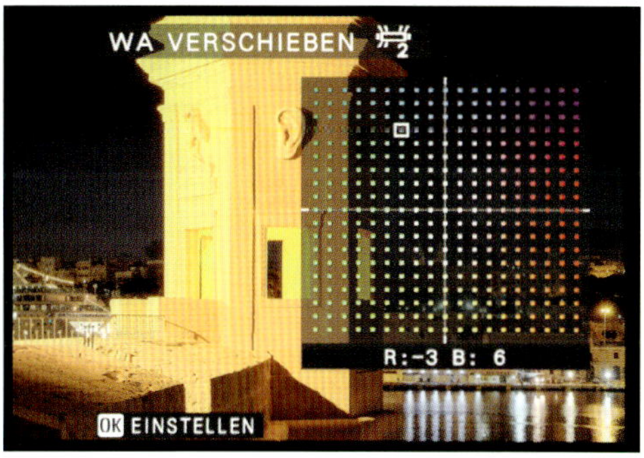

▲ *Die Vorgabe NEONLICHT 2 mit der Weißfeinabstimmung R: –3, B: 6.*

Dazu wählen Sie die gewünschte Weißabgleichvorgabe im Menü Bildqualitäts-Einstellung I.Q./*WEISSABGLEICH* aus. Drücken Sie dann gleich die rechte Auswahltaste ▶ oder die MENU/OK-Taste. Anschließend können Sie den kleinen weißen Cursor mit den Auswahltasten ▲▼◀▶ in die dem Farbstich entgegengesetzte Farbrichtung verschieben. Bei dem Erker von Seite 130 haben wir auf

Basis der Vorgabe NEONLICHT 2 eine Verschiebung weg von Rot/Gelb (R) in Richtung Blau/Grün (B) vorgenommen. Damit ließ sich der leichte Rotstich aus dem Bild entfernen und die Beleuchtung entsprach wieder der realen Situation.

Denken Sie daran, die Feinabstimmung nach der Aufnahme wieder zurückzustellen, um bei anderen Motiven keine unbeabsichtigten Farbverschiebungen zu riskieren. Übrigens, mit einer solchen Weißabgleichkorrektur können Sie auch absichtliche Farbstiche erzeugen und beispielsweise einen Sonnenuntergang eher rot-violett als gelb-blau darstellen. Probieren Sie's mal aus.

Automatische Weißabgleichreihe programmieren

Eine weitere Möglichkeit, die Farben um Nuancen zu variieren und sich aus den Bildern später das farbrealistischste auszuwählen, besteht in der automatischen Weißabgleichreihe. Damit zeichnet die X–T20 drei Bilder auf: eines mit der aktuell eingestellten Weißabgleichvorgabe, eines mit einer Feinabstimmung in Richtung Blau/Grün und eines mit einer Feinabstimmung in Richtung Rot/Gelb.

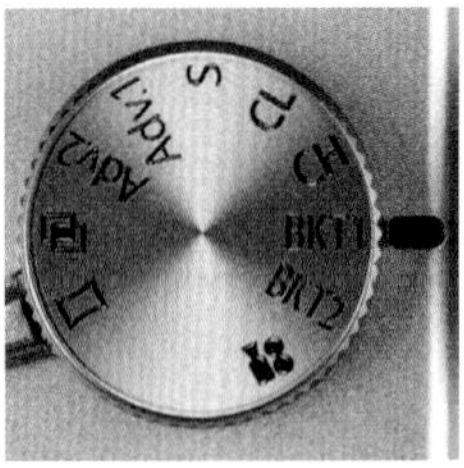

▲ *Aufnahmebetriebsart BKT 1 oder BKT 2 einstellen.*

Um die Belichtungsreihe zu nutzen, drehen Sie das Einstellrad für die Aufnahmebetriebsart auf *BKT1* oder *BKT2* (bracketing, Belichtungsreihe). Beide Programmplätze bieten die gleichen Funktionen, ermöglichen es aber, zwei BKT-Funktionen anzulegen und diese per Wahlrad schnell verfügbar zu haben.

Drücken Sie dann die Fn1-Taste auf der Oberseite der X–T20. Navigieren Sie nach links ◀ und wählen Sie die Vorgabe *WEISSAB. BKT* WB aus. Gehen Sie danach nach rechts ▶ und legen Sie die Stärke der Abstufung fest, *± 1*, *± 2* oder *± 3*. Navigieren Sie anschließend nach links ◀ und oben ▲ zu *BKT AUSWAHL*, steuern weiter nach rechts und wählen die Vorgabe *WEISSAB. BKT* WB aus. Nachdem Sie das Menü verlassen haben, nimmt die X–T20 mit jedem Auslösen drei Bilder mit Farbvariation auf. Aber Achtung, das RAW-Format wird bei der automatischen Weißabgleichreihe deaktiviert, erkennbar am gelben Schriftzug →*FINE*. Alternativ finden Sie die Reihenfunktionen auch im Menü Aufnahme-Einstellung 📷/*DRIVE-EINSTELLUNG/ BKT1-EINSTELLUNG* oder *BKT2-EINSTELLUNG*.

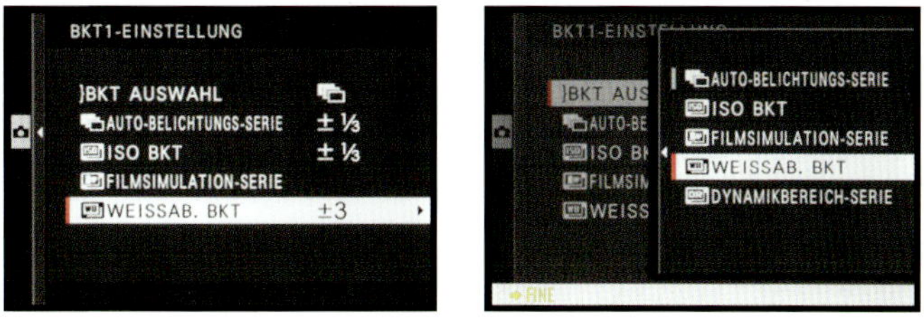

▲ *Einstellen der Abstufungshöhe (links) und Aktivieren der automatischen Weißabgleichreihe (rechts).*

6.3 Top Ergebnisse mit dem manuellen Weißabgleich

Nicht immer treffen die Weißabgleichautomatik oder eine der anderen Vorgaben die Bildfarben richtig, was beispielsweise passieren kann, wenn künstliche Lichtquellen und Tageslicht zusammentreffen (Mischlicht), oder häufig auch, wenn die Motive im Schatten liegen oder bei bedecktem Himmel aufgenommen werden. Die Ergebnisse sehen dann mehr oder weniger farbstichig aus oder die Farben wirken etwas zu bläulich und kühl. Vergleichen Sie dazu einmal die beiden Kakteenbilder.

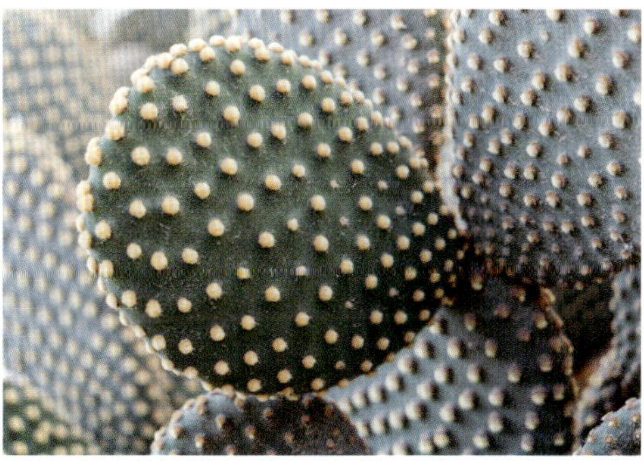

55 mm | f/4 | 1/60 Sek. | ISO 320

▲ *Automatischer Weißabgleich.*

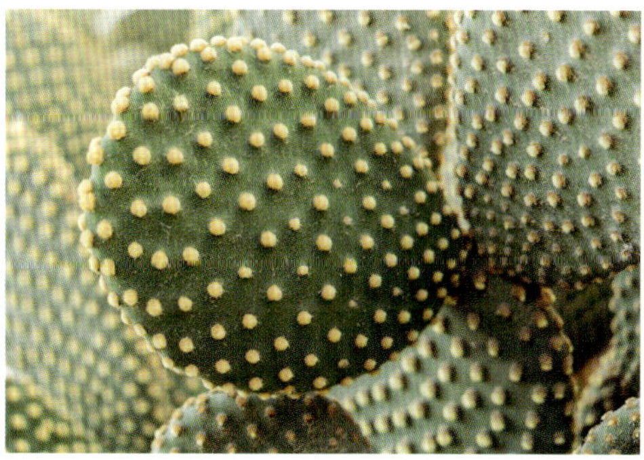

55 mm | f/4 | 1/60 Sek. | ISO 320

▲ *Manueller Weißabgleich.*

Wenn es also um die farbgenaue Wiedergabe einer Szene, eines Produktes oder zum Beispiel auch einer Reprofotografie geht, ist es sinnvoll, den manuellen Weißabgleich durchzuführen. Dazu bietet Ihnen die X–T20 zwei Möglichkeiten:

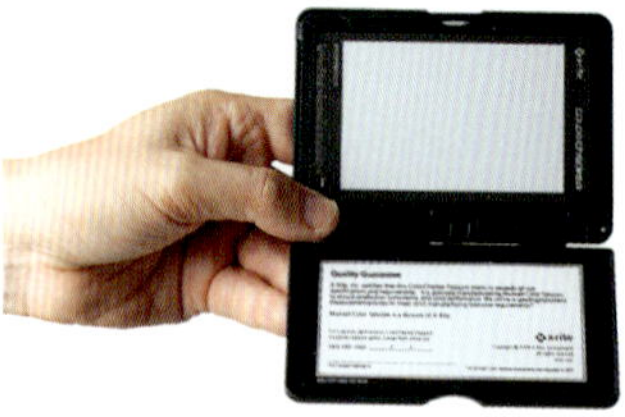

▲ *Graukarte des ColorChecker von x-rite.*

- Entweder Sie verwenden ein weißes Objekt, ein Blatt Papier oder ein Taschentuch. Allerdings besitzen solche Objekte meist Aufheller, die die Messung des Weißabgleichs verfälschen können.
- Oder Sie setzen eine Graukarte ein, wie zum Beispiel den ColorChecker von X-Rite, die Digital Grey Kard DGK-2 oder die Kontrollkarte Grau/Weiß (ZEBRA) von Novoflex.

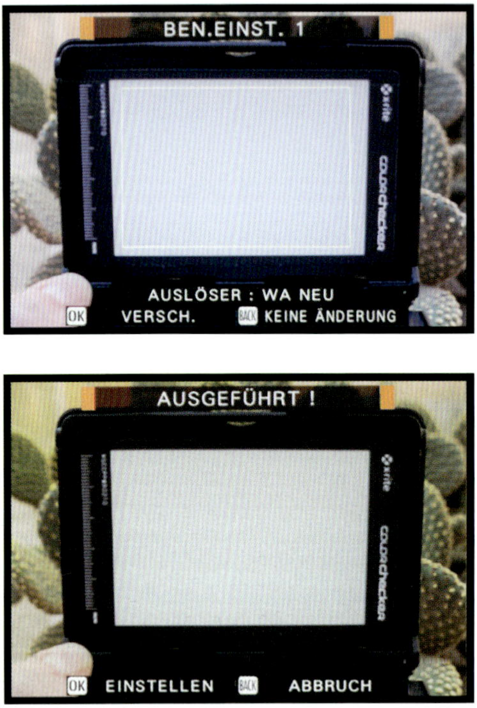

▲ *Aus dem blauen Farbstich (oben) wird eine neutralgraue Fläche (unten). Der manuelle Weißabgleich hat die Farbgebung somit auf die Lichtquelle abgestimmt.*

Der manuelle Weißabgleich steht Ihnen in allen Aufnahmeprogrammen zur Verfügung. Um ihn anzuwenden, wählen Sie im Menü Bildqualitäts-Einstellung I.Q. bei *WEISSABGLEICH* einen der drei freien Speicherplätze *BENUTZERDEFINIERT* aus. Navigieren Sie dann mit der rechten Auswahltaste ▶ weiter und richten Sie die X–T20 so auf das weiße Objekt oder die Graukarte, dass der eingeblendete Rahmen vom Weiß bzw. Grau gefüllt ist. Drücken Sie den Auslöser nun einmal ganz herunter. Die Bildfarben werden angepasst und der Schriftzug *AUSGEFÜHRT !* erscheint. Bestätigen Sie die Einstellung mit der MENU/OK-Taste. Danach können Sie Ihr Bild direkt mit den neuen Einstellungen aufnehmen. Sollte der Hinweis *UNTERBELICHTET* oder *ÜBERBELICHTET* auftauchen, korrigieren Sie die Helligkeit der zu messenden Graukarte mit einer Belichtungskorrektur.

Bilder, die Sie anschließend mit dem manuellen Weißabgleich aufnehmen, sollten farblich nun besser mit der realen Situation übereinstimmen, und natürlich werden auch alle anderen Bilder, die Sie in der gleichermaßen beleuchteten Umgebung fotografieren, ohne Farbstich auf dem Sensor landen. Die Werte des manuellen Weißabgleichs bleiben auch erhalten, wenn Sie die X–T20 ausschalten. So können Sie über die drei Speicherplätze bestimmte Situationen voreinstellen, die Sie öfter benötigen, zum Beispiel ein Setup für Verkaufsgegenstände mit immer dem gleichen Lichtaufbau oder den Weißabgleich für Fotos in der Sporthalle.

> **Graukarte mitfotografieren**
>
> Wenn Sie die RAW-Qualität verwenden, können Sie die Graukarte auch einfach ins Bild halten oder Ihrem Model in die Hand drücken und mitfotografieren. Später im RAW-Konverter lässt sich der Grauwert dann mit der Weißabgleich-Pipette aufnehmen, eine solche besitzen die allermeisten Konverter, und der daraus ermittelte Weißabgleichwert auf die Bilder ohne Graukarte übertragen.

6.4 Spannende Effekte mit der Filmsimulation

Die Farb- und Kontrastwirkung Ihrer Bilder und Filme können nicht nur über den Weißabgleich beeinflusst, sondern auch mit Effekten der sogenannten *Filmsimulation* individualisiert werden. Die Vorgaben richten sich an den Farb- und Körnungseigenschaften beliebter Negativ- oder Diafilme aus, die in der Analogfotografie zum Einsatz kamen. So können Sie beispielsweise kontrast- und farbintensive Bilder nach Art eines Velvia-Diafilms gestalten oder auch eine Schwarz-Weiß-Aufnahme oder eine Sepia-Aufnahme erzielen. Die Filmsimulation wirkt sich auf JPEG-Fotos direkt aus und kann bei RAW-Bildern nachträglich angewendet werden.

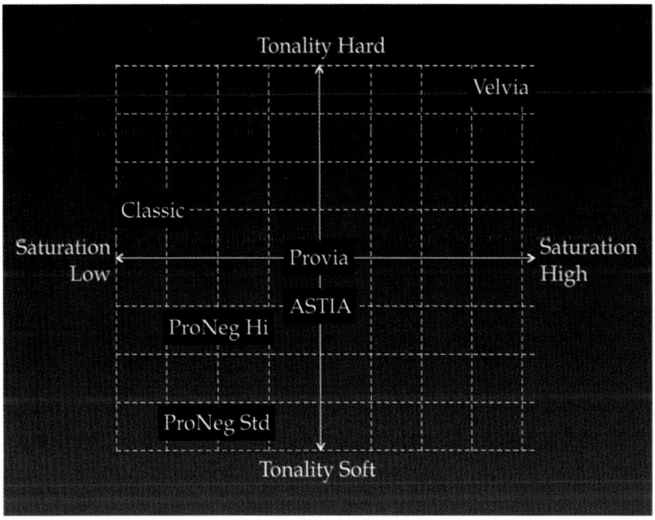

▲ *Übersicht der farbigen Filmsimulationseffekte hinsichtlich Sättigung (Saturation) und Kontrast/Tonwertumfang (Tonality, Bild: Fujifilm).*

Um sich einen Überblick zu verschaffen, hat Fujifilm die verschiedenen Filmsimulationseffekte auf einer Matrix angeordnet. So können Sie sehen, welcher Effekt eine hohe oder niedrige Farbsättigung (***Saturation high/low***) erzeugt und wie ausgeprägt der Kontrast ausfallen wird, hart mit verringertem Tonwertumfang oder weich mit hohem Tonwertumfang (***Tonality hard/soft***). An den Vergleichsaufnahmen können Sie die Unterschiede, die aber teilweise sehr gering ausfallen, erkennen.

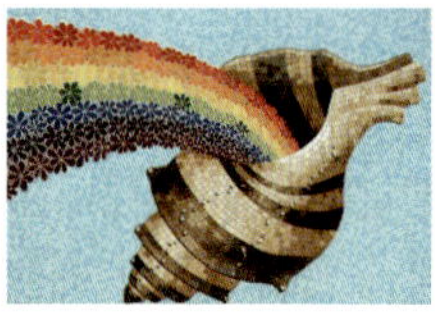

Provia/Standard.

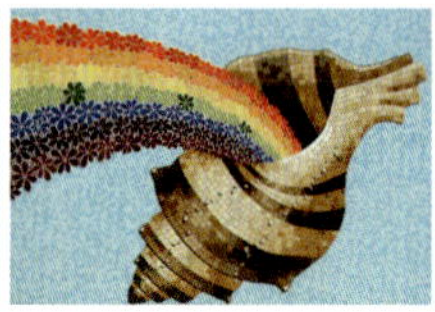

Velvia/Lebendig.

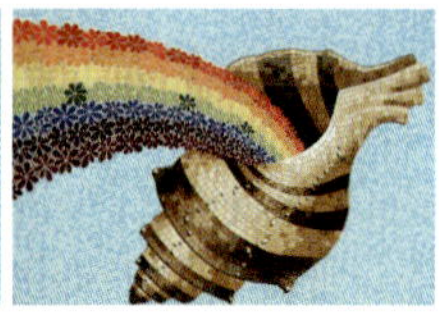

Astia/Weich.

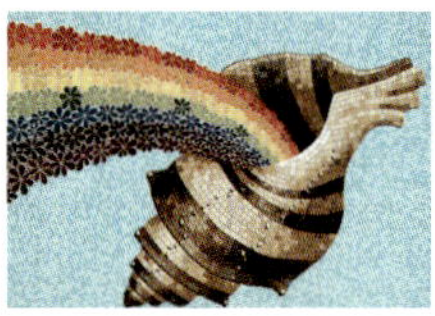

Classic/Chrome.

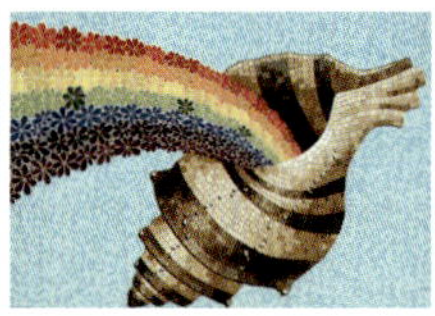

Pro Neg. Hi.

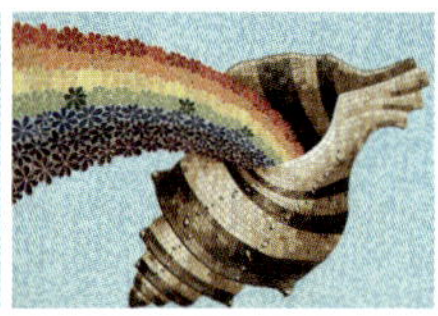

Pro Neg. Std.

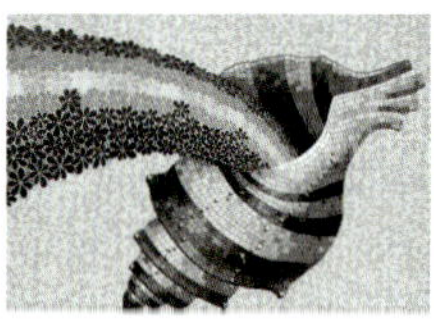

Acros.

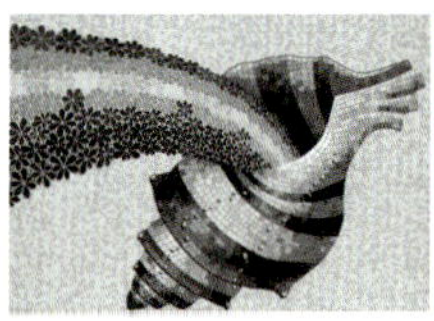

Schwarzweiss.

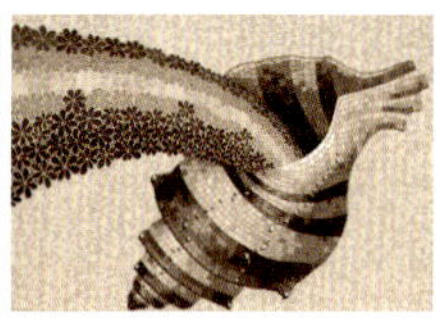

Sepia.

Für welche Anwendungen sich die Filmsimulationseffekte eignen, haben wir Ihnen im Folgenden einmal zusammengestellt.

- *PROVIA/STANDARD* STD: Empfehlenswerte Standardeinstellung für Porträts bis hin zu Naturaufnahmen, auch geeignet für direkt verwendbare JPEG-Bilder. Es entstehen Bilder mit natürlichen Farben und mittlerem Kontrast.
- *VELVIA/LEBENDIG* V: Intensiviert die Farben und erhöht den Kontrast, geeignet für farbkräftige Natur- und Makroaufnahmen. Intensive Motivfarben können dadurch aber auch zu bunt werden und dunkle Bildstellen zu sehr an Zeichnung verlieren. Daher ist bei

farbintensiven und kontrastreichen Motiven etwas Vorsicht geboten.

- *ASTIA/WEICH*: Erzeugt gut abgestufte Hauttöne und stellt andere Farben gleichzeitig klar und recht kräftig dar, daher gut geeignet für Porträt- und Fashionaufnahmen, die auch ohne Blitz- oder Dauerlicht im Freien fotografiert oder gefilmt werden und bei denen der Bildhintergrund und die Kleidung farbkräftig dargestellt werden sollen. Auch empfehlenswert, wenn ältere Objektive per Adapter an der X–T20 angeschlossen sind, die aufgrund ihres Linsendesigns (andere Beschichtung) etwas Kontrast schlucken.
- *CLASSIC/CHROME*: Stärker entsättigte Bilddarstellung mit einem ausgeprägten Kontrast, der die hellsten Bildstellen (Lichter) aber gut durchzeichnet wiedergibt. Sehr beliebt in der Street- und Reportagefotografie.
- *PRO Neg. Hi*: Ebenfalls gut für Porträtaufnahmen im Freien geeignet. Im Vergleich zu ASTIA/WEICH sind die Farben etwas weniger gesättigt und der Kontrast leicht gesenkt.
- *PRO Neg. Std*: Empfehlenswert für Porträtaufnahmen unter kontrollierten Lichtbedingungen im Studio. Die Durchzeichnung von Hauttönen und Kontrast fällt per se nicht so hoch aus, daher eignet sich diese Vorgabe gut als Grundlage, um den Porträt- oder Fashionaufnahmen mit einer gut gesetzten Lichtführung den gewünschten Kontrast/Bildlook zu verleihen.
- *ACROS*: Schwarzweiß-Darstellung mit hohem Kontrastumfang und sehr guter Durchzeichnung der hellen und dunklen Bildstellen. Mit den Filtereffekten Gelb (*Y*), Rot (*R*) und Grün (*G*) können die zur Filterfarbe komplementären Bildfarben abgedunkelt werden, um zum Beispiel weiße Wolken plastischer heraus zu arbeiten (Rotfilter) oder Hauttöne abzudunkeln (Grünfilter).

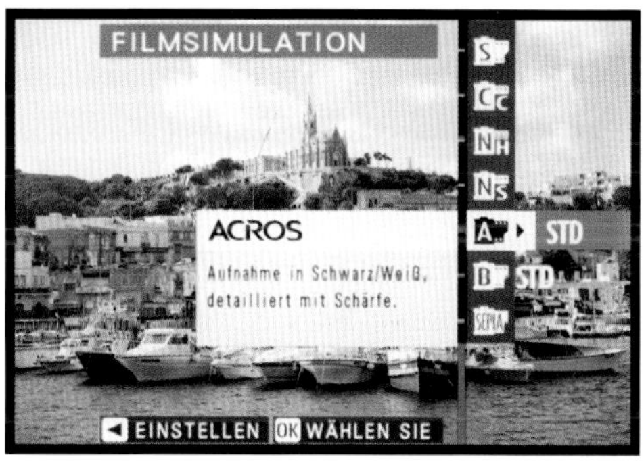

▲ *Filmsimulation über die linke Auswahltaste (Fn3) auswählen.*

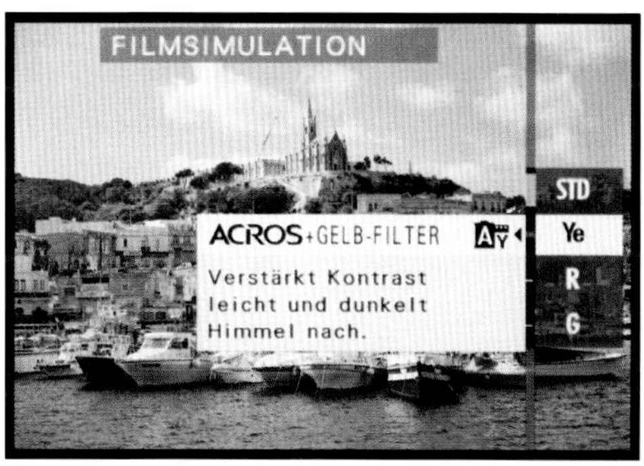

▲ *Einstellen des Farbfilters bei den Vorgaben ACROS oder SCHWARZWEISS.*

- *SCHWARZWEISS* : Erzeugt wie ACROS eine schwarzweiße Bildvariante, allerdings mit etwas dezenterem Kontrast. Die Filtereffekte Gelb (*Y*), Rot (*R*) und Grün (*G*) sind hier ebenfalls anwendbar.
- *SEPIA* : Liefert monochromatische Bilder mit Sepiatonung und einer guten Durchzeichnung.

Auswählen können Sie die Effekte direkt mit der linken Auswahltaste ◀ (Fn3), im Schnellmenü **Q** oder im Menü Bildqualitäts-Einstellung I.Q. bei *FILMSIMULATION*. Um die Filtereffekte zu aktivieren, die für die Vorgaben *ACROS* oder *SCHWARZWEISS* verfügbar sind, wählen Sie im Schnellmenü das Symbol A bzw. B mit der Erweiterung *Y*, *R* oder *G* aus. Bei der Schnelleinstellung über die linke Auswahltaste oder bei der Einstellung über das Kameramenü drücken Sie nach Auswahl der Vorgabe die rechte Auswahltaste ▶ und markieren dann den Filtertyp *Ye*, *R* oder *G*. Bei *STD* wird kein Filter angewendet.

Belichtungsreihe mit drei Filmsimulationen

Können Sie sich nicht für eine Filmsimulation entscheiden, oder möchten Sie eine Szene gleichzeitig mit mehreren Simulationsstilen aufnehmen? Dann führen Sie doch einfach eine Filmsimulations-Serie durch. Drehen Sie das Einstellrad für die Aufnahmebetriebsart dazu auf *BKT1* oder *BKT2*. Drücken Sie anschließend die Fn1-Taste auf der Oberseite der Kamera, gehen nach links ◀ und wählen dann die Vorgabe *FILMSIMULATION-SERIE* aus. Gehen Sie dann nach rechts ▶ und wählen Sie bei *FILM 1*, *2* und *3* die gewünschten drei Vorgaben. Navigieren Sie anschließend zurück ◀ zum Ausgangspunkt und nach oben ▲ zu *BKT-AUSWAHL*. Stellen Sie darin die Vorgabe *FILMSIMULATIONS-SERIE* ein. Wenn Sie nun ein Bild auslösen, landen automatisch drei Aufnahmen mit den gewählten Filmsimulationen auf der Speicherkarte. Aber Vorsicht, das RAW-Format lässt sich in diesem Modus nicht verwenden. Alternativ finden Sie die Einstellungsoptionen auch im Menü Aufnahme-Einstellung /*DRIVE-EINSTELLUNG*/*BKT1-EINSTELLUNG* oder *BKT2-EINSTELLUNG*.

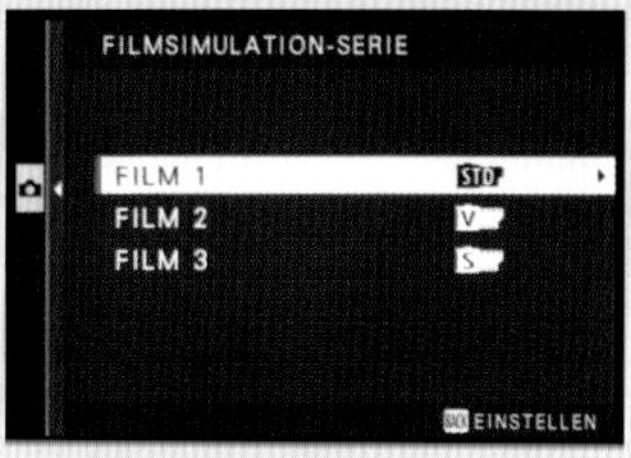

▲ *Auswahl der drei Effekte für die Filmsimulation-Serie.*

Kontrast, Farbe, Schärfe und Körnung anpassen

Neben der Auswahl vorgefertigter Filmsimulationen stellt Ihnen die X–T20 im Schnellmenü **Q** oder im Menü Bildqualitäts-Einstellung I.Q. zusätzlich ein paar Effekte zur Verfügung, die Sie individuell anwenden können. Erhöhen oder verringern Sie beispielsweise ganz spezifisch den Kontrast/

Tonwertumfang der hellen (*TON LICHTER*) oder dunklen Bildpartien (*SCHATTIER. TON*). Mit negativen Werten werden überstrahlte helle oder zeichnungslos dunkle Bildstellen strukturierter wiedergegeben. Umgekehrt können Sie mit erhöhten Werten mehr Kontrast in flau wirkende Bilder bringen. Lesen Sie mehr dazu ab Seite 170 in Kapitel 8.

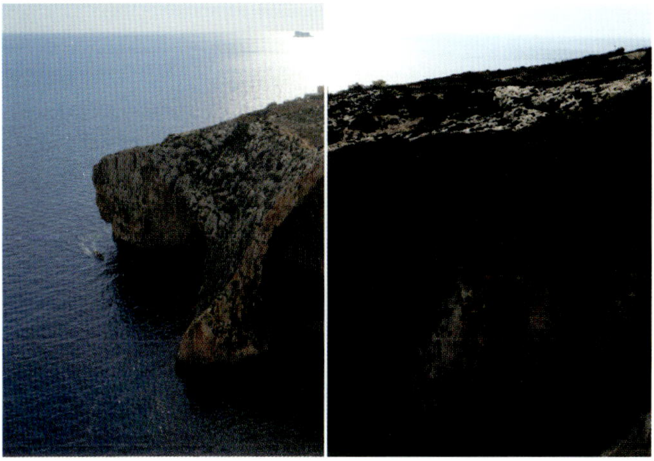

▲ *Ton Lichter und Schattier. Ton auf niedrigster (linke Hälfte) und höchster Stufe.*

Mit der Funktion *FARBE* beeinflussen Sie die Sättigung. Verringern Sie die Farbe, wenn intensive Motivfarben überstrahlen, etwa rote Blüten, oder erhöhen Sie die Sättigung für ein farbkräftigeres Ergebnis.

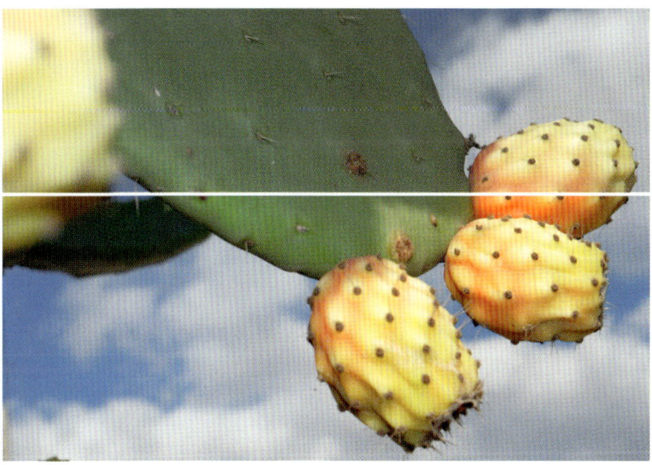

▲ *Farbe auf niedrigster (obere Hälfte) und höchster Stufe.*

Mit dem *KÖRNUNGSEFFEKT* können Bilder gestaltet werden, die den Look analogen Filmmaterials verstärken. Kombinieren Sie zum Beispiel die Filmsimulation ACROS, SCHWARZWEISS oder SEPIA mit dem Körnungseffekt STARK, um den Aufnahmen einen historischen Touch zu verleihen.

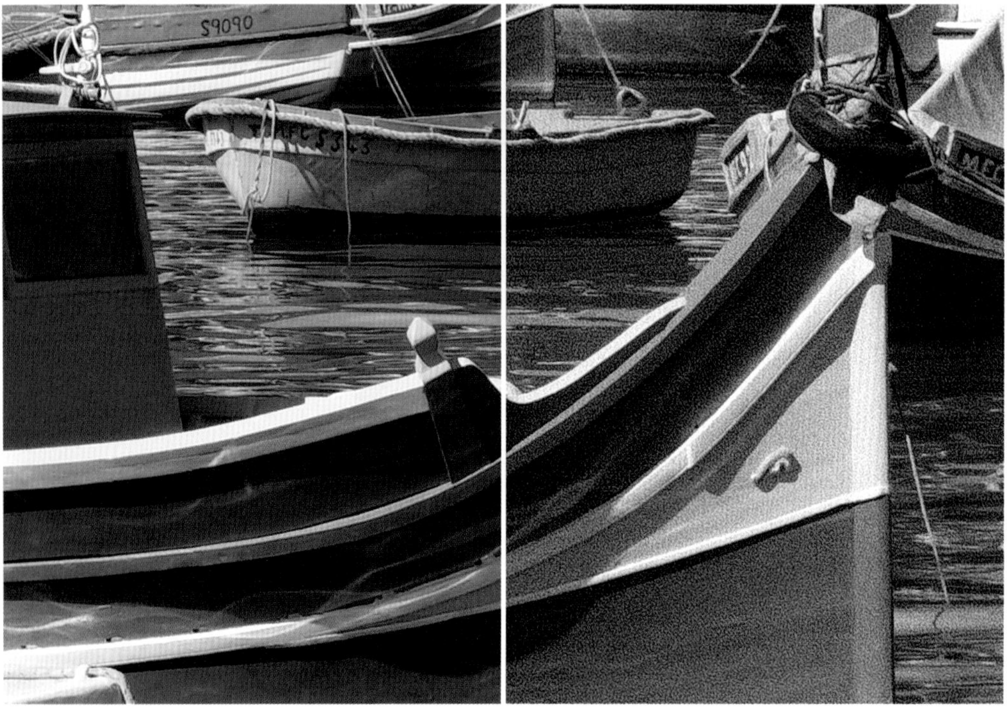

▲ *Filmsimulation ACROS mit Körnungseffekt aus (linke Hälfte) und stark. Das Bild zeigt einen 20%-Ausschnitt aus dem Originalbild.*

Zu guter Letzt lässt sich auch an der *SCHÄRFE* schrauben. Achten Sie darauf, dass bei erhöhten Werten die Körnung des Bildes nicht unerwünscht stark ansteigt oder an den Motivkanten helle Säume entstehen, die eine Überschärfung andeuten. Ab wann eine Überschärfung auftritt, hängt sehr vom verwendeten Objektiv, der Schärfentiefe und dem Motivkontrast ab. Je besser die Objektivauflösung, je höher die Schärfentiefe und je stärker der Motivkontrast, desto weniger muss nachgeschärft werden.

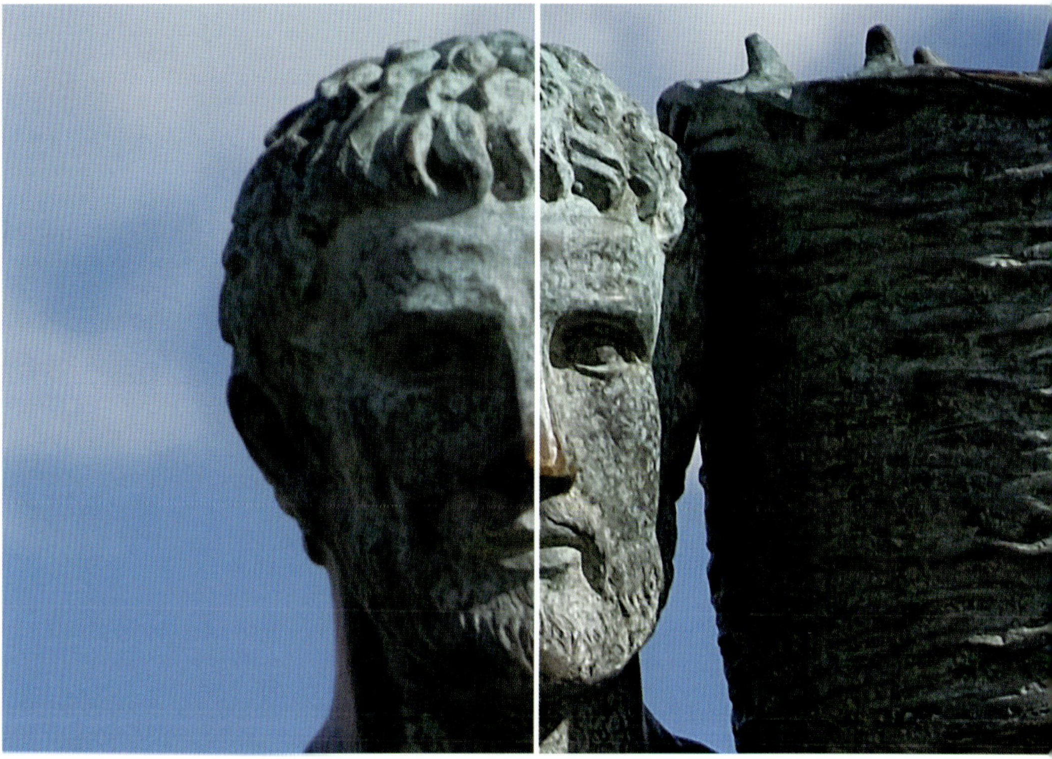

▲ *Schärfe auf niedrigster (linke Hälfte) und höchster Stufe. Das Bild zeigt einen 20%-Ausschnitt aus dem Originalbild.*

Filmsimulation und Effekte nachträglich anwenden

Bilder im RAW-Format können mit der kamerainternen RAW-Konvertierung flexibel bearbeitet werden. Hierbei lassen sich die Vorgaben Filmsimulation, Ton Lichter, Schattier. Ton, Farbe, Schärfe und Körnungseffekt flexibel anwenden. Bis auf den Körnungseffekt ist dies auch am Computer mit der mitgelieferten Software Raw File Converter EX möglich. Die Filmsimulationen stehen sogar im RAW-Konverter von Adobe Photoshop oder Lightroom zur Auswahl bereit, zu finden im Bereich ***Kamerakalibrierung***.

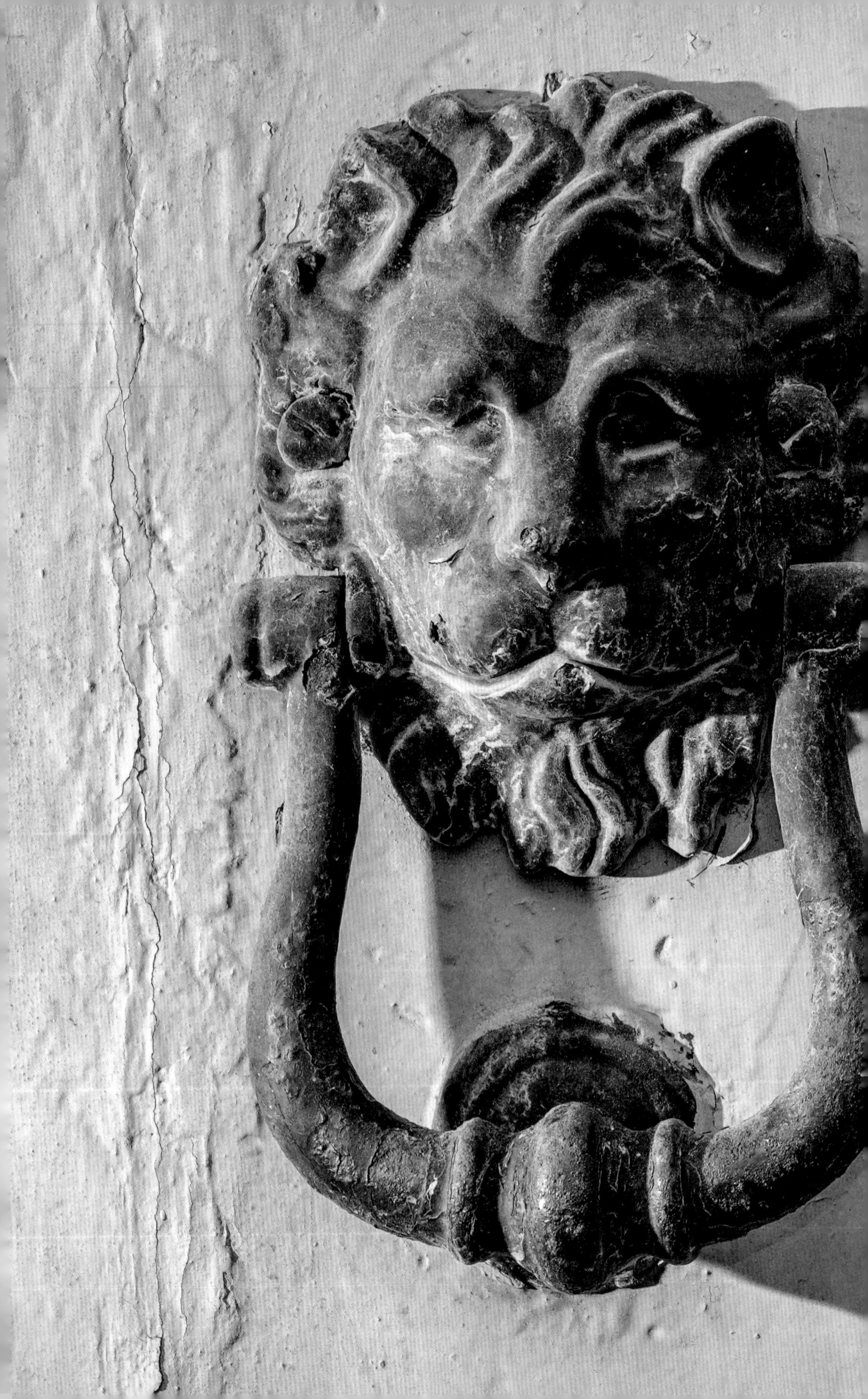

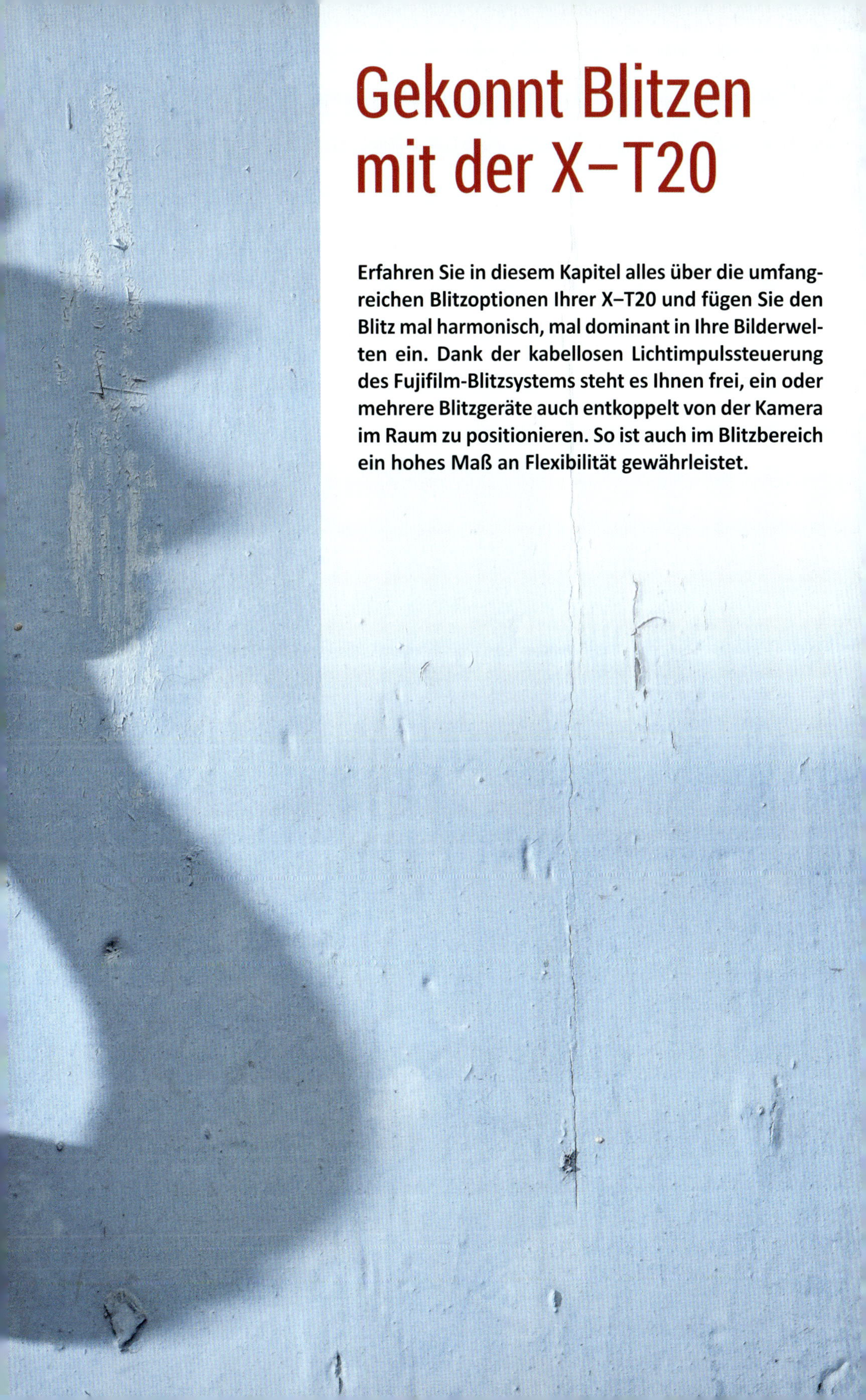

Gekonnt Blitzen mit der X–T20

Erfahren Sie in diesem Kapitel alles über die umfangreichen Blitzoptionen Ihrer X–T20 und fügen Sie den Blitz mal harmonisch, mal dominant in Ihre Bilderwelten ein. Dank der kabellosen Lichtimpulssteuerung des Fujifilm-Blitzsystems steht es Ihnen frei, ein oder mehrere Blitzgeräte auch entkoppelt von der Kamera im Raum zu positionieren. So ist auch im Blitzbereich ein hohes Maß an Flexibilität gewährleistet.

7.1 Das Potenzial des eingebauten Blitzgeräts

Die X–T20 besitzt einen fest eingebauten Blitz, der ausklappbar oberhalb des Objektivs positioniert ist. Das Angenehme daran ist seine ständige Verfügbarkeit, egal, wo Sie sich gerade befinden. Durch die festgelegte Position können Sie Ihre Motive aber nur frontal anblitzen. Das Motiv sollte überdies nicht zu weit entfernt sein, denn der eingebaute Blitz ist nicht der allerkräftigste. Trotzdem ist es damit möglich, den Bildkontrast zu verbessern und kreative Blitzaufnahmen zu gestalten.

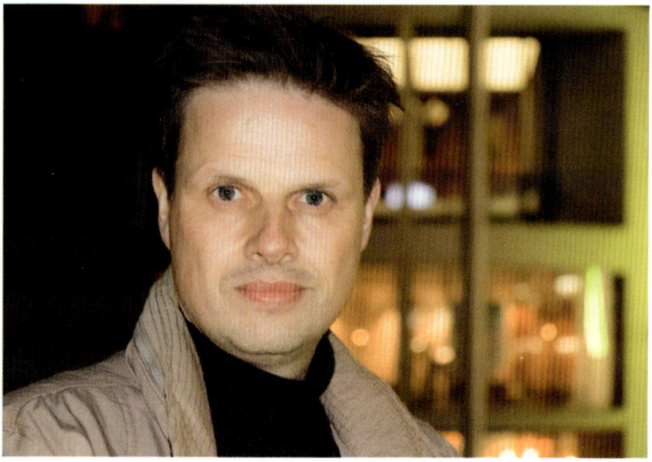

55 mm | f/4 | 1/30 Sek. | ISO 6400

▲ *Die Blitzaufhellung nur mit dem eingebauten Blitz sorgte für einen verbesserten Kontrast zwischen Gesicht und beleuchtetem Hintergrund.*

Für den besseren Überblick haben wir Ihnen in der Tabelle die Reichweite des eingebauten Blitzgeräts einmal aufgelistet.

	ISO 100	ISO 200	ISO 400	ISO 180	ISO 1600
f/2,8	1,8 m	2,5 m	3,6 m	5,1 m	7,1 m
f/3,5	1,4 m	2,0 m	2,9 m	4,0 m	5,7 m
f/5,6	0,9 m	1,3 m	1,8 m	2,5 m	3,6 m
f/8	0,6 m	0,9 m	1,3 m	1,8 m	2,5 m
f/11	0,5 m	0,6 m	0,9 m	1,3 m	1,8 m

Generell gilt: Die Reichweite des Blitzlichts nimmt mit steigendem Blendenwert ab und mit steigender ISO-Zahl wieder zu. Daher ist es beim Blitzen häufig sinnvoll, geringe Blendenwerte zu verwenden und mit ISO 200 bis 1600 zu fotografieren. Der Abstand zwischen Blitz und Objekt sollte außerdem etwa 1 m nicht unterschreiten, da sonst ein Großteil des Lichts über das Objekt hinweg schießt und größere Objektive im unteren Bildbereich einen Schatten hinterlassen können. Nehmen Sie beim Fotografieren mit dem eingebauten Blitz auch die Streulichtblende des Objektivs ab.

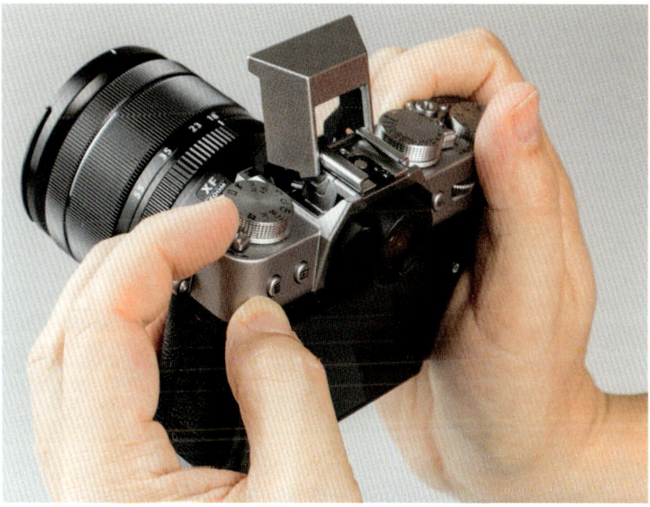

▲ *Zum Ausklappen des eingebauten Blitzgeräts ziehen Sie den Blitzschalter zu sich hin. Zum Einklappen drücken Sie vorsichtig auf die vordere Seite des Blitzes und schieben ihn in das Gehäuse zurück.*

Am unkompliziertesten können Sie mit Blitzlicht fotografieren, wenn sich der eingebaute Blitz automatisch zuschalten darf. Stellen Sie dazu den Auto Modus oder die Programmautomatik (P) mit aktivierter ISO-Automatik ein. Klappen Sie den eingebauten Blitz mit dem Blitzschalter aus dem Gehäuse und drücken Sie anschließend die rechte Auswahltaste ▶ (Fn4-Taste) oder öffnen Sie im Menü Blitz-Einstellung den Eintrag ***EINSTELLUNG BLITZFUNKTION***. Navigieren Sie nach unten auf den Eintrag ***TTL MODE*** und stellen Sie mit dem hinteren Einstellrad die Vorgabe ***AUTOBLITZ*** ein.

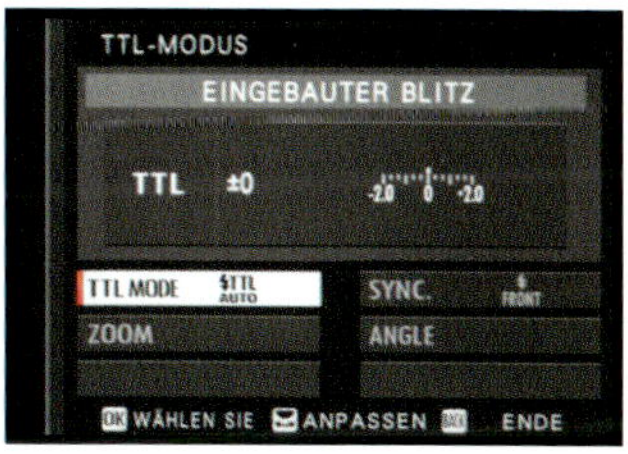

▲ *Mit der Vorgabe AUTOBLITZ steuert der eingebaute Blitz Licht zur Aufnahme bei, wenn die Blitzautomatik dies für notwendig erachtet.*

Wichtig ist zudem, das Einstellrad für die Aufnahmebetriebsart auf Einzelbild (**S**), Mehrfachbelichtung () oder

Erweiterte Filter (***ADV.1***/***Adv.2***) zu drehen und im Menü Aufnahme-Einstellung ◘/***AUSLÖSERTYP*** die Option ***MS*** oder ***MS + ES*** einzustellen, sonst sind keine Blitzaufnahmen möglich.

Die X–T20 regelt das Zusammenspiel aus Blitz- und Umgebungsbeleuchtung eigenständig. Bei wenig Licht wird das Hauptmotiv in den meisten Fällen adäquat vor einem ausreichend hellen Hintergrund dargestellt. Auch bei hohen Kontrasten, etwa einem Porträt im Gegenlicht, kann sich das Blitzgerät automatisch aktivieren, um unschöne Schatten etwas heller darzustellen.

Allerdings führt die automatische Blitzaktivierung nicht immer zum besten Resultat, daher schauen Sie sich auf jeden Fall auch die anderen Steuerungsoptionen an, um für jede Situation eine passende Blitzstrategie parat zu haben.

Die Leitzahl

Die Leistung eines Blitzgerätes wird durch die Leitzahl ausgedrückt, wobei gilt: Leitzahl = Reichweite × Blendenwert. Je höher die Leitzahl, desto stärker ist die Lichtmenge, die der Blitz auszusenden vermag und damit auch die maximal mögliche Reichweite bei einer bestimmten Blendeneinstellung. Wobei die Bezugsgrößen, die die Hersteller bei der Angabe der Leitzahl machen, häufig variieren. Nur wenn sich die Angaben alle auf den gleichen ISO-Wert, die gleiche Blende und die gleiche Blitzreflektor-Einstellung beziehen, ist die Leitzahl des einen Geräts mit der des anderen direkt vergleichbar.

7.2 Mehr Flexibilität mit Systemblitzgeräten

Der Blitzgerätemarkt hat heutzutage einiges zu bieten. Von kleineren und im Funktionsumfang etwas eingeschränkteren Geräten bis hin zu Profi-Systemblitzen mit hoher Leistung und umfangreicher Ausstattung können Sie Ihre X–T20 auf vielfältige Art und Weise mit einem externen Blitz aufwerten. Im Folgenden finden Sie als Anhaltspunkte einige interessante, mit der X–T20 kompatible Geräte aus jedem Leistungsbereich.

Fujifilm EF-20

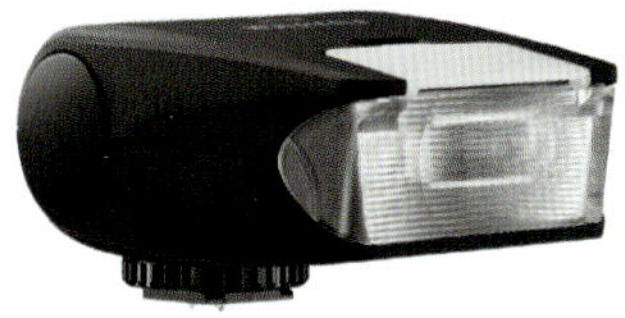

▲ *Fujifilm EF-20 (Bild: Fujifilm).*

Der kompakte und leichte Blitz Fujifilm EF-20 (etwa 80 EUR) mit einer Leitzahl von 20 spendet in vielen Situationen ein hilfreiches Zusatzlicht, das sich aufgrund des neigbaren Kopfes sogar indirekt über die Decke leiten lässt, um beispielsweise Porträts indirekt auszuleuchten. Mit der ausklappbaren Weitwinkelstreuscheibe kann das Blitzlicht etwas breiter gestreut werden, sodass Weitwinkelaufnahmen mit etwa 20 mm Brennweite an der X–T20 besser ausgeleuchtet werden. In puncto Größe und Gewicht (circa 120 g) stellt der kompakte Blitz einen vielseitigen und leicht zu verstauenden Reisebegleiter dar. Wir vermissen jedoch die Möglichkeit, mit kürzeren Belichtungszeiten als 1/250 Sek. in heller Umgebung blitzen zu können (Kurzzeit-Synchronisation, HSS) und die Möglichkeit, den Blitz entfesselt von einem auf der X–T20 befestigten Blitzgerät fernauszulösen (Remote-Modus). Auch das Auslösen mehrere Blitze pro Aufnahme (Stroboskopblitz) ist mit dem EF-20 nicht möglich.

Fujifilm EF-X20

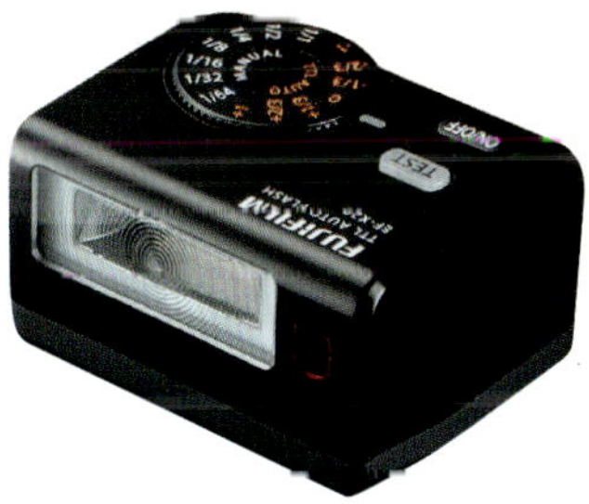

▲ *Fujifilm EF-X20 (Bild: Fujifilm).*

Der EF-X20 (etwa 160 EUR) ist besonders hochwertig gebaut. Was die Leistung betrifft spielt er in einer Liga mit dem EF-20, bietet also eine Leitzahl von 20. Die geringe Größe lässt fast vergessen, dass sich überhaupt ein Blitz auf der Kamera befindet. Der EF-X20 lässt sich im Remote- oder Slave-Modus zudem drahtlos von einem auf der X–T20 angebrachten Blitzgerät fernauslösen. Allerdings funktioniert dann die automatische TTL Steuerung nicht mehr, die Blitzlichtmenge muss manuell eingestellt werden (Leistung 1/1 bis 1/64), sodass nicht ganz so spontan fotografiert werden kann. Mit einer innenliegenden Weitwinkelstreuscheibe, die per Hebel ausgeklappt wird, lässt sich die Blitzausleuchtung für Weitwinkelaufnahmen optimieren, die mit etwa 14 mm an der X–T20 fotografiert werden.

Schade ist, dass sich der Blitz nicht schwenken und nach oben neigen lässt. Damit ist eine indirekte Lichtführung im aufgesteckten Zustand nicht möglich. Gut gelöst ist hingegen die einfache Bedienung über das Einstellrad auf dem Blitz. Wie beim EF-20 ist das Blitzen im HSS- oder Stroboskopbetrieb nicht möglich.

Die TTL-Messung

Die von Fujifilm »i Flash Technology« genannte TTL-Messung zur Steuerung der richtigen Blitzlichtmenge sorgt für eine möglichst gelungene Mischung aus vorhandener Umgebungsbeleuchtung und zugeschaltetem Blitzlicht. Dabei misst die Kamera mit dem Auslöser auf halber Stufe zunächst das Umgebungslicht (TTL-Messblitz). Wird der Auslöser ganz heruntergedrückt, erfolgt eine zweite Messung, mit der das Blitzlicht auf das gemessene Umgebungslicht abgestimmt wird. Bei den Messungen wird das Licht erfasst, das durch das Objektiv auf den Sensor trifft, daher die Bezeichnung ***TTL*** (through the lens).

Fujifilm EF-42

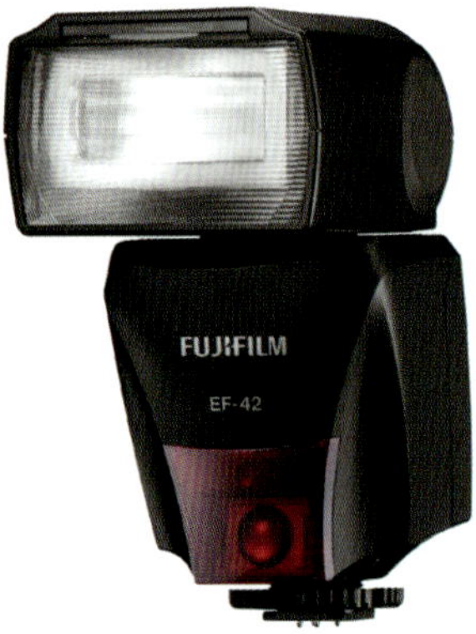

▲ *Fujifilm EF-42 (Bild: Fujifilm).*

Der Fujifilm EF-42 ist ein Mittelklassegerät mit einer Leitzahl von 42, was, verglichen mit den bisher vorgestellten Modellen, eine deutlich stärkere Lichtausbeute verspricht. Er hat die klassische hoch aufbauende Systemblitzarchitektur und bietet erweiterte Eigenschaften, wie einen schwenkbaren Blitzkopf (120° nach rechts, 180° nach links, 90° nach oben), einen Zoomreflektor, mit dem der Lichtkegel automatisch an die Objektivbrennweite angepasst werden kann, sowie eine ausklappbare Streuscheibe, mit der Weitwinkelaufnahmen mit 14 mm Brennweite an der X–T20 besser ausgeleuchtet werden können. Die Blitzlichtmenge kann per TTL-Steuerung automatisch auf das Motiv angepasst oder manuell mit Leistungswerten zwischen 1/1 und 1/64 reguliert werden.

Nicht zum Funktionsumfang zählt allerdings der Slave-Modus, und damit verbunden die Möglichkeit, den Blitz mit einem an der X–T20 befestigten Blitzgerät entfesselt auszulösen. Auch die HSS-Synchronisation für Blitzaufnahmen in heller Umgebung mit Belichtungszeiten kürzer als 1/250 Sek. und eine Stroboskop-Blitzfunktion suchten wir beim EF-42 vergeblich, wobei der Fairness halber aber auch gesagt sein muss, dass dieser Blitz für ein Kamerahersteller-Gerät noch recht preiswert ist (etwa 130 EUR). Startklar mit Akkus bestückt wiegt er 380 g und zählt damit noch nicht zu den Schwergewichten.

Nissin i40 für Fujifilm

Der sehr kompakte, inklusive eingelegter Akkus etwa 320 g schwere Nissin i40 Fuji (etwa 160 EUR) ist mit der TTL-Steuerung der X–T20 voll kompatibel, kann aber auch manuell betrieben werden (Leistung 1/1 bis 1/256). Mit einer Leitzahl von 40 liefert der Blitz sowohl beim direkten

Blitzen als auch beim indirekten Ausleuchten von Motiven in Räumen mit nicht allzu hohen Decken genügend Power. Für das indirekte Blitzen kann der flexible Blitzkopf um 180° nach links oder rechts gedreht und um bis zu 90° nach oben geneigt werden.

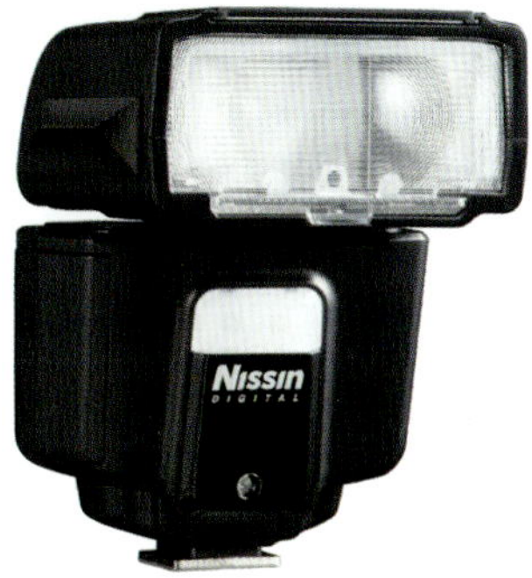

▲ *Nissin i40 (Bild: Nissin).*

Mit der ausklappbaren Weitwinkelstreuscheibe lassen sich Weitwinkelmotive mit Brennweiten von 17 mm an der X–T20 gut ausleuchten. Außerdem kann der i40 im Save-Modus auch drahtlos fernausgelöst werden, allerdings nicht mit der TTL-Automatik, sondern nur mit manuell eingestellter Blitzlichtmenge. Insgesamt betrachtet bietet der i40 ähnliche Leistungsmerkmale wie der Fujifilm EF-42, legt aber das entfesselte Blitzen und eine eingebaute Videoleuchte oben drauf.

Nissin i60A für Fujifilm

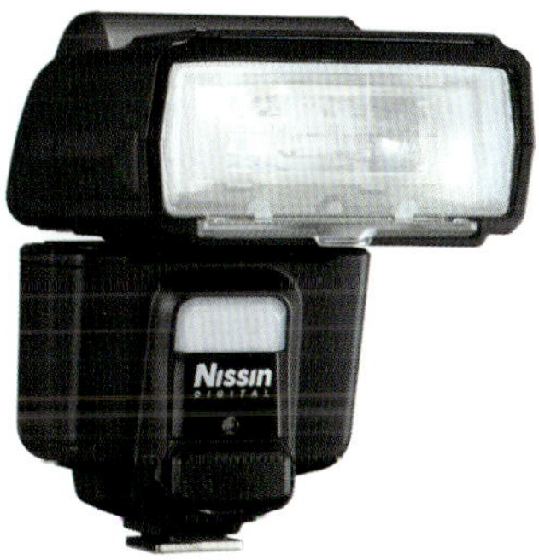

▲ *Nissin i60A (Bild: Nissin).*

Mehr Blitzpower bietet der mit Akkus 420 g schwere Nissin i60A Fuji (etwa 270 EUR), der, obwohl ebenfalls recht kompakt gebaut, eine Leitzahl von 60 hat und damit ganz vorne bei den stärksten Kompaktblitzgeräten mit dabei ist. Der i60A kann auch an eine portable externe Stromquelle (Powerpack) angeschlossen werden, wodurch sich die Anzahl an Blitzaufnahmen und die Schnelligkeit des Wiederaufladens nach einer Blitzaufnahme steigern lässt. Im Slave-Modus kann die TTL-Steuerung der X–T20 zwar nicht genutzt werden, dafür ist der i60A aber mit dem Nissin-Air-System kompatibel (genauso wie der Nissin Di700A Fuji, Leitzahl 48, etwa 190 EUR). Wenn Sie also den Nissin Commander Air 1 (etwa 55 EUR) als Master auf dem Blitzgeräteschuh der X–T20 anbringen, können Sie den entfesselten i60A via Funksignal fernauslösen, was auch in heller Umgebung zuverlässig funktioniert und keinen Sichtkontakt zwischen Sender und Empfänger erfordert.

Fujifilm EF-X500

Zweifellos ist das seit Ende 2016 nagelneu auf dem Markt befindliche Blitzgerät Fujifilm EF-X500 (ca. 550 EUR) das vielseitigste und, mit einer Leitzahl von 50, leistungsstärkste Blitzgerät im Fujifilm-Sortiment, das alle Funktionen besitzt, die man von einem professionellen Systemblitz erwartet – inklusive eines witterungsgeschützten Gehäuses. Lediglich eine blitzinterne Funkübertragungslösung vermissen wir noch. Ansonsten lässt der EF-X500 kaum

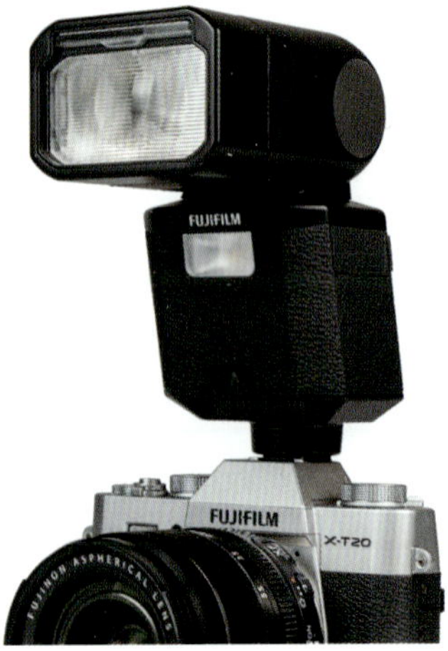

▲ *Der EF-X500 stellt im Fujifilm-Sortiment momentan das Optimum dar, das als Systemblitz mit einer X–T20 verwendet werden kann.*

Wünsche offen und ist, an seinen Möglichkeiten gemessen, nicht einmal besonders groß und ausladend geraten.

Der EF-X500 unterstützt die Kurzzeit-Synchronisation (HSS), sodass auch mit kurzen Belichtungszeiten in heller Umgebung geblitzt werden kann, die unterhalb der Blitzsynchronzeit von 1/250 Sek. liegen. Zudem ist er in der Lage, Stroboskopblitze auszusenden, was zusätzliche kreative Freiheiten einräumt. Mit der eingebauten Videoleuchte können Filmaufnahmen minimal aufgehellt werden. Das LED-Licht kann aber auch bei Standbildern hilfreich sein, um hochformatige Blitzaufnahmen besser auszuleuchten oder um als AF-Hilfslicht den Autofokus in dunkler Umgebung zu unterstützten. Der EF-X500 kann auch mit dem externen Akkupack EF-BP1 betrieben werden, was neben der längeren Laufleistung auch die Anzahl an schnellen Serienblitzaufnahmen erhöht.

Schließlich können Sie den EF-X500 für das drahtlose Blitzen einsetzen, entweder als Master oder als entfesselten Blitz. Die Signalübertragung erfolgt allerdings nur per Lichtimpuls, was in heller Umgebung und bei Verwendung von Softboxen am entfesselten Blitz störanfälliger ist. Die TTL-Automatik wird dann unterstützt, wenn ein EF-X500 als Master und ein zweiter EF-X500 als Slave-Blitz eingesetzt werden. Kommen mehrere EF-X500 entfesselt zum Einsatz und werden diese in die Gruppen A, B und C eingeordnet, kann der EF-X500-Masterblitz diese drei Gruppen unterschiedlich steuern, um bei Porträts im Studio beispielsweise helleres Licht von hinten als von vorne zu erhalten und ein drittes Licht für den Hintergrund zu verwenden.

Für alle, die viel Leistung gepaart mit einer umfangreichen Ausstattung anstreben und die bereit sind, für den momentan leistungsfähigsten Blitz von Fujifilm etwas mehr hinzulegen, ist der EF-X500 mit Sicherheit die richtige Wahl.

7.3 Einfluss des TTL-Modus

Der TTL-Modus spielt eine ganz entscheidende Rolle bei der Gestaltung einer Blitzlichtaufnahme, denn hierüber wird geregelt, ob der Blitz in der jeweiligen Situation automatisch auslöst oder immer auslöst, und wie die Stärke des Blitzlichts im Verhältnis zur vorhandenen Umgebungsbeleuchtung reguliert wird. Je nachdem, in welchem Belichtungsprogramm sich die X–T20 befindet, stehen Ihnen zwei oder drei TTL-Modi zur Verfügung. Diese können Sie über die rechte Auswahltaste ▶ (Fn4) oder im Menü Blitz-Einstellung ⚡/*EINSTELLUNG BLITZFUNKTION* aufrufen.

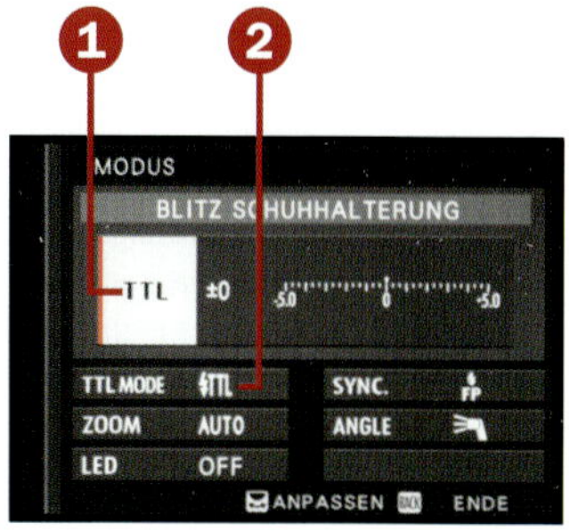

▲ *TTL-Steuerung auswählen und TTL-Modus aufrufen, hier am Beispiel des Blitzgeräts EF-X500.*

Steuern Sie zunächst den Eintrag oben links an ❶. Wählen Sie mit dem hinteren Einstellrad die Option *TTL* aus, um die automatische Messung der Blitzlichtmenge zu aktivieren, wenn dies nicht bereits voreingestellt ist. Die TTL-Messung ist für die allermeisten Situationen bestens geeignet, denn damit wird die Blitzlichtmenge automatisch auf die Distanz zum Objekt und die Beschaffenheit des Motivs abgestimmt. Alternativ können Sie hier auch den Blitz deaktivieren (*OFF*), auf die manuelle Blitzsteuerung (*M*) umschalten, um beispielsweise im Studio unter kontrollierten Bedingungen zu blitzen, oder, wenn das Blitzgerät die Funktion unterstützt, die Stroboskopfunktion einschalten (*MULTI*).

Navigieren Sie anschließend nach unten und stellen die gewünschte Vorgabe entweder direkt mit dem hinteren Einstellrad ein oder öffnen den Eintrag *TTL-MODUS* ❷ mit der MENU/OK-Taste. Wählen Sie darin eine der folgenden drei Möglichkeiten aus: Autoblitz, Standard oder SLangsame Sync.

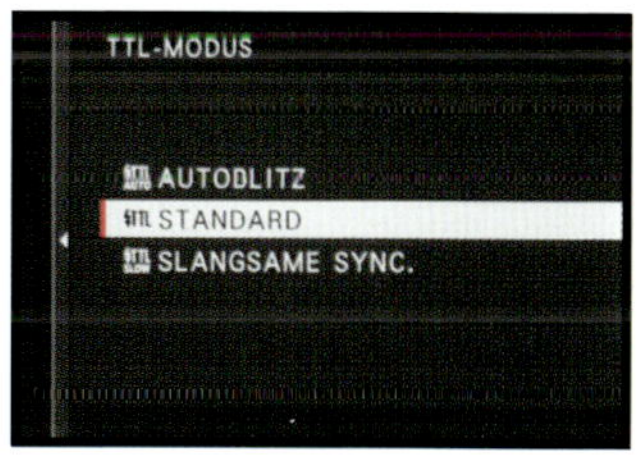

▲ *Auswahlliste für den TTL-Modus.*

Mit dem Eintrag *STANDARD* ⚡TTL (Aufhellblitz) wird der Blitz zum Auslösen gezwungen. Daher eignet sich dieser Modus in erster Linie zum Aufhellen von Schatten und dunklen Motivbereichen in heller Umgebung oder bei Gegenlicht. Auch wenn Sie in dunkler Umgebung in erster Linie Verwacklungen vermeiden möchten, können Sie den Aufhellblitz im Standardmodus gut einsetzen. Es kann dann nur passieren, dass der Hintergrund etwas zu dunkel wird. Dieser Tatsache können Sie jedoch durch Verwenden der ISO-Automatik (bis ISO 200-400 empfehlenswert) oder Erhöhen des festgelegten ISO-Werts entgegensteuern.

Mit der Option *AUTOBLITZ* ⚡TTL AUTO, die ausschließlich beim Fotografieren im Auto Modus oder mit der Programmautomatik (P) zur Verfügung steht, können Sie der X–T20 selbst überlassen, ob eine Blitzaufhellung notwendig ist oder nicht. Erscheint das Blitzsymbol ⚡ links oben im Aufnahmebildschirm, wird der Blitz beim Auslösen automatisch gezündet, was sich für Schnappschüsse und Situationen eignet, in denen schnell gehandelt werden muss. Vom Blitzergebnis her sind die Bilder vergleichbar mit dem TTL-Modus Standard.

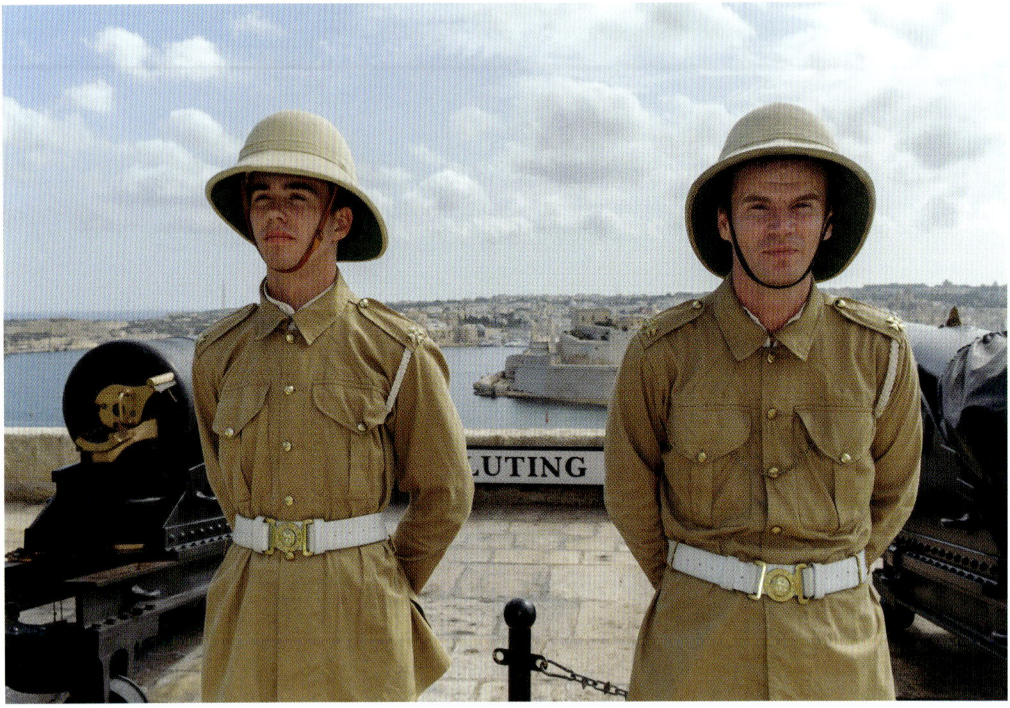

22 mm | f/8 | 1/240 Sek. | ISO 100 | Blitz

▲ *Mit dem Aufhellblitz (TTL-Modus STANDARD) konnten wir die Gesichter etwas aufhellen und trotz des starken Seitenlichts von hinten rechts einen ausgewogenen Kontrast erzielen.*

Im Modus ***SLANGSAME SYNC.*** TTL SLOW orientiert sich die Grundbelichtung des Bildes stets am vorhandenen Licht. Daher ist dieser TTL-Modus geeignet für Motive in dunkler Umgebung, bei denen die Hintergrundbeleuchtung gut sichtbar sein soll, wie zum Beispiel Porträtaufnahmen in Innenräumen, Statuen bei einer nächtlichen Sightseeing-Tour oder Makroaufnahmen bei unzureichender Beleuchtung. Verwenden Sie nach Möglichkeit ein Stativ, denn die Belichtungszeit kann auf bis zu 30 Sekunden ansteigen. Für einen angenehm hellen Bildhintergrund kann es zudem hilfreich sein, den ISO-Wert anzuheben. Allerdings können Sie die Langzeitsynchronisierung nur in den Programmen P und A verwenden. In den Modi S und

M erzielen Sie im TTL-Modus ***STANDARD*** aber vergleichbare Effekte, wenn Sie die Belichtungszeit verlängern (Programm S: maximal 30 Sek. bei Einstellung ***B***, Programm M: maximal 60 Min. bei Einstellung ***B***).

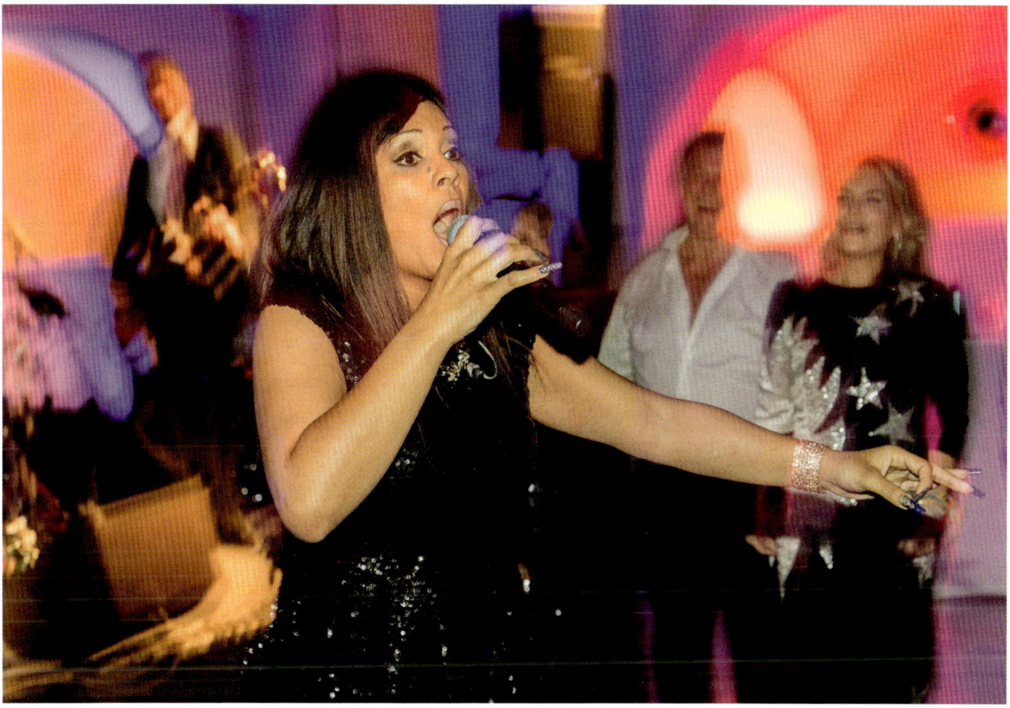

54 mm | f/5,6 | 1/2 Sek. | ISO 500 | Blitz

▲ *Im TTL-Modus SLANGSAME SYNC. entstehen besonders spannende Effekte, wenn sich die Motive während der Belichtungszeit bewegen.*

Wenn Sie mit besonders langen Belichtungszeiten von 1/5 Sek. oder länger blitzen, indem Sie im Modus A die Langzeitsynchronisierung nutzen oder im Modus S eine lange Belichtungszeit vorgeben, entstehen spannende Kombinationen aus scharf abgebildetem Hauptmotiv und mehr oder weniger verwischtem Hintergrund. Das können Sie sich für kreative Party- oder Eventfotos zunutze machen. Bei solchen Bildideen ist immer ein wenig Ausprobieren gefragt und man kann nie ganz genau sagen, wie das Foto aussehen wird. Aber genau das macht es natürlich auch spannend.

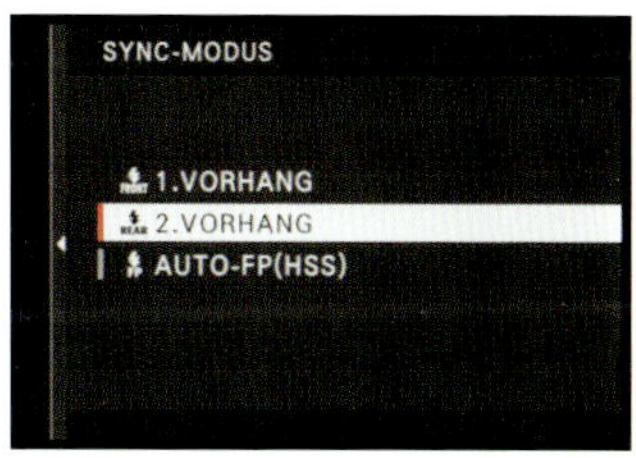

▲ *Im Sync-Modus 2. VORHANG zündet der Blitz erst am Ende der Belichtung. Es ist dann aber etwas schwieriger vorauszusehen, in welcher Pose oder Position das Motiv vom Blitz erwischt wird.*

Dabei können Sie auch einmal mit dem Zeitpunkt der Blitzzündung experimentieren. Lassen Sie den Blitz am Anfang der Belichtung zünden, so wie er es in der Standardeinstellung immer macht. Das nennt sich Blitzen auf den ***1. VORHANG*** FRONT. Oder lassen Sie den Blitz erst am Ende der Belichtung, auf den ***2. VORHANG*** REAR zünden. Dank der

TTL-Blitzsteuerung fügt sich das Blitzlicht auch in diesem Modus harmonisch ins Bild ein. Umschalten lässt sich der Zündungszeitpunkt im Menü Blitz-Einstellung /*EINSTELLUNG BLITZFUNKTION* bei *SYNC-MODUS*.

Blitzabhängige Funktionen

Sowohl Fujifilm-Blitzgeräte als auch kompatible Blitzgeräte anderer Hersteller besitzen blitzeigene Menüeinstellungen. Diese können Sie im MENÜ Blitz-Einstellung bei ***EINSTELLUNG BLITZFUNKTION*** aufrufen. Der Bildschirmtitel lautet bei Verwendung des X–T20-Blitzes ***EINGEBAUTER BLITZ*** und bei anderen Blitzgeräten ***BLITZ SCHUHHALTERUNG***. Im Falle des Fujifilm EF-X500 Blitzgeräts können Sie bei ***LED*** die Videoleuchte einschalten, die auch dazu verwendet werden kann, um beim indirekten Blitzen Spitzlichter in die Augen zu zaubern. Bei ***ANGLE*** (Blitzverteilung) lässt sich festlegen, ob der Blitzlichtkegel breiter (***PRIORITÄT GLEICHM. ABD.***) oder enger (***PRIORITÄT BLITZLEISTUNG***) als normal (***STANDARD***) gefasst werden soll, um nahe gelegene oder weiter entfernte Motive besser auszuleuchten.

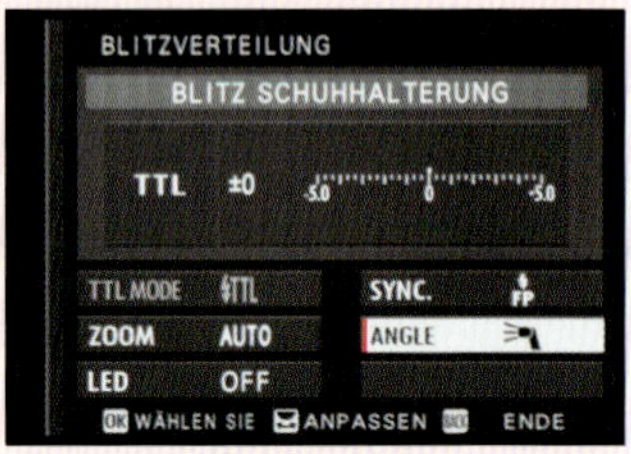

▲ *Blitzspezifische Funktionen..*

7.4 Erweiterte Blitzmethoden

Neben der grundlegenden Kombination aus Belichtungsprogramm und Blitzmodus bietet Ihre X–T20 noch weitere Möglichkeiten, das Blitzlicht kreativ in die Aufnahme einfließen zu lassen.

Mittel gegen rote Augenreflexionen

Der eingebaute Blitz der X–T20 ist recht dicht über dem Objektiv angeordnet. Daher strahlt er in einem flachen Winkel auf das Motiv, was leider in dunkler Umgebung und bei Abständen von etwa drei Metern und mehr rote Augenreflexionen verursachen kann. Mit den Option *BLITZ* im Menü Blitz-Einstellung /*ROTE-AUGEN-KORR.* können Sie diesem Phänomen aber Paroli bieten. Die X–T20 sendet in dem Fall zwei Blitze nacheinander aus. Der erste sorgt dafür, dass sich die Pupillen zusammenziehen, sodass die roten Reflexionen weitestgehend vermieden werden. Der zweite Blitz hellt das Bild wie gewohnt auf. Um Irritationen zu vermeiden, geben Sie Ihrem Model am besten Bescheid, dass der erste Blitz zur Reduktion der roten Augen gedacht ist.

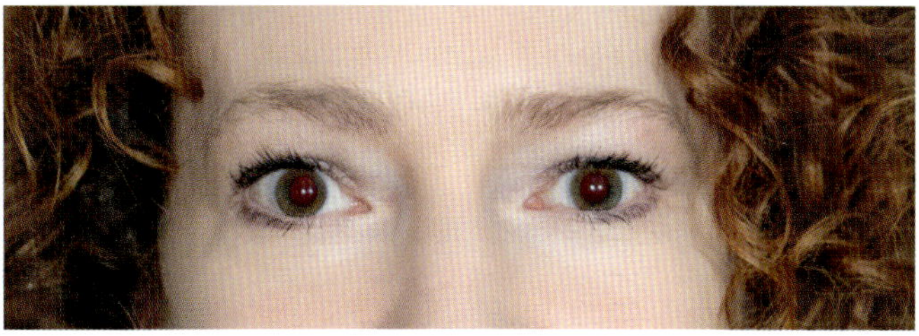

140 mm | f/2,8 | 1/50 Sek. | ISO 800 | eingebauter Blitz

◀ *Rote Augenreflexion.*

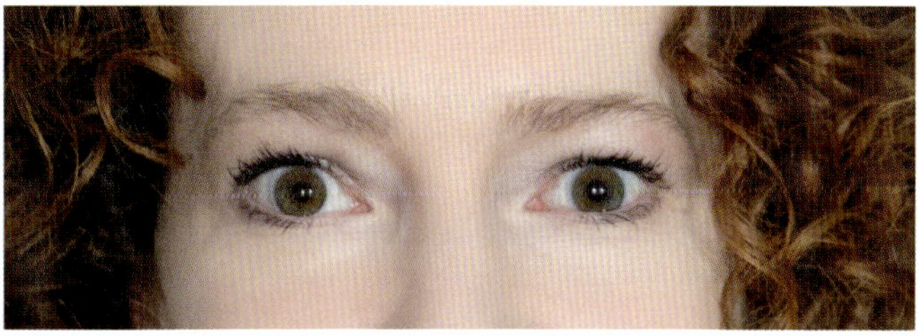

140 mm | f/2,8 | 1/50 Sek. | ISO 800 | eingebauter Blitz

◀ *Der Vorblitz hat die Pupillen verkleinert, sodass die Netzhautreflexion weitestgehend entfernt wurde.*

Geben Sie Ihrem Modell das Startsignal und lösen Sie kurz danach aus. Es werden zwei Blitze hintereinander gezündet. Die Rote-Augen-Korrektur steht Ihnen in den Programmen P, A, S und M zur Verfügung.

Es kann allerdings vorkommen, dass die roten Pupillenreflexionen nicht ganz verschwinden. Dann haben Sie drei Möglichkeiten: Verwenden Sie einen höheren Aufsteckblitz, um das Licht aus einem steileren Winkel strahlen zu lassen, sodass die Reflexion gar nicht erst entsteht. Oder gehen Sie näher an Ihr Model heran. Auch mit dem eingebauten Blitz fällt das Licht nun aus einem höheren Winkel auf die Person.

Oder lassen Sie das Bild gleich kameraintern nachbearbeiten. Hierzu stellen Sie ganz einfach im Menü Blitz-Einstellung unter *ROTE-AUGEN KORR.* die Option *ENTFERNUNG* ein. Die X–T20 wird nun automatisch im Bild nach roten Augen suchen und diese entsprechend korrigieren. Die Korrektur steht bei RAW-Bildern allerdings nicht zur Verfügung, sie kann jedoch im Anschluss an die kamerainterne RAW-Konvertierung angewendet werden (siehe ab Seite 218). Wenn Sie ganz sicher gehen möchten und Bilder bevorzugen, bei denen die Pupillen nicht ganz so groß und schwarz aussehen, verwenden Sie am besten die Kombination *BLITZ+ENTFERNUNG*, die in dersel-

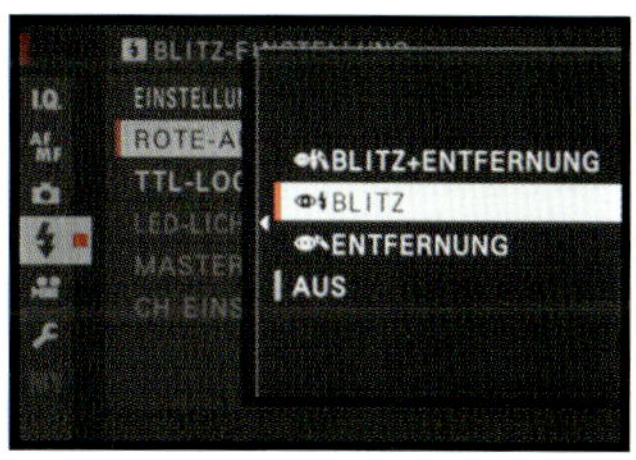

▲ *Aktivieren des Vorblitzes gegen rote Augen.*

Originalbild Speichern

Wenn Sie bei Verwendung der Funktion ***ENTFERNUNG*** auf das Originalbild inklusive der roten Augen nicht verzichten möchten, gehen Sie im Menü Einrichtung zur Rubrik ***DATEN-SPEICH SETUP*** und wählen bei ***ORG.BLD SPEICHERN*** die Option ***AN***. Die X–T20 speichert dann beide Bilder, das mit der kamerainternen Rote-Augen-Korrektur und das Originalbild.

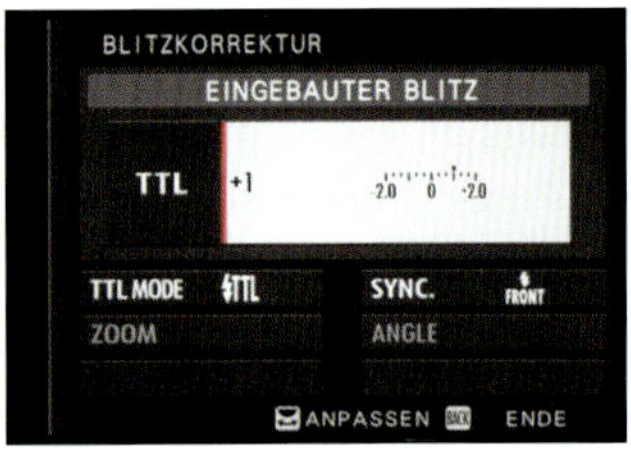

▲ *Anpassen der Blitzlichtmenge, hier auf den Wert +1.*

ben Auswahl zu finden ist. Dann erfolgt die Aufnahme mit Vorblitz und einer anschließenden eventuellen Korrektur mit der kamerainternen Bildbearbeitung.

Selbstverständlich haben auch die meisten Bildbearbeitungsprogramme und einige RAW-Konverter, wie zum Beispiel Photoshop oder Lightroom, einfach anzuwendende Korrekturfunktionen gegen rote Augen im Programm.

Die Blitzhelligkeit anpassen

Manchmal wirkt der Blitz zu intensiv, manchmal zu schwach. Dann können Sie die Blitzwirkung flink verbessern, indem Sie eine Blitzkorrektur vornehmen. Dies kann beispielsweise sinnvoll sein, wenn Sie indirekt über die Decke blitzen oder das Blitzlicht mit einem Diffusor oder einer Softbox streuen. In dem Fall sind Pluskorrekturen vorteilhaft, damit der Blitz alles hergibt, was er zu leisten in der Lage ist. Die X–T20 erlaubt Blitzkorrekturen abhängig vom angebrachten Blitzgerät von ±2 Stufen (eingebauter Blitz) bis zu ±5 Stufen (Fujifilm EF-X500). Einstellen können Sie die Korrektur im Menü Blitz-Einstellung /***EINSTELLUNG BLITZFUNKTION***, indem Sie den Bereich ***BLITZKORREKTUR*** im oberen rechten Bildschirmbereich ansteuern und am hinteren Einstellrad drehen.

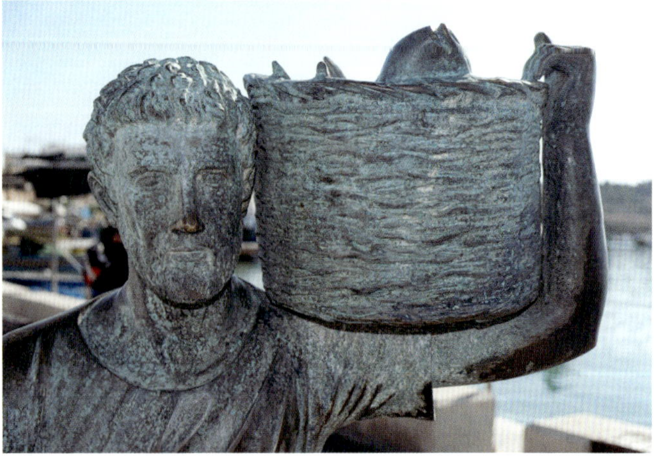

30 mm | f/4 | 1/210 Sek. | ISO 200 | Blitz (+1)

▲ *Um die Statue kräftig aufzuhellen, haben wir die Aufnahme mit einer Blitzkorrektur von +1 angefertigt.*

Lichtformer für Systemblitzgeräte

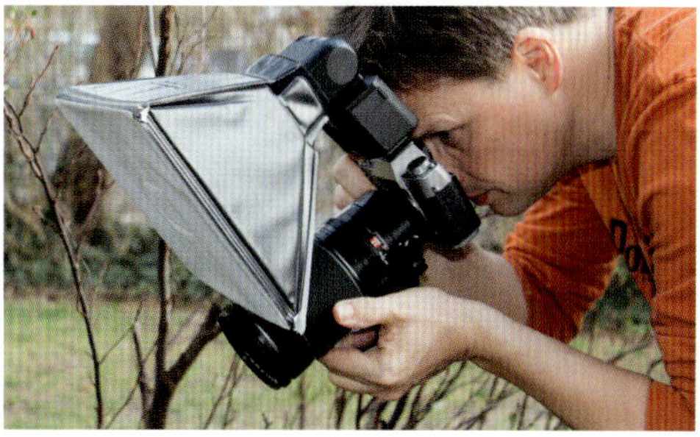

▲ *Systemblitz EF-X500 mit LumiQuest Softbox III.*

Wenn das Bild größtenteils von Blitzlicht aufgehellt wird, können harte Schattenränder und unschöne Reflexionen entstehen. Dem können Sie mit einfachen Hilfsmitteln begegnen. Soften Sie das Licht beispielsweise mit einem Handdiffusor ab, den Sie zwischen den Blitz und das Objekt halten. Oder befestigen Sie einen Blitzdiffusor am Blitzgerät (z. B. Softbox III von LumiQuest). Hier gilt es darauf zu achten, dass der Diffusor von den Maßen her so gewählt wird, dass er das Objektiv nicht verdeckt. Gerade bei den zierlicheren Fujinon-Objektiven kann das eine Rolle spielen. Wenn Sie häufiger mit entfesselten Geräten Porträts fotografieren, können Sie größere Softboxen oder Reflexionsschirme einsetzen (z. B. von flash2softbox, Magic Square Softbox oder Lastolite Ezybox Hotshoe). Ein wirklich hervorragendes Licht liefert auch die Dodecagon-Softbox SMDV Speedbox-70 (Version I oder II).

Blitzen in heller Umgebung mit Hi-Speed-Synchronisation

Der Mechanismus des Kameraverschlusses erlaubt standardmäßig nur 1/250 Sek. als kürzeste Belichtungszeit mit Blitz. Das ist die sogenannte ***Blitzsynchronzeit*** der X–T20. Nur bis zu dieser Zeit kann der Kameraverschluss für die Bildaufnahme vollständig geöffnet sein, sodass der Sensor einmal ganz freigelegt wird und das gesamte Foto etwas von dem kurz aufleuchtenden Blitzlicht abbekommt.

Wenn Sie mit kürzeren Belichtungszeiten blitzen, entstehen teilbelichtete Bilder. Der Blitz hellt dann nur den oberen Teil des Bildes auf und der Rest wird stark unterbelichtet. Je kürzer die Belichtungszeit, desto schmaler wird der mit Blitzlicht aufgehellte Bildstreifen.

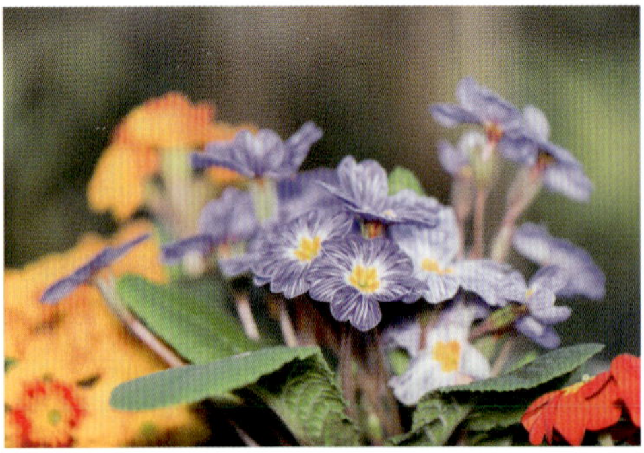

1/250 Sek.

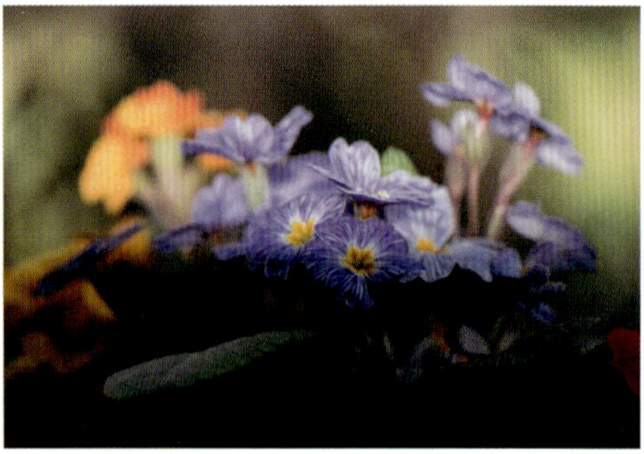

1/500 Sek.

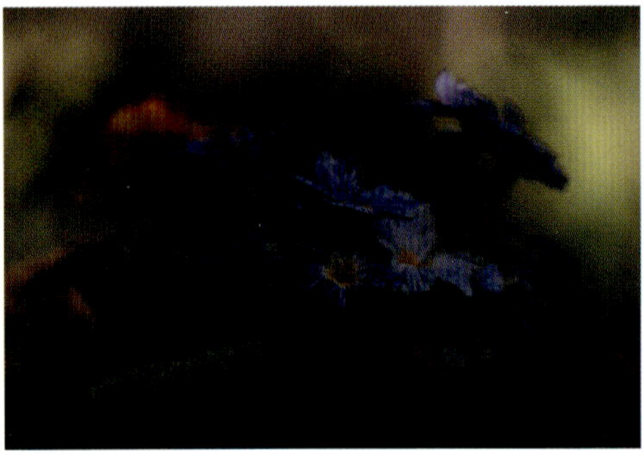

1/1000 Sek.

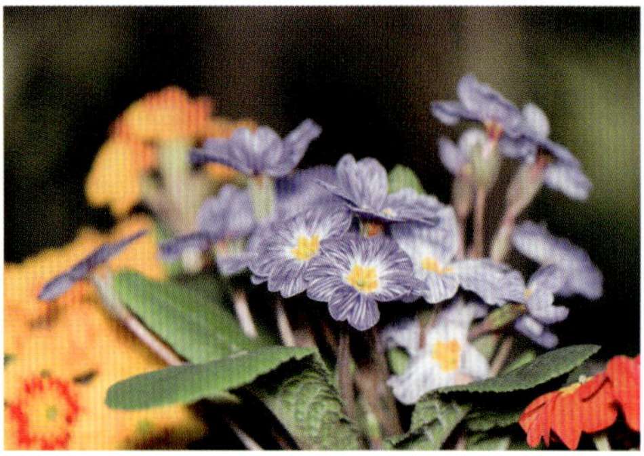

1/1000 Sek. mit AUTO-FP (HSS)

Alle Bilder: 140 mm | f/2,8 | ISO 200 | EF-X500 mit Softbox

▲ *Oben links: Mit der Blitzsynchronzeit wird das Bild vollständig mit Blitzlicht aufgehellt. Oben rechts: Das Bild ist nur zur Hälfte belichtet worden, weil die Belichtungszeit doppelt so kurz war wie die Blitzsynchronzeit. Unten links: Bei 1/1000 Sek. ist nur ein schmaler Streifen am oberen Rand richtig belichtet. Unten rechts: Mit der Kurzzeit-Synchronisation war es trotz kurzer Belichtungszeit möglich, das gesamte Bild mit Blitzlicht zu belichten.*

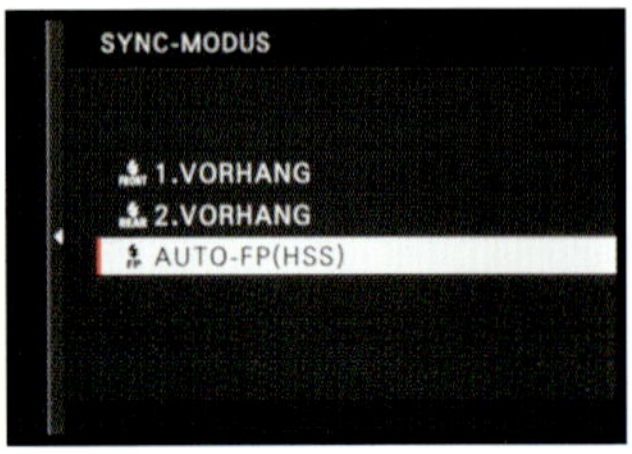

▲ *Aktivieren der Kurzzeit-Synchronisation im Kameramenü.*

Mit der sogenannten *AUTO-FP (HSS)*- oder Kurzzeit-Synchronisation können Sie dieses Problem aber umgehen und auch mit Blitz Belichtungszeiten bis zu 1/4000 Sek. verwenden. Dafür benötigen Sie allerdings einen geeigneten Systemblitz. Von den Fujifilm Blitzen beherrscht das momentan nur der EF-X500. Die Funktion steht bei der X–T20 in den Modi P, S, A und M zur Verfügung.

Einschalten lässt sich die Kurzzeit-Synchronisation im Menü Blitz-Einstellung /*EINSTELLUNG BLITZFUNKTION*. Navigieren Sie darin zum Feld *SYNC*, drücken Sie die MENU/OK-Taste und rufen Sie in der Liste die Option *AUTO-FP (HSS)* auf. Die X–T20 schaltet nun automatisch auf Kurzzeit-Synchronisation, wenn die Belichtungszeit kürzer als die Synchronzeit ist.

Achten Sie auf die Anzeige der Reichweite ❶ am Blitzgerät, wenn dieses entsprechende Informationen zur Verfügung stellt, denn diese sinkt mit dem Verkürzen der Belichtungszeit enorm.

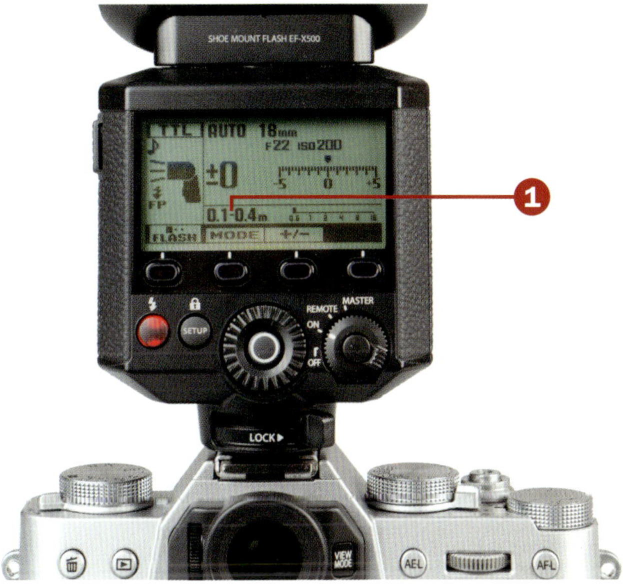

▲ *Anzeige der Blitzreichweite am Blitzgerät.*

Indirekt blitzen für weiche Schatten

Für eine gleichmäßigere Ausleuchtung von Gegenständen, Personen oder kleineren Räumen empfiehlt es sich, bei größeren Systemblitzgeräten den Blitzkopf nach oben in Richtung Decke zu richten. Das Licht wird dann reflektiert und gleichmäßiger über die gesamte Bildfläche verteilt.

Durch das indirekte Blitzen wird die Ausleuchtung homogener, die Schattenränder verlaufen weicher und die meisten störenden Reflexionen verschwinden. Alternativ können Sie auch eine Styroporplatte als Reflexionsfläche verwenden und diese zum Beispiel links oder rechts von Ihrem Motiv positionieren, um das Licht indirekt von der Seite kommen zu lassen. Die Schatten treten dann auf der vom Blitz abgewandten Seite in Erscheinung. Auf diese Weise können Sie mit Licht und Schatten sehr flexibel experimentieren.

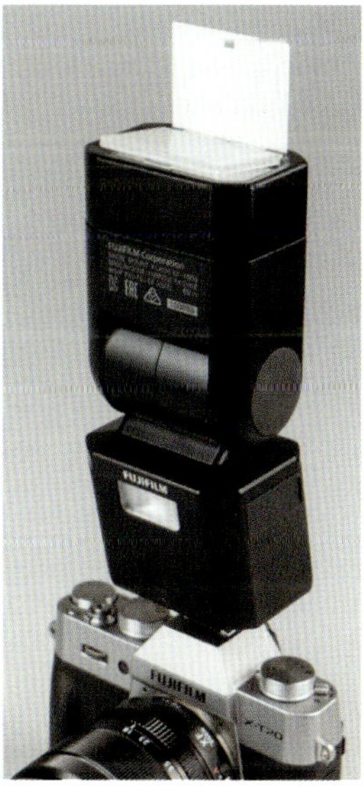

▲ *Wenn Personen mit indirektem Blitzlicht ausgeleuchtet werden, ist es sinnvoll, beim Blitzgerät EF-X500 die Weitwinkelstreuscheibe und die weiße Catchlight-Scheibe auszuklappen. Dann kann ein Teil des Lichts das Gesicht und die Augen zusätzlich aufhellen.*

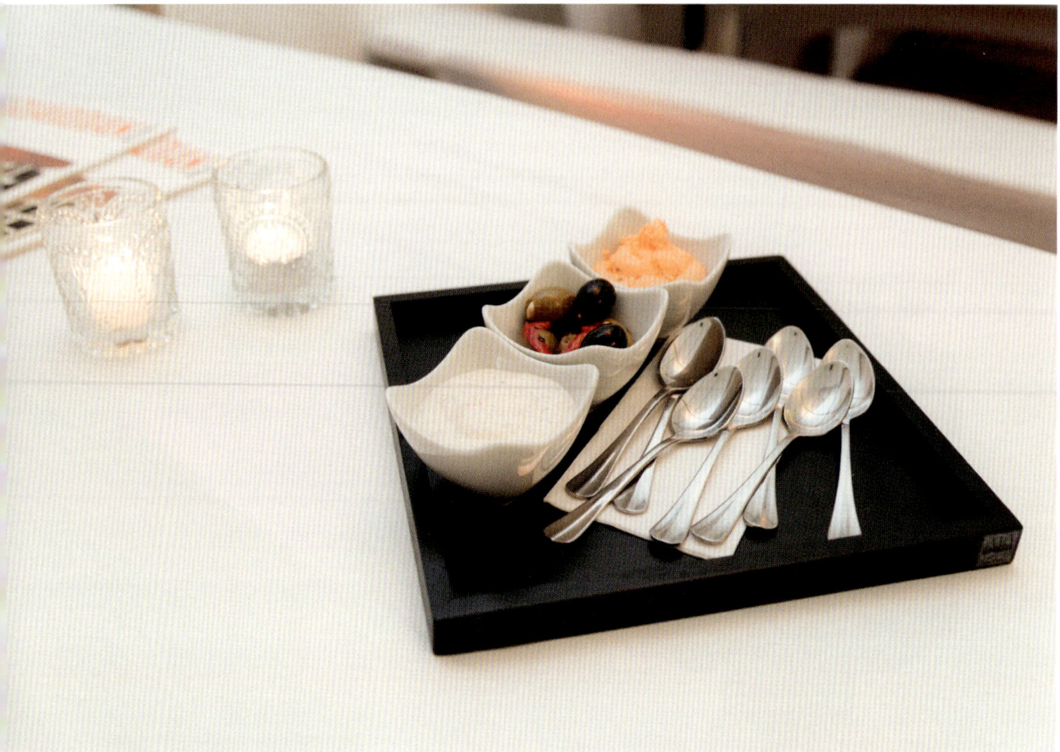

34 mm | f/4,5 | 1/100 Sek. | ISO 1600 | Blitz (+1)

▲ *Auf dem Porzellan und den Löffeln hätte der direkte Blitz unschöne Reflexionen erzeugt, daher haben wir zur sanften Aufhellung indirekt über die Zeltdecke geblitzt.*

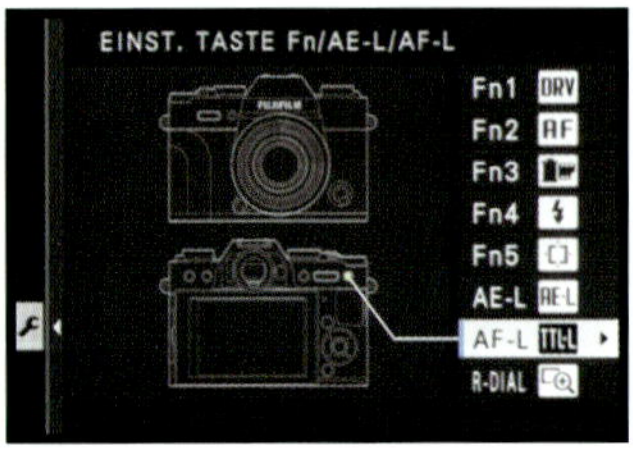

▲ *Belegung der AF-L-Taste mit der Funktion TTL-SPERRE.*

Die Blitzlichtmenge speichern

Sollen mehrere Bilder mit der exakt gleichen Blitzlichtmenge aufgenommen werden, kann es sinnvoll sein, die per TTL gemessene Blitzlichtmenge temporär zu speichern. Wenn Sie dies nicht tun, wird die Blitzlichtmenge vor jedem Auslösen neu gemessen und es kann zu Helligkeitsschwankungen innerhalb der Serie kommen.

Belegen Sie dazu eine der Funktionstasten mit der Funktion ***TTL-SPERRE***, indem Sie im Menü Einrichtung die Rubrik ***TASTEN/RAD-EINSTELLUNG*** und ***EINST. TASTE Fn/AE-L/AF-L*** öffnen und eine Funktionstaste Ihrer Wahl neu belegen. Hier haben wir uns für die AF-L-Taste entschieden, da wir die Schärfespeicherung nicht so oft benötigen.

Öffnen Sie anschließend im Menü Blitz-Einstellung den Eintrag ***TTL-LOCK Modus***. Wenn Sie darin ***MIT LETZT BLITZ SPERR.*** wählen, müssen Sie zuerst ein Bild mit Blitzlicht auslösen, dann die zuvor belegte Taste drücken – es erscheinen die Buchstaben ***TL*** blau hinterlegt links neben der Belichtungszeit am Monitor. Danach können alle Folgebilder mit der gleichen Blitzlichtmenge aufgenommen werden wie der des ersten Bildes. Mit der Option ***MIT MESSBL. SPERREN*** wird mit dem Drücken der zuvor belegten Taste ein TTL-Messblitz ausgelöst, ohne dass ein Bild aufgenommen wird. Damit ist die Blitzlichtmenge gespeichert und Sie können die Folgebilder mit dieser Blitzlichtmenge aufnehmen. Wenn Sie die Taste für die TTL-Sperre erneut drücken, wird die Speicherung der Blitzlichtmenge aufgehoben.

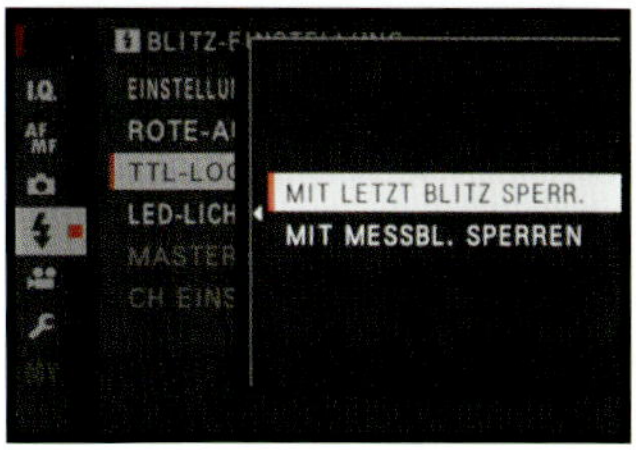

▲ *Festlegen, ob für die TTL-Speicherung erst ein Bild ausgelöst werden soll oder nur ein TTL-Messblitz.*

7.5 Strategien für das entfesselte Blitzen

Systemblitzgeräte können als individuell positionierbare, von der Kamera getrennte Blitzgeräte verwendet werden. Diese Blitzmethode wird auch entfesseltes Blitzen oder Blitzen im Remote-Betrieb bezeichnet. Mit der X–T20 können Sie auf drei grundlegende Weisen vorgehen:

1. Ein Master-Blitzgerät, etwa der Fujifilm EF-X500 auf dem Blitzgeräteschuh, löst ein Remote- bzw. Slave-Blitzgerät entfesselt aus, etwa einen zweiten EF-X500. Die Steuerung der Blitzlichtmenge erfolgt entweder automatisch per TTL-Messung oder mit manuellen Leistungswerten. Die Signalübertragung basiert auf optischen Signalen und ist daher etwas störanfälliger.

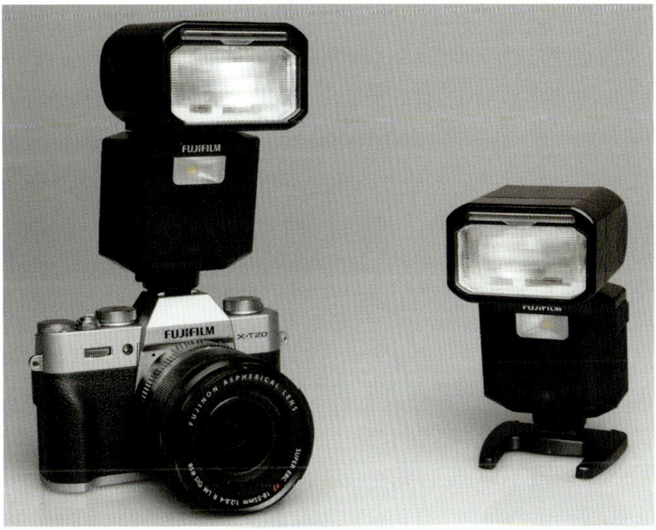

◀ *Entfesselt Blitzen mit automatischer TTL-Steuerung und zwei EF-X500-Blitzgeräten.*

2. Ein Funksender wird am Blitzgeräteschuh befestigt, der ein entfesseltes Blitzgerät über einen Funkempfänger fernsteuern kann. Entweder besitzt das entfesselte Blitzgerät dazu einen eingebauten Funkempfänger, wie zum Beispiel beim Nissin-Air-System (Funksender Commander Air 1 und Blitz Di700A Fuji oder i60A Fuji). Oder der entfesselte Blitz wird mit einem Funkempfänger ausgestattet, wie zum Beispiel beim System Hähnel Captur Transmitter Receiver Set für Fuji. Die Steuerung der Blitzlichtmenge erfolgt in der Regel manuell über Blitzleistungswerte.

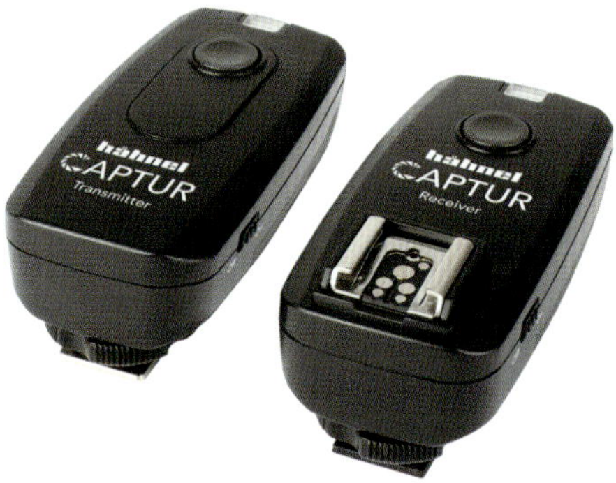

▶ *Hähnel Captur Transmitter Receiver Set (Bild: Hähnel).*

3. Das entfesselte Blitzgerät wird über einen systemunabhängigen Blitzimpuls vom eingebauten Blitz ausgelöst. Als entfesselte Geräte kommen aber nur Servo-Blitzgeräte infrage, wie Studioblitzgeräte mit eingebauter Fotozelle, oder Systemblitzgeräte wie der Sigma EF-610 DG Super oder viele der Metz mecablitz-Geräte, wie der 52 AF-1 digital. Für welches Kamerasystem der Servo-Blitz eigentlich gedacht ist, spielt hierbei keine Rolle. Die Blitzintensität muss manuell am entfesselten Blitz eingestellt werden.

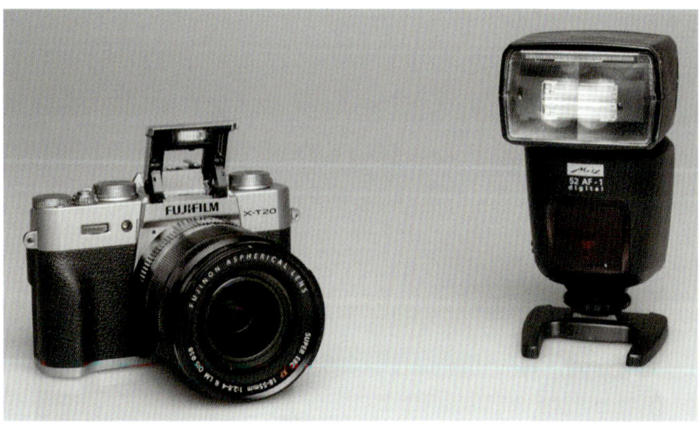

▶ *Fernauslösen von Servo-Blitzgeräten mit dem eingebauten Blitzgerät.*

Vorteil der Funksysteme

Das entfesselte Blitzen mit Funksystemen hat drei entscheidende Vorteile: die Reichweite ist höher (25 m und mehr), die Blitzgeräte müssen keinen Sichtkontakt haben, was insbesondere im Studio bei der Verwendung von Softboxen und Reflexschirmen wichtig wird, und helles Licht bei Außenaufnahmen hat keinen Einfluss auf die Kommunikation zwischen den Geräten.

Einfach entfesselt Blitzen

Das entfesselte Blitzen kann mit dem eingebauten Blitzgerät der X–T20 und einem Servo-Blitzgerät recht einfach in die Tat umgesetzt werden. Schauen Sie sich dazu einmal die beiden Bilder mit dem Türgriff an. Bei dem ersten Bild haben wir einen Metz mecablitz 52 AF-1 von schräg rechts oben aus auf den Griff strahlen lassen. Dadurch wird die Löwenfigur plastischer hervorgehoben. Das Foto sieht so aus, als hätte die Sonne auf die Tür geschienen, und wirkt insgesamt lebendiger als das Bild ohne Blitzaufhellung.

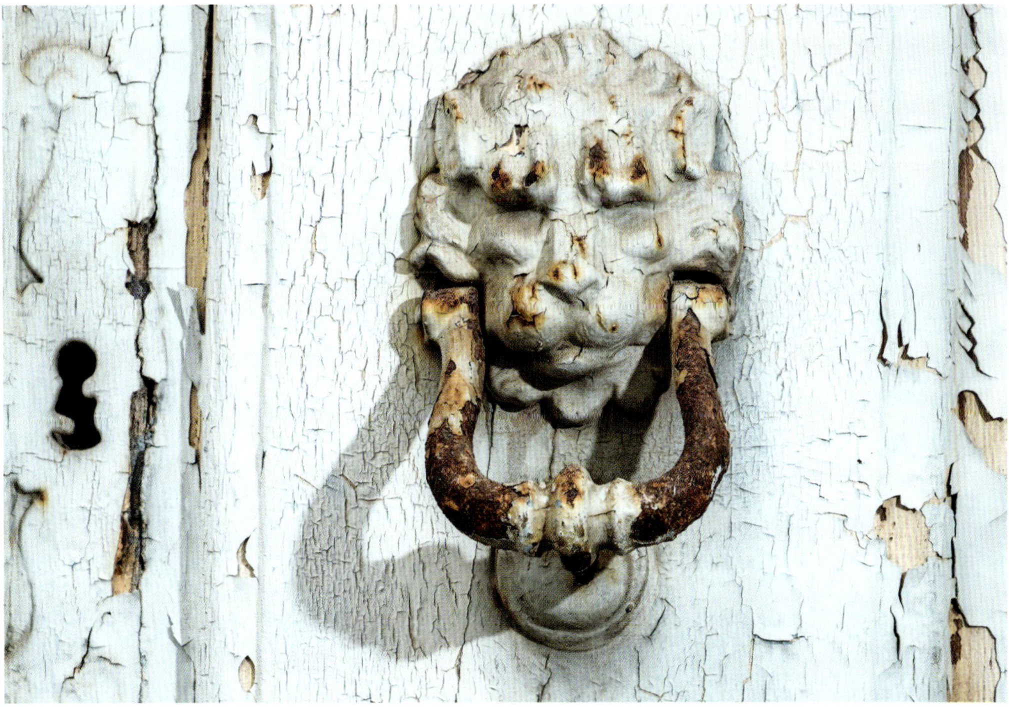

55 mm | f/9 | 1/30 Sek. | ISO 200 | entfesselter Servo-Blitz

▲ *Mit Blitzlicht hebt sich der Türklopfer plastischer vom Hintergrund ab und das Löwenmotiv wirkt insgesamt frischer.*

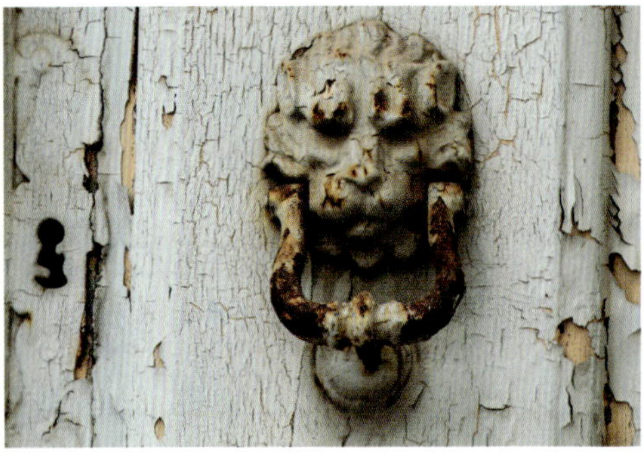

55 mm | f/9 | 1/30 Sek. | ISO 200

▲ *Ohne Blitzaufhellung wirkt das Bild matt und kontrastarm.*

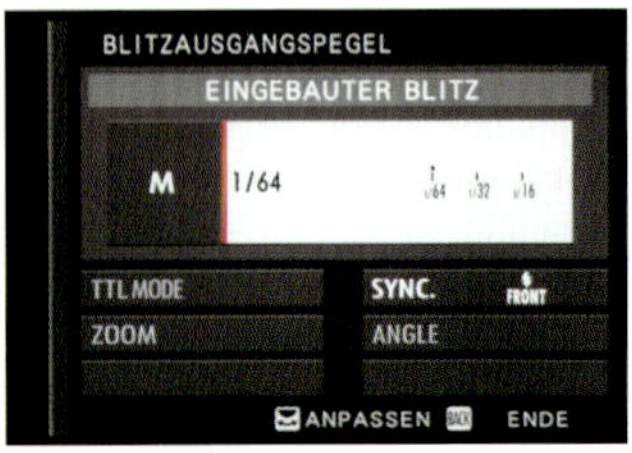

▲ *Auf der niedrigsten manuellen Leistungsstufe löst der eingebaute Blitz den entfesselten Servo-Blitz aus, steuert selbst aber kaum Licht zum Bild bei.*

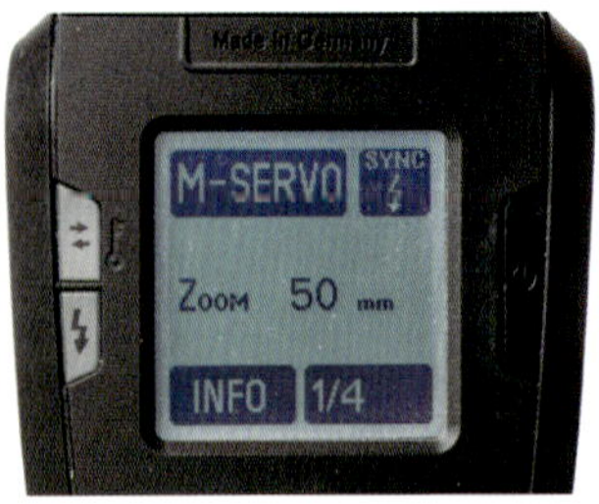

▲ *Servo-Blitzeinstellung am Beispiel des Metz mecablitz 52 AF-1.*

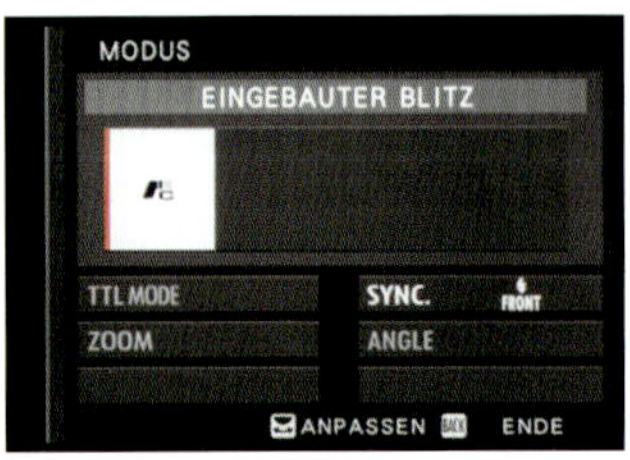

▲ *Im Modus COMMANDER löst der eingebaute Blitz keinen TTL-Messblitz aus.*

Um Ihr Motiv mit dem eingebauten Blitz und einem entfesselten Servo-fähigen Studio- oder Systemblitzgerät zu modellieren, können Sie die X–T20 so einstellen, dass der eingebaute Blitz den externen Blitz drahtlos auslöst, selbst aber kaum Licht zur Aufnahme beisteuert.

Dazu klappen Sie den eingebauten Blitz in einem der Modi P, S, A oder M aus. Wählen Sie dann im Menü Blitz-Einstellung /*EINSTELLUNG BLITZFUNKTION* den Modus *M* und stellen Sie die Leistung bei *BLITZAUSGANGSPEGEL* mit dem hinteren Einstellrad auf den niedrigsten Leistungswert von 1/64.

Aktivieren Sie als nächstes den SERVO-Betrieb des entfesselten Blitzgerätes, beim Metz mecablitz 52 AF-1 eignet sich die Einstellung *M-SERVO* dafür. Stellen Sie die benötigte Blitzleistung am entfesselten Blitzgerät ebenfalls ein, hier 1/4.

Positionieren Sie die X–T20 nun so, dass der eingebaute Blitz Sichtkontakt zur unteren Frontseite des externen Gerätes oder zur Fotozelle des Studioblitzkopfes hat und der Abstand nicht mehr als 7 m beträgt. Bei Systemblitzgeräten mit drehbarem Blitzkopf können Sie den entfesselten Blitz auch so verdrehen, dass der Blitzkopf zum Motiv zeigt und die Basis zur Kamera. Nehmen Sie anschließend Ihre Bilder auf. Sollte Ihnen die Intensität des entfesselten Blitzes zu stark oder zu schwach vorkommen, passen Sie die Blitzleistung entsprechend an.

Soll auch der eingebaute Blitz zur Bildaufhellung beitragen, können Sie im Menü Blitz-Einstellung bei *EINSTELLUNG BLITZFUNKTION* den Modus *COMMANDER* einstellen. Dann hellt der eingebaute Blitz das Bild zwar mit auf, zündet aber für die Ermittlung der richtigen Blitzdosis keinen TTL-Messblitz, denn dieser würde das Auslösen des Servo-Blitzes stören oder sogar ganz verhindern. Wobei die Servo-fähigen Metz mecablitz-Geräte sogar eine Lernfunktion besitzen, sodass Sie mit diesen Geräten den eingebauten Blitz sogar ganz normal im TTL-Modus verwenden könnten, und der entfesselte Servo-Blitz dann trotzdem auslöst.

Mehrere entfesselte Blitzgeräte steuern

Sollten Sie mehrere EF-X500-Blitzgeräte besitzen, können auch Aufnahmen mit automatischer TTL-Messung in die Tat umgesetzt werden, bei denen der Masterblitz auf der X–T20 und der externe Blitz oder auch mehrere externe Blitzgeräte unterschiedlich stark zur Bildaufhellung beitragen. Bringen Sie einen EF-X500 Blitz dazu an der X–T20 an und schalten Sie ihn ein. Drehen Sie den Ein-/Ausschalter auf die Position *MASTER* ❶. Nun können Sie die entfesselten Geräte und den Master über das Kameramenü der X–T20 regulieren, indem Sie das Menü Blitz-Einstellung /*EINSTELLUNG BLITZFUNKTION* öffnen.

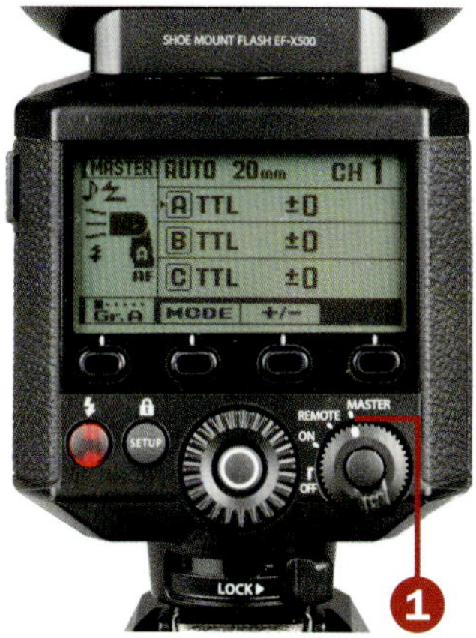

▲ *Einschalten des REMOTE- oder MASTER-Betriebs am Fujifilm EF-X500 Blitzgerät.*

Sollen nur die entfesselten Blitzgeräte ausgelöst werden, stellen Sie bei *MASTER* die Option *OFF* ein. Wenn Sie stattdessen *Gr A*, *Gr B* oder *Gr C* wählen, wird der Masterblitz auf der X–T20 genauso stark dosiert wie die entfesselten Blitzgeräte der jeweiligen Gruppe.

Anschließend teilen Sie die entfesselten Blitzgeräte in Gruppen ein, um sie unterschiedlich dosieren zu können. Dazu drehen Sie den Ein-/Ausschalter an den entfesselten Geräten auf *REMOTE* und wählen für jedes Gerät direkt am Blitzgerät eine Gruppe aus. Es können auch mehrere Blitzgeräte in die Blitzgruppen *A*, *B* oder *C* eingeteilt werden.

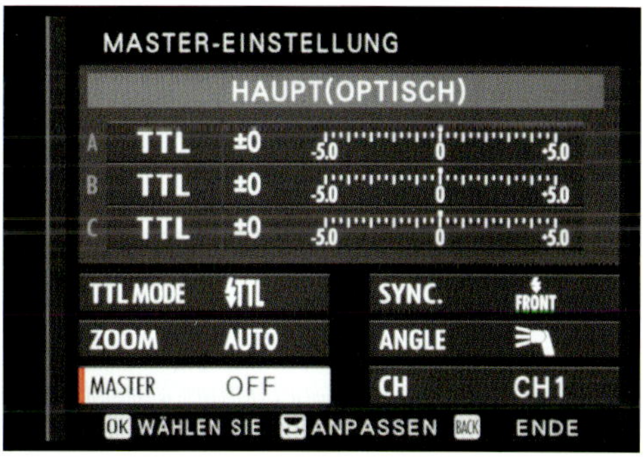

▲ *Der Masterblitz steuert kein Licht zur Aufnahme bei, löst aber die entfesselten Blitzgeräte aus.*

Jetzt fehlt nur noch die Steuerung der Blitzlichtmengen. Im TTL-Betrieb haben Sie zwei Möglichkeiten:

- Verhältnissteuerung: Die Lichtmenge der Blitzgruppen wird über das Verhältnis zueinander geregelt. Werte zwischen 8:1 und 1:1 sind möglich, das entspricht in etwa drei Stufen Belichtungsunterschied. Die Funktion ist nicht immer so genau, lässt sich aber recht zügig und unkompliziert einstellen.
- Steuerung über Blitzkorrekturen: Wenn Sie die Intensität der entfesselten Blitzgeräte in den verschiedenen Gruppen noch stärker differenzieren möchten, ist

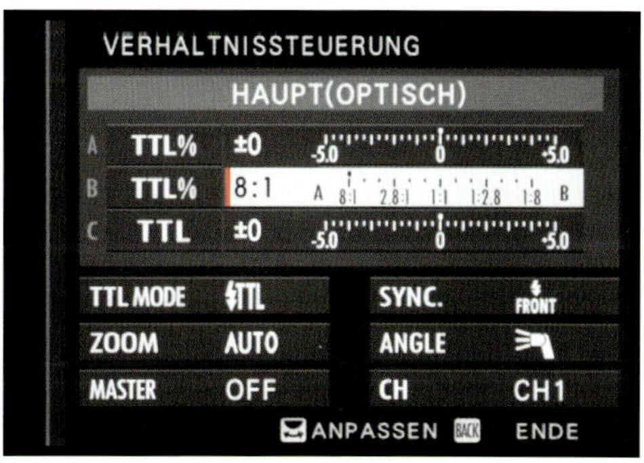

▲ *Die entfesselten Blitzgeräte der Gruppe A liefern im Verhältnis 4:1 mehr Licht als die entfesselten Blitzgeräte der Gruppe B.*

dies durch eine Blitzkorrektur möglich. Aufgrund der TTL-Messtechnik bleibt die Gesamthelligkeit aber erhalten.

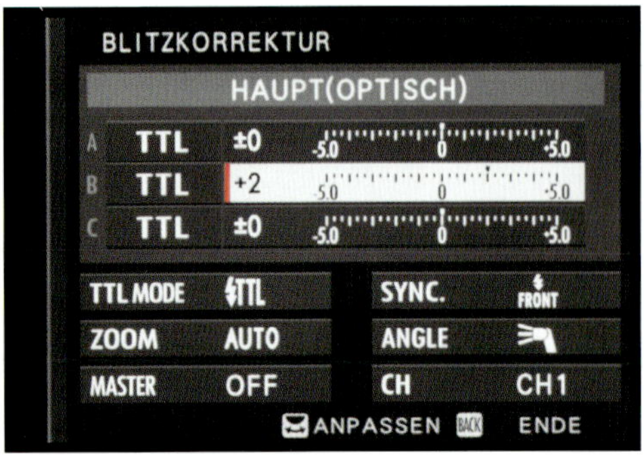

▲ *Blitzkorrektur der entfesselten Blitzgeräte in Gruppe A von –1 und der Blitzgeräte in Gruppe B von +1.*

Mit der Verhältnissteuerung und zwei entfesselten Blitzgeräten haben wir das hier gezeigte Modellauto aufgenommen. Der Blitz von links wurde der Gruppe B zugeteilt und der Blitz von rechts der Gruppe A. Im ersten Bild leuchtet der linke Blitz B stärker als Blitz A (A:B-Verhältnis 1:8), im zweiten Bild stehen beide Blitzgruppen im Verhältnis 1:1 zueinander. Im dritten leuchtet der rechte Blitz A stärker als der linke Blitz B (A:B-Verhältnis 8:1).0

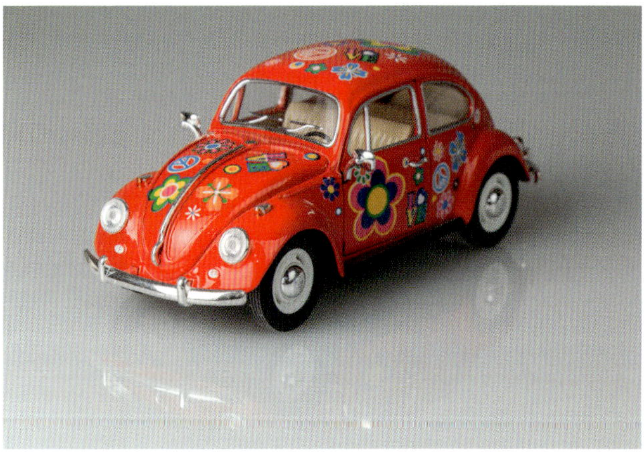

▲ *A:B-Verhältnis: 1:8.*

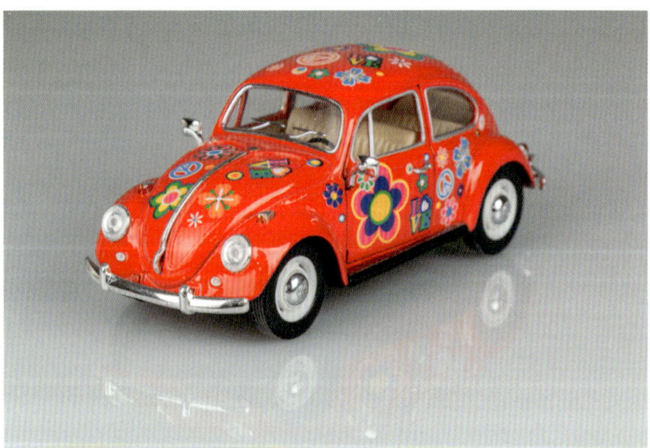

▲ *A:B-Verhältnis: 1:1.*

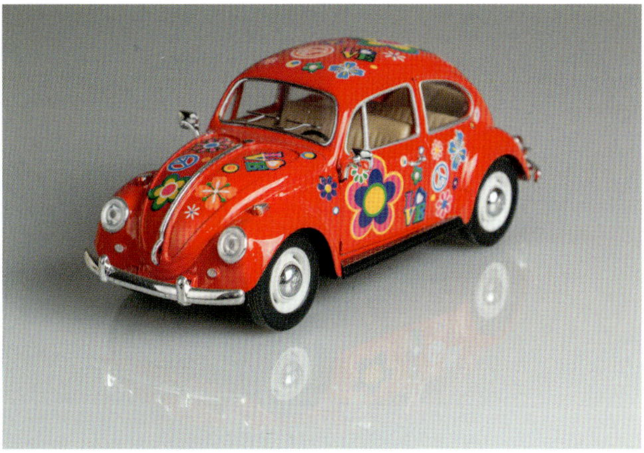

▲ *A:B-Verhältnis: 8:1.*

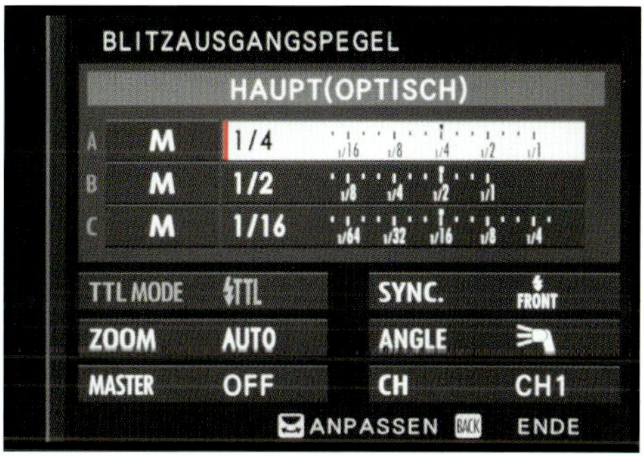

▲ *Regulierung der Blitzgruppen anhand manueller BLITZAUSGANGSPEGEL (Blitzleistung).*

Wer die entfesselten Blitzgeräte, vergleichbar einer Studioblitzanlage, manuell steuern möchte, kann dies ebenfalls tun. Wählen Sie dazu im Menü Blitz-Einstellung /***EINSTELLUNG BLITZFUNKTION*** bei der jeweiligen Blitzgruppe den Modus ***M*** anstatt von ***TTL*** oder ***TTL%***. Wobei ein Mischbetrieb ebenfalls möglich ist.

Sämtliche Blitzgeräte müssen nun in ihrer Blitzleistung angepasst werden. Diese erstreckt sich bei den EF-X500-Blitzgeräten über einen Bereich von der vollen Leistung 1/1 bis zu 1/512 Teilleistung. Wer einen blitztauglichen Handbelichtungsmesser besitzt, wird hier bestimmt schnell die richtigen Werte für den eigenen Motivaufbau finden. Ansonsten ist ein wenig Ausprobieren gefragt.

Wozu verschiedene Kanäle?

Im Master-Remote-System von Fujifilm können Sie bei ***CH EINSTELLUNG*** vier Steuerkanäle ***CH 1*** bis ***CH 4*** einstellen. Die Kanäle spielen immer dann eine Rolle, wenn mehrere Fotografen drahtlos blitzen und sich nicht ins Gehege kommen wollen. Jeder sucht sich einen Kanal aus, und schon können alle mit ihrem eigenen System arbeiten. Stellen Sie somit alle Blitzgeräte und den Masterblitz auf der X–T20 auf den jeweiligen Kanal ein, um ein geschlossenes System zu bilden.

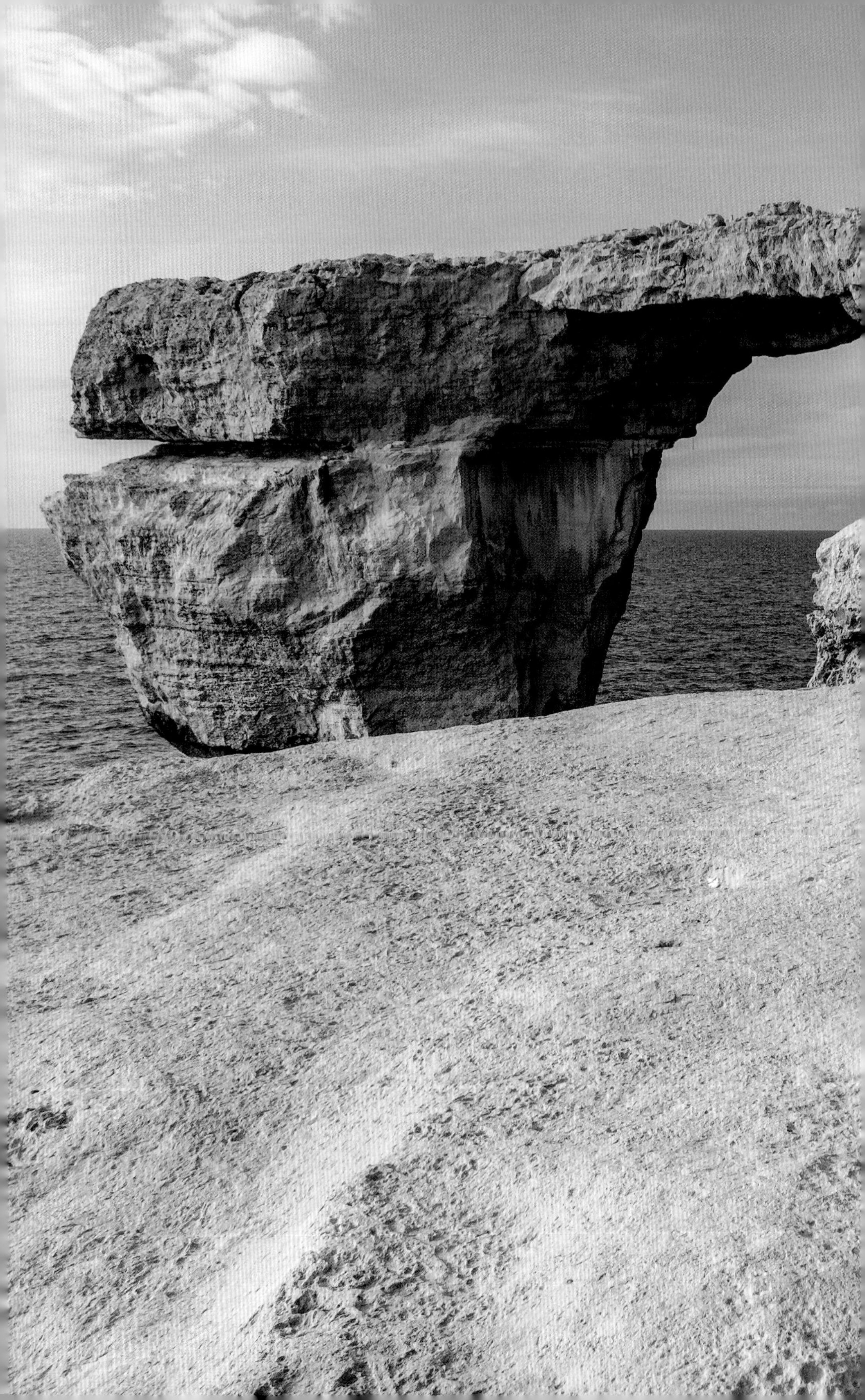

Besondere Herausforderungen meistern

Die Fotobedingungen außerhalb des Studios machen es nicht immer leicht, zu Bildern mit optimal ausgewogenem Kontrast zu kommen. Doch mit ein paar Tricks und den passenden Spezialfunktionen lassen sich Gegenlicht und hohe Kontraste problemlos in schöne Bilder wandeln. Und wer noch kreativer unterwegs sein möchte, kann sich auf HDR-, Mehrfachbelichtungs- und Timelapse-Projekte stürzen. Tipps zur beliebten Panorama- und Makrofotografie schließen dieses Praxiskapitel ab.

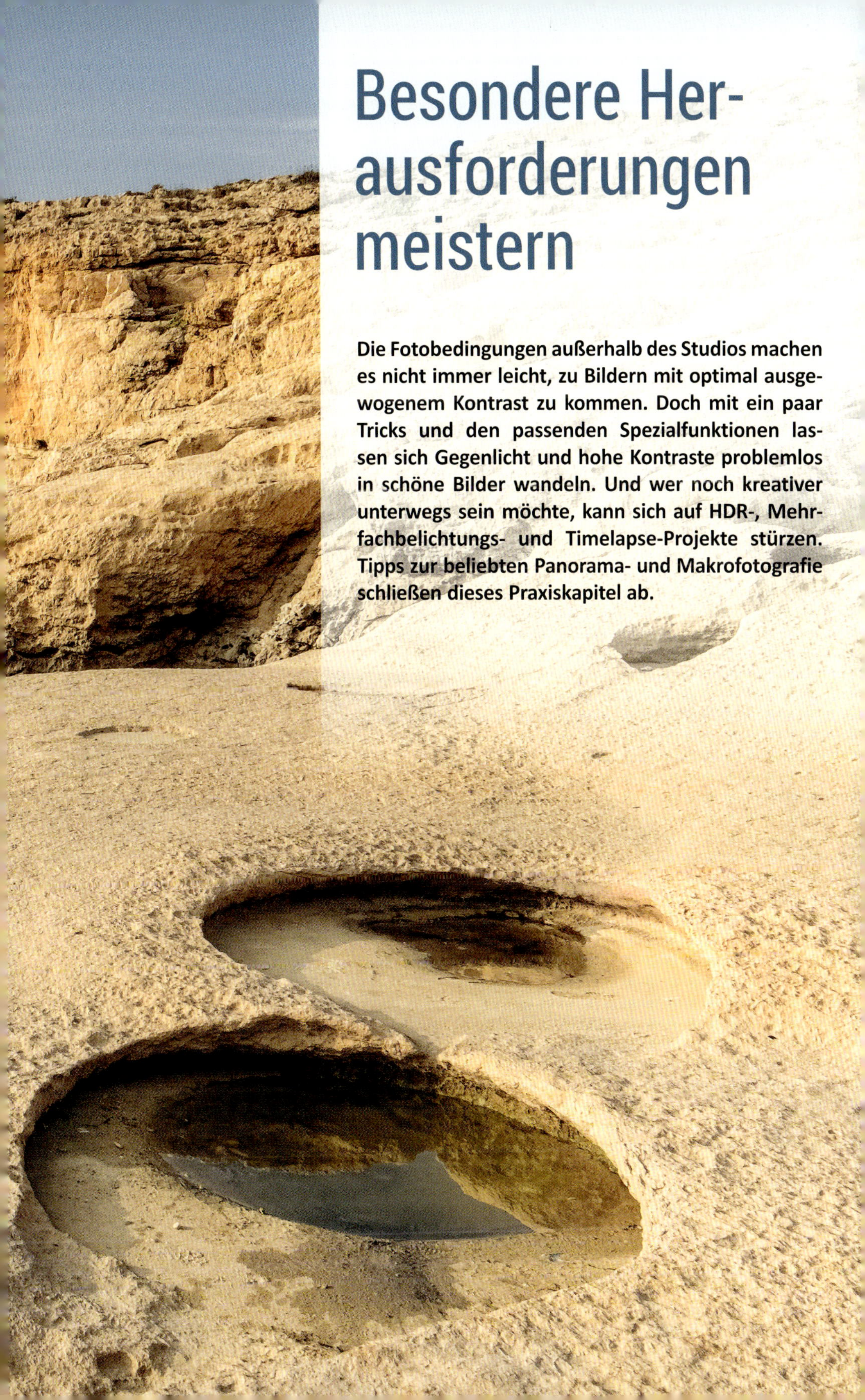

8.1 Kontraste managen

Unsere Augen sind in der Lage, ein sehr großes Spektrum an hellen und dunklen Farben auf einmal wahrzunehmen. Daher können wir kontrastreiche Motive im Gegenlicht ohne Fehlbelichtung erfassen. Alles sieht durchzeichnet aus, besitzt erkennbare Strukturen.

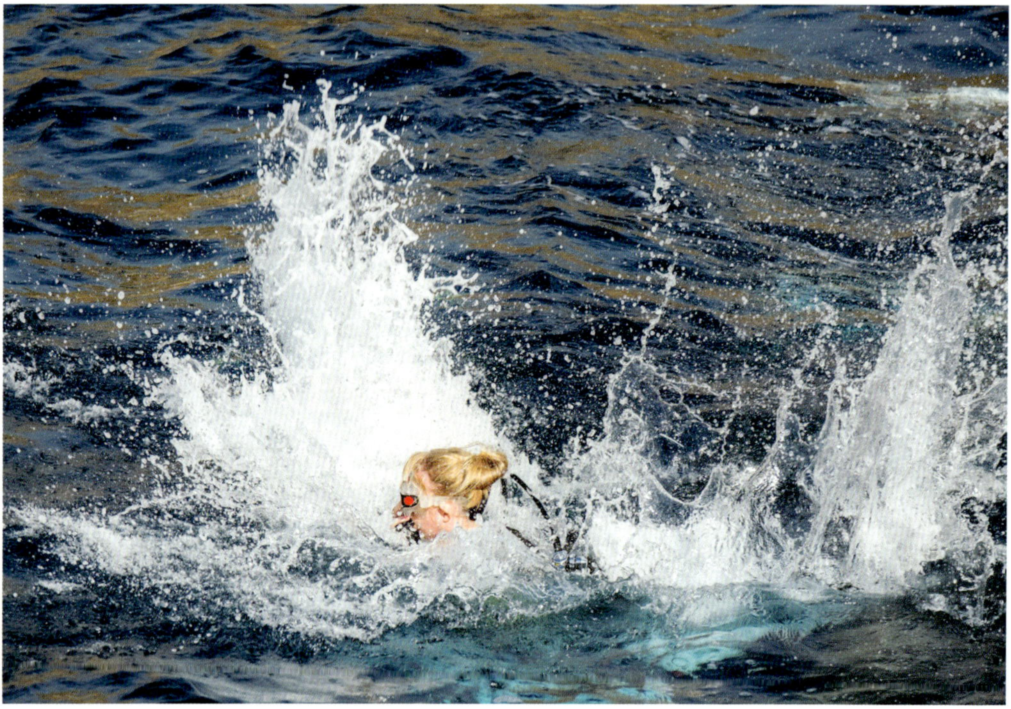

140 mm | f/3,6 | 1/1000 Sek. | ISO 200

▲ *Unsere Augen sehen solche Situationen gut durchzeichnet, Bilder aus der X-T20 benötigen Kontrastkorrekturen während oder nach der Aufnahme.*

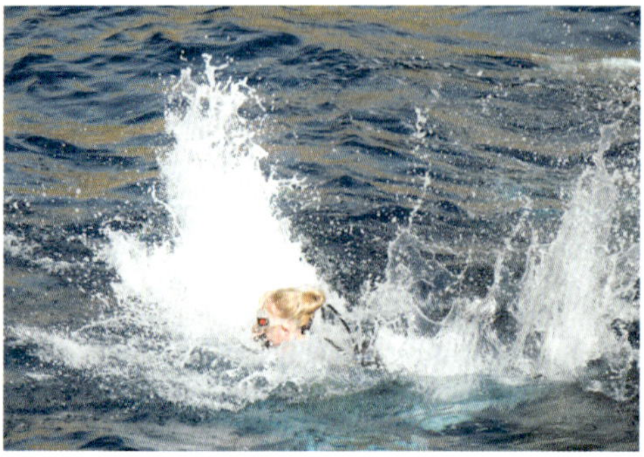

▲ *Unbearbeitetes Original mit einer starken Überstrahlung der hellen Wasserspritzfläche.*

Der Helligkeitsumfang, den wir mit unseren Augen auf einen Blick wahrnehmen, wird auch mit dem Begriff Kontrast- oder ***Dynamikumfang*** beschrieben und in Blendenstufen unterteilt. Die Natur hat in etwa einen Dynamikumfang von 22 Blendenstufen. Unser Auge erfasst davon etwa 14. Der Sensor der X-T20 liefert einen wirklich guten Kontrastumfang, ist aber dennoch weniger dynamisch veranlagt als unsere Augen. Er bewältigt etwa 13 (ISO 100) bis 5 Stufen (ISO 51200).

So kann es vorkommen, dass ein kontrastreiches Motiv im Foto von der eigenen Wahrnehmung abweicht. Dies macht sich in überstrahlten oder stark unterbelichteten Bildpartien bemerkbar. Doch es gibt ein paar Praxistipps, mit denen selbst hochkontrastierte Motive ausgewogen auf dem X–T20-Sensor landen.

Überstrahlung vermeiden und Schatten aufhellen

Manchmal können bei kontrastreichen Motiven nur die ganz hellen Reflexionsstellen das Ergebnis ein wenig schmälern, indem sie überstrahlt und zeichnungslos abgebildet werden. Vergleichen Sie dazu einmal die Wiedergabeansichten mit dem Histogramm. Aufgrund des hohen Kontrasts blinkt im ersten Bild die Überbelichtungswarnung ❶ auf den ganz hellen Stellen der Blüten und das Histogramm stößt am rechten Rand knapp an ❸. Im zweiten Bild reißen die hellen Areale indes nicht mehr aus und das Histogramm wird rechts nicht mehr beschnitten ❹.

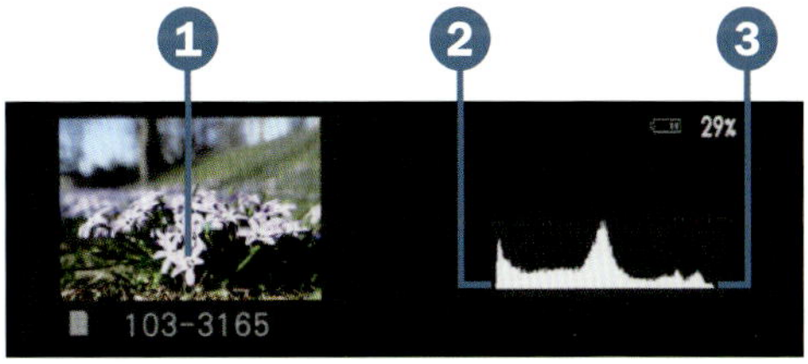

▲ *Überstrahlte Bereiche und dunkle Schatten ohne Kontrastoptimierung.*

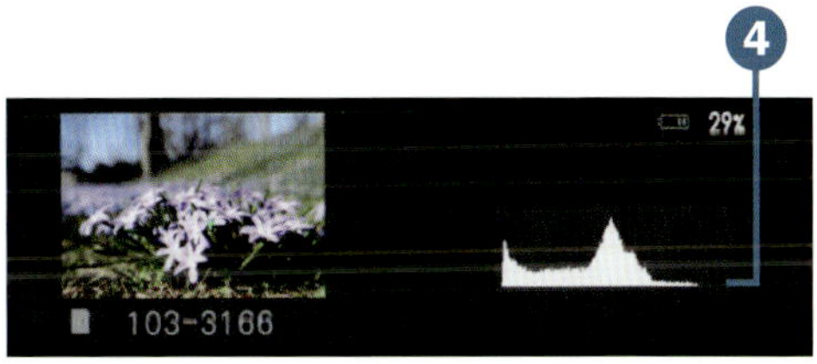

▲ *Abschwächen der Spitzlichter mit dem Wert –2 bei TON LICHTER.*

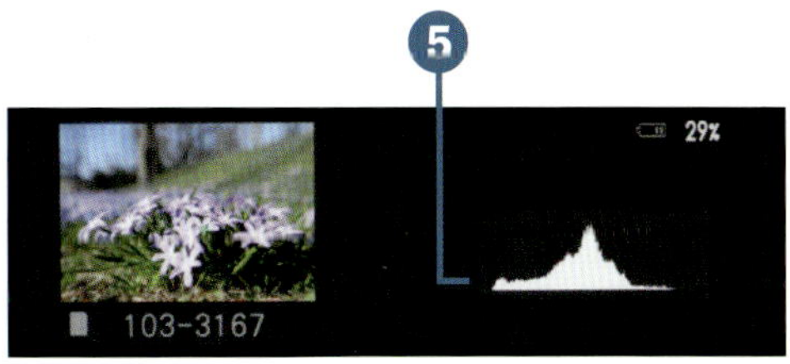

▲ *Aufgehellte Schatten mit dem Wert –2 bei SCHATTIER.-TON.*

Der Unterschied zwischen den beiden Aufnahmen liegt einzig in der spezifischen Abschwächung der hellsten Tonwerte, die sich mit der Funktion ***TON LICHTER*** aus dem Menü Bildqualitäts-Einstellung **I.Q.** erzielen lässt. Mit negativen Werten (hier –2) können Sie die Spitzlichter im Bild zurückfahren, was im Histogramm an einer Linksverschiebung der hellen Farbtöne zu erkennen ist.

Bei dem Bild war der Kontrast so hoch, dass das Histogramm auch links am Rand anstößt ❷, die Schatten also ein wenig zu dunkel dargestellt werden. Um den Kontrast weiter zu verbessern, haben wir daher zusätzlich auch noch die dunklen Bildstellen aufgehellt, indem wir die Funktion ***SCHATTIER. TON*** aus dem Menü Bildqualitäts-Einstellung **I.Q.** auf den Wert –2 herabgesetzt haben. Dadurch verschieben sich die dunklen Pixelberge der linken Histogrammseite etwas nach rechts ❺. Die Schatten sehen frischer aus und der Bildkontrast sinkt auf ein angenehmes Maß.

Beide Effekte, das Abdunkeln der Lichter und das Aufhellen der Tiefen, erreicht die X–T20 durch eine kamerainterne Bildverarbeitung, daher wirkt sich die Änderung in der Aufnahmesituation auch nur auf JPEG-Bilder direkt aus. Achten Sie aber stets auch gut auf die Grundbelichtung, denn die Kontrastoptimierung kann keine Bilder retten, bei denen die hellen oder die dunklen Pixelberge im Histogramm an den Seiten deutlich abgeschnitten sind.

Wenn Sie im RAW-Format fotografieren, können Sie die Kontrastkorrektur bequem im Zuge der kamerainternen RAW-Konvertierung durchführen. Im entsprechenden Menü finden Sie die Funktion ***TON LICHTER*** und ***SCHATTIER. TON*** wieder (siehe auch ab Seite 220). Oder verwenden Sie dafür einen RAW-Konverter Ihrer Wahl und bearbeiten die Bilder damit am Computer nach. Um die Einstellungen der beiden Funktionen brauchen Sie sich in der Aufnahmesituation dann gar nicht zu kümmern.

Störgeräusche mindern

Bei diesigem Licht kann es vorkommen, dass der Bildkontrast zu flau ausfällt. Erhöhen Sie dann ruhig einmal den Wert bei ***TON LICHTER*** und/oder ***SCHATTIER. TON***, um die Szene kontrastreicher zu gestalten. Achten Sie in der Wiedergabe der X–T20 aber gut auf die Überbelichtungswarnung. Diese sollte nur kleinste Bildstellen blinkend markieren.

Den Dynamikbereich optimieren

Das Ausreißen dunkler Bereiche ins Schwarze und heller Bildstellen ins strukturlos Weiße ist bei Gegenlichtaufnahmen mit hohem Kontrast kaum zu vermeiden, zumindest dann nicht, wenn die Sensordynamik eingeschränkt wurde. Mit dem flexiblen ***DYNAMIKBEREICH*** der X–T20 können Sie aber genau darauf Einfluss nehmen. Mit dieser Funktion kann die X–T20 den Motivkontrast verbessern, indem sie die Schatten aufhellt und die Lichter ein wenig abschwächt. Vergleichen Sie dazu einmal die beiden Hafenbilder.

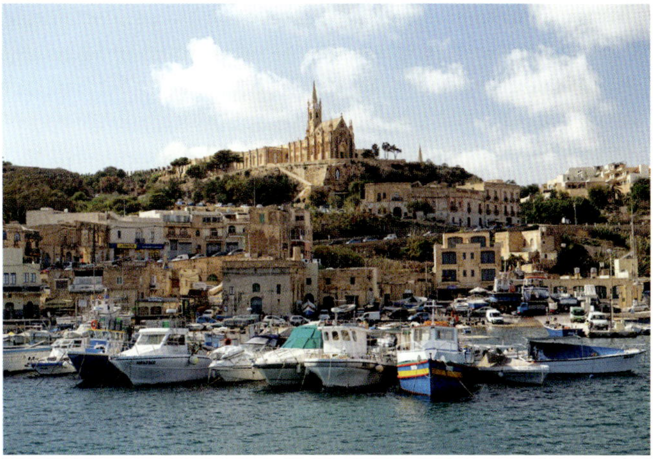

37 mm | f/4 | 1/1900 Sek. | ISO 800

▲ *Das Aufhellen der Schatten und Abdunkeln der Lichter lässt den Bildkontrast gefälliger wirken. Aufgenommen haben wir dieses Bild mit dem höchsten Dynamikbereich von 400%.*

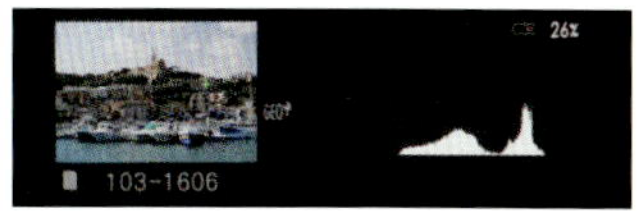

▲ *Ausgewogener Kontrast mit hohem Dynamikbereich 400 %.*

Mit einem hohen Dynamikbereich von 400 % konnten wir dem Bild einen insgesamt ausgewogeneren Kontrast verleihen. Die schattigen Partien wirken etwas heller und die weißen Wolken überstrahlen nicht mehr. Wird dasselbe Motiv mit dem auf 100 % eingeschränkten Dynamikbereich aufgenommen, ist der Kontrast für diese Art von Motiv etwas zu hoch und die Überbelichtungswarnung zeigt zu helle Stellen auf den Wolken an **1**.

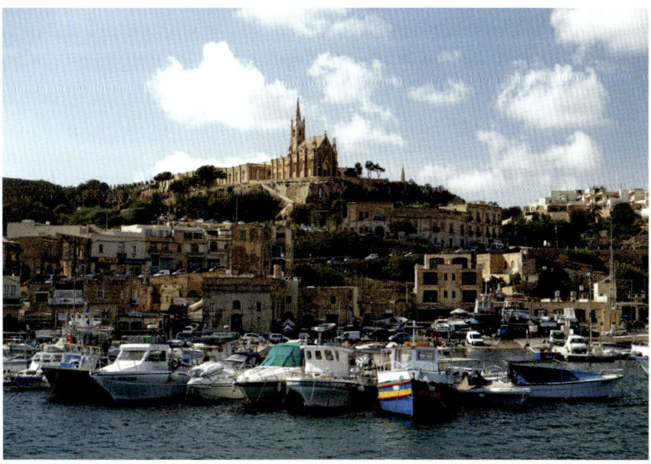

37 mm | f/4 | 1/320 Sek. | ISO 100

▲ *Der hohe Kontrast lässt das Motiv unausgeglichen wirken. Dieses Bild wurde mit dem niedrigsten Dynamikbereich von 100% aufgenommen.*

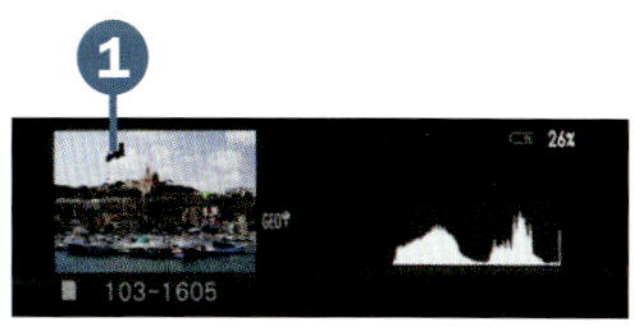

▲ *Harter Kontrast mit Überstrahlungen bei niedrigem Dynamikbereich und 100 %.*

Um den Dynamikbereich zu optimieren gilt es, zwei Dinge zu beachten. Erstens muss der ISO-Wert passend gewählt werden, denn der hohe Dynamikbereich von 400 % ist nur bei ISO 800 oder höherer Lichtempfindlichkeit verwendbar. Legen Sie den ISO-Wert dazu auf 800 oder mehr fest oder wählen Sie die ISO-Automatik.

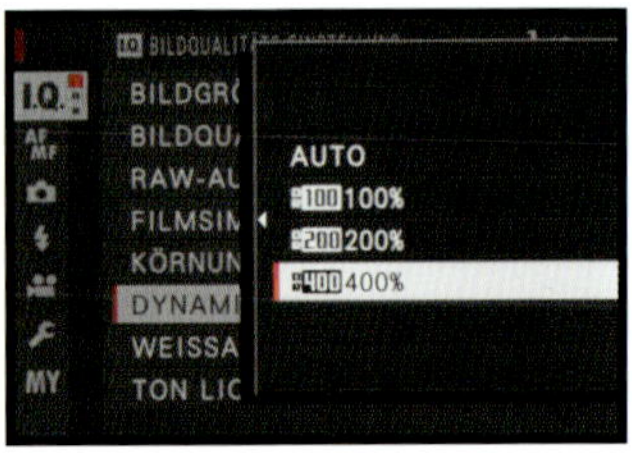

▲ *Einstellen des Dynamikbereichs.*

Zweitens muss die Funktion ***DYNAMIKBEREICH*** im Menü Bildqualitäts-Einstellung I.Q. entsprechend gewählt sein. Nehmen Sie die Vorgabe ***400%*** DR400 (nicht ***AUTO***), wenn Sie Motive wie die gezeigte Hafenszene vor sich haben, aber zum Beispiel auch bei weißen Kleidern, Häusern oder anderen sehr hellen Gegenständen, bei Sonnenreflexionen auf Wasser, Blättern, Autolack und Fenstern oder auch bei Porträts vor blauem Himmel. ***AUTO*** erhöht den Dynamikbereich meist nur auf 200 %, was bei den allermeisten Motiven mit normalem Kontrast auch wirklich gut passt, aber eben für hohe Kontrastsituationen oft nicht ausreicht. Für den Dynamikumfang von ***200%*** DR200 muss der ISO-Wert auf Automatik oder 400 und höher stehen.

Dynamikbereich bei RAW-Aufnahmen

Aufnahmen im RAW-Format können zwar kameraintern mit der Funktion ***DYNAMIKBEREICH*** optimiert werden, die verfügbare Stufe hängt aber von dem verwendeten Dynamikbereich zum Zeitpunkt der Aufnahme ab. Bei Bildern, die mit ***400%*** DR400 aufgenommen wurden, können Sie alle drei Stufen wählen. Wurde ***AUTO*** oder ***200%*** DR200 verwendet, können Sie die RAW-Datei nur mit 200 % oder 100 % entwickeln, und bei ***100%*** DR100 steht auch nur 100 % zur Verfügung, selbst wenn das Bild mit ISO 800 oder mehr aufgenommen wurde.

Wenn es sich bei dem Fotoobjekt um eine eher kontrastarme Situation bei diesigem Licht oder im Schatten handelt, können Sie gut mit dem geringsten Dynamikbereich von ***100%*** DR100 fotografieren und dann auch die niedrigen ISO-Werte von 100 bis 320 nutzen. Der Kontrast wird dann sogar ein wenig angehoben. Auch bleibt das Bildrauschen auf niedrigstem Niveau, denn bei 200 % und 400 % kann es, vor allem in den Schatten, etwas ansteigen. Schauen Sie sich die Schattenbereiche daher in der vergrößerten Wiedergabe genau an. Ist deutliches Bildrauschen zu erkennen, stellen Sie einen schwächeren Dynamikbereichswert ein.

Wunder kann die Funktion überdies nicht vollbringen. Hoffnungslos überstrahlte oder extrem unterbelichtete Bildflächen können nicht gerettet werden, die Grundbelichtung muss also gut gewählt sein. Am besten stellen Sie die Bildhelligkeit so ein, dass es so gerade eben nicht zu Überstrahlungen kommt und kontrollieren dies mit dem Livehistogramm. Je heller das gesamte Bild, desto weniger stark muss die Dynamikbereichanpassung eingreifen, das schont die Bildqualität.

Automatische Dynamikreihe

Sollten Sie sich nicht ganz sicher sein, welcher Dynamikbereich zu Ihrem Motiv passt, können Sie eine automatische Bilderserie mit unterschiedlichen Stufen aufnehmen und sich daraus das beste Ergebnis aussuchen. Drehen Sie das Einstellrad für die Aufnahmebetriebsart dazu auf *BKT1* oder *BKT2*.

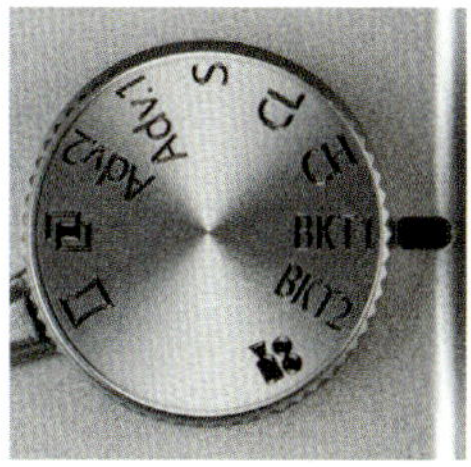

▲ *Aufnahmebetriebsart BKT1 oder BKT2 einstellen.*

Drücken Sie anschließend die Fn1-Taste auf der Kameraoberseite. Navigieren Sie dann nach links ◀ und ▲ und öffnen Sie den Eintrag *BKT AUSWAHL*. Markieren Sie darin die Vorgabe *DYNAMIKBEREICH-SERIE* [DR]. Danach verlassen Sie das Menü wieder.

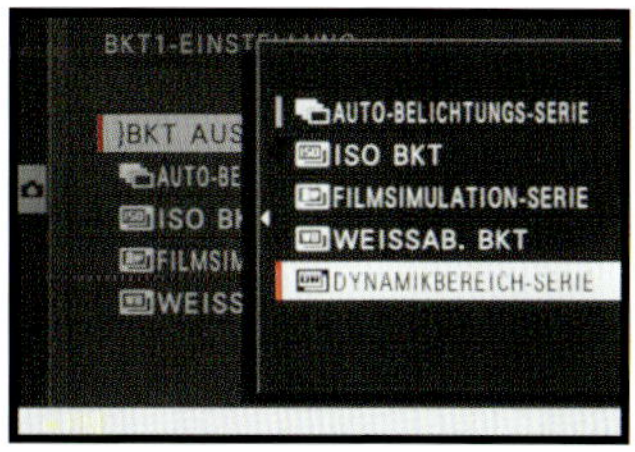

▲ *Aktivieren der Dynamikbereich-Serie.*

Stellen Sie den ISO-Wert auf Automatik und nehmen Sie ein Bild auf. Die X–T20 löst automatisch drei Aufnahmen mit unterschiedlichem Dynamikbereich aus. Aber Achtung, das RAW-Format wird deaktiviert. Stellen Sie am besten die Bildqualität *FINE* und die Bildgröße **L** mit Seitenverhältnis 3:2 ein, um mit der höchsten Auflösung zu fotografieren.

Alternativ lässt sich die Dynamikbereich-Serie auch über das Menü Aufnahme-Einstellung [📷]/*DRIVE-EINSTELLUNG*/*BKT1-EINSTELLUNG* oder *BKT2-EINSTELLUNG* und dann jeweils bei *BKT-AUSWAHL* aufrufen.

Belichtung speichern und Bildausschnitt neu einrichten

Manchmal hilft es zur Verbesserung von Bildhelligkeit und Kontrast schon, die Belichtung auf einen bestimmten Bildbereich abzustimmen. Dazu können Sie mit der X–T20 eine Belichtungsspeicherung (AE-L, AE = auto exposure, automatische Belichtung, L = Lock, festlegen) durchführen.

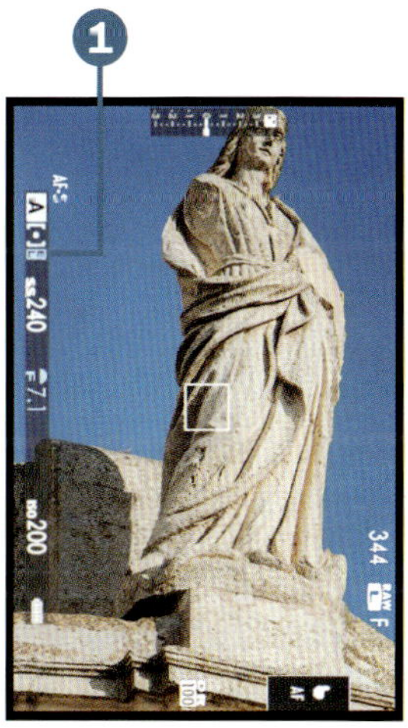

▲ *Bildausschnitt für die Belichtungsspeicherung.*

Um dies zu tun, wählen Sie einen der Modi P, S oder A aus. Richten Sie den Bildausschnitt nun so ein, dass Ihnen die Helligkeit des Motivs im Sucher oder Monitor gut gefällt. Besonders genau können Sie die Belichtung wählen, wenn Sie die Spotmessung [•] verwenden. In unserem Beispiel haben wir die Kamera ein wenig nach unten links bewegt, sodass das Spotmessfeld auf einen mittelhellen Bereich traf. Das bewirkte, dass die von der Sonne hell beleuchteten Stellen der Statue schön hell, aber nicht überstrahlt aussahen. Möglich ist auch, die X–T20 auf graues Straßenpflaster, eine Graukarte, die Handinnenfläche, blauen Himmel oder eine grüne Wiese auszurichten – alles mittelhelle Motive, die für eine gute Standardbelichtung sorgen können.

Wenn Sie einen geeigneten Bildausschnitt gefunden haben, drücken Sie die AE-L-Taste und halten diese weiterhin gedrückt, um die Belichtungswerte zu speichern, erkennbar am blauen Schriftzug ***EL*** im Monitor und Sucher **1** (Bild S. 175). Anschließend richten Sie den Bildausschnitt bei weiterhin heruntergedrückter AE-L-Taste ein und lösen das Bild aus.

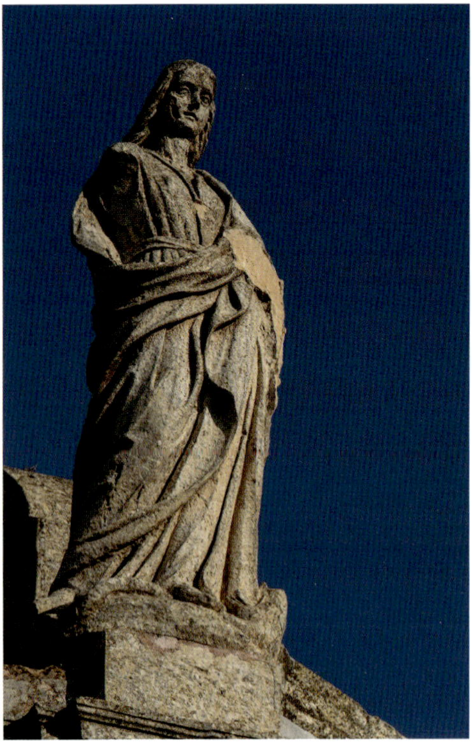

140 mm | f/7,1 | 1/800 Sek. | ISO 100

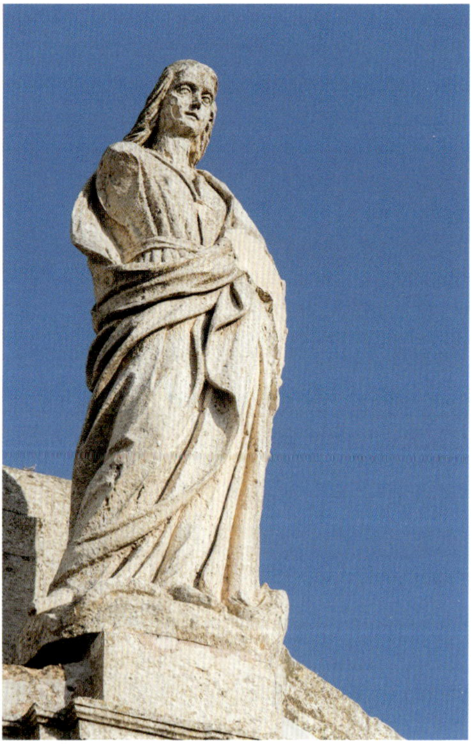

140 mm | f/7,1 | 1/240 Sek. | ISO 100

▲ *Ohne Belichtungsspeicherung wurde das Motiv aufgrund der großen hellen Flächen zu knapp belichtet (links). Mit der gespeicherten Belichtung des gezeigten Bildausschnitts ließ sich die Figur strahlend hell in Szene setzen.*

Alternativ lässt sich die Belichtung bei der X–T20 auch einfach speichern, indem der Auslöser auf dem ersten Druckpunkt gehalten wird. Der Nachteil dieser Methode besteht allerdings darin, dass nach dem Einrichten des gewünschten Bildausschnitts nicht erneut fokussiert werden kann, ohne die Speicherung der Belichtungswerte wieder zu verlieren. Die Schärfe sitzt dann eventuell nicht mehr exakt genug auf Ihrem Motiv. Daher empfehlen wir Ihnen, die AE-L-Methode statt der Auslöser-Methode zu verwenden.

Bedienung verbessern

In der Standardeinstellung wird die Belichtung nur gespeichert, solange die AE-L-Taste heruntergedrückt gehalten wird, was etwas umständlich ist. Um dies zu ändern, wählen Sie im Menü Einrichtung bei ***TASTEN/RAD-EINSTELLUNG*** und ***AE/AF LOCK MODUS*** die Vorgabe ***AE/AF-L EIN/AUS***. Anschließend reicht es aus, die AE-L-Taste zur Belichtungsspeicherung einmal zu drücken. Die Belichtungswerte bleiben so lange gespeichert, bis Sie die Taste erneut drücken, oder die X–T20 aus- und wieder einschalten.

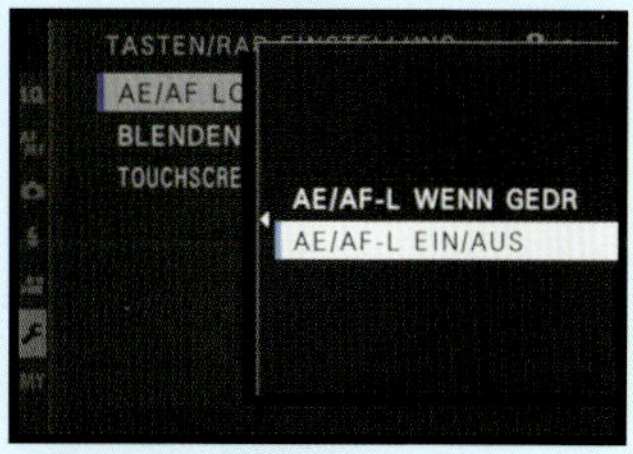

▲ *Belichtung speichern und halten mit einem Tastendruck.*

Mit der Auto-Belichtungs-Serie zum HDR-Bild

Es gibt viele Situationen, in denen nicht viel Zeit zum Fotografieren vorhanden ist. Da ist es gut zu wissen, wie Sie mit der X–T20 quasi im Handumdrehen schnell eine Reihe unterschiedlich heller Ausgangsbilder erstellen können. Daraus können Sie sich das Bild mit der besten Belichtung aussuchen, oder die Bilder auch nachträglich mit geeigneter Software zum HDR-Bild fusionieren (z. B. Photomatix Pro, Oloneo HDRengine, HDR projects, Luminance HDR). Drehen Sie hierfür das Einstellrad für die Aufnahmebetriebsart auf ***BKT1*** oder ***BKT2***. Fotografieren können Sie beispielsweise im Programm A und einer Blende Ihrer Wahl. Bei wenig Licht ohne Stativ eignen sich am besten niedrige Blendenwerte (P oder S sind natürlich auch möglich).

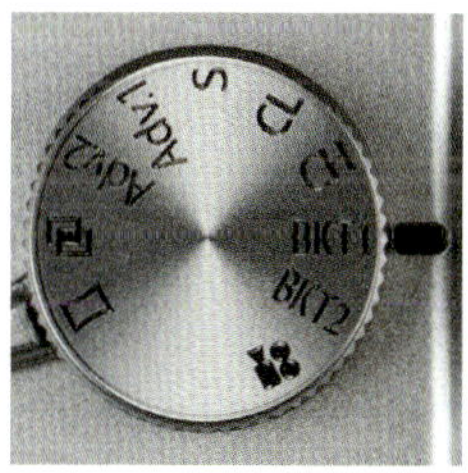

▲ *Aufnahmebetriebsart BKT1 oder BKT2 für Auto-Belichtungs-Serie.*

Wenn Sie nicht möchten, dass die Bilder mit unterschiedlichen ISO-Werten aufgenommen werden, bestimmen Sie eine feste ISO-Zahl. Dann variieren bei A die Zeit, bei S die Blende und bei P beide Werte. Bei wenig Licht empfehlen wir die ISO-Automatik, da Sie damit mehr Belichtungsspielraum haben und es weniger schnell zu Verwacklungen kommt.

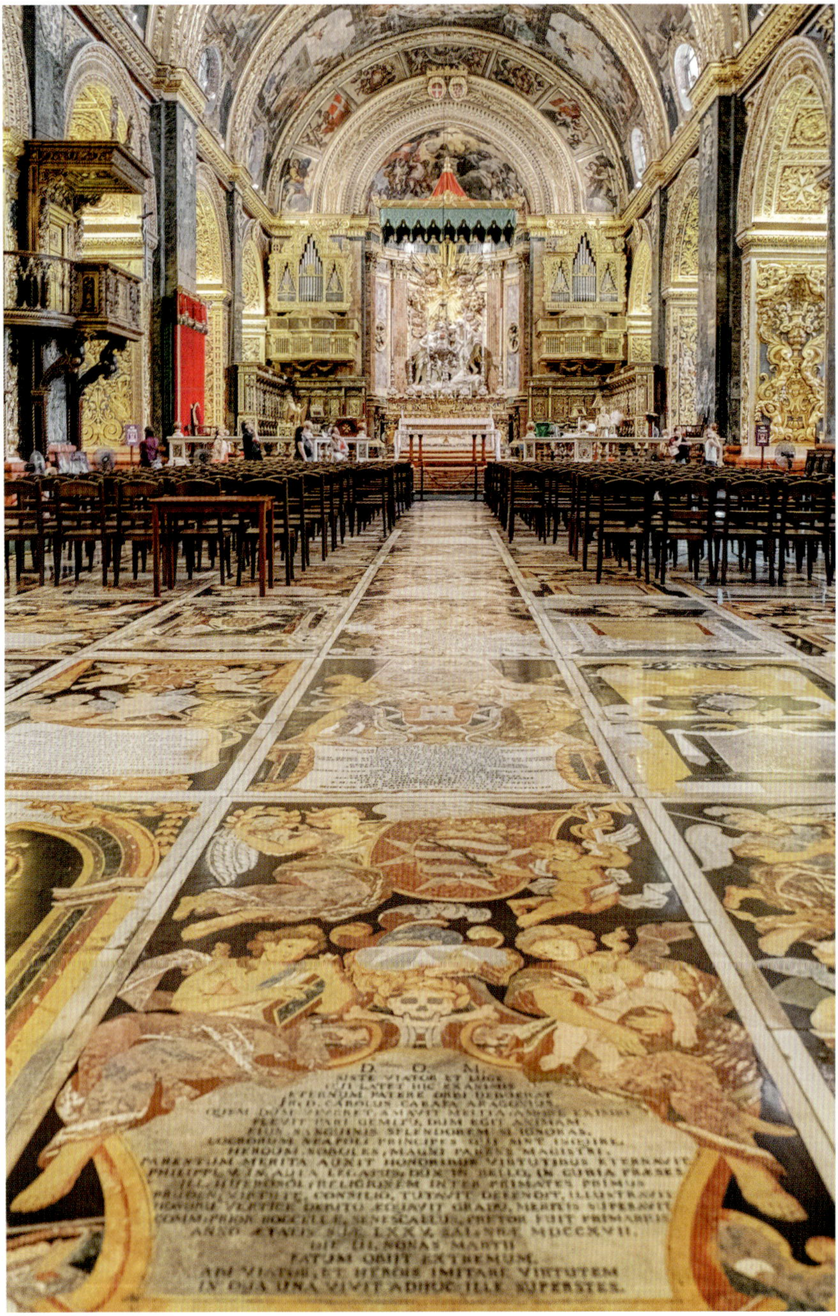

▲ *Ergebnis der HDR-Verarbeitung mit der Software Photomatix Pro auf Basis der Auto-Belichtungs-Serie.*

Entscheiden Sie sich nun, wie stark sich die Bildhelligkeit der drei Aufnahmen unterscheiden darf. Wenn es nur um die beste Belichtung eines Bildes geht, empfehlen sich Helligkeitssprünge von ±2/3 Stufen. Wenn Sie HDR-Bilder daraus erstellen möchten, sind ±2 Stufen günstig. Drücken Sie dafür die Fn1-Taste auf der Kameraoberseite und wählen anschließend den Eintrag ***AUTO-BELICHTUNGS-SERIE*** aus. Gehen Sie dann nach rechts ▶ und stellen den Wert wie gewünscht ein.

Danach gehen Sie eine Stufe zurück ◀ und steuern oben ▲ den Eintrag ***BKT AUSWAHL*** an. Gehen Sie nach rechts ▶ und wählen Sie die Vorgabe ***AUTO-BELICHTUNGS-SERIE*** aus. Anschließend können Sie die Serie aufnehmen, indem Sie einmal auslösen. Die X–T20 generiert automatisch drei Bilder, eines mit der Standardbelichtung, dann das überbelichtete und zuletzt das unterbelichtete Foto.

Alternativ können Sie die Einstellungen der Auto-Belichtungs-Serie auch im Menü Aufnahme-Einstellung /***DRIVE-EINSTELLUNG*** /***BKT1-EINSTELLUNG*** bzw. ***BKT2-EINSTELLUNG*** und ***BKT-AUSWAHL*** vornehmen.

Übrigens, mit dem Einstellrad für Belichtungskorrekturen lässt sich die ganze Belichtungsreihe im Stil einer Belichtungskorrektur unter- oder überbelichten, um die Bilder allesamt etwas dunkler oder heller aufzunehmen. Im gezeigten Beispiel haben wir diese Option genutzt, und mit einer Korrektur von +1 fotografiert, sonst wäre das dunkelste Bild der Serie zu dunkel geworden.

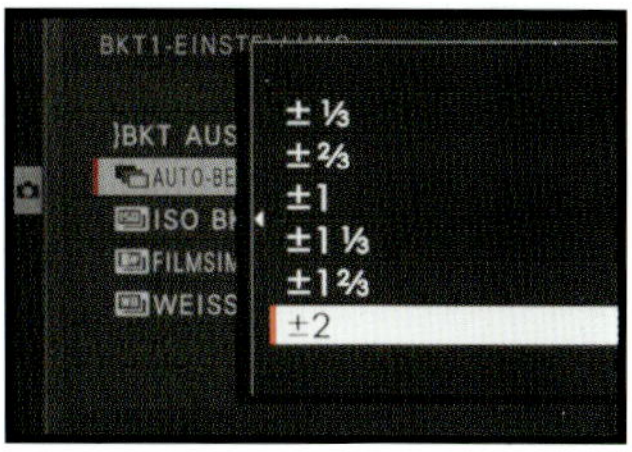

▲ *Stärke der Belichtungsspreizung wählen.*

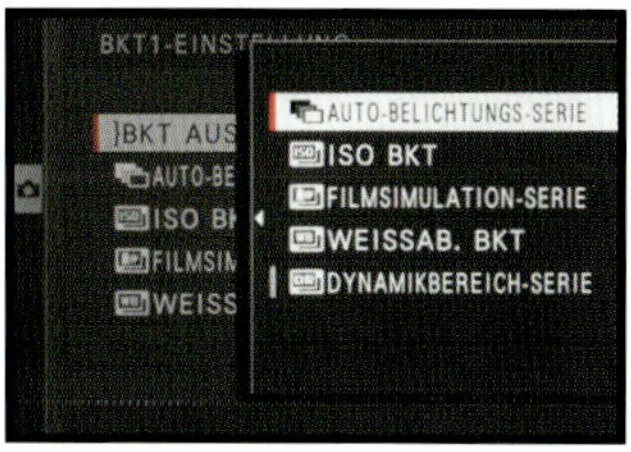

▲ *Auto-Belichtungs-Serie aktivieren.*

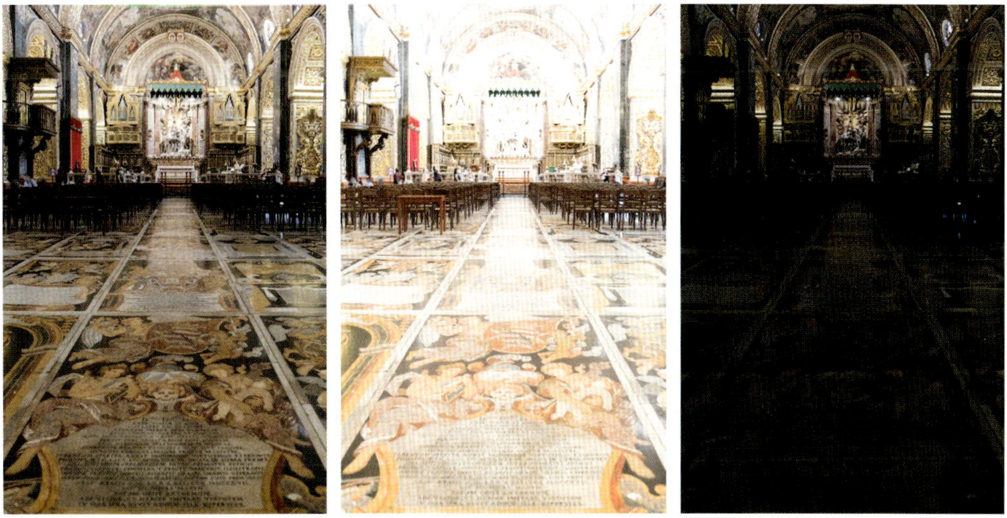

18 mm | f/2,8 | 1/10, 0,5 und 1/40 Sek. | ISO 800 | +1

▲ *Automatische Belichtungsreihe mit ±2 Belichtungsstufen und einer Belichtungskorrektur von +1, freihändig fotografiert und mit Photoshop deckungsgleich ausgerichtet.*

Automatische ISO-Reihe

Eine weitere Möglichkeit, schnell zu unterschiedlich hellen Bildern zu gelangen, bietet die automatische ISO-Reihe. Damit nimmt die X–T20 mit nur einem Auslöserdruck drei Bildvarianten auf: eines mit dem aktuell eingestellten oder von der ISO-Automatik gewählten ISO-Wert, ein Bild mit erhöhter ISO-Stufe (heller), und eines mit verringerter ISO-Empfindlichkeit (dunkler). Drehen Sie das Einstellrad für die Aufnahmebetriebsart dazu auf ***BKT1*** oder ***BKT2***. Drücken Sie anschließend die Fn1-Taste auf der Kameraoberseite und wählen ***ISO BKT*** aus. Legen Sie darin die Stärke der Abstufung fest, ± ***1/3***, ± ***2/3*** oder ± ***1***. Navigieren Sie anschließend zurück und nach oben zu ***BKT AUSWAHL***. Steuern Sie weiter nach rechts und wählen Sie die Vorgabe ***ISO BKT*** aus. Verlassen Sie das Menü und nehmen Sie das Bild auf. Das RAW-Format ist hierbei aber nicht verwendbar. Alternativ finden Sie die Reihenfunktionen auch im Menü Aufnahme-Einstellung /***DRIVE-EINSTELLUNG*** /***BKT1-EINSTELLUNG*** bzw. ***BKT1-EINSTELLUNG***.

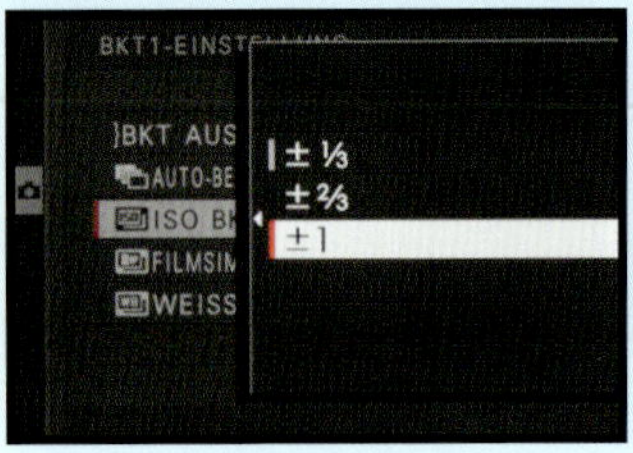

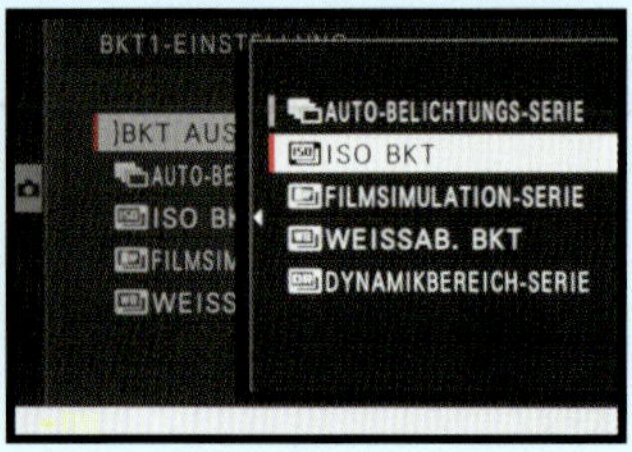

▲ *Einstellen der Abstufungshöhe (links) und Aktivieren der automatischen ISO-Reihe (rechts).*

8.2 Panoramafotografie

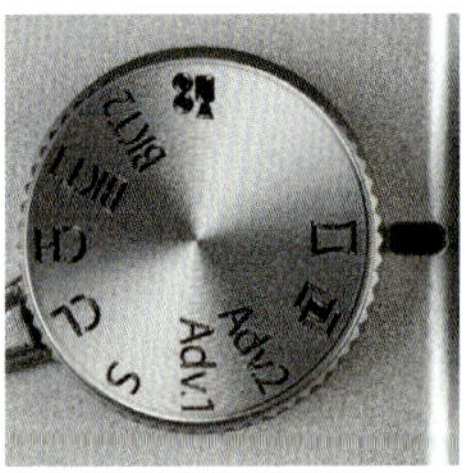

▲ *Panorama-Modus aktivieren.*

Nach einer langen Wanderung breitet sich eine grandiose Landschaft vor Ihnen aus? Bei einer Städtetour treffen Sie auf einen schön gelegenen Platz, umringt von historischen Gebäuden? Oder Sie stehen dicht vor einem Gebäude und bekommen es selbst mit dem weitesten Weitwinkel nicht vernünftig auf den Sensor? Spätestens dann ist es Zeit für die Panoramafotografie.

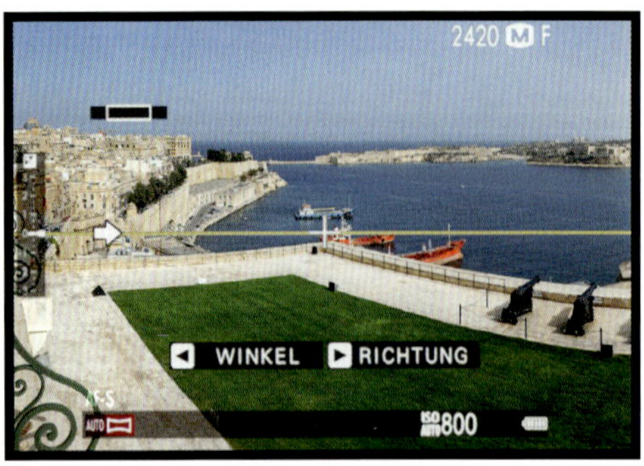

▲ *Aufnahmebildschirm vor dem Start der Panoramaaufnahme.*

Schöne Bilder mit der Panorama-Automatik

Praktischerweise hat die X–T20 mit der Aufnahmebetriebsart Panorama eine Automatik an Bord, mit der sich Fotos im Breitbildformat unkompliziert gestalten lassen. Zum Aktivieren dieses Programms drehen Sie das Einstellrad für die Aufnahmebetriebsart auf ***Panorama***. Für unkomplizierte Aufnahmen stellen Sie anschließend am besten den Auto Modus oder den Modus P mit eingeschalteter ISO-Automatik ein. Es ist aber genauso möglich, die Belichtungseinstellungen in den

Modi S, A oder M perfekt auf die Szene einzurichten und Belichtungskorrekturen vorzunehmen.

Wenn Sie nun auslösen und mit der Kamera in der Hand von links nach rechts über die Szenerie schwenken, nimmt die X-T20 kontinuierlich Bilder auf und fügt diese zum fertigen Panorama zusammen. Hierbei reicht es aus, den Auslöser nur einmal herunter zu drücken. Allerdings kann es für eine geradlinige Kameraführung hilfreich sein, den Auslöser durchgehend gedrückt zu halten, was die Aufnahme nicht stört.

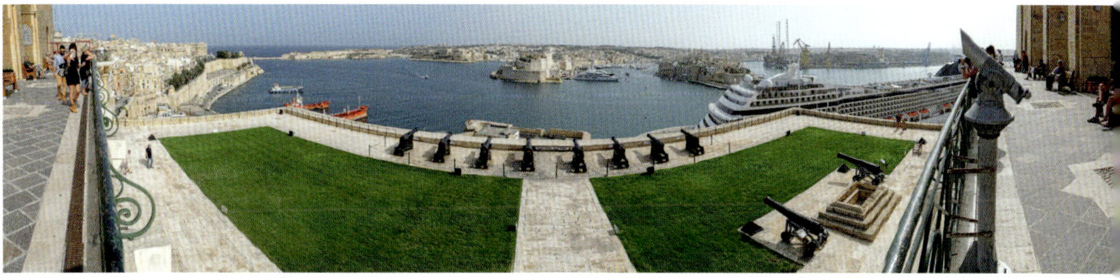

19,6 mm | f7,1 | 1/500 Sek. | ISO 200

▲ *Panoramagröße L im Hochformat: unsere bevorzugte Einstellung.*

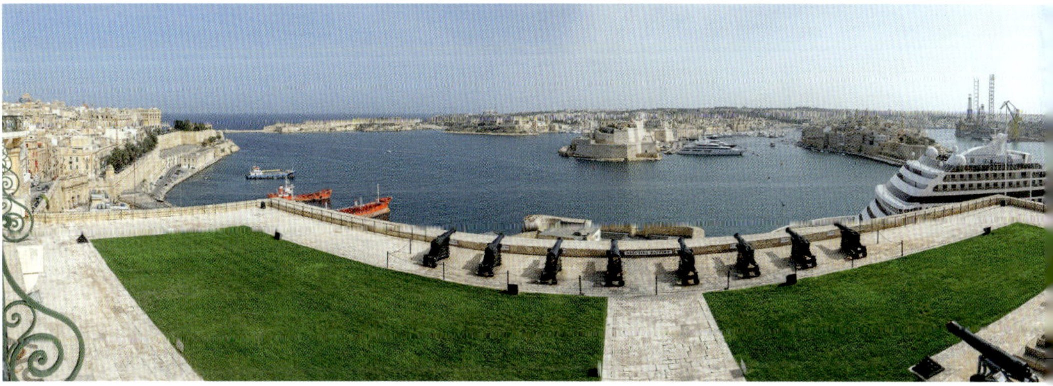

19,6 mm | f7,1 | 1/500 Sek. | ISO 200

▲ *Panoramagröße M im Hochformat für nicht ganz so weitläufige Szenarien.*

Unsere persönlichen Favoriten sind die Panoramagrößen **L** im Hochformat und **M** im Hochformat, die anderen beiden Optionen liefern für unseren Geschmack etwas zu wenig Panoramabreite oder ein zu schmales Bild.

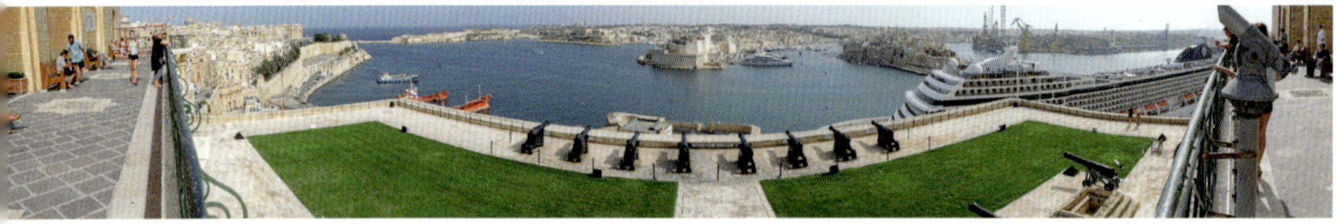

19,6 mm | f7,1 | 1/500 Sek. | ISO 200

▲ *Panoramagröße L im Querformat: sehr schmal, aber für Webseiten-Banner geeignet.*

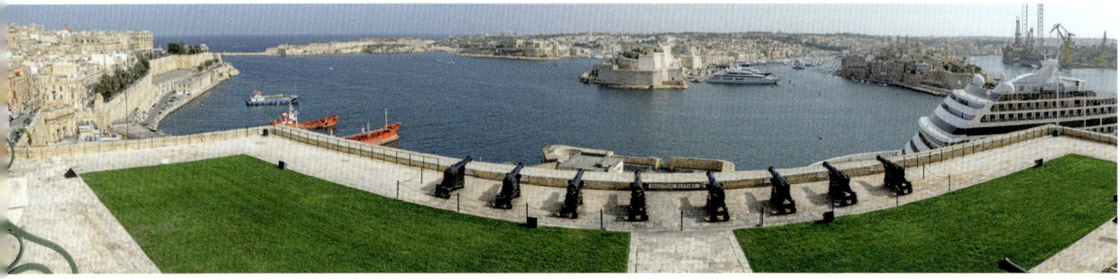

19,6 mm | f7,1 | 1/500 Sek. | ISO 200

▲ *Panoramagröße M im Querformat.*

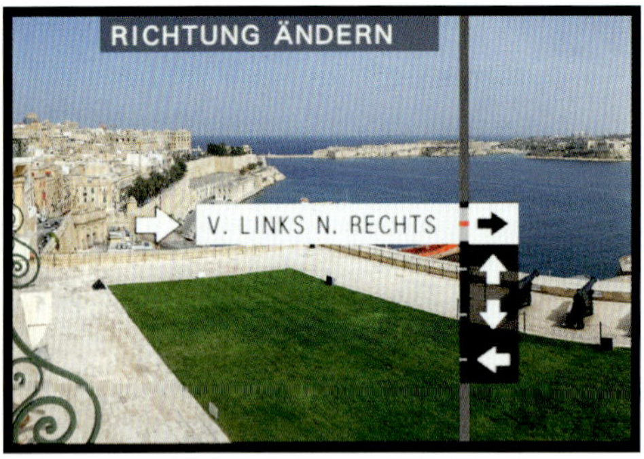

▲ *Schwenkrichtung wählen.*

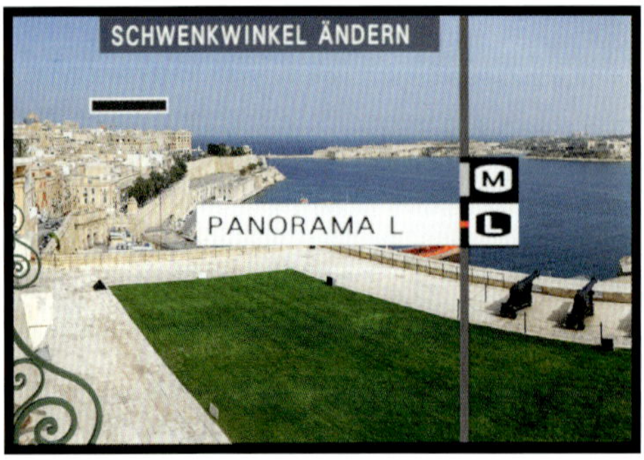

▲ *Bildgröße vorgeben.*

Die Schwenkrichtung können Sie ändern, indem Sie die rechte Auswahltaste ▶ drücken und mit den Auswahltasten ▲▼ oder dem hinteren Einstellrad die gewünschte Option einstellen. Probieren Sie aus, in welche Richtung Ihnen die Schwenkbewegung am leichtesten fällt. Wichtig ist, dass Sie die X–T20 möglichst exakt auf der horizontalen (oder vertikalen) Ebene drehen, damit das Panorama gerade wird und keine Motivteile ungünstig abgeschnitten werden. Blicken Sie beim Drehen am besten durch den Sucher und drehen Sie nur den Oberkörper aus einem festen, breitbeinigen Stand heraus – so ähnlich wie ein Diskuswerfer beim Schwungnehmen, nur nicht ganz so dynamisch... Schwenken Sie die Kamera zudem mit einer möglichst gleichmäßigen Geschwindigkeit über die Szene. Sind Sie zu langsam oder zu schnell, wird die Aufnahme frühzeitig beendet, ohne dass das Bild gespeichert wird. Orientieren Sie sich am Fortschrittsbalken, der von einer Seite zur anderen wandert.

Einstellungen		Querformat (horizontal)	Hochformat (vertikal)
L	Pixelmaße	9600 × 1440 Pixel	9600 × 2160 Pixel
	Druckgröße (300 dpi)	81,3 cm × 12,2 cm	81,3 cm × 18,3 cm
M	Pixelmaße	6400 × 1440 Pixel	6400 × 2160 Pixel
	Druckgröße (300 dpi)	54,2 cm × 12,2 cm	54,2 cm × 18,3 cm

▲ *Die vier Panoramagrößen der X–T20.*

Mit der linken Auswahltaste ◀ gelangen Sie zur Auswahl der Panoramagröße, von der X–T20 etwas missverständlich mit Schwenkwinkel bezeichnet. Es stehen zwei Bildgrößen zur Auswahl, L und M. Damit erzielen Sie die in der Tabelle aufgeführten Bildgrößen.

Bei einer kontrastreichen Szene ist es sinnvoll, die Belichtung auf die hellste Bildstelle abzustimmen. Dazu können Sie entweder manuell belichten oder die X–T20 in den Modi P, S oder A darauf ausrichten und die Belichtung speichern, wie ab Seite 175 gezeigt. Es kann aber durchaus sein, dass Sie ein paar Anläufe benötigen, bis Sie im wahrsten Sinne des Wortes den richtigen Dreh raushaben – bei uns war das jedenfalls so. Danach macht die Panorama-Fotografie aber richtig viel Spaß.

Hat alles geklappt, wird das Bild sofort in der X–T20 zum Panorama zusammengesetzt, und Sie können Ihr Werk in der Wiedergabeansicht prüfen. Es wird dabei zunächst im Ganzen präsentiert. Mit der unteren Auswahltaste ▼ können Sie es aber auch animiert und formatfüllend von links nach rechts über den Monitor laufen lassen (Rollbildwiedergabe). Prüfen Sie in der vergrößerten Wiedergabe vor allem die Bildstellen, an denen sich im Motiv etwas schnell bewegt hat, zum Beispiel ein Fahrradfahrer, denn hier können schnell einmal Fehlstellen auftreten.

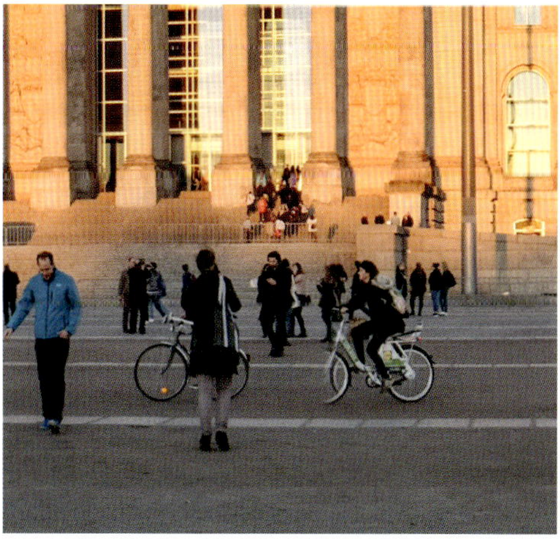

▲ *Panorama-Fehler bei dem Fahrrad in Bewegung.*

Panoramen manuell erstellen

Wenn das Panorama im gleichnamigen Modus nicht so funktioniert wie es soll, können Sie die Bilder auch manuell aufnehmen und mit geeigneter Software, wie PTGui,

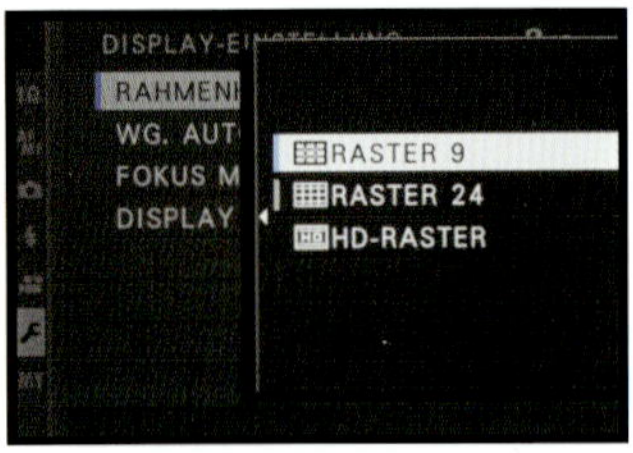

▲ *Rahmenhilfe auswählen.*

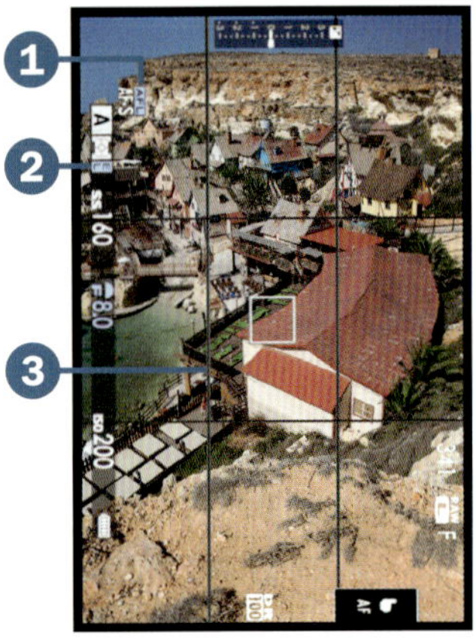

▲ *Livebild mit gespeicherten Belichtungs- und Fokuswerten und eingeblendetem Raster.*

Photoshop/ Photoshop Elements, Lightroom, Autopano Pro oder PanoramaStudio zum Panorama verarbeiten.

Drehen Sie das Einstellrad für die Aufnahmebetriebsart dazu wieder auf *S* und wählen Sie beispielsweise die Blendenvorwahl *(A)* mit einer Blende Ihrer Wahl aus. Legen Sie den Weißabgleich auf eine zum Motiv passende Vorgabe fest. Anschließend richten Sie die X–T20 auf den Panoramabereich aus, der die hellste Stelle der Szene beinhaltet, und passen die Belichtung gegebenenfalls mit einer Belichtungskorrektur so an, dass die hellste Stelle gerade so nicht komplett überstrahlt.

Speichern Sie die Belichtung mit der AE-L Taste ❶, die zu diesem Zweck mit der Vorgabe ***AE/AF-L EIN/AUS*** programmiert sein sollte (Menü Einrichtung /***TASTEN/RAD-EINSTELLUNG/AE/AF LOCK MODUS***). Fokussieren Sie schließlich auf den Bildbereich, der Ihnen am wichtigsten ist und drücken Sie dann auch noch die AF-L-Taste ❷. Jetzt sind beide Parameter gespeichert, die Belichtung und der Fokus.

Halten Sie die X–T20 nun am besten hochkant und drehen Sie sich um die eigene Achse. Nehmen Sie schrittweise die Bilder auf, die sich jeweils etwa um ein Drittel bis zur Hälfte überlappen sollten. Als Überlappungshilfe können Sie das ***RASTER 9*** ❸ verwenden (Menü Einrichtung /***DISPLAY-EINSTELLUNG/RAHMENHILFE***) und dieses über das Menü Einrichtung /***DISPLAY-EINSTELLUNG/DISPLAY EINSTELL./RAHMENHILFE*** im Livebild einblenden lassen.

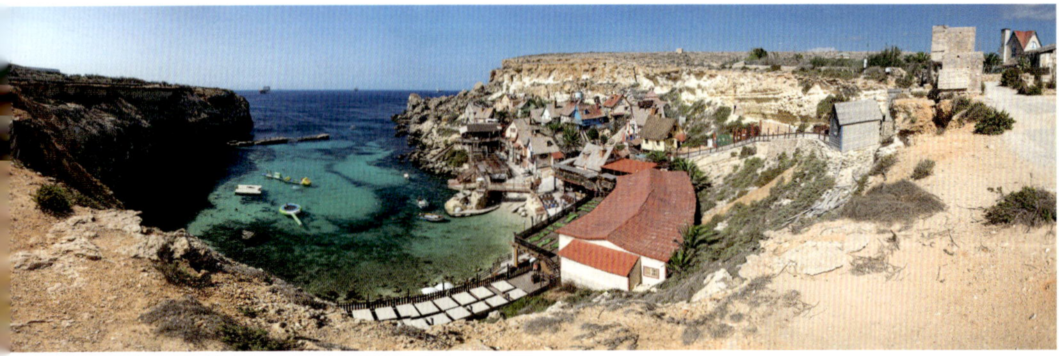

18 mm | f/8 | 1/150 Sek. | ISO 200

▲ *Panorama über die Bucht von Popeye Village auf Malta, erstellt aus 10 Einzelbildern mit der Software PTGui.*

Anspruchsvolle Panoramen realisieren

Wer die Panoramafotografie professioneller angehen möchte, sollte nicht achtlos über einen wichtigen Punkt hinwegsehen: den Nodalpunkt, respektive die richtige Drehachse. Der Nodalpunkt ist entscheidend dafür, dass die Einzelbilder perfekt miteinander überlappen und keine Verschiebungen zwischen Vorder- und Hintergrundobjekten entstehen. Das gilt insbesondere für Panoramen, bei denen Motive dicht vor der Kamera erscheinen, also zum Beispiel in Innenräumen. Nicht immer ist der Nodalpunkt ein K.-o.-Kriterium, aber für professionelle Panoramen eindeutig ein Muss. Bei Freihandpanoramen besteht immer das Risiko, dass sich die Einzelbilder perspektivisch zu stark verschieben und die Software dies nicht ausgleichen kann.

Was Sie zum Ausrichten der Drehachse benötigen, ist ein Stativkopf, der sich horizontal drehen lässt ❶, und eine Schnellkupplung ❷, auf dem Sie eine lange Stativplatte ❸ vor- und zurückschieben können. Richten Sie die X–T20 darauf exakt horizontal aus. Dazu können Sie prima die elektronische Wasserwaage im Sucher oder Monitor verwenden (Menü Einrichtung 🔧/*DISPLAY-EINSTELLUNG/DISPLAY EINSTELL./WASSERWAAGE*) oder eine analoge Wasserwaage in den Blitzschuh stecken ❹. Stellen Sie die gewünschte Brennweite am Objektiv ein.

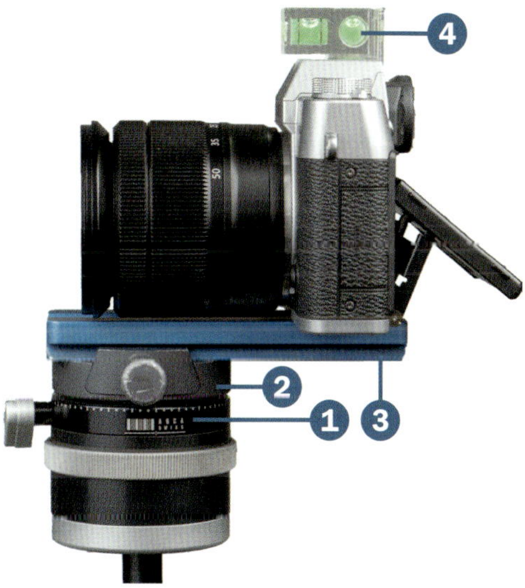

▲ *X–T20 mit FUJINON XC16–50mm F3,5–5,6 OIS und eingestelltem Nodalpunkt.*

Peilen Sie anschließend zwei vertikale Objekte an, zum Beispiel eine Stehlampe oder ein Lampenstativ etwa 1,5 m von der Kamera entfernt und einen Türrahmen noch mal etwa 1,5 m dahinter. Stellen Sie die X–T20 dann so auf, dass beide Objekte übereinanderliegen. Danach drehen Sie die Kamera nach rechts und links. Wenn sich die Objekte dabei gegeneinander verschieben, stimmt die Drehachse nicht.

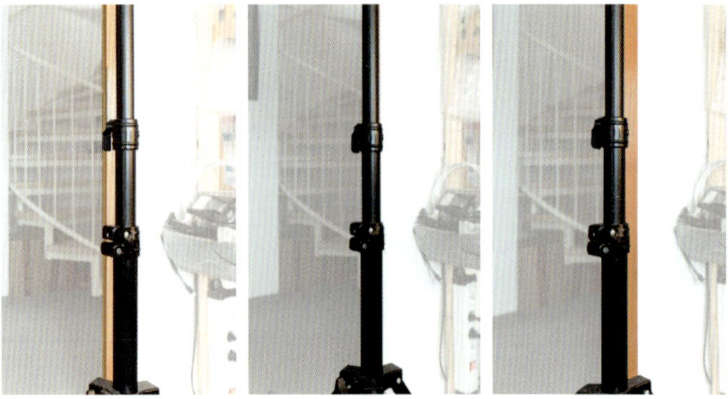

Linksdrehung *Mitte* *Rechtsdrehung*

▲ *Die Drehachse stimmt nicht.*

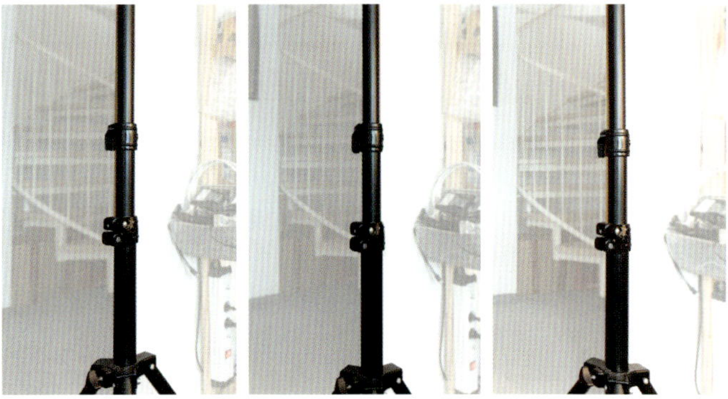

Linksdrehung *Mitte* *Rechtsdrehung*

▲ *Die Drehachse ist optimal ausgerichtet.*

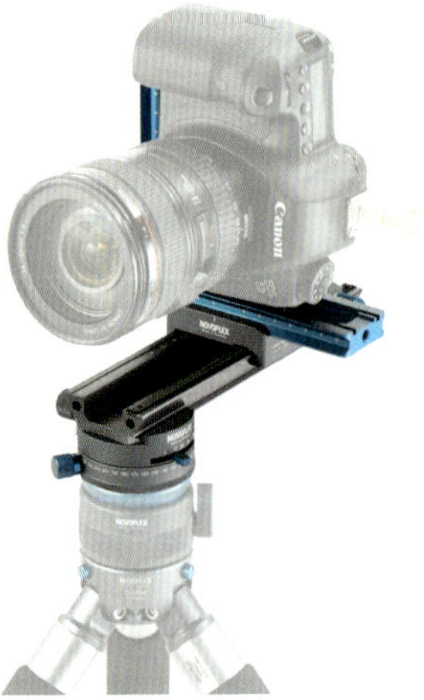

▲ *Panorama VR-System III (Bild: Novoflex).*

Schieben Sie die Kamera auf der Wechselschiene vor oder zurück. Der Abstand, bei dem die Objekte sich nicht mehr verschieben, ist der Nodalpunkt. Markieren Sie den Punkt an der Schiene oder notieren Sie sich den Abstand. Dieser Punkt gilt allerdings nur für diese spezielle Kamera-Objektiv-Brennweiten-Kombination, muss also für andere Zoompositionen oder Objektive getrennt eingerichtet werden.

Panoramaköpfe in der Übersicht

»Einfache« Panoramaköpfe, bestehend aus einer Winkelschiene und einem Einstellschlitten, ermöglichen die hoch- oder querformatige Anbringung der X–T20. Der Nodalpunkt wird durch Verschieben des Einstellschlittens justiert. Geeignete Panoramaköpfe gibt es beispielsweise von Novoflex (VR-System III) oder Manfrotto (Panoramakopf 303).

Sollten Sie sich eingehender mit der Panoramafotografie beschäftigen wollen, empfiehlt sich gleich ein sphärischer Panoramakopf. Dieser besteht aus zwei drehbaren Panoramaplatten. Darüber kann die X–T20 hochformatig eingesetzt und dann nach oben oder unten geneigt werden, sodass mehrzeilige Einzelbildabfolgen, sogenannte Multirow-Panoramen entstehen. Geeignete sphärische Panoramaköpfe gibt es beispielsweise von Novoflex (VR-System Slim), Manfrotto (303SPH oder 303Plus), Nodal Ninja (3 MKII) oder Walimex (mantona PanoPoint Panoramakopf mit Nodalpunkt-Adapter).

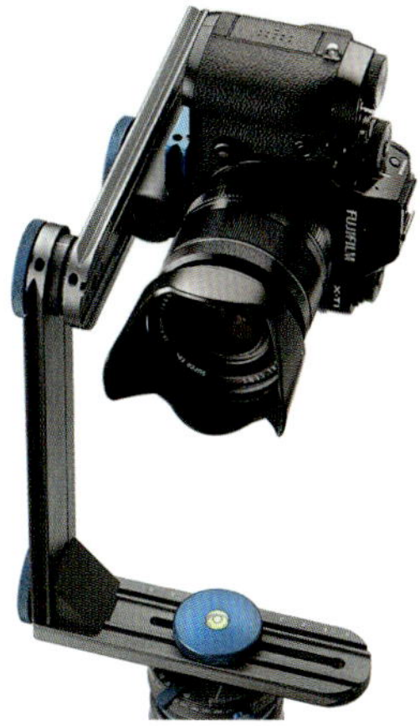

▲ *VR-System Slim (Bild: Novoflex).*

8.3 Faszinierende Intervallaufnahmen

Langsame Prozesse in mehreren Bildern festzuhalten, um beispielsweise das Aufblühen einer Knospe zu dokumentieren oder das Schlüpfen eines Schmetterlings, ist mit der Intervallaufnahme Ihrer X–T20 leicht in die Tat umzusetzen. Oder denken Sie an lustige Zeitraffervideos, in denen die Bewegungen stark verkürzt ablaufen und alles durch die Gegend wuselt. Auch solchen sogenannten Timelapse-Videos können einzeln fotografierte Intervallaufnahmen zugrunde liegen.

18 mm | f/3,2 | 1/1000 Sek. | ISO 200

▼ *Neun Bilder aus den 300 Intervallaufnahmen für das anschließend erstellte Timelapse-Video.*

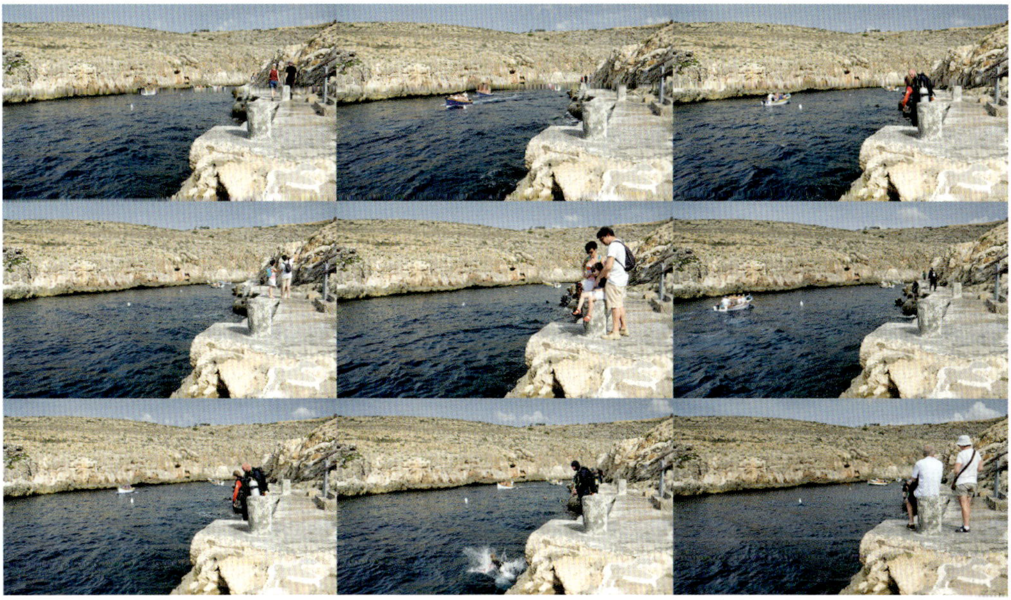

Wir haben uns einmal den Spaß erlaubt, 300 Bilder in einer Tauchbucht aufzunehmen und diese anschließend mit Photoshop zum Timelapse-Video zu verarbeiten.

Zum Aufnehmen der Intervallbilder legen Sie zuerst die Aufnahmeparameter fest, also in welchem Programm und mit welchen Belichtungseinstellungen fotografiert werden soll. Dazu richten Sie den Bildausschnitt auf die geplante Szene aus und verwenden hierfür am besten ein Stativ und stellen manuell scharf, dann können sich Bildausschnitt und Fokus im Laufe der Serie nicht verschieben. Stellen Sie nun alle Aufnahmeparameter ein, eventuell auch das Seitenverhältnis 16:9 für die spätere Präsentation auf UHD-, FHD- oder HD-Fernsehern.

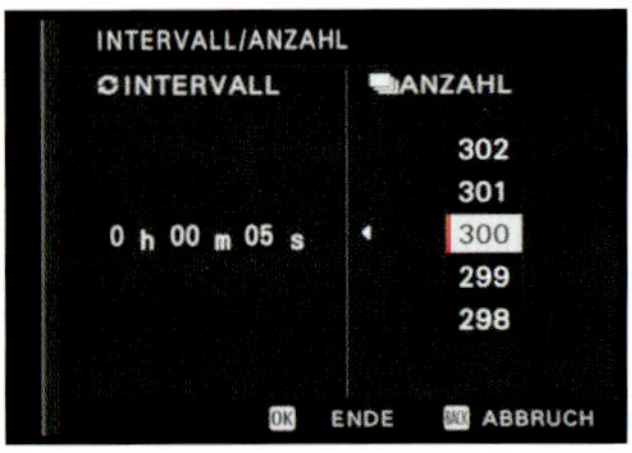

▲ *Intervallzeit und Bildanzahl festlegen.*

Wenn Sie im manuellen Modus fotografieren, hat das den Vorteil, dass die unterschiedliche Motivhelligkeit keinen Einfluss auf die Belichtung hat. Ein Abendhimmel wird dann im Video über die Zeit hinweg erwartungsgemäß immer dunkler. Bei Langzeitbelichtungen ist es wichtig, dass das Intervall länger ist als die benötigte Belichtungszeit, sonst entstehen Lücken in der Bilderserie.

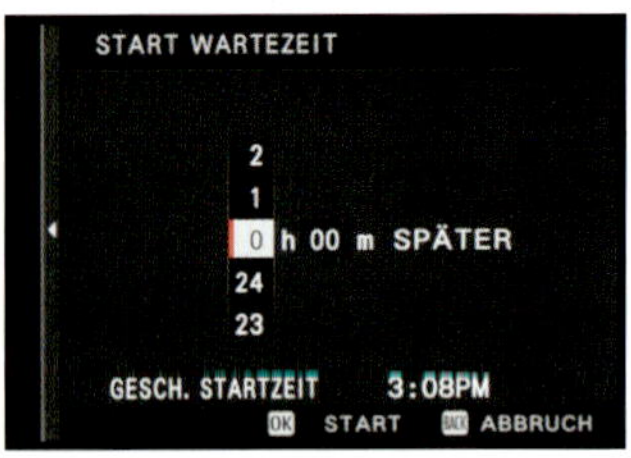

▲ *Startzeit bestimmen.*

Anschließend steuern Sie im Menü Aufnahme-Einstellung den Eintrag ***INTERVALLAUFN.MIT TIMER*** an. Legen Sie bei ***INTERVALL*** die Pausen zwischen den Bildern fest und gehen Sie dann nach rechts ▶, um bei ***ANZAHL*** zu wählen, wie viele Bilder die X–T20 aufnehmen soll. Mit der Vorgabe ∞ nimmt die X–T20 so viele Bilder auf, bis die Speicherkarte voll ist, oder bis Sie die Intervallaufnahme mit der MENU/OK-Taste vorzeitig stoppen.

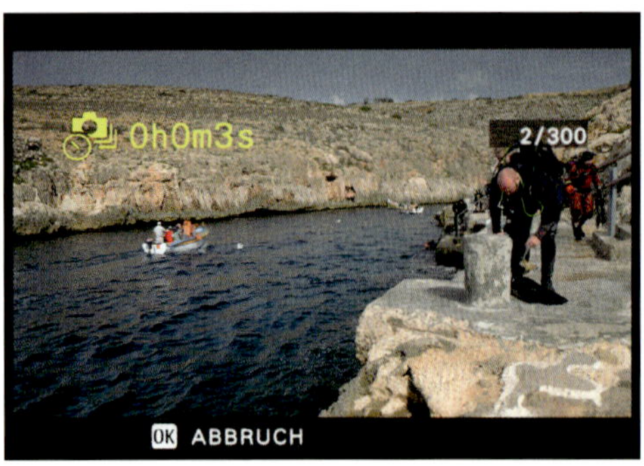

▲ *Laufende Intervallaufnahme.*

Drücken Sie anschließend die rechte Auswahltaste ▶ und bestimmen Sie im nächsten Menüfenster die ***START WARTEZEIT***. Wenn Sie ***0 h 00 m*** wählen, können Sie die Aufnahmeserie sofort starten, oder mit einem höheren Wert auch zeitlich verzögert beginnen lassen.

Mit der MENU/OK-Taste geben Sie der X–T20 das Startsignal. Kurz danach oder nach entsprechender Wartezeit wird das erste Bild aufgenommen, gefolgt vom Ablaufen der Wartezeit bis zur nächsten Aufnahme. Bei längeren Intervallen wird der Monitor zwischen den Aufnahmen ausgeschaltet, um Strom zu sparen und eine Erwärmung der Kamera zu verhindern. Der Bildschirm schaltet sich kurz vor dem nächsten Bild wieder ein.

Die Anzahl der bereits fotografierten und der geplanten Bilder können Sie ebenfalls ablesen. Lassen Sie die X–T20 nun einfach arbeiten. Später können die Bilder mit einem Timelapse-Programm wie Time-Lapse Tool, LRTimelapse für Lightroom oder Photoshop (Frame-Animation erstellen) zum Zeitraffervideo verarbeitet werden.

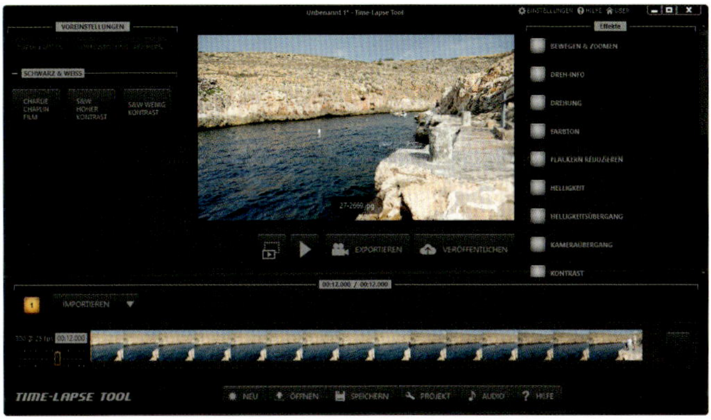

▲ *Zusammenschneiden der Einzelbilder zum Timelapse-Video mit 25 Bildern pro Sekunde im Programm Timel-Lapse Tool.*

Wie viele Bilder werden benötigt?

Von der Bildanzahl hängt es ab, wie viele Bilder Sie für ein flüssig laufendes Zeitraffervideo benötigen. Wenn der Film beispielsweise mit 25 Einzelbildern pro Sekunde (25 fps) abgespielt wird, liefern 300 Bilder ein Video von 12 Sekunden. Und wenn Sie diese Bilder mit einem Intervall von 5 Sek. aufnehmen, beträgt die Aufnahmedauer knapp 25 Minuten.

8.4 Motive fusionieren mit der Doppelbelichtung

Eine sehr spannende und vielseitige Funktion im Reigen der Belichtungsmöglichkeiten stellt die ***Mehrfachbelichtung*** dar, wobei die X–T20 damit genau genommen nur zwei Bilder fusionieren kann, nicht mehrere Motive.

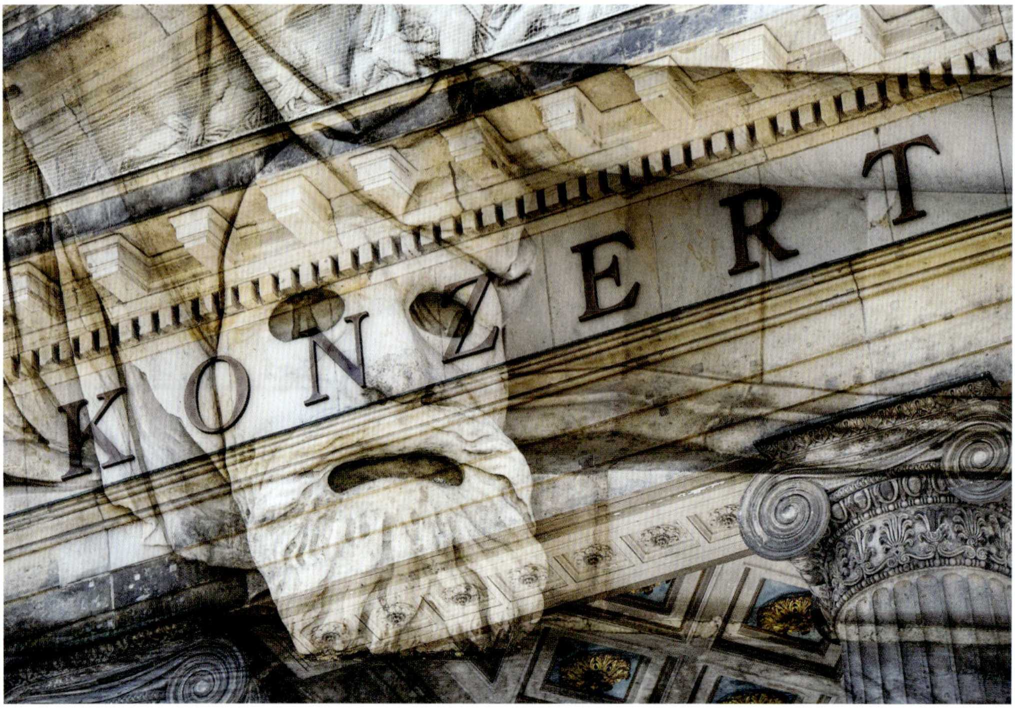

106 mm | f/5,6 | 1/640 Sek. | ISO 800 | +2/3

▲ *Für diese Doppelbelichtung haben wir zuerst das Bild mit der Maske aufgenommen. Dann wurde auf dem benachbarten Gebäude auf den Schriftzug fokussiert und die zweite Belichtung gestartet.*

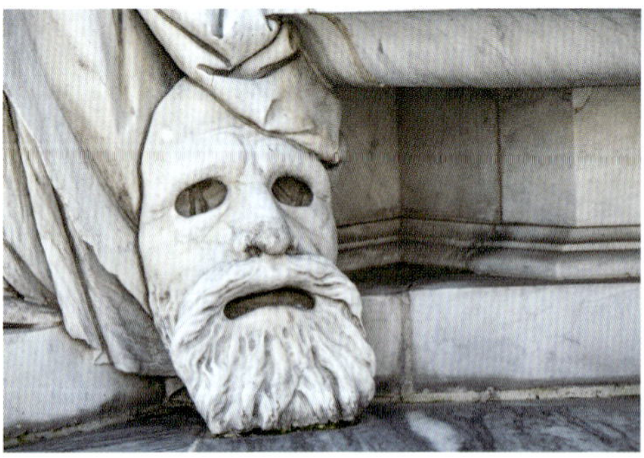

106 mm | f/5,6 | 1/500 Sek. | ISO 800 | +2/3

▲ *Einzelaufnahme des ersten Motivs.*

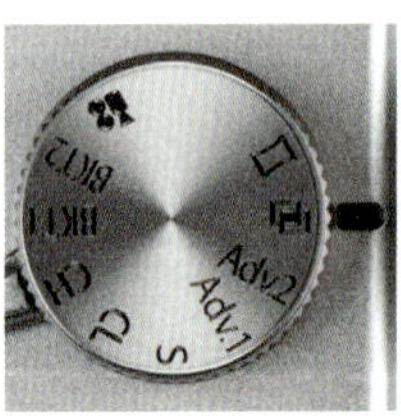

▲ *Aufrufen der Mehrfachbelichtung.*

Fotografieren Sie beispielsweise zwei Bilder mit unterschiedlichen Motiven und blenden diese zu einem Bild übereinander, oder verschmelzen Sie ein unscharfes und ein scharfes Bild des gleichen Motivs, um einen verträumten Weichzeichnungseffekt zu erzeugen. Denken Sie sich was aus, kreative Möglichkeiten gibt es viele ...

Was hingegen nicht funktioniert, ist, einen Bewegungsablauf in einem Bild festzuhalten, bei dem das bewegte Motiv an allen Positionen mit 100%iger Deckkraft zu sehen ist. Vielmehr erscheint alles, was vom Ausgangsbild strukturell abweicht wie eine Art Geisterbild. Das ist so ähnlich, als würden Sie zwei Fotos im Bildbearbeitungsprogramm übereinanderlegen und dem oberen die Deckkraft 50% geben.

Um die Mehrfachbelichtung einzusetzen, drehen Sie das Einstellrad für die Aufnahmebetriebsart auf . Wählen Sie anschließend einen Aufnahmemodus aus, vom Auto Modus bis zu P, S, A oder M sind alle Programme verwendbar. Bei den gezeigten Bildern haben wir mit der Blendenvorwahl (A) fotografiert. Nehmen Sie anschließend das erste Bild auf. Danach können Sie wählen, ob Sie das vorherige Bild noch einmal neu aufnehmen möchten (***WIEDERHOLEN*** mit linker Auswahltaste ◀), ob Sie die zweite Szene hinzu belichten möchten (***WEITER*** mit der MENU/OK-Taste) oder ob Sie die ganze Aktion abbrechen wollen (***BEENDEN*** mit DISP/BACK-Taste).

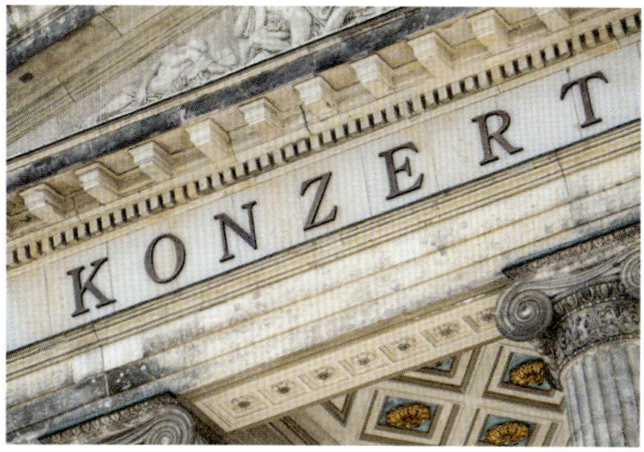

119 mm | f/5,6 | 1/600 Sek. | ISO 800 | +2/3

▲ *Einzelaufnahme des zweiten Motivs.*

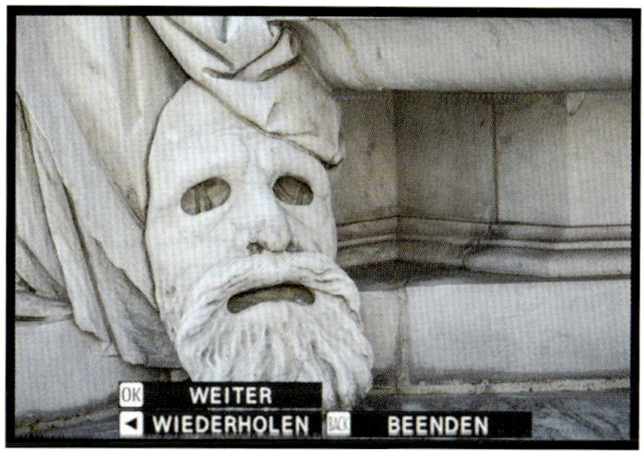

▲ *Auswahlbildschirm nach der ersten Aufnahme.*

Haben Sie sich für ***WEITER*** entschieden, zeigt die X–T20 im Monitor oder Sucher eine Vorschau an, in der das zuvor gespeicherte Bild mit dem aktuell gewählten Bildausschnitt überblendet wird. Richten Sie den neuen Bildausschnitt dann wie gewünscht ein und nehmen Sie die zweite Szene auf. Hierbei können Sie nach Herzenslust die Belichtung wechseln, so als würden Sie ohne Mehrfachbelichtung agieren. Allerdings empfehlen wir Ihnen, möglichst niedrige ISO-Werte zu verwenden, da sich das Bildrauschen sonst verstärken kann.

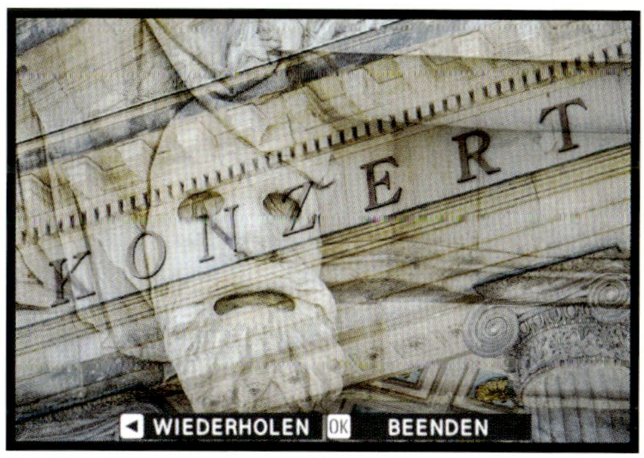

▲ *Auswahloptionen nach der zweiten Aufnahme.*

Im Anschluss an die zweite Aufnahme haben Sie wieder die Möglichkeit, das vorherige Bild, also die überblendete Szene, mit der linken Auswahltaste ◀ noch einmal zu ***WIEDERHOLEN***, oder die Mehrfachbelichtung mit der MENU/OK-Taste zu ***BEENDEN*** und das fertige Foto damit zu speichern.

Zwischen den beiden Fotos für die Mehrfachbelichtung haben Sie so lange Zeit, bis sich die X–T20 automatisch abschaltet. Wenn Sie im Menü Einrichtung bei ***POWER MANAGEMENT*** die Zeit bei ***AUTOM. AUS*** auf ***5 MIN*** erhöhen oder das Abschalten mit ***AUS*** deaktivieren, haben Sie zwischen den Bildern mehr Zeit oder könnten theoretisch so lange warten, bis der Akku leer ist, was natürlich nicht

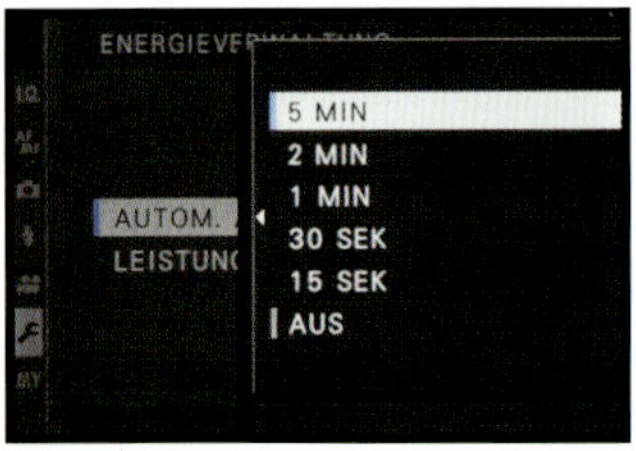

▲ *Verlängern der Wartezeit bis sich die X-T20 automatisch abschaltet.*

wirklich sinnvoll wäre. Aber Sie haben eben mehr Zeit als die standardmäßigen zwei Minuten. Stellen Sie die automatische Abschaltung danach aber wieder auf kürzere Werte, um nicht unnötig Strom zu verbrauchen, wenn Sie die Mehrfachbelichtung nicht verwenden.

8.5 Die Wunderwelt der Nah- und Makrofotografie

Kleines ganz groß abzubilden ist eine sehr reizvolle fotografische Betätigung. Die faszinierenden Flügelschuppen eines Schmetterlings oder Detailaufnahmen von Blüten und Steinen begeistern immer wieder von Neuem. Auf solche Dinge wird im normalen Alltagsleben selten geachtet und viele Details sind mit bloßem Auge auch gar nicht so genau zu erkennen. So werden wir von guten Makroaufnahmen doch immer wieder überrascht.

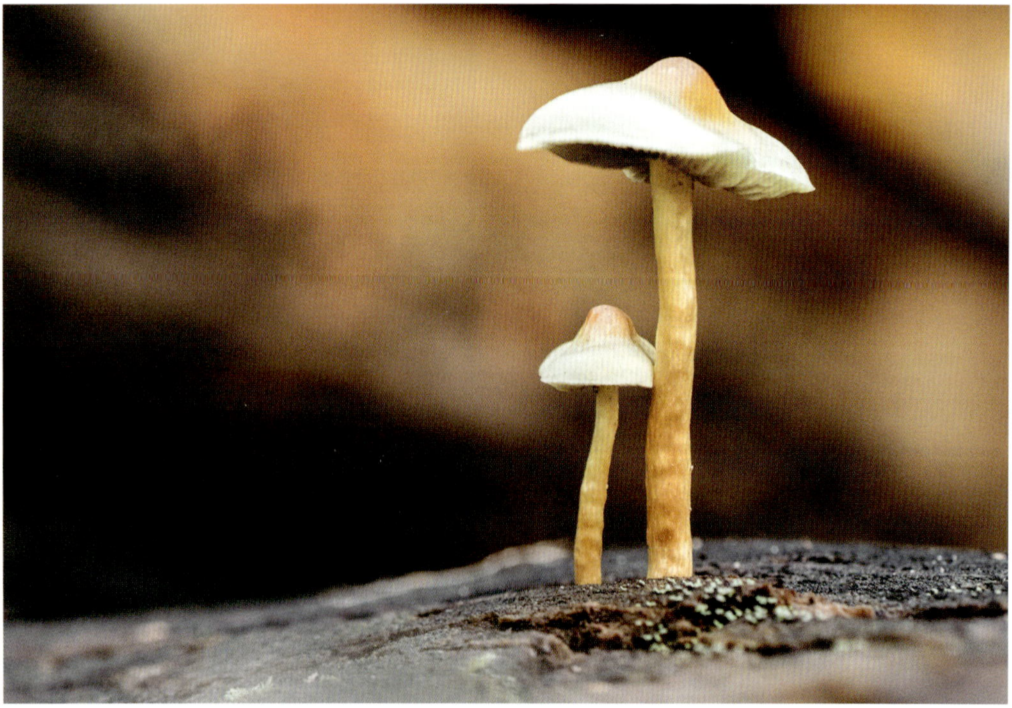

60 mm | f/3,6 | 1/60 Sek. | ISO 800 | –1/3

▲ *Die Modi A und M sind für Makroaufnahmen am besten geeignet. Hier haben wir den Blendenwert mit A so gewählt, dass der Hintergrund zwar noch unscharf ist, die Pilze aber genügend Schärfentiefe abbekommen.*

Die X–T20 für Makrofotos startklar machen

In der Nah- und Makrofotografie rücken Sie Ihren Motiven mit der X–T20 so nah wie möglich auf den Leib: je dichter der Abstand, desto stärker die Vergrößerung. Aufgrund der ***Naheinstellgrenze*** des Objektivs kann der Abstand allerdings nicht beliebig dicht gewählt werden, sonst lässt sich das Motiv nicht mehr scharf stellen. Die Naheinstellgrenze ist die geringste Distanz zwischen dem Fokuspunkt und der mit dem Symbol ⊖ markierten Sensor- bzw. Bildebene auf der Kameraoberseite ❶. Achten Sie stets gut auf die Hinweise (Fokusanzeige ●, grüner Fokusrahmen, AF Signalton), mit denen die X–T20 eine erfolgreiche Scharfstellung signalisiert.

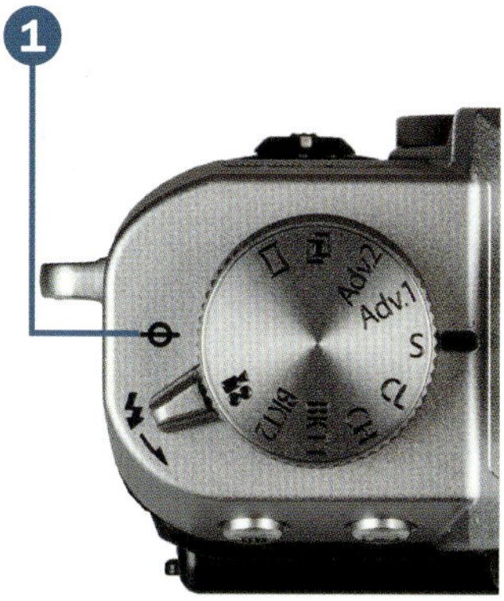

▲ *Markierung der Sensorebene.*

Wenn Sie hauptsächlich aus der Hand fotografieren möchten, können Sie in die Makrofotografie recht unkompliziert mit der ***Blendenvorwahl*** (*A*) einsteigen. Mit geringen Blendenwerten lassen sich schöne Freisteller erzielen. Verwenden Sie bei Zoomobjektiven hierfür die Teleeinstellung, denn so erzielen Sie stärkere Vergrößerungen und eine bessere Freistellung des Objekts vor einem diffusen Hintergrund. Zum Scharfstellen eignet sich der Einzel-AF (Fokusmodusschalter auf *S*) kombiniert mit dem AF Modus *EINZELPUNKT* [▪] und einem kleinen Fokusrahmen am besten, um die filigranen Details exakt in den Fokus zu bekommen.

Bei wenig Licht oder stärkeren Vergrößerungen muss bei Freihandaufnahmen jedoch der ISO-Wert erhöht werden, um Verwacklungen zu vermeiden. Das geht zulasten der im Makrobereich so wichtigen Detailauflösung, aber der Sensor der X–T20 bietet genug Auflösungsreserven für detailreiche Makroaufnahmen bis ISO 3200.

Makromotive, die sich nicht bewegen, lassen sich oft vom Stativ aus noch besser bewältigen. Unsere bevorzugte Einstellung mit der X–T20 ist dann das Programm A mit ISO-Werten von 100 bis 1600 für Aufnahmen ohne Blitz oder mit einer leichten Blitzaufhellung und dem Blitzmodus *SLANGSAME SYNC.*. Wenn es mehr Schärfentiefe sein soll und das Motiv stillhält, drehen wir den Blendenwert bis auf f/11 oder manchmal auch f/16 hoch.

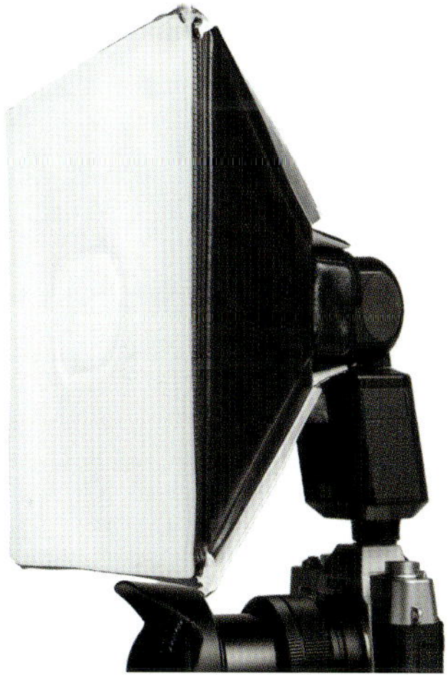

▲ *Die Softbox III von LumiQuest am EF-X500. Damit gelingen Freihand-Makros agiler Insekten mit guter Beleuchtung.*

Hält das Motiv nicht still, schalten wir ins manuelle Belichtungsprogramm um, setzen einen Systemblitz auf die X–T20 und fotografieren dann häufig mit diesen Werten: 1/100 Sek., f/4 bis f/11, ISO 100 bis 1600. Niedrige ISO-Werte kommen bei planen Motiven wie Schmetterlingsflügeln zum Einsatz, während wir höhere ISO-Werte nutzen, wenn der Hintergrund außerhalb der Blitzreichweite auch noch hell genug werden muss. Das Licht kommt meist aus einem großen Systemblitz, wie dem EF-X500, an dem eine Softbox angebracht ist, die für eine gleichmäßige und weiche Ausleuchtung sorgt.

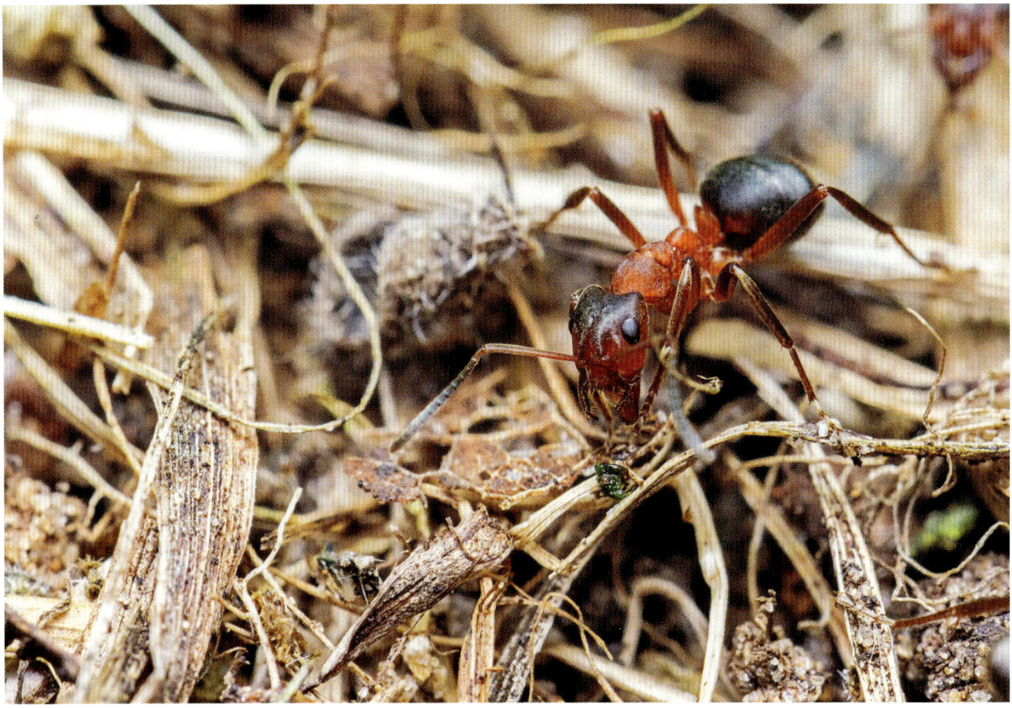

60 mm | f/10 | 1/100 Sek. | ISO 800 | Blitz mit Softbox

▲ *Fleißige Ameisen bei ihrem Tagewerk auf dem Ameisenhaufen. Der Blitz friert die Bewegungen ein und die Softbox sorgt für eine weiche Ausleuchtung.*

Der Abbildungsmaßstab

Nach allgemeinem Gusto wird von Makrofotografie gesprochen, wenn das Fotomotiv in seiner realen Größe oder noch größer dargestellt wird. Die reale Größe entspricht dem Abbildungsmaßstab 1:1. Bei dieser Vergrößerung wird das Motiv auf dem Sensor der X–T20 genauso groß dargestellt, wie es in der Realität ist. Bei einem Maßstab von 2:1 wird das Objekt doppelt so groß abgebildet und bei 1:2 nur halb so groß. Achten Sie daher bei Objektiven, die die Bezeichnung »Makro« tragen, auf die Angaben zum Abbildungsmaßstab.

Nahlinsen und Zwischenringe

Vielleicht möchten Sie ja erst einmal testen, ob die Nah- und Makrofotografie für Sie ein interessantes Fotogebiet ist, ohne sich gleich ein Makroobjektiv zuzulegen. Hierfür eignen sich Nahvorsatzlinsen oder Vorsatzachromate sehr gut. Die Aufsätze verringern den Abstand zwischen Kamera und Objekt, sodass das Motiv größer dargestellt wird. Selbst mit einem Standardzoomobjektiv lässt sich dann schon eine ordentliche Vergrößerung erreichen. Die Nahvorsatzlinsen eignen sich aber auch zur Anbringung am Makroobjektiv, um über den Maßstab 1:1 hinaus zu kommen.

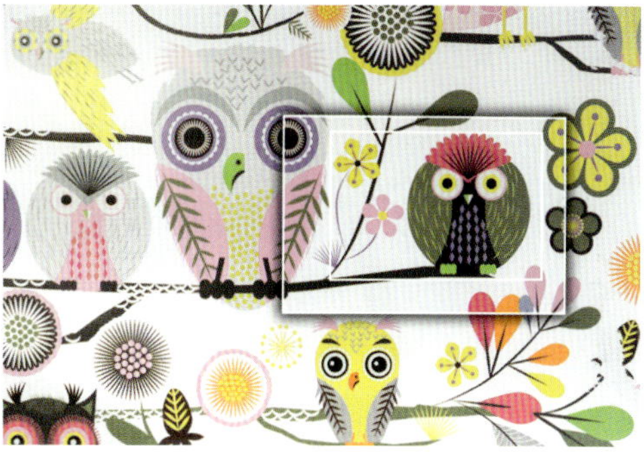

55 mm | f/5 | 1,3 Sek. | ISO 800 | +1

▲ *Ohne Vorsatzachromat. Der schattierte Rahmen verdeutlicht den Ausschnitt mit dem Achromat und der weiße Rahmen darin den Ausschnitt, der mit einem Makroobjektiv möglich war.*

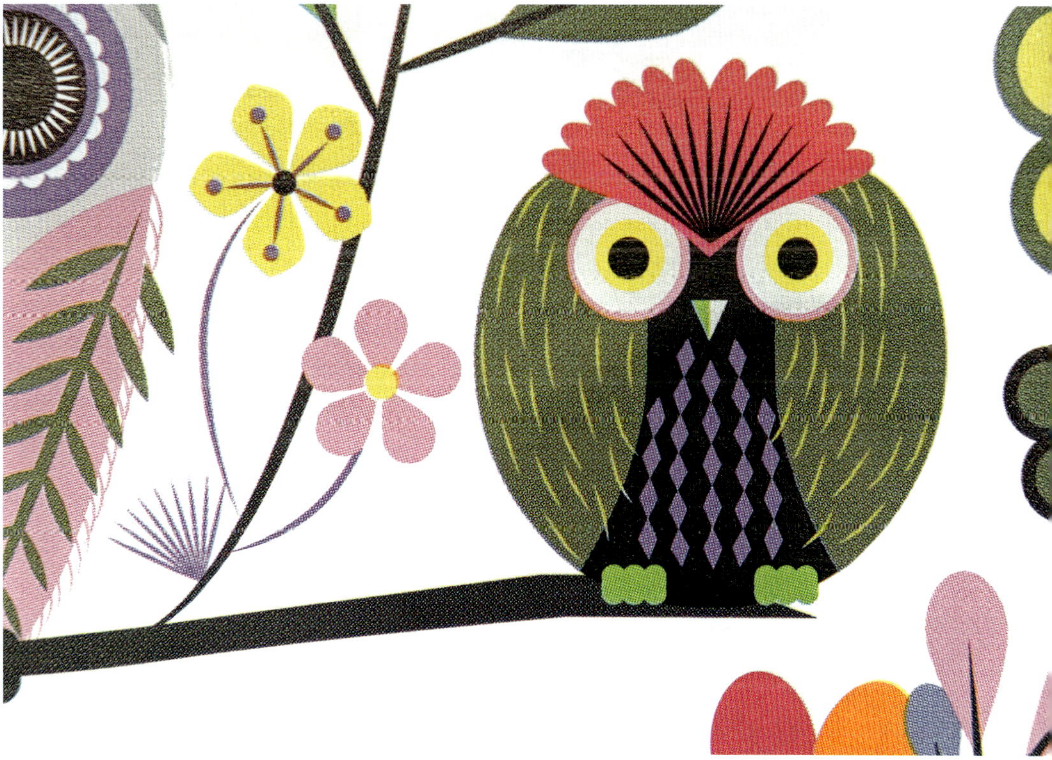

55 mm | f/5 | 1,3 Sek. | ISO 800 | 5-Dpt-Achromat

▲ *Mit einem 5 Dioptrien-Achromat ließ sich das Motiv etwa 2,3-fach größer abbilden als ohne Vorsatzlinse.*

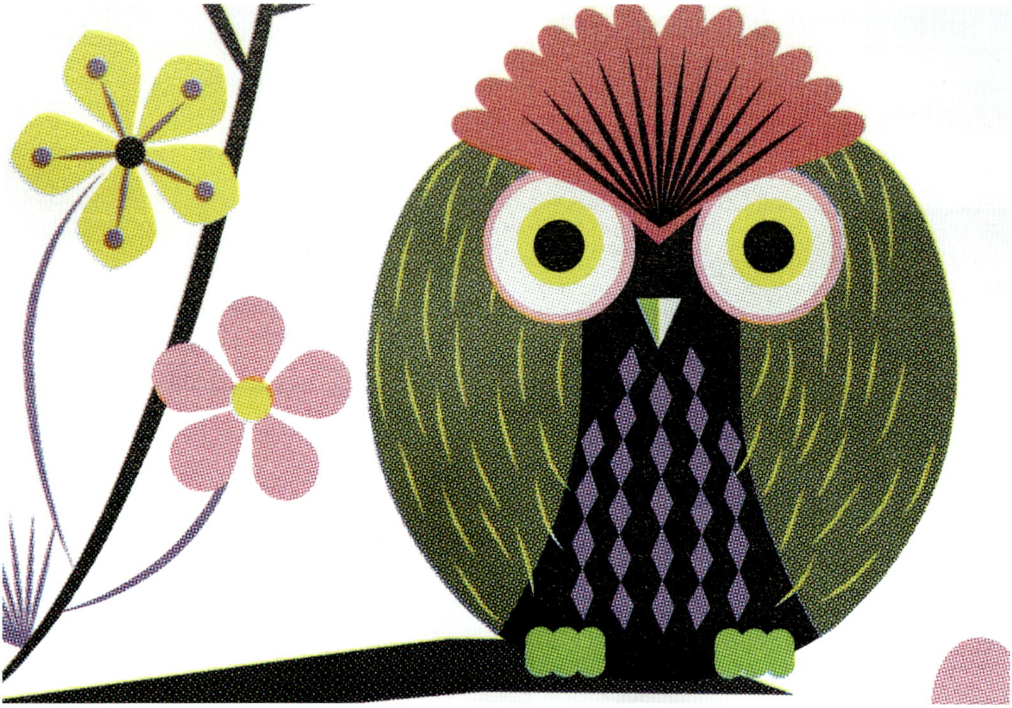

55 mm | f/5 | 1,3 Sek. | ISO 800 | +1

▲ *Zum Vergleich, dasselbe Motiv, aufgenommen mit der stärksten Vergrößerung des Makroobjektivs FUJINON XF60mm F2,4 R Macro.*

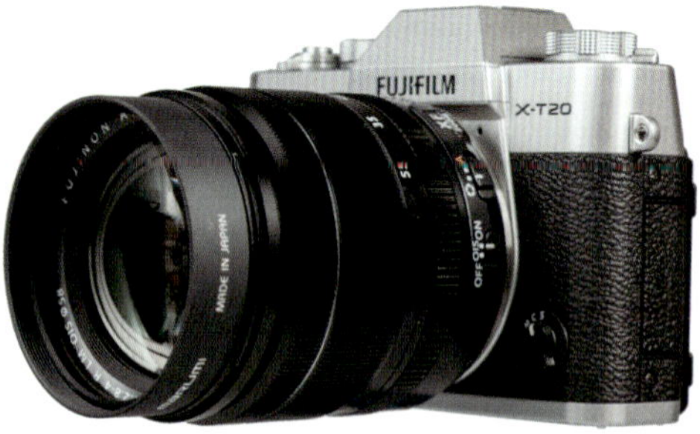

▲ *Fujifilm X-T20 mit 18–55-mm-Objektiv und einem 5-Dioptrien-Vorsatzachromat.*

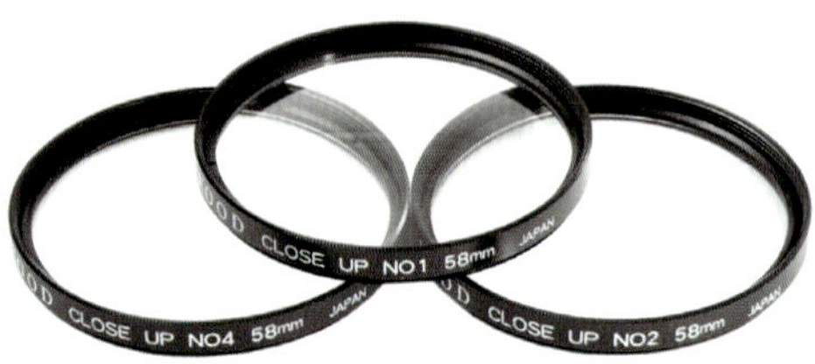

▲ *Einfache Nahlinsen mit 4, 1 und 2 Dioptrien.*

Das Schöne an den Nahlinsen ist auch, dass sich die Automatikfunktionen der X-T20 wie gewohnt nutzen lassen. Nur auf Unendlich können Sie damit nicht mehr fokussieren, aber die Linse lässt sich ja schnell vom Objektiv abdrehen.

Die qualitativ besten Ergebnisse erzielen Sie mit Achromaten. Diese sind in der Anschaffung teurer als einfache Nahlinsen, unterdrücken aber aufgrund ihres zweiglasigen Aufbaus Farbsäume und Randunschärfen viel besser. Die relativ dicken Vorsatzachromate können allerdings, je nach Objektiv und Brennweite, abgedunkelte Bildecken erzeugen. Wählen Sie den Bildausschnitt gegebenenfalls etwas größer, um die Ränder später abschneiden zu können, ohne wichtige Motivelemente zu verlieren.

Damit die Nahvorsatzlinse perfekt zum Objektiv passt, muss der Durchmesser des Filtergewindes übereinstimmen. Bei dem gezeigten Objektiv sind das beispielsweise 58 mm. Es kann aber durchaus sinnvoll sein, eine größere Linse mit einem Adapterring anzubringen. Dann treten eventuelle Randschwächen der Vorsatzlinse verringert zutage, weil sie sich außerhalb des Objektivbildkreises befinden.

Wichtig ist auch, dass die Nahlinsenstärke zum Objektiv passt, damit es bei der Teleeinstellung nicht dazu kommt, dass Sie mit dem Objektiv fast am Motiv anstoßen und der fokussierbare Bereich auf wenige Zentimeter zusammenschrumpft. Gute Kombinationen sind beispielsweise Nahlinsen mit 4–5 Dioptrien bei 50–70 mm Brennweite (zum Beispiel Marumi DHG Achromat +5, Canon 250D 4 dpt) und 2–3 Dioptrien bei 100–150 mm Brennweite (zum Beispiel Marumi DHG Achromat +3, Canon 500D 2 dpt) oder 1–2 Dioptrien bei 150–200 mm Brennweite.

Zwischenringe, wie die Modelle MCEX-11 mit 11 cm Dicke und MCEX-16 mit 16 mm, stellen ebenfalls eine erschwingliche Alternative zum Makroobjektiv dar. Wenn Sie zum Beispiel das FUJINON XF18–55mm F2,8–4 R LM OIS mit dem Ring MCEX-16 koppeln und die Brennweite auf 55 mm stellen, erzielen Sie fast die Vergrößerung, die das Makroobjektiv FUJINON XF60mm F2,4 R Macro ohne Zwischenring erreicht.

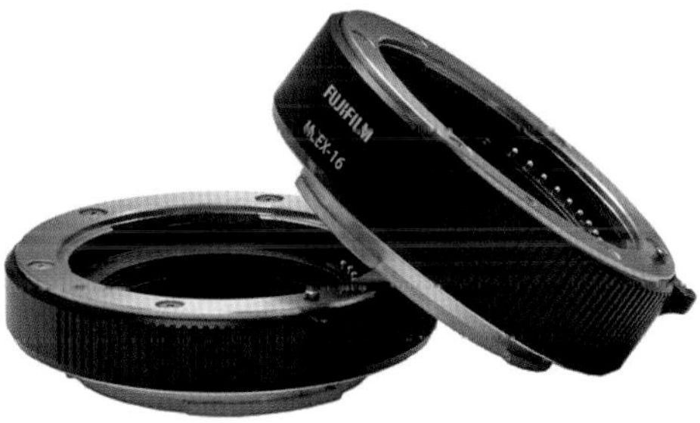

▲ *Zwischenringe MCEX-11 und MCEX-16 von Fujifilm. Die Ringe können einzeln oder kombiniert zwischen Gehäuse und Objektiv angebracht werden (Bild: Fujifilm).*

Da Zwischenringe in der Mitte hohl sind, beeinflussen sie die Abbildungsleistung des Objektivs nur wenig. Zu den Rändern hin können jedoch zunehmend Unschärfe und Farbsäume auftreten. Nachteilig an Zwischenringen ist, dass Sie damit nicht mehr auf Unendlich fokussieren können und das Abbauen viel umständlicher ist als bei den Nahvorsatzlinsen. Außerdem verlängert sich die Belichtungszeit und die Gefahr von Verwacklung steigt, da bezogen auf die Fläche des Sensors weniger Licht zur Verfügung steht als ohne den Ring.

Makroobjektive: Spezialisten für die Nähe

Wer mit der X–T20 ernsthaft in die Makrofotografie einsteigen möchte, kommt um eine passende Speziallinse nicht herum, die für die benötigten geringen Aufnahmeabstände konstruiert ist.

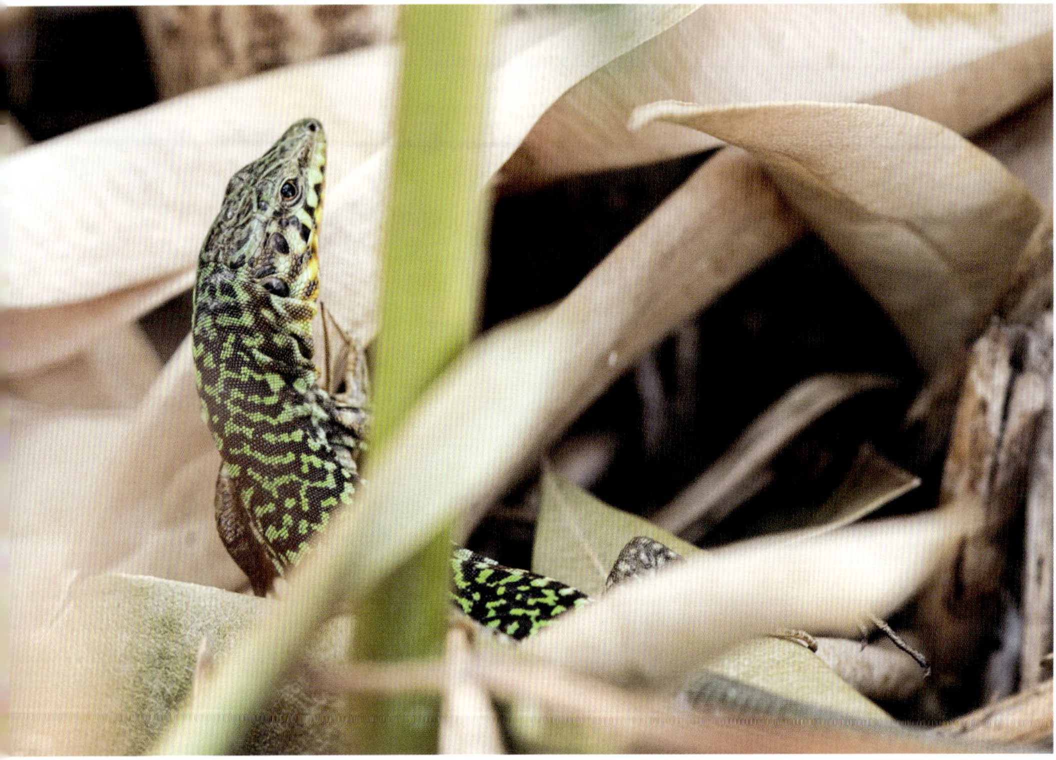

60 mm | f/5,6 | 1/13 Sek. | ISO 800 | +1

▲ *Makroobjektive bieten eine bestechende Schärfeleistung und viel Spielraum für die Gestaltung der Schärfentiefe.*

Die Auswahl an Makroobjektiven war zum Zeitpunkt der Drucklegung dieses Buches noch recht überschaubar. Das für die X–T20 verfügbare Modell FUJINON XF60mm F2,4 R Macro lieferte jedoch eine überzeugende Schärfeleistung und erzeugte bei niedrigen Blendenwerten eine optisch sehr ansprechende Unschärfe (Bokeh).

Das Objektiv besitzt jedoch keinen Bildstabilisator und die Scharfstellung ist nicht ganz so flink, wenn es darum geht, den Fokus über eine größere Distanz umzustellen. Wenn die Objektivlinsen schon fast auf den gewünschten Fokuspunkt eingestellt sind, ist die Scharfstellung aber sehr schnell. Da das Objektiv keinen Linearmotor besitzt, stellt es auch nicht so sanft und geräuschlos scharf wie viele andere Fujinon XF-Objektive. Es eignet sich daher nicht für Filmaufnahmen mit kontinuierlicher Schärfenachführung. Hinzu kommt, dass das Objektiv maximal nur den Abbildungsmaßstab 1:2 (0,5) ermöglicht, es bildet die Fotomotive also etwa halb so groß ab wie sie in der Realität sind. Wenn Sie den Zwischenring MCEX-16 damit verbinden, kann der Abbildungsmaßstab aber immerhin auf 1:1,3 (0,76) angehoben werden.

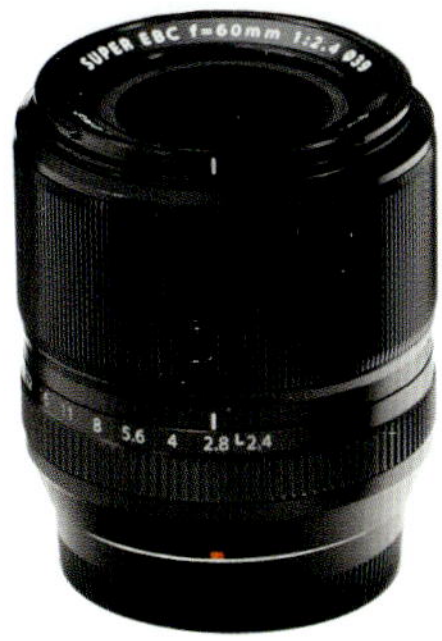

▲ *FUJINON XF60mm F2,4 R Macro, vielseitiges Makroobjektiv mit Abbildungsmaßstab 1:2 (Bild: Fujifilm).*

Wer häufig technische Geräte oder andere leblose Objekte vor der Linse hat, wird auch kaum Probleme mit der relativ kurzen Naheinstellgrenze von 18,5 cm haben, die sich mit dem genannten Zwischenring noch weiter bis auf 14,3 cm verkürzt. Im Falle scheuer Insekten oder Reptilien muss man sich aber schon sehr vorsichtig anpirschen oder sie in einem Moment der Ruhe erwischen, um zu formatfüllenden Aufnahmen zu kommen.

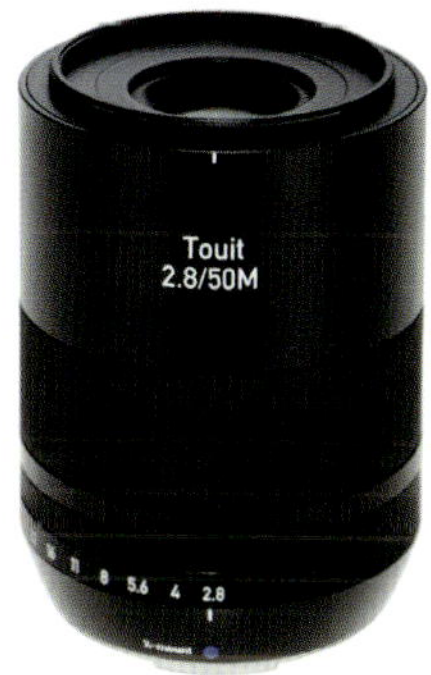

▲ *Hochwertiges Makroobjektiv für kurze Aufnahmedistanzen, das Zeiss Touit 2,8/50M (Bild: Zeiss).*

Ein weiteres, qualitativ absolut hochwertiges Makroobjektiv mit X-Bajonettanschluss ist mit dem Touit 2,8/50M von Zeiss zu haben. Die Optik bietet bereits ohne Zwischenring einen Abbildungsmaßstab von 1:1, allerdings auch mit einer kurzen Naheinstellgrenze von 15 cm.

Objektiv-Roadmap

Fujifilm bringt nach unseren Recherchen 2017 ein neues Makroobjektiv mit Bildstabilisator, Linearmotor und Abbildungsmaßstab 1:1 auf den Markt, das FUJINON XF80mm F2,8 R LM OIS WR Macro. Von den Leitungswerten her wird dieses Objektiv für Makroaufnahmen mit der X–T20 sicherlich die vielseitigsten Möglichkeiten bieten, und sich überdies auch für Porträtaufnahmen und zum Filmen eignen.

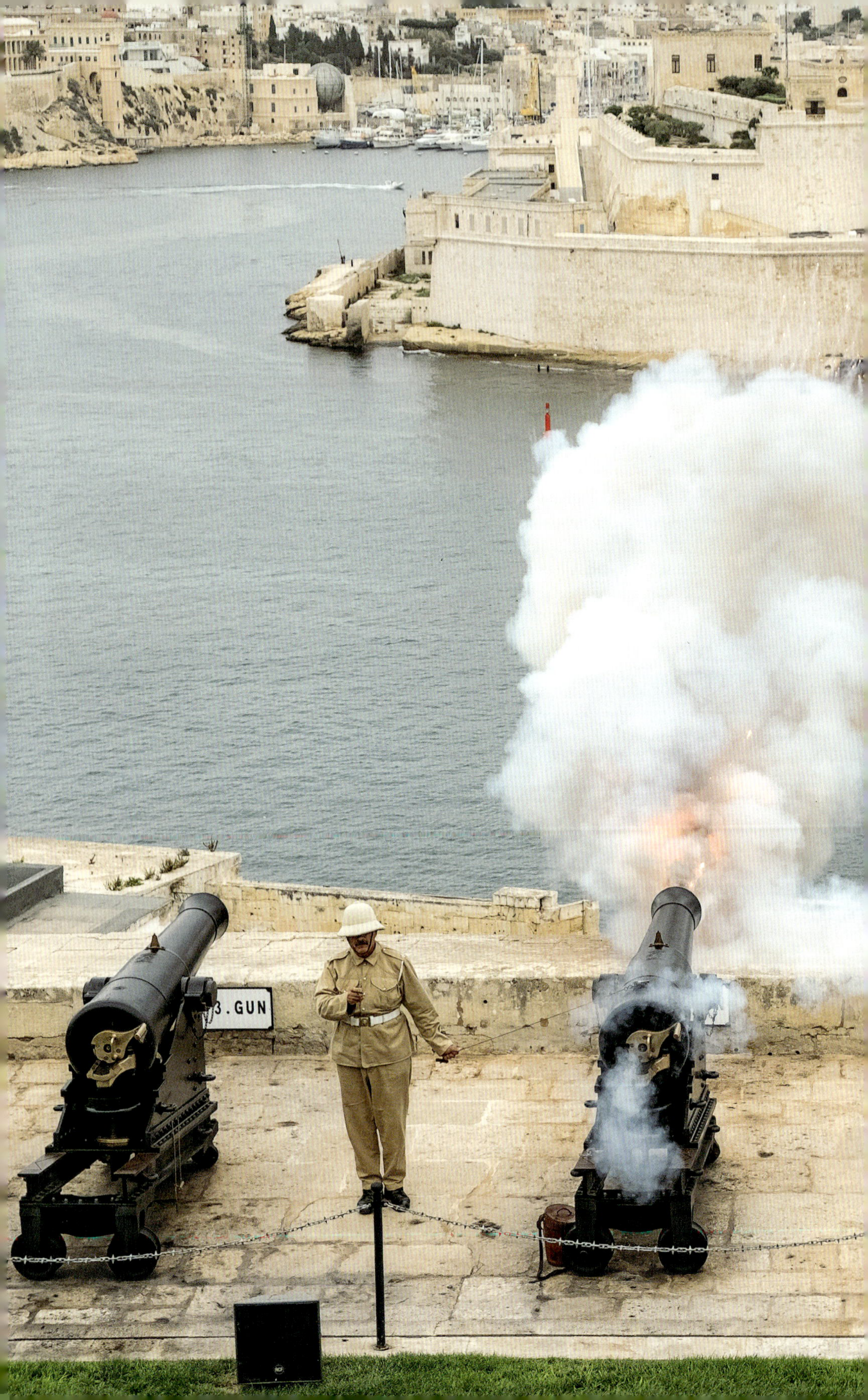
3. GUN

Filmen mit der X–T20

Sind Sie bereits videografisch unterwegs oder möchten Sie mit dem Filmen erst in Kürze beginnen? Dann wird Ihnen dieses Kapitel sicherlich einige nützliche Tipps und Informationen rund um den Videofilm-Modus der X–T20 liefern. Die Möglichkeiten sind enorm und der Spaßfaktor kommt garantiert auch nicht zu kurz.

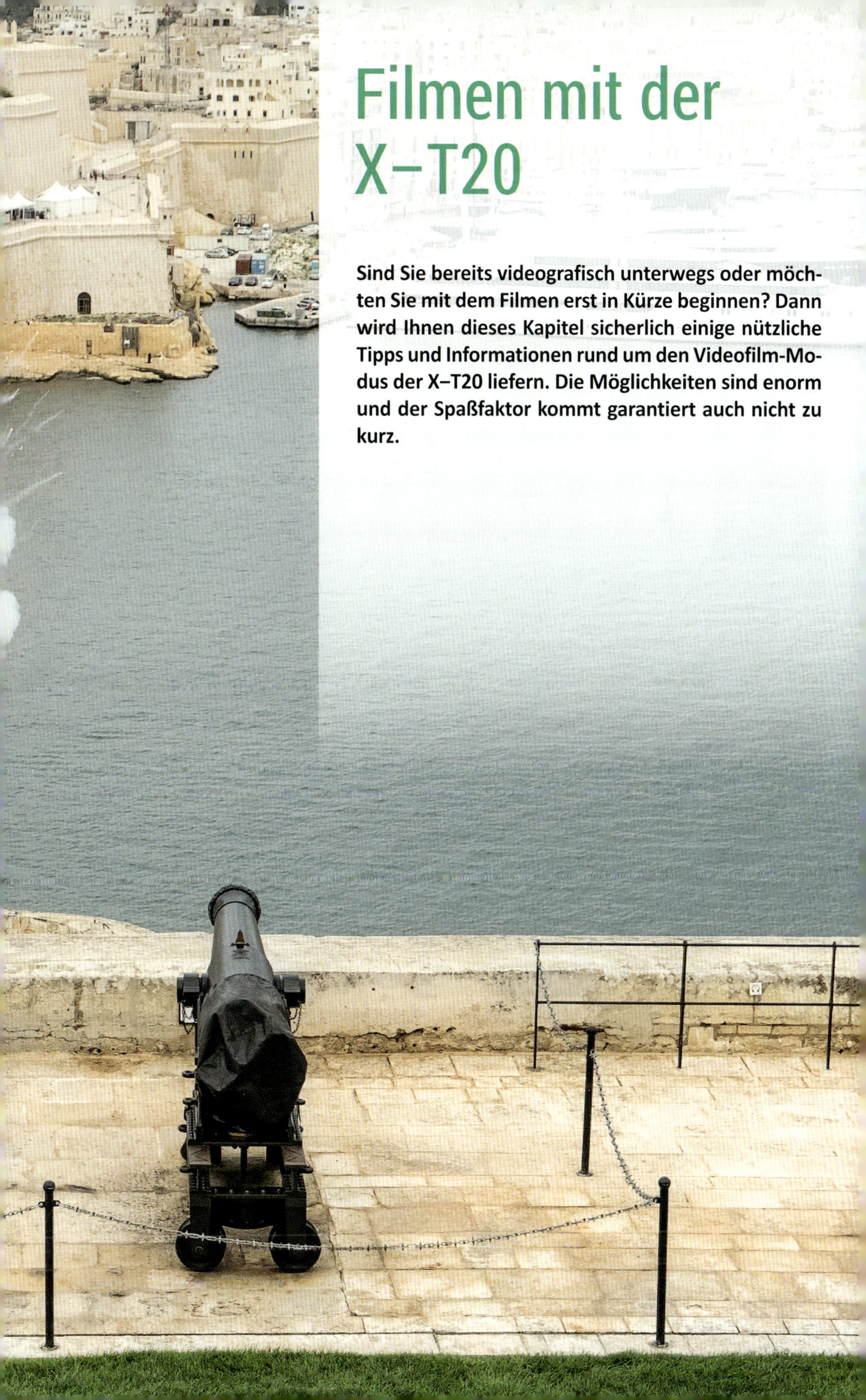

9.1 Einfache Filmaufnahmen realisieren

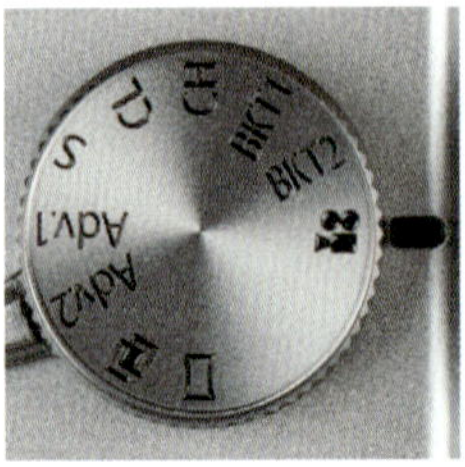

▲ *Aktivieren des Videofilm-Modus.*

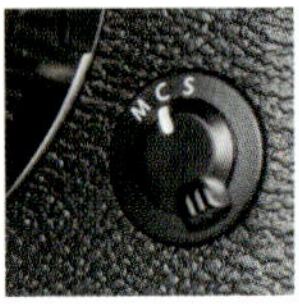

▲ *Kontinuierlichen Autofokus (AF-C) aktivieren.*

Um spontan und unkompliziert mit der X–T20 einen Videofilm aufzuzeichnen, aktivieren Sie gleich einmal den Modus Film, indem Sie das Einstellrad für die Aufnahmebetriebsart auf drehen. Stellen Sie außerdem den Auto Modus oder die Programmautomatik der X–T20 ein. Danach kann es mit dem Videodreh im automatischen Modus *AUTO* ① auch gleich losgehen.

Der Bildausschnitt im Monitor oder Sucher verschmälert sich auf das für Videofilme übliche Seitenverhältnis 16:9. Die Belichtung wird bei den gewählten Einstellungen vollautomatisch geregelt.

Wenn Sie vorhaben, ein bewegtes Objekt filmisch zu verfolgen, was in den meisten Fällen wohl so sein wird, stellen Sie den Fokusmodusschalter auf *C*, um die Schärfenachführung des kontinuierlichen AF (AF-C) zu verwenden.

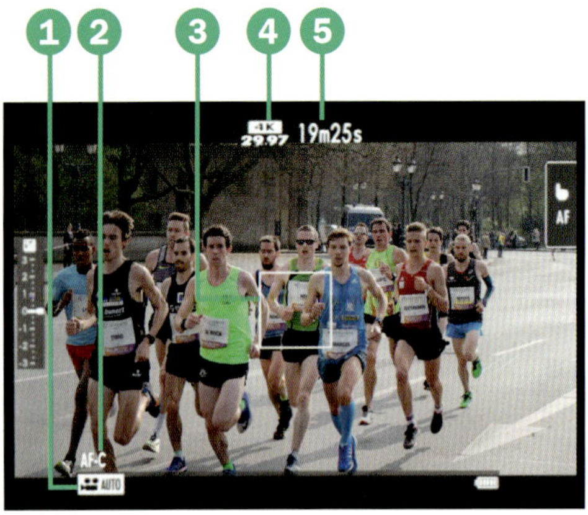

▲ *Filmaufnahmebildschirm mit eingeblendeten Informationen.*

Stellen Sie Ihr Motiv nun wie gewohnt mit dem Auslöser scharf oder verwenden Sie den Touchscreen dafür (siehe Seite 116). Mit der Einstellung Touch-Aufnahme SHOT wird das Motiv fokussiert und die Filmaufnahme anschließend sofort gestartet. Bei den Vorgaben Touch-AF AF oder Touch-Bereich AREA wird zwar fokussiert, die Filmaufnahme muss anschließend aber per Auslöser gestartet werden. An welcher Stelle das Motiv scharf gestellt wird, hängt von der angetippten Bildstelle am Monitor ab oder der Position des Fokussierrahmens, den Sie über die untere Auswahltaste einstellen können.

Mit der DISP/BACK-Taste können Sie die Bildschirmanzeige so einstellen, dass entweder nur das Videobild zu sehen ist oder mehr Informationen eingeblendet werden, unter anderem der Fokusmodus ②, der Fokussierbereich ③, die Aufnahmequalität ④ und die mögliche Aufnahmezeit ⑤.

Nach dem Start der Filmaufnahme per Auslöser oder durch Antippen des Monitors (SHOT) verdeutlicht ein blinkender roter Punkt die laufende Filmaufnahme.

Halten Sie die X–T20 während der Aufnahme möglichst ruhig. Der AF-C-Autofokus führt die Schärfe im gewählten Fokusbereich kontinuierlich nach, daher können Sie sich, anstatt zu Zoomen, auch mitsamt der Kamera Ihrem Motiv nähern oder entfernen. Das wirkt meist besser als das abrupte Ändern der Brennweite durch Drehen am Zoomring.

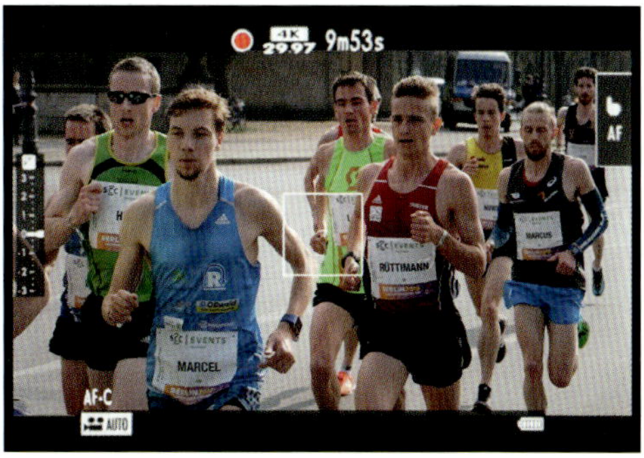

▲ *Laufende Videofilm-Aufnahme.*

Um Störgeräusche im Film zu vermeiden, betätigen Sie am besten auch keine Tasten und Räder. Beendet wird die Filmsequenz, indem Sie den Auslöser erneut betätigen. Die Aufzeichnung wird dann sofort gestoppt und es folgt eine mehr oder weniger lange Speicherphase, die von der Aufnahmedauer und der Schnelligkeit der Speicherkarte abhängt. Danach können Sie die nächste Aufnahme starten.

Maximale Filmaufnahmedauer

Die X–T20 kann maximal 30 Minuten am Stück filmen. Danach legt sie eine Pause ein und Sie müssen die Aufnahme neu starten. Diese Beschränkung hat mit dem EU-Einfuhrzoll zu tun. Hinzu kommt, dass die maximale Größe einer Videodatei 4 GB beträgt. Ist diese erreicht, filmt die X–T20 zwar innerhalb des 30-Minuten-Fensters weiter, aber es wird automatisch eine neue Datei angelegt. Um die Movies später am Stück betrachten zu können, müssen Sie sie nacheinander aufrufen oder am Computer zu einer Filmdatei zusammenschneiden.

9.2 Welche Qualität für welchen Zweck?

Auch wenn die voreingestellte Aufnahmequalität FullHD | 1080 | 59,94P FULL HD für viele videografische Aktionen bestens geeignet ist, kann es nicht schaden, auch die anderen Optionen einmal unter die Lupe zu nehmen. Die X–T20 bietet dazu die in der Tabelle auf Seite 205 aufgeführten Möglichkeiten an. Grundlegend werden die Videofilme im Dateiformat *MOV* aufgezeichnet. Dieses Format ist gut geeignet, um die Videos am Computer auch ordentlich nachbearbeiten zu können. Sie können aber beispielsweise auch direkt bei YouTube oder Facebook hochgeladen werden.

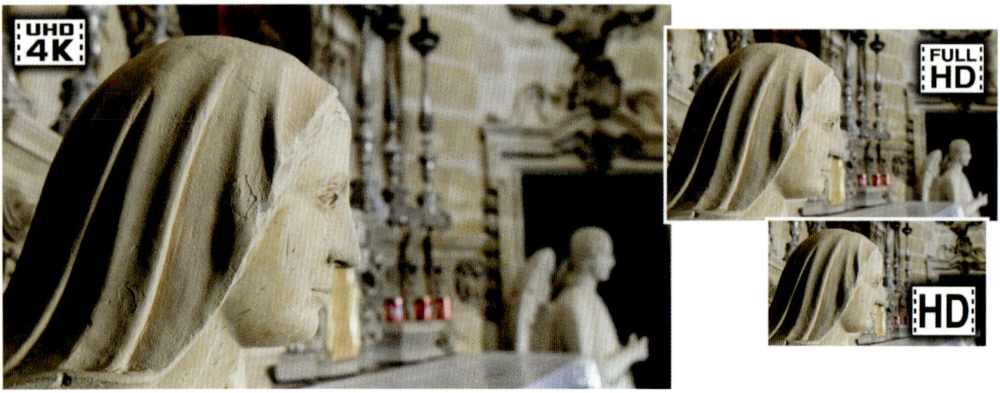

▲ *Videobildgrößen UHD, FHD und HD.*

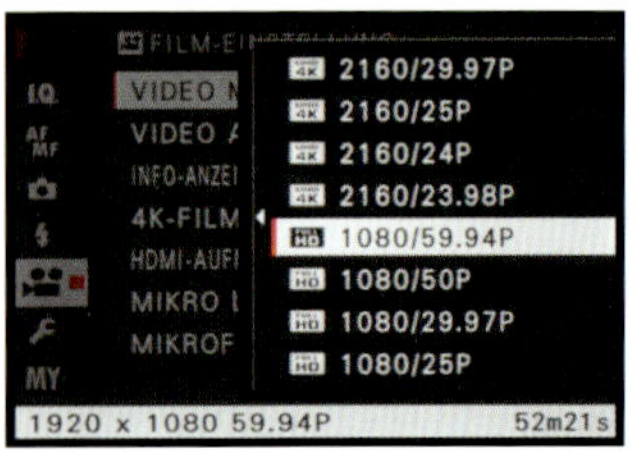

▲ *Auswahl des Video Modus, der die Auflösung und die Anzahl an Bildern bestimmt, die pro Sekunde aufzeichnet werden.*

Neben dem Aufnahmeformat spielt die Bildgröße (UHD 4K, FULL HD oder HD) eine wichtige Rolle. Sie bestimmt die Auflösung des Motivs und die Datenmenge, die pro Sekunde aufgezeichnet wird. Einstellen können Sie die Auflösung im Menü Film-Einstellung bei *VIDEO MODUS*.

Das Format Full HD (FHD) mit einer Auflösung von 1920 × 1080 Pixeln bietet eine hervorragende Qualität auf Fernsehern mit entsprechender Full HDTV-Technik. Mit der UHD 4K Qualität können Sie hingegen auf Ultra HDTV-Geräten brillante Farben und eine gestochene Schärfe in der vollen Auflösung von 3840 × 2016 Pixeln genießen. Die kleinste Auflösung, HD mit 1280 x 720 Pixeln, ist gut geeignet für Videos, die in erster Linie zur Präsentation auf Mobilgeräten oder im Internet gedacht sind, da der Betrachter beim Streamen des Videofilms weniger Datenvolumen herunterladen muss.

Allerdings können die Filme mit geeigneten Videoschnittprogrammen, wie Photoshop, Photoshop Premiere Elements, Video Studio, Magix Video deluxe oder Final Cut Pro, problemlos von 4K in FHD oder HD herunter skaliert werden. Wenn Sie vor der Konvertierung nicht zurückschrecken und einen recht leistungsstarken Computer besitzen, spricht eigentlich nur noch der höhere Speicherplatzbedarf gegen die Verwendung der 4K-Aufnahmegröße.

Bildgröße (Auflösung in Pixel)	Vollbildrate (Bilder/Sek.)		Dateigröße (MByte/ Sek.)	Max. Filmlänge pro Datei	Kapazität auf 16GB-Karte
	PAL	NTSC			
4K (3840 × 2016)	25P	29,97P	100 Mbps	10 Min.	circa 20 Min.
4K (3840 × 2016)	24P	23,98P	100 Mbps	10 Min.	circa 20 Min.
FHD (1920 × 1080)	50P / 25P	59,94P / 29,97P	36 Mbps	15 Min.	circa 52 Min.
FHD (1920 × 1080)	24P	23,98P	36 Mbps	15 Min.	circa 52 Min.
HD (1280 × 720)	50P / 25P	59,94P / 29,97P	18 Mbps	30 Min.	circa 103 Min.
HD (1280 × 720)	24P	23,98P	18 Mbps	30 Min.	circa 103 Min.

▲ *Alle Video-Aufnahmeformate der X-T20 werden im Seitenverhältnis 16:9 aufgezeichnet.*

Schnelligkeit der Speicherkarten

Für Filmaufnahmen empfiehlt Fujifilm, unabhängig von der Videogröße, UHS-I-Speicherkarten der Geschwindigkeitsklasse 3. Bei uns klappte die UHD 4K-Aufnahme aber selbst mit einer Speicherkarte, die nur dem alten Standard Class 6 entspricht (SanDisk Extreme III, 8 GB). Und auch UHS-1-Karten der Geschwindigkeitsklasse 1 arbeiteten sehr zuverlässig. Testen Sie Ihre vorhandenen Speicherkarten daher erst einmal in Ihrer Videoumgebung, bevor Sie den Kauf einer schnelleren Karte in Erwägung ziehen. Ist die Karte allerdings wirklich zu langsam (Schreibgeschwindigkeit unter 20 MB/Sek.), läuft der Pufferspeicher der X-T20 über und die Aufnahme bricht nach einer gewissen Zeit mit der Nachricht ***SPEICHERN*** ab. Wenn die Karte viel zu langsam ist, erscheint anschließend die Information ***SCHREIBFEHLER*** und das Video ist verloren. Die SD-Karte sollte mindestens eine Schreibgeschwindigkeit von 40 MB/Sek. aufweisen.

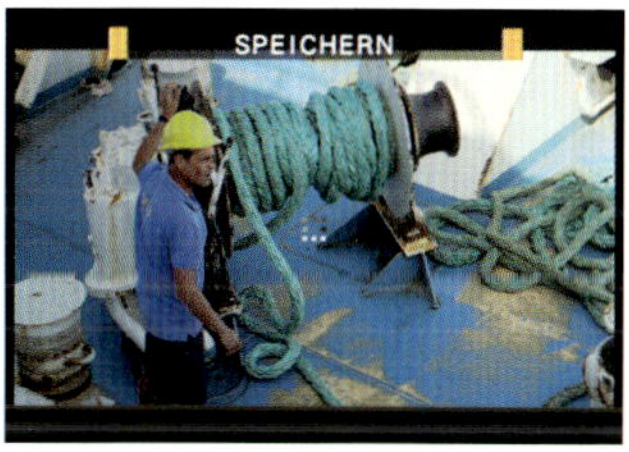

▲ *Die Videoaufnahme bricht bei einer zu langsamen Speicherkarte vorzeitig ab.*

Wissenswerts zur Bildrate

Die Bildrate ①, auch als Framerate bezeichnet und mit *P* (progressiv) abgekürzt, bestimmt die Anzahl an Vollbildern, die pro Sekunde aufgenommen werden. Ursprünglich war die Bildrate vom gewählten Videosystem abhängig, einer Norm, die aus Analogzeiten stammt, als die Fernsehbilder auf die unterschiedlichen Stromfrequenzen abgestimmt waren: PAL für 50 Hertz Wechselspannung

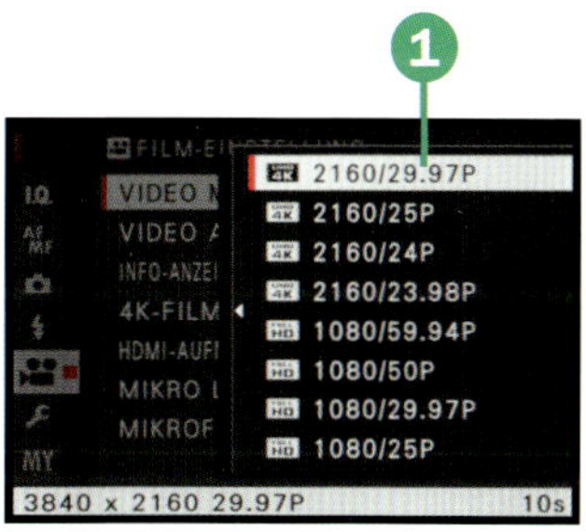

▲ *Mit der Videogröße wird gleichzeitig die Bildrate festgelegt, wobei viele verschiedene Kombinationen verfügbar sind.*

in Europa und NTSC für 60 Hertz Wechselspannung, zum Beispiel in Amerika.

Im digitalen Zeitalter ist dies nicht mehr ausschlaggebend für die Filmwiedergabe. Daher können Sie bei der X–T20 die verschiedenen Bildraten im Menü Film-Einstellung /*VIDEO MODUS* frei auswählen und mit den drei Bildgrößen UHD 4K, Full HD und HD kombinieren. In der Tabelle auf Seite 205 haben wir die Bildraten aber dennoch nach dem alten System aufgeteilt, einfach, um die vielen Zahlen übersichtlicher zu gestalten und zu zeigen, welche Bildraten für den Filmschnitt gut zueinander passen. Denn Filmabschnitte, die mit verschiedenen Bildraten aufgenommen wurden, lassen sich nicht immer problemlos zusammenschneiden. Daher ist es sinnvoll, Bildraten zu verwenden, die sich um den Faktor zwei unterscheiden, also 25p und 50p oder 29,97p und 59,94p.

Als flexibler und guter Standard empfehlen sich die höheren Bildraten von 50p oder 59,94p. Sie sind am besten geeignet, um actionreiche Bewegungen oder Kameraschwenks flüssig wiederzugeben. Die geringeren Bildraten von 25p oder 29,97p sind empfehlenswert, wenn Sie unter Kunstlichtbedingungen filmen und möglichst lange Belichtungszeiten benötigen, um den sogenannten Banding-Effekt zu vermeiden (siehe Seite 208). Der UHD 4K-Modus ist bei der X–T20 auf die niedrigeren Bildraten beschränkt, weshalb sich die Full HD-Filmauflösung für actiongeladene Videomotive eher anbietet.

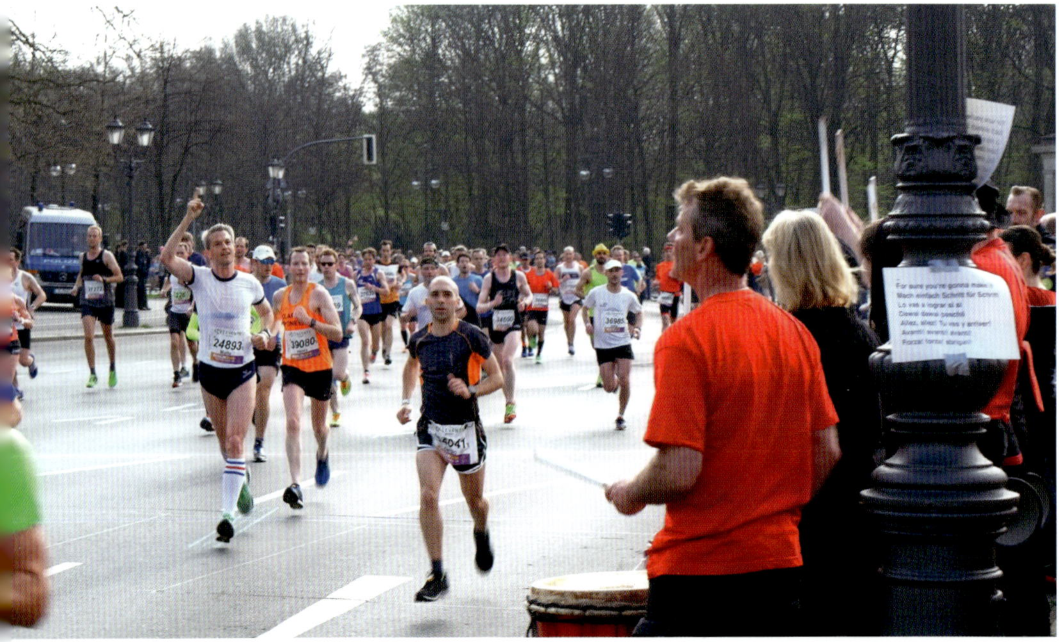

▼ *Die Auflösung Full HD kombiniert mit der Bildrate 59,94p ist gut geeignet, um schnelle Bewegungen im Film flüssig darzustellen.*

Mit der Bildrate 24P und 23,98P wird die Bildrate von Kinofilmen nachempfunden. Dieser historische Standard ist mit etwas Vorsicht zu genießen, da nicht jedes Abspielgerät diese Videosignale auslesen kann. Das kann dazu führen, dass die Bildgröße nicht richtig angezeigt wird, Tonabweichungen oder Ruckler auftauchen oder sich der Film gar nicht abspielen lässt.

Wärmeentwicklung beachten

Die Kamera kann sich bei ausgiebigem Filmen, insbesondere mit den speicherintensiven Videogrößen UHD 4D und Full HD, stark aufwärmen. Dadurch kann sich das Bildrauschen in den Videofilmen erhöhen, was die X-T20 mit einem gelb leuchtenden Warnsymbol anmerkt. Sollte das Symbol gar auf Rot wechseln, schalten Sie die X-T20 auf jeden Fall aus und warten Sie, bis sich die Kamera abgekühlt hat. Aus diesem Grunde ist es sinnvoll, den Akku bereits rechtzeitig gegen einen kühlen Reserve-Akku zu wechseln. Dann lässt sich zumindest diese Wärmequelle etwas eindämmen.

9.3 Die Aufnahmebedingungen optimieren

Bei Videoaufnahmen kommt der Belichtungszeit eine wichtige Rolle zu, denn es gilt, die Bewegungen der Motive flüssig und ohne Ruckler darzustellen. Am besten filmen Sie mit Werten zwischen 1/50 Sek. und 1/250 Sek. Stellen Sie beispielsweise im Modus S oder M eine Belichtungszeit von 1/125 Sek. ein und aktivieren Sie im Fall von M die ISO-Automatik, damit die Helligkeit an Motivänderungen angepasst wird.

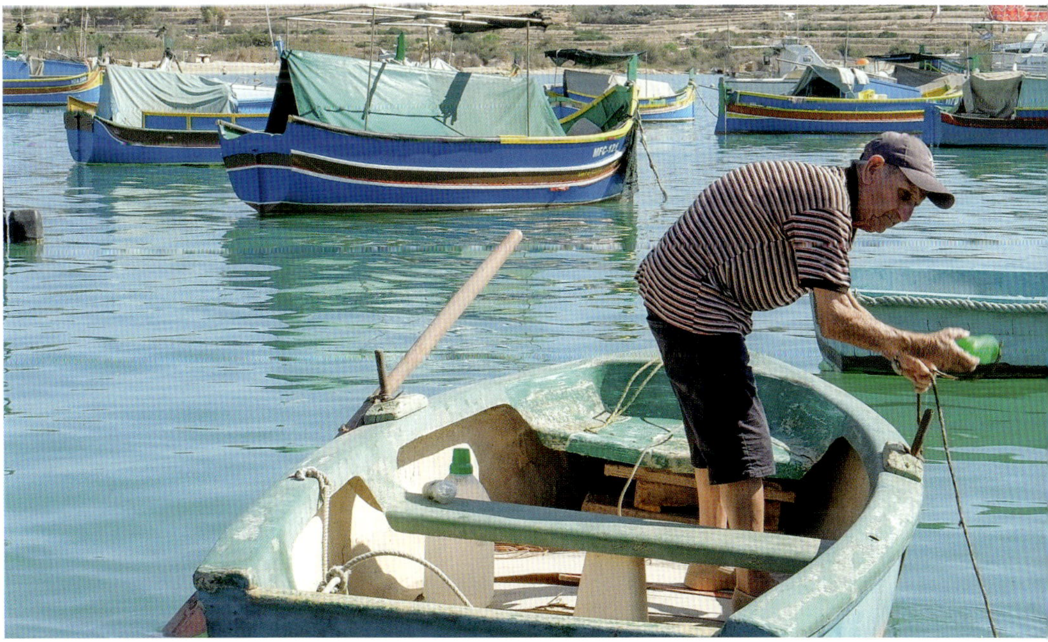

▲ *Bei 1/100 Sek. Belichtungszeit weisen bewegte Motivbereiche in den Einzelbildern teilweise Bewegungsunschärfe auf, was im Film aber nicht zu sehen ist. Vielmehr laufen die Bewegungen dadurch optisch sehr flüssig ab.*

In den Modi S (und A) passt sich die Helligkeit automatisch an, wenn sich die Lichtverhältnisse während der Filmaufnahme ändern. M hat den Vorteil, dass Sie auch noch den Blendenwert niedrig halten können, um mit geringer Schärfentiefe den Blick des Betrachters gezielt auf die Hauptmotive im Bildausschnitt zu leiten.

Beim Filmen in heller Umgebung empfiehlt es sich, einen Neutraldichtefilter der Stärke ND4 oder ND8 am Objektiv anzubringen. Er reduziert die Lichtmenge und macht das Filmen mit geringer Schärfentiefe und einer langen Belichtungszeit möglich.

Vorsicht! Banding-Effekte

Beim Filmen unter Kunstlichtbeleuchtung ist es sinnvoll, die Belichtungszeit auf 1/100 Sek. oder länger einzustellen. Sonst kann die rhythmische Gasentladung bei Neonlampen zum sogenannten Banding- oder Flacker-Effekt führen und eine streifenförmige Belichtung der Filmaufnahme entstehen. Besonders vorteilhaft sind in diesem Zusammenhang die niedrigen Bildraten 25P oder 29,97P, da die Belichtungszeit dann auf 1/30 Sek. herabgesetzt werden kann. Bei 50P und 59,94P kann als kürzeste Belichtungszeit nur 1/60 Sek. gewählt werden.

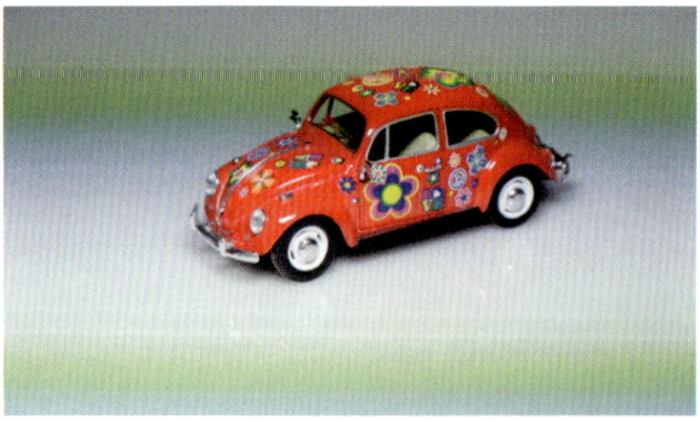

▲ *Banding-Effekt bei 1/250 Sek.*

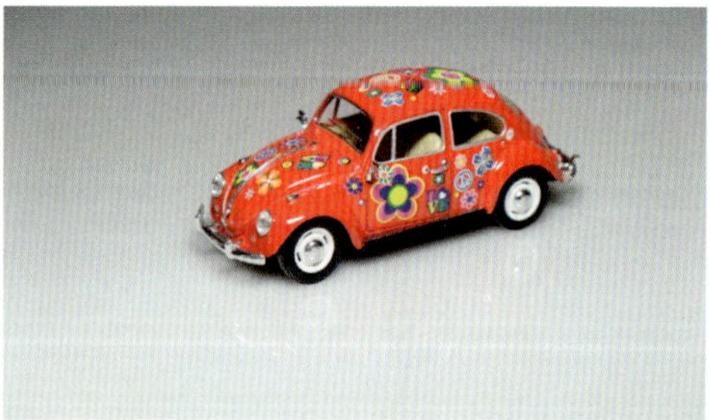

Banding verhindert mit 1/30 Sek.

Bei stark flackernden Lampen kann es aber trotz verlängerter Belichtungszeit noch zu leichtem Flackern im Video kommen. Wenn Sie häufiger unter Kunstlichtbeleuchtung filmen möchten, wäre die Anschaffung sogenannter flackerfreier Lampen sehr ratsam (zum Beispiel Walimex Pro LED Lampe LB-45-L). Hersteller professioneller Dauerlichtlampen, wie Hedler oder ARRI, haben natürlich ebenfalls solche Lampen in ihrem Programm. Auch für Fotoaufnahmen mit kurzen Belichtungszeiten ist eine flackerfreie Beleuchtung sinnvoll, denn das Banding-Problem besteht bei Standbildern genauso.

Manuelle Belichtung

Die Bildhelligkeit der Videoaufnahme passt sich beim Kameraschwenk ganz von selbst an die veränderte Situation an. Das gilt für alle Programme, wenn die ISO-Automatik aktiv ist. Sollte die Belichtung jedoch einmal nicht stimmen, gibt es in den Modi P, S und A die Möglichkeit einer Belichtungskorrektur um ±2 Stufen ①. Diese können Sie vor oder während der Videoaufzeichnung einstellen, wobei das Drehen am Einstellrad für Belichtungskorrekturen nicht nur die Kamera zum Wackeln bringt, sondern im Film später auch deutlich zu hören ist. Also besser vorher einstellen. Wenn Sie eine stärkere Korrektur benötigen, stellen Sie eine lange Belichtungszeit und einen geringen Blendenwert ein (manuelle Belichtung) und ziehen den ISO-Wert so weit hoch, bis Ihnen die Bildhelligkeit gefällt – oder sorgen Sie nach Möglichkeit für eine bessere Beleuchtung der Szene.

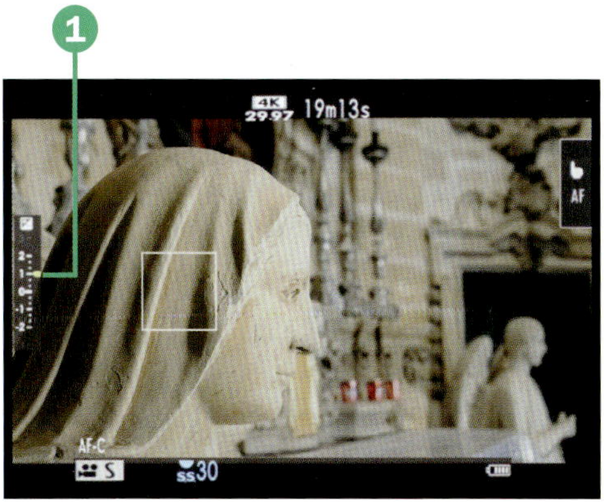

▲ *Belichtungskorrektur vor der Videoaufzeichnung.*

Beim Filmen kontrastreicher Situationen kann die automatische Belichtungsanpassung störend sein. Gleiches gilt für Studioaufnahmen. Drücken Sie dann einfach die AE-L-Taste, um die Belichtung in den Modi P, S oder A zu speichern ②. Programmieren Sie die Taste hierzu im Menü Einrichtung 🔧/*TASTEN/RAD-EINSTELLUNG/AE/AF LOCK MODUS* mit der Vorgabe *AE/AF-L EIN/AUS*, dann müssen Sie die Taste für das Fixieren der Belichtung nicht die ganze Zeit gedrückt halten. Mit gespeicherter Belichtung lässt sich der Fokussierbereich allerdings weder über Tasten noch durch Antippen des Monitors verschieben. Möchten Sie die Belichtungsspeicherung während der Filmaufnahme daher beenden, um wie-

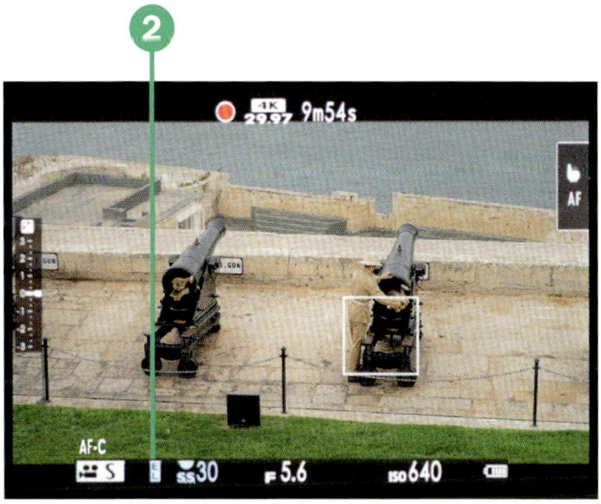

▲ *Filmen mit gespeicherten Belichtungswerten.*

Bildeinstellungen für Nachbearbeitungen

Möchten Sie Ihre Filme gerne nachträglich weiterbearbeiten, ist es günstig, wenn die Filmaufnahme kameraintern hinsichtlich Kontrast und Farbe nicht stark nachbearbeitet wird. Verwenden Sie hierfür am besten die Filmsimulation *ASTIA/WEICH* oder stellen Sie die X–T20 so ein, dass sie wenig Kontrast und eine geringere Farbsättigung erzeugt, indem Sie im Menü Bildqualitäts-Einstellung folgendes eingeben: *TON LICHTER* (–2), *SCHATTIER. TON* (–2), *FARBE* (–3), *SCHÄRFE* (0).

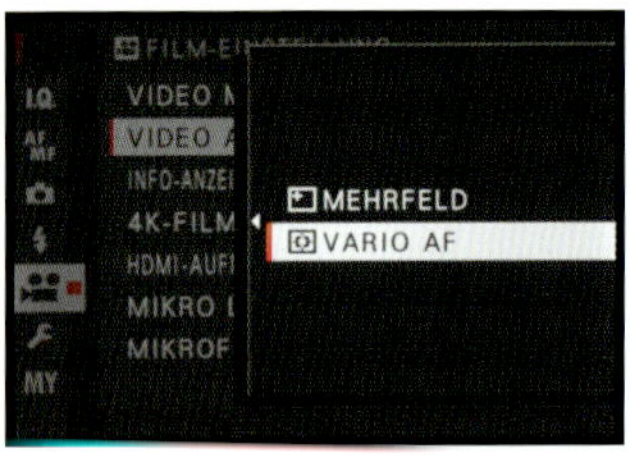

▲ *Auswahl des VIDEO AF MODUS zum automatischen oder gezielten Scharfstellen.*

der die automatische Helligkeitsanpassung zu nutzen und den Fokuspunkt verschieben zu können, drücken Sie die AE-L-Taste erneut. Für Flexibilität ist also gesorgt – aber das Tastendrücken ist im Film natürlich auch zu hören, es sei denn, Sie zeichnen den Ton separat auf.

Auch im manuellen Modus (M) können Sie mit der AE-L-Taste zwischen fixierter und flexibler Belichtung wechseln, sofern die ISO-Automatik eingeschaltet ist. Bei festen ISO-Zahlen ist die Belichtung hingegen fixiert, bis die Belichtungszeit, der Blendenwert oder der ISO-Wert geändert werden.

Motive im Fokus halten

Die Aufnahme bewegter Bilder erfordert einen Autofokus, der das anvisierte Motiv genau und zuverlässig scharf stellt. Zu diesem Zweck können Sie im Menü Film-Einstellung bei *VIDEO AF MODUS* aus zwei Vorgaben wählen. Beide stellen bei Objektiven mit Linearmotor nahezu geräuschlos auf sich ändernde Motiventfernungen scharf. Mit der Einstellung *MEHRFELD* sucht sich die X–T20 den Fokuspunkt selbstständig aus. Die Schärfe wird daher oft in der Bildmitte liegen oder auf dem Motivbereich landen, der sich am dichtesten vor der Kamera befindet, solange die Naheinstellgrenze des Objektivs nicht unterschritten wird. Damit können Sie zwar unkompliziert filmen. Es wird aber schwerer, den Fokus gezielt zu lenken, um beispielsweise ein Hintergrundobjekt scharf hinter einem unscharfen Vordergrundobjekt darzustellen oder beim Kameraschwenk bestimmte Objekte zu fokussieren, andere aber nicht.

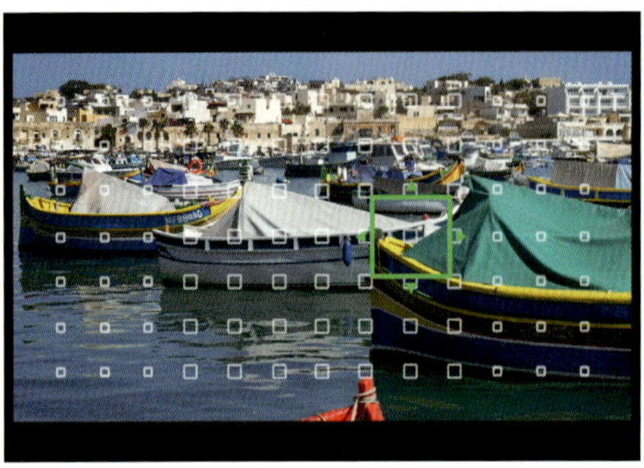

▲ *Platzierung des Fokussierbereichs im Falle des VARIO AF.*

Für eine flexiblere Fokussteuerung stellen Sie den *VARIO AF* ein. Dann können Sie den eingeblendeten weißen Rahmen verschieben, indem Sie die untere Auswahltaste ▼ drücken und anschließend die Auswahltasten ▲▼◀▶ betätigen. Während dieses Vorgangs werden die verfügbaren Fokussierpunkte eingeblendet, die größeren für die Phasenerkennung und die kleineren für die Kontrasterkennung (siehe dazu ab Seite 100). Die Größe des Fokussierbereichs kann aber nicht angepasst werden.

Das Platzieren des Fokussierbereichs ist vor und während der Filmaufnahme möglich. Bei laufender Aufnahme werden die Tastengeräusche jedoch mit aufgezeichnet. Daher platzieren Sie den Fokussierbereich besser durch Antippen des Monitors, indem Sie einen der Touchscreen-Modi **SHOT**, **AF** oder **AREA** verwenden. Auf diese Weise könnten Sie zum Beispiel erst eine Blüte im Vordergrund scharf stellen und dann durch Antippen die Schärfe auf ein weiter hinten gelegenes Motivdetail umlenken. Dieses sollte gut kontrastiert sein, sonst kommt es kurzzeitig zu Fokusschwankungen.

Im Falle eines Kameraschwenks überlegen Sie sich gut, an welcher Stelle das Fokusfeld sitzen sollte, denn während der Kameraführung ist es schwierig, auch noch den Fokussierbereich zu verschieben. Wenn der Fokus im Laufe des Schwenks auf unstrukturierte Motivbereiche fällt, wie in unserem Beispiel das Wasser, können unschöne Schärfeschwankungen im Video auftreten. Im Beispielfall war es besser, den Fokussierbereich etwas weiter rechts zu platzieren, denn so wanderte er während des Schwenks kontinuierlich über die kontrastreicheren Strukturen der Boote und Fokusschwankungen blieben aus.

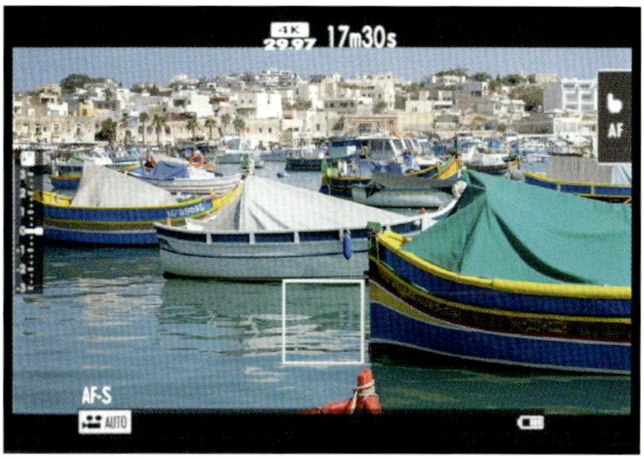

▲ *Der Fokussierbereich trifft beim Kameraschwenk auf das schwer scharfstellbare Wasser. Es kommt kurz zum Pumpen des Fokus und entsprechender Schärfeschwankung.*

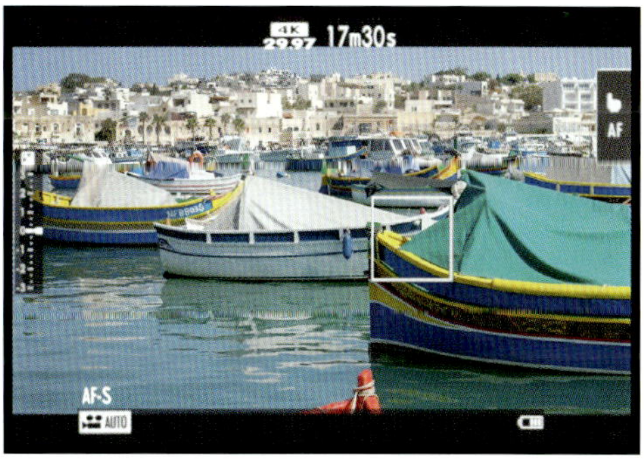

▲ *Hier war der Fokussierbereich besser platziert, denn er lag während der Kameraführung stets auf einem kontrastreichen Motivbereich, erst dem roten Boot unten und dann auf dem blaugelben.*

Der eigentliche Scharfstellvorgang wird durch den Fokusmodus Einzel-AF (*AF-S*, Fokusmodusschalter auf *S*) oder Kontinuierlicher AF (*AF-C*, Fokusmodusschalter auf *C*) gesteuert. Mit dem AF-C passt die X–T20 die Schärfe in den meisten Fällen angenehm schnell auf sich ändernde Motivabstände an, auch beim Antippen einer neuen Fokusposition.

Die Parameter der Fokusnachführung, die Sie bei Standbildern flexibel einstellen können (Menü AF/MF-Einstellung AF MF/*AF-C BENUTZERDEF.EINST.*), sind zwar auch im Filmmodus wählbar. Wir konnten bei laufender Videoaufzeichnung aber keine signifikanten Unterschiede feststellen.

Sollten Sie bei einem Filmmotiv auf Fokusschwierigkeiten stoßen, schalten Sie auf den Einzel-AF um. Dann lässt sich die Schärfe nach dem Filmstart nur anpassen, wenn Sie den Auslöser bis zum ersten Druckpunkt herunterdrücken, oder wenn Sie in den Touchscreen-Modi SHOT und AF den Monitor antippen. Im Modus AREA wird durch Antippen des Monitors lediglich der Fokussierbereich platziert. Zum Scharfstellen müssen Sie den Auslöser verwenden, oder eine mit der Funktion *AF-EIN* programmierte Funktionstaste (zur Tastenbelegung siehe Seite 270).

Möglich ist auch, den gefundenen Schärfepunkt kurzzeitig zu fixieren, indem Sie die AF-L-Taste drücken, die dazu mit der Vorgabe *AE/AF-L EIN/AUS* programmiert sein sollte (Menü Einrichtung /*TASTEN/RAD-EINSTELLUNG/AE/AF LOCK MODUS*). Wenn sich das Motiv während des Filmens ändert und besser fokussierbar wird, oder wenn Sie auf einen anderen Bildausschnitt schwenken, können Sie die Fokusnachführung per AF-L-Taste schnell wieder in Gang bringen.

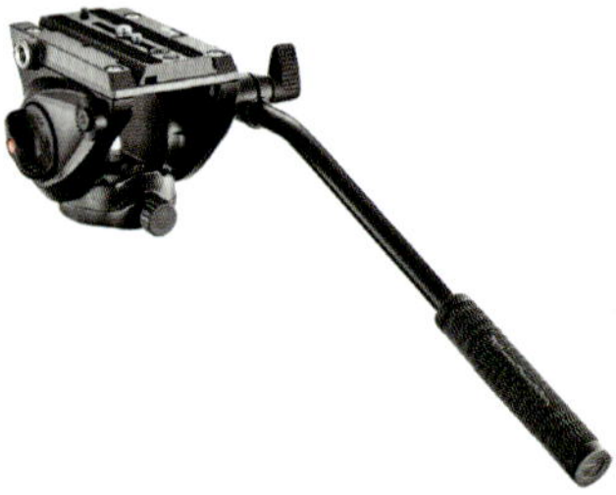

▲ *Videoneiger MVH500AH für weiche Schwenkbewegungen (Bild: Manfrotto).*

Für absolut individuelle Fokusverlagerungen eignet sich die manuelle Fokussierung (Fokusmodusschalter auf *M*). Damit können Sie die Schärfe im Verlauf der Aufnahme mit dem Fokussierring des Objektivs sehr genau regulieren. Das kann ganz sachte erfolgen, erfordert aber auch ein wenig Übung. Am besten funktioniert das manuelle Scharfstellen, wenn die X–T20 auf dem Stativ steht. Mit einem Videoneiger kann sie dann sehr ruhig geschwenkt werden (z. B. Manfrotto MVH500AH Kompakt Fluid Videoneiger oder der Benro S4).

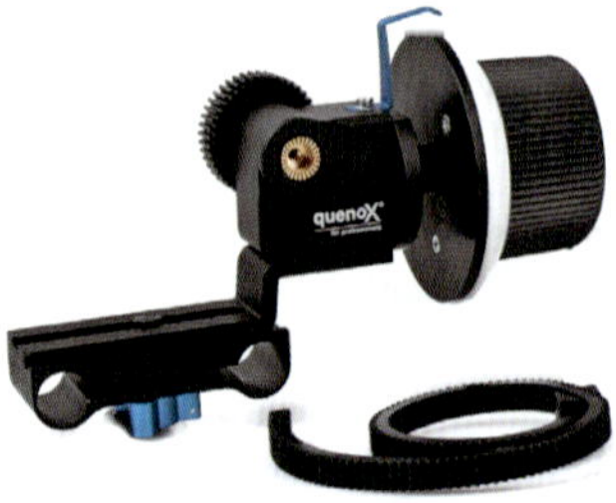

▲ *Follow-Focus-Einheit FF2 (Bild: Quenox).*

Für das manuelle Scharfstellen beim Filmen gibt es auch ganz praktische Schärfezieheinrichtungen (zum Beispiel Quenox FF1, Edelkrone FocusONE, Lanparte Follow Focus). Der Fokussierring des Objektivs wird dabei über eine Art Zahnradkombination mit einem Hebel verbunden, über den die Scharfstellung sehr fein reguliert werden kann.

Videos mit externem Monitor aufnehmen

Um einen externen Monitor für Filmaufnahmen einzusetzen, können Sie die X–T20 über ein HDMI-Kabel mit dem Monitor verbinden, beispielsweise mit einem TV-Gerät (siehe Seite 49). Überlegen Sie sich nun, welche Informationen auf dem Kamera- und dem externen Monitor zu sehen sein dürfen, indem Sie im Menü Film-Einstellung den Eintrag *INFO-ANZEIGE HDMI-AUSGABE* öffnen.

Mit der Einstellung *AN* präsentieren beide Monitore die gleiche Bildschirmansicht. Mit der DISP/BACK-Taste der X–T20 können Sie die Aufnahmeinformationen ein- und ausblenden. Mit *AUS* sehen Sie das Livebild auch auf beiden Monitoren, aber der externe Monitor zeigt die Aufnahmeeinstellungen oder das Menü nicht an, wenn Sie es an der Kamera aufrufen. Probieren Sie aus, welche Vorgehensweise Ihnen am besten zusagt. Damit die Livebildanzeige am externen Monitor nicht zu früh abbricht, wenn keine Filmaufnahme stattfindet, stellen Sie im Menü Einrichtung bei *POWER MANAGEMENT* die Zeit bei *AUTOM. AUS* auf *AUS*.

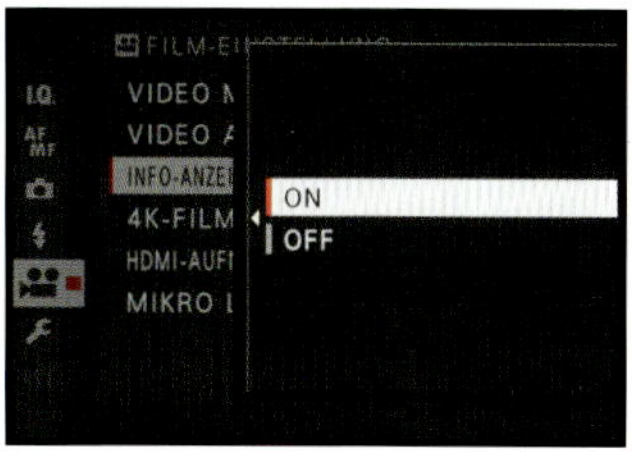

▲ *Auswahl der Infoanzeige für die HDMI-Ausgabe am externen Monitor.*

Zum Aufnehmen auf externen HDMI-Recordern muss das Starten und Stoppen der Filmaufnahme mit dem Auslöser der X–T20 an das externe Gerät übermittelt werden. Dazu setzen Sie im Menü Film-Einstellung die Funktion *HDMI-AUFNAHMESTEUERUNG* auf *ON*.

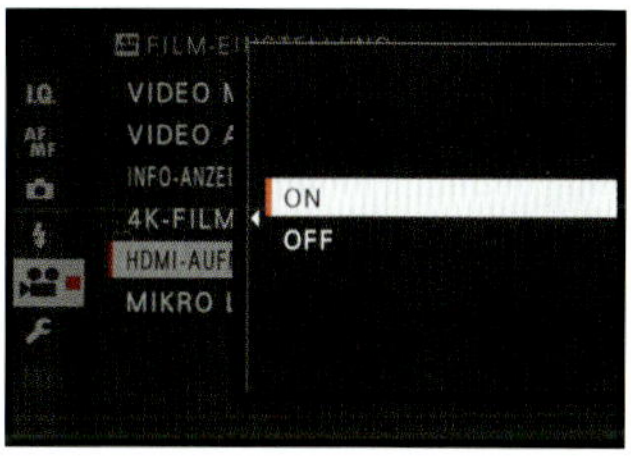

▲ *HDMI-Ausgabesteuerung für externe HDMI-Recorder.*

Werden Filme mit der Videogröße UHD 4K aufgenommen während die X–T20 über ein HDMI-Kabel mit einem externen Recorder verbunden ist, können Sie im Menü Film-Einstellung bei *4K-FILM-AUSGABE* festlegen, wie der Film gespeichert wird. Mit der Vorgabe *SD KARTE* legt die X–T20 den 4K-Film auf der Speicherkarte ab und sendet das Video gleichzeitig an den HDMI-Recorder, allerdings nur in Full HD-Auflösung. Mit *HDMI* als Vorgabe, wird der 4K-Film nicht auf der Speicherkarte der X–T20 gesichert, aber dafür in 4K-Auflösung an den Recorder gesendet, der dafür aber auch kompatibel sein muss.

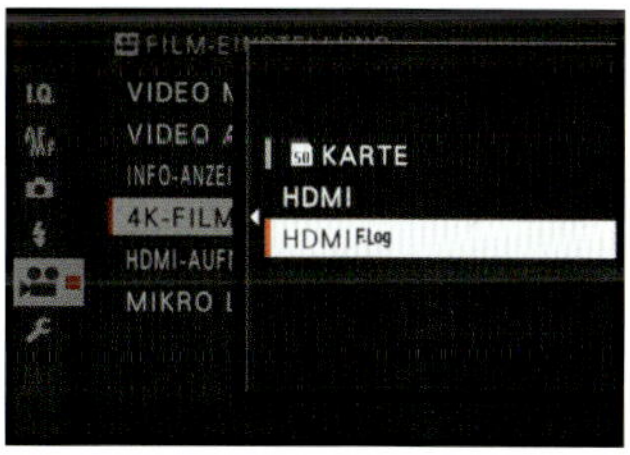

▲ *4K-Film-Ausgabe steuern.*

9.4 Authentische Tonaufnahmen

Zu den bewegten Bildern gehört natürlich auch eine Tonaufnahme. Daher besitzt die X–T20 auf der Vorderseite links und rechts über dem Bajonett ein eingebautes Stereomikrofon und auf der Unterseite unterhalb des Speicherkartenfachs einen Lautsprecher. Die Tonaufzeichnung wird automatisch reguliert und passt sich der vorhande-

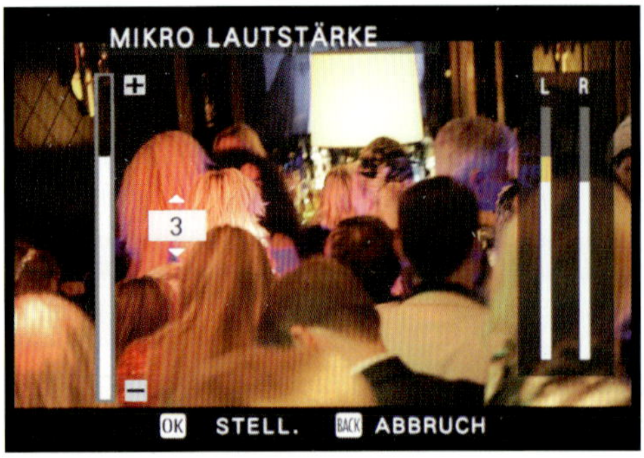

▲ *Anpassen der MIKRO LAUTSTÄRKE an die Situation, um eine Übersteuerung der Tonaufzeichnung zu vermeiden.*

nen Lautstärke an, was in vielen Fällen auch gut funktioniert.

Wenn Sie die Tonsituation gut einschätzen können, empfiehlt es sich, den Tonpegel an die Situation anzupassen. Öffnen Sie dazu im Menü Film-Einstellung den Eintrag *MIKRO LAUTSTÄRKE* und ändern Sie dann mit den Auswahltasten die Aufnahmelautstärke. Beobachten Sie hierbei die Skala des Lautstärkemessers ein paar Sekunden und stellen Sie den Aufnahmepegel so ein, dass das Maximum, verdeutlicht durch eine Gelbfärbung der Lautstärkeanzeige, nur wenig überschritten wird. Die Lautstärke sollte keinesfalls oben anschlagen, da der Ton sonst übersteuert wird und verzerrt klingen kann. Wer gar keinen Sound aufnehmen möchte, kann ganz nach unten gehen die Tonaufnahme mit der Vorgabe *OFF* komplett untersagen.

Störgeräusche

Störgeräusche, wie sie von leichten Windböen ausgelöst werden, können nicht vom integrierten Mikrofon unterdrückt werden. Bei stärkerem Wind ist es daher besser, die Tonaufnahme ganz auszuschalten oder ein externes Mikrofon mit Windschutz (Deadcat) zu verwenden.

Verwendung eines externen Mikrofons

Die Qualität der kamerainternen Tonaufzeichnung ist zwar recht ordentlich, die Position im Gehäuse bringt es jedoch mit sich, dass die Tonqualität durch das Hantieren am Objektiv oder das Betätigen von Tasten und Rädern stark gestört werden kann.

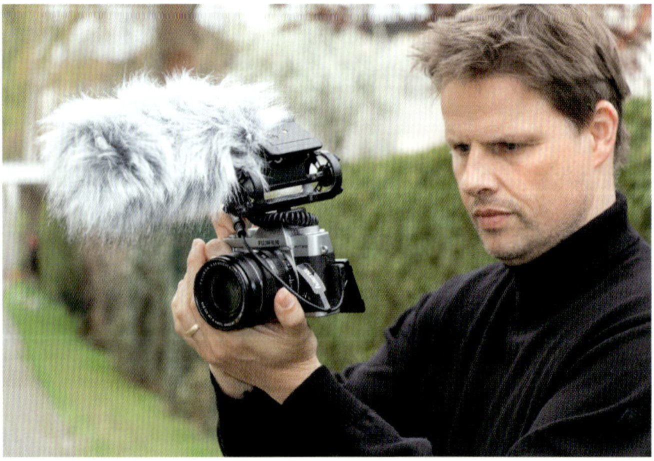

▲ *X-T20 mit per Adapter angeschlossenem Richtmikrofon Røde Videomic inklusive Windschutz (Deadcat) auf dem Blitzschuh.*

Für alle, die viel filmen, ist daher die Anschaffung eines externen Mikrofons zu empfehlen, das auf dem Zubehörschuh der X–T20 befestigt werden kann. Für Sprachaufnahmen eignen sich Richtmikrofone sehr gut (zum Beispiel Røde Videomic/Videomic Pro, Beyerdynamic MC 86 S II, Sennheiser MKE 400, Shure VP83 Lenshopper), weil sie darauf ausgelegt sind, frontal eintreffende Schallwellen stärker aufzufangen und seitliche zu dämpfen.

Wer den Sound bei Naturaufnahmen dagegen aus allen Richtungen einfangen möchte, ist mit einem Stereomikrofon gut beraten (zum Beispiel Fujifilm MIC-ST1, Røde Stereo VideoMic Pro, Tascam TM-2X, Beyerdynamic MCE 72 CAM).

Da die Mikrofone in der Regel einen 3,5 mm Klinkenstecker besitzen, die X–T20 am MIC/REMOTE-Anschluss aber nur 2,5 mm Klinkenstecker akzeptiert, werden Sie einen Audio-Adapter bzw. Klinken-Adapter benötigen. Wir haben, wie im Bild links zu sehen, das externe Mikrofon mit dem Adapter »2,5 mm Plug 90° – 3,5 mm Socket« von Hama an der X–T20 angeschlossen. Wichtig ist zudem, im Menü Film-Einstellung bei *MIKROFON/FERNAUS.* die Vorgabe *MIKRO* zu wählen, damit die Tonaufzeichnung auch wirklich funktioniert. Sobald das externe Mikrofon eingeschaltet ist, stellt die X–T20 das interne Mikrofon ab. Prüfen Sie gegebenenfalls den Mikrofonpegel erneut, da sich die Sensitivitäten beider Geräte unterscheiden können.

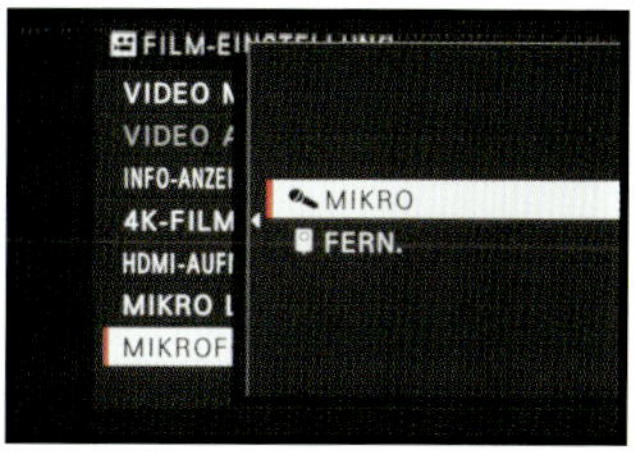

▲ *Bei Verwendung externer Mikrofone die Vorgabe MIKRO wählen.*

Allerdings bleiben Sie bei einem direkt mit der Kamera verbundenen Mikrofon auf die Tonaufnahmeeinstellungen der X–T20 beschränkt. Kameraunabhängige externe Mikrofone bieten hier noch professionellere Möglichkeiten. So könnten Sie beispielsweise mobile Digitalrecorder, wie den Zoom H2N oder den Tascam DR-05 V2, vor ein Rednerpult stellen und den Ton ganz unabhängig von der Filmaufnahme festhalten.

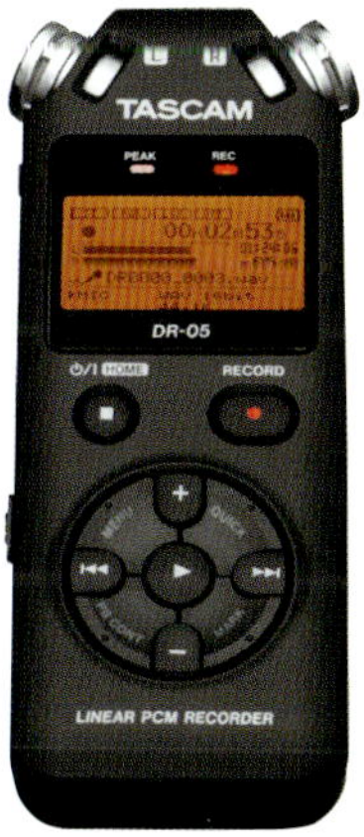

▲ *Tascam DR-05 V2, vielseitiger mobiler Digitalrecorder mit sehr guter Tonqualität zum günstigen Preis (Bild: Tascam).*

Die Tonspur muss anschließend jedoch mit der Filmspur im Schneideprogramm zusammengeführt werden. Nehmen Sie trotz unabhängiger Tonaufnahme den Ton daher am besten auch mit der X–T20 auf. Es gibt spezielle Software, die den Ton aus der Kamera verwenden kann, um den externen Ton damit perfekt zu synchronisieren (z. B. PluralEyes von Red Giant).

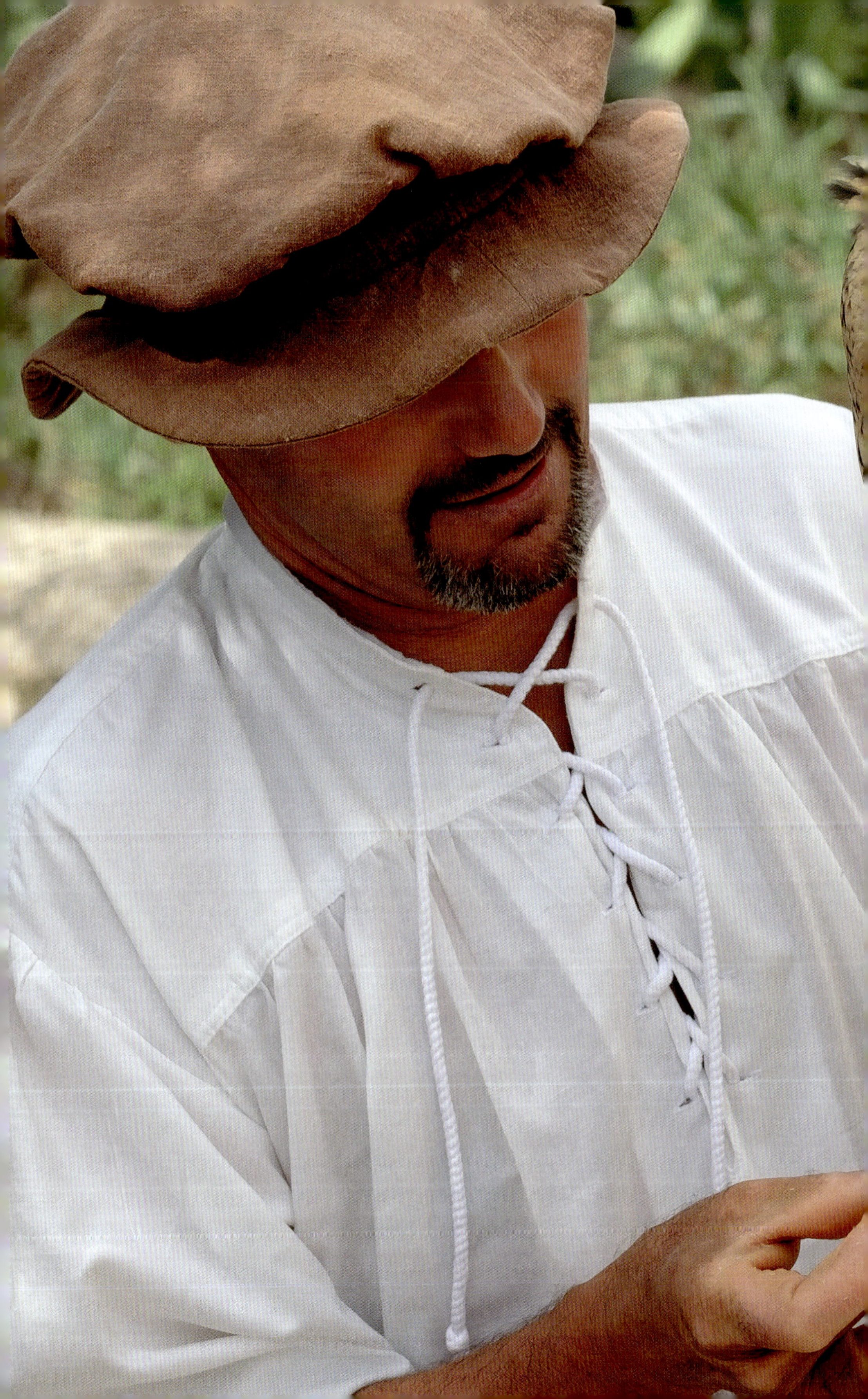

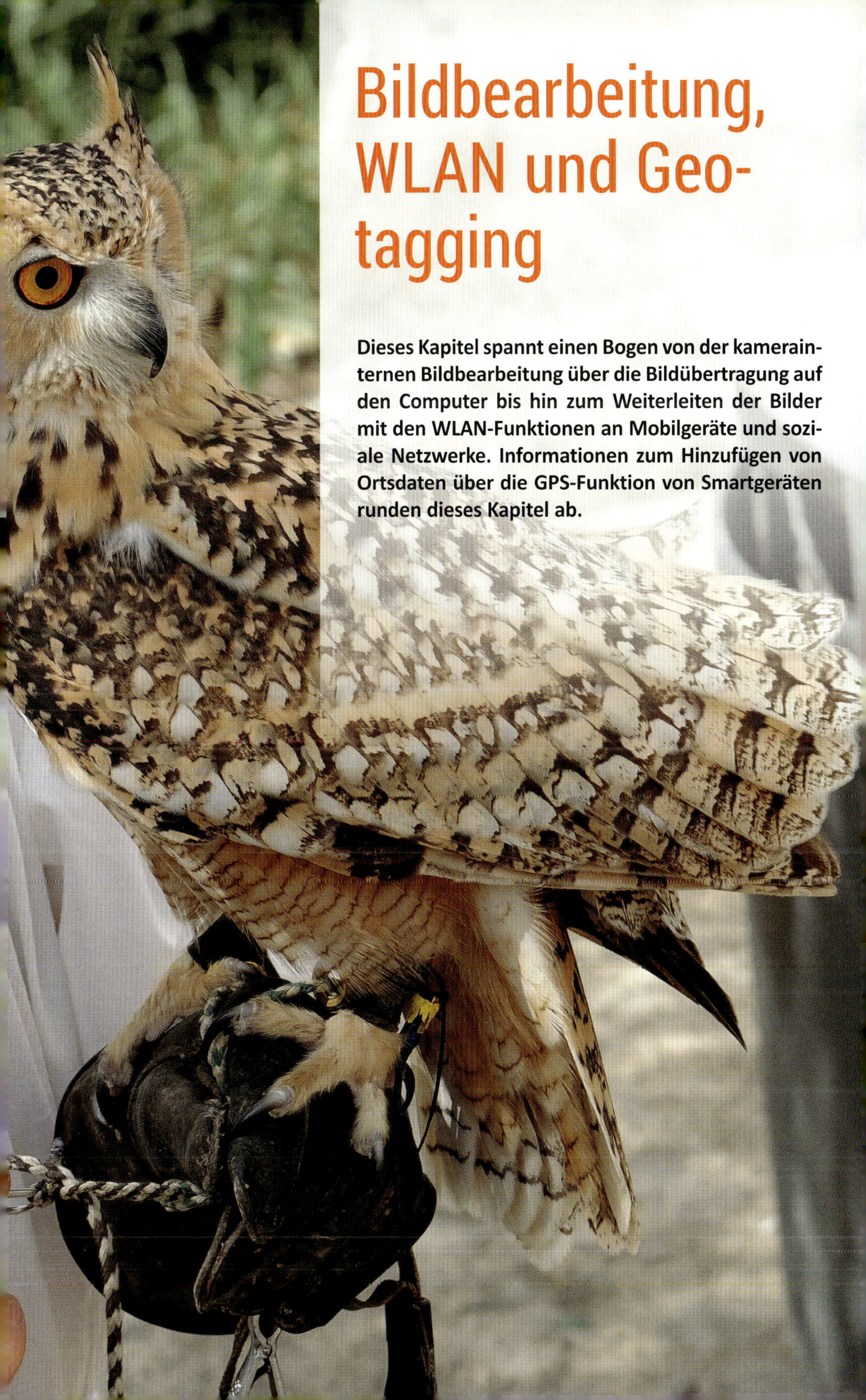

Bildbearbeitung, WLAN und Geotagging

Dieses Kapitel spannt einen Bogen von der kamerainternen Bildbearbeitung über die Bildübertragung auf den Computer bis hin zum Weiterleiten der Bilder mit den WLAN-Funktionen an Mobilgeräte und soziale Netzwerke. Informationen zum Hinzufügen von Ortsdaten über die GPS-Funktion von Smartgeräten runden dieses Kapitel ab.

10.1 Bilder kameraintern bearbeiten

Erhalt der Originaldateien

Die kamerainterne Bildbearbeitung läuft ohne Verluste der Originaldateien ab. Jedwede Veränderung wird in Form einer neuen Datei auf der Speicherkarte abgelegt.

Nicht alle Bilder kommen absolut perfekt aus der Kamera. Mal ist ein Foto vielleicht etwas zu dunkel oder zu hell geraten, mal stimmen die Farben nicht so ganz und mal könnte der Kontrast höher oder geringer ausfallen. Da passt es ganz gut, dass die X–T20 bereits im Kameramenü ein paar Bearbeitungsoptionen bereithält. Vielleicht ist ja die richtige dabei, mit der Sie das Foto gleich optimieren können und sich damit einige Arbeit am Computer sparen.

Kamerainterne RAW-Konvertierung

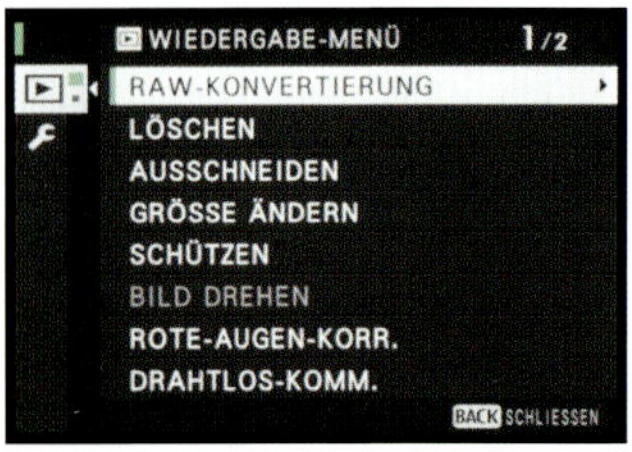

▲ *Starten der RAW-KONVERTIERUNG.*

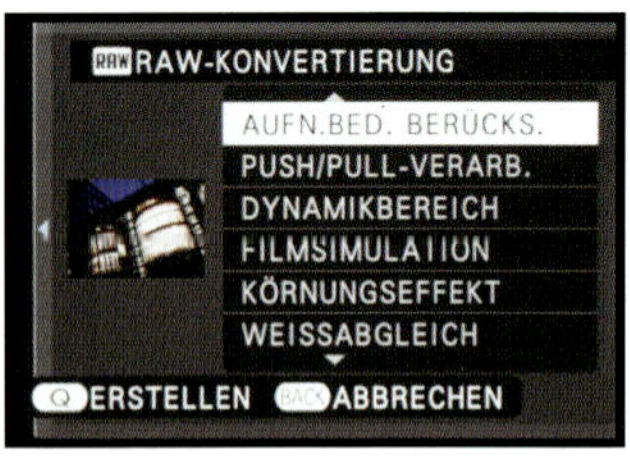

▲ *Verfügbare Konvertierungsfunktionen.*

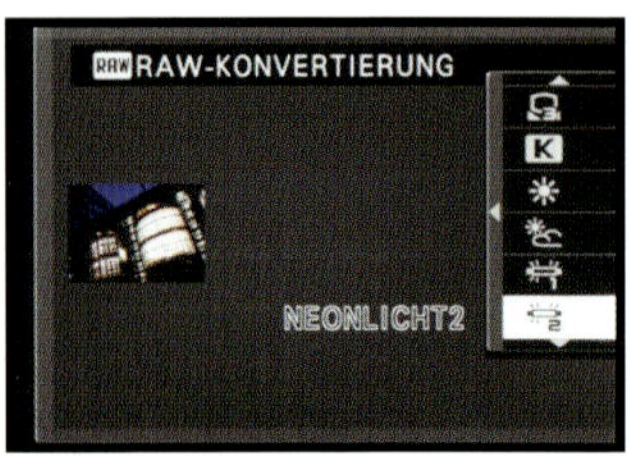

▲ *Anpassen des Weißabgleichs.*

RAW-Bilder können von den meisten Softwareanwendungen nicht angezeigt werden. Da ist es nur konsequent, dass Sie RAW-Bilder in der X–T20 ins JPEG-Format umwandeln können, um sie beispielsweise per WLAN an ein Smartphone zu schicken und in sozialen Netzwerken zu teilen. Möglich ist dies sowohl mit den unkomprimierten als auch mit den verlustfrei komprimierten RAW-Dateien der X–T20.

Um die RAW-Verarbeitung durchzuführen, rufen Sie das gewünschte Bild in der Wiedergabeansicht auf. Öffnen Sie anschließend das Menü Wiedergabe ▶, markieren Sie den Eintrag *RAW-KONVERTIERUNG* und navigieren Sie nach rechts. Wenn Ihnen das Bild bereits gut gefällt, können Sie die Konvertierung ohne weitere Änderungen direkt durchführen, indem Sie die Taste **Q** drücken (*ERSTELLEN*) und die Bearbeitung mit der MENU/OK-Taste (*SPEICHERN*) abschließen.

Möchten Sie das Bild bearbeiten, suchen Sie sich im Menü der RAW-Konvertierung die gewünschte Funktion aus der Liste der verfügbaren Optionen aus. Mit den Auswahltasten ▲▼ können Sie nach unten oder oben jede Option ansteuern. Um den Wert zu ändern, navigieren Sie nach rechts, wählen die Einstellung aus und bestätigen diese mit der MENU/OK-Taste. Bei der Bearbeitung muss keine Reihenfolge beachtet werden. Es können auch nur einzelne Funktionen verwendet und andere ausgelassen werden, ganz wie es für Ihr Bild passend erscheint.

Etwas schade finden wir, dass die Auswirkung einer geänderten Einstellung nicht direkt in der Miniaturvorschau angezeigt wird. Aber Sie können nach einer Veränderung jederzeit die Taste **Q** betätigen, um das Bild zu ***ERSTELLEN***. Es wird dann noch nicht gespeichert, aber Sie können die Anpassungen begutachten. Danach fahren Sie entweder mit der Bearbeitung fort, indem Sie die DISP/BACK-Taste (***ABBRECH.***) betätigen. Oder Sie schließen die Konvertierung mit einem Druck auf die MENU/OK-Taste (*SPEICHERN*) ab und speichern das Bild damit als neue Datei im JPEG-Format. Das Konvertierungsmenü wird dann automatisch verlassen.

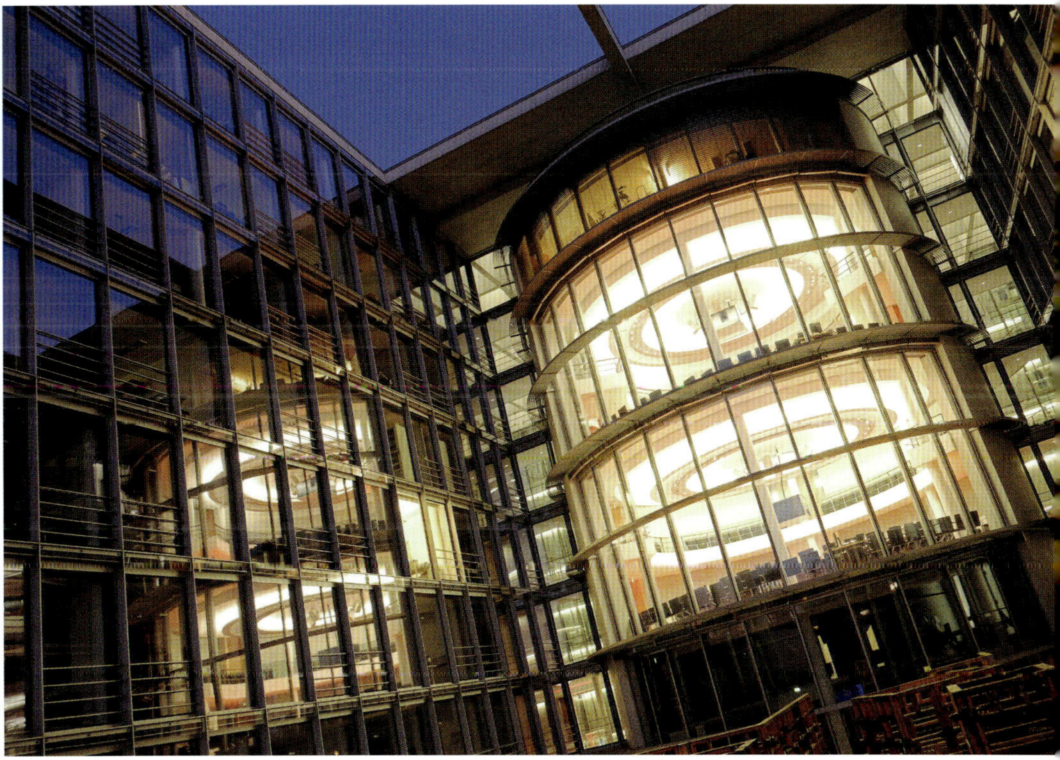

▲ *Besser durchzeichnetes Ergebnis nach der RAW-Konvertierung.*

Die möglichen Bearbeitungsschritte starten mit der Anpassung der Bildhelligkeit ***PUSH/PULL-VERARB.***, die das Aufhellen oder Abdunkeln des Bildes um bis zu zwei ganze Belichtungsstufen erlaubt. Der Kontrast kann mit der Funktion ***DYNAMIKBEREICH*** optimiert werden, wobei dies nur bei Bildern möglich ist, die mit ISO-Werten von 400 oder höher aufgenommen wurden.

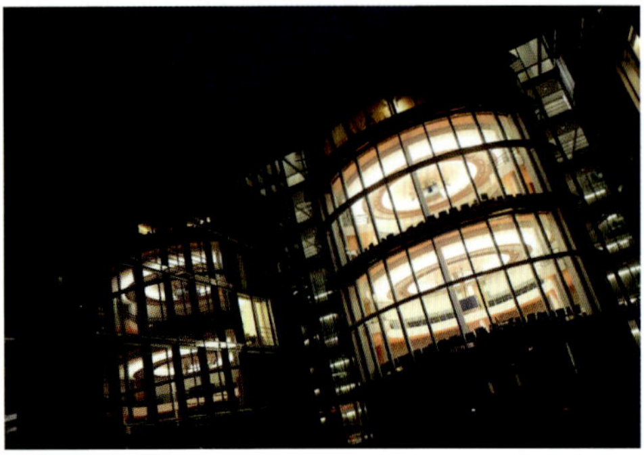

▲ *Das zu dunkle und zu stark kontrastierte Originalbild.*

Mit der *FILMSIMULATION* beeinflussen Sie den Kontrast, die Farbgewichtung und die Farbintensität des Bildes und können, je nach Wunsch, mit der darunter aufgeführten Funktion zusätzlich einen *KÖRNUNGSEFFEKT* einbauen. Farbstiche lassen sich per *WEISSABGLEICH* und Weißabgleich-Feinabstimmung (*WA VERSCHIEBEN*) korrigieren.

Weitere potente Funktionen zum Verbessern des Bildkontrasts und der Durchzeichnung dunkler und heller Bildstellen bieten die Optionen *TON LICHTER* und *SCHATTIER. TON.*. Verringern Sie den Wert, um den Kontrast der Lichter oder Schatten zu mindern oder erhöhen Sie ihn für eine kontrastreichere Bildwirkung.

Defekte RAWs retten

Sollte ein RAW-Bild auf dem Computer einen Bildfehler anzeigen, können Sie versuchen, die RAW-Datei auf die Speicherkarte zu kopieren und in der X–T20 zu entwickeln. So etwas kommt zwar selten vor, ist uns aber schon passiert. Denken Sie daran, die RAW-Datei vorab wieder so zu benennen, wie es dem Aufbau der kamerainternen Namensstruktur entspricht (zum Beispiel ***DSCF0001.RAF*** im Farbraum sRGB, oder ***_DSF0001.RAF*** im Farbraum AdobeRGB), sonst erkennt die X–T20 das Bild nicht.

Mit der Intensität der *FARBE* und dem Anpassen der *SCHÄRFE* können Sie Ihrem Bild den letzten Feinschliff verpassen, bevor es daran geht, eventuell störendes Bildrauschen mit der *RAUSCHREDUKTION* zu mindern und Objektivfehler zu minimieren (*OBJEKTIVMOD.-OPT.*). Wählen Sie zu guter Letzt noch den *FARBRAUM* aus (sRGB für Internet, eigene Ausdrucke, Online-Druckdienste; AdobeRGB für umfangreiche Weiterbearbeitung oder professionellen Vierfarbdruck).

Möchten Sie alle Bearbeitungsschritte in einem Rutsch rückgängig machen, um wieder von vorne zu beginnen, bestätigen Sie ganz oben in der Liste den Eintrag *AFUN. BED.BERÜCKS.*.

Besonderheit der Push/Pull-Verarbeitung

Mit der Push/Pull-Verarbeitung hat die X–T20 eine sehr potente Funktion zur Korrektur der Bildhelligkeit an Bord. Diese ist in der Lage, um zwei Stufen unterbelichtete Bilder ohne sichtliche Qualitätsverluste wieder auf Normalhelligkeit zu bringen.

Dies wiederum eröffnet Ihnen die Möglichkeit, Aufnahmen bei wenig Licht absichtlich um zwei Stufen unterzubelichten, um entweder mit einer kürzeren Belichtungszeit verwacklungsfrei zu fotografieren, oder einen geringeren ISO-Wert zu verwenden.

Bei dem Bild der Statue sind wir beispielsweise so vorgegangen: Im Programm A wurde die Blende ganz geöffnet, um möglichst viel Licht einzufangen. Bei ISO 800 war die Belichtungszeit aber zu lang und das Bild verwackelte. Jetzt hätten wir auf Kosten der Bildqualität den ISO-Wert auf 3200 erhöhen können, um die Belichtungszeit zu verkürzen.

Mit dem Wissen um die potente Push/Pull-Verarbeitung erschien es uns aber sinnvoller, das Einstellrad für Belichtungskorrekturen auf –2 zu drehen. Das Bild wurde dadurch zwar stark unterbelichtet, war aber scharf. Mit der kamerainternen RAW-Konvertierung und einer *PUSH/PULL-VERARB.* auf den Wert +2 ließ es sich anschließend prima aufhellen.

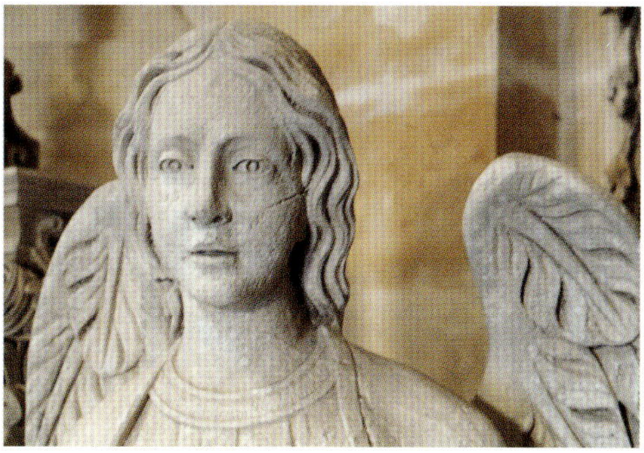

55 mm | f/4 | 1/13 Sek. | ISO 800

▲ *Richtig belichtet, aber verwackelt.*

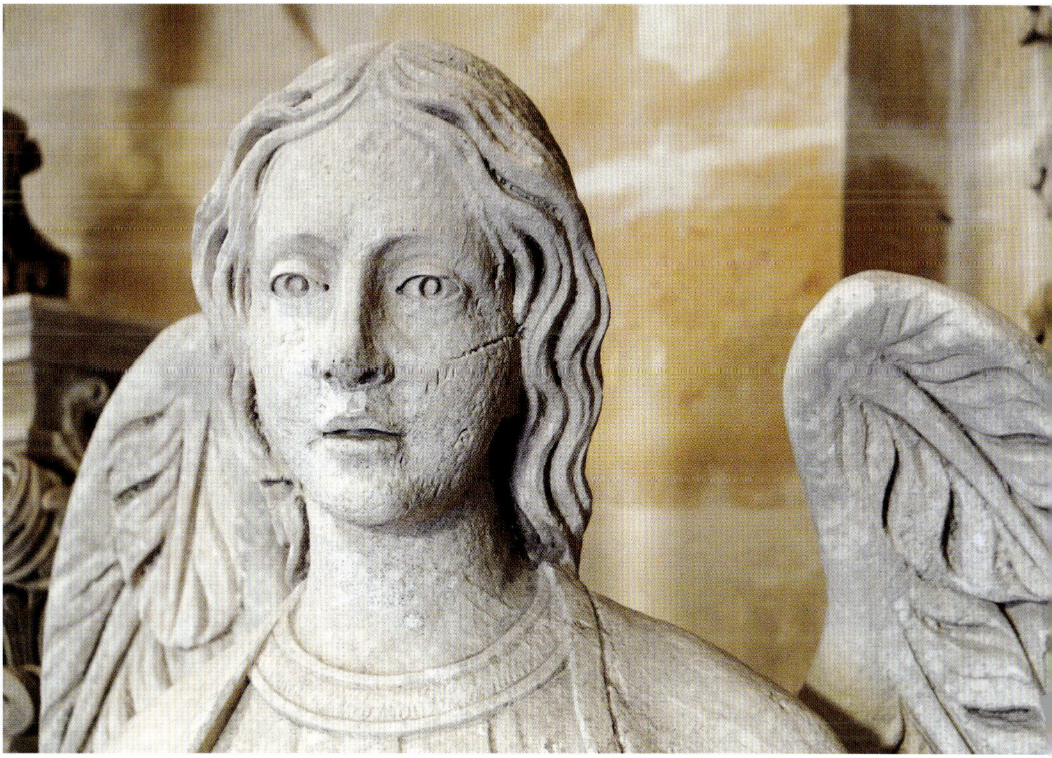

55 mm | f/4 | 1/50 Sek. | ISO 800 | –2

▲ *Ergebnis der Push/Pull-Verarbeitung: richtig belichtet und scharf.*

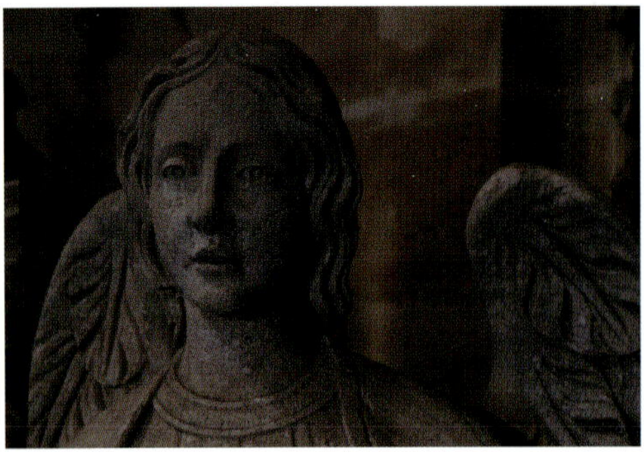

55 mm | f/4 | 1/50 Sek. | ISO 800 | –2

▲ *Scharf, aber zu dunkel.*

Denken Sie in kritischen Lichtsituationen an diese Möglichkeit, beispielsweise auch bei der Veranstaltungsfotografie in Innenräumen, bei denen Sie kurze Belichtungszeiten benötigen, um Menschen in Bewegung scharf einzufangen. Die Bearbeitung in der Kamera ist bei vielen Bildern allerdings etwas mühselig, und daher nur für die wichtigsten zu empfehlen. Alternativ können Sie die Aufhellung natürlich auch mit einem RAW-Konverter wie dem mitgelieferten RAW File Converter EX oder Adobe Lightroom/Photoshop am Computer erledigen. Aber die X–T20 kann das eben mindestens genauso gut auch selbst, das wollten wir Ihnen auf jeden Fall nicht verschweigen.

Eine solche Vorgehensweise ist wirklich auch nur dann empfehlenswert, wenn Sie aus der Hand kurze Belichtungszeiten benötigen. Denn generell gilt, dass normal helle oder sogar etwas überbelichtete Bilder mit hohem ISO-Wert eine bessere Qualität liefern als unterbelichtete und nachträglich aufgehellte Bilder gleicher ISO-Zahl. Bei der Aufhellung verstärkt sich das Bildrauschen, während bei einer Abdunkelung Bildrauschen sogar schwächer wird.

Ausschnittvergrößerungen

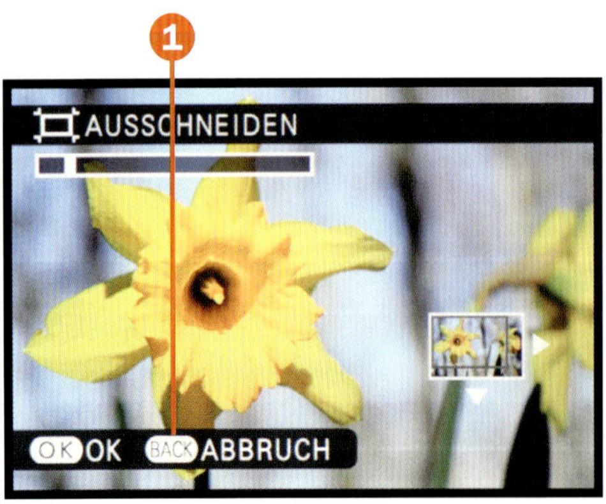

▲ *Verkleinerter Bildausschnitt im Seitenverhältnis 3:2.*

Mit der kamerainternen Bildbearbeitung können Sie ein etwas zu klein geratenes Hauptmotiv heraus vergrößern oder störende Randbereiche abschneiden.

Die Pixelmaße des Bildes sind anschließend entsprechend der Ausschnittwahl reduziert, es findet also kein Hochrechnen auf die ursprüngliche Bildgröße statt. Die Ausschnitte werden aber nur im Seitenverhältnis 3:2 angelegt und es ist nicht möglich, einen Hochformatausschnitt aus einem Querformatbild zu erzeugen.

Für die Ausschnittwahl öffnen Sie das Menü Wiedergabe ▣/*AUSSCHNEIDEN*. Mit einem Rechtsdreh am hinteren Einstellrad lässt sich der Ausschnitt stufenweise verkleinern und mit den Auswahltasten ▲▼◀▶ verschieben. Sollten die eingeblendeten Bedienoptionen ❶ auf Gelb umspringen, liefert der gewählte Ausschnitt nur noch eine VGA-Bildauflösung 640 von 768 × 512 Pixeln. Sie können den Ausschnitt zwar speichern, aber für normalgroße Bildausdrucke wird die Qualität nicht ausreichend sein.

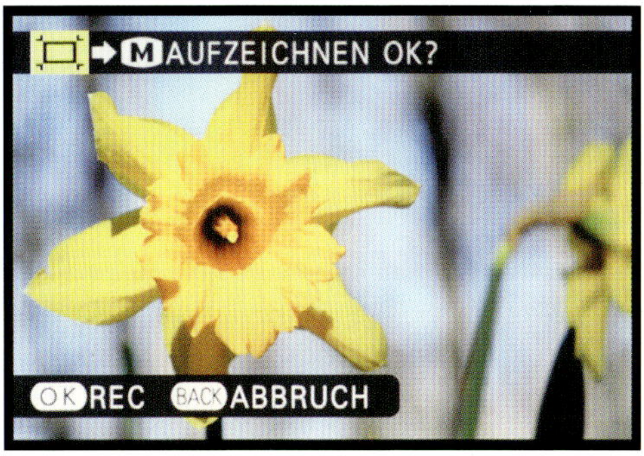

▲ *Der Ausschnitt wird in etwa der Bildgröße M (4240 × 2832 Pixel) entsprechen.*

Bestätigen Sie die Ausschnittwahl am Ende mit der MENU/OK-Taste (*OK*). Im nächsten Menüfenster zeigt Ihnen die X–T20 die zu erwartende Bildgröße anhand der Kamerabildgrößen an, hier M. Drücken Sie MENU/OK erneut (*REC*), wenn Sie den Ausschnitt als neue Bildkopie auf der Speicherkarte sichern möchten.

Größe ändern

Mit der X–T20 können Bilder auch verkleinert werden, ohne am Bildausschnitt etwas zu ändern. Dazu öffnen Sie das gewünschte Bild in der Wiedergabeansicht und öffnen das Menü Wiedergabe ▣/*GRÖSSE ÄNDERN*. Navigieren Sie nach rechts und wählen Sie eine der angegebenen Größen aus, wobei Ihnen bei Aufnahmen der Größe L die neuen Bildgrößen M, S oder 640 (VGA) zur Verfügung stehen. Sollte das Originalbild kleiner sein als die gewählte Bildgröße, erscheint der Schriftzug *NICHT AUSFÜHRBAR*. Navigieren Sie dann zurück zum vorherigen Bildschirm und wählen eine kleinere Größe.

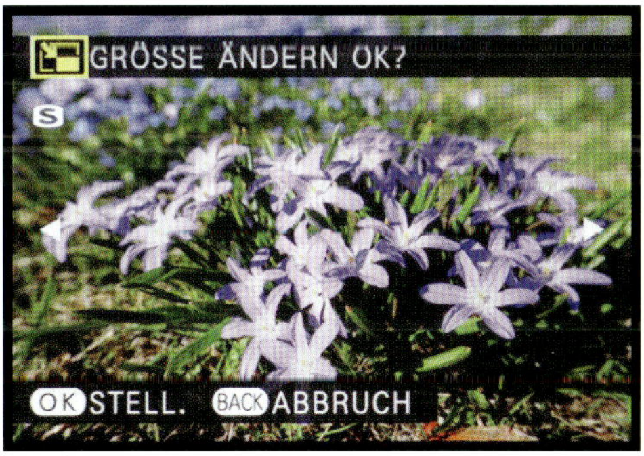

▲ *Bildgröße bestätigen und anschließend ggf. weitere Bilder bearbeiten.*

Nach Auswahl der Bildgröße können Sie die Bildkopie mit der MENU/OK-Taste (*STELL.*) speichern. Anschließend wird Ihnen gleich das nächste Bild auf der Speicherkarte angezeigt, und Sie können per MENU/OK-Taste auch dieses Bild in der neuen Größe abspeichern und so weiter. Mit der linken Auswahltaste ◀ lassen sich auch Bilder weiter vorne wählen. Auf diese Weise ist es also möglich, relativ schnell mehrere Aufnahmen in einem Rutsch zu verkleinern. Um die Bearbeitung zu verlassen, drücken Sie die DISP/BACK-Taste oder tippen einfach den Auslöser an.

Bild drehen

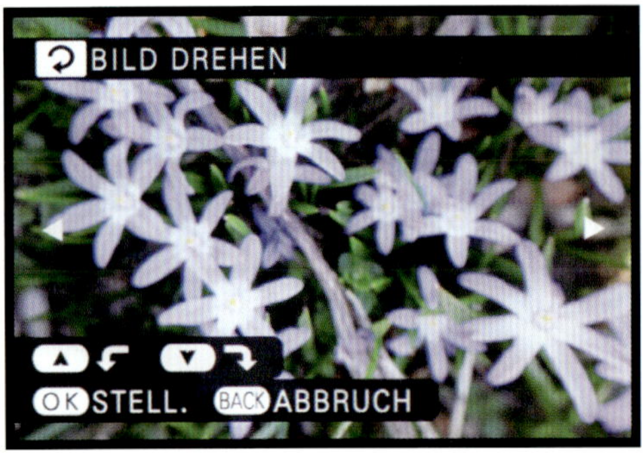

▲ *Bild drehen.*

In den allermeisten Fällen erkennt die X–T20 automatisch, ob Sie ein quer- oder ein hochformatiges Bild aufnehmen. Der elektronische Orientierungssinn kann jedoch bei Über-Kopf-Aufnahmen oder solchen, bei denen Sie die Kamera nach unten kippen, Probleme bekommen.

Um das Bild dann schnell in die gewünschte Richtung zu drehen, rufen Sie Ihr Foto in der Wiedergabeansicht auf und wählen im Menü Wiedergabe ▶ den Eintrag *BILD DREHEN*. Mit der unteren Auswahltaste ▼ können Sie das Bild nun um 90 Grad im Uhrzeigersinn drehen und mit der oberen um 90 Grad gegen den Uhrzeigersinn. Bestätigen Sie die Aktion mit der MENU/OK-Taste. Allerdings steht die Drehfunktion nur zur Verfügung, wenn im Menü Einrichtung 🔧/*DISPLAY-EINSTELLUNG* der Posten *WG. AUTO-DREH.* eingeschaltet ist. Diese Funktion dient dazu, dass hochformatige Bilder bei der Wiedergabe in der X–T20 auch hochformatig angezeigt werden. Gar nicht drehen lassen sich hingegen geschützte Bilder. Heben Sie den Schutz auf, drehen Sie das Bild und schützen es danach wieder.

Rote-Augen-Korrektur

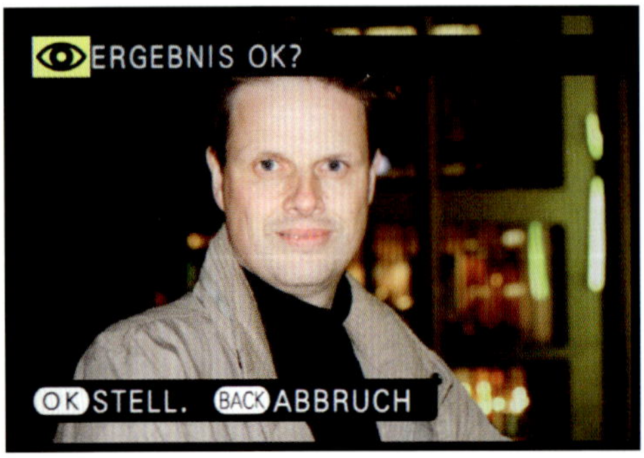

▲ *Rote Augen wurden erkannt und korrigiert.*

Wird in dunkler Umgebung geblitzt, sodass die Pupillen vor der Aufnahme aufgrund der Dunkelheit geweitet sind, entstehen schnell einmal intensiv rote Pupillenreflexionen. Um diesen Makel zu entfernen, rufen Sie das Bild in der Wiedergabeansicht auf und öffnen anschließend das Menü Wiedergabe ▶/*ROTE-AUGEN-KORR.*.

Werden rote Augen erkannt, können Sie die Bearbeitung im nächsten Menüfenster mit der MENU/OK-Taste (*STELL.*) starten. Im Falle von RAW-Bildern müssen diese allerdings erst mit der kamerainternen RAW-Konvertierung in JPEG umgewandelt werden. Wichtig ist auch, dass während der Aufnahme die Gesichtserkennung aktiv war, sonst kann die Bildbearbeitung die Gesichtsstrukturen nicht erkennen.

10.2 Die Fujifilm-Software im Überblick

Mit der zur X–T20 verfügbaren Software lassen sich Filme und Bilder bequem von der Kamera auf den Computer übertragen, betrachten, bearbeiten und sortieren:

- *MyFinePix Studio* (nur Windows): lässt sich für die Bildübertragung auf den Computer, für die Bild- und Videobetrachtung, zum Sortieren des Bildbestands und zum Ausdrucken von Bildern verwenden. Laden Sie sich die Software von der folgenden Internetadresse herunter: *fujifilm-dsc.com/mfs*.
- *RAW FILE CONVERTER*: wird bei Mac für die Anzeige der RAW-Dateien aus der X–T20 benötigt (bei Windows kann hierfür auch MyFinePix Studio dienen). Das Programm bietet zudem umfangreiche Entwicklungsmöglichkeiten für RAW-Aufnahmen (Belichtung, Kontrast, Schärfe, Bildrauschen, Objektivfehlerkorrekturen, Perspektivkorrekturen), in eingeschränktem Umfang können aber auch JPEG-Bilder optimiert werden. Laden Sie sich diese Software unter der folgenden Internetadresse herunter: *fujifilm-dsc.com/rfc/*.
- *FUJIFILM Camera Remote*: wird für die Kommunikation zwischen der X–T20 und einem Smartphone oder Tablet-Computer benötigt, um Bilder oder GPS-Daten zu übertragen oder die Kamera fernzusteuern, erhältlich für iOS und Android unter: *app.fujifilm-dsc.com/de/*.
- *FUJIFILM PC AutoSave*: wird für die kabellose Bildübertragung von der X–T20 auf den Computer benötigt. Kann zum Beispiel verwendet werden, um Bilder während eines Shootings automatisch per WLAN an den Computer zu senden. Die Software finden Sie im Internet unter: *app.fujifilm-dsc.com/de/pc_autosave/index.html*.

Mac OS X

Um Bilder oder Filme auf den Mac zu importieren, können Sie das Programm ***Digitale Bilder*** verwenden, das Bestandteil des Betriebssystems ist.

10.3 Bilder kabelgebunden auf den Computer übertragen

Wenn Sie Ihre Bilder und Filme schnell, unkompliziert und störungsfrei auf den Computer übertragen möchten, ist der klassische kabelgebundene Weg immer noch die beste Lösung. Dazu verbinden Sie die X–T20 über ein USB-Kabel direkt mit einer USB-Buchse Ihres Computers. Alternativ können Sie natürlich auch ein Kartenlesegerät verwenden, das ebenfalls über einen USB-Anschluss an den Computer gekoppelt wird. Oder Sie nutzen den kabellosen Weg über die eingebaute WLAN-Funktion, wie ab Seite 232 beschrieben. Diese ist aber recht langsam, vor allem, wenn es um die Übertragung von RAW-Bildern geht.

1. Für die direkte Kabelanbindung der X–T20 an den Computer bestücken Sie die Kamera mit einem gut geladenen Akku, damit es nicht zum Abbruch der Stromversorgung und damit zu Datenverlust kommen kann. Legen Sie zudem die Speicherkarte ein, die die zu übertragenden Bilder und Filme enthält. Schalten Sie die Kamera danach aus.
2. Verbinden Sie die X–T20 nun über ein USB-Schnittstellenkabel mit Ihrem Computer oder Notebook, das sich leider nicht im Lieferumfang der Kamera befindet. Bringen Sie dazu an der USB-Buchse der X–T20 einen Micro-USB-2.0-Stecker an. Das andere Kabelende stecken Sie in den USB-Anschluss Ihres Computers. Verwenden Sie für den Datenverkehr Kabel, die bestenfalls nicht länger als 1,5 m sind.
3. Schalten Sie die X–T20 wieder ein. Im Falle eines Windows-Rechners starten Sie das Programm *MyFinePix Studio*, sofern es sich nicht von selbst öffnet. Wählen Sie in dessen Startfenster die Schaltfläche *Bilder importieren* aus.
4. Im nächsten Fenster *AUSWAHL DES GERÄTS* wird die *X–T20* als verbundene Kamera aufgelistet. Klicken Sie dann einfach unten rechts auf die Schaltfläche *Weiter*.

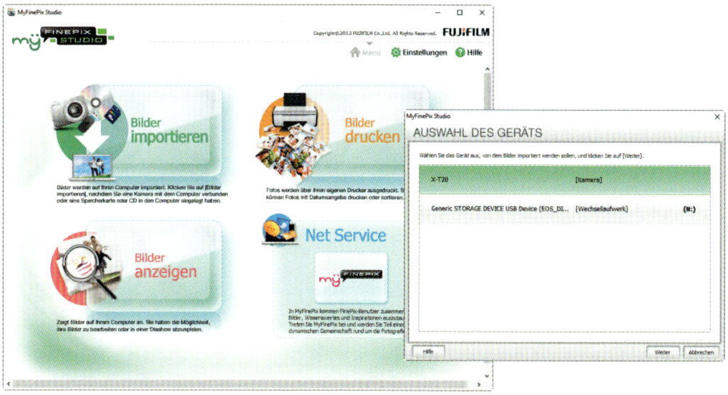

▲ *Startfenster von MyFinePix Studio.*

5. Klicken Sie im nächsten Fenster *BILDER IMPORTIEREN* am besten erst einmal auf die Schaltfläche *Importiereinstellungen*. Im Fenster *IMPORT OPTIONEN* sollte der Eintrag *Importierte Fotos auf Kamera/Speichergerät lassen* ❶ ausgewählt sein. Dann können Sie nach der Übertragung in aller Ruhe prüfen, ob die Bilder und Filme vollständig und fehlerfrei auf den Computer übertragen wurden und erst danach alle nicht mehr benötigten Dateien von der Speicherkarte löschen bzw. die Karte formatieren. Möchten Sie automatisch Unterordner erstellen, beispielsweise nach dem Importdatum, können Sie dies bei *Für jeden Import ein neues Verzeichnis erstellen* ❷ festlegen. Über die Schaltfläche *Durchsuchen* ❸ lässt sich der Speicherordner bestimmen, in den die Bilder anschließend importiert werden.

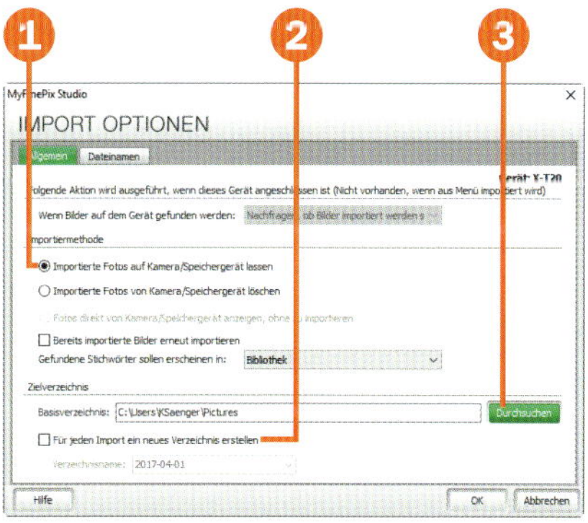

◀ *Import Optionen wählen.*

6. Klicken Sie anschließend den Karteireiter *Dateinamen* ❹ an, wenn Sie die Bilder und Filme direkt beim Import umbenennen möchten. Im Bereich *Dateinamensstruktur* ❺ haben Sie die Möglichkeit, die neuen Datei-

namen anhand eines Baukastensystems zusammenzustellen. Hier haben wir beispielsweise ***Text + Nummer*** gewählt und als Text die Zahl ***28*** eingetragen. Die fortlaufende Nummer soll bei ***0834*** starten und der Text und die Nummer sollen mit einem ***Minus*** verbunden werden. Das erste Bild trägt dann den Namen 28-0834, das nächste 28-0835 und so weiter. Nachdem Sie alle Einstellungen getroffen haben, können Sie die Importeinstellungen mit der OK-Schaltfläche wieder verlassen.

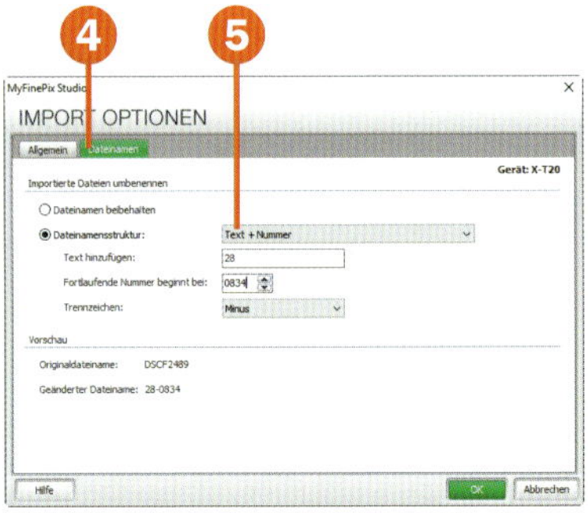

◀ *Dateinamen einstellen.*

7. Zurück im Menüfenster ***FOTOS IMPORTIEREN*** wird Ihnen der zuvor neu gewählte Speicherort (7) angezeigt, genauso wie die Anzahl der zu übertragenen Bilder und Filme (6). Mit der Schaltfläche ***Starten*** setzen Sie die Übertragung in Gang. Natürlich können Sie den Import jederzeit abbrechen. Wenn Sie bei den in Schritt 5 gewählten Import Optionen bei der Checkbox ***Bereits importierte Bilder erneut importieren*** keinen Haken gesetzt haben, wird der Importvorgang praktischerweise dort fortgesetzt, wo er zuvor abgebrochen wurde.

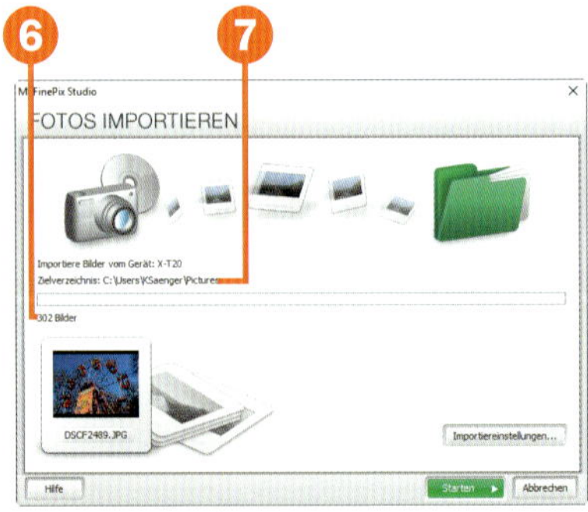

◀ *Fotos importieren*

8. Wenn alles übertragen ist, schalten Sie die X–T20 wieder aus und ziehen das Schnittstellenkabel ab.

Import-Alternative

Nach dem Anschließen der X–T20 an den Computer wird die Kamera unter der Bezeichnung ***X–T20*** auch im Computerverzeichnis aufgeführt. Darin befindet sich das Laufwerk ***External Memory*** (die Speicherkarte der Kamera) und darin der Ordner ***DCIM***, der in weiteren Unterordnern (***100_FUJI***, ***101_FUJI*** etc.) Ihre Bilder und Videos enthält. Mit ***Bearbeiten/Kopieren*** (Strg/Cmd + C) oder durch Ziehen der Dateien mit der Maus auf den gewünschten Festplattenordner können Sie die Daten ebenfalls übertragen. Auf diese Weise ist es auch möglich, nur bestimmte Dateien zu übertragen, wenn nicht alle importiert werden sollen, oder die Dateien gleich auf verschiedene Ordner zu verteilen.

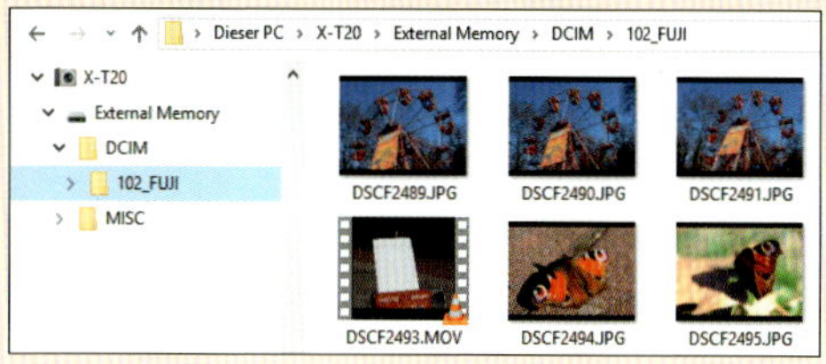

▲ *X–T20 im Windows-Explorer.*

10.4 Empfehlenswerte RAW-Konverter

Generell entwickelt jeder RAW-Konverter die Bilder in der Standardeinstellung ein wenig anders. Das gilt für die Farben genauso wie für die Korrektur von Bildrauschen oder das Herauskitzeln von Details aus hellen oder dunklen Bildpartien. Der RAW-Konverter will also gut gewählt sein.

RAW FILE CONVERTER EX

Der große Vorteil des von Fujifilm kostenlos bereitgestellten Programms RAW FILE CONVERTER EX ist, dass die Rohdatenverarbeitung perfekt auf die Bedürfnisse und Eigenschaften des RAW-Formats der X–T20 abgestimmt ist (*fujifilm-dsc.com/rfc/*). Aber nicht nur das, die Software hat per se eine Menge zu bieten. So können Sie Ihre Bilder damit hinsichtlich aller wichtigen Parameter optimieren: Belichtung, Weißabgleich, Kontrast, Farbsättigung, Filmsimulation, Schärfe und Rauschunterdrückung. Die Regler und Vorgaben dafür finden Sie im linken Palettenbereich ❶. Sehr praktisch finden wir auch die beiden Pipetten für den Belichtungsausgleich und den Weißausgleich ❷ (Bild nächste Seite). Ein Klick ins Bild an die gewünschte Stelle, und schon werden die Helligkeit und die Farbgebung angepasst.

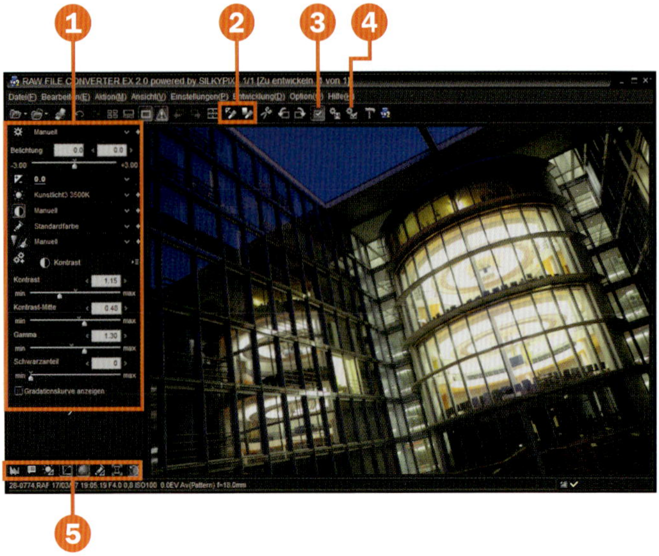

▲ *RAW-Datenentwicklung mit dem RAW FILE CONVERTER EX.*

Weitere Kontroll- und Bearbeitungswerkzeuge können über die Symbole unterhalb des linken Palettenbereichs 5 in separaten Menüfenstern aufgerufen werden. Hier können Sie sich das Histogramm anschauen, die Aufnahmeinformationen (EXIF-Daten) ansehen und Feineinstellungen vornehmen, um zum Beispiel Hauttöne spezifisch anzupassen, perspektivische Korrekturen vorzunehmen, Objektivfehler zu mindern oder den Kontrastumfang anhand einer Gradationskurve anzupassen. Wenn Sie mit zwei Monitoren arbeiten, lassen sich die Menüfenster auf den zweiten Monitor schieben, sodass das Bild weiterhin schön groß im ersten Monitor zu sehen bleibt.

Das bearbeitete Bild kann zudem für die Liste zur Stapelverarbeitung vorgemerkt werden 3, sodass Sie den zeitaufwändigeren Prozess der Konvertierung aller bearbeiteten RAW-Bilder in JPEG- oder TIFF-Dateien bequem nach der Bearbeitung im Stapelverfahren ablaufen lassen können 4. Der RAW FILE CONVERTER EX bietet wirklich viel und ist damit auf jeden Fall empfehlenswert.

Adobe Lightroom und Camera RAW

Sehr weit verbreitet und von vielen Fotografen standardmäßig genutzt sind Adobe Lightroom und Camera Raw (*http://www.adobe.com/de/products/*). Adobe Camera Raw ist Bestandteil von Photoshop (Elements) und wird beim Öffnen einer RAW-Datei automatisch gestartet. Lightroom fungiert dagegen als eigenständiges Programm und verfügt neben der Rohdatenentwicklung auch noch über diverse Bildkatalogisierungs- und Archivierungsmöglichkeiten, ein Kartenmodul für die Ansicht eingebetteter GPS-Daten und vieles mehr. Beide RAW-Konverter erlauben eine intuitive Bedienung und arbeiten sehr zuverlässig. Auch die komprimierten RAW-Aufnahmen aus der X–T20 lassen sich damit gut verarbeiten.

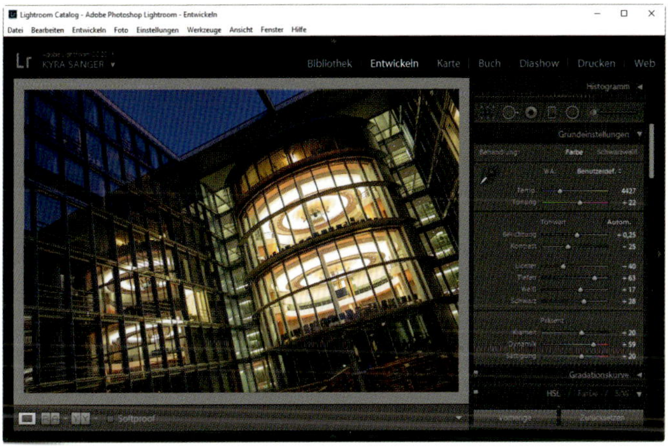

▲ *RAW-Entwicklungsoberfläche von Adobe Lightroom.*

Sehr angenehm ist die moderate Sättigungssteuerung über den Regler ***Dynamik***. Auch die spezifische Rettung sehr heller oder sehr dunkler Bildbereiche mit den Reglern ***Tiefen***/***Lichter*** und ***Weiß***/***Schwarz*** ist sehr komfortabel gelöst. Überdies liefern die Rauschreduzierung und die Schärfungstools überzeugende Resultate. Eine Objektivfehlerkorrektur lässt sich ebenfalls anwenden. Zudem ist es möglich, eigene Kameraprofile zu erstellen, um die Motivfarben möglichst exakt zu reproduzieren, oder eigene Objektivprofile zu erstellen oder diese aus dem Internet herunterzuladen und mit Lightroom zu nutzen.

Die Korrektur perspektivischer Verzerrung lässt sich oftmals mit nur einem Klick optimieren, und wenn das nicht hilft, kann die Anpassung sehr genau anhand von Hilfslinien erfolgen – perfekt für Architekturfotografen. Bei Lightroom ist ebenfalls eine Konvertierung im Stapelverfahren möglich.

Weitere interessante Konverter

Mit dem RAW-Konverter Capture One Pro in der Version 10.1 oder später lassen sich die unkomprimierten RAW-Aufnahmen aus der X–T20 ebenfalls hinsichtlich aller grundlegend wichtigen Funktionen anpassen (*https://www.phaseone.com/de-DE/Products/Software/*). Im Vergleich zu Lightroom bietet das Weißabgleichspektrum mehr Spielraum im Kunstlichtbereich und die gezielte Anpassung von Hauttönen ist etwas besser gelöst. Bei Adobe Lightroom gefällt uns persönlich das Ausgleichen perspektivischen Verzerrungen besser. Allerdings kann das Livebild der X-T20 nicht direkt auf den Computer übertragen werden und Bilder können nicht an Capture One Pro gesendet werden (Tethered Shooting). Kostenlos und trotzdem mit wahrlich umfangreichen Funktionen bestückt ist das Programm RawTherapee (*http://rawtherapee.com/downloads*). Die Software bietet umfangreiche Bearbeitungsmöglichkeiten mit einer gut funktionierenden Schattenaufhellung. Objektivfehler wie Vignettierung, Verzeichnung und sogar stürzende Linien können korrigiert werden.

10.5 WLAN-Funktionen

Bilder und Videos kabellos auf Peripheriegeräte wie Smartphones, Tablet-Computer oder den Computer zu übertragen, ist mit der X–T20 dank der eingebauten WLAN-Funktion ohne weiteres Zubehör möglich. Außerdem lässt sich die Kamera vom Smartphone aus kabellos fernbedienen. Erfahren Sie in diesem Kapitel alles Wissenswerte rund um die Bildübertragung und Weitergabe.

200 mm | f/7,1 | 1/640 Sek. | ISO 200

▼ *Die neuesten Eindrücke gleich via Smartgerät mit Freunden zu teilen ist dank der eingebauten WLAN-Funktion gar nicht schwer.*

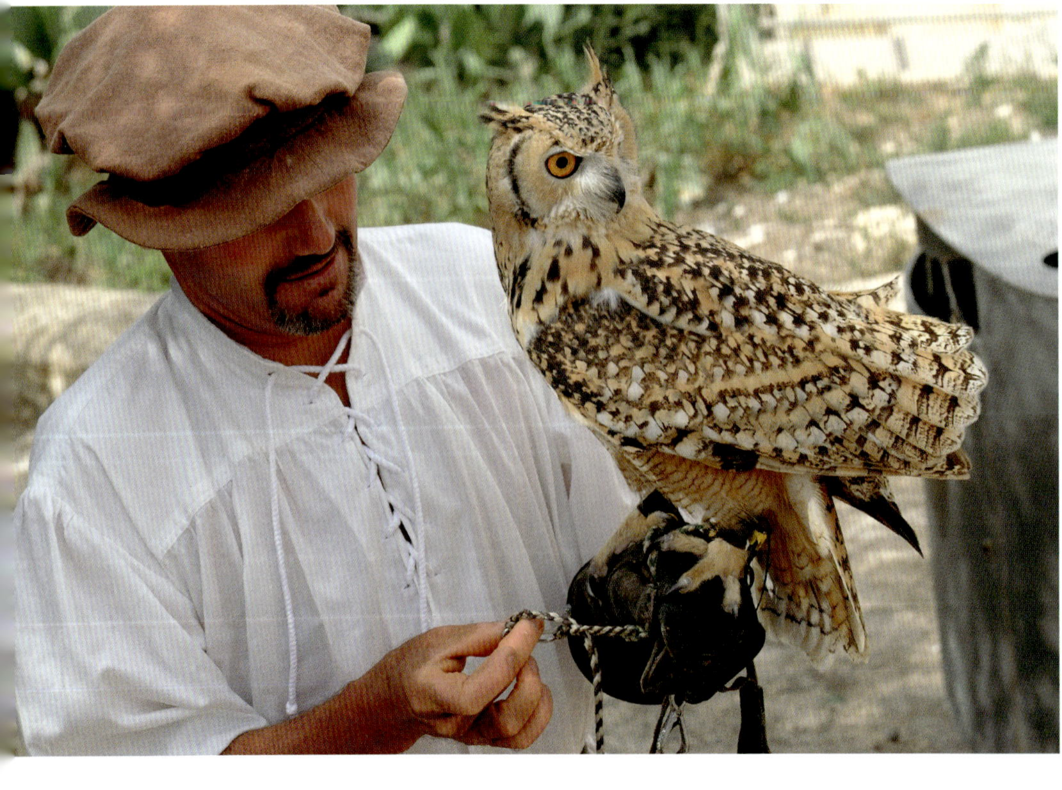

Die X–T20 vorbereiten

Sicherlich steht die Übertragung von Bildern auf das Smartphone oder den Tablet-Computer oder das Fernsteuern der X–T20 vom Smartgerät aus für viele an erster Stelle, wenn es um die Nutzung der WLAN-Funktionen geht. Daher nehmen wir uns den Einstellungsweg im Folgenden vor, damit Sie im Anschluss gleich selbst loslegen können.

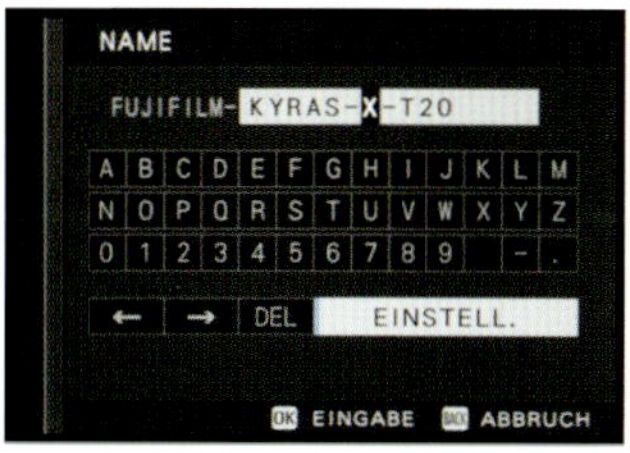

▲ *Ändern des Kameranamens.*

Wird die WLAN-Funktion der X–T20 zum ersten Mal verwendet, können Sie Ihre Kamera zunächst einmal taufen. Das ist kein Muss, aber mit einem aussagekräftigen Namen finden Sie Ihre X–T20 unter den verschiedenen WLAN-fähigen Geräten besser wieder. Dazu öffnen Sie im Menü Einrichtung die Rubrik *VERBINDUNGS-EINSTELLUNGEN*, rufen die *FUNKEINSTELLUNGEN* auf und gehen über *ALLG. EINSTELLUNGEN* weiter zu *NAME*. Navigieren Sie noch einen Schritt nach rechts und ändern Sie den Kameranamen. Wählen Sie am Ende die Schaltfläche *EINSTELL.* mit der MENU/OK-Taste.

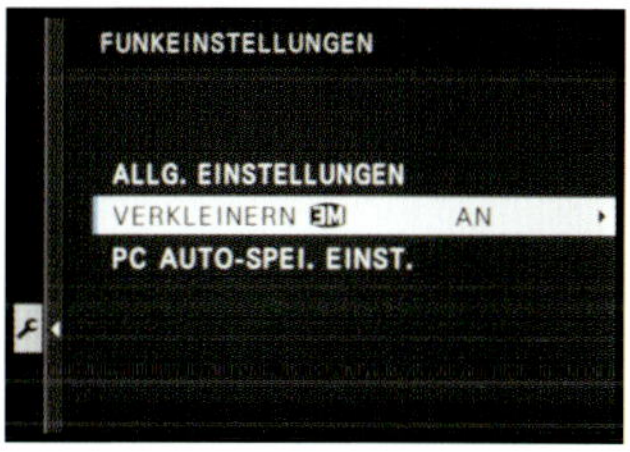

▲ *Verkleinerte Bilder haben eine Auflösung von 1776 × 1184 Pixeln.*

Wichtig ist auch die Voreinstellung der zu übertragenen Bildgröße, denn wenn die Aufnahmen aus der X–T20 in voller Größe übermittelt werden, ist der Speicherplatz am Smartgerät schnell voll, und für die Präsentation in sozialen Netzwerken müssen die Fotos auch nicht so groß sein. Also stellen Sie die Funktion *VERKLEINERN* im Menü Einrichtung /*VERBINDUNGS-EINSTELLUNGEN/FUNKEINSTELLUNGEN* auf *AN*.

Verbindung mit Smartgeräten herstellen

Installieren Sie zunächst einmal die App *FUJIFILM Camera Remote* auf Ihrem Smartgerät. Diese kann kostenlos über die Fujifilm-Internetseite *http://app.fujifilm-dsc.com/de/* oder direkt im *iTunes App Store* für iOS-Betriebssysteme oder im *Google Play Store* für Android heruntergeladen werden. Wenn die App auf Ihrem Smartgerät bereits installiert wurde, führen Sie gegebenenfalls ein Update durch, damit die X–T20 auch erkannt wird. Aktivieren Sie zudem die WLAN-Funktion Ihres Smartgeräts.

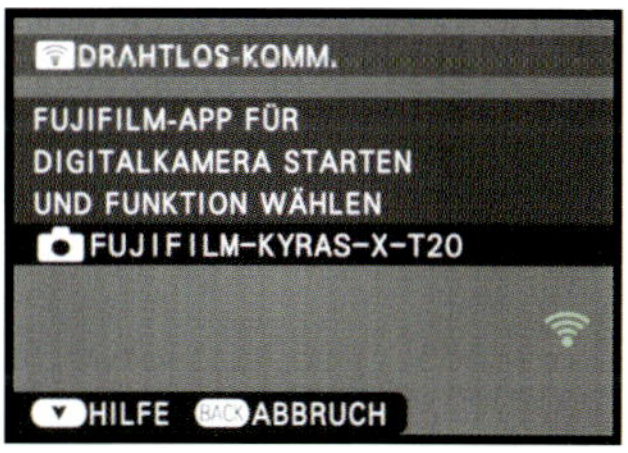

▲ *Drahtlos-Kommunikation an der X–T20 starten.*

Öffnen Sie anschließend im Menü Aufnahme-Einstellung oder im Menü Wiedergabe den Eintrag

DRAHTLOS-KOMM. und drücken Sie die rechte Auswahltaste ▶, um die X–T20 in Sendebereitschaft zu versetzen. Die Kamera wartet nun auf das Verbindungssignal des Smartgeräts.

Am Smartgerät öffnen Sie die App FUJIFILM Camera Remote. Tippen Sie darin die grüne Schaltfläche *Verbinden* an. Die Verbindung wird aufgebaut.

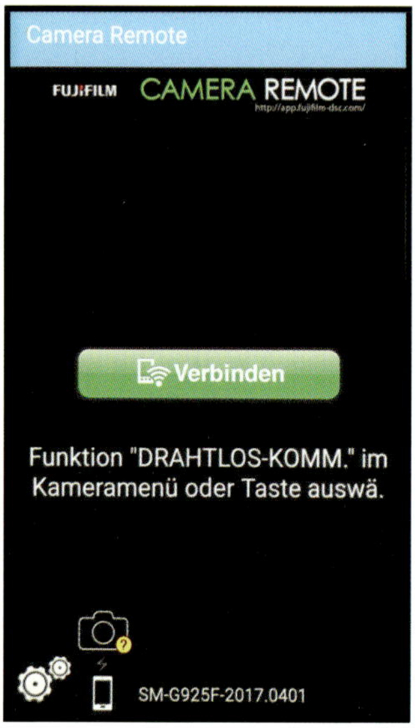

▲ *Verbindung am Smartgerät starten.*

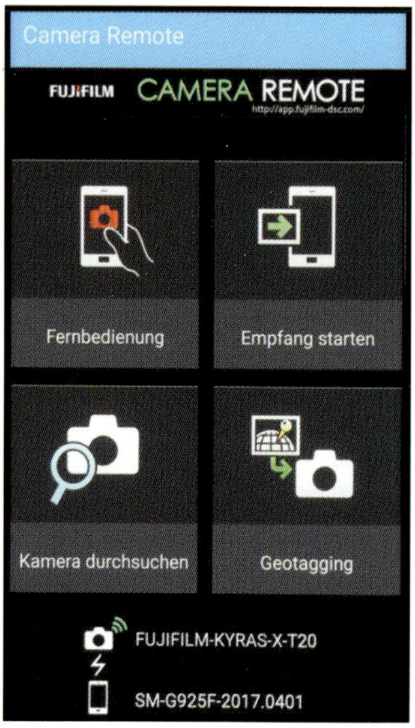

▲ *Auswahl der gewünschten Funktion.*

Fahren Sie nun mit einer der vier Optionen fort, die Ihnen am Smartgerät präsentiert werden:

- *Fernbedienung*: Steuern Sie die X–T20 vom Smartgerät aus fern.
- *Empfang starten*: Wählen Sie an der X–T20 Bilder aus und senden Sie sie einzeln an das Smartgerät. Das Senden vom Filmen ist auf diesem Wege nicht möglich.
- *Kamera durchsuchen*: Betrachten Sie alle Bilder und Filme, die sich auf der Kamera befinden, am Smartgerät. Wählen Sie Bilder und Filme aus und importieren Sie sie auf das Smartgerät oder teilen Sie sie gleich mit Freunden.
- *Geotagging*: Zeichnen Sie mit der GPS-Funktion des Smartgeräts Ortsdaten auf und lassen Sie diese direkt auf die aufgenommenen Bilder übertragen.

Möchten Sie die Verbindung wieder beenden, drücken Sie die Taste DISP/BACK an der Kamera oder schalten Sie die X–T20 einfach aus und beenden Sie die App am Smartgerät.

Um die Drahtlos-Kommunikation zukünftig noch schneller aufzubauen, können Sie die Funktion auch auf eine individuelle Funktionstaste legen oder im Mein Menü speichern (siehe ab Seite 269).

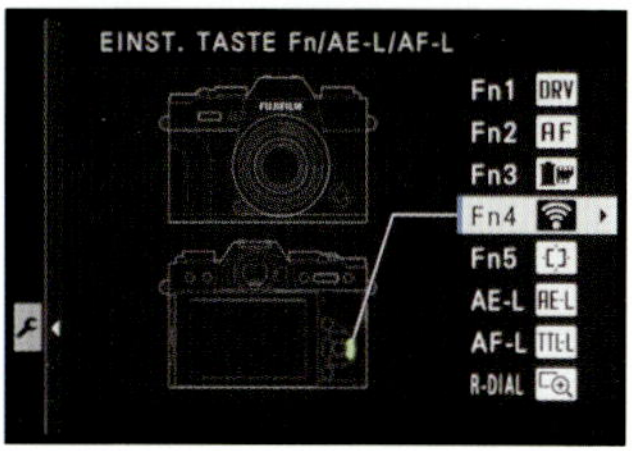

▲ *Tastenbelegung mit der Funktion DRAHTLOS-KOMM..*

Verbindungsabbruch

Es kann vorkommen, dass die WLAN-Verbindung unterbrochen wird, wenn das Smartgerät längere Zeit nicht bedient wird und daher in den Ruhemodus übergeht oder die Distanz zwischen Kamera und Smartgerät für das WLAN-Netz der beiden Geräte zu groß ist. Oder auch, wenn Hindernisse wie Mauern die Verbindung stören. Stellen Sie die Verbindung dann wie beschrieben wieder her, und verringern gegebenenfalls die Distanz zur Kamera.

Empfang starten

Um einzelne Bilder an das Smartgerät zu senden, wählen Sie das gewünschte Bild in der Wiedergabeansicht der X–T20 aus. Über das Menü Wiedergabe ▶/*DRAHTLOS-KOMM.* stellen Sie danach die Verbindung zum Smartgerät her. Wählen Sie nach dem Verbindungsaufbau in der App FUJIFILM Camera Remote die Option *Empfang starten* aus.

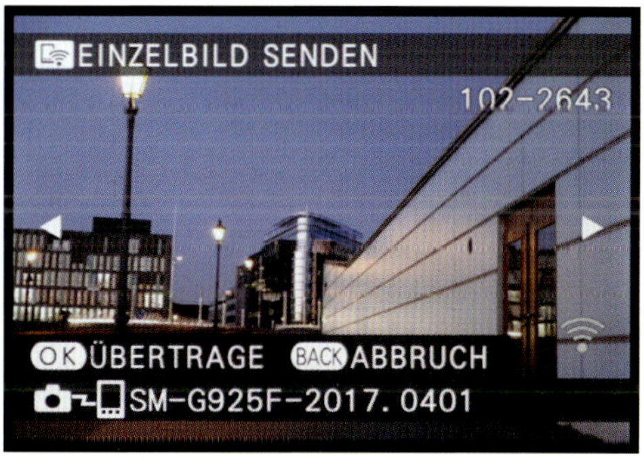

▲ *Einzelbild in der X–T20 auswählen.*

Daraufhin wird am Kameramonitor die Wiedergabeansicht gestartet. Nun können Sie die Übertragung des aktuell angezeigten Bildes von der X–T20 aus mit der MENU/OK-Taste starten. Mit den Auswahltasten ◀ ▶ lassen sich aber selbstverständlich auch andere Bilder auswählen und übertragen. Steuern Sie also einfach jedes gewünschte Bild an und senden es an das Smartgerät.

Nachdem alle Dateien übertragen wurden, beenden Sie die Aktion mit der DISP/BACK-Taste an der Kamera. In der App am Smartgerät haben Sie anschließend die Möglichkeit, die empfangenen Bilder in der Bildergalerie des Smartgeräts zu betrachten, indem Sie die Touchfläche *GALERIE* antippen. Wenn Sie die Bilder direkt teilen möchten, wählen Sie die Touchfläche *FREIGEBEN*. Suchen Sie sich den gewünschten Webdienst aus, zum Beispiel Ihr E-Mail-Konto, Facebook oder Instagram, und fahren Sie in der jeweiligen App mit der Übertragung weiter fort. Leider ist es noch nicht möglich, auch Filme auf diese Weise zu transferieren.

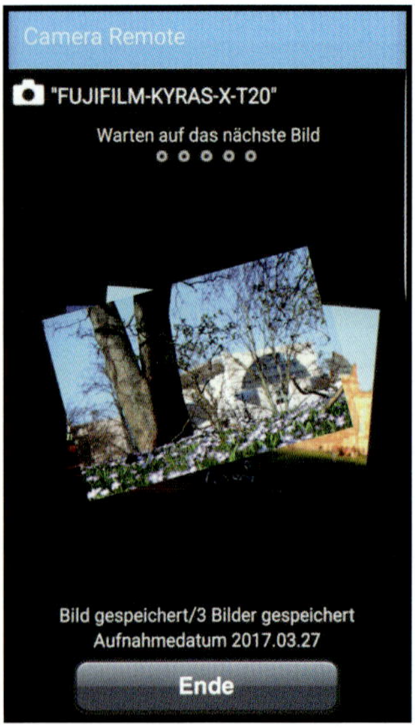

▲ *Übertragene Bilder in der Galerie des Smartgeräts betrachten oder freigeben.*

Kamera durchsuchen

Mit der Funktion *Kamera durchsuchen* der App FUJIFILM Camera Remote lassen sich bequem alle Bilder und Filme auf der Speicherkarte am Smartgerät betrachten, auswählen und übertragen, wobei ein Abspielen von Videos hierbei nicht möglich ist. Befinden sich sehr viele Dateien auf der Karte, kann es allerdings etwas dauern, bis diese als kleine Vorschaubilder am Smartgerät angezeigt werden.

Um einzelne Bilder und Filme auszuwählen, tippen Sie die Vorschauen nacheinander an ①. Um alle Dateien auszuwählen, tippen Sie auf die Touchfläche *ALL* ③ und zum Aufheben aller Markierungen wählen Sie die Touchfläche *CLEAR* ②.

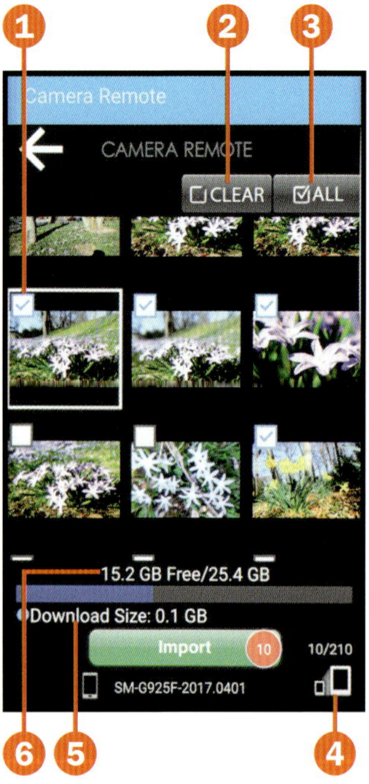

▲ *Bilder und Filme am Monitor des Smartgeräts auswählen.*

Mit der Touchfläche unten rechts ④ können Sie sich die Vorschauminiaturen in zwei Größen anzeigen lassen. Praktischerweise wird die Größe der zu importierenden Dateien ⑤ von der App mit angegeben, genauso wie der verfügbare Speicherplatz auf Ihrem Smartgerät ⑥. Mit der Touchfläche *Import* starten Sie die Übertragung der Bilder und Filme auf das Smartgerät.

Im Anschluss daran werden alle importierten Bilder und Filme am Smartgerät aufgelistet. Nun können Sie sie in der *GALERIE* des Smartgeräts betrachten und von dort aus alle oder einzelne Dateien direkt per E-Mail versenden oder in soziale Netzwerke weiter verteilen. Wenn Sie die Touchfläche *FREIGEBEN* wählen, lässt sich jeweils nur die letzte importierte Datei weitergeben. Möchten Sie hingegen gleich noch weitere Dateien importieren, wählen Sie *WEITERE IMP.*, und zum Beenden der Verbindung zur X-T20 wählen Sie *VERLASSEN*. Wenn Sie Dateien aus der App heraus versenden, wird die Verbindung zur Kamera automatisch aufgehoben, weil die WLAN-Funktion des Smartgeräts für die Verbindung zum Internet benötigt wird.

Leider ist es nicht möglich, die übertragenen Filme mit der App FUJIFILM Camera Remote am Smartgerät abzuspielen. Nach dem Import können die Filme aber beispielsweise aus dem Gerätespeicher (Ordner *fujifilm*/*Photo Receiver*/) aufgerufen und am Smartgerät abgespielt oder weitergeleitet werden.

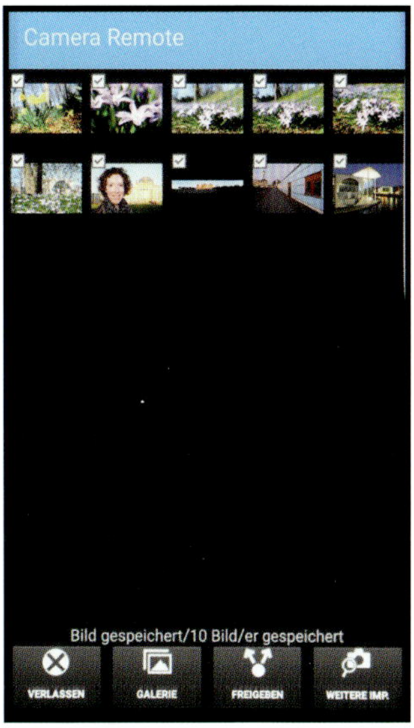

▲ *Importierte Dateien weiterverarbeiten.*

Fernbedienung

Mit der WLAN-Funktion können Sie die X–T20 bequem vom Smartgerät aus fernsteuern. Wählen Sie dazu vorab eines der vier Aufnahmeprogramme P, S, A oder M aus, denn dies lässt sich vom Smartgerät aus nicht ändern. Gleiches gilt für den Fokusmodus (AF-S oder M sind nutzbar), den Blitz (an, aus) und die Einstellungen der Bildgröße, Bildqualität und RAW-Aufnahme. Danach stellen Sie die Verbindung zwischen Kamera und Smartgerät wie zuvor beschrieben her, und wählen in der App FUJIFILM Camera Remote die Schaltfläche *Fernbedienung* aus.

Das Livebild der X–T20 wird im Display des Smartgeräts angezeigt. Darüber können Sie die grundlegenden Aufnahmeeinstellungen ablesen ❶. Zum Scharfstellen des Bildes tippen Sie einfach an der gewünschten Stelle auf das Livebild. Bei erfolgreichem Autofokus leuchtet das Fokusfeld ❷ grün auf.

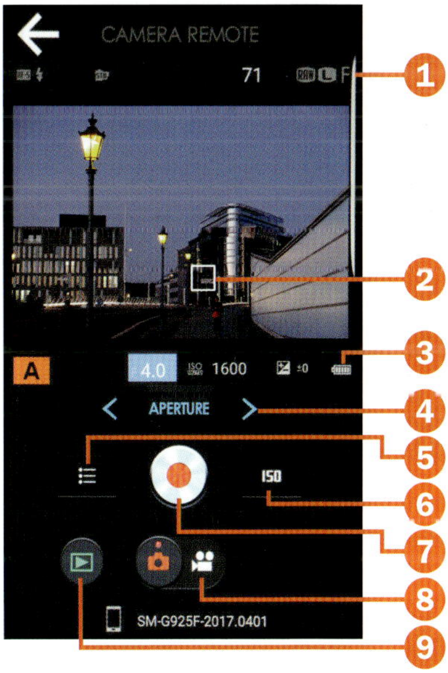

▲ *Menü der Fernaufnahme in FUJIFILM Camera Remote.*

Wenn Sie die Aufnahmeeinstellungen anpassen möchten, können Sie dies abhängig vom Belichtungsprogramm über das Systemmenü ❹ erledigen. Im Modus A finden Sie hier die Blendenwahl *APERTURE*. Mit den Pfeil-Touchflächen links und rechts des Begriffs lässt sich der Wert anpassen. Wenn Sie auf den Begriff tippen, öffnet sich eine Liste mit weiteren Einstelloptionen, in diesem Fall stünde noch die *BELICHTUNGSKORREKTUR* zur Verfügung.

Mit der Menütaste ❺ können Sie weitere Einstellungsmöglichkeiten zum Anpassen des ISO-Werts, der Filmsimulation, des Weißabgleichs, des Blitzmodus und des Selbstauslösers aufrufen. Die Funktion, die Sie hier zuletzt gewählt haben, ist auch über die Schnelltaste ❻ erreichbar. Für die Bildaufnahme tippen Sie die Auslösertaste ❼ an. Und wenn Sie statt eines Standbilds einen Film aufzeichnen möchten, halten Sie den Finger auf der Fototaste **8** und ziehen ihn dann nach rechts auf die Filmtaste hinüber. Nach der Aufnahme können Sie die Bilder direkt an das Smartgerät senden, denn sie sind zunächst nur in der X–T20 gespeichert. Dazu tippen Sie die Wiedergabetaste **9** an, wählen die Bilder aus und senden sie via *Import*-Touchfläche an das Smartgerät.

Um die Wiedergabe zu verlassen, tippen Sie oben links den großen weißen Pfeil an. Aus dem Menü der Fernbedienung heraus beenden Sie mit selbigem Pfeil die Verbindung zwischen Smartgerät und X–T20.

Geotagging

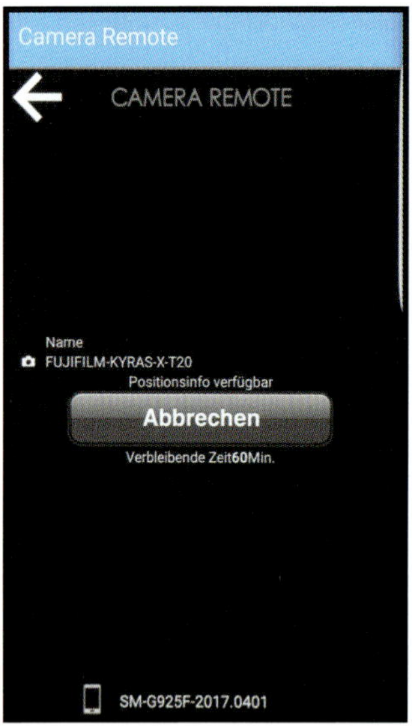

▲ *Aktives Geotagging (Positionsinfo verfügbar) und einer verbleibenden Zeit von 60 Min.*

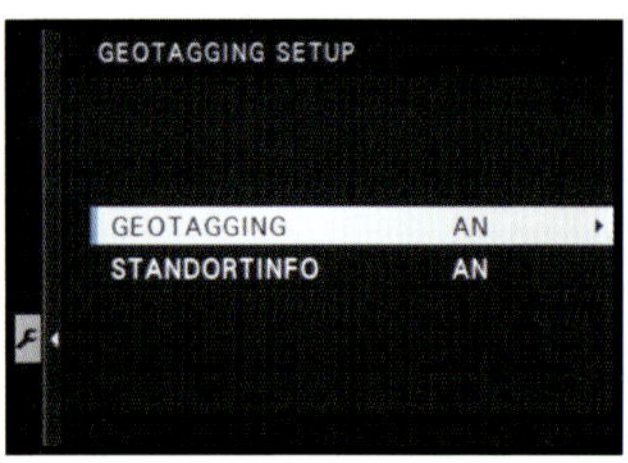

▲ *Aufzeichnung und Wiedergabe der GPS-Daten erlauben.*

Wenn Sie die X–T20 mit der App FUJIFILM Camera Remote am Smartgerät verbunden haben und die Touchfläche *Geotagging* antippen, zeichnet das Smartgerät Positionsdaten auf und überträgt diese nach jeder Aufnahme direkt auf die Bilder und Filme. Das Smartphone oder der Tablet-Computer übernimmt somit die Funktion eines GPS-Datenloggers, wobei die Standortgenauigkeit davon abhängt, ob das Smartphone richtige GPS-Daten erfassen kann. Für eine korrekte GPS-Datenaufzeichnung ist es wichtig, im Smartgerät die Funktion zu deaktivieren, die den Standort per WLAN oder Mobilfunk ermittelt, und im Gegenzug die Ortsermittlung über GPS zu aktivieren.

An der X–T20 muss die Aufzeichnung ebenfalls autorisiert sein. Dazu aktivieren Sie im Menü Einrichtung /*VERBINDUNGS-EINSTELLUNG/GEOTAGGING SETUP* beide Funktionen. Mit *GEOTAGGING* erlauben Sie das Einbetten der Geodaten in die Bilder und Filme. Mit *STANDORTINFO* legen Sie fest, ob die eingebetteten GPS-Daten bei der Wiedergabe in der X–T20 angezeigt werden sollen oder nicht.

Die X–T20 kann sogar aus und wieder eingeschaltet werden, ohne dass die GPS-Aufzeichnung abbricht. Allerdings ist das Geotagging zeitlich auf 60 Minuten begrenzt. Danach muss die Verbindung entweder erneut aufgebaut werden, um für die nächsten 60 Minuten GPS-Daten zu erhalten. Oder Sie pausieren das Geotagging zwischenzeitlich, indem Sie am Smartgerät die Touchfläche *Abbre-*

chen antippen. Anschließend können Sie die Übertragung mit den 60 Minuten Übertragungszeit mit der Touchfläche *Start* weiter fortführen. Insgesamt lief die Übertragung bei unseren Tests sehr verlässlich, selbst in Innenräumen, das hat uns positiv überrascht.

Um zu sehen, ob Geodaten erfolgreich übermittelt wurden, rufen Sie das Bild in der Wiedergabeansicht auf. Stellen Sie mit der DISP/BACK-Taste die Standardansicht ein. Die GPS-Daten sind daraufhin oberhalb der Aufnahmewerte ablesbar.

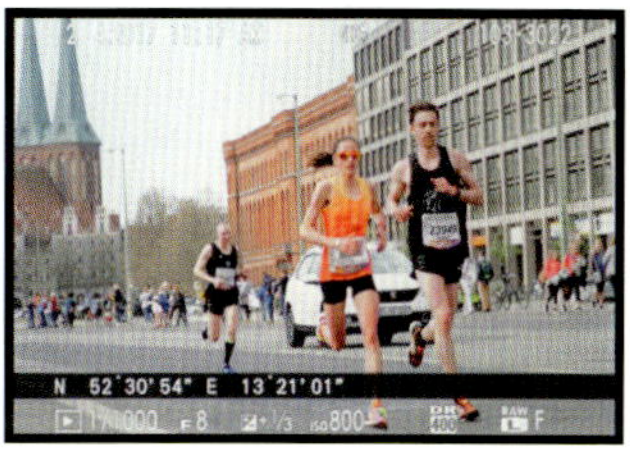

▲ *Aufgezeichnete Geodaten in der Wiedergabeansicht der X-T20.*

Um die Koordinaten am Computer einzusehen, können Sie die Software *MyFinePix Studio* verwenden. Wählen Sie in dessen Startseite die Option *Bilder anzeigen*. Öffnen Sie anschließend im links eingeblendeten Ordnerverzeichnis den Ordner, der die GPS-getaggten Bilder enthält. Diese sind am Satellitensymbol zu erkennen. Markieren Sie anschließend eines oder mehrere Bilder oder Filme und klicken im rechten Fensterbereich auf die Schaltfläche *Map Viewer*.

▼ *Auswahl von Bildern für die Anzeige im Map Viewer.*

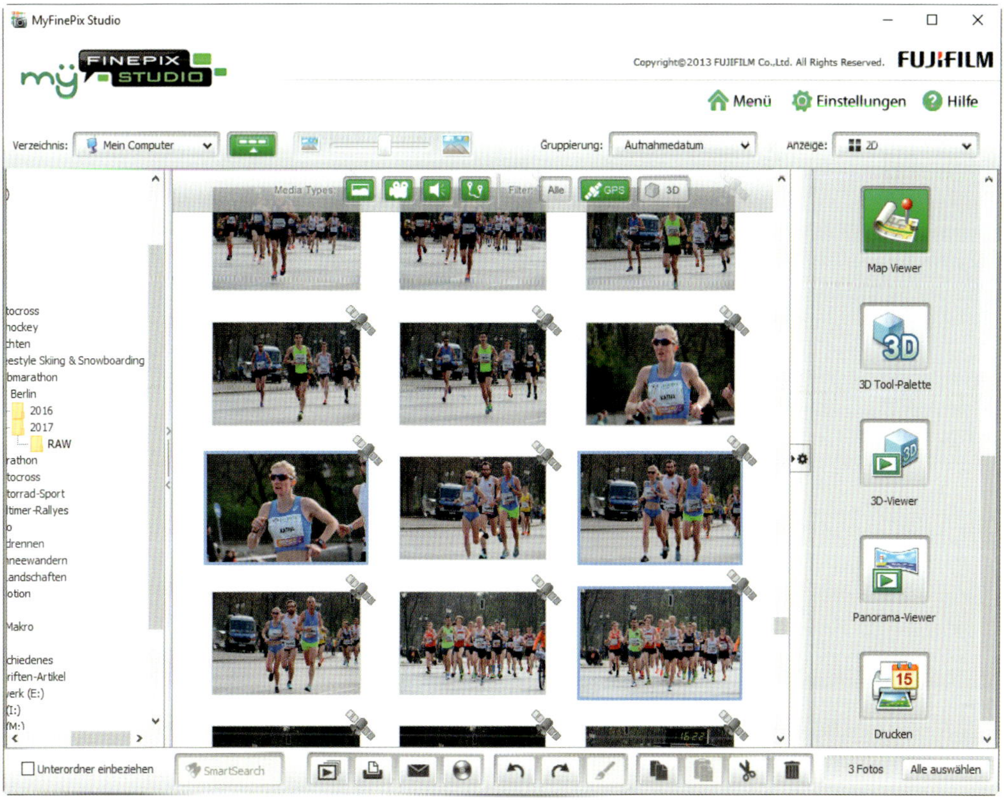

Im Map Viewer werden alle zuvor markierten Bilder und Videos anhand kleiner Vorschauen in der Karte angezeigt. Wenn Sie viele Bilder ausgewählt haben, kann es aber eine ganze Weile dauern, bis sich der Map Viewer öffnet. Mit einem Doppelklick auf eine Vorschau wird Ihnen das jeweilige Foto bildschirmfüllend angezeigt. Als Ansichtsform stehen Straßenkarten (*Karte*) und die dazugehörigen Satellitenbilder (*Satellit*) zur Verfügung. Mit der Schaltfläche *Speichern* können Sie die aktuelle Kartenansicht auf dem Computer speichern und mit *Laden* später wieder aufrufen.

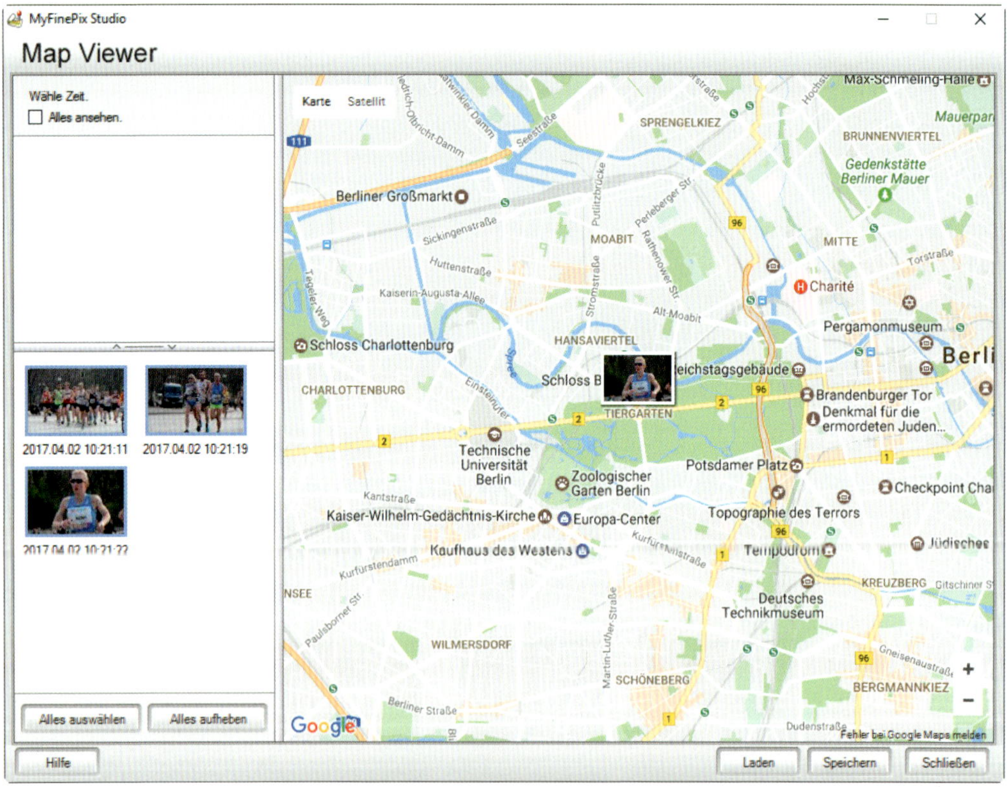

▲ *Im Map Viewer werden die zuvor markierten Bilder auf der Landkarte angeordnet.*

Auch in anderen Programmen mit Kartenmodul, wie zum Beispiel Adobe Photoshop Elements oder Lightroom, lassen sich die GPS-getaggten Bilder auf der Landkarte anzeigen. Der Menübereich *Karte* von Lightroom bietet sehr vielseitige Optionen für Bilder mit GPS-Daten. So werden die eingebetteten Koordinaten beispielsweise gleich komfortabel in die zugehörigen Ortsnamen übersetzt. Hinzu gesellen sich Möglichkeiten, die Ortsdaten in einer Diaschau mit einblenden zu lassen oder sie mit dem Bild auszudrucken.

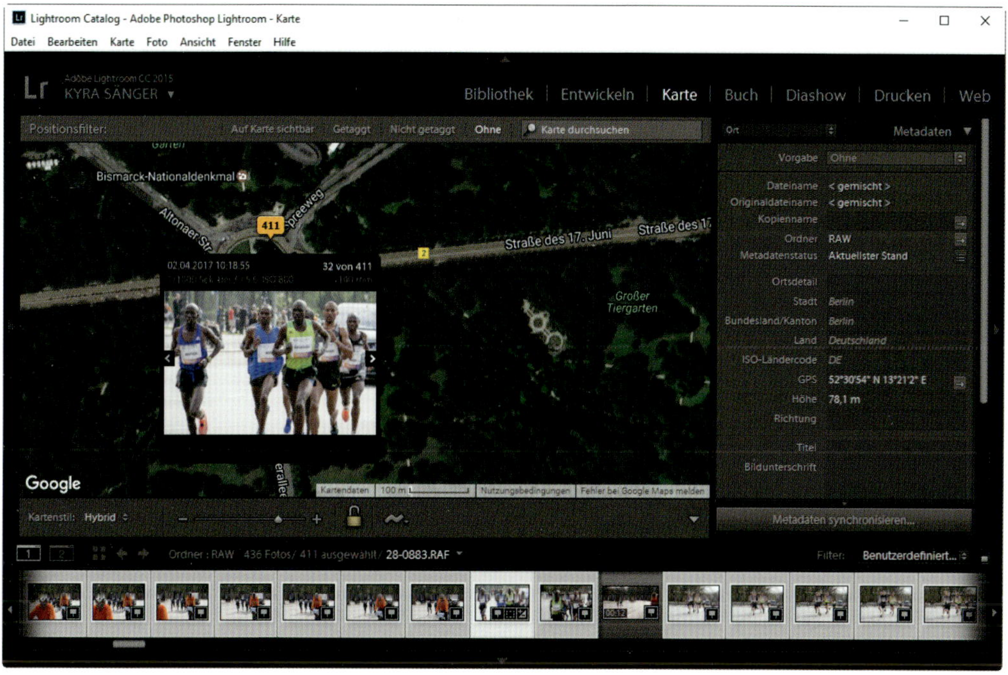

▲ *Ansicht der GPS-Daten in der Map Utility.*

Kabellose Bildübertragung auf den Computer

Die eingebaute WLAN-Funktion der X–T20 können Sie sich auch zunutze machen, um JPEG-Bilder, RAW-Aufnahmen und Filme kabellos auf den Computer zu übertragen.

Verbindung zwischen X–T20 und Computer einrichten

Damit die kabellose Verbindung zwischen der X–T20 und dem Computer aufgebaut werden kann, muss das Programm *PC AutoSave* auf Ihrem Computer installiert sein (*http://app.fujifilm-dsc.com/de/pc_autosave/download.html*).

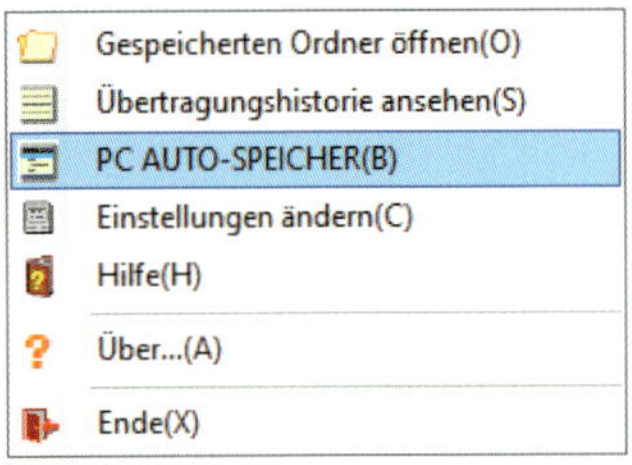

▲ *Start der Einrichtung von PC AutoSave.*

Klicken Sie nach der Installation von *PC AutoSave* auf das Symbol, das sich in der Taskleiste (Windows) bzw. der Menüleiste (Mac OS) befindet. Wählen Sie im sich öffnenden Menü den Eintrag *PC AUTO-SPEICHER*. Klicken Sie im Menüfenster *Setup PC AutoSave* auf die Schaltfläche *EINFACH EINST (über WPS)*.

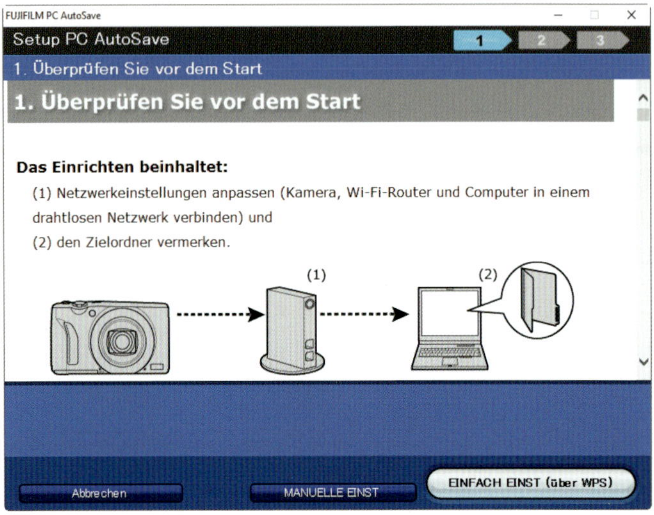

▲ *Einfache Einstellung (über WPS) starten.*

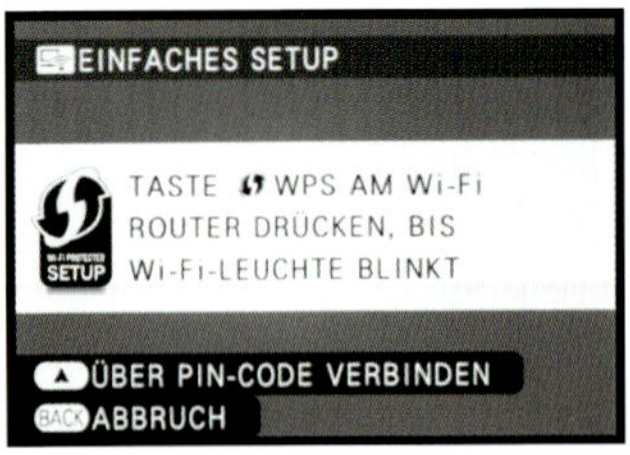

▲ *Start der Einrichtung von PC AutoSave.*

Öffnen Sie dann in der X-T20 das Menü Einrichtung */VERBINDUNGS-EINSTELLUNG/PC AUTO-SPEICHER* und wählen darin den Eintrag *EINFACHES SETUP*. Navigieren Sie nach rechts, um die X-T20 für das Empfangen der Verbindungsdaten bereit zu machen.

Drücken Sie anschließend die WPS-Taste Ihres Internetrouters oder Modems bzw. starten die WPS-Schnellverbindung über den Internetbrowser im Menü des Routers. Die Vorgehensweise hängt von dem jeweils verwendeten Gerät ab, schauen Sie also in der Bedienungsanleitung Ihres Routers nach, wie sich die WPS-Schnellverbindung aufrufen lässt.

Sobald die Verbindung zur X-T20 aufgebaut wurde, erscheint ein entsprechender Bestätigungsbildschirm am Monitor der Kamera. Warten Sie kurz, bis die X-T20 Sie um die Bestätigung des Zielcomputers bittet, und drücken Sie dann die MENU/OK-Taste (*STELL.*).

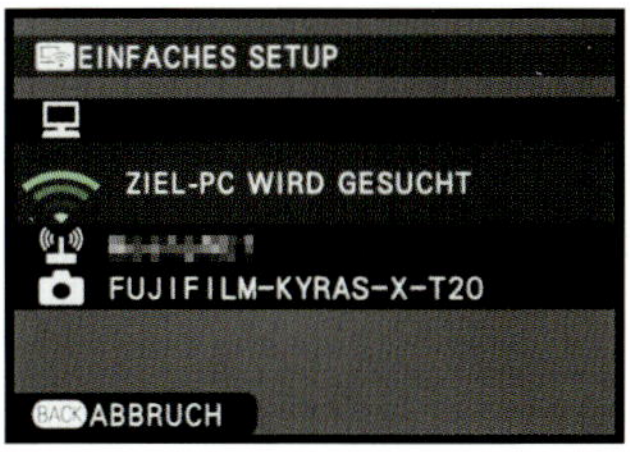

▲ *Verbindungsaufbau zum Computer.*

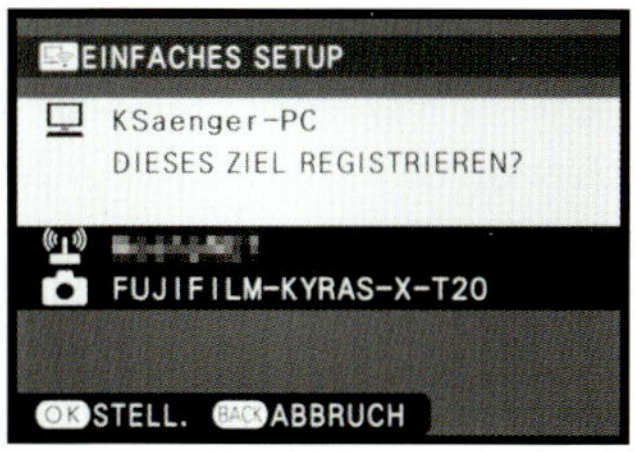

▲ *Ziel-PC bestätigen.*

Bestätigen Sie anschließend im Menüfenster von PC Auto-Save den vorgeschlagenen ***Ziel-Ordner*** oder wählen Sie mit der Schaltfläche ***Ändern Sie den Zielordner*** ein anderes Verzeichnis aus. Klicken Sie anschließend unten rechts auf ***OK***.

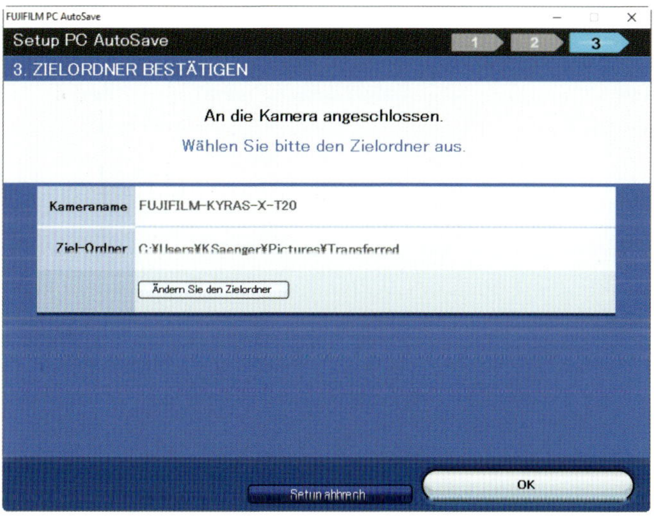

▲ *Ziel-Ordner bestätigen oder ändern.*

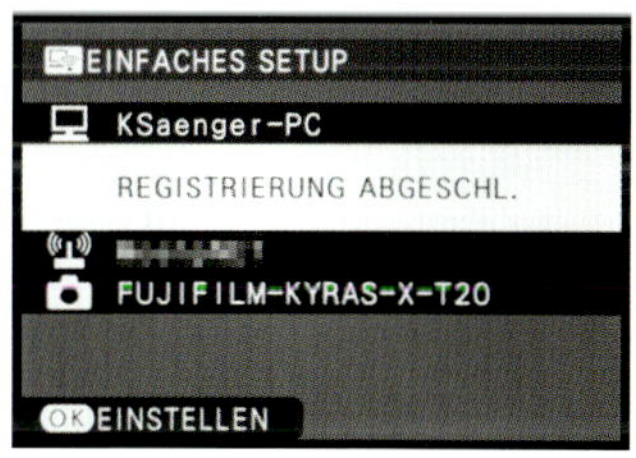

▲ *Registrierung abschließen.*

Die X–T20 beginnt nun damit, das neue Ziel zu registrieren. Sobald der Monitor ***REGISTRIERUNG ABGESCHL.*** anzeigt, bestätigen Sie den Vorgang mit der MENU/OK-Taste. Danach können Sie entweder weiter fotografieren, die X–T20 erst einmal ausschalten, oder gleich mit der Übertragung von Dateien an den Computer loslegen.

Dateien an den Computer senden

Während der Einrichtungsvorgang recht umfangreich ist, dafür aber nur einmal für jeden Computer durchgeführt werden muss, gestaltet sich das Senden von Bildern und Filmen an den Computer sehr einfach.

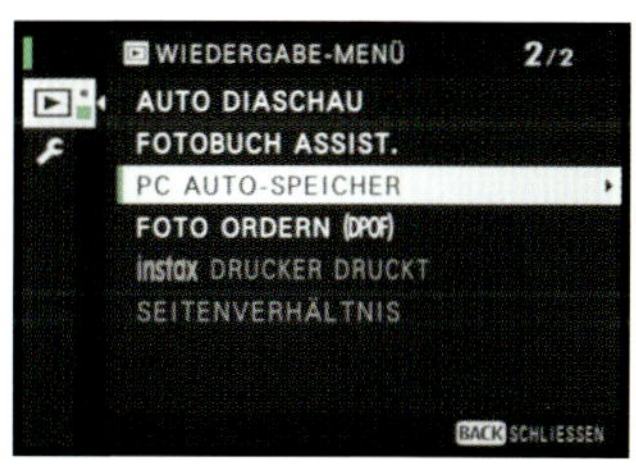

▲ *Übertragen von Bildern an den Computer starten.*

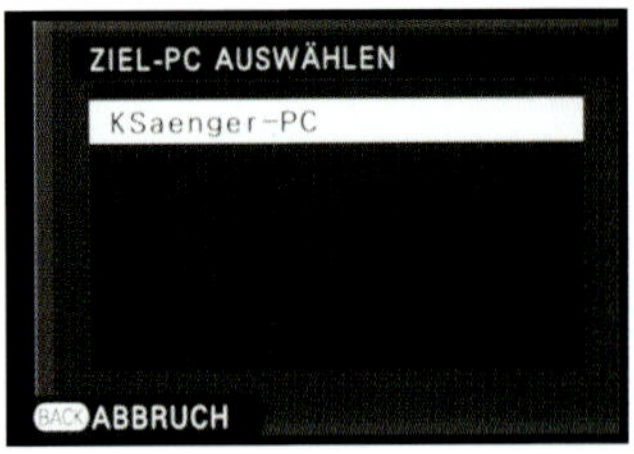

▲ *Ziel-PC bestätigen.*

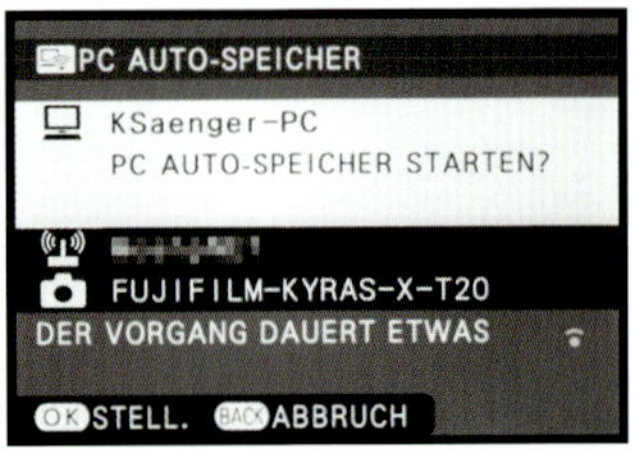

▲ *Übertragung bestätigen.*

Hierbei ist es wichtig zu wissen, dass immer alle Dateien gesendet werden, die sich auf der aktuell gewählten Speicherkarte befinden. Wurden von dieser Karte bereits Bilder gesendet und Sie möchten neu hinzugekommene Dateien an den Computer schicken, werden die bereits übertragenen aber nicht noch einmal gesendet.

Zum Versenden rufen Sie an der X–T20 die Wiedergabeansicht auf. Öffnen Sie anschließend im Menü Wiedergabe den Eintrag *PC AUTO-SPEICHER* und drücken Sie die rechte Auswahltaste ▶. Im nächsten Fenster erscheinen alle zuvor registrierten Computer, hier *KSaenger-PC*. Bestätigen Sie den gewünschten Eintrag mit der MENU/OK-Taste.

Die X–T20 verbindet sich anschließend automatisch mit dem Computer. Jetzt müssen Sie nur noch den Bildschirm mit der Aufforderung *PC AUTO-SPEICHER STARTEN?* bestätigen, und schon schickt die Kamera alle Dateien per WLAN an den zuvor registrierten Computerordner.

Verbindung mit Instax-Share Druckern

Ähnlich wie das Anbinden der X–T20 an den Computer, funktioniert auch der Verbindungsaufbau zu einem FUJIFILM instax SHARE-Drucker, mit dem Sie Bilder direkt auf instax-Sofortbildfilm drucken können. Alles, was Sie dafür benötigen, ist der SSID-Druckernamen, der in der Regel auf der Unterseite des Druckers zu finden ist. Er lautet exemplarisch *instax-12345678*.

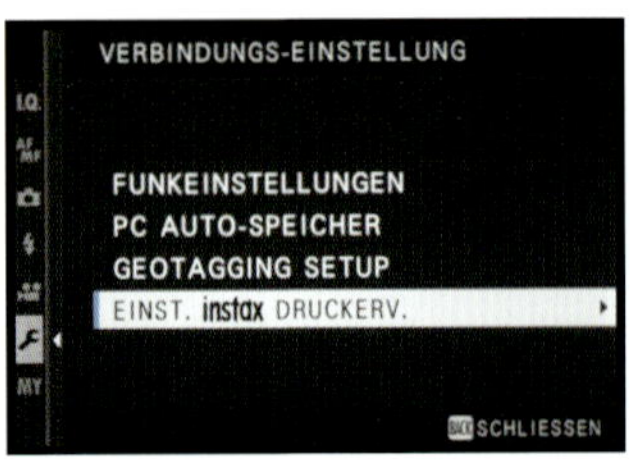

▲ *Verbindungsaufbau zu instax SHARE-Druckern.*

Um die Verbindung herzustellen, navigieren Sie im Menü Einrichtung der X–T20 zu *VERBINDUNGS-EINSTELLUNG* und weiter zu *EINST. instax DRUCKERV.*. Drücken Sie die rechte Auswahltaste ▶ und geben Sie anschließend mit den Auswahltasten ▲ ▼ ◀ ▶ den SSID-Zahlencode Ihres Druckers ein. Wenn Sie danach nach einem Passwort gefragt werden, geben Sie *1111* ein oder, sofern Sie das Druckerpasswort zuvor selbst geändert haben, Ihre persönliche Zahlenfolge.

Zum Drucken eines Bildes wählen Sie das gewünschte Bild in der Wiedergabe der X–T20 aus. Öffnen Sie danach im Menü Wiedergabe die Option *instax DRUCKER DRUCKT.* aus. Sollten Sie doch ein anderes Motiv drucken wollen, können Sie die Bildauswahl mit den Auswahltasten

◀ ▶ auch jetzt noch verändern. Um den Druck zu starten, betätigen Sie die MENU/OK-Taste (*ÜBERTRAGE*).

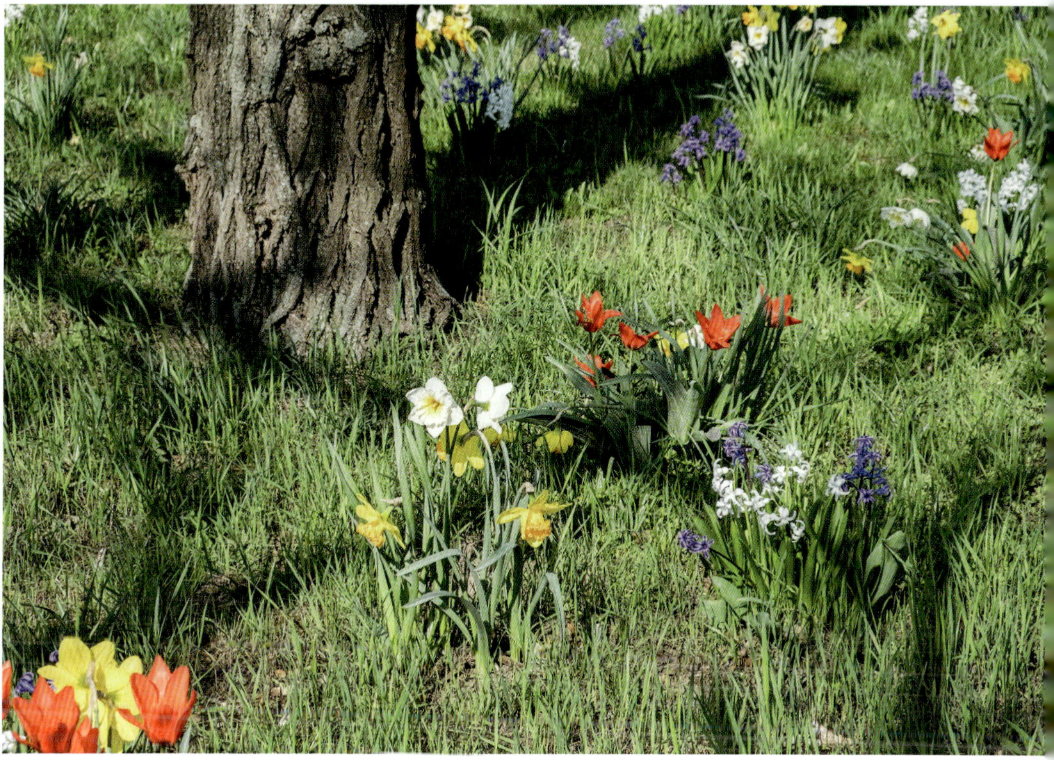

55 mm | f/9 | 1/900 Sek. | ISO 800

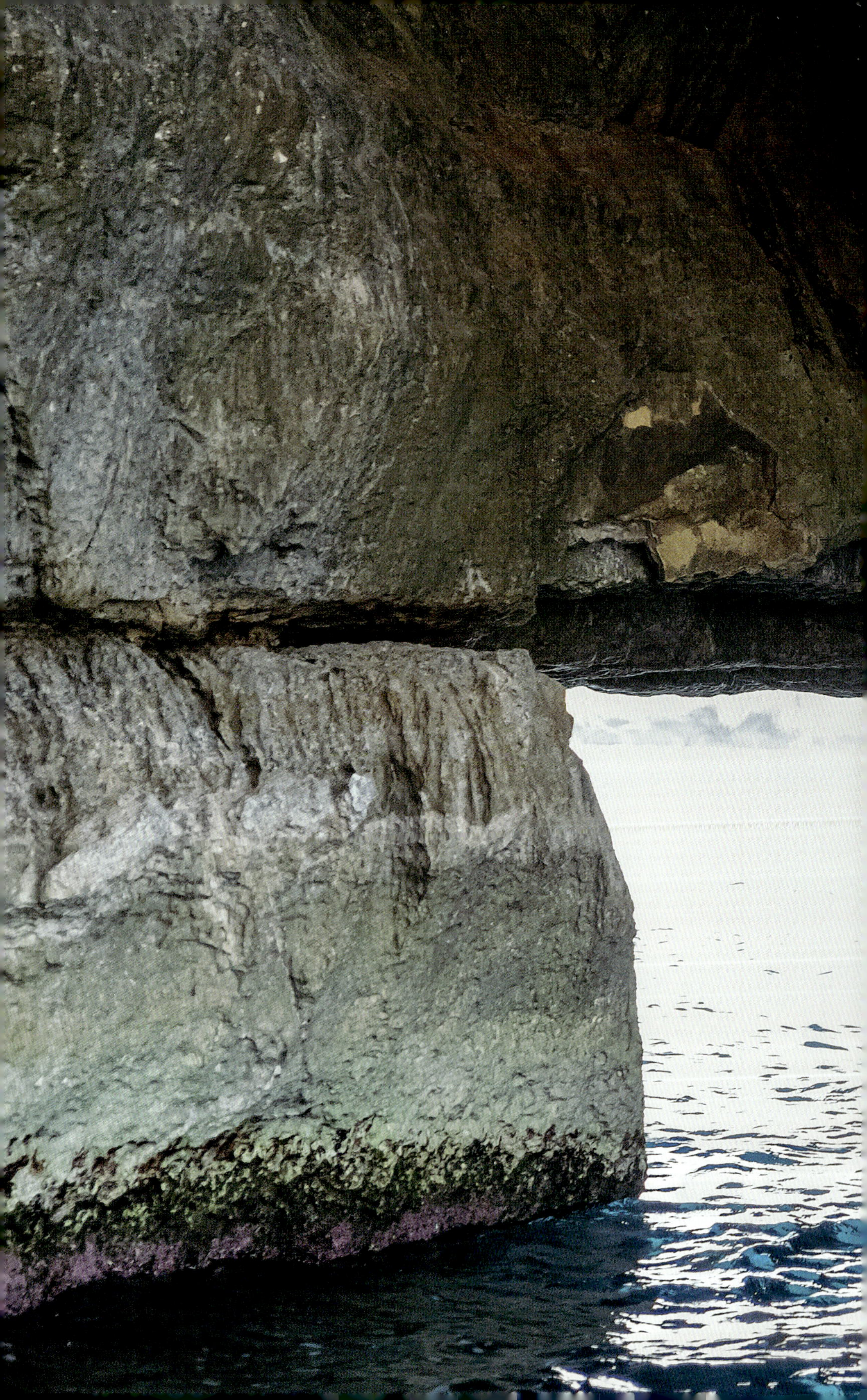

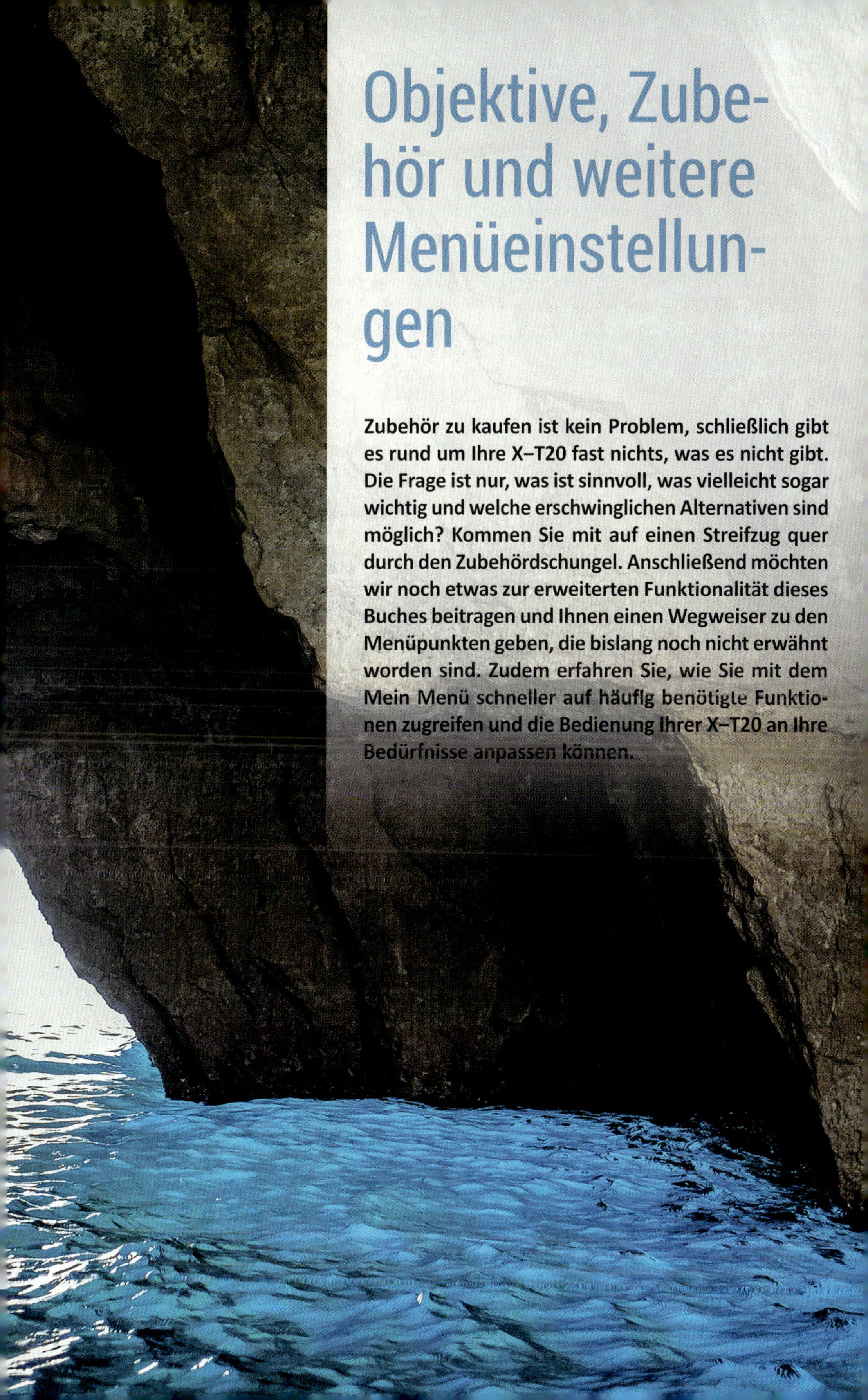

Objektive, Zubehör und weitere Menüeinstellungen

Zubehör zu kaufen ist kein Problem, schließlich gibt es rund um Ihre X–T20 fast nichts, was es nicht gibt. Die Frage ist nur, was ist sinnvoll, was vielleicht sogar wichtig und welche erschwinglichen Alternativen sind möglich? Kommen Sie mit auf einen Streifzug quer durch den Zubehördschungel. Anschließend möchten wir noch etwas zur erweiterten Funktionalität dieses Buches beitragen und Ihnen einen Wegweiser zu den Menüpunkten geben, die bislang noch nicht erwähnt worden sind. Zudem erfahren Sie, wie Sie mit dem Mein Menü schneller auf häufig benötigte Funktionen zugreifen und die Bedienung Ihrer X–T20 an Ihre Bedürfnisse anpassen können.

11.1 Rund um Objektive & Co.

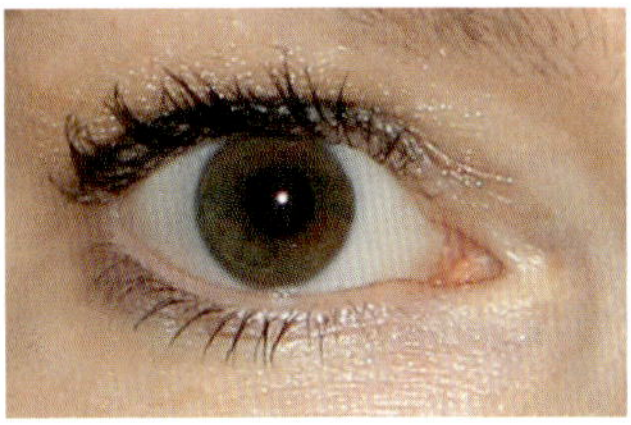

▲ *Ob Auge oder Objektiv, die Güte der Linsen entscheidet über die Bildqualität.*

Genauso wie die Güte Ihrer Augen das eigene Sehempfinden bestimmt, hängt die rein optische Qualität der Bilder aus der X–T20 maßgeblich vom angesetzten Objektiv ab. Wie vielseitig die Möglichkeiten sind, Ihre Kamera mit einem qualitativ hochwertigen »Auge« zu versehen, erfahren Sie in den folgenden Abschnitten.

Fujifilm verwendet seit 2013 für die spiegellosen Systemkameras das sogenannte ***Fujinon X-Bajonett*** als Verbindungsstelle zwischen Kamerabody und Objektiv. An der X–T20 können darüber alle XF-und XC-Objektive von Fujifilm oder kompatible Modelle von Drittherstellern, wie Zeiss, angebracht werden. Die Objektive besitzen einen roten Punkt als Markierung für das richtige Ansetzen des Objektivs am Bajonett. Im Gehäuse befinden sich zehn Kontakte, über die die elektronische Kommunikation stattfindet.

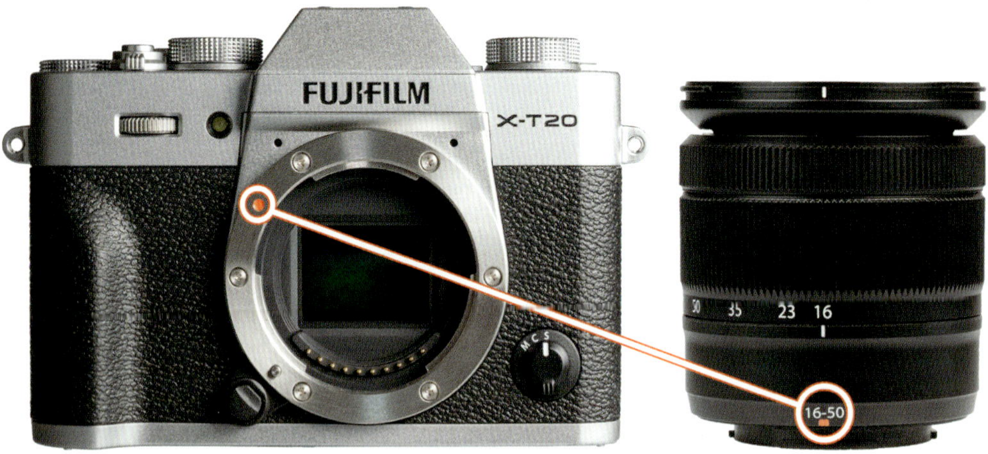

▲ *XF- oder XC-Objektive werden mit der roten Markierung am Gehäuse der X–T20 angesetzt und dann, von vorne betrachtet, im Uhrzeigersinn festgedreht, bis sie mit einem Klick im Bajonett einrasten.*

Auflagemaß des X-Bajonetts

Das X-Bajonett besitzt mit 17,7 mm ein besonders schmales Auflagemaß, was bedeutet, dass der Abstand zwischen der Sensorebene und dem Bajonett 1 sehr kurz ist. Aus diesem Grund können die Fujinon XF- und XC-Objektive sehr kompakt gebaut werden. Außerdem wird das eintreffende Licht besonders gut genutzt, denn die Lichtstrahlen müssen auf ihrem Weg von den Objektivlinsen bis zum Sensor nur eine kurze Strecke überwinden. Dies wirkt sich positiv auf die verfügbare Lichtmenge und die Detailauflösung aus.

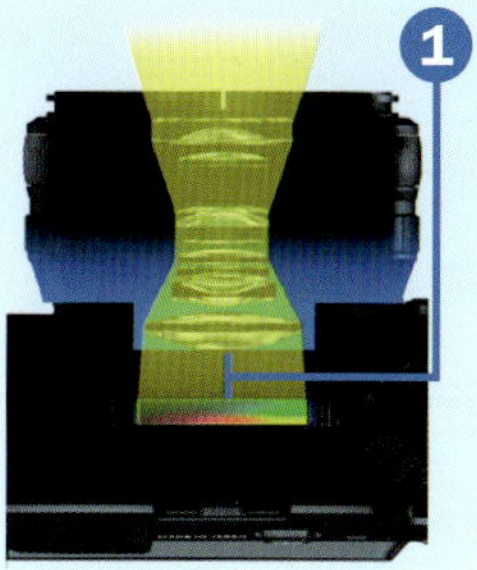

▲ *Das Auflagemaß des Fujinon X-Bajonetts mit 17,7 mm Tiefe (Bild: Fujifilm).*

Der Vorteil einer hohen Lichtstärke

Mit der Lichtstärke wird die maximale Blendenöffnung eines Objektivs bezeichnet, die Sie durch Einstellen des niedrigsten Blendenwerts nutzen können. Je höher die Lichtstärke ist, desto größer kann sich die Objektivöffnung weiten und desto mehr Licht wird in die X-T20 bis zum Sensor durchgelassen.

Da die Schärfentiefe ebenfalls von der Blendenöffnung abhängig ist, fällt diese bei lichtstarken Objektiven mit Blendenwerten von f/1,2 bis f/2,8 besonders gering aus. Daher sind lichtstarke Objektive vor allem in der Makro- und Porträtfotografie sehr begehrt. Sie bieten einige entscheidende Vorteile:

- Schneller Autofokus und weniger Gefahr von Verwacklung in dunkler Umgebung.
- Geringe Schärfentiefe, bestens geeignet für prägnante Freisteller.
- Hervorragende optische Unschärfequalität, auch als gelungenes Bokeh bezeichnet.
- Viele Objektive haben ihr Leistungsmaximum, wenn sie um 1–2 Stufen abgeblendet werden. Wenn Sie dies mit einem lichtstarken Objektiv tun, ist der Blendenwert immer noch gering und die Hintergrundfreistellung besser als bei lichtschwächeren Objektiven.

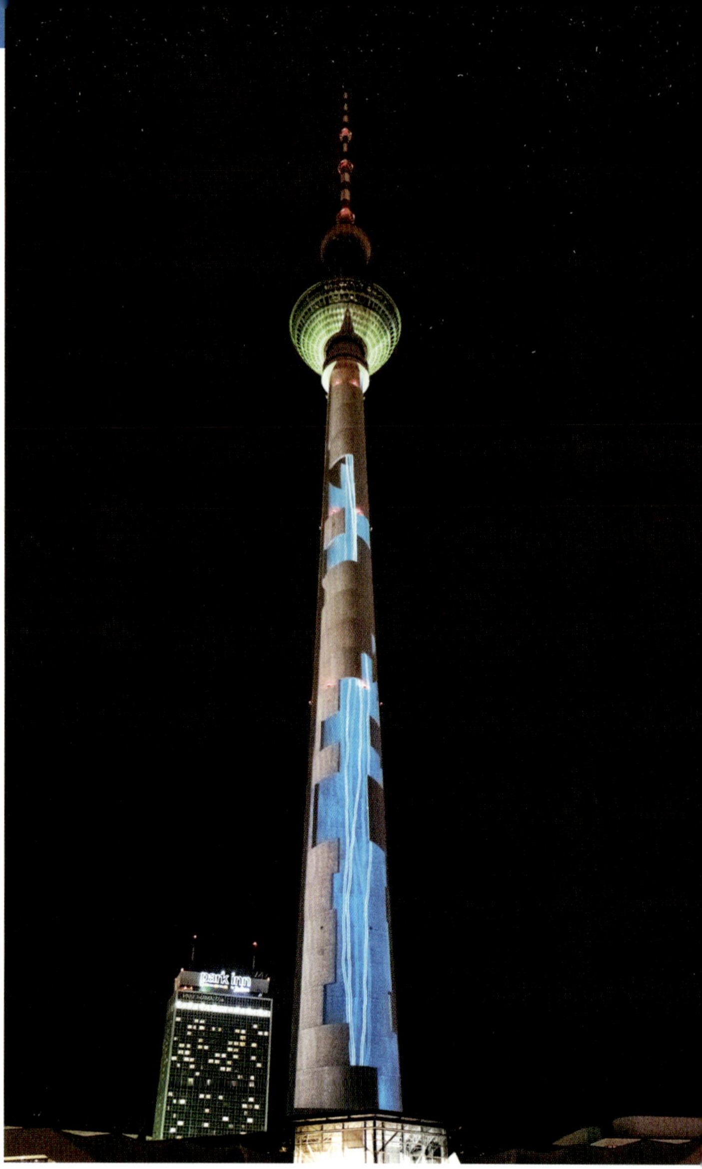

18 mm | f/2,8 | 1/30 Sek. | ISO 8000

▶ *Dank des lichtstarken Objektivs stellte nicht nur der Autofokus präzise scharf, auch ließ sich die animierte Lasershow auf dem Berliner Fernsehturm mit kurzer Belichtungszeit scharf aus der Hand fotografieren.*

Die Objektivsprache entschlüsseln

Beim Erstellen von Objektivbezeichnungen sparen die Hersteller nicht an kryptischen Zeichen und Abkürzungen. Um Sie in die Lage zu versetzen, die Geheimsprache der Objektivnamen spielend zu entschlüsseln, haben wir Ihnen die von Fujifilm verwendeten Begriffe im Folgenden einmal übersichtlich zusammengestellt.

Im Fall der Objektive für die X–T20 beginnt die Objektivbezeichnung mit *Fujinon* und dem Kürzel *XF* oder *XC*. Mit XF sind die höherwertigen Objektive gekennzeichnet, die robuster und mit höherem Metallanteil gebaut sind und zudem über einen Blendenring zum Einstellen der Schärfentiefe verfügen. XC ist die günstigere Objektivlinie, deren aktuell zwei Vertreter vorwiegend aus Plastik bestehen und keinen Blendenring besitzen.

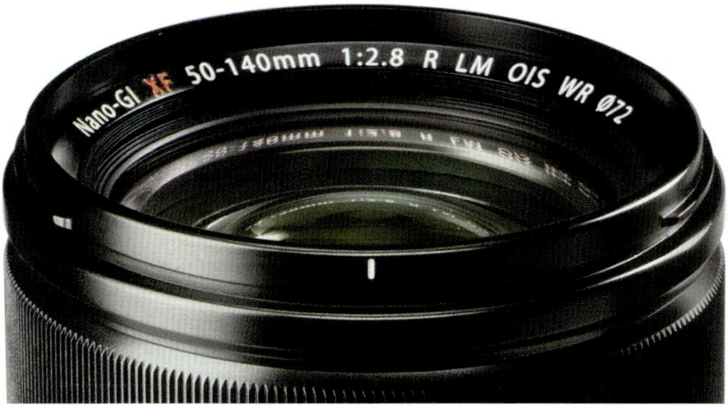

◀ *Das 50–140 mm Objektiv trägt fast alle Namenskürzel der aktuellen Fujinon-XF-Objektivserie: Nano-GI XF 50–140 mm 1:2,8 R LM OIS WR Ø72.*

An die Angabe der Objektivlinie schließt sich die Nennung der Brennweite an, bei Festwinkelobjektiven mit einem Wert, zum Beispiel *90 mm*, und bei Zoomobjektiven mit einem Wertebereich, wie *50–140 mm*. Es folgt dann die Angabe der Lichtstärke in Form von Blendenwerten. Bei Objektiven mit durchgehender Lichtstärke lesen Sie nur eine Zahl, zum Beispiel *F2,8*, und bei Zoomobjektiven, die im Weitwinkelbereich lichtstärker sind als im Telebereich, zwei Werte, etwa *F3,5–5,6*.

Mit dem Kürzel *R* wird verdeutlicht, dass das Objektiv über einen Blendenring verfügt, über den die Schärfentiefe elektronisch reguliert werden kann. Beim Drehen des Rings wird die Blende somit nicht direkt manuell geändert, sondern ein elektronisch gesteuerter Befehl an die Kamera gesendet.

Taucht der Begriff *LM* auf, ist für das Fokussieren ein sogenannter Linearmotor zuständig. Dieser stellt fast geräuschlos und flott scharf und eignet sich damit auch sehr gut zum Filmen.

Mit *OIS* (Optical Image Stabilizer) wird auf den eingebauten Bildstabilisator hingewiesen. *WR* steht für den besonderen Schutz des Objektivs gegen Witterungseinflüsse wie Staub, Spritzwasser oder Kälte bis −10°C und eine wasser- und staubabweisende Fluorbeschichtung auf der Frontlinse des Objektivs, die teilweise auf dem Objektiv zusätzlich mit *Nano-GI* gekennzeichnet ist.

Derzeit trägt ein Objektiv zusätzlich das Kürzel *APD*. Es steht für Apodisationsfilter und das wiederum für die Eigenschaft, den unscharfen Hintergrund besonders weich abzubilden. Mit *Macro* wird verdeutlicht, dass mit dem Objektiv besonders nah an das Motiv herangegangen werden kann, um es in Lebensgröße abzubilden.

Auf dem Objektiv steht dann meist auch noch der Durchmesser des Objektivgewindes zum Anbringen von Filtern, zum Beispiel *Ø72*.

Objektiv-Empfehlungen für Ihre X-T20

Leider gibt es nicht die eine Superlinse, die alle gewünschten Brennweiten vereint und Bilder in höchster Qualität zu erzeugen vermag. In gewissem Maße müssen also Kompromisse eingegangen und für verschiedene Situationen unterschiedliche Objektive eingesetzt werden.

Damit es beim Fotografieren mit Blendenwerten von f/11 und höher nicht zu objektivbedingtem Nachlassen der Bildschärfe durch Beugung kommt, aktivieren Sie an Ihrer X–T20 die Funktion *OBJEKTIVMOD. OPT.* im Menü Bildqualitäts-Einstellung **I.Q.** (mehr dazu lesen Sie ab Seite 68).

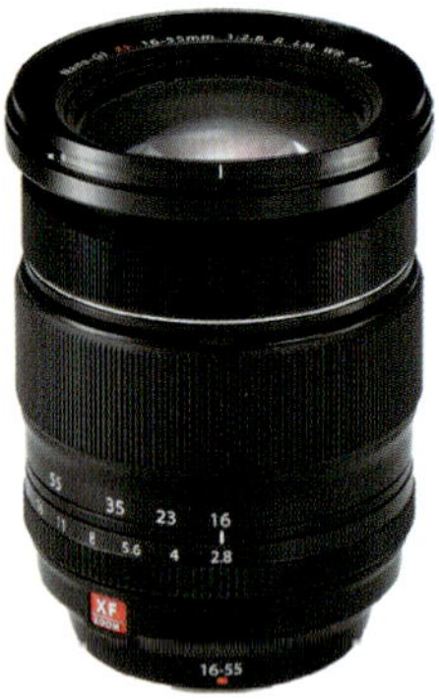

▲ *Fujinon XF16–55 mm F2,8 R LM WR (Bild: Fujifilm).*

Standard-Zoomobjektive

Standard- bzw. Normalzooms decken als handliche Allrounder einen sehr großen Bereich fotografischer Möglichkeiten ab. Nehmen Sie damit einzelne Personen im Porträt oder ganze Personengruppen auf, oder gestalten Sie schöne Landschaftsaufnahmen. Bestückt mit einer Nahvorsatzlinse können Sie damit sogar in den erweiterten Nahbereich vordringen und Blüten und Insekten ganz groß rausbringen.

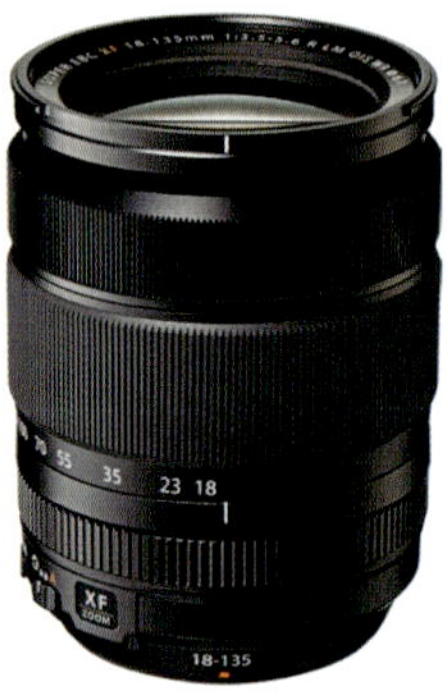

▲ *Fujinon XF18–135mm F3,5–5,6 R LM OIS WR (Bild: Fujifilm).*

Das Fujinon XF16–55 mm F2,8 R LM WR (655 g) vereint in diesem Segment eine hervorragende Bildqualität mit einer durchgehend hohen Lichtstärke von f/2,8. Der Autofokus arbeitet dank des eingebauten Doppel-Linearmotors mit dem Hybrid-Autofokus der X–T20 sehr schnell, geräuscharm und zuverlässig. Die Blende setzt sich aus neun Lamellen zusammen und sorgt für eine angenehme Hintergrundunschärfe. Allerdings wurde kein Bildstabilisator implementiert und der Anschaffungspreis ist mit ca. 1150 EUR auch nicht gerade günstig.

Einen noch breiteren Zoombereich und einen Bildstabilisator, dafür aber keine durchgehend hohe Lichtstärke, bietet das Fujinon XF18–135 mm F3,5–5,6 R LM OIS WR (490 g, circa 750 EUR). Damit sind vielseitige Anwendungsmöglichkeiten im Reise- und Reportagebereich möglich. An die Auflösung des 16–55-mm-Objektivs kommt dieses Modell aber nicht heran.

Sehr ordentliche, aber nicht überragende Leistungswerte können Sie mit dem Fujinon XF18–55mm F2,8–4 R LM OIS (310 g, circa 660 EUR) erwarten, das zwar keine durchgehende, aber eine insgesamt hohe Lichtstärke besitzt und einen Bildstabilisator zur Verfügung stellt. Sowohl die Autofokusperformance als auch die Auflösung liegen etwas unter den zuvor genannten Objektiven, was aber nicht bedeutet, dass damit keine guten Bilder möglich wären. Viele der in diesem Buch gezeigten Aufnahmen stammen aus diesem Objektiv.

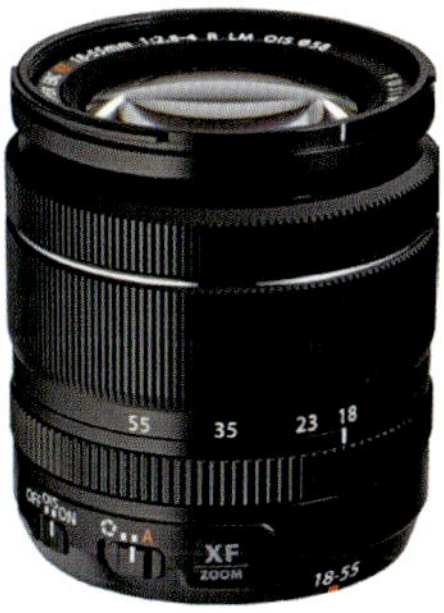

▲ *Fujinon XF18–55mm F2,8–4 R LM OIS (Bild: Fujifilm).*

Normalzoom-Objektive mit Bildstabilisator sind immer dann interessant, wenn bei wenig Licht und ohne Blitz aus der Hand fotografiert werden muss. Allerdings werden bei Events und Hochzeiten auch oftmals kürzere Belichtungszeiten notwendig, um die Bewegungen scharf einzufangen. Der Bildstabilisator-Vorteil erübrigt sich dann ein wenig. Wer sowieso öfter vom Stativ fotografiert und ein Maximum an Schärfe auch bei f/2,8 haben möchte, sollte den Bildstabilisator nicht als wichtigstes Entscheidungskriterium nehmen.

Ultraweitwinkel-Zoomobjektive

Mit speziellen Ultraweitwinkel-Zoomobjektiven können Bilder mit besonders dramatischer Perspektivwirkung entstehen. Und für ein Rundumpanorama sinkt mit ihnen die Anzahl notwendiger Einzelaufnahmen. In diesem Bereich präsentiert sich das einzige für die X–T20 verfügbare Objektiv dieser Kategorie, das Fujinon XF10–24mm F4 R OIS, als empfehlenswert, wenngleich es kein Schnäppchen ist (408 g, circa 1000 EUR). Die Schärfeleistung ist aber sehr überzeugend und der Autofokus arbeitet schnell. Dank der kurzen Naheinstellgrenze von 24 cm können Vordergrundobjekte prägnant vor ihrer Umgebung ins Bild gesetzt werden.

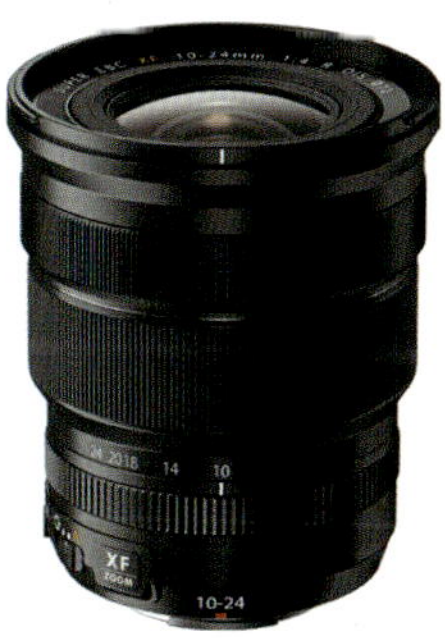

▲ *Fujinon XF10–24mm F4 R OIS (Bild: Fujifilm).*

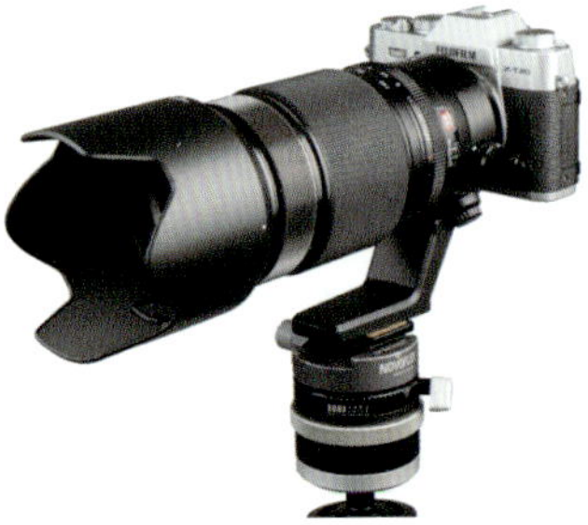

▲ *Über die Stativschelle kann die X–T20 am Fujinon XF50-140mm F2,8 R LM OIS WR schnell ins Hochformat gedreht werden.*

135 mm | f/2,8 | 1/240 Sek. | ISO 200

▼ *Eine präzise Scharfstellung auf filigrane Details, wie die Augenpartie dieses Schafes, und eine tolle Bildqualität bei hoher Lichtstärke bietet das Fujinon XF50–140mm F2,8 R LM OIS WR.*

Tele-Zoomobjektive

Fernes näher heranzuholen und dabei im Bildausschnitt flexibel zu bleiben, das ist die Domäne der Tele-Zoomobjektive. Kein Wunder, dass viele Porträt- und Sportfotografen ein lichtstarkes Objektiv aus dieser Kategorie ihr Eigen nennen.

Für die X–T20 kommt in Sachen Lichtstärke aus dem aktuellen Programm vor allem das Fujinon XF50–140mm F2,8 R LM OIS WR in Frage. Es bietet eine durchgehend hohe Lichtstärke, ist kälteresistent und gegen Staub und Spritzwasser geschützt, und sorgt dank des verbauten Dreifach-Linearmotors für eine äußerst schnelle Scharfstellung mit dem Hybrid-AF der X–T20. Die hohe Lichtstärke hat allerdings ihren Preis (ca. 1450 EUR) und schlägt auch deutlich aufs Gewicht (circa 995g). Daher sollte bei Stativaufnahmen auf eine ausreichende Stabilität des Systems geachtet werden. Da der Bildstabilisator dieses Objektivs jedoch äußerst effektiv arbeitet, landen auch ohne Stativ viele Motive scharf auf dem Sensor der X–T20.

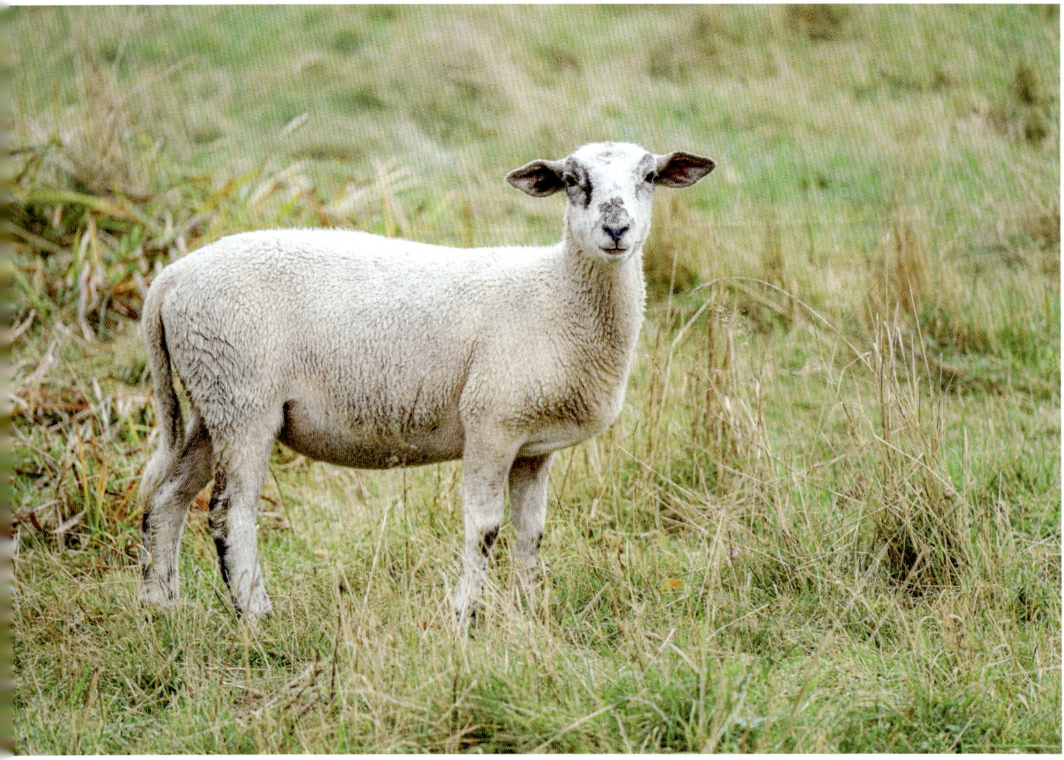

Einen ebenfalls interessanten Brennweitenbereich bietet das etwas lichtschwächere Fujinon XF55–200mm F3,5–4,8 R LM OIS (580 g, circa 650 EUR), das in Sachen Autofokusschnelligkeit und Auflösung aber auch zu überzeugen weiß. Es ist aufgrund seines geringeren Gewichts für Reisen mit leichterem Gepäck gut geeignet.

Wann sich Telekonverter lohnen

Mit den Telekonvertern FUJINON XF1,4X TC WR oder XF2X TC WR (beide circa 380 EUR) können Sie die Brennweite des 50–140mm-Objektivs um den Faktor 1,4 oder 2 verlängern und eine noch stärkere Vergrößerung erzielen. Die Lichtstärke sinkt dann jedoch auf f/4 respektive f/5,6 ab, was für den Autofokus aber kein Problem darstellt. Mit dem 1,4-fachen Telekonverter bleibt die Bildqualität des Objektivs insgesamt besser erhalten.

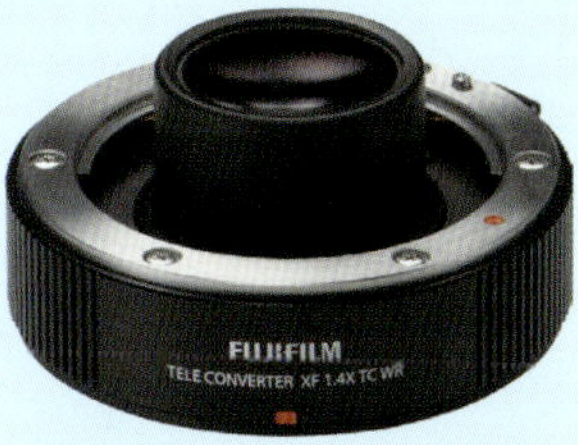

▲ *Telekonverter FUJINON XF1,4X TC WR (Bild: Fujifilm).*

Porträtobjektive

Im Bereich der klassischen Brennweite für Schulter- und Kopfporträts hat Fujifilm ein Objektiv im Programm, dass es in sich hat. Das Fujinon XF90mmF2 R LM WR (540 g, circa 1000 EUR) bietet mit f/2 nicht nur eine sehr hohe Lichtstärke, es ist auch von seinen Abbildungsleistungen und der Fertigungsqualität auf Topniveau. Bei offener Blende bildet das Objektiv den Hintergrund sehr weich und mit kreisrunden Lichtreflexionen ab. Gleichzeitig wird das Hauptmotiv ultraschnell fokussiert und knackig scharf wiedergegeben. Sollten Sie nicht nur an der Porträtfotografie interessiert sein, sondern auch makrofotografische Projekte im Blick haben, könnte es sich aber auch lohnen, auf das angekündigte neue Makroobjektiv FUJINON XF80mm F2,8 R LM OIS WR Macro zu warten, um ein Objektiv für beide Zwecke im Equipment zu haben.

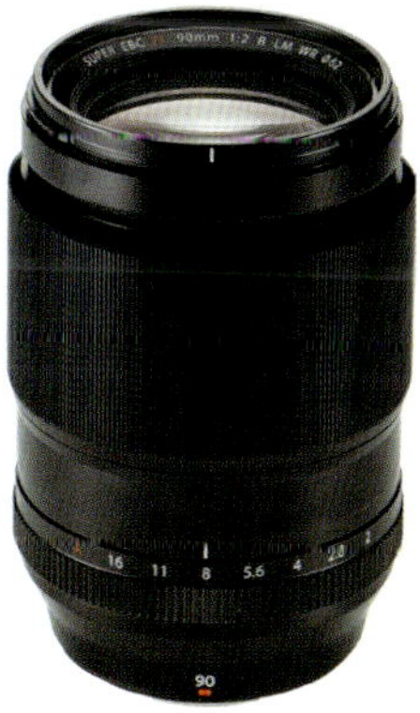
▲ *Fujinon XF90mmF2 R LM WR (Bild: Fujifilm).*

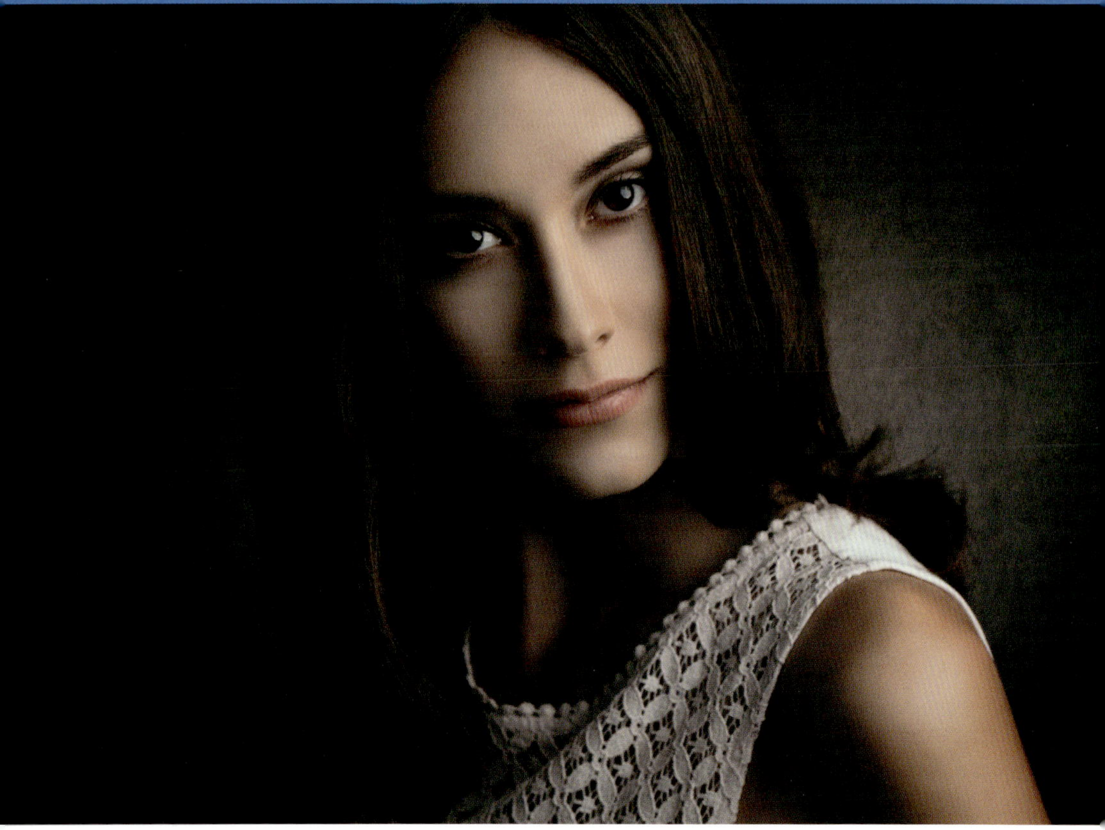

90 mm | f/4 | 1/160 Sek. | ISO 200

▲ *Ein tolles Bokeh und eine hohe Schärfe im Fokusbereich liefert das Fujinon XF90mmF2 R LM WR (Bild: Michael Schnabl).*

Porträtobjektive um die 50 mm Brennweite sind gut geeignet für Zweidrittel- oder Ganzkörperporträts, Event- und Reiseaufnahmen, oder auch für Industrie- und Produktabbildungen. Empfehlenswert sind hier das Fujinon XF56mm F1,2 R (405 g, ca. 1000 EUR), das Fujinon XF56mm F1,2 R APD (405 g, ca. 1350 EUR) und das Fujinon XF60mm F2,4 R Macro (215 g, ca. 700 EUR). Von der Bildqualität her sind alle drei Optiken auf sehr hohem Niveau. Die ersten beiden Objektive bieten dank ihrer hohen Lichtstärke eine noch bessere Freistellung vor unscharfem Hintergrund bzw. einen noch größeren kreativen Spielraum im Umgang mit der Schärfentiefe. Die Besonderheit des 56mm-Objektivs mit dem Kürzel APD ist der eingebaute ***Apodisationsfilter***. Dieser lässt den Bildbereich, der sich außerhalb der Fokusebene befindet, noch unschärfer erscheinen, damit sich das Hauptobjekt besonders plastisch davon abhebt. Auch die Ränder von rund abgebildeten unscharfen Lichtreflexen sehen dadurch weicher aus. Die Besonderheit des 60 mm-Objektivs sind seine Makroeigenschaften, siehe auch ab Seite 198.

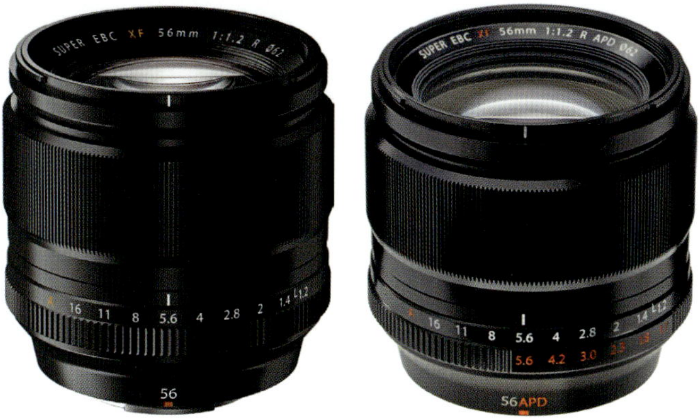

▲ *Zwei Lichtriesen ohne (XF56mm F1,2 R, links) und mit Apodisationsfilter (XF56mm F1,2 R APD, Bilder: Fujifilm)*

Fremdobjektive adaptieren

Mit dem Fujinon M Mount-Adapter können Objektive mit M-Bajonett an der X–T20 angeschlossen werden. Diese Bajonettform hat eine lange Geschichte, und es gibt daher viele gute alte Objektive, auch noch aus Analogzeiten, die mit dem Adapter an der X–T20 zu neuem Leben erweckt werden können. Dazu gehören beispielsweise Objektive von Leica, Konica, Minolta (CL, CLE), Cosina/Voigtländer, Rollei und Carl Zeiss (Ikon). Von anderen Herstellern gibt es aber zum Beispiel auch Adapter für Objektive der Reihe Nikon F, Canon FD, Pentax K, Contax G, Minolta MC/MD oder Yashica C/Y.

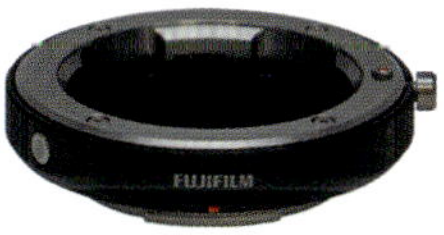

▲ *Fujinon M Monut-Adapter (Bild: Fujifilm).*

Denken Sie daran, dass Sie mit adaptierten Objektiven in der Regel den Autofokus der X–T20 nicht verwenden können und auch die Blende nicht automatisch gesteuert werden kann. Die Aufnahmeprogramme beschränken sich damit auf die manuelle Belichtung (M) und die Zeitvorwahl (S) kombiniert mit der manuellen Fokussierung.

Setzen Sie den jeweiligen Adapter einfach am Bajonett der X–T20 an und das Objektiv am Adapter. Fujifilm empfiehlt in diesem Zusammenhang, über das Menü Aufnahme-Einstellung /*ADAPTEREINST.* der X–T20 die Brennweite des Objektivs manuell mitzuteilen. Bei Objektiven mit 21, 24, 28, oder 35 mm Brennweite wählen Sie die entsprechende Vorgabe direkt aus.

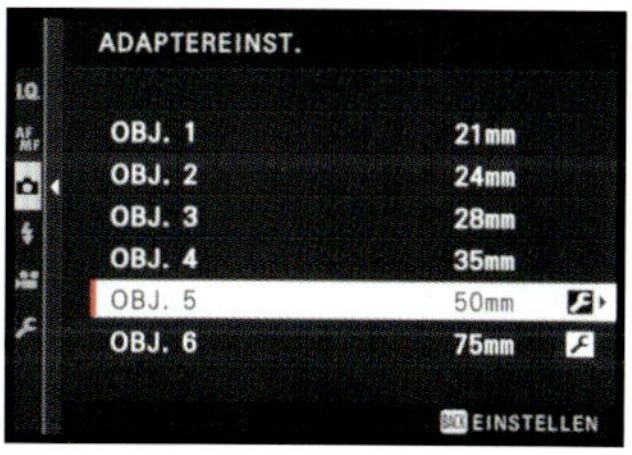

▲ *Angabe der Brennweite des adaptierten Objektivs.*

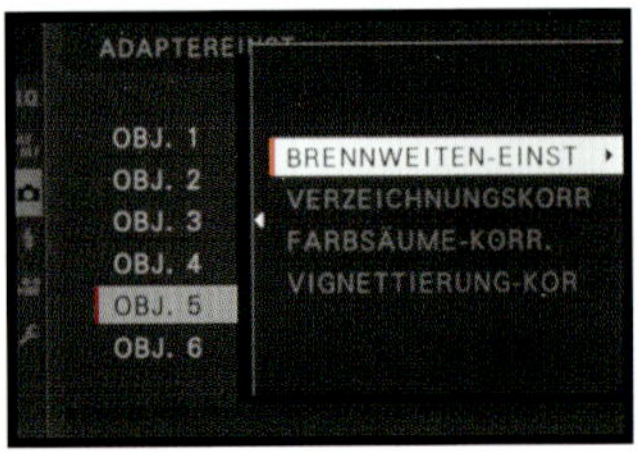

▲ *Brennweite individuell einstellen und Objektivfehler korrigieren.*

Bei Objektiven anderer Brennweiten markieren Sie die Vorgabe 5 oder 6 und navigieren nach rechts. Wählen Sie ***BRENNWEITEN-EINST***, gehen weiter nach rechts und geben die Brennweite im nächsten Menüfenster korrekt ein und bestätigen dies mit der MENU/OK-Taste.

Anschließend haben Sie weitere Einstellungsmöglichkeiten, mit denen Objektivfehler des adaptierten Objektivs unterdrückt werden können. Hier gilt es, die Wirkung der Korrektur mit dem jeweiligen Objektiv auszuprobieren und auf Sicht anzupassen.

Einstellen lässt sich die ***VERZEICHNUNGSKORREKTUR***. Durch Verzeichnung werden die eigentlich geraden Motivlinien bei Weitwinkelobjektiven tonnenförmig und bei Teleobjektiven kissenförmig verzerrt dargestellt, was sich durch die entsprechende Vorgabe ***TONNE*** oder ***KISSEN*** mindern lässt (***STARK***, ***MITTEL*** oder ***SCHWACH***).

Mit der ***FARBSÄUME-KORR.*** können Farbabweichungen in den Bildecken verringert werden. Mit dem hinteren Einstellrad wählen Sie hierbei eine der vier Bildecken aus und mit den Auswahltasten verschieben Sie den Farbton nach Art der Weißabgleich-Feinabstimmung (siehe Seite 131). Die ***VIGNETTIERUNGS-KOR*** dient schließlich dazu, anhand von fünf Stärken abgedunkelte Bildecken aufzuhellen.

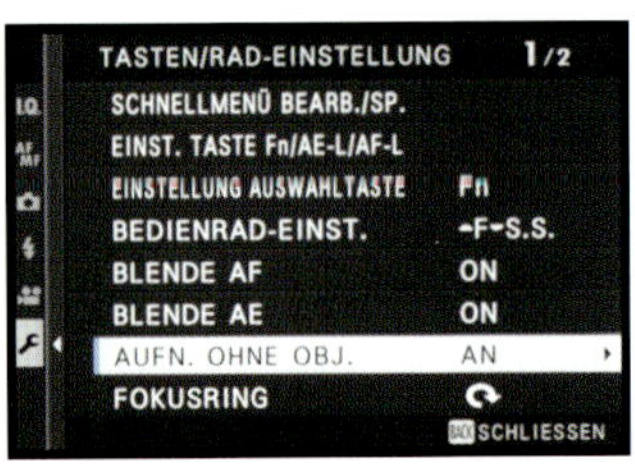

▲ *Auslösen ohne Objektiv aktivieren, falls die X-T20 mit einem angeschlossenen Adapter nicht auslöst.*

Sollten Sie Probleme beim Auslösen haben, können Sie versuchen, den Fehler zu beheben, indem Sie im Menü Einrichtung /***TASTEN/RAD EINSTELLUNG*** den Eintrag ***AUFN. OHNE OBJ.*** auf ***AN*** setzen. Die X-T20 könnte in dem Fall auch auslösen, wenn gar kein Objektiv angebracht ist, und ignoriert daher eventuell auftretende Kommunikationsprobleme zwischen Objektiv und Gehäuse.

Sensorreinigung und Pixel-Mapping

Wenn das Objektiv häufig gewechselt wird, erhöht sich die Gefahr, dass vermehrt Staubkörnchen den Sensor belagern und dort anhaften. Wenn Sie den Eindruck haben, dass Ihre Bilder zu viele kleine, dunkle Staubflecken aufweisen, die bei jedem Bild an der gleichen Stelle auftauchen, prüfen Sie einfach einmal den Status Ihres Sensors mithilfe der folgenden Schritte:

1. Reinigen Sie zunächst die Frontlinse des Objektivs, um keine verfälschten Werte beim Sensortest zu erhalten.
2. Stellen Sie die Blendenvorwahl (A) ein und geben Sie einen Blendenwert f/22 vor. Setzen Sie außerdem den ISO-Wert auf 200.
3. Stellen Sie den Fokusmodusschalter auf der Vorderseite der X–T20 auf *M* und drehen Sie den Fokussierring am Objektiv ganz nach rechts auf die Unendlichkeitsstellung.
4. Nähern Sie sich mit der Kamera einem strukturlosen, hellen Motiv auf 10 cm, zum Beispiel einem weißen Blatt Papier. Die Aufnahme darf ruhig verwackeln. Die Staubpartikel werden Sie bei der Bildbetrachtung am Computer in der 100 %-Ansicht dennoch sehr genau erkennen oder – falls der Sensor sauber ist – eine unberührte Fläche sehen. Erhöhen Sie im Bildbearbeitungsprogramm gegebenenfalls den Bildkontrast, dann werden die Körnchen noch besser sichtbar.

▲ *Ein Staubpartikel haben wir in der oberen rechten Bildecke entdeckt.*

Automatische Sensorreinigung

Standardmäßig reinigt die X–T20 ihren Sensor automatisch, und zwar immer beim Ausschalten. Die Sensorreinigung kann aber auch individuell gestartet werden, was insbesondere dann sinnvoll ist, wenn Sie fester anhaftende Staubpartikel vermuten und vorhaben, anschließend eine manuelle Reinigung mit Blasebalg und gegebenenfalls einer Reinigungsflüssigkeit durchzuführen.

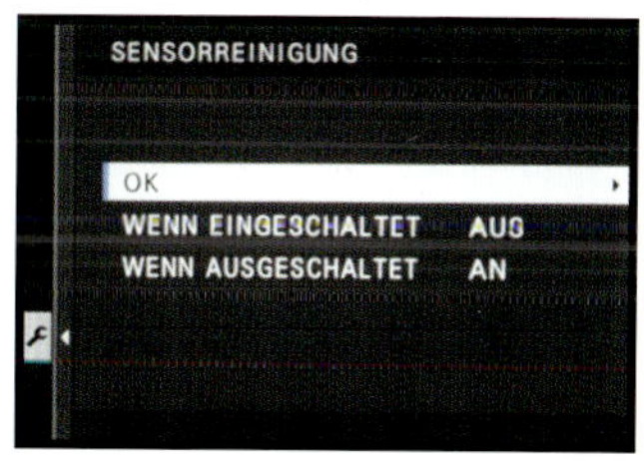

▲ *Auswählen, wann die Reinigung des Sensors erfolgen soll.*

Navigieren Sie dann ins Menü Einrichtung /*BENUTZER-EINSTELLUNG* und weiter zu *SENSORREINIGUNG*. Markieren Sie den Eintrag *OK* und drücken die rechte Auswahltaste ▶. Die Reinigung startet sofort und versetzt den Sensor kurzzeitig in feinste Schwingungen, die für ein Abschütteln des Staubs sorgen sollen. Am besten prüfen Sie den Staubstatus anschließend erneut wie beschrieben, denn vielleicht konnten die zuvor gefundenen Staubpartikel dadurch bereits entfernt werden.

Übrigens, wenn Sie die X–T20 aus dem Wiedergabemodus heraus ausschalten, findet die automatische Sensorreinigung nicht statt. Sollten Sie dies öfters tun, könnten Sie erwägen, die Sensorreinigung beim Einschalten der Kamera ablaufen zu lassen. Dazu wählen Sie bei *WENN EINGESCHALTET* die Vorgabe *AN* und lassen *WENN AUS-*

GESCHALTET entweder aktiviert oder schalten die Option *AUS*. Die Reinigung muss ja auch nicht übertrieben oft erfolgen, zumal sie immer auch dann anspringt, wenn sich die X–T20 automatisch abschaltet.

Sensorreinigung mit dem Blasebalg

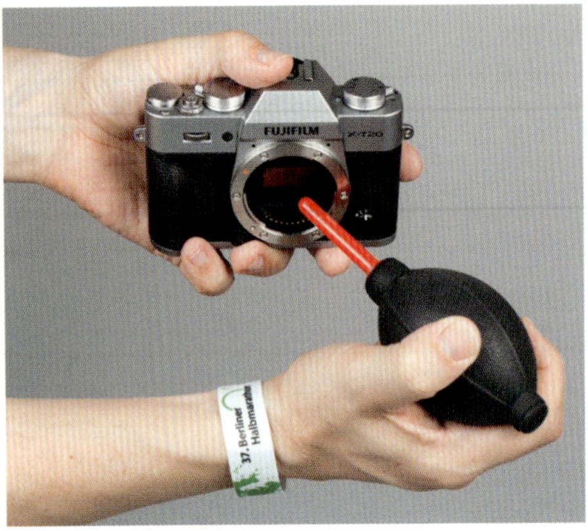

▲ *Berührungslose Sensorreinigung mit dem Blasebalg.*

Um festsitzenden Staub oder größere Flecken vom Sensor zu entfernen, ist eine manuelle Reinigung notwendig. Am einfachsten und sichersten blasen Sie den Staub mithilfe eines Blasebalgs vom Sensor.

Schalten Sie die X–T20 dazu aus und nehmen Sie das Objektiv ab, sodass die Sensoreinheit frei zugänglich ist. Führen Sie nun das Ende des Blasebalgs in die Nähe des Sensors. Halten Sie dabei einen gewissen Sicherheitsabstand ein, damit er den Sensor auf keinen Fall berührt. Pumpen Sie einige Male mittelkräftig, nicht zu stark.

Bringen Sie das Objektiv danach gleich wieder an. Schalten Sie die Kamera dann wieder ein und nehmen Sie am besten gleich eine Kontrollaufnahme des weißen Papiers auf, wie zuvor beschrieben. Sind noch immer Flecken zu erkennen, wiederholen Sie den Vorgang oder erwägen eine Feuchtreinigung.

Feuchtreinigung des Sensors

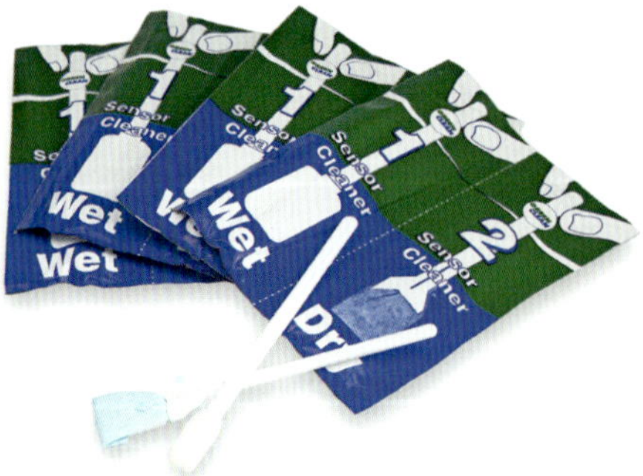

▲ *Einzeln verpackte Feucht- und Trockenreinigungsstäbchen sind vor allem auf Reisen sehr praktisch, da sie garantiert staubfrei transportiert werden können.*

Tipps zur Feuchtreinigung gibt es viele, doch eine große Anzahl davon ist nicht wirklich geeignet, den Sensor sicher und ohne Rückstände sauber zu bekommen. Auf jeden Fall sollten Sie eine spezielle Reinigungsflüssigkeit verwenden, zum Beispiel von Green Clean, Photographic Solutions oder VisibleDust. Diese Mittel hinterlassen keine Schlieren. Ergänzend sollten nicht haarende Reinigungsstäbchen verwendet werden. Auch hier bietet der Markt leider teure, aber effektive Stäbchen an, wie etwa die Sensor Swabs. Achten Sie auf die richtige Größe, für die X–T20 werden Stäbchen für Sensoren mit 1,5-fachem Cropfaktor benötigt.

Der Reinigungsablauf entspricht praktisch dem zuvor beschriebenen Prozedere: Führen Sie immer zu Beginn eine Luftreinigung mit dem Blasebalg durch. Streichen Sie dann das feuchte Reinigungsstäbchen sanft und ohne Druck über den Sensor. Trocknen Sie den Sensor anschließend mit dem Trocknungsstäbchen, am besten von den Sensorrändern zur Mitte hin.

Sensor (und Objektiv) reinigen lassen

Auch die mehrfache Feuchtreinigung hat unserer Erfahrung nach keine negativen Folgen für den Sensor. Dennoch können wir Ihnen natürlich keine Garantie für Ihre Aktion abgeben. Sollten Sie unsicher sein und um das Wohl Ihres Sensors fürchten, können Sie Ihre X–T20 auch einen Fotofachhändler vor Ort oder überregionale Anbieter (zum Beispiel *http://kameraservice.com/*) mit dieser Aufgabe betrauen.

Helle Flecken beseitigen mit Pixel-Mapping

Neben den möglichen Staubflecken, die das Bildergebnis schmälern können, kann auch der Sensor selbst manchmal kleinste Störstellen aufweisen. Hierzu zählen die sogenannten Hotpixel, die bei langen Belichtungszeiten entstehen, weil einige Sensordioden versehentlich viel stärker auf das eintreffende Licht reagieren als ihre Nachbarn und daher sehr helle Bildpunkte produzieren. Die Position kann von Bild zu Bild variieren und kann mit der Rauschreduzierung bei Langzeitbelichtung (*NR LANGZEIT. BELICHT.*) ganz gut in Schach gehalten werden.

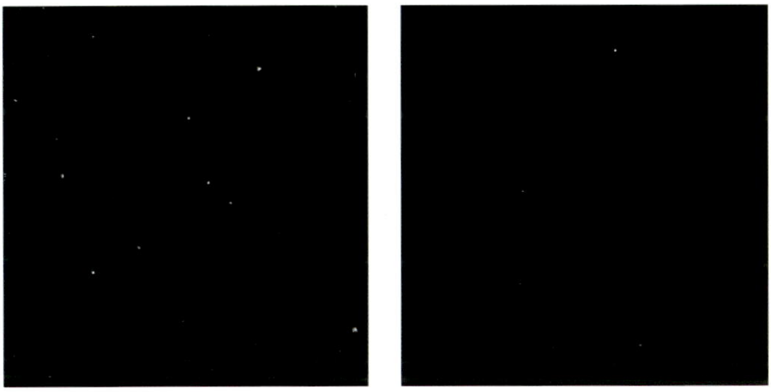

18 mm | f/8 | 10 Sek. | ISO 6400

▲ *Der Bildausschnitt zeigt einige Hotpixel (links), die durch das Einschalten der NR LANGZEIT. BELICHT. reduziert werden konnten (rechts). Die Fotos wurden mit abgedunkeltem Objektiv aufgenommen.*

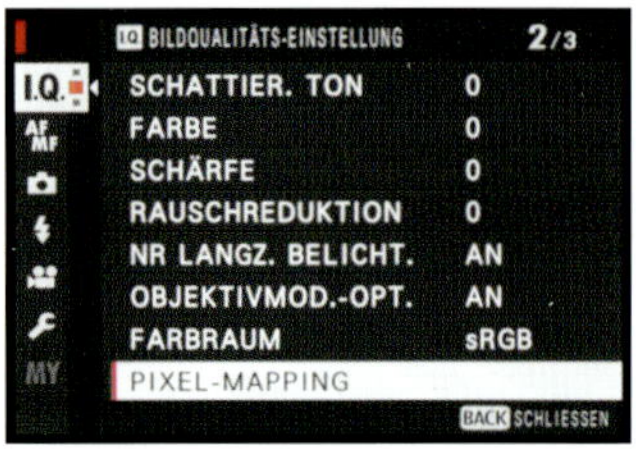

▲ *Pixel-Mapping aufrufen.*

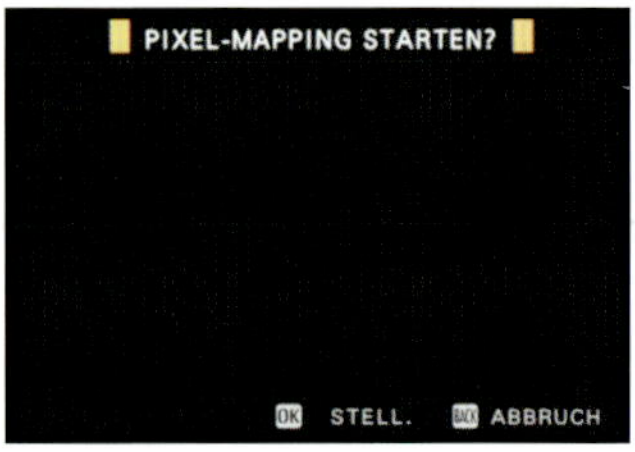

▲ *Pixel-Mapping starten.*

Ein weiteres Phänomen wird mit dem Begriff Deadpixel beschrieben. Hierbei handelt es sich um Sensorpixel, die keine Bildinformation liefern, also schwarz sind und immer an der gleichen Stelle auftreten. Um diese minimalen Störstellen zu entfernen, gibt es bei der X–T20 die Möglichkeit, ein sogenanntes ***PIXEL-MAPPING*** durchzuführen, zu finden im Menü Bildqualitäts-Einstellung **I.Q.**. Wenn Sie diese Funktion mit der MENU/OK-Taste starten, führt die X–T20 einen Selbsttest durch und bereinigt eventuelle Fehlstellen des Bildwandlers. Die Deadpixel werden zukünftig mit Information aus den umliegenden Pixeln korrigiert.

Ein jährliches Pixel-Mapping sollte normalerweise reichen und am besten führen Sie die Funktion mit vollem Akku durch und wenn die Kamera zuvor nicht gerade in Betrieb war, damit ein erwärmter Monitor die Überprüfung nicht beeinflussen kann.

11.2 Stabiler Stand mit dem passenden Stativ

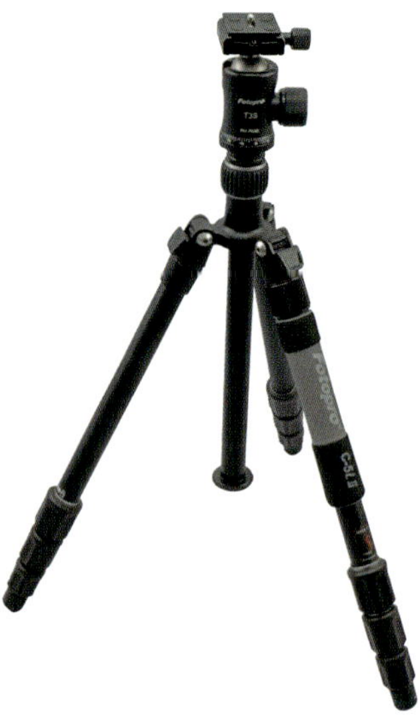

▲ *Das Rollei C5i II + T3S hat ein kleines Packmaß und ein Bein kann abgeschraubt als Einbeinstativ verwendet werden (Bild: Rollei).*

Es ist zwar nicht immer die bequemste Art zu fotografieren, und man fällt mit auch schneller auf als ohne, aber ein stabiles Stativ sollte in keiner gut geführten Fotoausrüstung fehlen. Schließlich gibt es viele Situationen, die nur mit einem Dreibein zu verwacklungsfreien und gut belichtete Bildern führen. Daher haben wir Ihnen eine kleine Auswahl empfehlenswerter Modelle aus verschiedenen Materialien (leichteren Carbon, günstigeres Aluminium) und mit unterschiedlichen Arbeitshöhen zur Orientierung in der Tabelle auf der rechten Seite zusammengestellt.

Damit das Stativ beispielsweise die X–T20 inklusive 16-50 mm Kit-Objektiv mit ihren etwa 580 g stabil halten kann, sollte es mindestens eine Nutzlast von 4 kg aufweisen, gleiches gilt für den Stativkopf. Ist die Haltefähigkeit höher, haben Sie Reserven für schwerere Telezoomobjektive und eventuell zusätzliche Systemblitzgeräte. Am besten planen Sie nicht allzu knapp.

Stativ	Packmaß	Gewicht/Nutzlast	Maximale Höhe	Mittelsäule umkehr- oder kippbar	Stativkopf
Feisol CT-3441S (Carbon)	43 cm	1,15 kg /10 kg	178 cm	ja	nein
Gitzo GK2545T-82QD (Carbon)	44,5 cm	1,84 kg /12 kg	165,5 cm	ja	Kugelkopf
Manfrotto MK190X3-2W (Alu)	69 cm	2,75 kg /4 kg	170 cm	ja	Videoneiger
Manfrotto MT055XPRO3 (Alu)	61 cm	2,5 kg /9 kg	170 cm	ja	nein
Rollei Stativ C5i II+T3S (Alu/Magnesium)	44,5 cm	1,83 kg /10 kg	159 cm	ja	Kugelkopf
Sirui N-2205X (Carbon)	43,5 cm	1,47/12 kg	166 cm	ja	nein
Sirui N-3204X (Carbon)	58 cm	1,81/18 kg	175 cm	ja	nein

▲ *Eine kleine, keinesfalls allumfassende Auswahl interessanter Stative für die X–T20.*

Sollte das Stativ Ihrer Wahl keinen Stativkopf besitzen, empfiehlt sich für die meisten fotografischen Aktivitäten mit der X–T20 die Anschaffung eines Kugelkopfes. Stabile Modelle mit Schnellwechselsystem, bei der eine Stativplatte an der X–T20 befestigt wird, die im Stativkopf einrastet, gibt es beispielsweise von Manfrotto (MH054M0-Q6), Sirui (G–10X), Triton (PH29), Monoball p0 (Arca Swiss) oder Feisol (CB–40D). Schnellkupplungen mit Schwalbenschwanz-Klemmsystem sind am flexibelsten. Sie ermöglichen es, verschieden lange Schnellwechselplatten, Winkelschienen oder ganze Panoramaköpfe zu befestigen.

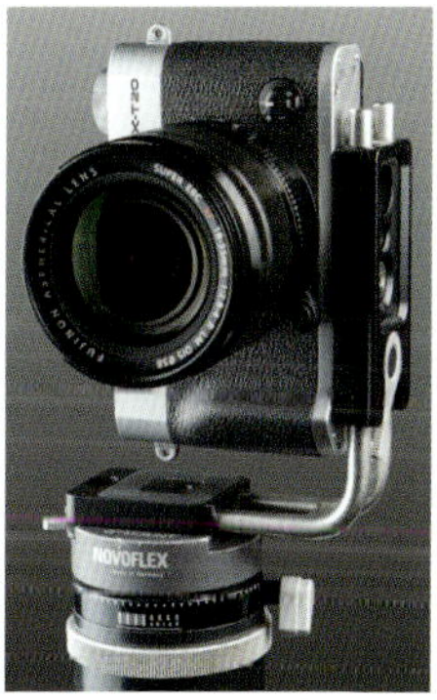

▲ *X–T20 an der Winkelschiene V-Holder von Arca Swiss, bei der die beiden Stativplatten einzeln verschoben oder ganz abgenommen werden können.*

Als kleines Immer-dabei-Stativ sind Stative mit biegsamen Beinen sehr interessant, wie zum Beispiel der GorillaPod SLR-Zoom (Traglast 3 kg) oder Focus (Traglast 5 kg). Sie können an Ästen, Geländern, Rückspiegeln von Autos, Fahrrädern und vielem mehr befestigt werden. Zugegeben, die X–T20 hält damit nicht immer so bombenfest wie mit einem gängigen Stativ. Wenn Sie jedoch mit dem Fernauslöser oder dem 2-Sek.-Selbstauslöser fotografieren, verwackelt trotzdem nichts.

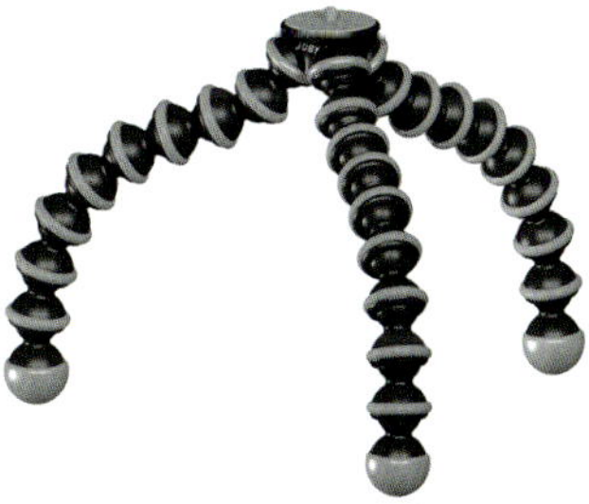

▲ *Gorillapod SLR-Zoom (Bild: Joby).*

11.3 Fernauslöser für die X–T20

Sobald Sie mit der X–T20 vom Stativ aus mit längeren Belichtungszeiten als etwa 1/30 Sek. fotografieren, ist es sinnvoll, die Kamera fernauszulösen, um jegliche Vibration, auch die, die beim Drücken des Auslösers entsteht, zu vermeiden.

Als ***Kabelfernauslöser*** bietet sich das Modell RR-90 von Fujifilm mit 60 cm Kabellänge an, das an der USB-2.0-Buchse der X–T20 angeschlossen wird und auch für Langzeitbelichtungen (Bulb) geeignet ist. Es gibt aber auch vergleichbare Modelle mit teils längeren Kabeln, zum Beispiel der Timer-Fernauslöser JJC TM-R für Fujifilm RR-90.

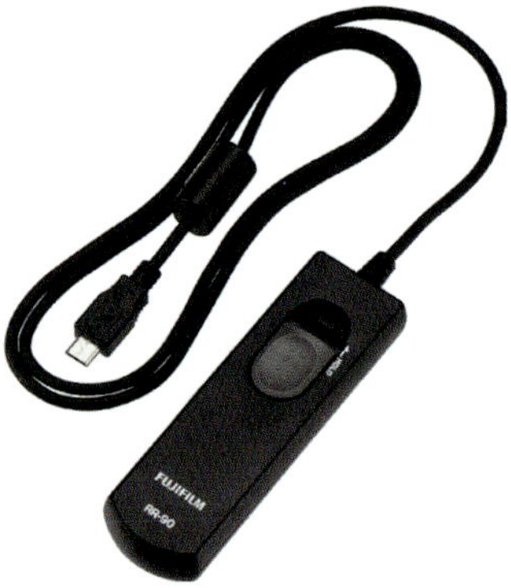

▲ *Kabelfernauslöser Fujifilm RR-90 (Bild: Fujifilm).*

Da die X–T20 aber mit dem MIC/REMOTE-Anschluss auch einen 2,5 mm Klinkenstecker anbietet, können auch andere Fernauslöser von Drittanbietern mit der Kamera gekoppelt werden. So konnten wir die X–T20 beispielsweise mit einem ***Timer-Fernauslöser*** aus dem Hama DCC-System und einem ***Funkfernauslöser*** von Hähnel fernsteuern, die wir ursprünglich für Kameras einer anderen Marke gekauft hatten. Das eröffnet Ihnen zum Beispiel auch die Möglichkeit, Funkfernauslöser zu verwenden, die fürs kabellose Fernauslösen eine hohe Reichweite bieten, keinen Sichtkontakt zur Kamera benötigen und sich auch nicht von hellem Licht beeinflussen lassen. Denken Sie daran, dass im Menü Film-Einstellung bei *MIKROFON/FERNAUS.* die Vorgabe *FERN.* eingestellt sein muss, damit die Fernauslöser von der X–T20 als solche erkannt werden.

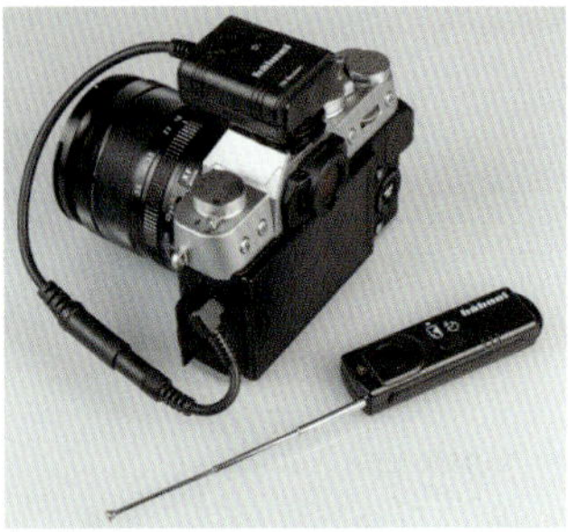

▲ *Hähnel-Funkfernauslöser mit Empfänger am Blitzschuh befestigt und separatem Auslöser.*

Alternativ bietet sich natürlich auch die Fernsteuerung über das Smartphone oder den Tablet-Computer an, wie ab Seite 237 beschrieben. Fernauslöser benötigen aber keine andauernde WLAN-Verbindung zur Kamera und müssen auch nicht so häufig aufgeladen werden, sind also verlässlicher einsatzbereit.

Um Langzeitbelichtungen (Bulb) aufzunehmen, muss sich am Fernauslöser entweder die Fernbedienungstaste arretieren lassen oder die Steuerung erfolgt über die Elektronik der Fernauslösereinheit mit vorgegebener Belichtungszeit oder durch Drücken der Fernauslösertaste am Anfang und am Ende der gewünschten Belichtungsdauer.

Dadurch, dass die Filmaufnahme bei der X–T20 ebenfalls mit dem Auslöser gestartet wird, ist es möglich, mit den beschriebenen Fernauslösern auch Filmaufnahmen fernauszulösen. Für eine flexible Anwendung ist also gesorgt.

Analog auslösen

Haben Sie noch alte Schätze im Fotoequipment, einen Drahtauslöser vielleicht? Dann können Sie die X–T20 selbst mit diesem robusten mechanischen Zubehörteil aus der analogen Fotografie fernauslösen. Stecken Sie den ***Drahtauslöser*** einfach in das Gewinde des Kameraauslösers und schrauben Sie ihn mit dem beweglichen Gewinde am Drahtauslöserende fest, schon kann es losgehen.

11.4 Optische Filter: immer noch aktuell

Auch im digitalen Zeitalter gibt es noch zwei Filtertypen, die selbst die beste Software nicht wirklich nachstellen kann: den zirkularen Polfilter und den Neutraldichte- bzw. Graufilter. Die Anschaffung dieser Filtertypen ist daher durchaus immer noch lohnenswert.

Der zirkulare Polfilter wird häufig in der Landschafts- und Architekturfotografie eingesetzt, um die Spiegelung von Wasser oder Glasscheiben zu verringern oder zu verstärken und den Himmel abzudunkeln, damit die Wolken sich plastischer davon abzeichnen. Bei Pflanzen wird die Reflexion des Lichts auf den Blattoberflächen reduziert – toll für farbintensive Waldaufnahmen.

Am besten ist die Wirkung, wenn die Sonne etwa im 90°-Winkel zur Kamera steht, also nicht von hinten oder vorne auftrifft. Da Polfilter getönt sind, ist es sinnvoll, zu sogenannten High-Transparency- oder High-Transmission-Polfiltern zu greifen (zum Beispiel dem Hoya HD High Transparency Filter CIR-PL). Diese vermindern die Lichtmenge nur um etwa 1/2–1 Stufen.

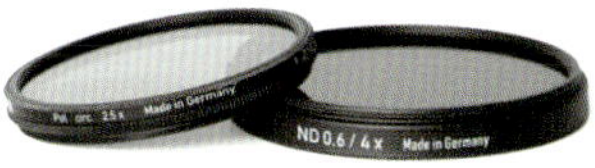

▲ *Hochwertige Zirkular-Polarisationsfilter (links) und Neutralgraufilter (rechts) gibt es zum Beispiel von B+W, Hoya, Hama oder Rodenstock.*

16 mm | f/8 | 1/750 Sek. | ISO 800 | 0,3

▼ *Kräftige Farben, etwas mildere Kontraste und plastischere Himmelsstruktur dank Polfilter.*

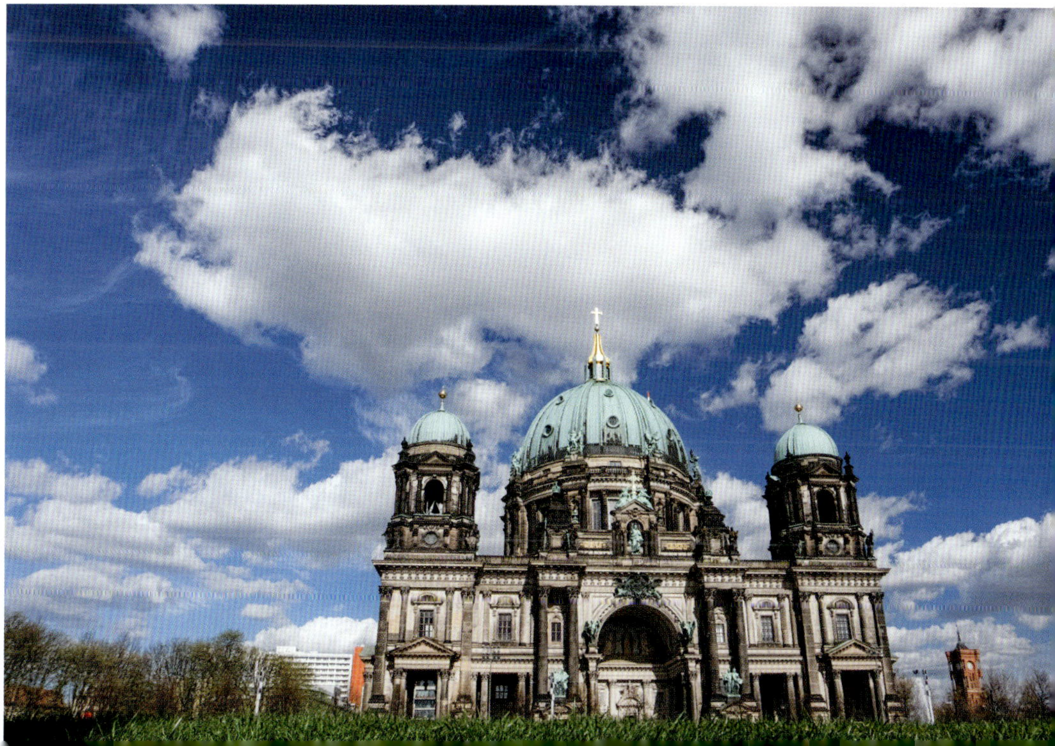

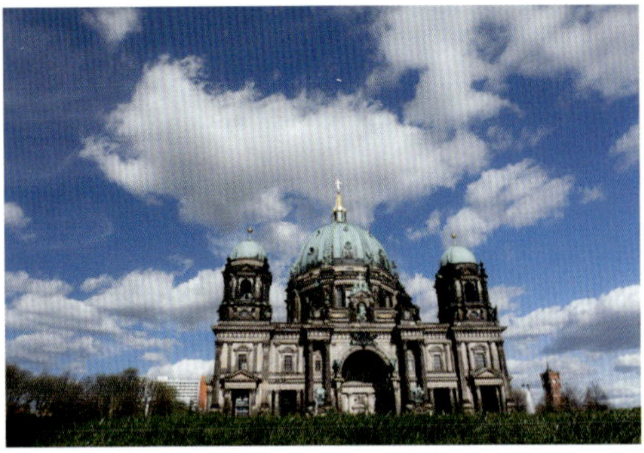

16 mm | f/8 | 1/900 Sek. | ISO 800 | +0,3

▲ *Ohne Polfilter wirkt das Motiv farblich flauer mit härterem Kontrast und weniger plastisch.*

Mit einem Neutraldichte- oder Graufilter können Sie den Lichteinfluss ins Objektiv absichtlich verringern. Dadurch verlängert sich beim Fotografieren im Modus A die Belichtungszeit und Sie können beispielsweise Wasser in Brunnen, Flüssen oder die Brandung an der Küste stark verwischt abbilden. Sekundenlange Belichtungszeiten bei Tage erzielen Sie mit Graufiltern, die die Belichtungszeit um 8 bis 10 Stufen verlängern. Durch diese Filter kann man aber überhaupt nicht mehr hindurchsehen. Daher fotografieren Sie am besten im manuellen Modus.

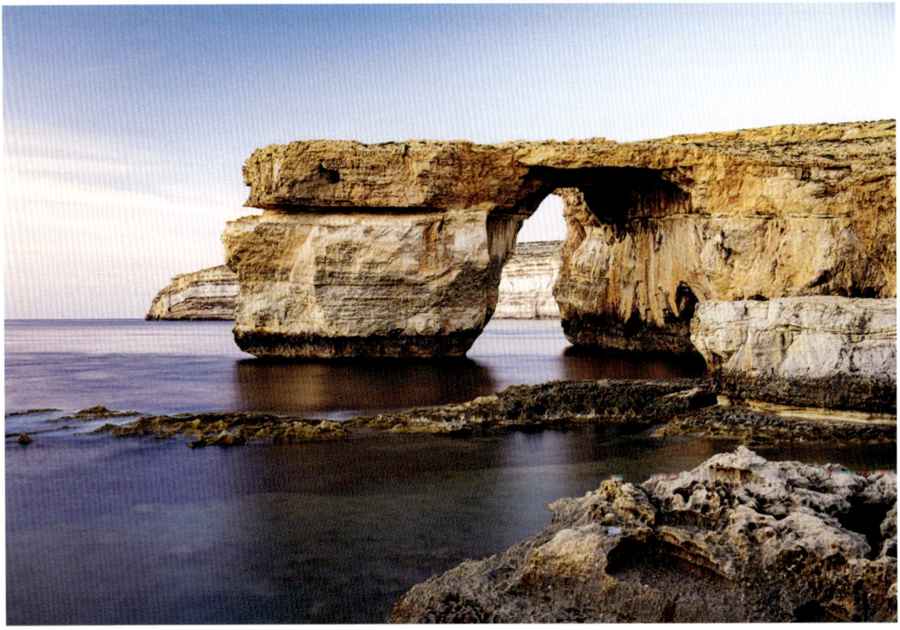

18 mm | f/4,5 | 30 Sek. | ISO 200 | +1,7

▲ *Die Belichtungszeit konnte mit dem Graufilter um neun Stufen verlängert werden, sodass das Meerwasser unscharf dargestellt wird und die Steine weich umfließt.*

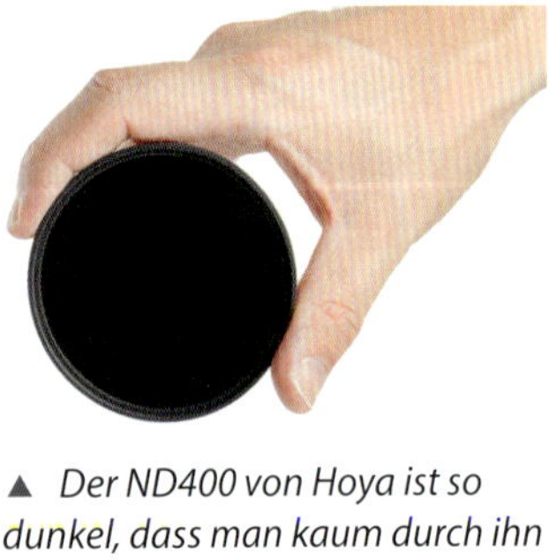

▲ *Der ND400 von Hoya ist so dunkel, dass man kaum durch ihn hindurchsehen kann.*

Da starke Graufilter die Bildfarben immer etwas verfremden, Fotografieren Sie am besten im RAW-Format und passen den Weißabgleich am Computer an. Empfehlenswerte Modelle sind beispielsweise der RODENSTOCK Graufilter Digital HR ND4 (2 Stufen Lichtverlust), Dörr DHG ND8 (circa 3 Stufen), Hoya HMC ND×400 (circa 9 Stufen) und LEE Filter Big Stopper (10 Stufen).

11.5 Die Kamerasoftware upgraden

Die kamerainterne Software, die *Firmware* Ihrer X–T20, benötigt hin und wieder einmal eine Frischzellenkur, ein Upgrade, mit dem eventuell auftretende Probleme behoben oder Funktionen erweitert werden können. Im folgenden Workshop erfahren Sie, wie Sie das Gehirn Ihrer Kamera wieder auf den neuesten Stand bringen können, sobald Fujifilm eine neue Firmware-Version zur Verfügung stellt.

Akku fit?

Achten Sie beim Updaten darauf, dass der Akku vollständig geladen ist. Die Stromzufuhr darf während der Softwareinstallation nicht unterbrochen werden, schalten Sie die X–T20 daher keinesfalls aus. Alternativ können Sie die Prozedur natürlich auch vom Fujifilm-Service durchführen lassen.

Bevor Sie zum Upgrade schreiten, informieren Sie sich erst einmal, welche Softwareversion auf Ihrer X–T20 bereits installiert wurde. Schalten Sie die Kamera, die mit einer Speicherkarte bestückt sein sollte, dazu aus. Drücken Sie dann die DISP/BACK-Taste herunter und halten diese gedrückt, während Sie die X–T20 wieder einschalten. Im Bildschirm *FIRMWARE UPGRADE* finden Sie die Softwareversionen für das Gehäuse und das angeschlossene Objektiv. Drücken Sie anschließend wieder die DISP/BACK-Taste und schalten Sie die X–T20 dann aus.

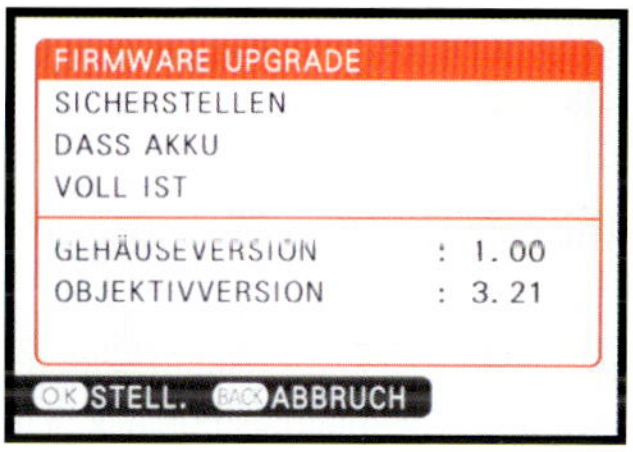

▲ *Firmware-Version der X–T20 und des angesetzten Objektivs.*

Prüfen Sie nun auf den Internetseiten von Fujifilm, ob für die X–T20 oder eines Ihrer Objektive eine aktuelle Software zur Verfügung steht. Folgen Sie dazu dem Link *www.fujifilm.com/support/digital_cameras/software/fw_table.html*. Da zur Drucklegung dieses Buches noch keine neue Firmware für die X–T20 verfügbar war, zeigen wir Ihnen im Folgenden die Upgrade-Prozedur auf Basis der Fujifilm X-T2.

X-T2	Ver.1.10	• Compatibility with "Tethered Shooting Software HS-V5 for Windows® Ver.1.3"	› Firmware Download	New Nov 29 2016

▲ *Verfügbares Upgrade für die Fujifilm X–T2 (stellvertretend für zukünftige Upgrades für die X–T20).*

Wird ein Upgrade bereitgestellt, wie hier die *Ver. 1.10*, finden Sie den entsprechenden Link in der Tabelle mit dem Datum der Veröffentlichung. Speichern Sie die Firmware-Datei mit der Endung *DAT* auf Ihrem Computer.

Als nächstes leeren Sie die Speicherkarte vollständig, indem Sie im Menü Einrichtung /*BENUTZER-EINSTELLUNG/FORMATIEREN* die Speicherkarte durch Drücken der rechten Auswahltaste ▶ formatieren.

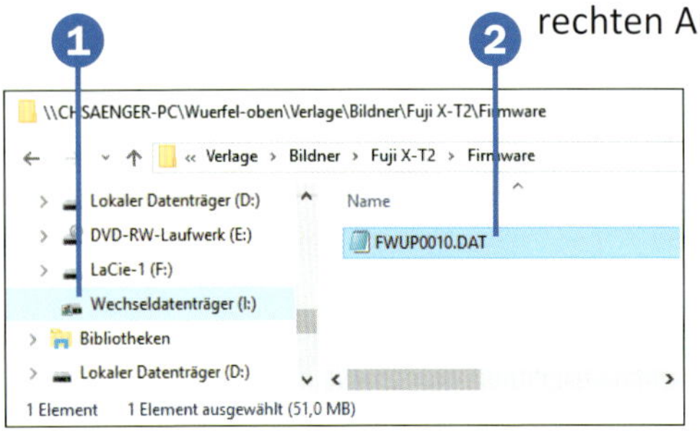

▲ *Verschieben der Firmware-Datei FWUP0010.DAT auf die oberste Ebene der Speicherkarte.*

Anschließend verbinden Sie die Speicherkarte mit Ihrem Computer, zum Beispiel über ein Kartenlesegerät. Schieben Sie die Firmware-Datei ❷ in die oberste Ordnerebene der Karte ❶, hier *Wechseldatenträger (I:)*. Legen Sie die Speicherkarte nun wieder in die Kamera ein.

Um das Upgrade durchzuführen, drücken Sie an der ausgeschalteten Kamera erneut die DISP/BACK-Taste und schalten Sie die X–T20 ein, während Sie die Taste weiter herunterdrücken. Es erscheint wieder das Menüfenster *FIRMWARE UPGRADE*. Drücken Sie jetzt die MENU/OK-Taste. Wählen Sie anschließend den Eintrag *GEHÄUSE* aus, oder, wenn Sie ein Softwareupgrade für das angesetzte Objektiv vornehmen möchten, den Eintrag *OBJEKTIV*.

Drücken Sie wieder die MENU/OK-Taste und bestätigen Sie das Upgrade Vorhaben im nächsten Menüfenster, indem Sie die Schaltfläche *OK* wählen und die MENU/OK-Taste drücken.

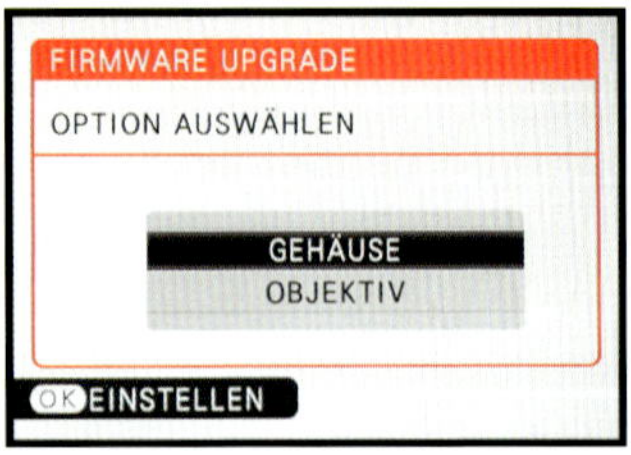

▲ *Gehäuse oder Objektiv wählen.*

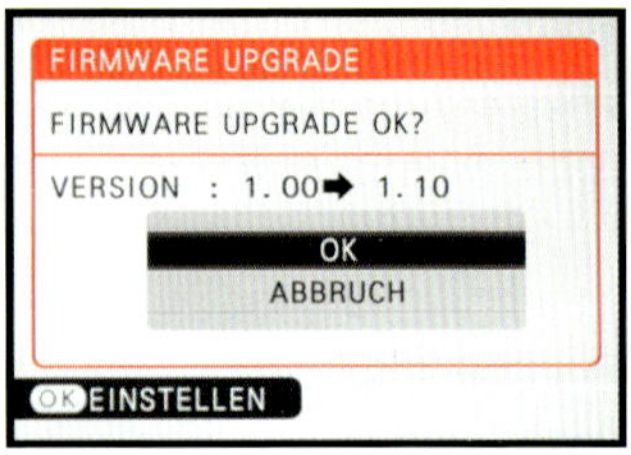

▲ *Upgrade-Vorhaben bestätigen.*

Bestätigen Sie auch das nächste Hinweisfenster mit der MENU/OK-Taste. Der Upgrade-Vorgang wird nun gestartet. Dies dauert etwa drei Minuten.

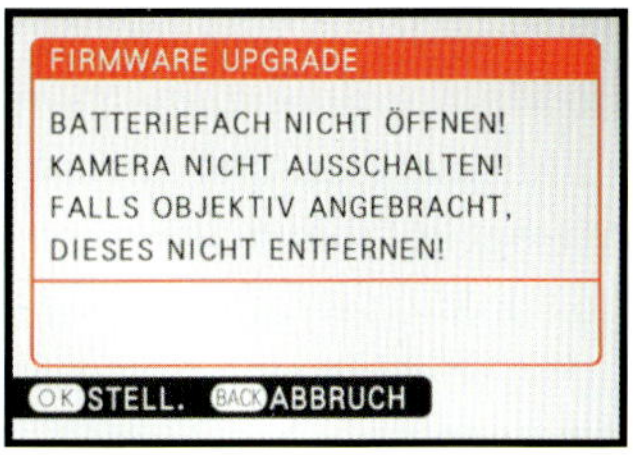

▲ *Sicherheitshinweis bestätigen.*

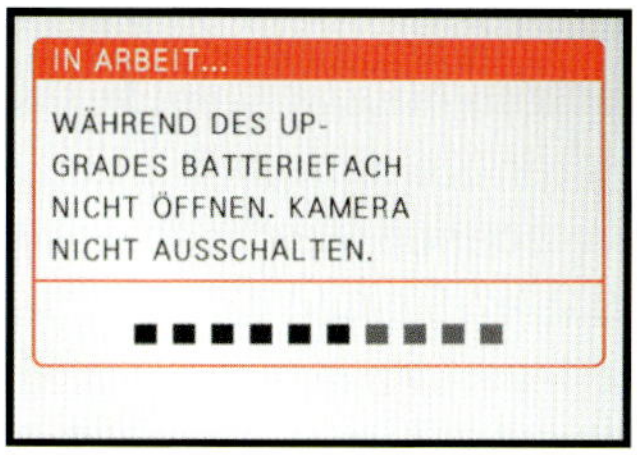

▲ *Upgrade-Vorgang abwarten.*

Warten Sie, bis der Vorgang abgeschlossen ist, und schalten Sie die X–T20 am Ende aus. Prüfen Sie die Firmware-Version durch Einschalten der X–T20 bei gedrückter DISP/BACK-Taste erneut. Danach können Sie die Kamera wieder ausschalten. Wichtig ist, die Speicherkarte wieder zu formatieren, um die Firmware-Datei darauf zu löschen. Anschließend können Sie mit dem Fotografieren und Filmen auf Basis der aktualisierten Firmware fortfahren.

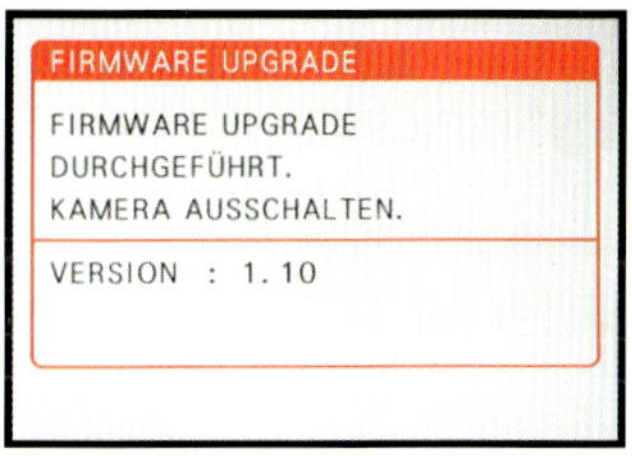

▲ *Upgrade fertig.*

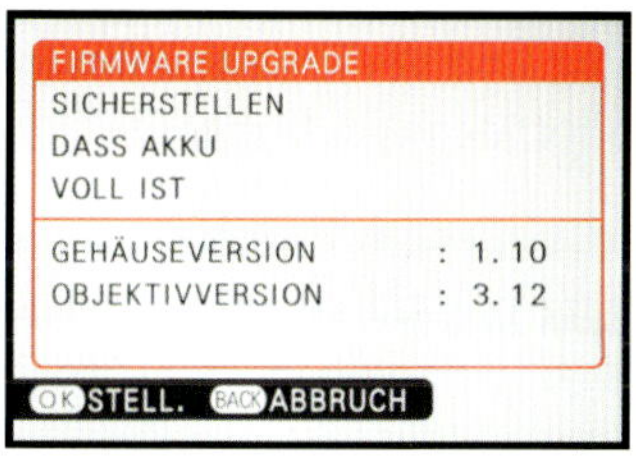

▲ *Firmware-Version erneut prüfen.*

11.6 Das Mein Menü konfigurieren

Nachdem Sie einiges über die Vielzahl an Funktionen der X–T20 erfahren haben, fragen Sie sich vielleicht: »Kann ich auf Funktionen, die ich häufiger benötige, noch direkter zugreifen als über das normale Menü?« Das geht natürlich, und zwar mit dem *Mein Menü* MY. Darin hält die X–T20 16 freie Speicherplätze bereit, die Sie mit Ihren Lieblingsfunktionen belegen können oder mit solchen, die beispielsweise über die Funktionstasten nicht verfügbar sind.

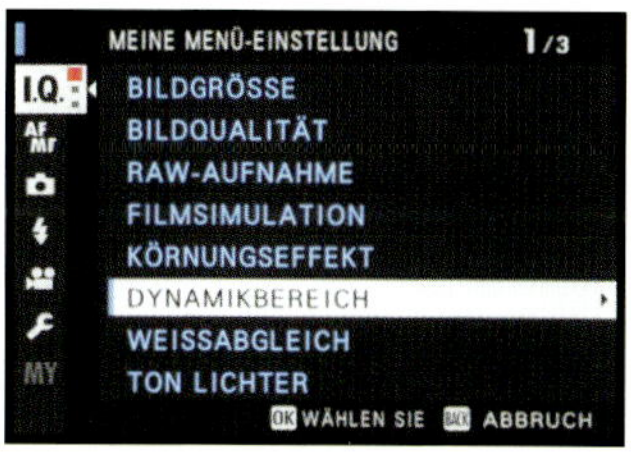

▲ *Elemente hinzufügen.*

Um die gewünschten Funktionen im Mein Menü abzuspeichern, gehen Sie im Menü Einrichtung zur Rubrik *BENUTZER-EINSTELLUNG* und öffnen darin den Eintrag *MEINE MENÜ-EINSTELLUNG*. Gehen Sie weiter nach rechts zum Eintrag *ELEMENTE HINZUFÜGEN*. Anschließend kön-

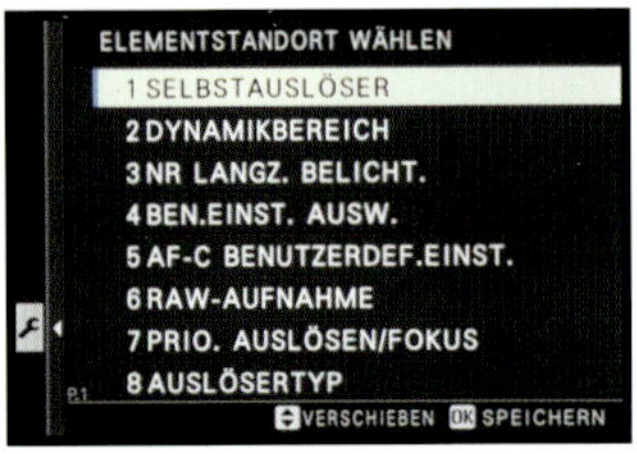

▲ *Elemente sortieren.*

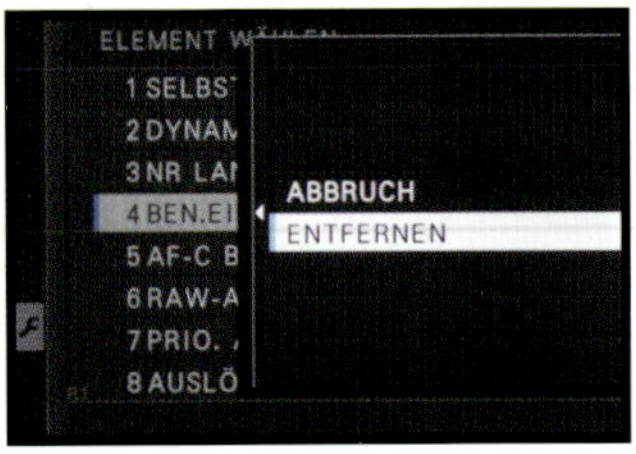

▲ *Elemente löschen.*

nen Sie die erste Wunschoption auswählen und mit der rechten Auswahltaste ▶ ins Mein Menü aufnehmen. Navigieren Sie danach mit der linken Auswahltaste ◀ zurück, die soeben gewählte Funktion trägt jetzt ein Häkchen. Wählen Sie nun bis zu 15 weitere Funktionen aus und hinterlegen Sie sie im Mein Menü. Die verfügbaren Funktionen sind an der blauen Schrift erkennbar.

Nach getaner Auswahlprozedur navigieren Sie mit der DISP/BACK-Taste zurück bis zum Anfangsmenüfenster oder tippen einfach den Auslöser an. Die Werte werden automatisch übernommen. Wenn Sie zukünftig das Menü der X–T20 mit der MENU/OK-Taste öffnen, wird Ihnen das MEIN MENÜ nun immer zuerst angezeigt.

Um die Einträge zu sortieren oder auch Einträge zu entfernen, gehen Sie wieder in das Menü ***MEINE MENÜ-EINSTELLUNG*** und wählen im nächsten Fenster ***ELEMENTE SORTIEREN*** oder ***ELEMENTE LÖSCHEN***, markieren den Eintrag und verschieben ihn (MENU/OK – ▲▼ – MENU/OK) oder löschen ihn (MENU/OK – ***ENTFERNEN*** – MENU/OK).

Welche Funktionen sind uns nun so ans Herz gewachsen, dass wir Sie in den exklusiven Kreis des Mein Menü aufnehmen? Nun, unsere 16 Einträge sind die Folgenden:

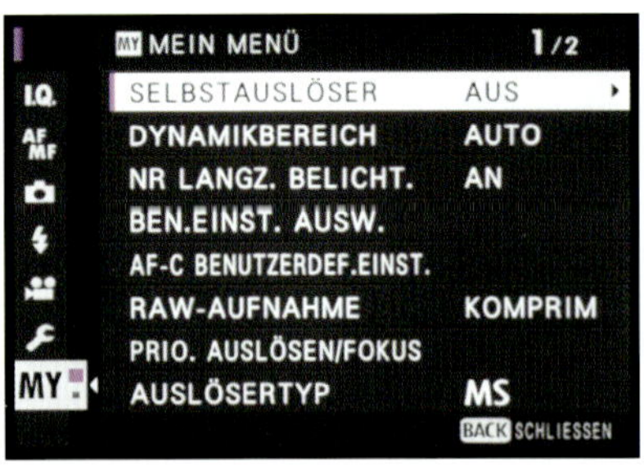

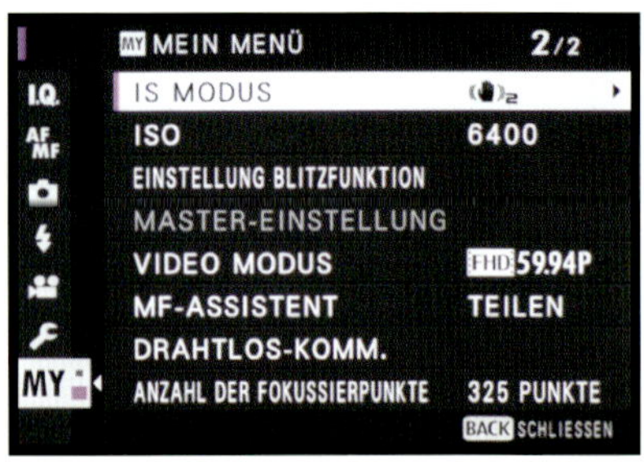

▲ *Die 16 gespeicherten Mein Menü-Einträge verteilen sich auf zwei Seiten.*

11.7 Schnellmenü und Funktionstasten individuell belegen

Bei dem flexiblen Bedienkonzept der X–T20 gehört es zum guten Ton, dass sich auch das Schnellmenü individuell anpassen lässt. Es können Funktionen daraus entfernt oder die bestehende Reihenfolge verändert werden.

Um sich ein eigenes Schnellmenü zu gestalten, beginnen Sie mit der Auswahl des Menüeintrags *SCHNELLMENÜ BEARB./SP.* im Menü Einrichtung */TASTEN/RAD-EINSTELLUNG*.

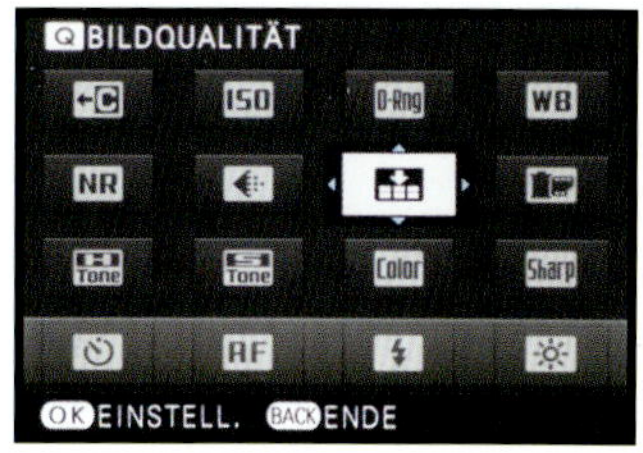

▲ *Auswahl der zu ändernden Position.*

Darin listet Ihnen die X–T20 alle verfügbaren Optionen auf. Nun können Sie jeden Eintrag auswählen, mit der MENU/OK-Taste öffnen und die gewünschte Funktion aus der Liste der verfügbaren Funktionen auswählen und mit MENU/OK bestätigen. Wenn Sie beispielsweise die *BILDQUALITÄT* selten ändern, könnten Sie diese Funktion gegen den Eintrag *BLITZKOMPENS.* austauschen.

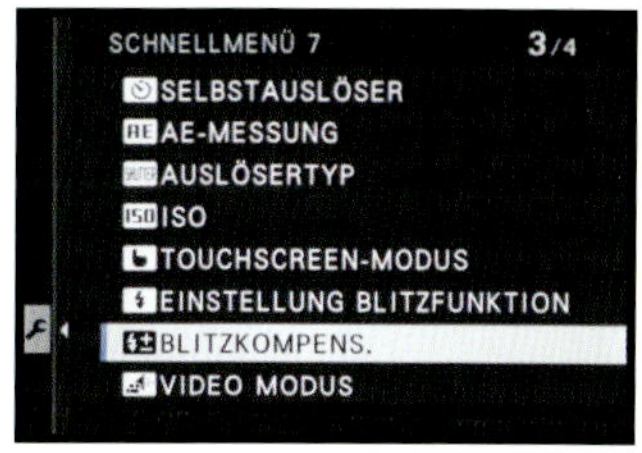

▲ *Speichern der neuen Funktion.*

Auch die Funktions- oder Direkttasten der X–T20 können individuell mit anderen Funktionen als der Standardeinstellung belegt werden. Damit können Sie die Bedienung der X–T20 noch besser auf Ihre Art, die Kamera zu verwenden, einstellen. Um dies zu tun, navigieren Sie im Menü Einrichtung zu *TASTEN/RAD-EINSTELLUNG* und öffnen darin die Rubrik *EINST. TASTE Fn/AE-L/AF-L*. Der Bildschirm präsentiert Ihnen daraufhin eine Grafik der Kameravorder- und Rückseite und am rechten Rand die verfügbaren Tasten *Fn1* bis *Fn5*, sowie die *AE-L*- und *AF-L*-Taste.

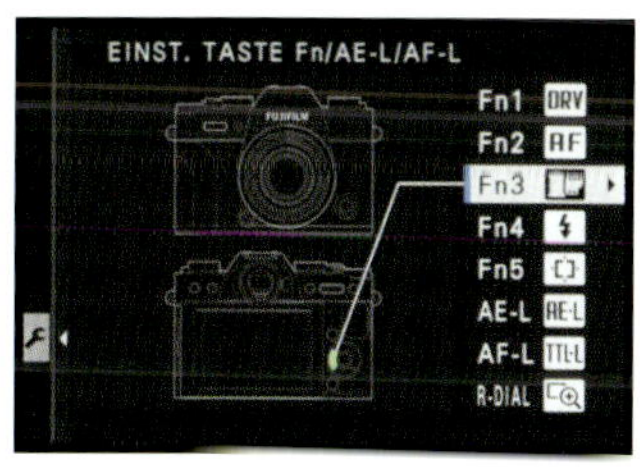

▲ *Auswahl der gewünschten Taste.*

Wenn Sie eine Taste auswählen, wird deren Position grün in der Grafik hervorgehoben. Suchen Sie sich also einfach eine Taste aus, navigieren Sie nach rechts und wählen Sie die gewünschte Funktion aus der Liste der verfügbaren Optionen aus.

Wir haben uns dafür entschieden, die Fn3-Taste mit der Funktion *ISO* zu belegen, da wir die Lichtempfindlichkeit öfter ändern als die Filmsimulation.

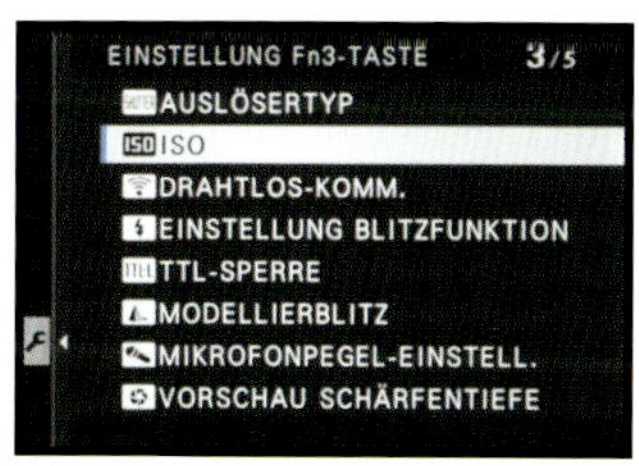

▲ *Speichern der neuen Funktion.*

Sicherlich werden Ihnen, nachdem Sie eine Weile mit der X–T20 fotografiert haben, Funktionen auffallen, die Sie häufiger benötigen und die Sie daher immer wieder umständlich in den Menüs aufrufen müssen. Denken Sie dann an die Möglichkeit der Tastenbelegung. Vielleicht ist die gewünschte Option in der Liste ja dabei.

11.8 Weitere Menüeinstellungen

Wie Sie es sicherlich von Ihrem Smartgerät oder Computer her kennen, besitzt auch Ihre X–T20 einige Basisparameter, die es nach Inbetriebnahme der Kamera einzustellen gilt. Ist dies einmal geschehen, werden Sie diese normalerweise nur noch selten benötigen. Im Folgenden haben wir Ihnen die entsprechenden Menüeinträge zusammengestellt und um jene ergänzt, die im Buch bislang noch nicht erwähnt wurden.

I.Q. Farbraum

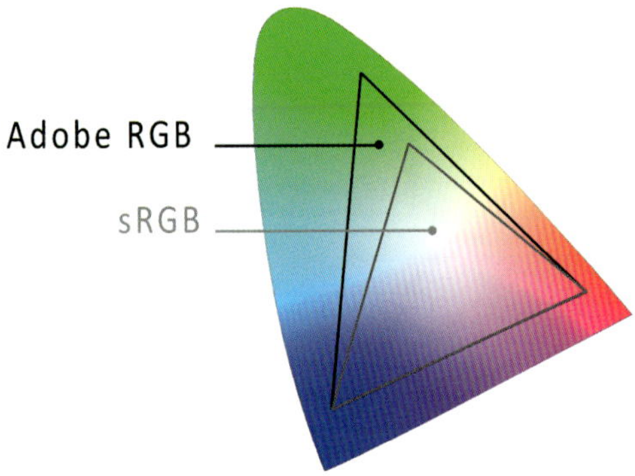

▲ *Die Farbräume Adobe RGB und sRGB.*

Der Farbraum definiert alle Farbtöne, die theoretisch in einem Bild vorkommen können, auch wenn nicht alle Farben in Ihrem Foto enthalten sind. Jede Farbe wird hierbei durch bestimmte Werte der drei Grundfarben ***R***ot, ***G***rün und ***B***lau festgelegt. Diese Werte nutzen Bildschirme und Drucker, um die Farben korrekt darzustellen.

Ihre X–T20 bietet nun im Menü Bildqualitäts-Einstellung I.Q./*FARBRAUM* die Möglichkeit, zwischen zwei Farbräumen auszuwählen, ***sRGB*** und ***Adobe RGB***. Die Farbenvielfalt von sRGB ist etwas kleiner als die von Adobe RGB, vor allem im grünen Bereich. Adobe RGB besitzt somit mehr farbliche Reserven und eignet sich für Bilder, die aufwendig nachbearbeitet werden oder die für den Vierfarbdruck in den Druckfarbraum CMYK umgewandelt werden sollen.

Für die Darstellung am Computer, im Internet, für den Ausdruck auf dem eigenen Drucker oder im externen Fotolabor reicht sRGB völlig aus. Denken Sie daran, dass es nicht sinnvoll ist, sRGB-Bilder nachträglich in Adobe RGB umzuwandeln. Denn die fehlenden Farbtöne des kleineren Farbraums sRGB können nicht wieder hinzuaddiert werden, um Adobe RGB zu erreichen. Auch führen fehlerhafte Konvertierungen zu flauen Farben und Farbverschiebungen. Wenn Sie mit dem RAW-Format fotografieren, können Sie sich den Farbraum im Zuge der Konvertierung frei aussuchen.

Auslösertyp

Beim Auslösen eines Bildes kann die X–T20 den Verschluss vollmechanisch öffnen und schließen (*MS*). Dies erkennen Sie an zwei Klackgeräuschen, wenn Sie zum Beispiel eine

Sekunde lang belichten. Das Auslösen kann aber auch vollständig elektronisch gesteuert werden (*ES*), dann hören Sie beim Fotografieren gar keinen Auslöseton, sofern der *AUSLÖSERTON* im Menü Einrichtung /*TON-EINSTELLUNG* deaktiviert ist. Der Vorteil ist, dass Sie geräuschlos fotografieren können, das Livebild im Sucher oder Monitor nach der Aufnahme viel schneller wieder zu sehen ist, die Serienaufnahmegeschwindigkeit steigt und kürzere Belichtungszeiten genutzt werden können. Nachteilig ist, dass einige Kamerafunktionen damit nicht verwendbar sind, zum Beispiel die Langzeitbelichtung (Bulb), das Blitzen oder die Einstellung von ISO 100. Wenn Sie die Entscheidung, welcher *AUSLÖSERTYP* am besten passt, der X–T20 überlassen möchten, geben Sie *MS + ES* vor. Sollte eine Funktion Ihrer Wahl trotzdem nicht nutzbar sein oder die X–T20 mit einem adaptierten Objektiv nicht auslösen, denken Sie an die Möglichkeit, dass der gewählte Auslösertyp die Einstellung blockieren könnte.

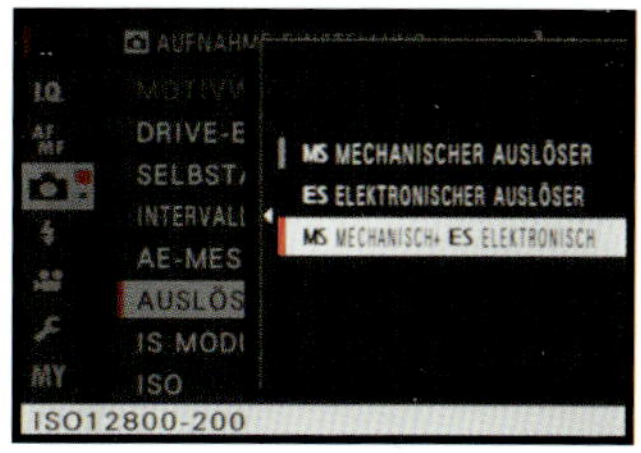

▲ *Auslösertyp: Mechanisch, elektronisch oder automatisch gewählt.*

Fotobuch Assistent

Mit dem Fotobuch-Assistenten lassen sich einzelne Bilder in Büchern sammeln. Um ein solches anzulegen, drücken Sie die Wiedergabetaste und wählen im Menü Wiedergabe bei *FOTOBUCH-ASSIST.* den Eintrag *NEUES BUCH*. Wählen Sie einzelne Bilder aus und fügen Sie sie mit der oberen Auswahltaste ▲ dem Buch hinzu. Oder drücken Sie die MENU/OK-Taste und wählen *ALLE AUSWÄHLEN*. Schließen Sie den Vorgang mit MENU/OK und dem Eintrag *FOTOBUCH FERTIGST.* ab. Das Buch können Sie später wieder aufrufen und betrachten oder via MENU/OK-Taste auch *BEARBEITEN* oder *LÖSCHEN*.

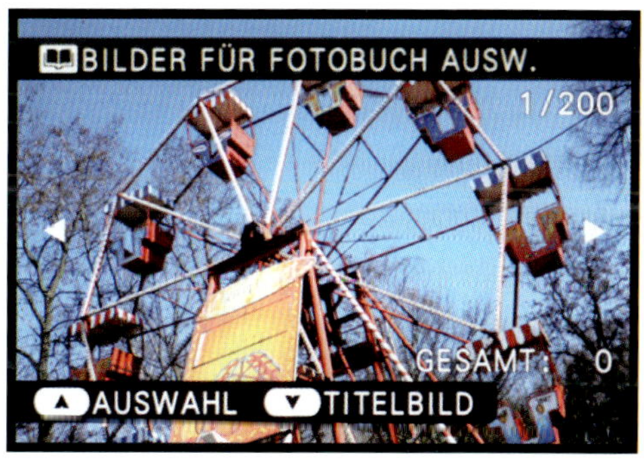

▲ *Auswahl eines einzelnen Bildes für das geplante Fotobuch.*

Fotobücher sollen sich anschließend mit der Software MyFinePix Studio importieren lassen. Dies hat bei unseren Tests nicht funktioniert, daher würden wir diese Funktion eher zur Seite legen. Für die Gestaltung von Fotobüchern ist die Bildauswahl am großen Computermonitor und das Sortieren in individuellen Ordnern sowieso praktischer.

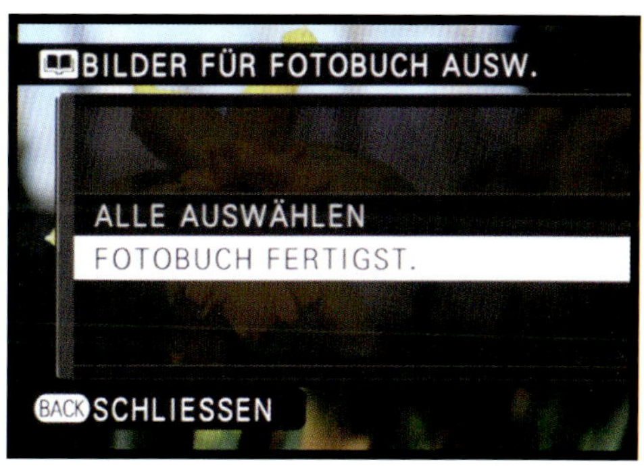

▲ *Fertigstellen des Fotobuchs.*

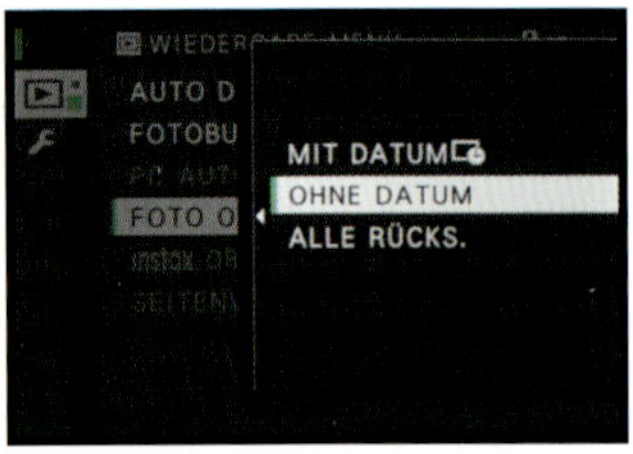

▲ *Einstellungen für die Druckliste.*

Foto ordern (DPOF)

Wenn Sie Ihre JPEG-Bilder direkt von der Speicherkarte auf einem DPOF-kompatiblen Drucker zu Papier bringen möchten, können Sie das Bild in der Wiedergabe aufrufen und es über das Menü Wiedergabe/*FOTO ORDERN (DPOF)* in eine Druckliste aufnehmen. Wählen Sie darin zunächst, ob das Aufnahmedatum mit auf die Bilder gedruckt werden soll (*MIT DATUM*) oder nicht (*OHNE DATUM*). Mit *ALLE RÜCKS.* löschen Sie eine vorhandene Druckliste.

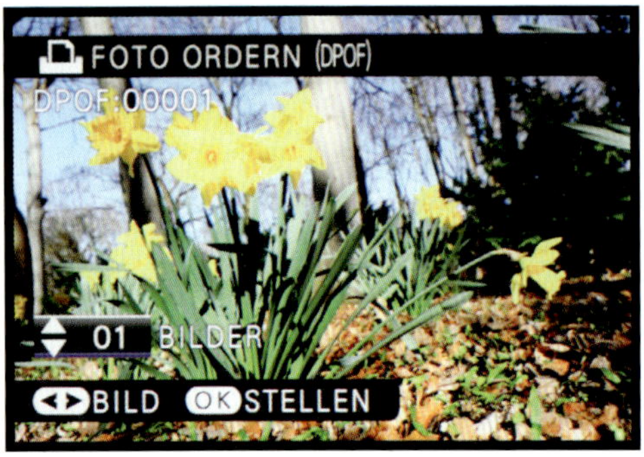

▲ *Hinzufügen eines Bildes zur Druckliste.*

Im nächsten Menüfenster können Sie das gewünschte Bild auswählen und die obere Auswahltaste ▲ so oft drücken, bis die gewünschte Anzahl an Druckkopien eingestellt ist. Mit der MENU/OK-Taste schließen Sie die Prozedur ab. Bilder, die sich in der Druckliste befinden, tragen in der Wiedergabe das Druckersymbol.

Was bedeutet DPOF?

DPOF (**D**igital **P**rint **O**rder **F**ormat) ist ein Speicherformat für die den Bildern zugeordneten Druckeinstellungen. Diese liefern dem Drucker zu hause oder im Fotolabor alle notwendigen Informationen zu Druckformat, Anzahl und weiteren Einstellungen.

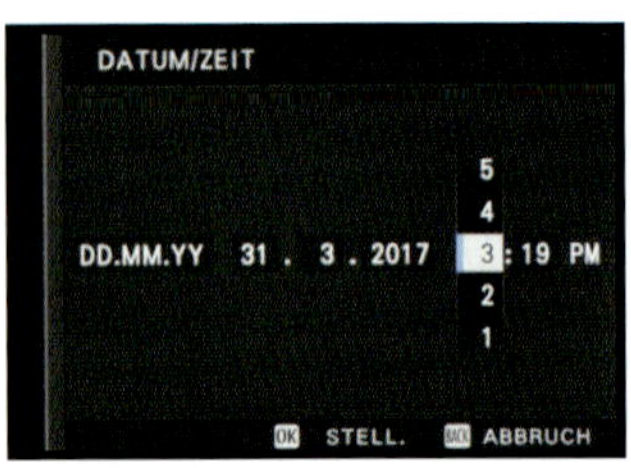

▲ *Auswahl von Datum und Uhrzeit.*

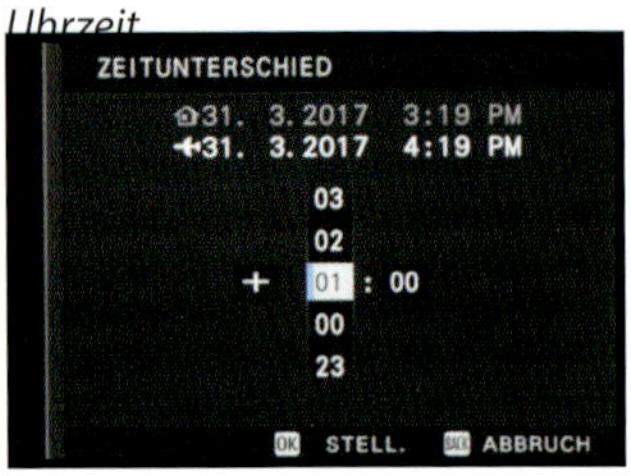

▲ *Eintrag einer Zeitverschiebung um plus eine Stunde.*

Benutzer-Einstellung / Datum/Zeit

Sollte die Datum- oder Zeiteinstellung nach dem ersten Eintragen beider Werte später einmal aus dem Takt geraten sein oder die Winter- auf die Sommerzeit wechseln, können Sie die Angaben im Menü Einrichtung bei *BENUTZER-EINSTELLUNG* und *DATUM/ZEIT* korrigieren. Die Zeit wird in diesem Menü im 12h-System angegeben, 12:00 AM steht für 0 Uhr nachts und 12:00 PM für 12 Uhr mittags.

Benutzer-Einstellung / Zeitdiff.

Im Menü Einrichtung bei *BENUTZER-EINSTELLUNG/ZEITDIFF.* gibt es die Möglichkeit, neben der Zeitzone des Wohnortes eine zweite Reisezeitzone zu hinterlegen, die an Ihrem momentanen Aufenthaltsort gilt. Um diese einzustellen, wählen Sie den Eintrag *LOKAL* ✈ und markieren im nächsten Menüfenster die Vorgabe + oder –. Stellen Sie anschließend den Umfang der Zeitverschiebung ein. Wieder zuhause, wählen Sie bei *ZEITDIFF.* wieder die Vorgabe *HEIMAT*.

Benutzer-Einstellung / Sprache

Damit Sie verständliche Botschaften von Ihrer fotografischen Begleiterin erhalten, können Sie bei 言語*/LANG.* Ihre bevorzugte Sprache aus 35 Möglichkeiten auswählen.

Benutzer-Einstellung / Blitz & Ton

Um jegliche Kamerageräusche und Lichtsignale der X–T20 zu unterdrücken, etwa wenn Sie im Rahmen eines klassischen Konzerts fotografieren, stellen Sie die Funktion *TON & BLITZ* auf *AUS*. Es kann dann weder geblitzt werden, noch springt die Selbstauslöserlampe an und es werden auch keine Scharfstell-, Auslöser- oder Wiedergabetöne zu hören sein. Wählen Sie zusätzlich im Menü Aufnahme-Einstellung bei *AUSLÖSERTYP* den Elektronischen Auslöser *ES*, um absolut geräuschlos fotografieren zu können.

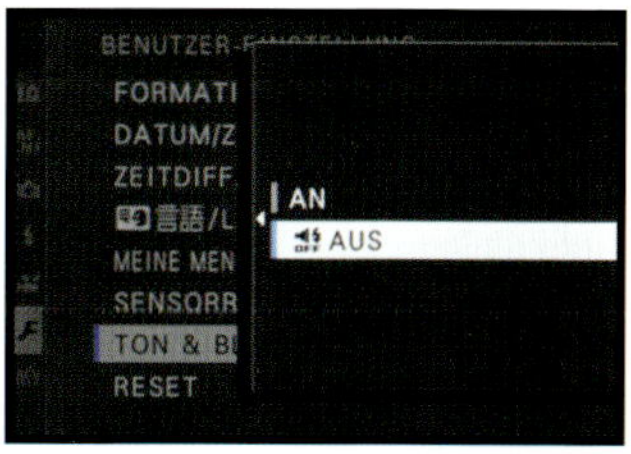

▲ *Ton und Blitz komplett ausschalten*

Benutzer-Einstellung / Reset

Wenn Sie auf Ihrer X–T20 einmal so richtig Klarschiff machen möchten oder eine Fehlermeldung erhalten, die sich nicht gleich beheben lässt, bietet sich die Funktion *RESET* an. Mit der darin enthaltenen Option *AUFNAHMEMENÜ ZURÜCKS.* setzen Sie alle Einstellungen in den roten Aufnahmemenüs auf ihre Standardwerte zurück. Mit *SETUP ZURÜCKS.* wird die X–T20 insgesamt auf die Werkseinstellung zurückgesetzt, das betrifft zum Beispiel auch die Sprache. Ausgenommen davon sind jedoch die Einstellungen im Menü Bildqualitäts-Einstellung I.Q. bei *CUST BEARB/SPEICH*, die *FUNKEINSTELLUNGEN* im Menü Einrichtung */VERBINDUNGS-EINSTELLUNG*, die *COPYRIGHT-INFO* im Menü Einrichtung */DATENSPEICH SETUP,* eine eventuell vorgenommene Weißablgeich-Feinabstimmung und die Angaben bei *DATUM/ZEIT* und *ZEITDIFF.*. Wenn Sie die Kamera an andere weitergeben oder verkaufen möchten, sollten Sie zumindest die Einstellungen der drei erstgenannten Funktionen in ihren jeweiligen Menüs löschen bzw. wieder in die Ausgangsposition versetzen.

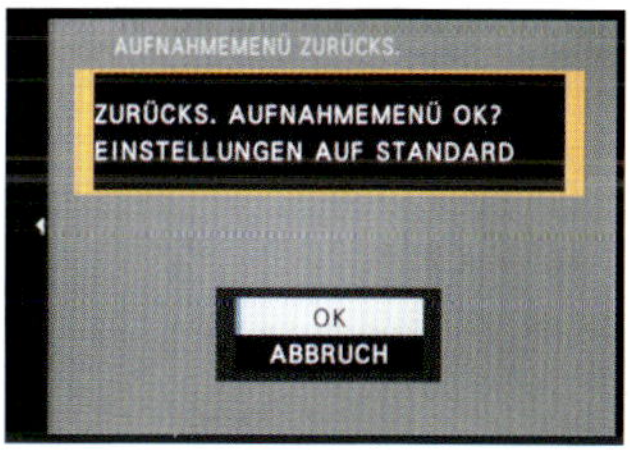

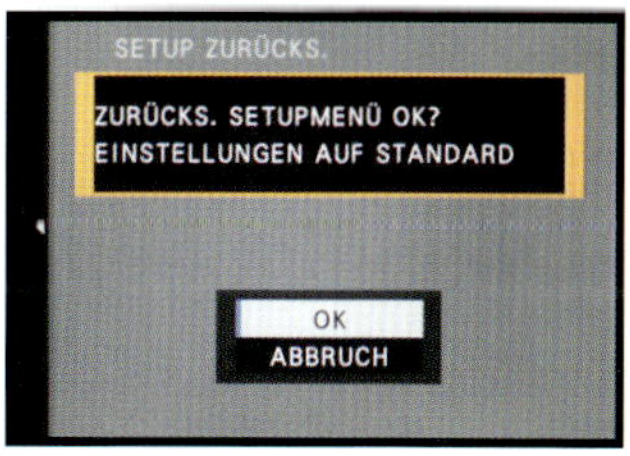

▲ *Zurücksetzen der Aufnahme- oder Setup-Einstellungen.*

Ton-Einstellung

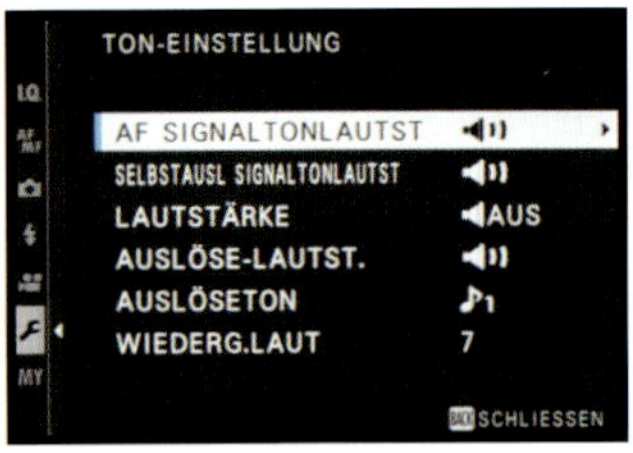

▲ *Anpassen der Signaltöne.*

Um gleich zu erkennen, ob die Scharfstellung richtig funktioniert hat oder der Selbstauslöser abläuft, wird Ihre X–T20 musikalisch und sendet entsprechende Signaltöne aus. Im Menübereich *TON-EINSTELLUNG* können Sie die einzelnen Geräusche in ihrer Lautstärke anpassen. Die Menüpunkte sind an sich selbsterklärend – mit dem Eintrag *LAUTSTÄRKE* ist der Tonpegel gemeint, der beim Drücken von Bedienelementen zu hören ist. Wem das noch nicht reicht, der kann auch noch die *AUSLÖSE-LAUTSTÄRKE* variieren und bei *AUSLÖSETON* das Auslösegeräusch ändern. Beides wirkt sich auf Aufnahmen aus, die beim Fotografieren mit dem elektronischen Auslöser zu hören sind – Flexibilität pur, würden wir sagen.

Helligkeit von Sucher und Monitor anpassen

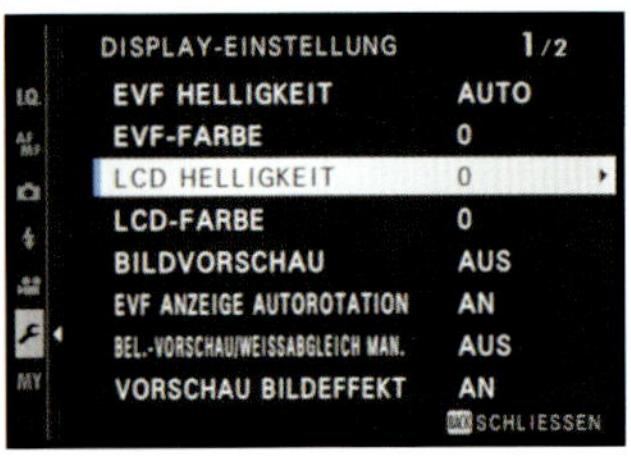

Mit der Funktion *LCD HELLIGKEIT* im Menü Einrichtung bei *DISPLAY EINSTELLUNG* können Sie die Helligkeit des Livebilds anpassen. Mit *EVF HELLIGKEIT* ist dies für den Sucher möglich. Blicken Sie durch das Bauteil, während Sie die Einstellung vornehmen. Da die Standardeinstellungen unserer Erfahrung nach gut zur Beurteilung des zu erwartenden Bildes taugen, sind Änderungen normalerweise nicht notwendig.

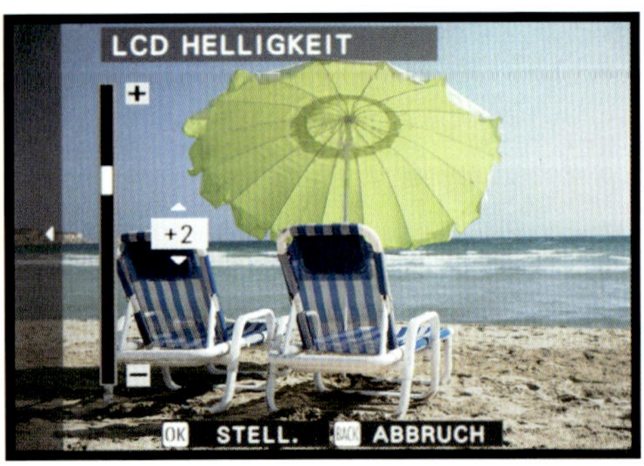

▲ *Monitor und Sucherhelligkeit anpassen.*

In Extremsituationen, zum Beispiel bei starker Sonneneinstrahlung am Strand oder bei Nachtaufnahmen in der Natur, kann es aber sinnvoll sein, die Helligkeit zu ändern. Geben Sie dann einfach den gewünschten Helligkeitswert im Bereich zwischen *–5* (dunkel) und *+5* (hell) ein. Im Fall des Suchers müssen Sie dazu vorher noch von *AUTO* auf *MANUELL* umschalten. Wenn es darum geht, möglichst stromsparend zu agieren, fotografieren Sie am besten mit der Standardhelligkeit.

Wenn Sie die Monitor- oder Sucherhelligkeit geändert haben, ist es sinnvoll, nach der Aufnahme immer auch einen Blick auf das zugehörige Histogramm zu werfen. Damit lässt sich am besten beurteilen, ob die Aufnahme richtig belichtet wurde.

Farbe von Monitor und Sucher einstellen

Sollten Sie das Gefühl haben, der elektronische Sucher oder der Monitor zeige die Bilder mit einem Farbstich an, passen Sie die Farbdarstellung im Menü Einrichtung bei *DISPLAY EINSTELLUNG* und *EVF-FARBE* oder *LCD-FARBE* an. Mit Minuswerten werden Blaustiche ausgeglichen und mit Pluswerten Gelbstiche. Bei unserer X–T20 war keine Änderung notwendig, was bei einem vergleichenden Blick auf unterschiedliche Motivbereiche mit neutralen Farben, wie Fensterrahmen, weiße Mauer, graues Straßenpflaster und eine Farbreferenzkarte zu sehen war.

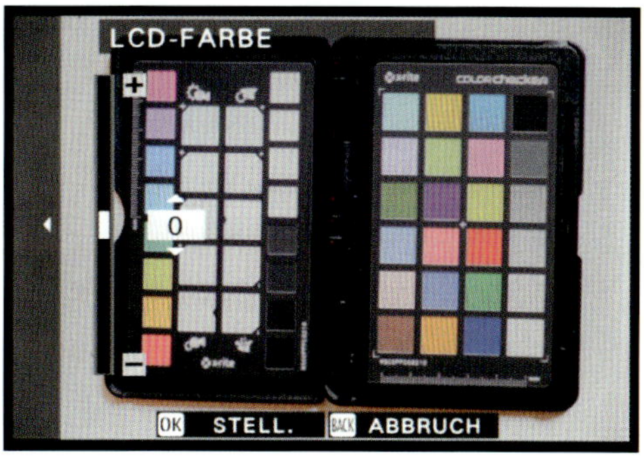

▲ *Monitor und Sucherfarbe anpassen.*

Führen Sie Farbänderungen nur durch, wenn Sie sich wirklich sicher sind. Denn es kann sonst leicht passieren, dass aufgrund einer Farbverschiebung des Monitors/Suchers eine falsche Weißabgleichanpassung vorgenommen wird und das Bild dann zwar in der X–T20 gut aussieht, am Computermonitor zuhause aber farbstichig wirkt. Wobei Sie dies wiederum nur wirklich gut beurteilen können, wenn der Arbeitsmonitor farbkalibriert ist.

Display-Einstellung / Bildvorschau

Direkt nach der Aufnahme präsentiert Ihnen die X–T20 die soeben gespeicherte Aufnahme ganz automatisch. Wie lange diese *BILDVORSCHAU* dauern darf, können Sie im gleichnamigen Menüeintrag einstellen. Wenn Sie *DAUER* wählen, können Sie das Bild zwar in aller Ruhe betrachten und mit einem Druck auf das hintere Einstellrad zum Beispiel auch schnell den Fokuspunkt kontrollieren, die X–T20 verbraucht aber auch mehr Strom. Und es muss stets der Auslöser angetippt oder die MENU/OK-Taste gedrückt werden, um das nächste Bild aufnehmen zu können.

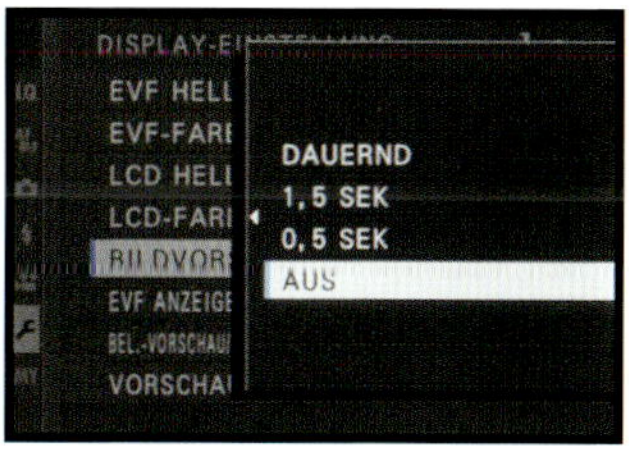

▲ *Die Bildvorschau schalten wir häufig aus.*

In Situationen, in denen schnell ein Bild nach dem anderen aufgenommen werden soll und die Belichtung keine Schwierigkeit darstellt, eignet sich die Vorgabe *AUS*. Dann sehen Sie nach der Aufnahme direkt wieder Ihr Motiv. Zur Kontrolle der Aufnahme lässt sich das Foto ja auch schnell in der Wiedergabe betrachten, daher ist dies bei uns meist die bevorzugte Einstellung.

Display-Einstellung / EVF Anzeige Autorotation

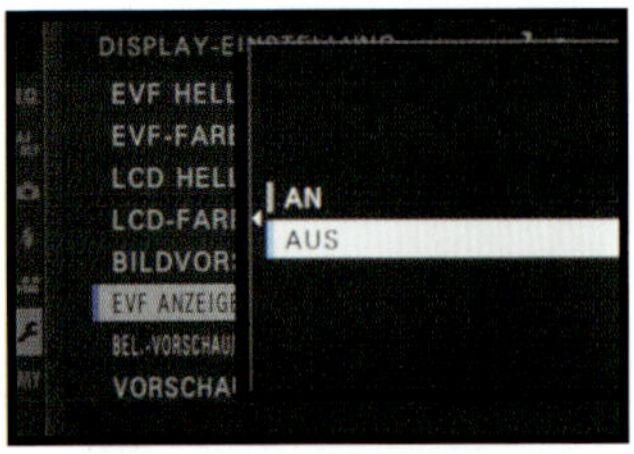

▲ *Rotation der Informationsanzeige im Sucher ein- oder ausschalten.*

Wenn Sie die X–T20 vom Quer- ins Hochformat drehen und dabei durch den elektronischen Sucher blicken, springen die am unteren Bildrand eingeblendeten Belichtungsangaben von der Seite wieder auf den unteren Bildrand um. Dies können Sie so belassen oder das Umspringen verhindern, indem Sie die *EVF ANZEIGE AUTOROTATION* auf *AUS* setzen. Die Anzeige im Monitor bleibt davon unverändert, hier blendet die X–T20 die Aufnahmewerte immer an der gleichen Stelle ein, also im Querformat am unteren Bildschirmrand und im Hochformat an der Seite.

Display-Einstellung / Bel.-Vorschau/Weißabgleich Man.

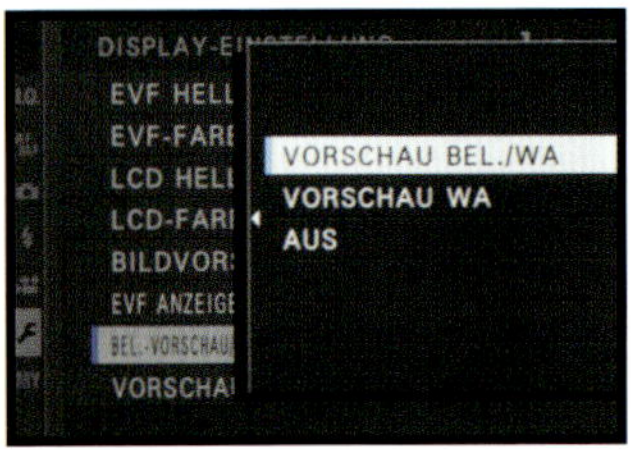

▲ *Simulation von Bildhelligkeit und Weißabgleich bei manueller Belichtung ein- oder ausschalten.*

Damit das Livebild im Monitor oder Sucher auch bei manueller Belichtung (M) die reale Situation möglichst gut abbildet, stellen Sie im Menüpunkt *BEL.-VORSCHAU/WEISSABGLEICH MAN.* am besten die Vorgabe *VORSCHAU BEL./WB* ein. Dann werden Helligkeitsänderungen bei Belichtungskorrekturen sichtbar und Farbverschiebungen durch Anpassen des Weißabgleichs angezeigt.

Die Einstellung *VORSCHAU WB* ist sinnvoll bei Studioaufnahmen, bei denen nur Blitzlicht, aber kein Raumlicht ins Bild einfließt. Das Livebild ist bei den dann üblichen manuellen Belichtungswerten mit kurzer Belichtungszeit, niedrigem ISO-Wert und mittlerer Blendeneinstellung in der Regel extrem dunkel und das Motiv wäre schlecht zu erkennen.

Wenn Sie in solchen Situationen auch den Einfluss des Weißabgleichs auf die Bildfarbe nicht vorab sehen möchten, wählen Sie *AUS*. Das wäre zum Beispiel sinnvoll, wenn der Blitz mit einem Orangefilter versehen ist und der Weißabgleich auf Glühlampenlicht steht, und Sie unter Tageslicht fotografieren, um eine Person farblich korrekt vor einem blau getönten Hintergrund aufzunehmen. Würde der Weißabgleich simuliert werden, sähe das Livebild unter diesen Bedingungen sehr blau aus und könnte das Komponieren der Szene beeinträchtigen.

Display-Einstellung / Vorschau Bildeffekt

Standardmäßig simuliert die X–T20 die Effekte der gewählten Filmsimulation und des Weißabgleichs auf das Bild. Dies können Sie für alle Programme unterbinden, indem Sie die Funktion *VORSCHAU BILDEFFEKT* ausschalten. Der Vorteil ist, dass das Livebild dann die dunklen Bildbereiche etwas besser aufgelöst darstellt, was bei Gegenlichtaufnahmen hilfreich sein kann. Auch werden die Effekte der erweiterten Filter im Modus Adv.1 oder Adv.2 besser simuliert. Als Standard empfiehlt sich jedoch das Einschalten der Funktion, da sich sonst der Kontrast und die Farben des Livebilds zu sehr vom aufgenommen Foto unterscheiden würden und eventuelle Farbstiche unentdeckt blieben.

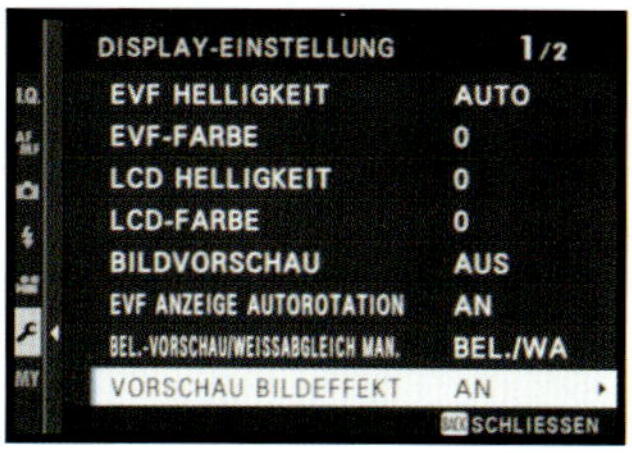

▲ *Simulation von Filmsimulation und Weißabgleich ein- oder ausschalten.*

Display-Einstellung / Rahmenhilfe

Mit der *RAHMENHILFE* können Sie unterschiedliche Linienmuster für die Bildgestaltung verwenden. Die Anzeige *RASTER 9* eignet sich für die Bildgestaltung getreu der Drittelregel. Legen Sie wichtige Bildelemente auf die Schnittpunkte und, abhängig vom Motiv, den Horizont oder andere prägnante Motivkanten auf die geraden Linien. Es kann aber zum Beispiel auch dazu dienen, die Überlappung von Einzelbildern zu kontrollieren, die später zu einem Panorama verschmolzen werden sollen. Das *RASTER 24* ist hilfreich, um den Horizont oder Häuserkanten gerade auszurichten. Das *HD-RASTER* eignet sich dazu, die Motive im Hinblick auf eine spätere Präsentation im 16:9-Format zu gestalten, sie aber mit der vollen 3:2-Auflösung aufzunehmen. Dann wird später beim Beschneiden kein wichtiger Motivbereich ungünstig abgeschnitten.

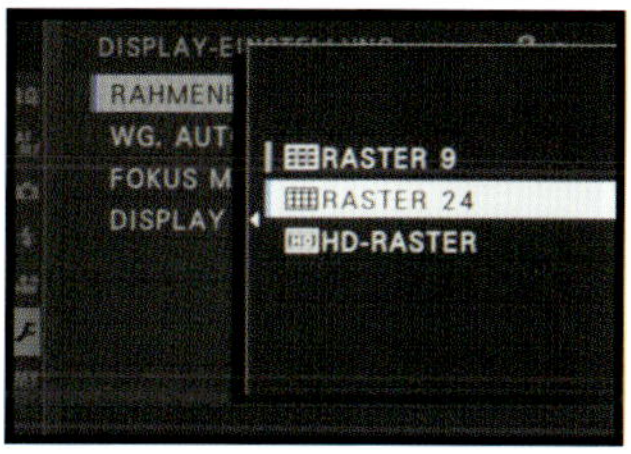

▲ *Bildgestaltungshilfe durch Rasterüberlagerung.*

Display-Einstellung / Display Einstell.

Im Bereich *DISPLAY EINSTELL.* haben Sie die Möglichkeit, sich aus allen verfügbaren Anzeigeinformationen die auszuwählen, die Sie im Monitor oder Sucher gerne als Hilfestellung für die Belichtung, die Scharfstellung oder die Bildgestaltung sehen möchten. Setzen Sie dazu bei der jeweiligen Funktion mit der MENU/OK-Taste einen Haken oder entfernen Sie diesen, um die Information auszublenden. Die meisten Funktionen sind selbsterklärend, viele wurden in diesem Buch auch bereits an passender Stelle erwähnt. Mit *INFO-HINTERGRUND* sind die halbtransparenten Balken gemeint, die hinter den Aufnahmeinformationen im Monitor eingeblendet werden. Wenn Sie die Option deaktivieren, werden die Informationen ohne Balken angezeigt. Ist die Anzeige *DAUER-MODUS* aktiviert, blendet die X–T20 die Symbole für Belichtungsreihen (Modus BKT1 / BKT2) oder Serienaufnahmen (Modus CL / CH) ein. Mit *RAHMENUMRISS* wird das Livebild in Monitor und Sucher mit einer dünnen hellgrauen Linie umrandet.

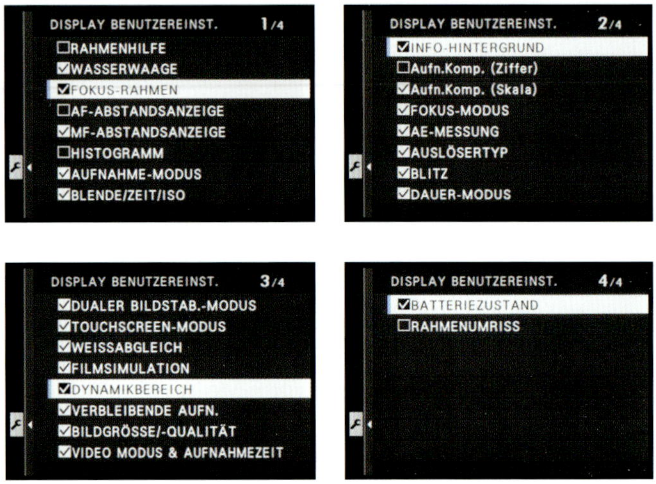

▲ *Informationen, die im Display von Monitor und Sucher ein- und ausgeblendet werden können.*

Tasten/Rad-Einstellung / Einstellung Auswahltaste

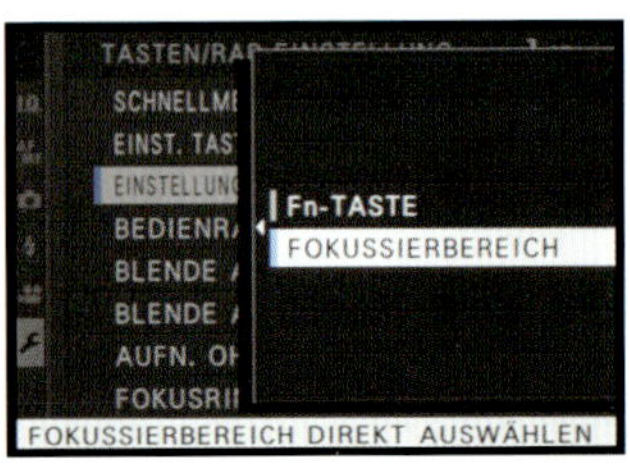

▲ *Tasten als Fn-Tasten oder für die direkte Verschiebung des Fokussierbereichs verwenden.*

Die vier Auswahltasten ▲▼◀▶ auf der Kamerarückseite öffnen standardmäßig die ihnen zugewiesenen Funktionen, etwa die Filmsimulation oder den AF Modus. Sie können die Tasten aber mit der Funktion *EINSTELLUNG AUSWAHLTASTE* auch als reine Pfeiltasten einsetzen. Dann ist es möglich, den Fokusrahmen des Einzelpunkt AF [•] oder der Zone [⁝⁝] direkt per Tastendruck zu verschieben, ohne vorher erst die Option *FOKUSSIERBEREICH* öffnen zu müssen. Sie verlieren dadurch aber den Direktzugriff auf die vier programmierten Funktionen. Halten Sie es so, wie es Ihnen nach etwas Ausprobieren am besten zusagt.

Tasten/Rad-Einstellung / Bedienrad-Einst.

Mit der *BEDIENRAD-EINST.* können Sie die Funktionen, die dem hinteren und vorderen Einstellrad in den verschiedenen Modi zugewiesen sind, umdrehen. So könnten Sie zum Beispiel im Modus P den Programm-Shift mit dem vorderen Einstellrad wählen. Allerdings kann dies dazu führen, dass zwei Funktionen auf einem Einstellrad liegen. Wenn zum Beispiel das Belichtungskorrekturrad auf C steht und Sie die Räder umgedreht haben, müssen Sie im Modus P das vordere Einstellrad herunterdrücken, bevor Sie auch die Belichtungskorrektur einstellen können. In der Standardeinstellung ist der Programm-Shift auf dem hinteren und die Belichtungskorrektur auf dem vorderen Einstellrad programmiert. Daher belassen Sie den Standard ▲ F ▼ S.S. besser bei.

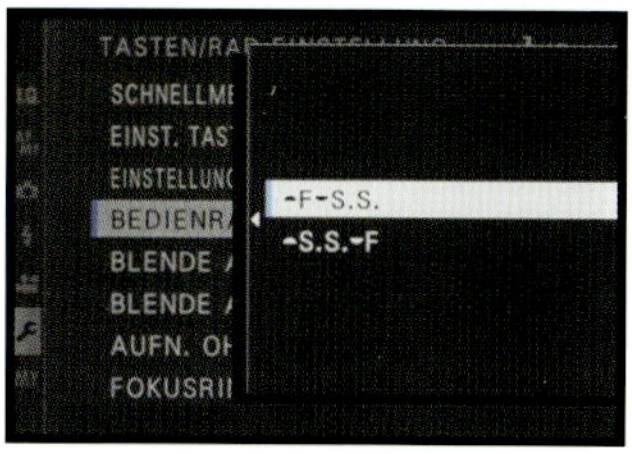

▲ *Bei uns bleibt die Bedienrad-Einstellung unverändert.*

Tasten/Rad-Einstellung / Blende AF

Wird der Auslöser bis auf den ersten Druckpunkt heruntergedrückt, stellt die X–T20 das Motiv scharf (AF-S) bzw. beginnt damit, die Schärfe mit einem bewegten Objekt mitzuführen (AF-C). Dies können Sie unterbinden, indem Sie die Funktion *BLENDE AF* ausschalten, wobei damit gleichzeitig auch der Autofokus nicht mehr funktioniert. Wenn Sie ein bestimmtes Motiv ohne Autofokus fotografieren möchten, stellen Sie besser auf manuelle Fokussierung um und belassen diese Einstellung hier auf *AN*.

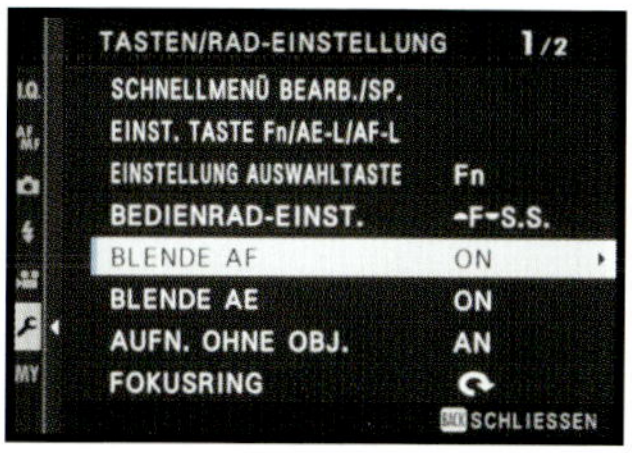

▲ *Mit dieser Einstellung fokussiert die X–T20, sobald der Auslöser heruntergedrückt wird.*

Tasten/Rad-Einstellung / Blendeneinstell.

Bei Objektiven, die keinen Blendenring besitzen, kann die Einstellung des Blendenwerts über das vordere Einstellrad erfolgen. Dazu stellen Sie im Menü *BLENDENEINSTELL.* am besten die Vorgabe *AUTO +* *MANUELL* ein. Wenn Sie nun einen bestimmten Blendenwert wählen, befindet sich die X–T20 im Modus Blendenvorwahl (A) oder im manuellen Modus (M, wenn die Belichtungszeit nicht auf A steht). Wird die Blende über den höchsten Wert hinaus gedreht und damit auf A gestellt, befindet sich die X–T20 im Modus Programmautomatik (P) oder Zeitvorwahl (S, wenn das Einstellrad für die Belichtungszeit nicht auf A steht). Mit der Einstellung *AUTO* können Sie die Blende nicht einstellen, es stehen somit nur die Programmautomatik (P) und die Zeitvorwahl (S) zu Verfügung. Wenn Sie *MANUELL* einstellen, können Sie die Blende nicht auf A stellen und daher nur in den Programmen Blendenvorwahl (A) oder manuelle Belichtung (M) fotografieren und filmen.

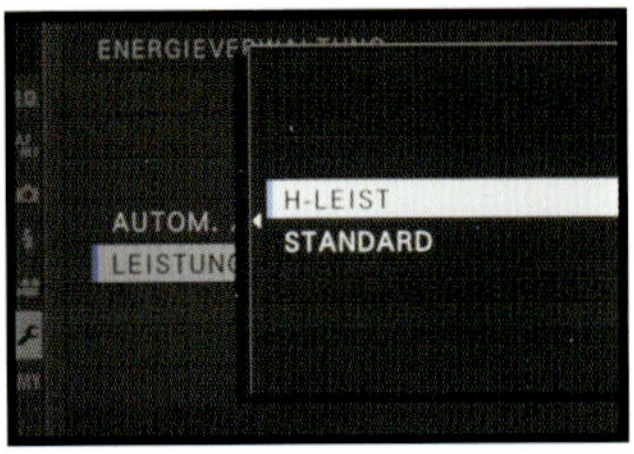

▲ *Die Leistung beeinflusst die Geschwindigkeit von Autofokus- und Sucheranzeige.*

Power Management/ Leistung

Haben Sie genügend Akkureserven zur Verfügung? Dann lassen Sie den Tiger aus dem Tank, respektive die X-T20 mit ihrer höchsten Leitungsfähigkeit arbeiten. Denn wenn Sie im Bereich *POWER MANAGEMENT* (Energieverwaltung) bei *LEISTUNG* die Vorgabe *H-LEIST* wählen, erhöht sich nicht nur die Autofokusgeschwindigkeit, auch die Qualität der Sucheranzeige steigt, indem die Bildrate erhöht wird. Allerdings sinkt dadurch auch die Anzahl möglicher Aufnahmen um etwa 25 Prozent. Wenn Sie nur einen Akku dabeihaben, belassen Sie die Einstellung aber besser auf *STANDARD*, die X-T20 ist dann immer noch sehr schnell.

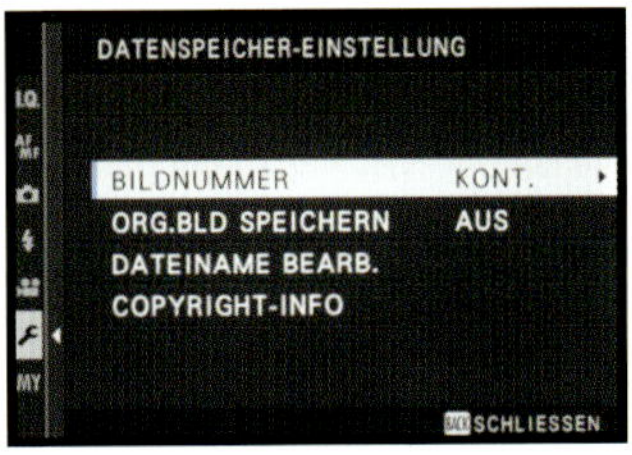

▲ *Kontinuierliche Nummerierung der Bilder und Videofilmdateien.*

Datenspeich setup/ Bildnummer

Damit keine Bilder versehentlich überschrieben werden, weil sie die gleiche Nummer tragen, verpasst die X-T20 jedem Bild oder Videofilm eine fortlaufende Nummer. Dies behält sie auch bei, wenn die Speicherkarte zwischendurch formatiert wird oder mit einer anderen Speicherkarte weiterfotografiert wird. Erst wenn die Nummer 9999 erreicht ist, beginnt die Nummerierung mit 0001 wieder von vorne. Generell empfehlen wir, die fortlaufende Nummerierung beizubehalten. Dazu sollte bei *DATENSPEICH SETUP* und *BILDNUMMER* die Option *KONT.* gewählt sein. Wählen Sie *NEU*, beginnt die Nummerierung nach dem Formatieren oder dem Einlegen einer neuen Speicherkarte wieder bei 0001.

Datenspeich setup/ Dateiname bearb.

Standardmäßig beginnt der Dateiname mit *DSCF* (Farbraum sRGB) oder *_DSF* (Farbraum Adobe RGB) gefolgt von einer vierstelligen Bildnummer. Im Bereich *DATENSPEICH SETUP/DATEINAME BEARB.* können Sie die Buchstaben DSCF oder DSF bei Bedarf ändern. Dazu wählen Sie den Eintrag *sRGB* oder *AdobeRGB* aus. Löschen Sie im nächsten Menüfenster alle nicht gewünschten Zeichen, indem Sie die Schaltfläche *DEL* verwenden. Danach können Sie Ihre Wunschbuchstaben eingeben. Navigieren Sie zum Schluss zur Schaltfläche *EINSTELL.* und bestätigen diese mit MENU/OK. Ab jetzt läuft die Nummerierung zwar weiter, aber das Präfix ist geändert.

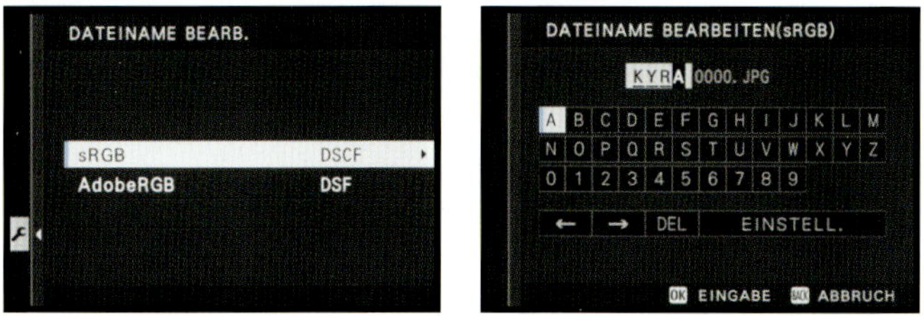

▲ *Links: Farbraum wählen, dessen Präfix geändert werden soll. Rechts: Dateinamen mit anderem Präfix versehen.*

Datenspeich setup/ Copyright-Info

Für jeden, der seine Bilder an andere weitergibt oder im Internet präsentiert, könnte die Möglichkeit interessant sein, die Bilder mit Copyright-Informationen zu versehen. Es gibt zwei Felder, die individuell mit dem eigenen Namen, einem Copyright-Vermerk oder mit anderen Begriffen ausgefüllt werden können. Um dies zu tun, öffnen Sie den Eintrag *COPYRIGHT-INFO*. Geben Sie bei *AUTORENINFO EINGEBEN* oder *COPYRIGHT-INFO EINGEBEN* Ihren Text ein (Buchstaben/Zahlen auswählen mit und mit MENU/OK bestätigen, am Ende *EINSTELL.* wählen und mit MENU/OK bestätigen). Über *COPYRIGHT-INFO ANZ* können Sie die Angaben prüfen und über *COPYRIGHT-INFO LÖSCHEN* wieder komplett entfernen.

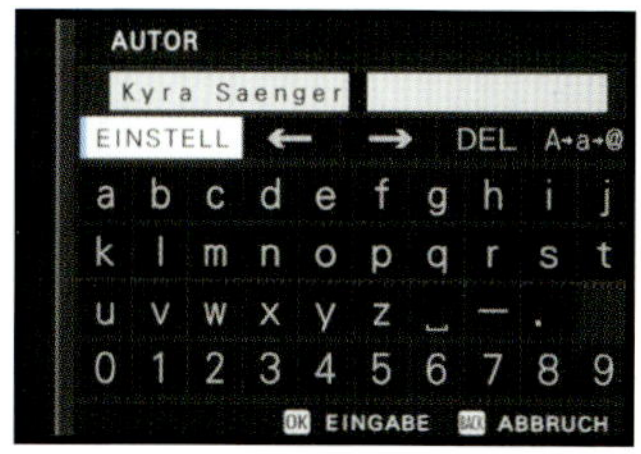

▲ *Eintragen des Autoren-Namens in die Copyright-Informationen.*

Stichwortverzeichnis

Symbole

A

B

C

D

E

F

G

H

M

N

O

P

Q

R

S

T

U

V

W

X

Z